Langenscheidt

Universal-Wörterbuch Französisch

Französisch – Deutsch
Deutsch – Französisch

Herausgegeben von der
Langenscheidt-Redaktion

Langenscheidt

Berlin · München · Wien · Zürich · New York

Bearbeiter:
André Kraif

Redaktion:
Karin Löscher, Karin Mohr

In neuer deutscher Rechtschreibung

Ergänzende Hinweise, für die wir jederzeit dankbar sind, bitten wir zu richten an:
Langenscheidt Verlag, Postfach 40 11 20, 80711 München

Druck: Druckhaus Langenscheidt, Berlin-Schöneberg
Printed in Germany · ISBN 3-468-18154-X

Inhaltsverzeichnis – Table des matières

Vorbemerkungen

Die Tilde (~, bei veränderter Groß- bzw. Kleinschreibung 2) ersetzt entweder das ganze Stichwort oder den vor dem senkrechten Strich (|) stehenden Teil davon.

z. B. **local** ...; **~ité** (= **localité**)
poids ...; ~ ***lourd*** (= ***poids lourd***)
mair|e ...; **~ie** (= **mairie**)
fett ...; **~arm** (= **fettarm**); **2fleck** (= **Fettfleck**)
Funk ...; ***über ~*** (= ***über Funk***)
alt|modisch ...; **2papier** (= **Altpapier**)

Das grammatische Geschlecht wird bei den Übersetzungen nur dann angegeben, wenn es nicht mit dem des Stichwortes übereinstimmt.

Abkürzungen – Abréviations

a auch, aussi
A Akkusativ, accusatif
Abk Abkürzung, abréviation
adj Adjektiv, adjectif
adv Adverb, adverbe
Agr Landwirtschaft, agriculture
Anat Anatomie, anatomie
Arch Baukunst, architecture
Biol Biologie, biologie
Bot Botanik, botanique
bsd besonders, notamment
Chem Chemie, chimie
cj Konjunktion, conjonction
D Dativ, datif
e-e eine, un(e)
El Elektrizität, électricité
e-m einem, à un(e)
e-n einen, un(e)
e-r einer, d'un(e), à un(e)
e-s eines, d'un(e)
et etwas, quelque chose
f weiblich, féminin
F *umgangssprachlich*, langage familier
fig figürlich, bildlich, figuré
Flgw Flugwesen, aviation
Fot Fotografie, photographie
f/pl weibliche Mehrzahl, féminin pluriel
fut Zukunft, futur
G Genitiv, génitif
Geogr Geographie, géographie
Gr Grammatik, grammaire
Hdl Handel, commerce

hist historisch, historique
inf Infinitiv, infinitif
Inform Informatik, informatique
j jemand, quelqu'un
j-m jemandem, à quelqu'un
j-n jemanden, quelqu'un
j-s jemandes, de quelqu'un
jur Rechtswissenschaft, jurisprudence, droit
Kfz Kraftfahrzeug(wesen), automobile
Kochk Kochkunst, cuisine
m männlich, masculin
Mal Malerei, peinture
Mar Marine, Schifffahrt, marine, navigation
Math Mathematik, mathématiques
Med Medizin, médecine
Mil Militär, militaire
m/pl männliche Mehrzahl, masculin pluriel
mst meist(ens), le plus souvent
Mus Musik, musique
n sächlich, neutre
neg! wird oft als beleidigend empfunden, souvent perçu comme outrageant
n/pl sächliche Mehrzahl, neutre pluriel
od oder, ou
österr österreichisch, autrichien
P *derb*, langage populaire
péj verächtlich, herabsetzend, péjoratif
Phys Physik, physique
pl Mehrzahl, pluriel
Pol Politik, politique
p/p Partizip der Vergangenheit, participe passé
prés Gegenwart, présent
pron Pronomen, pronom
prp Präposition, préposition
q jemand, quelqu'un
qc etwas, quelque chose
® *eingetragene Marke*, marque déposée
Rel Religion, religion
s siehe, voir
sg Einzahl, singulier
s-n seinen, son, sa
Sp Sport, sports
su substantiviertes Adjektiv (männlich und weiblich), adjectif substantivé (masculin et féminin)
subj Konjunktiv, subjonctif
Tech Technik, technique
Tel Fernsprechwesen, téléphonie
TV Fernsehen, télévision
u und, et
usw und so weiter, et cetera
v von, de
v/i intransitives Zeitwort, verbe intransitif
v/t transitives Zeitwort, verbe transitif
Wi Wirtschaft, économie
z B zum Beispiel, par exemple
Zo Zoologie, zoologie

Die Aussprache des Französischen

1. Vokale

a	[a]	valise, déj**à**	kurz und hell wie in R**a**tte
		cour**a**ge	lang und hell wie in Str**a**ße
	[ɑ]	b**a**s	kurzes dunkles **a**
		p**â**te	langes dunkles **a**
ai	[e]	j'**ai**	geschlossenes **e** wie in schw**e**r
	[ɛ]	r**ai**son, ch**aî**ne	offen wie in B**ä**r
au	[o]	f**au**x, ch**au**d	geschlossenes **o** wie in L**o**hn
	[ɔ]	P**au**l	offenes **o** wie in T**o**nne
e	[e]	**é**t**é**, arriv**er**, rend**ez**-vous	geschlossenes **e** wie in F**e**der (das *-r* bzw. *-z* bleibt stumm)
	[ɛ]	ch**er**, apr**è**s	offen wie in g**ä**hnen
		fen**ê**tre, m**è**re	offen wie in f**ä**llen
	[ə]	l**e**, qu**e**	kurzes dumpfes **ö**
ei	[ɛ]	p**ei**ne	offen wie in g**ä**hnen
eau	[o]	bat**eau**	geschlossenes **o** wie in B**oo**t
eu	[ø]	f**eu**	geschlossenes **ö** wie in **Ö**se
	[œ]	fl**eu**r	offenes **ö** wie in **ö**fter
i	[i]	cr**i**	kurz und hell wie in W**i**nd
		d**i**re	lang und hell wie in D**ie**b
o	[o]	p**o**t, h**ô**tel	geschlossen wie in S**o**hle
	[ɔ]	f**o**rt	offen wie in T**o**nne
œu	[ø]	n**œu**d	geschlossenes **ö** wie in **Ö**se
	[œ]	**œu**f	offenes **ö** wie in **ö**fter
ou	[u]	g**oû**t, t**ou**r	geschlossenes **u** wie in M**u**t
u	[y]	s**û**r, m**u**r	wie deutsches **ü** in f**ü**r

2. Gleitlaute

oi	[wa]	ch**oi**sir	kurzes, gleitendes **o** + **a**
oui	[wi]	**oui**	kurzes, gleitendes **u** + **i**
ui	[ɥi]	s**ui**te, f**ui**r	kurzes, gleitendes **u** + **i**

3. Nasale

Sie sind eine Eigentümlichkeit der französischen Sprache, für die es keine vergleichbaren Laute im Deutschen gibt.

[ɑ̃]	ch**am**bre, ch**an**ter, m**em**bre, **ent**e**nt**e
[ɛ̃]	c**in**q, t**im**bre, tr**ain**, ét**ein**dre, n**ym**phe
[wɛ̃]	c**oin**, m**oin**s
[õ]	b**om**be, f**on**d
[œ̃]	**un**, h**um**ble (oft wie [ɛ̃] gesprochen)

4. Konsonanten

c	[k]	**c**alcul	vor *a*, *o*, *u* und vor Konsonanten wie **k**
	[s]	**c**itron	vor *e* oder *i* wie stimmloses **s**
ç	[s]	fa**ç**on	vor *a* oder *o* wie stimmloses **s**
ch	[ʃ]	**ch**er**ch**er	wie deutsches **sch** in **Sch**ule
g	[g]	**g**ant	vor *a*, *o*, *u* und vor Konsonanten wie **g**
	[ʒ]	**g**enre	vor *e* oder *i* wie stimmhaftes **sch** in **G**enie
gn	[ɲ]	ga**gn**er	wie deutsches **nj** in Champa**gn**er
h	[-]	horizon	h ist immer stumm
j	[ʒ]	**j**ournal	wie stimmhaftes **sch** in **G**enie
ll	[l]	vi**ll**e	wie deutsches **l** in Spie**l**
	[j]	fi**ll**e	wie schwaches **j** in **J**acke
ph	[f]	**ph**are	wie **f** in **F**ahrt
qu	[k]	**qu**and	wie deutsches **k** in **k**önnen
s	[s]	**s**ervice	am Wortanfang stimmlos wie in Bu**s**
	[z]	rai**s**on	zwischen Vokalen stimmhaft wie in Ro**s**e
t	[s]	na**t**ion	vor *i* + Vokal oft wie stimmloses **s** in Pa**ss**ion
v	[w]	**v**ariable	wie deutsches **w** in **W**agen
x	[ks]	te**x**te	vor Konsonanten stimmlos wie in Te**x**t
	[gz]	e**x**amen	vor Vokalen stimmhaft wie in lan**gs**am
y	[j]	pa**y**er	vor Vokalen wie deutsches **j**
	[i]	t**y**pique	vor Konsonanten wie **i** in L**i**lie
z	[z]	**z**éro	wie stimmhaftes **s** in **S**onne

Ein **Betonungszeichen** ['] wird bei den französischen Stichwörtern nicht gesetzt, da das Französische nicht die eindeutige und ausgeprägte Wortbetonung des Deutschen besitzt. Im Französischen werden die aufeinander folgenden Silben gleichmäßig schwebend betont. Der etwas stärkere Ton auf der letzten Silbe eines Einzelwortes verschwindet, wenn dieses nicht mehr am Ende einer Wortgruppe steht: vergleiche etwa ***rembourser*** [rɑ̃bur'se] und ***rembourser ses dettes*** [rɑ̃bursese'dɛt].

Ebenso werden bei den französischen Stichwörtern keine **Vokallängen** [ː] angegeben, da diese für die Bedeutungsunterscheidung im Französischen ohne Belang sind. Vergleiche dagegen im Deutschen ***Rate*** ['raːtə] und ***Ratte*** ['ratə], ***zählen*** ['tsɛːlən] und ***Zellen*** ['tsɛlən] usw.

Die Aussprache der Alphabete
La prononciation des alphabets

	französisch	*deutsch*		*französisch*	*deutsch*
a	[a]	[a]	**o**	[o]	[o]
b	[be]	[be]	**p**	[pe]	[pe]
c	[se]	[tse]	**q**	[ky]	[ku]
d	[de]	[de]	**r**	[ɛr]	[ɛr]
e	[ø]	[e]	**s**	[ɛs]	[ɛs]
f	[ɛf]	[ɛf]	**ß**	–	[ɛstsɛt]
g	[ʒe]	[ge]	**t**	[te]	[te]
h	[aʃ]	[hɑ]	**u**	[y]	[u]
i	[i]	[i]	**v**	[ve]	[fau]
j	[ʒi]	[jɔt]	**w**	[dubləve]	[ve]
k	[ka]	[kɑ]	**x**	[iks]	[iks]
l	[ɛl]	[ɛl]	**y**	[igrɛk]	[ypsilɔn]
m	[ɛm]	[ɛm]	**z**	[zɛd]	[tsɛt]
n	[ɛn]	[ɛn]			

Französisch-deutsches Wörterverzeichnis

A

a [a] *prés von* **avoir**
à [a] in, an, auf (*D od A*); ~ ***la mer*** am (ans) Meer; ~ ***Paris*** in (nach) Paris; ~ ***la maison*** zu (nach) Hause; ***au printemps*** im Frühling; ~ ***5 heures*** um 5 (Uhr); ~ ***demain!*** bis morgen!
abaisser [abɛse] senken
abandon [abɑ̃dõ] *m* Aufgabe *f* (*a Sp*); ***à l'***~ verwahrlost
abandonn|é [abɑ̃dɔne] *lieu* verlassen; *chat, voiture* herrenlos; ~**er** [~e] verlassen, im Stich lassen; *études, Sp* aufgeben
abattre [abatr(ə)] *maison* niederreißen; *arbre* fällen; *animal* schlachten; *tuer* niederschießen
abattu [abaty] niedergeschlagen
abbaye [abei] *f* Abtei
abcès [apsɛ] *m* Abszess
abdiquer [abdike] abdanken; *fig* aufgeben, kapitulieren
abdomen [abdɔmɛn] *m* Bauch, Unterleib
abeille [abɛj] *f* Biene
aberr|ant [abɛrɑ̃] abwegig, aberwitzig; ~**ation** [~asjõ] *f* Absurdität
abîm|e [abim] *m* Abgrund; ~**er** [~e] beschädigen; ***s'***~ beschädigt werden; *fruits* verderben
abolir [abɔlir] abschaffen, aufheben
abominable [abɔminabl(ə)] abscheulich
abond|ance [abõdɑ̃s] *f* Überfluss *m*; ~**ant** [~ɑ̃] reichlich; *nourriture* reichhaltig
abonné(e) [abɔne] *m(f)* Abonnent(in); *Tel* Teilnehmer(in)
abonner [abɔne] ***s'***~ ***à qc*** et abonnieren; ***être abonné à qc*** et abonniert haben
abonnement [abɔnmɑ̃] *m* Abonnement *n*; *Tel* Anschluss
abord [abɔr] ***d'***~ zuerst
abord|able [abɔrdabl(ə)] erschwinglich; ~**er** [~e] *personne* ansprechen; *sujet* angehen; *Mar* anlegen
aboutir [abutir] zu e-m Ergebnis führen; ~ ***à*** führen zu
aboyer [abwaje] bellen
abrég|é [abreʒe] *m* Kurzfassung *f*; ~**er** [~e] abkürzen
abréviation [abrevjasjõ] *f* Abkürzung

abri [abri] *m* Schutz(dach *n*, -raum); *habitation* Unterschlupf; ***à l'~ de*** sicher vor (*D*)
abricot [abriko] *m* Aprikose *f*
abriter [abrite] ***s'~*** Schutz suchen (***de*** vor *D*); *de la pluie* sich unterstellen
abrupt [abrypt] steil
abruti [abryti] benommen; F *stupide* blöd
absence [apsɑ̃s] *f* Abwesenheit
absent [apsɑ̃] abwesend
absenter [apsɑ̃te] ***s'~*** weggehen
absolu [apsɔly] absolut; **~ment** [~mɑ̃] unbedingt; *entièrement* völlig
absorber [apsɔrbe] *liquide* aufnehmen; *nourriture* zu sich nehmen
abstenir [apstənir] ***s'~*** *Pol* sich der Stimme enthalten; ***s'~ de qc*** et (*A*) unterlassen
abstrait [apstrɛ] abstrakt
absurde [apsyrd] absurd
abus [aby] *m* Missbrauch
abuser [abyse] ***~ de qc*** et missbrauchen; F *exagérer* zu weit gehen
acarien [akarjɛ̃] *m Zo* Milbe *f*
accablant [akablɑ̃] *chaleur* drückend; *preuves* erdrückend
accabler [akable] ***~ de*** überhäufen mit
accélér|ateur [akseleratœr] *m* Gaspedal *n*; **~er** [~e] beschleunigen; *Kfz* Gas geben
accent [aksɑ̃] *m* Akzent; Betonung *f*
accepter [aksɛpte] annehmen; ***~ de*** (+ *inf*) zusagen zu
accès [aksɛ] *m* Zugang; *d'une autoroute* Zufahrt *f*; *Med* Anfall
accessoires [aksɛswar] *m/pl* Zubehör *n*
accident [aksidɑ̃] *m* Unfall; ***~ de la route*** Verkehrsunfall
accompagn|ateur [akõpaɲatœr] *m*, **~atrice** [~atris] *f* Begleiter(in) *m(f)*; *de touristes* Reiseleiter(in) *m(f)*; *d'enfants* Begleitperson *f*; **~ement** [~əmɑ̃] *m Mus* Begleitung *f*; *Kochk* Beilage *f*; **~er** [~e] begleiten
accomplir [akõplir] ausführen; *devoir* erfüllen
accord [akɔr] *m acceptation* Zustimmung *f*; *traité* Abkommen *n*; *Mus* Akkord; ***d'~!*** einverstanden!; ***se mettre d'~*** sich einigen (***sur*** über *A*)
accorder [akɔrde] bewilligen
accoster [akɔste] (ungeniert) ansprechen; *Mar* anlegen
accotement [akɔtmɑ̃] *m* Randstreifen
accouch|ement [akuʃmɑ̃] *m* Entbindung *f*; **~er** [~e] entbinden
accourir [akurir] herbeieilen
accoutumer [akutyme] (***s'~*** sich) gewöhnen (***à*** an *A*)
accrochage [akrɔʃaʒ] *m* (leichter) Zusammenstoß

accrocher [akrɔʃe] *tableau* aufhängen; *remorque* anhängen; *Kfz* streifen; ***s'~ à*** sich festhalten an (*D*)
accueil [akœj] *m* Empfang
accueill|ant [akœjɑ̃] gastfreundlich; *maison* gemütlich; **~ir** [~ir] empfangen; *film, nouvelle* aufnehmen
accumuler [akymyle] anhäufen
accus [aky] *m/pl* F *Kfz* Batterie *f*
accus|é(e) [akyze] *m(f)* Angeklagte(r) *su*; **~er** [~e] anklagen
achat [aʃa] *m* Kauf; ***faire des ~s*** Einkäufe machen, einkaufen
achet|er [aʃte] kaufen; **~eur** [~œr] *m* Käufer
achever [aʃve] beenden; *œuvre* vollenden
acide [asid] **1.** sauer; **2.** *m* Säure *f*
acier [asje] *m* Stahl
acné [akne] *f* Akne
acompte [akõt] *m* Anzahlung *f*
acoustique [akustik] **1.** *Med* Hör..., Gehör...; *Phys* akustisch, Schall...; **2.** *f* Akustik
acquérir [akerir] erwerben
acquitt|ement [akitmɑ̃] *m* Freispruch; **~er** [~e] freisprechen
acte [akt] *m action* Tat *f*; Handlung *f*; *document* Urkunde *f*; *théâtre* Akt
acteur [aktœr] *m* Schauspieler
actif [aktif] aktiv; *médicament* wirksam
action [aksjõ] *f* Tat, Handlung; *effet produit* Wirkung; *en bourse* Aktie
activité [aktivite] *f* Aktivität, Tätigkeit
actualiser [aktɥalize] aktualisieren
actualité [aktɥalite] *f* Zeitgeschehen *n*; **~s** *pl* Nachrichten *f/pl*
actuel [aktɥɛl] aktuell; *présent* gegenwärtig; **~lement** [~lmɑ̃] zurzeit
acupuncture [akypõktyr] *f* Akupunktur
adapt|ateur [adaptatœr] *m* Bearbeiter; *Tech* Adapter; **~er** [~e] (***s'~*** sich) anpassen (***à*** *D od* an *A*); *TV usw* bearbeiten
addition [adisjõ] *f au restaurant* Rechnung; *Math* Addition; ***l'~, s'il vous plaît!*** zahlen, bitte!
additionner [adisjɔne] zusammenzählen, addieren
adhérent [aderɑ̃] *m* Mitglied *n*
adieu [adjø] **~!** leb (*od* leben Sie) wohl!; **~x** *m/pl* Abschied *m*
adjectif [adʒɛktif] *m* Adjektiv *n*
adjoint(e) [adʒwɛ̃ (-ɛ̃t)] *m(f)* Stellvertreter(in)
admettre [admɛtr(ə)] zulas-

sen; *à une école* aufnehmen (**à** in *A*); *reconnaître* zugeben; *supposer* annehmen
administration [administrasjõ] *f* Verwaltung; *service* Behörde
admirer [admire] bewundern
admission [admisjõ] *f* Zulassung
adolesc|ence [adɔlesɑ̃s] *f* Jugend(alter *n*); **~ent(e)** [~ɑ̃(t)] *m(f)* Jugendliche(r) *su*
adop|ter [adɔpte] adoptieren; **~tion** [-sjõ] *f* Adoption
adorable [adɔrabl(ə)] entzückend, süß
adorer [adɔre] über alles lieben; **~ *faire qc*** et für sein Leben gern tun
adoucir [adusir] mildern; *peau* weich machen
adresse [adrɛs] *f* Adresse, Anschrift; *habileté* Geschick *n*; **~ *électronique*** E-Mail-Adresse ['iːmeːl-]; **~ *de vacances*** Urlaubsanschrift
adresser [adrese] **~ à** richten, senden an (*A*); **s'~ à** sich wenden an (*A*)
adroit [adrwa] geschickt
adulte [adylt] **1.** erwachsen; **2.** *m*, *f* Erwachsene(r) *su*
adverbe [advɛrb] *m* Adverb *n*
adversaire [advɛrsɛr] *m*, *f* Gegner(in) *m(f)*
aér|ation [aerasjõ] *f* Lüftung; **~er** [~e] lüften; **~ien** [~jɛ̃] Luft..., Flug...
aérobic [aerɔbik] *f* Aerobic *n*
aéro|drome [aerɔdrom] *m* Flugplatz; **~gare** [~gar] *f* Terminal *m od n*; **~glisseur** [~glisœr] *m* Luftkissenfahrzeug *n*; **~port** [~pɔr] *m* Flughafen
affaiblir [afɛblir] schwächen; **s'~** schwächer werden
affaire [afɛr] *f* Angelegenheit, Sache (*a jur*); *Hdl* Geschäft *n*; *scandale* Affäre; **~s** *pl objets personnels* Sachen; *Hdl* Geschäft(e) *n(pl)*; ***avoir* ~ *à q*** mit j-m zu tun haben
affamé [afame] ausgehungert
affection [afɛksjõ] *f* Zuneigung; *Med* Erkrankung
affectueusement [afɛktɥøzmɑ̃] liebevoll; *fin d'une lettre* herzliche Grüße, herzlichst
affectueux [afɛktɥø] liebevoll
affich|e [afiʃ] *f* Plakat *n*; **~er** [~e] *Plakate* anschlagen; *Inform* anzeigen
affirm|er [afirme] behaupten, versichern; **~ation** [~asjõ] *f* Behauptung
affluence [aflɥɑ̃s] *f* Andrang *m*, Ansturm *m*; ***heures*** *f/pl* **d'~** Stoßzeit
affluent [aflɥa] *m* Nebenfluss
affoler [afɔle] **s'~** sich aufregen
affranchir [afrɑ̃ʃir] frankieren
affréter [afrete] chartern
affreux [afrø] schrecklich, abscheulich
affronter [afrõte] **~ *q*** j-m ge-

genübertreten; *Sp* auf j-n treffen; ***s'~*** sich gegenüberstehen (*a Sp*)

afin [afɛ̃] ***~ de*** um zu; ***~ que*** (+ *subj*) damit

africain [afrikɛ̃] **1.** afrikanisch; **2.** ♀ *m* Afrikaner

Afrique [afrik] *f* ***l'~*** Afrika *n*; ***l'~ du Sud*** Südafrika *n*

after-shave [aftœrʃɛv] *m* Aftershave [-ʃeːf] *n*; Rasierwasser *n*

agacer [agase] ärgern

agave [agav] *m* Agave *f*

âge [aʒ] *m* Alter *n*; ***quel ~ avez-vous?*** wie alt sind Sie?

âgé [aʒe] alt; ***~ de 5 ans*** 5 Jahre alt

agence [aʒɑ̃s] *f* Agentur; *succursale* Geschäftsstelle; ***~ immobilière*** Maklerbüro *n*; ***~ de voyages*** Reisebüro *n*

agenda [aʒɛ̃da] *m* Taschenkalender

agent [aʒɑ̃] *m* ***~ (de police)*** (Verkehrs-)Polizist; ***~ d'assurances*** Versicherungsagent

agglomération [aglɔmerasjõ] *f ville* Ortschaft; *métropole* Ballungsraum *m*; ***l'~ parisienne*** das Pariser Ballungsgebiet

aggrav|ation [agravasjõ] *f* Verschlechterung (*a Med*); ***~er*** [~e] verschlimmern; ***s'~*** sich verschlechtern

agile [aʒil] gewandt

agir [aʒir] handeln; ***il s'agit de*** ... es handelt sich um ...

agitation [aʒitasjõ] *f* Unruhe (*a Pol*)

agit|é [aʒite] unruhig (*a mer*); ***~er*** [~e] schütteln; *mouchoir* schwenken

agneau [aɲo] *m* Lamm *n*; *viande* Lammfleisch *n*

agraf|e [agraf] *f de bureau* Heftklammer; *Med* Klammer; ***~er*** [~e] (zusammen-)heften

agrand|ir [agrɑ̃dir] vergrößern; ***~issement*** [~ismɑ̃] *m* Vergrößerung (*a Fot*)

agréable [agreabl(ə)] angenehm

agréer [agree] genehmigen; ***veuillez ~, Monsieur, mes salutations distinguées*** mit freundlichen Grüßen

agress|er [agrɛse] *dans la rue* überfallen; *verbalement* angreifen; ***~eur*** [~œr] *m* Angreifer; ***~if*** [~if] aggressiv; ***~ion*** [~jõ] *f* Überfall *m*; ***~ivité*** [~ivite] *f* Aggressivität, Angriffslust

agri|cole [agrikɔl] landwirtschaftlich, Agrar...; ***~culteur*** [~kyltœr] *m* Landwirt; ***~culture*** [~kyltyr] *f* Landwirtschaft

agrumes [agrym] *m/pl* Zitrusfrüchte *f/pl*

ai [e] *prés von* ***avoir***

aide [ɛd] *f* Hilfe; ***à l'~ de*** mit Hilfe von

aider [ɛde] helfen (***q*** j-m, ***à faire qc*** et zu tun *od* bei et)

aïe! [aj] au!
aigle [ɛgl(ə)] *m* Adler
aiglefin [ɛgləfɛ̃] *m* Schellfisch
aigre [ɛgr(ə)] sauer
aigre-doux [ɛgrədu] süßsauer
aigreurs [ɛgrœr] *f/pl* ~ **(d'estomac)** saures Aufstoßen *n*
aigri [ɛgri] verbittert
aigu [ɛgy] spitz; *voix* schrill; *Med* akut; *douleur* stechend
aiguillage [egɥijaʒ] *m* Weiche *f*
aiguille [egɥij] *f* Nadel; *d'une montre* Zeiger *m*; ~ **à tricoter** Stricknadel
aiguilleur [egɥijœr] *m* ~ **du ciel** Fluglotse
aiguiser [egize] *couteau* schleifen; *appétit* anregen
ail [aj] *m* Knoblauch
aile [ɛl] *f* Flügel *m*; *Kfz* Kotflügel *m*
ailleurs [ajœr] anderswo (-hin), woanders(hin); **nulle part** ~ sonst nirgends; **d'~** übrigens
ailloli [ajɔli] *m* Knoblauchmayonnaise *f*
aimable [ɛmabl(ə)] liebenswürdig, freundlich
aimant [ɛmɑ̃] *m* Magnet
aimer [ɛme] lieben; ~ **bien** mögen; ~ **la bière** gern Bier trinken; ~ **faire qc** gern et tun; **j'aimerais** ich möchte *od* würde gern; ~ **mieux** lieber mögen, haben; ~ **mieux faire qc** et lieber tun
aine [ɛn] *f Anat* Leiste
aîné [ɛne] ältere(r, -s); *le plus âgé* älteste(r, -s)
ainsi [ɛ̃si] so; ~ **que** sowie
aïoli *s* **ailloli**
air [ɛr] *m* Luft *f*; *apparence* Aussehen *n*; *mine* Miene *f*; *mélodie* Melodie *f*; ~ **conditionné** Klimaanlage *f*; **en l'~** in die Luft; **en plein ~** im Freien; **avoir l'~** aussehen **(de** wie); **avoir l'~ de** (+ *inf*) scheinen zu
airbag [ɛrbag] *m* Airbag ['ɛːrbɛk]
aire [ɛr] *f* ~ **de jeu** Spielplatz *m*; ~ **de repos** Rastplatz *m*
airelle [ɛrɛl] *f* Heidelbeere
aise [ɛz] *f* **être (mal) à l'~** sich (nicht) wohl fühlen
aisé [ɛze] *facile* leicht; *riche* wohlhabend
aisselle [ɛsɛl] *f* Achsel(höhle)
ait [ɛ] *subj von* **avoir**
Aix-la-Chapelle [ɛkslaʃapɛl] Aachen
ajouter [aʒute] hinzufügen
alarme [alarm] *f* Alarm *m*
Albanie [albani] *f* **l'~** Albanien *n*
album [albɔm] *m* Album *n*
alcool [alkɔl] *m* Alkohol; **sans** ~ alkoholfrei; ~ **à brûler** Brennspiritus
alcoolique [alkɔlik] *m, f* Alkoholiker(in) *m(f)*
alcoolisé [alkɔlize] alkoholhaltig; **boisson** *f* **~e (non ~e)** alkoholisches (alkoholfreies) Getränk *n*

alcootest [alkɔtɛst] *m* Alkoholtest
al dente [aldɛnte] al dente
alentours [alɑ̃tur] *m/pl* Umgebung *f*; ***aux ~ de*** in der Gegend von; *environ* um … herum
alert|e [alɛrt] **1.** rege, flink; **2.** *f* Alarm *m*; **~er** [~e] alarmieren
algèbre [alʒɛbr(ə)] *f* Algebra
Algérie [alʒeri] *f* ***l'~*** Algerien *n*
algérien [alʒerjɛ̃] **1.** algerisch; **2.** ♀ *m* Algerier
algue [alg] *f* Alge
alibi [alibi] *m* Alibi *n*
aliment [alimɑ̃] *m* Nahrungsmittel *n*
alimentaire [alimɑ̃tɛr] Nahrungs..., Ernährungs...; ***pension f ~*** Unterhaltszahlung
alimentation [alimɑ̃tasjõ] *f* Ernährung; *nourriture* Nahrung; ***magasin m d'~*** Lebensmittelgeschäft *n*
alimenter [alimɑ̃te] ernähren; *eau, électricité* versorgen (***en*** mit)
allaiter [alɛte] stillen
allécher [aleʃe] (an)locken
allée [ale] *f* Allee
allég|é [alɛʒe] *produit* light; **~er** [~e] leichter machen
Allemagne [almaɲ] *f* ***l'~*** Deutschland *n*
allemand [almɑ̃] **1.** deutsch; **2.** *m langue* ***l'~*** Deutsch *n*; **3.** ♀**(e)** [~(d)] *m(f)* Deutsche(r) *su*
aller [ale] **1.** *à pied* gehen; (*dans un*) *véhicule* fahren (***en voiture*** mit dem Auto; ***à Nice*** nach Nizza); ***~ à q*** *vêtement* j-m stehen, passen; ***~ chercher*** holen; ***~ voir q*** j-n besuchen; ***s'en ~*** weg-, fortgehen; (***comment***) ***ça va?*** wie gehts?; ***ça va*** es geht (ganz gut); ***je vais bien*** (***mal, mieux***) es geht mir gut (schlecht, besser); ***~ faire*** (***qc***) gleich (et) tun; **2.** *m* Hinfahrt *f*; ***~*** (***simple***) einfache Fahrkarte *f*; ***~*** (***et***) ***retour*** Hin- und Rückfahrt *f*, Rückfahrkarte *f*; ***match m ~*** Hinspiel *n*
allerg|ie [alɛrʒi] *f* Allergie; **~ique** [~ik] allergisch
alliance [aljɑ̃s] *f Pol* Bündnis *n*; *anneau* Trauring *m*
alligator [aligatɔr] *m* Alligator
allô [alo] *Tel* ja, bitte? *en Allemagne, on donne son nom*
allocation [alɔkasjõ] *f* Unterstützung; ***~s pl familiales*** Kindergeld *n*
allonger [alõʒe] verlängern; ***s'~*** *jours* länger werden; *se coucher* sich hinlegen; ***être allongé*** liegen
allum|age [alymaʒ] *m* Zündung *f*; **~er** [~e] anzünden; *lumière, radio, TV* einschalten; **~ette** [~ɛt] *f* Streich-, Zündholz *n*
allure [alyr] *f vitesse* Tempo *n*; *air* Aussehen *n*; *classe* Stil *m*;

à toute ~ mit vollem Tempo
allusion [alyzjõ] *f* Anspielung (***à*** auf *A*)
alors [alɔr] *à cette époque* damals; *en conséquence* dann; ***et ~?*** na und?; ***~ que*** während, wo(hin)gegen
alouette [alwɛt] *f* Lerche
alourdir [alurdir] schwer(er) machen
aloyau [alwajo] *m* Lende *f*
alpage [alpaʒ] *m* Alm *f*
Alpes [alp] *f/pl* ***les ~*** die Alpen
alphab|et [alfabɛ] *m* Alphabet *n*; ***~étique*** [˷etik] alphabetisch
alpin|isme [alpinism(ə)] *m* Bergsteigen *n*; ***~iste*** [˷ist] *m*, *f* Bergsteiger(in) *m(f)*
Alsace [alzas] *f* ***l'~*** das Elsass
alsacien [alzasjɛ̃] **1.** elsässisch; **2.** ♀ *m* Elsässer
alternance [altɛrnɑ̃s] *f* Wechsel *m*; ***en ~*** im Wechsel, abwechselnd
altern|ative [altɛrnativ] *f* Alternative; ***~ativement*** [˷ativmɑ̃] abwechselnd; ***~er*** [˷e] abwechseln (***avec*** mit)
altitude [altityd] *f* Höhe
aluminium [alyminjɔm] *m* Aluminium *n*
alzheimer [alzajmœr] *m* Alzheimerkrankheit *f*; ***maladie f d'***♀ Alzheimerkrankheit
amabilité [amabilite] *f* Liebenswürdigkeit
amaigri [amɛgri] abgemagert
amande [amɑ̃d] *f* Mandel
amant [amɑ̃] *m* Liebhaber, Geliebte(r)
amarrer [amare] *f Mar* festmachen
amaryllis [amarilis] *f* Amaryllis
amas [ama] *m* Haufen
amasser [amase] anhäufen
amateur [amatœr] *m* Liebhaber; *Sp* Amateur
ambassad|e [ɑ̃basad] *f* Botschaft; ***~eur*** [˷œr] *m* Botschafter
ambiance [ɑ̃bjɑ̃s] *f* Stimmung
ambigu [ɑ̃bigy] zweideutig
ambitieux [ɑ̃bisjø] ehrgeizig
ambition [ɑ̃bisjõ] *f* Ehrgeiz *m*
ambulance [ɑ̃bylɑ̃s] *f* Krankenwagen *m*
ambulatoire [ɑ̃bylatwar] ambulant
âme [am] *f* Seele
amélior|ation [ameljɔrasjõ] *f* (Ver-)Besserung; ***~er*** [˷e] verbessern; ***s'~*** besser werden; sich bessern
amen [amɛn] amen
aménager [amenaʒe] *appartement* einrichten
amende [amɑ̃d] *f* Geldstrafe
amener [amne] mitbringen; *entraîner* mit sich bringen
amer [amɛr] bitter (*a fig*)
américain [amerikɛ̃] **1.** amerikanisch; **2.** ♀ *m* Amerikaner
Amérique [amerik] *f* ***l'~*** Amerika *n*; ***l'~ du Sud*** Südamerika *n*; ***l'~ latine*** Lateinamerika *n*

ameublement [amœbləmɑ̃] *m* (Zimmer-, Wohnungs-) Einrichtung *f*
ami(e) [ami] *m(f)* Freund(in)
amiable [amjabl(ə)] ***à l'~*** einvernehmlich, gütlich
amiante [amjɑ̃t] *m* Asbest
amic|al [amikal] freundschaftlich; **~ale** [~al] *f* Verein *m*
amicalement [amikalmɑ̃] mit herzlichem Gruß
amidon [amidõ] *m* Stärke *f*
amincir [amɛ̃sir] schlank machen; *v/i* dünner werden
amiral [amiral] *m* (*pl* ***-aux*** [-o]) Admiral
amitié [amitje] *f* Freundschaft; ***~s*** *pl* freundliche, herzliche Grüße *m/pl*
amoindrir [amwɛ̃drir] verringern, vermindern
amont [amõ] ***en ~*** fluss-, stromaufwärts; ***en ~ de*** oberhalb von
amorcer [amɔrse] in Gang bringen; ***s'~*** in Gang kommen
amort|ir [amɔrtir] *choc, bruit* dämpfen; *Hdl* amortisieren; **~isseur** [~isœr] *m* Stoßdämpfer
amour [amur] *m* Liebe *f*; ***faire l'~ avec q*** mit j-m schlafen
amoureux [amurø] verliebt (***de*** in *A*); ***tomber ~ de*** sich verlieben in (*A*)
amour-propre [amurprɔpr(ə)] *m* Selbstachtung *f*
ampère [ɑ̃pɛr] *m* Ampere *n*
amphithéâtre [ɑ̃fiteɑtr(ə)] *m université* Hörsaal; *arènes* Amphitheater *n*
ampl|e [ɑ̃pl(ə)] *vêtement* weit; **~eur** [~œr] *f* Weite; *fig* Umfang *m*, Ausmaß *n*
ampli(ficateur) [ɑ̃pli(fikatœr)] *m* Verstärker
amplifier [ɑ̃plifje] verstärken (*a Tech*)
ampoule [ɑ̃pul] *f lampe* Glühbirne; *cloque* Blase; *médicament* Ampulle
amputer [ɑ̃pyte] amputieren
amulette [amylɛt] *f* Amulett *n*
amusant [amyzɑ̃] unterhaltend, lustig
amuse-gueule [amyzgœl] *m* Appetithäppchen *n*
amuser [amyze] unterhalten; *qc* Spaß machen (***q*** j-m); ***s'~*** sich amüsieren; *jouer* spielen; ***pour s'~*** zum Spaß
amygdales [ami(g)dal] *f/pl Anat* Mandeln
an [ɑ̃] *m* Jahr *n*; ***jour*** *m* ***de l'~*** Neujahrstag; ***à vingt ~s*** mit zwanzig (Jahren); ***par ~*** im *od* pro Jahr; ***tous les ~s*** jedes Jahr; ***avoir dix ~s*** zehn (Jahre alt) sein
analgésique [analʒezik] **1.** schmerzstillend; **2.** *m* Schmerzmittel *n*
analyse [analiz] *f* Analyse; ***~ de sang*** Blutuntersuchung
analyser [analize] analysieren, untersuchen
ananas [anana(s)] *m* Ananas *f*

anarchie [anarʃi] *f* Anarchie
anchois [ɑ̃ʃwa] *m* Sardelle *f*, Anschovis *f*
ancien [ɑ̃sjɛ̃] alt; *précédent* ehemalig
ancre [ɑ̃kr(ə)] *f* Anker *m*
Andorre [ɑ̃dɔr] *f* **l'~** Andorra *n*
andouill|e [ɑ̃duj] *f* Kuttelwurst; F Dummkopf *m*; **~ette** [~ɛt] *f* Kuttelbratwurst
âne [ɑn] *m* Esel
anéantir [aneɑ̃tir] vernichten; *fig* niederschmettern
anecdote [anɛgdɔt] *f* Anekdote
anémie [anemi] *f* Blutarmut
anesthésie [anɛstezi] *f* Betäubung, Narkose; ***~ locale*** örtliche Betäubung; ***~ générale*** Vollnarkose
aneth [anɛt] *m* Dill
ange [ɑ̃ʒ] *m* Engel
angine [ɑ̃ʒin] *f* Angina; ***~ de poitrine*** Angina pectoris
anglais [ɑ̃glɛ] **1.** englisch; **2.** ℒ *m* Engländer
angle [ɑ̃gl(ə)] *m coin* Ecke *f*; *Math* Winkel; ***sous cet ~*** unter diesem Blickwinkel
Angleterre [ɑ̃glətɛr] *f* **l'~** England *n*
angoiss|e [ɑ̃gwas] *f* Angst (-gefühl) *f(n)*; **~er** [~e] (***s'~*** sich) ängstigen
anguille [ɑ̃gij] *f* Aal *m*; ***~ fumée*** Räucheraal *m*
animal [animal] **1.** *m* (*pl* **-aux** [-o]) Tier *n*; **2.** *adj* tierisch, Tier…

anima|teur [animatœr] *m*, **~trice** [~tris] *f d'une émission* Moderator(in) *m(f)*; *d'un groupe* Betreuer(in) *m(f)*; *de vacances* Animateur(in) *m(f)*; *d'un débat* Diskussionsleiter(in) *m(f)*
anim|é [anime] *rue* belebt; *discussion* lebhaft; **~er** [~e] beleben; *émission* moderieren; *groupe* betreuen; *débat* leiten
anis [ani(s)] *m* Anis; **~ette** [~zɛt] *f* Anislikör *m*
ankylosé [ɑ̃kiloze] *Med* steif
anneau [ano] *m* Ring
année [ane] *f* Jahr *n*; ***~ scolaire*** Schuljahr *n*; ***bonne ~!*** ein gutes neues Jahr!
année-lumière [anelymjɛr] *f* Lichtjahr *n*
annexe [anɛks] *f bâtiment* Nebengebäude *n*; ***~s*** *pl d'un dossier usw* Anlagen
anniversaire [anivɛrsɛr] *m* Geburtstag; *d'un événement* Jahrestag; ***~ de mariage*** Hochzeitstag; ***bon ~!*** alles Gute zum Geburtstag!
annonce [anɔ̃s] *f* Ankündigung; ***petite ~*** Anzeige; ***petites ~s*** *pl rubrique* Anzeigenteil *m*
annoncer [anɔ̃se] ankündigen
annuaire [anɥɛr] *m* Jahrbuch *n*; ***~ du téléphone*** Telefonbuch *n*
annuel [anɥɛl] jährlich, Jahres…

annulaire [anylɛr] *m* Ringfinger
annul|é [anyle] fällt aus; **~er** [~e] *réservation* annullieren; *rendez-vous* absagen; *voyage* abbestellen; *vol* streichen; *commande* stornieren
anorak [anorak] *m* Anorak
A.N.P.E. [aɛnpeə] *f* (*Agence nationale pour l'emploi*) Arbeitsamt *n*
Antarctique [ɑ̃tarktik] *m* **l'~** die Antarktis
antenne [ɑ̃tɛn] *f* Antenne; *Zo* Fühler *m*; **~ de télévision** Fernsehantenne; **~ parabolique** Parabolantenne; **être à l'~** auf Sendung sein
antérieur [ɑ̃terjœr] vordere(r, -s), Vorder…; *d'avant* frühere(r, -s); **~ à** früher als
antibiotiques [ɑ̃tibjɔtik] *m/pl* Antibiotika *n/pl*
antibrouillard [ɑ̃tibrujar] *m phare* Nebelscheinwerfer; *feu arrière* Nebelschlussleuchte *f*
anticorps [ɑ̃tikɔr] *m* Antikörper
anticyclone [ɑ̃tisiklon] *m* Hoch(druckgebiet) *n*
anticiper [ɑ̃tisipe] vorwegnehmen (**sur qc** et); *paiement* im Voraus leisten
antidopage [ɑ̃tidɔpaʒ] **contrôle** *m* **~** Dopingkontrolle *f*
antidote [ɑ̃tidɔt] *m* Gegenmittel *n*, -gift *n*
antigel [ɑ̃tiʒel] *m* Frostschutzmittel *n*
Antilles [ɑ̃tij] *f/pl* **les ~** die Antillen *pl*
antilope [ɑ̃tilɔp] *f* Antilope
antipathique [ɑ̃tipatik] unsympathisch
antiquaire [ɑ̃tikɛr] *m* Antiquitätenhändler
antique [ɑ̃tik] antik
Antiquité [ɑ̃tikite] *f* Altertum *n*, Antike; **2s** *pl* Antiquitäten
antiseptique [ɑ̃tiseptik] antiseptisch, keimtötend
antivol [ɑ̃tivɔl] *m* Diebstahlsicherung *f*
anus [anys] *m* After
Anvers [ɑ̃vɛr] Antwerpen
anxi|été [ɑ̃ksjete] *f* Angst; **~eux** [~ø] ängstlich
août [u(t)] *m* August
apaiser [apeze] beruhigen; *maux de dents* lindern
apercevoir [apɛrsəvwar] *discerner* erkennen; *brièvement* (flüchtig) sehen; **s'~ de qc** et merken
aperçu [apɛrsy] *m* kurzer Überblick
apéritif [aperitif] *m* Aperitif
apéro [apero] F *m* Aperitif
aplanir [aplanir] planieren, ebnen
aplatir [aplatir] platt drücken
apoplexie [apɔplɛksi] *f* Schlaganfall *m*
apostroph|e [apɔstrɔf] *f* Apostroph *m*; **~er** [~e] anherrschen, anfahren
apparaître [aparɛtr(ə)] er-

scheinen, zum Vorschein kommen

appareil [aparɛj] *m* Apparat (*a Tel*), Gerät *n*; *avion* Maschine *f*; **~ (de) photo** Fotoapparat, Kamera *f*

appareiller [aparɛje] *Mar* ablegen, auslaufen (**pour** nach)

apparence [aparɑ̃s] *f* Aussehen *n*; **~s** *pl* (An-)Schein *m*; **en ~** scheinbar

apparent [aparɑ̃] *visible* sichtbar; *en apparence* scheinbar

apparition [aparisjõ] *f* Erscheinen *n*; *vision* Erscheinung

appartement [apartəmɑ̃] *m* Wohnung *f*; **~-témoin** [-temwɛ̃] *m* Musterwohnung

appartenir [apartənir] **~ à** gehören (*D*); *faire partie de* angehören (*D*)

appât [apɑ] *m* Köder

appel [apɛl] *m* Ruf; *Tel* Anruf; *jur* Berufung *f*; **~ au secours** Hilferuf; **faire ~ à q** j-n heranziehen; **faire un ~ de phares** die Lichthupe betätigen

appeler [aple] rufen; *nommer* nennen; *Tel* anrufen; **s'~** heißen

appellation [apɛlasjõ] *f* **~ (d'origine) contrôlée** geprüfte Herkunftsbezeichnung

appendicite [apɛ̃disit] *f* Blinddarmentzündung

appétissant [apetisɑ̃] appetitlich

appétit [apeti] *m* Appetit; **bon ~!** guten Appetit!

applaud|ir [aplodir] Beifall klatschen (**q** j-m); **~issements** [-ismɑ̃] *m/pl* Applaus *m*, Beifall *m*

appliqué [aplike] fleißig

appliquer [aplike] *produit* auftragen; *loi, méthode* anwenden (**à** auf); **s'~** fleißig sein; **s'~ à** gelten für; **s'~ à** (+ *inf*) sich bemühen zu

apporter [apɔrte] (mit)bringen

apprécier [apresje] schätzen

apprendre [aprɑ̃dr(ə)] lernen; *nouvelle* erfahren (**par q** durch j-n); **~ qc à q** *enseigner* j-m et beibringen; *annoncer* j-m et mitteilen

apprent|i [aprɑ̃ti] *m* Lehrling; **~issage** [-isaʒ] *m* Lehre *f*

apprêter [aprɛte] **s'~ à partir** gerade im Begriff sein wegzugehen

apprivoiser [aprivwaze] *animal* zähmen

approch|e [aprɔʃ] *f* **à l'~ de** beim Herannahen (+ *G*); **~er** [-e] heranrücken; **s'~ de** sich nähern (*D*)

approfondir [aprɔfõdir] vertiefen

approprié [aprɔprije] angemessen, passend

approuver [apruve] billigen, gutheißen; **~ q** j-m zustimmen

approvisionner [aprɔvizjɔne] versorgen (***en*** mit)
approximatif [aprɔksimatif] annähernd
appui [apɥi] *m* Stütze *f*; *fig* Unterstützung *f*
appui(e)-tête [apɥitɛt] *m* Kopfstütze *f*
appuyer [apɥije] lehnen (***contre*** gegen), (an)lehnen (***an*** *A*); **~ *sur*** drücken auf (*A*); ***s'~ sur*** sich stützen auf (*A*) (*a fig*)
après [aprɛ] nach, hinter; *adv* nachher; ***d'~*** gemäß; ***~ que*** nachdem
après|-demain [apredmɛ̃] übermorgen; **~-guerre** [-gɛr] *m od f* Nachkriegszeit *f*; **~-midi** [-midi] *m od f* Nachmittag *m*; **~-rasage** [-rɑzaʒ] *m* Aftershave [-ʃe:f] *n*, Rasierwasser *n*; **~-ski** [-ski] *m* Schneestiefel; Après-Ski *n*
aptitude [aptityd] *f* Fähigkeit
aquarelle [akwarɛl] *f* Aquarell *n*
aquarium [akwarjɔm] *m* Aquarium *n*
aqueduc [akdyk] *m* Aquädukt
arabe [arab] **1.** arabisch; **2.** ♀ *m* Araber
araignée [arɛɲe] *f* Spinne
arbitraire [arbitrɛr] willkürlich
arbitre [arbitr(ə)] *m* Schlichter; *Sp* Schiedsrichter
arbitrer [arbitre] *conflit* schlichten; *Sp* Schiedsrichter sein (***qc*** bei et)
arbre [arbr(ə)] *m* Baum; ***~ de Noël*** Weihnachtsbaum
arbuste [arbyst] *m* (kleiner) Strauch
arc [ark] *m* Bogen
arc-en-ciel [arkɑ̃sjɛl] *m* Regenbogen
archéologie [arkeɔlɔʒi] *f* Archäologie
archevêque [arʃəvɛk] *m* Erzbischof
architect|e [arʃitɛkt] *m, f* Architekt(in) *m(f)*; **~ure** [-yr] *f* Architektur
archives [arʃiv] *f/pl* Archiv *n*
Arctique [arktik] *m* ***l'~*** die Arktis
ardent [ardɑ̃] glühend
ardeur [ardœr] *f* Glut, Hitze
ardoise [ardwaz] *f* Schiefer *m*
arène(s) [arɛn] *f(pl)* Arena *f*
arête [arɛt] *f* Gräte
argent [arʒɑ̃] *m* Silber *n*; *monnaie* Geld *n*; ***~ liquide*** Bargeld *n*; ***~ de poche*** Taschengeld *n*
argenté [arʒɑ̃te] silbern
Argentine [arʒɑ̃tin] *f* ***l'~*** Argentinien *n*
argile [arʒil] *f* Ton *m*
argot [argo] *m* Argot *n od m*; Jargon *m*
aride [arid] trocken (*a fig*), ausgedörrt
aristocra|tie [aristɔkrasi] *f* Aristokratie; **~tique** [-tik] aristokratisch
arme [arm] *f* Waffe; ***~ à feu***

Feuer-, Schusswaffe
armé [arme] bewaffnet; ***béton*** *m* **~** Eisenbeton
armée [arme] *f* Armee
armer [arme] bewaffnen; *pays* aufrüsten; *arme à feu, appareil photo* spannen
armistice [armistis] *m* Waffenstillstand
armoire [armwar] *f* Schrank *m*; **~ *à pharmacie*** Hausapotheke *f*
armoiries [armwari] *f/pl* Wappen *n*
aromat|e [arɔmat] *m* Gewürz *n*; **~ique** [~ik] aromatisch
arôme [arom] *m* Aroma *n*, Duft
arr. (*arrondissement*) Stadtbezirk
arracher [araʃe] (her)ausreißen; *pommes de terre* ernten; *dent* ziehen; **~ *qc à q*** j-m et entreißen (*a fig*)
arranger [arɑ̃ʒe] (wieder) in Ordnung bringen; *organiser* arrangieren; ***ça m'arrange*** (***bien***) das kommt mir sehr gelegen; ***s'~*** (wieder) in Ordnung kommen; ***s'~ avec q*** sich mit j-m einigen; ***s'~ pour*** (+ *inf*) es so einrichten, dass
arrestation [arɛstasjõ] *f* Verhaftung, Festnahme
arrêt [arɛ] *m* Anhalten *n*; Stehenbleiben *n*; *de bus* Haltestelle *f*; *train* Aufenthalt; ***sans ~*** ununterbrochen
arrêter [arɛte] anhalten; *moteur* abstellen; *j-n* verhaften; ***s'~*** stehen bleiben; *bruit* aufhören; *faire halte* Halt machen; *train* halten (***à*** in); **(*s'*)~ *de*** (+ *inf*) aufhören zu; ***arrête!*** hör auf!
arrhes [ar] *f/pl* Anzahlung *f*
arrière [arjɛr] **1.** *adj* Hinter…, Rück…; **2.** *m* Heck *n*; *Sp* Verteidiger; ***en ~*** rückwärts, zurück, nach hinten; ***à l'~*** hinten
arriéré [arjere] rückständig; *enfant* zurückgeblieben
arrière|-goût [arjɛrgu] *m* Nachgeschmack; **~-grand-mère** [~grɑ̃mɛr] *f* Urgroßmutter; **~-pays** [~pei] *m* Hinterland *n*; **~-pensée** [~pɑ̃se] *f* Hintergedanke *m*; **~-plan** [~plɑ̃] *m* Hintergrund; **~-saison** [~sɛzõ] *f* Nachsaison
arrivée [arive] *f* Ankunft
arriver [arive] ankommen; *malheur* passieren (***à q*** j-m); **~ *à*** (+ *inf*) es schaffen zu …
arrondir [arõdir] abrunden
arrondissement [arõdismɑ̃] *m* (Stadt-)Bezirk
arros|er [aroze] (be)gießen; **~oir** [~war] *m* Gießkanne *f*
art [ar] *m* Kunst *f*
artère [artɛr] *f Anat* Arterie; *Kfz* Hauptverkehrsstraße
artériosclérose [arterjɔskleroz] *f* Arterienverkalkung, Arteriosklerose
arthrose [artroz] *f* Arthrose
artichaut [artiʃo] *m* Arti-

schocke *f*; ***fond*** *m* ***d'~*** Artischockenboden

article [artikl(ə)] *m* Artikel; ***~s*** *pl* ***de voyage*** Reisebedarf *m*; ***~s*** *pl* ***de cuir*** Lederwaren *f/pl*; ***~s*** *pl* ***de sport*** Sportartikel *f/pl*

articulation [artikylasjõ] *f* Gelenk *n*

artificiel [artifisjɛl] künstlich

artillerie [artijri] *f* Artillerie

artis|an [artizɑ̃] *m* Handwerker; ***~anal*** [anal] handwerklich

artist|e [artist] *m*, *f* Künstler(in) *m(f)*; ***~ique*** [-ik] künstlerisch

as¹ [as] *m* Ass *n* (*a* F *fig*); *Sp a* Kanone *f*

as² [a] *prés von* ***avoir***

ascenseur [asɑ̃sœr] *m* Aufzug, Fahrstuhl

ascension [asɑ̃sjõ] *f* Besteigung; *fig* Aufstieg *m*; ***l'*2** (Christi) Himmelfahrt

asiatique [azjatik] **1.** asiatisch; **2.** 2 *m* Asiat

Asie [azi] *f* ***l'~*** Asien *n*

asile [azil] *m* Asyl *n*; ~ (***d'aliénés***) Irrenanstalt *f*

aspect [aspɛ] *m* Aussehen *n*, Anblick; *point de vue* Aspekt, Gesichtspunkt

asperge [aspɛrʒ] *f* Spargel *m*

asphyxier [asfiksje] ersticken

aspirateur [aspiratœr] *m* Staubsauger

aspirer [aspire] *air* einatmen; *liquide*, *poussière* ansaugen; ~ ***à*** streben nach

aspirine® [aspirin] *f* Aspirin® *n*

assaillir [asajir] angreifen, überfallen; *fig* bestürmen (***de*** mit)

assaisonn|ement [asɛzɔnmɑ̃] *m* Würzen *n*; *ingrédients* Gewürze *n/pl*; *vinaigrette* Salatsoße *f*; ***~er*** [-e] würzen; *salade* anmachen

assassin [asasɛ̃] *m* Mörder

assassin|at [asasina] *m* Mord; ***~er*** [-e] ermorden

assemblée [asɑ̃ble] *f* Versammlung

assembler [asɑ̃ble] zusammenfügen, -bauen; ***s'~*** sich versammeln

asseoir [aswar] *enfant* setzen; ***s'~*** sich (hin)setzen

assez [ase] genug; *plutôt* ziemlich; ~ ***d'argent*** genug Geld; ***j'en ai ~*** ich habe es satt

assiette [asjɛt] *f* Teller *m*; ~ ***anglaise*** *Platte mit kaltem Braten und Rohkost*

assis [asi] sitzend; ***être ~*** sitzen

assistant(e) [asistɑ̃(t)] *m(f)* Assistent(in); ***~e sociale*** Sozialarbeiterin

assister [asiste] ~ ***q*** j-m beistehen; ~ ***à*** *spectacle* sich ansehen (*A*); *dispute* dabei sein bei

association [asɔsjasjõ] *f* Verein *m*; *Wi* Verband *m*

associer [asɔsje] verbinden; ~ ***q à*** j-n beteiligen an (*D*);

s'~ avec sich zusammenschließen mit
assoiffé [aswafe] durstig
assommer [asɔme] bewusstlos schlagen
Assomption [asõpsjõ] *f* ***l'~*** Mariä Himmelfahrt
assortiment [asɔrtimɑ̃] *m* Auswahl *f*; ***~ de charcuterie*** Wurstplatte *f*
assoupir [asupir] ***s'~*** einschlummern
assouplir [asuplir] lockern (*a fig*); *linge* weich machen
assurance [asyrɑ̃s] *f* Versicherung; *confiance en soi* (Selbst-)Sicherheit; ***~ auto*** Kfz-Versicherung; ***~ maladie*** Krankenversicherung; ***~ responsabilité civile*** Haftpflichtversicherung; ***~ tous risques*** Vollkaskoversicherung
assurément [asyremɑ̃] sicher(lich)
assurer [asyre] versichern; *garantir* sichern; ***s'~*** sich versichern (***contre*** gegen); ***s'~ de*** sich vergewissern (*G*)
asthme [asm(ə)] *m* Asthma *n*
astre [astr(ə)] *m* Gestirn *n*
astronaute [astronot] *m* Astronaut, Raumfahrer
astucieux [astysjø] raffiniert; *personne* einfallsreich
atelier [atəlje] *m* Werkstatt *f*; *d'artiste* Atelier *n*; *groupe de travail* Arbeitsgruppe *f*
athée [ate] *m* Atheist
athl|ète [atlɛt] *m* (Leicht-)Athlet; ***~étisme*** [~etism(e)] *m* Leichtathletik *f*
Atlantique [atlɑ̃tik] *m* ***l'(océan) ~*** der Atlantik
atlas [atlas] *m* Atlas
atmosphère [atmɔsfɛr] *f* Atmosphäre
atome [atom] *m* Atom *n*
atomique [atɔmik] Atom…
atout [atu] *m* Trumpf
atroce [atrɔs] entsetzlich
attaché-case [ataʃekɛz] *m* Aktenkoffer
attacher [ataʃe] festmachen, fest-, anbinden (***à*** an *D*); *lacets* zubinden; *tablier* umbinden; *Kochk* ansetzen; ***~ sa ceinture*** sich anschnallen; ***s'~ à*** hängen an (*D*)
atta|quant [atakɑ̃] *m Sp* Angriffsspieler; ***~que*** [~k] *f* Angriff *m*; *Med* Anfall *m*
attaquer [atake] angreifen, *dans la rue* überfallen; *fig* ***s'~ à qc*** et anpacken
attarder [atarde] ***s'~*** sich zu lange aufhalten
atteindre [atɛ̃dr(ə)] erreichen; *projectile* treffen; *Med* befallen; *fig toucher* treffen
attendant [atɑ̃dɑ̃] ***en ~*** in der Zwischenzeit
attendre [atɑ̃dr(ə)] warten (***q*** auf j-n); ***~ que*** (+ *subj*) warten, bis; ***~ de*** erwarten von; ***s'~ à*** gefasst sein auf (*A*)
attendrir [atɑ̃drir] rühren
attentat [atɑ̃ta] *m* Attentat *n*
attente [atɑ̃t] *f* Warten *n* (***de*** auf *A*); *durée* Wartezeit; *es-*

poir Erwartung; ***file** f* ***d'~*** Schlange

attentif [atɑ̃tif] aufmerksam; ***être ~ à*** achten auf (*A*)

attention [atɑ̃sjõ] *f* Aufmerksamkeit; ***~!*** Vorsicht!, Achtung!; ***faire ~*** aufpassen, achten (***à*** auf *A*)

atténuer [atenɥe] abschwächen, mildern; *bruit* dämpfen; *douleur* lindern

atterrir [aterir] *Flgw* landen

attestation [atɛstasjõ] *f* Bescheinigung

attir|ance [atirɑ̃s] *f* Anziehungskraft; **~ant** [~ɑ̃] anziehend

attirer [atire] anziehen; ***~ l'attention sur*** die Aufmerksamkeit lenken auf (*A*)

attitude [atityd] *f* Haltung

attraction [atraksjõ] *f* Anziehungskraft; *pour le public* Attraktion

attrait [atrɛ] *m* Reiz

attraper [atrape] fangen; *balle a* auffangen; *train, bus* erreichen; F *maladie* sich holen; ***être attrapé*** hereinfallen

attrayant [atrɛjɑ̃] anziehend

attribuer [atribɥe] *donner* zuweisen; *comme cause* zurückführen (***à qc*** auf et *A*)

au [o] = ***à*** + ***le***

aube [ob] *f* Morgendämmerung

aubépine [obepin] *f* Weißdorn *m*

auberge [obɛrʒ] *f* (Land-) Gasthof *m*; ***~ de*** (***la***) ***jeunesse*** Jugendherberge

aubergine [obɛrʒin] *f* Aubergine

auc|un [okɛ̃, -kœ̃], **~une** [~yn] (***ne … ~, ~ … ne***) kein(e); *employé seul* keine(r, -s)

aucunement [okynmɑ̃] keineswegs

audacieux [odasjø] kühn

au-delà [od(ə)la] ***~ de*** jenseits (*G*); *fig* über … hinaus

au-dessous [od(ə)su] darunter; ***~ de*** unter (*D od A*)

au-dessus [od(ə)sy] darüber; ***~ de*** über (*D od A*)

auditeur [oditœr] *m* Zuhörer

augmentation [ogmɑ̃tasjõ] *f* Zunahme; *des prix* Erhöhung; ***~ de salaire*** Lohn-, Gehaltserhöhung

augmenter [ogmɑ̃te] erhöhen; *v/i population* zunehmen; *prix* steigen

aujourd'hui [oʒurdɥi] heute; *de nos jours* heutzutage

aulne [on] *m* Erle *f*

aumône [omon] *f* Almosen *n*

auparavant [oparavɑ̃] vorher, zuvor

auprès [oprɛ] ***~ de*** bei

aurai [ɔre] *fut von* ***avoir***

aurore [ɔrɔr] *f* Morgenröte

ausculter [ɔskylte] *Med* abhorchen

aussi [osi] auch; *cj* daher; ***~ … que*** (eben)so … wie

aussitôt [osito] sofort, (so-) gleich; ***~ que*** sobald

austère [ostɛr] streng

Australie [ostrali] *f* ***l'~*** Australien *n*
australien [ostraljɛ̃] **1.** australisch; **2.** ♀ *m* Australier
autant [otɑ̃] ~ (***que***) soviel … (wie); *souffrir* so sehr (wie); ***~ de …*** (***que***) soviel (wie); ***d'~ plus que*** umso mehr als
autel [otɛl] *m* Altar
auteur [otœr] *m* Autor(in) *m(f)*, Verfasser(in) *m(f)*; ***~ du crime*** Täter(in) *m(f)*
authentique [otɑ̃tik] echt
auto [oto] *f* Auto *n*; **~biographie** [~bjɔgrafi] *f* Autobiographie; **~bus** [~bys] *m* Bus; **~car** [~kar] *m* (Reise-, Überland-)Bus
autocuiseur [otokɥizœr] *m* Schnellkochtopf
auto-école [otoekɔl] *f* Fahrschule
auto|graphe [otograf] *m* Autogramm *n*; **~matique** [~matik] automatisch
automne [otɔn] *m* Herbst
automobil|e [otomɔbil] *adj* Auto(mobil)…, Kraftfahrzeug…; **~iste** [~ist] *m* Auto-, Kraftfahrer
autopsie [otɔpsi] *f* Obduktion
autoradio [otoradjo] *m* Autoradio *n*
autoris|ation [otorizasjõ] *f* Genehmigung; **~er** [~e] erlauben (***qc*** et; ***q à faire qc*** j-m, et zu tun)
autorités [otorite] *f/pl* Behörden
autoroute [otɔrut] *f* Autobahn
auto-stop [otostɔp] *m* ***faire de l'~*** per Anhalter fahren
auto-stopp|eur [otostɔpœr] *m*, **~euse** [~øz] *f* Anhalter(in) *m(f)*
autour [otur] d(a)rum herum; ***~ de*** um … (herum); F *environ* um … herum
autre [otr(ə)] andere(r, -s); *de plus* weitere(r, -s); ***une ~ bière*** noch ein Bier; ***~ chose*** etwas anderes; ***rien d'~*** nichts anderes, sonst nichts; ***entre ~s*** unter anderem
autrefois [otrəfwa] früher
autrement [otrəmɑ̃] anders; *sinon* sonst
Autriche [otriʃ] *f* ***l'~*** Österreich *n*
autrichien [otriʃjɛ̃] **1.** österreichisch; **2.** ♀ *m* Österreicher
autruche [otryʃ] *f Zo* Strauß *m*
auvent [ovɑ̃] *m* Vordach *n*
aval [aval] ***en ~*** fluss-, stromabwärts; ***en ~ de*** unterhalb von (*od G*)
avalanche [avalɑ̃ʃ] *f* Lawine
avaler [avale] (hinunter-) schlucken; *involontairement* verschlucken; ***~ de travers*** sich verschlucken
avance [avɑ̃s] *f course* Vorsprung *m*; *argent* Vorschuss *m*; ***à l'~, d'~*** im Voraus; ***en ~*** zu früh
avancement [avɑ̃smɑ̃] *m pro-*

grès Fortschritt; *dans la carrière* Beförderung *f*
avancer [avɑ̃se] vorrücken; *argent* vorstrecken; *rendez-vous* vorverlegen; *v/i* vorankommen (*a dans le travail*); *montre* vorgehen; ***s'~*** näherkommen; ***s'~ vers*** zugehen auf (*A*)
avant [avɑ̃] **1.** *prp* vor (*D od A*); *adv* vorher; *adj* Vorder…; ***~ tout*** vor allem; ***en ~*** vorwärts, nach vorn; ***à l'~*** vorn; ***~ que*** (+ *subj*), ***~ de*** (+ *inf*) bevor; **2.** *m* Vorderteil *n od m*; *Sp* Stürmer
avantag|e [avɑ̃taʒ] *m* Vorteil; **~er** [~e] begünstigen; **~eux** [~ø] vorteilhaft
avant|-bras [avɑ̃bra] *m* Unterarm; **~-dernier** [~dɛrnje] vorletzte(r, -s); **~-goût** [~gu] *m* Vorgeschmack
avant-hier [avɑ̃tjɛr] vorgestern
avare [avar] geizig
avarié [avarje] verdorben
avec [avɛk] mit; ***et ~ ça?*** sonst noch was?
avenir [avnir] *m* Zukunft *f*; ***à l'~*** in Zukunft
aventur|e [avɑ̃tyr] *f* Abenteuer *n*; *en amour* (Liebes-)Affäre; **~er** [~e] ***s'~*** sich wagen; **~ier** [~je] *m* Abenteurer
avenue [avny] *f* Avenue, Prachtstraße
avérer [avere] ***s'~*** (+ *adj*) sich als … erweisen
averse [avɛrs] *f* (Regen-) Schauer *m*
aversion [avɛrsjõ] *f* Abneigung (***pour*** gegen)
avert|ir [avɛrtir] benachrichtigen (***de*** von); *mettre en garde* warnen; **~issement** [~ismɑ̃] *m* Warnung *f*
avertisseur [avɛrtisœr] *m Kfz* Hupe *f*; ***~ d'incendie*** Feuermelder
aveu [avø] *m* Geständnis *n*
aveugl|e [avœgl(ə)] **1.** blind; **2.** *m, f* Blinde(r) *su*; **~er** [~e] *lumière* blenden; *fig* blind machen
avia|teur [avjatœr] *m* Flieger; **~tion** [~sjõ] *f* Luftfahrt
avid|e [avid] gierig (***de*** nach); **~ité** [~ite] *f* Gier
avion [avjõ] *m* Flugzeug *n*; ***~ de ligne*** Linienmaschine *f*; ***prendre l'~*** fliegen; ***par ~*** mit, per Luftpost
aviron [avirõ] *m rame* Ruder *n*; *Sp* Rudersport
avis [avi] *m* Meinung *f*; *information* Bekanntmachung *f*; ***à mon ~*** meiner Meinung nach; ***~ de tempête*** Sturmwarnung *f*; ***~ d'imposition*** Steuerbescheid
avocat[1] [avɔka] *m Bot* Avocado *f*
avoc|at[2] [avɔka] *m* (Rechts-) Anwalt; **~ate** [~at] *f* (Rechts-)Anwältin
avoine [avwan] *f* Hafer *m*
avoir [avwar] **1.** haben; *obtenir* bekommen; F *tromper* reinlegen; ***il y a*** es gibt; ***il y***

a 2 ans vor 2 Jahren; ~ ***15 ans*** 15 Jahre alt sein; **2.** *m* Guthaben *n*
avortement [avɔrtəmɑ̃] *m* Abtreibung *f*
avorter [avɔrte] ***se faire*** **~** abtreiben (lassen)
avouer [avwe] (ein)gestehen; zugeben; *jur* gestehen
avril [avril] *m* April
axe [aks] *m* Achse *f*
ayez [ɛje] *subj von* ***avoir***
azalée [azale] *f* Azalee
azote [azɔt] *m* Stickstoff

B

baba[1] [baba] F verblüfft
baba[2] [baba] *m* ~ ***au rhum*** *rumgetränkter Napfkuchen*
babeurre [babœr] *m* Buttermilch *f*
babiole [babjɔl] *f* Kleinigkeit
bâbord [babɔr] *m* Backbord; ***à*** ~ backbord(s)
babouin [babwɛ̃] *m* Pavian
baby-foot [babifut] *m* Tischfußball
babysitter [bebisitœr] *m, f* Babysitter *m*
bac [bak] *m bateau* Fähre *f*; *récipient* Wanne *f*
bac(calauréat) [bak(alorea)] *m* Abi(tur) *n*
bâche [baʃ] *f* Plane
bacille [basil] *m* Bazillus
baeckeoffe [bɛkəofe] *m Elsässer Fleischeintopf mit Kartoffeln*
bâcler [bɑkle] F hinschludern
bactérie [bakteri] *f* Bakterie [-riə]
badminton [badmintɔn] *m* Federball, Badminton *n*
baffle [bafl(ə)] *m* Lautsprecherbox *f*
bagages [bagaʒ] *m/pl* Gepäck *n*; ~ ***accompagnés*** Reisegepäck *n*
bagarre [bagar] *f* Schlägerei
bagnole [baɲɔl] *f* F Karre
bague [bag] *f* (Finger-)Ring *m*
baguette [bagɛt] *f* Stab *m*; *pour manger* (Ess-)Stäbchen *n*; *pain* Stangenweißbrot *n*, Baguette *f od n*
baie [bɛ] *f* Bucht; *Bot* Beere
baign|ade [bɛɲad] *f* Baden *n*; **~er** [~e] ***se*** ~ baden; **~oire** [~war] *f* Badewanne
bâiller [bɑje] gähnen
bain [bɛ̃] *m* Bad *n*; ***salle f de*** **~s** Badezimmer *n*; ~ ***de pieds*** Fußbad *n*; ~ ***de soleil*** Sonnenbad *n*; ***prendre un*** ~ ein Bad nehmen, (sich) baden
bain-marie [bɛ̃mari] *m Kochk* Wasserbad *n*
baiser[1] [beze] *m* Kuss
baiser[2] [beze] P bumsen
baisse [bɛs] *f* Sinken *n*, Fallen *n*; ***être en*** ~ *prix* fallen

baisser [bɛse] *vitre, store* herunterlassen; *gaz, lumière* kleiner stellen; *radio* leiser stellen; *v/i température, prix* sinken, fallen; ***se ~*** sich bücken
bal [bal] *m* Ball
balad|e [balad] *f* F Spaziergang *m*; *en voiture* Spazierfahrt; ***~er*** [~e] spazieren gehen, fahren; ***~eur*** [~œr] *m* Walkman®
balai [balɛ] *m* Besen
balance [balɑ̃s] *f* Waage
balancer [balɑ̃se] schwenken; ***se ~*** schaukeln; ***~ les jambes*** die Beine baumeln lassen
balançoire [balɑ̃swar] *f* Schaukel
balayer [balɛje] (aus-, weg)fegen
balcon [balkõ] *m* Balkon
Bâle [bɑl] Basel
baleine [balɛn] *f* Wal *m*
balise [baliz] *f* Bake; *d'un sentier* Markierung
balle [bal] *f* Ball *m*
ballet [balɛ] *m* Ballett *n*
ballon [balõ] *m* (großer) Ball; *jouet* Luftballon; *Flgw* Ballon; F *Kfz* ***souffler dans le ~*** in die Tüte *od* ins Röhrchen blasen
balnéaire [balneɛr] ***station*** *f* **~** Seebad *n*
Baltique [baltik] ***la mer ~*** die Ostsee
balustrade [balystrad] *f* Geländer *n*, Balustrade
bambou [bɑ̃bu] *m* Bambus
banal [banal] banal, alltäglich
banane [banan] *f* Banane
banc [bɑ̃] *m* (Sitz-)Bank *f*; ***~ de sable*** Sandbank *f*
bancaire [bɑ̃kɛr] Bank…
bandage [bɑ̃daʒ] *m* Verband
bande [bɑ̃d] *f groupe* Schar; *péj* Bande; *ruban* Band *n*, Streifen *m*; *Med* Binde; ***~ magnétique*** Magnet-, Tonband *n*; *Kfz* ***~ d'arrêt d'urgence*** Standspur; ***~ dessinée*** Comics *pl*
band|eau [bɑ̃do] *m* Stirnband *n*; *pour les yeux* Augenbinde *f*; ***~er*** [~e] verbinden
banlieue [bɑ̃ljø] *f* Vororte *m/pl*; ***train*** *m* ***de ~*** Vorortzug
banque [bɑ̃k] *f Hdl* Bank; *Inform* ***~ de données*** Datenbank
banquet [bɑ̃kɛ] *m* Bankett *n*, Festessen *n*
banquette [bɑ̃kɛt] *f* Bank; ***~ arrière*** Rücksitz *m*
banquier [bɑ̃kje] *m* Bankier
bapt|ême [batɛm] *m* Taufe *f*; ***~iser*** [~ize] taufen
bar [bar] *m* Stehkneipe *f*; *d'un hôtel* Bar *f*; *comptoir* Theke *f*
barbare [barbar] **1.** barbarisch; **2.** *m* Barbar
barbe [barb] *f* Bart *m*; ***~ à papa*** Zuckerwatte
barbecue [barbəkju] *m appareil* Holzkohlengrill; *repas* Grillparty *f*
barbelé [barbəle] ***fil*** *m* ***de fer ~*** *od* ***~*** *m* Stacheldraht

barbu [barby] bärtig
baril [baril] *m* Fass *n*
barman [barman] *m* Barkeeper [-ki-]; *garçon* Kellner
baromètre [barɔmɛtr(ə)] *m* Barometer *n*
baroque [barɔk] Barock…
barque [bark] *f* Kahn *m*, Boot *n*
barrage [baraʒ] *m* Staudamm, Talsperre *f*; *barrière* Sperre *f*; *d'une route* Straßensperre *f*
barre [bar] *f* Stange; *Mar* Ruderpinne; *Sp* **~ fixe** Reck *n*; **~s** *pl* **parallèles** Barren *m*
barreau [baro] *m* Gitterstab
barrer [bare] versperren; *police* sperren; *rayer* (aus-, durch)streichen
barricade [barikad] *f* Barrikade
barrière [barjɛr] *f* Schranke (*a Bahn*), Sperre; *fig* Barriere
bas¹ [bɑ] **1.** niedrig; *inférieur* untere(r, -s); *parler* leise; **en ~** unten; **2.** *m* unterer Teil
bas² [bɑ] *m* (Damen-)Strumpf
bascul|e [baskyl] *f* Wippe; **~er** [-e] kippen
base [bɑz] *f* Basis (*a Mil*)
basilic [bazilik] *m* Basilikum *n*
basilique [bazilik] *f* Basilika
baskets [baskɛt] *m/pl* Turn-, Sportschuhe
basket(-ball) [baskɛt(bol)] *m* Basketball
basque [bask] **1.** baskisch; **le Pays ~** das Baskenland; **2.** **♀** *m* Baske
basse-cour [baskur] *f* Hühnerhof *m*
bassin [basɛ̃] *m* Becken *n*
bastingage [bastɛ̃gaʒ] *m* Reling *f*
bas-ventre [bɑvɑ̃tr(ə)] *m* Unterleib
bataille [batɑj] *f* Schlacht
bâtard [bɑtar] *m* *chien* Promenadenmischung *f*; *pain* Stangenweißbrot *n* (*von e-m Pfund*)
bateau [bato] *m* Schiff *n*; *non ponté* Boot *n*; **~ à voiles** Segelschiff *n*, -boot *n*
bateau-mouche [batomuʃ] *m* kleines Ausflugsschiff *n* (*auf der Seine*)
batik [batik] *m* Batik
bâtiment [bɑtimɑ̃] *m* Gebäude *n*, Bau; *secteur* Baubranche *f*
bâtir [bɑtir] bauen
bâton [bɑtõ] *m* Stock; **~ de ski** Skistock *m*
battant [batɑ̃] *m* (Tür-, Fenster-)Flügel
battement [batmɑ̃] *m* Schlagen *n*
batterie [batri] *f* *Kfz* Batterie; *Mus* Schlagzeug *n*; **~ de cuisine** Kochtöpfe *m/pl* und Pfannen *f/pl*
battre [batr(ə)] schlagen (*a Gegner*); *cartes* mischen; *maltraiter* verprügeln; **se ~** sich schlagen (***mit j-m*** avec q)

baume [bom] *m* Balsam
bavard [bavar] **1.** geschwätzig; **2.** **~(e)** [~(d)] *m(f)* Schwätzer(in)
bavard|age [bavadaʒ] *m* Geschwätz *n*; **~er** [~e] schwatzen; *Inform* **~ (en ligne)** chatten ['tʃɛtən]
bav|e [bav] *f* Speichel *m*, F Sabber *m*; **~er** [~e] sabbern; **~ette** [~ɛt] *f* Lätzchen *n*
Bavière [bavjɛr] ***la*** **~** Bayern *n*
bd *s* ***boulevard***
B.D. [bede] *f (bande dessinée)* F Comics *pl*
beau [bo] *(vor Vokal* ***bel****, f* ***belle*** [bɛl]) schön; ***il fait*** **~** es ist schön(es Wetter)
beaucoup [boku] *travailler* viel; *décevoir* sehr; **~ *de*** viel(e)
beau|-fils [bofis] *m* Schwiegersohn; *d'un remariage* Stiefsohn; **~-frère** [~frɛr] *m* Schwager; **~-père** [~pɛr] *m* Schwiegervater; *d'un remariage* Stiefvater
beauté [bote] *f* Schönheit
beaux|-arts [bozar] *m/pl* ***les*** **~** die bildende Kunst *f*; **~-parents** [~parɑ̃] *m/pl* Schwiegereltern *pl*
bébé [bebe] *m* Baby *n*
bec [bɛk] *m* Schnabel
bêche [bɛʃ] *f* Spaten *m*
bécoter [bekɔte] F ***se*** **~** knutschen
bégayer [begɛje] stottern
bégonia [begɔnja] *m* Begonie *f*
beige [bɛʒ] beige
beignet [bɛɲɛ] *m* Krapfen
bel *s* ***beau***
bêler [bele] *mouton* blöken; *chèvre* meckern
belette [bəlɛt] *f* Wiesel *n*
belge [bɛlʒ] **1.** belgisch; **2.** **⁓** *m* Belgier
Belgique [bɛlʒik] ***la*** **~** Belgien *n*
bélier [belje] *m* Widder
belle [bɛl] *s* ***beau***
belle|-fille [bɛlfij] *f* Schwiegertochter; *d'un remariage* Stieftochter; **~-mère** [~mɛr] *f* Schwiegermutter; *d'un remariage* Stiefmutter; **~-sœur** [~sœr] *f* Schwägerin
belon [bəlõ] *m geschätzte Austernart*
belote [bəlɔt] *f beliebtes Kartenspiel*
belvédère [bɛlvedɛr] *m* Aussichtspunkt
bénédiction [benediksjõ] *f* Segen *m*
bénéfic|e [benefis] *m* Gewinn; *avantage* Vorteil; **~ier** [~je] **~ *de*** genießen (*A*); *profiter de* Vorteil ziehen aus
bénévole [benevɔl] ehrenamtlich
bénin [benɛ̃] (*f* ***bénigne*** [beniɲ]) harmlos; *Med* gutartig
bénir [benir] segnen
bénit [beni] geweiht; ***eau*** *f* **~*e*** Weihwasser *n*
béotien(ne) [beɔsjɛ̃ (-ɛn)] *m(f)* Banause *m*
béquille [bekij] *f* Krücke

berc|eau [bɛrso] *m* Wiege *f*; **~er** [~e] *bébé* wiegen, schaukeln; **~euse** [~øz] *f* Wiegenlied *n*
béret [berɛ] *m* Baskenmütze *f*
berge [bɛrʒ] *f* Böschung
berger [bɛrʒe] *m* Schäfer; **~ allemand** (deutscher) Schäferhund
Berlin [bɛrlɛ̃] Berlin [-lin]
berline [bɛrlin] *f* Limousine
berne [bɛrn] **en ~** auf halbmast
besogne [bəzɔɲ] *f* Arbeit
besoin [bəzwɛ̃] *m* *Bedürfnis n*; **~s** *pl* Bedarf *m* (**en** an *D*); **avoir ~ de** brauchen (*A*); **au ~** notfalls, bei Bedarf
bestiole [bɛstjɔl] *f* Tierchen *n*, *bsd* Insekt *n*
best-seller [bɛstsɛlœr] *m* Bestseller
bétail [betaj] *m* Vieh *n*
bête [bɛt] **1.** dumm; **2.** *f* Tier *n*
bêtise [bɛtiz] *f* Dummheit
béton [betõ] *m* Beton
bette [bɛt] *f* Mangold *m*
betterave [bɛtrav] *f* Rübe; **~ rouge** Rote Bete; **~ sucrière** Zuckerrübe
beurr|e [bœr] *m* Butter *f*; **petit ~** Butterkeks; **~er** [~e] mit Butter bestreichen; **~ier** [~je] *m* Butterdose *f*
biais [bjɛ] **de** *od* **en ~** schräg
biberon [bibrõ] *m* (Saug-)Flasche *f*
Bible [bibl(ə)] *f* Bibel
bibliothèque [biblijɔtɛk] *f* Bücherei, Bibliothek; *meuble* Bücherschrank *m*
bicarbonate [bikarbɔnat] *m* **~** (**de soude**) Natron *n*
biche [biʃ] *f* Hirschkuh
bicyclette [bisiklɛt] *f* Fahrrad *n*; **aller à ~** Rad fahren
bidet [bidɛ] *m* Bidet *n*
bidon [bidõ] *m* (Benzin-, Öl-)Kanister
bidonville [bidõvil] *m* Elendsviertel *n*
bielle [bjɛl] *f* Pleuel(stange) *m* (*f*)
bien [bjɛ̃] **1.** gut; *très* sehr; *beaucoup* viel; F **un type ~** ein prima Kerl; **manger ~** gut essen; **être, se sentir ~** sich wohl fühlen; **~ meilleur, ~ mieux** viel besser; **je veux ~!** gerne!; **2.** *m* Gute(s) *n*; **~s** *pl fortune* Vermögen *n*; **dire du ~ de** Gutes sagen über (*A*); **faire du ~ à** gut, wohl tun (*D*); **pour son ~** zu s-m Besten
bien-être [bjɛ̃nɛtr(ə)] *m* Wohlbefinden *n*
bien que [bjɛ̃kə] (+ *subj*) obwohl, obgleich
bientôt [bjɛ̃to] bald; **à ~!** bis bald!
bienveillant [bjɛ̃vɛjɑ̃] wohlwollend
bienvenu [bjɛ̃v(ə)ny] willkommen
bienvenue [bjɛ̃v(ə)ny] *f* Willkommen *n*; **souhaiter la ~ à q** j-n willkommen heißen
bière [bjɛr] *f* Bier *n*; **~ blonde, brune** helles, dunkles Bier;

~ *(à la) **pression*** Bier vom Fass
bifteck [biftɛk] *m* (Beef-)Steak *n*; ~ ***haché*** Hacksteak *n*
bifur|cation [bifyrkasjõ] *f* Abzweigung; **~er** [-ke] sich gabeln; *voiture* abbiegen (**vers, à** nach)
bigorneau [bigɔrno] *m* Strandschnecke *f*
bigoudi [bigudi] *m* Lockenwickler
bijou [biʒu] *m* Schmuckstück *n*; **~x** *pl* Schmuck *m*
bijout|erie [biʒutri] *f* Schmuck(waren)geschäft *n*; **~ier** [-je] *m* Juwelier
bikini [bikini] *m* Bikini
bilan [bilɑ̃] *m* Bilanz *f*
bile [bil] *f* Galle
bilingue [bilɛ̃g] zweisprachig
billard [bijar] *m* Billard *n*
bille [bij] *f* Kugel
billet [bijɛ] *m bus, train* Fahrkarte *f*; *avion* Flugticket *n*; *cinéma* Eintrittskarte *f*; ~ (**de banque**) (Geld-)Schein, Banknote *f*; ~ ***aller*** einfache Fahrkarte *f*; ~ ***aller-retour*** Rückfahrkarte *f*
billetterie [bijɛtri] *f* Geldautomat *m*
bi|mensuel [bimɑ̃sɥɛl] zweimal monatlich; **~moteur** [-mɔtœr] zweimotorig
biniou [binju] *m* (bretonischer) Dudelsack
biolog|ie [bjɔlɔʒi] *f* Biologie; **~ique** [-ik] biologisch; Bio…
biotope [bjɔtɔp] *m* Biotop *n*
bis [bis] **~!** Zugabe!, ***habiter au 12*** ~ Nummer 12 a wohnen
biscotte [biskɔt] *f* Zwieback *m*
biscuit [biskɥi] *m* Keks; ~ ***de Savoie*** Biskuit *m*
bise[1] [biz] *f* Nord(ost)wind *m*
bise[2] [biz] *f* Kuss *m*, Küsschen *n*
bisexuel [bisɛksɥɛl] bisexuell
bisou [bizu] *m* Kuss, Küsschen *n*
bisque [bisk] *f* ~ ***d'écrevisses*** Krebssuppe
bistro [bistro] *m* F Kneipe *f*
bizarre [bizar] seltsam
blague [blag] *f* Witz *m*; *farce* Streich *m*; ***sans*** **~!** im Ernst!
blaguer [blage] Witze machen
blaireau [blɛro] *m* Rasierpinsel; *Zo* Dachs
blâmer [blɑme] tadeln
blanc [blɑ̃] (*f* ***blanche*** [blɑ̃ʃ]) **1.** weiß; **2.** *m* Weiß *n*; *vin* Weißwein; ~ ***d'œuf*** Eiweiß *n*; ~ ***de poulet*** Hähnchenbrust *f*; ♀ *m*, ***Blanche*** *f* Weiße(r) *su*
blanch|ir [blɑ̃ʃir] weiß machen; *mur* weißen; *personne* weiß werden; **~issage** [-isaʒ] *m* Waschen *n* (*von Wäsche*); **~isserie** [-isri] *f* Wäscherei
blanquette [blɑ̃kɛt] *f* ~ ***de veau*** (*Art*) Kalbsragout *n*

blé [ble] *m* Weizen; *céréales* Getreide *n*
blême [blɛm] bleich
blennorragie [blenɔraʒi] *f* Tripper *m*, Gonorrhö
bless|é [blɛse] **1.** verletzt; **2.** **~(e)** *m(f)* Verletzte(r) *su*; **~er** [~e] verletzen (*a fig*); **~ure** [~yr] *f* Verletzung
bleu [blø] **1.** blau; **2.** *m* Blau *n*; *sur la peau* blauer Fleck; *fromage* Blauschimmelkäse
blindé [blɛ̃de] **1.** gepanzert; **2.** *m Mil* Panzer
bloc [blɔk] *m* Block; *hôpital* **~ opératoire** Operationstrakt
blockhaus [blɔkos] *m* Bunker
bloc-notes [blɔknɔt] *m* Notizblock
blond [blõ] blond
bloquer [blɔke] blockieren; ***rester bloqué*** stecken bleiben, festsitzen
blouse [bluz] *f* Kittel *m*
blouson [bluzõ] *m* Blouson *n*
bobine [bɔbin] *f* Spule
blue-jean [bludʒin] *m* Bluejeans *pl*
bluff [blœf] *m* Bluff [blœf], Täuschungsmanöver *n*; **~er** [~e] F bluffen ['blœfən], täuschen
boa [bɔa] *m Zo*, *parure* Boa *f*
bocal [bɔkal] *m* (*pl* **-aux** [-o]) Einmachglas *n*
body [bɔdi] *m* Body
bodybuilding [bɔdibildiŋ] *m* Bodybuilding *n*
bœuf [bœf, *pl* bø] *m* Ochse; *viande* Rindfleisch *n*; **~ bourguignon** *Rindfleischtopf auf Burgunderart*
bœuf-mode [bœfmɔd] *m* Rinderschmorbraten
bohémien [bɔemjɛ̃] *m* Zigeuner
boire [bwar] trinken; F ***~ un coup*** einen trinken
bois [bwa] *m* Holz *n*; *forêt* Wald; *Zo* Geweih *n*
boisson [bwasõ] *f* Getränk *n*
boîte [bwat] *f en carton* Schachtel; *en métal, plastique* Dose, Büchse; F *discothèque* Disko; ***~ de conserve*** Konservenbüchse, -dose; ***~ d'allumettes*** Schachtel Streichhölzer; ***~ à ordures*** Mülleimer *m*; ***~ de nuit*** Nachtlokal *n*; ***~ de vitesses*** (***automatique*** Automatik-)Getriebe *n*; *Kfz* ***~ à gants*** Handschuhfach *n*; ***~ aux lettres*** Briefkasten *m*; ***~ postale*** Postfach *n*; *Inform* ***~ à lettres électronique*** elektronischer Briefkasten *m*, Mailbox
boîter [bwate] hinken
bol [bɔl] *m* Trinkschale *f*
bombarder [bõbarde] bombardieren
bombe [bõb] *f* Bombe; ***~ insecticide*** Insektenspray *n*
bon [bõ] **1.** (*f* ***bonne*** [bɔn]) gut; ***à quoi ~?*** wozu?; ***ah ~!*** ach so!; **2.** *m* Gutschein; ***~ d'essence*** Benzingutschein; ***~ de caisse*** Kassenbon; ***~ de commande***

Bestellschein
bonbon [bõbõ] *m* Bonbon *m od n*
bond [bõ] *m* Sprung, Satz
bondé [bõde] überfüllt
bonheur [bɔnœr] *m* Glück *n*
bonhomme [bɔnɔm] *m* F Kerl; *dessiné* Männchen *n*; *~ **de neige*** Schneemann
bonjour [bõʒur] *m ~!* guten Tag!; *le matin* guten Morgen!; F Gruß (*an j-n*); ***donne lui le ~ de ma part!*** grüße ihn (*od* sie) von mir
bonne *s* ***bon***
bonnet [bɔnɛ] *m* Mütze *f*; *~ **de bain*** Bademütze
bonsoir [bõswar] *m ~!* guten Abend!
bonté [bõte] *f* Güte
bord [bɔr] *m* Rand; *d'un fleuve* Ufer *n*; ***à ~ (de)*** an Bord (*G*); ***au ~ de la mer*** am Meer
bordure [bɔrdyr] *f* Einfassung
borne [bɔrn] *f kilométrique* Kilometerstein *m*; F Kilometer *m*
borné [bɔrne] beschränkt
borner [bɔrne] ***se ~ à*** sich beschränken auf (*A*)
bosse [bɔs] *f* Beule; *d'un bossu* Buckel *m*
bosser [bɔse] F schuften
bossu [bɔsy] buck(e)lig
botte [bɔt] *f* Stiefel *m*; *de radis* Bund *n*
bouc [buk] *m* Ziegenbock
bouche [buʃ] *f* Mund *m*; *~ **d'égout*** Gully *m*; *~ **de métro*** U-Bahn-Eingang *m*
bouche-à-bouche [buʃabuʃ] *m* Mund-zu-Mund-Beatmung *f*
bouchée [buʃe] *f* Bissen *m*; *~ **à la reine*** Königinpastete
boucher[1] [buʃe] verstopfen; *bouteille* zu-, verkorken; *route* versperren
boucher[2] [buʃe] *m* Fleischer, Metzger
boucherie [buʃri] *f* Fleischerei, Metzgerei
bouchon [buʃõ] *m* Stöpsel; *de liège* Korken; *Kfz* Stau
boucle [bukl(ə)] *f de cheveux* Locke; *de ceinture* Schnalle; *lacet* Schleife; *~ **d'oreille*** Ohrring *m*
boucl|é [bukle] lockig; ***~er*** [~e] *ceinture* zuschnallen
bouder [bude] schmollen (***q*** mit j-m)
boudin [budɛ̃] *m* Blutwurst *f*; *~ **blanc*** Weißwurst *f*
boue [bu] *f* Schlamm *m*; (Straßen-)Schmutz *m*; F Dreck *m*
bouée [bwe] *f* Boje; *~ **de sauvetage*** Rettungsring *m*
bouff|e [buf] F *f* Essen *n*; P Fressen *n*; ***~er*** [~e] F essen, futtern
boug|é [buʒe] *Fot* verwackelt; ***~er*** [~e] sich bewegen, sich rühren; *meuble* (ver)rücken; *dent* wackeln
bougie [buʒi] *f* Kerze; *Kfz* Zündkerze
bouillabaisse [bujabɛs] *f*

Marseiller Fischsuppe
bouill|ant [bujɑ̃] kochend heiß; **~ie** [buji] *f* Brei *m*; **~ir** [-ir] sieden, kochen; **~oire** [-war] *f* Wasserkessel *m*
bouillon [bujõ] *m* Brühe *f*; **~ gras** Fleischbrühe *f*
bouillotte [bujɔt] *f* Wärmflasche
boulang|er [bulɑ̃ʒe] *m* Bäcker; **~erie** [-ri] *f* Bäckerei
boule [bul] *f* Kugel; **~ de neige** Schneeball *m*; **jouer aux ~s** Boule spielen
bouleau [bulo] *m* Birke *f*
boulette [bulɛt] *f Kochk* Fleischklößchen *n*
boulevard [bulvar] *m* breite (Ring-)Straße *f*, Boulevard
bouleverser [bulvɛrse] *changer* tiefgreifend verändern; **~ q** j-n erschüttern
boulimie [bulimi] *f Med* Bulimie
boulon [bulõ] *m* Schraube *f* (mit Mutter)
boulot [bulo] F *m* Arbeit *f*; F Job
bouquet [bukɛ] *m* (Blumen-)Strauß; *d'un vin* Bukett *n*
bouquin [bukɛ̃] F *m* Buch *n*; F Schmöker
bourdon [burdõ] *m* Hummel *f*
bourdonner [burdɔne] summen
bourgeois [burʒwa] **1.** bürgerlich; *péj* spießig; **2.** *m* Bürger; *péj* Spießer
bourgeon [burʒõ] *m* Knospe *f*
Bourgogne [burgɔɲ] **1. *la* ~** Burgund *n*; **2. ♀** *m* Burgunder(wein)
bourrasque [burask] *f* Bö
bourré [bure] gestopft voll; F *ivre* voll
bourrer [bure] vollstopfen
bourse [burs] *f d'études* Stipendium *n*; *porte-monnaie* Geldbeutel *m*
Bourse [burs] *f* Börse
bousculer [buskyle] *heurter* anstoßen; *brusquer* hetzen; ***se* ~** drängeln
bouse [buz] *f* **~ (*de vache*)** Kuhfladen *m*
boussole [busɔl] *f* Kompass *m*
bout [bu] *m* Ende *n*; *morceau* Stück *n*; ***au* ~ *de*** am Ende (+ *G*); ***au* ~ *d'un an*** nach e-m Jahr; ***jusqu'au* ~** (konsequent) bis zum Ende
bouteille [butɛj] *f* Flasche; **~ *de gaz*** Gasflasche; **~ *consignée*** Pfandflasche; **~ *non consignée*** Einwegflasche; ***mettre en* ~*s*** in Flaschen (ab)füllen
boutique [butik] *f* Laden *m*, Geschäft *n*; **~ *'hors taxes*** Duty-free-Shop *m*
bouton [butõ] *m* Knopf (*a El*); *Bot* Knospe *f*; *Med* Pickel; *Inform* **~ *gauche, droit de la souris*** linke, rechte Maustaste *f*
boutonn|er [butɔne] zuknöp-

fen; **~ière** [~jɛr] *f* Knopfloch *n*
bouton-pression [butõprɛsjõ] *m* Druckknopf
bovin [bɔvɛ̃] *Zo* Rinder...
box|e [bɔks] *f* Boxen *n*; **~er** [~e] boxen; **~eur** [~œr] *m* Boxer
bracelet [braslɛ] *m* Armband *n*, Armreif
braconnier [brakɔnje] *m* Wilddieb, Wilderer
brader [brade] verschleudern
brailler [braje] grölen
braise [brɛz] *f* (Holzkohlen-)Glut
braiser [brɛze] schmoren; ***bœuf*** *m* ***braisé*** Rinderschmorbraten
brancard [brɑ̃kar] *m* Tragbahre *f*
branche [brɑ̃ʃ] *f* Ast *m*; *domaine* Fach *n*; *Hdl* Branche
branch|ement [brɑ̃ʃmɑ̃] *m* Anschluss; **~er** [~e] anschließen (***sur*** an *A*)
brandade [brɑ̃dad] *f* **~** (***de morue***) *provenzalisches Stockfischgericht*
braquer [brake] *Kfz* einschlagen (***à droite*** nach rechts); **~ *bien*** (***mal***) e-n kleinen (zu großen) Wendekreis haben
bras [bra] *m* Arm; *Anat* Oberarm
brasse [bras] *f* Brustschwimmen *n*
brasserie [brasri] *f* Brauerei; *café-restaurant* Gaststätte (*mit durchgehend warmer Küche*)
brave [brav] tapfer; F nett
break [brɛk] *m* Kombi(wagen)
brebis [brəbi] *f* Schaf *n*
bref [brɛf] (*f* ***brève*** [brɛv]) kurz
Brésil [brezil] ***le* ~** Brasilien *n*
Bretagne [brətaɲ] ***la* ~** die Bretagne
bretelle [brətɛl] *f lingerie* Träger *m*; *autoroute* Zubringer *m*; **~*s pl*** Hosenträger *m/pl*
breton [brətõ] **1.** bretonisch; **2.** ♀ *m* Bretone
brève *s* ***bref***
brevet [brəvɛ] *m* Diplom *n*; *d'invention* Patent *n*; **~ *de pilote*** Pilotenschein
bribes [brib] *f/pl* Brocken *m/pl*
bric-à-brac [brikabrak] *m* Trödel
bricol|er [brikɔle] basteln; **~eur** [~œr] *m* Bastler, Heimwerker
bride [brid] *f* Zaum *m*, Zügel *m*
bridge [bridʒ] *m jeu* Bridge *n*; *prothèse dentaire* Brücke *f*
brie [bri] *m* Brie(käse)
brièvement [brijɛvmɑ̃] kurz
brigand [brigɑ̃] *m* Räuber
brill|ant [brijɑ̃] **1.** glänzend (*a fig*); **2.** *m* Brillant; **~er** [~e] glänzen (*a fig*); *soleil* scheinen
brin [brɛ̃] *m* Halm; *fig* ***un* ~ *de*** ein bisschen

brioche [brijɔʃ] *f* (*ein*) Hefekuchen *m*
brique [brik] *f* Ziegel(stein) *m*, Backstein *m*
briquet [brikɛ] *m* Feuerzeug *n*
brise [briz] *f* Brise
briser [brize] (zer)brechen
britannique [britanik] **1.** britisch; **2.** ♀ *m* Brite
brocant|e [brɔkɑ̃t] *f* (Handel *m* mit) Trödelwaren *f/pl*; **~eur** [~œr] *m* Trödler
broche [brɔʃ] *f* Bratspieß *m*; *bijou* Brosche; ***à la ~*** am Spieß (gebraten)
brochet [brɔʃɛ] *m* Hecht
brochette [brɔʃɛt] *f* *Kochk* kleiner Bratspieß *m*; *plat* Schaschlik *n od m*
brochure [brɔʃyr] *f* Broschüre
brocoli [brɔkɔli] *m* Brokkoli *pl*
brod|er [brɔde] sticken; **~erie** [~ri] *f* Stickerei
bronch|es [brɔ̃ʃ] *f/pl* Bronchien; **~ite** [~it] *f* Bronchitis
bronzage [brɔ̃zaʒ] *m* Bräune *f*
bronze [brɔ̃z] *m* Bronze *f*
bronzer [brɔ̃ze] bräunen; braun werden; ***se faire ~*** sich braun brennen lassen
brosse [brɔs] *f* Bürste; ***~ à dents*** Zahnbürste; ***~ à habits*** Kleiderbürste
brosser [brɔse] (ab-, aus-) bürsten
brouette [bruɛt] *f* Schubkarre
brouillard [brujar] *m* Nebel
brouillé [bruje] zerstritten, verfeindet (***avec q*** mit j-m); *Kochk* ***œufs*** *m/pl* ***~s*** Rührei(er) *n(pl)*
brouiller [bruje] durcheinander bringen; *émission de radio* stören; ***se ~*** *souvenirs* durcheinander geraten; *amis* sich überwerfen (***avec q*** mit j-m)
brouillon [brujɔ̃] *m* Konzept *n*
broussailles [brusaj] *f/pl* Gestrüpp *n*
brousse [brus] *f* Busch *m* (*in den Tropen*)
broyer [brwaje] zerkleinern, zerquetschen, zerreiben
bru [bry] *f* Schwiegertochter
Bruges [bryʒ] Brügge *n*
brugnon [bryɲɔ̃] *m* Nektarine *f*
bruin|e [brɥin] *f* Sprühregen *m*; **~er** [~e] nieseln
bruit [brɥi] *m* Lärm; *rumeur* Gerücht *n*; ***un ~*** ein Geräusch
brûlant [brylɑ̃] heiß
brûler [bryle] verbrennen; *maison* brennen; *Kochk* anbrennen; ***se ~*** sich verbrennen; *Kfz* ***~ le feu rouge*** bei Rot durchfahren
brûlure [brylyr] *f* *Med* Verbrennung; *dans un tissu* Brandfleck *n*; ***~s*** *pl* ***d'estomac*** Sodbrennen *n*
brum|e [brym] *f* Dunst *m*; **~eux** [~mø] dunstig
brun [brɛ̃, brœ̃] (*f* ***~e*** [bryn])

braun; *personne* braun-, dunkelhaarig; **~ir** [~ir] bräunen

brusque [brysk] *ton* barsch; *départ* plötzlich

brut [bryt] roh; *champagne* trocken; *cidre* herb; *Hdl* Brutto…

brutal [brytal] brutal; **~iser** [~ize] misshandeln

Bruxelles [bry(k)sɛl] Brüssel

bruyant [brɥijɑ̃] laut

bruyère [brɥijɛr, bry-] *f* Heidekraut *n*

bu [by] *p/p von* **boire**

bûche [byʃ] *f* (Holz-)Scheit *n*; **~ de Noël** Weihnachtskuchen *m* (*Buttercremetorte in Form e-s Holzscheits*)

bûcher [byʃe] F pauken, büffeln

buée [bɥe] *f* Beschlag *m*; ***couvert de ~*** beschlagen

budget [bydʒɛ] *m* Haushalt; *de q* finanzielle Mittel *n/pl*

buffet [byfɛ] *m* Büfett *n*; **~ (*de la gare*)** Bahnhofsrestaurant *n*; ***~ de petit-déjeuner*** Frühstücksbüfett *n*; ***~ froid*** kaltes Büfett *n*

buffle [byfl(ə)] *m* Büffel

building [bildiŋ] *m* Hochhaus *n*

buisson [bɥisõ] *m* Busch; ***~s*** *pl* Gebüsch *n*

bulldozer [byldozɛr] *m* Planierraupe *f*

bulle [byl] *f* Blase

bulletin [byltɛ̃] *m* ***~ météorologique*** Wetterbericht; ***~ d'information*** Kurznachrichten *f/pl*; ***~ de bagages*** Gepäckschein; ***~ de vote*** Stimmzettel

bungalow [bœ̃galo, bɛ̃-] *m* Bungalow

bureau [byro] *m* *meuble* Schreibtisch; *lieu de travail* Büro *n*; *pièce* Arbeitszimmer *n*; ***~ de change*** Wechselstube *f*; ***~ de location*** Theaterkasse *f*; ***~ de poste*** Postamt *n*; ***~ de tabac*** Tabakladen *m*

bureaucratique [byrokratik] bürokratisch

bus [bys] *m* Bus

buse [byz] *f* *Zo* Bussard *m*

buste [byst] *m* Oberkörper; *sculpture* Büste *f*

but [byt, by] *m* Zweck, Ziel *n*; *Sp* Tor *n*; ***dans le ~ de*** (+ *inf*) in der Absicht zu

buter [byte] stoßen (***contre*** an *A*)

butane [bytan] *m* Butan(gas) *n*

butin [bytɛ̃] *m* Beute *f*

buv|able [byvabl(ə)] trinkbar; **~ard** [~ar] *m* Löschblatt *n*; **~ette** [~ɛt] *f* Erfrischungsstand *m*, Ausschank *m*; **~eur** [~œr] *m* Trinker

buvez [byve] *prés von* **boire**

C

c' [s] *s* **ce²**
ça [sa] F (= ***cela***) das; **~ *y est*** es ist soweit; **~ *alors!*** na so was!; ***c'est ~!*** richtig!
cabane [kaban] *f* Hütte
cabaret [kabarɛ] *m* Nachtlokal *n*
cabillaud [kabijo] *m* Kabeljau
cabine [kabin] *f* Kabine; **~ *de bain*** Umkleidekabine; **~ *d'essayage*** Anprobekabine; **~ (*téléphonique*)** Telefonzelle; **~ *intérieure*** Innenkabine; **~ *extérieure*** Außenkabine
cabinet [kabinɛ] *m médical* Praxis *f*; **~*s*** *pl* Toilette *f*
câble [kɑbl(ə)] *m* Kabel *n*; (***télévision*** *f* ***par***) **~** Kabelfernsehen *n*; *Kfz* **~ *de frein*** Bremsseil *n*
cabriolet [kabriɔlɛ] *m Kfz* Kabrio(lett) *n*
cacah(o)uète [kakawɛt] *f* Erdnuss
cacao [kakao] *m* Kakao
cache-cache [kaʃkaʃ] ***jouer à ~*** Verstecken spielen
cache-nez [kaʃne] *m* (Woll-)Schal
cacher [kaʃe] (***se ~*** sich) verstecken; **~ *qc à q*** j-m et verheimlichen
cachet [kaʃɛ] *m* Stempel; *comprimé* Tablette *f*
cachette [kaʃɛt] *f* Versteck *n*; ***en ~*** heimlich
cactus [kaktys] *m* Kaktus
c.-à-d. (*c'est-à-dire*) d.h. (*das heißt*)
cadavre [kadɑvr(ə)] *m* Leiche *f*
caddie® [kadi] *m* Einkaufswagen; *à l'aéroport* Kofferkuli
cadeau [kado] *m* Geschenk *n*; ***faire un ~ à q, faire ~ de qc à q*** j-m et schenken
cadenas [kadna] *m* Vorhängeschloss *n*
cadran [kadrɑ̃] *m* **~ *solaire*** Sonnenuhr *f*
cadre [kɑdr(ə)] *m* Rahmen; *d'une entreprise* Führungskraft *m*; ***dans le ~ de*** im Rahmen (*G*)
cafard [kafar] *m Zo* (Küchen-)Schabe *f*, Kakerlake *f*; F ***avoir le ~*** deprimiert sein
café [kafe] *m* Kaffee; *lieu public* Lokal *n*; *plus élégant* Café *n*; **~ *noir*** schwarzer Kaffee; **~ *crème*, ~ *au lait*** Milchkaffee; **~ *liégeois*** Eiskaffee; ***faire du ~*** Kaffee kochen; ***prendre le ~*** Kaffee trinken
caféine [kafein] *f* Koffein *n*
café-restaurant [kaferɛstɔrɑ̃] *m* Gaststätte *f*

cafétéria [kafeterja] *f* Cafeteria
cafetière [kaftjɛr] *f* Kaffeekanne; ~ ***électrique*** Kaffeemaschine
cage [kaʒ] *f* Käfig *m*
cahier [kaje] *m* Heft *n*
caille [kaj] *f* Wachtel
cailler [kaje] (***se***) ~ gerinnen; F ***ça caille*** es ist eiskalt
caillou [kaju] *m* Kiesel(stein), Stein(chen) *m(n)*
caisse [kɛs] *f* Kiste; *argent* Kasse; ~ ***d'épargne*** Sparkasse; ~ ***d'assurance maladie*** Krankenkasse
caissier [kɛsje] *m* Kassierer
cake [kɛk] *m* englischer Sandkuchen
calamar [kalamar] *m* Tintenfisch
calcaire [kalkɛr] **1.** kalkhaltig, Kalk…; **2.** *m* Kalk(stein); *tartre* Kesselstein
calcul[1] [kalkyl] *m* Rechnung *f*; *école* Rechnen *n*; *fig intérêt* Berechnung *f*
calcul[2] [kalkyl] *m Med* ~ ***biliaire*** Gallenstein; ~ ***rénal*** Nierenstein
calculateur [kalkylatœr] berechnend
calculatrice [kalkylatris] *f* Rechenmaschine; ~ ***de poche*** Taschenrechner *m*
calculer [kalkyle] aus-, berechnen; *risque* einkalkulieren; ~ ***de tête*** im Kopf rechnen
calculette [kalkylɛt] *f* Taschenrechner *m*
cale [kal] *f* Keil *m*
caleçon [kalsõ] *m* Unterhose *f*; *pantalon pour femmes* Leggin(g)s *pl*
calendrier [kalɑ̃drije] *m* Kalender
caler [kale] *moteur* absterben; *roue* blockieren
calmant [kalmɑ̃] *m* Beruhigungsmittel *n*
calmar *s* ***calamar***
calme [kalm] **1.** ruhig; still; **2.** *m* Ruhe *f*; Stille *f*
calmer [kalme] *personne* beruhigen; *douleur* lindern
calomnier [kalɔmnje] verleumden
calorie [kalɔri] *f* Kalorie
calvados [kalvados] *m* Calvados, Apfelbranntwein
camarade [kamarad] *m, f* Kamerad(in) *m(f)*; ~ ***d'école*** Schulfreund(in) *m(f)*
cambrioleur [kɑ̃brijɔlœr] *m* Einbrecher
caméléon [kameleõ] *m* Chamäleon *n*
camembert [kamɑ̃bɛr] *m* Camembert
caméra [kamera] *f* (Film-, Fernseh-)Kamera
Cameroun [kamrun] ***le*** ~ Kamerun *n*
caméscope [kameskɔp] *m* Camcorder
camion [kamjõ] *m* Lastwagen
camionnette [kamjɔnɛt] *f* Lieferwagen *m*
camomille [kamɔmij] *f* Ka-

mille; (***infusion** f **de***) ~ Kamillentee *m*
camp [kɑ̃] *m* Lager *n*; ~ ***de vacances*** Ferienlager *n*; F ***foutre le*** ~ abhauen
campagne [kɑ̃paɲ] *f* Land *n*; ~ ***électorale*** Wahlkampf *m*; ~ ***publicitaire*** Werbekampagne; ***à la*** ~ auf dem (*od* aufs) Land
camp|er [kɑ̃pe] campen, zelten; **~eur** [-œr] *m*, **~euse** [-øz] *f* Camper(in) *m(f)*
camping [kɑ̃piŋ] *m* Camping *n*, Campen *n*, Zelten *n*; ~ ***sauvage*** wildes Campen *n*, Zelten *n*; (***terrain** m **de***) ~ Campingplatz; ***faire du*** ~ campen, zelten
camping|-car [kɑ̃piŋkar] *m* Wohnmobil *n*; **~-gaz** [-gaz] *m* Campinggaskocher
Canada [kanada] ***le*** ~ Kanada *n*
canadien [kanadjɛ̃] **1.** kanadisch; **2.** ℒ *m* Kanadier
canal [kanal] *m* Kanal
canapé [kanape] *m* Couch [kautʃ] *f*, Sofa *n*; *Kochk* Kanapee *n*; ~ ***convertible*** = **~-lit** [-li] *m* Schlafcouch *f*
canard [kanar] *m* Ente *f*
canari [kanari] *m* Kanarienvogel
cancer [kɑ̃sɛr] *m* *Med* Krebs
candidat [kɑ̃dida] *m* Kandidat
candidature [kɑ̃didatyr] *f* Bewerbung; ***poser sa*** ~ sich bewerben (***à*** um *A*)
candide [kɑ̃did] naiv, treuherzig
caniche [kaniʃ] *m* Pudel
canicule [kanikyl] *f* Gluthitze
canif [kanif] *m* Taschenmesser *n*
canine [kanin] *f* Eckzahn *m*
canne [kan] *f* (Spazier-)Stock *m*; *Bot* Rohr *n*; ~ ***blanche*** Blindenstock *m*; ~ ***à pêche*** Angelrute; ~ ***à sucre*** Zuckerrohr *n*
cannelle [kanɛl] *f* Zimt *m*
cannibale [kanibal] *m* Kannibale
canoë [kanɔe] *m* Kanu *n*; **~-kayak** [-kajak] *m* Kajak
canon [kanõ] *m* Kanone *f*
canot [kano] *m* Boot *n*, Kahn; ~ ***pneumatique*** Schlauchboot *n*; ~ ***à moteur*** Motorboot *n*; ~ ***de sauvetage*** Rettungsboot *n*
cantatrice [kɑ̃tatris] *f* Sängerin
cantine [kɑ̃tin] *f* Kantine
caoutchouc [kautʃu] *m* Gummi *n* (*a m*); ***de** od **en*** ~ Gummi…
cap [kap] *m* Kap *n*; *Mar, Flgw* Kurs
C.A.P. [seape] *m* *etwa* Facharbeiter- *od* Gesellenbrief
capable [kapabl(ə)] fähig (***de*** zu)
capacité [kapasite] *f* Fähigkeit; *contenance* Fassungsvermögen *n*
capitaine [kapitɛn] *m* *Mil* Hauptmann; *Mar* Kapitän;

Sp Mannschaftskapitän
capital [kapital] (*pl* ***-aux*** [-o]) **1.** Haupt ..., entscheidend; **2.** *m* Kapital *n*; ***capitaux*** *pl* Gelder *n/pl*
capitale [kapital] *f* Hauptstadt; *lettre* Großbuchstabe *m*
capot [kapo] *m Kfz* Motorhaube *f*
capote [kapɔt] *f Kfz* Verdeck *n*; P **~** (***anglaise***) Pariser *m*
câpre [kɑpr(ə)] *f* Kaper
capric|e [kapris] *m* Laune *f*; **~ieux** [~jø] launenhaft
capsule [kapsyl] *f* Kapsel; *de bouteilles* Kronenverschluss *m*
capter [kapte] *radio, TV* empfangen
captiver [kaptive] *fig* fesseln
capturer [kaptyre] fangen; *arrêter* festnehmen; *faire prisonnier* gefangen nehmen
capuchon [kapyʃõ] *m* Kapuze *f*
car¹ [kar] *m* (Reise-, Überland-)Bus
car² [kar] denn
caractère [karaktɛr] *m* Charakter; **~** ***d'imprimerie*** Druckbuchstabe
carafe [karaf] *f* Karaffe
carambolage [karɑ̃bɔlaʒ] *m* (Massen-)Karambolage *f*
caramel [karamɛl] *m* Karamell; Karamellbonbon *m od n*
caravane [karavan] *f* Wohnwagen *m*
carbone [karbɔn] *m* Kohlenstoff
carbur|ant [karbyrɑ̃] *m* Kraftstoff; **~ateur** [~atœr] *m* Vergaser
cardiaque [kardjak] **1.** Herz...; **2.** *m, f* Herzkranke(r) *su*
cardiologue [kardjolɔg] *m, f* Herzspezialist(in) *m(f)*
carême [karɛm] *m* Fastenzeit *f*
caresser [karɛse] streicheln
car-ferry [karfɛri] *m* Autofähre *f*
cargaison [kargɛzõ] *f* Schiffsladung
cargo [kargo] *m* Frachter
carie [kari] *f* Karies
carillon [karijõ] *m* Glockenspiel *n*
carnaval [karnaval] *m* Karneval, Fasching
carnet [karnɛ] *m* Notizbuch *n*; **~** (***de tickets***) Fahrscheinheft *n*; **~** ***de chèques*** Scheckheft *n*; **~** ***de vaccination*** Impfpass
carotte [karɔt] *f* Möhre, Karotte; **~s** *pl* ***râpées*** *Salat aus geriebenen Möhren*
carpe [karp] *f* Karpfen *m*
carré [kare] **1.** quadratisch; ***mètre*** *m* **~** Quadratmeter *m od n*; **2.** *m* Quadrat *n*
carreau [karo] *m vitre* (Fenster-)Scheibe *f*; *dalle* Fliese *f*; *dessin, cartes* Karo *n*
carrefour [karfur] *m* (Straßen-)Kreuzung *f*

carrelage [karlaʒ] *m* Fliesenbelag
carrière [karjɛr] *f* Steinbruch *m*; *profession* Laufbahn
carrosserie [karɔsri] *f* Karosserie
carte [kart] *f* Karte; *au restaurant* (Speise-)Karte; ***à la*** ~ nach der Karte; ~ ***grise*** Kraftfahrzeugschein *m*; ~ ***d'identité*** Personalausweis *m*; ~ ***d'étudiant*** Studentenausweis *m*; ~ ***de séjour*** Aufenthaltserlaubnis; ~ ***postale*** Postkarte; ~ ***de crédit*** Kreditkarte; ~ ***d'embarquement*** Bordkarte; ~ (***de visite***) Visitenkarte; ~ ***orange*** Netz-, Zeitkarte (*in Paris*); ~ ***vermeil*** Seniorenpass *m*; ~ ***jeune*** Juniorpass *m*; ~ ***à mémoire*** Magnet(streifen)karte; ~ ***à puce*** Chipkarte
carton [kartõ] *m* Pappe *f*; *boîte* (Papp-)Schachtel *f*; *Sp* ~ ***jaune*** gelbe Karte
cartouche [kartuʃ] *f* Patrone; *cigarettes* Stange
cas [kɑ] *m* Fall; Kasus; ***en tout*** (***aucun***) ~ auf jeden (keinen) Fall
cascade [kaskad] *f* Wasserfall *m*
case [kɑz] *f jeux* Feld *n*
casier [kɑzje] *m* Fach *n*; ~ ***judiciaire*** Strafregister *n*
casino [kazino] *m* Spielkasino *n*
casque [kask] *m* Helm; *de motard* Sturzhelm; *radio* Kopfhörer; *séchoir* Trockenhaube *f*
casquette [kakɛt] *f* (Schirm-)Mütze
cassé [kase] kaputt
casse-croûte [kɑskrut] *m* Imbiss
casser [kɑse] zerbrechen; *œuf* aufschlagen; ***se*** ~ (zer-)brechen, F kaputtgehen; *verre* zersplittern; *fil* reißen; ***se ~ la jambe*** sich das Bein brechen
casserole [kasrɔl] *f* (Stiel-)Topf *m*; Kasserolle
cassette [kasɛt] *f* Kassette
cassis [kasis] *m* schwarze Johannisbeere *f*
cassoulet [kasulɛ] *m Bohneneintopf mit Fleisch*
castor [kastɔr] *m* Biber
catalogue [katalɔg] *m* Katalog
catastroph|e [katastrɔf] *f* Katastrophe; **~ique** [~ik] katastrophal
catégorie [kategɔri] *f* Kategorie, Klasse
cathédrale [katedral] *f* Dom *m*, Kathedrale, Münster *n*
catholique [katɔlik] **1.** katholisch; **2.** *m*, *f* Katholik(in) *m(f)*
cauchemar [koʃmar] *m* Albtraum
cause [koz] *f* Ursache, Grund *m*; ***à ~ de*** wegen (*G*)
causer [koze] verursachen; *parler* reden (***de*** über *A*)
cavalier [kavalje] *m* Reiter;

danse Tanzpartner; *échecs* Springer
cave [kav] *f* Keller *m*; *à vin* Weinkeller *m*
caverne [kavɛrn] *f* Höhle
caviar [kavjar] *m* Kaviar
C.C.P. [sesepe] *m* (*compte chèque postal*) Postgirokonto [-ʒi-] *n*
CD [sede] *m* CD *f*
CD-ROM [sederɔm] *m* CD-ROM *f*
ce[1] [sə] (*vor Vokal* **cet** [sɛt], *f* **cette** [sɛt], *pl* **ces** [se]) diese(r, -s); ~ **soir** heute Abend
ce[2] [sə] (*vor Vokal* **c'**) das, es; **c'est** das ist, es ist; ~ **que**, ~ **qui** (das,) was
ceci [səsi] das, dieses, dies
céder [sede] nachgeben; *sa place* abtreten
cedex *od* **CEDEX** [sedɛks] *m* *Postadresscode für Großkunden*
C.E.E. [seəə] **la** ~ die E(W)G
C.E.I. [seəi] **la** ~ die GUS
ceinture [sɛ̃tyr] *f* Gürtel *m*; ~ **de sécurité** Sicherheitsgurt *m*
cela [səla, sla] das (da)
célèbre [selɛbr(ə)] berühmt
célébrer [selebre] feiern
célébrité [selebrite] *f* Berühmtheit (*a Person*)
céleri [selri] *m* Sellerie *m od f*
célibataire [selibatɛr] **1.** ledig; **2.** *m* Junggeselle
celle(s) *s* **celui**
cellule [sɛlyl] *f* Zelle
cellulose [sɛlyloz] *f* Zellstoff *m*
celui [səlɥi] (*f* **celle** [sɛl], *pl* **ceux** [sø], **celles** [sɛl]) der, die, das(jenige); **~-ci** [₋si] der, die, das (hier), diese(r, -s); **~-là** [₋la] der, die, das (da, dort), jene(r, -s)
cendre [sɑ̃dr(ə)] *f* Asche
cendrier [sɑ̃drije] *m* Aschenbecher
Cène [sɛn] *f* Abendmahl *n*
censé [sɑ̃se] **il est ~ être malade** er soll krank sein
cent [sɑ̃] hundert; **cinq pour ~** fünf Prozent
centaine [sɑ̃tɛn] *f* Hundert *n*; **une ~ de** etwa hundert
centenaire [sɑ̃tnɛr] *m* Hundertjahrfeier *f*
centième [sɑ̃tjɛm] **1.** hundertste(r, -s); **2.** *m* Hundertstel *n*
centime [sɑ̃tim] *m hist* Centime
centimètre [sɑ̃timɛtrə] *m* Zentimeter *n*
central [sɑ̃tral] **1.** zentral, Zentral…; **2.** *m* Telefonzentrale *f*
centrale [sɑ̃tral] *f* ~ (**électrique**) Kraftwerk *n*; ~ **nucléaire** Atomkraftwerk *n*
centre [sɑ̃tr(ə)] *m* Mitte *f*; *d'une ville* Stadtmitte *f*, (Stadt-)Zentrum *n*; **au ~ de** in der Mitte (*G*); ~ **de rééducation** Rehabilitationszentrum *n*; ~ **commercial** Einkaufszentrum *n*

centre-ville [sɑ̃trəvil] *m* Stadtmitte *f*
cèpe [sɛp] *m* Steinpilz
cependant [s(ə)pɑ̃dɑ̃] jedoch, dennoch
céramique [seramik] *f* Keramik
cercle [sɛrkl(ə)] *m* Kreis
cercueil [sɛrkœj] *m* Sarg
céréales [sereal] *f/pl* Getreide *n*; *au petit déjeuner* Getreideflocken *pl*
cérébral [serebral] Gehirn…
cerf [sɛr] *m* Hirsch
cerf-volant [sɛrvɔlɑ̃] *m* (Papier-)Drachen
ceris|e [s(ə)riz] *f* Kirsche; **~ier** [~je] *m* Kirschbaum
cernes [sɛrn] *m/pl* Ringe (um die Augen)
ce que [səkə] was
ce qui [səki] was
certain [sɛrtɛ̃] sicher; *devant le nom* gewisse(r, -s); **~s** *pl* einige
certainement [sɛrtɛnmɑ̃] sicher(lich)
certificat [sɛrtifika] *m* Bescheinigung *f*, Zeugnis *n*; **~ médical** ärztliches Attest *n*
certifier [sɛrtifje] bescheinigen
certitude [sɛrtityd] *f* Gewissheit
cerveau [sɛrvo] *m* Gehirn *n*
cervelas [sɛrvəla] *m* Fleischwurst *f*
cervelle [sɛrvɛl] *f* Hirn *n* (*a Kochk*)
ces *s* **ce¹**
cesse [sɛs] *f* **sans ~** ununterbrochen
cesser [sese] aufhören
c'est-à-dire [setadir] das heißt
cet(te) *s* **ce¹**
ceux *s* **celui**
C.F.C. [seɛfse] *m/pl* (*chlorofluorocarbones*) FCKW (Fluorchlorkohlenwasserstoffe)
chacun(e) [ʃakɛ̃ *od* ~œ̃ (-yn)] jede(r, -s)
chagrin [ʃagrɛ̃] *m* Kummer; Leid *n*
chaîne [ʃɛn] *f* Kette; *TV* Programm *n*, Sender *m*; **~ (de montagne)** Gebirgskette; **~ (d'hôtels)** Hotelkette; **~ (stéréo)** Stereoanlage *f*; **~ (de vélo)** Fahrradkette; *Kfz* **~s** *pl* Schneeketten
chair [ʃɛr] *f* Fleisch *n*; **avoir la ~ de poule** e-e Gänsehaut haben
chaire [ʃɛr] *f* Kanzel
chaise [ʃɛz] *f* Stuhl *m*; **~ longue** Liegestuhl *m*
châle [ʃɑl] *m* Umschlag(e)tuch *n*, Stola *f*
chalet [ʃalɛ] *m* Chalet *n*
chaleur [ʃalœr] *f* Hitze; Wärme
chaleureux [ʃalørø] herzlich
chambre [ʃɑ̃br(ə)] *f* Zimmer *n* (*mit Bett*); **~ à coucher** Schlafzimmer *n*; **~ d'hôtel** Hotelzimmer *n*; **~ double** Doppelzimmer *n*; **~ individuelle** Einzelzimmer *n*; **~ et petit déjeuner** Übernach-

tung mit Frühstück; **~ à air** Schlauch *m*; **~ de commerce** Handelskammer *f*
chameau [ʃamo] *m* Kamel *n*
chamois [ʃamwa] *m* Gämse *f*; ***peau*** *f* ***de ~*** Fenster-, Autoleder *n*
champ [ʃɑ̃] *m* Feld *n*; ***~ de course(s)*** (Pferde-)Rennbahn *f*; ***~ de foire*** Rummelplatz
Champagne [ʃɑ̃paɲ] ***la ~*** die Champagne; **♀** *m* Champagner
champignon [ʃɑ̃piɲõ] *m* Pilz; ***~ de Paris*** Champignon
champion(ne) [ʃɑ̃pjõ (-ɔn)] *m(f)* *Sp* Meister(in)
championnat [ʃɑ̃pjɔna] *m* Meisterschaft *f*
chance [ʃɑ̃s] *f* Glück *n*; ***~s*** *pl* Chancen, Aussichten; ***avoir de la ~*** Glück haben; ***bonne ~!*** viel Glück
chancelier [ʃɑ̃səlje] *m* Kanzler
chandail [ʃɑ̃daj] *m* Pullover
chandelier [ʃɑ̃dəlje] *m* Leuchter
chandelle [ʃɑ̃dɛl] *f* Kerze
change [ʃɑ̃ʒ] *m* Tausch; *Hdl* Umtausch, (Geld-)Wechsel
changement [ʃɑ̃ʒmɑ̃] *m* (Ver-)Änderung *f*; ***~ de pneu*** Reifenwechsel; ***~ de vitesse*** Gangschaltung *f*
changer [ʃɑ̃ʒe] tauschen (***contre*** gegen); *argent* wechseln (***en*** in *A*), umtauschen (gegen); *bébé* trockenlegen; *transformer* verändern; *se transformer* sich (ver)ändern; ***~ de qc*** et (*A*) wechseln; ***~ d'adresse*** umziehen; ***~ (de train)*** umsteigen; ***~ de vitesse*** schalten; ***se ~*** sich umziehen
chanson [ʃɑ̃sõ] *f* Lied *n*, Chanson *n*; *à la mode* Schlager *m*
chansonnier [ʃɑ̃sɔnje] *m* Kabarettist
chant [ʃɑ̃] *m* Gesang
chantage [ʃɑ̃taʒ] *m* Erpressung *f*
chanter [ʃɑ̃te] singen; ***faire ~ q*** j-n erpressen
chanterelle [ʃɑ̃trɛl] *f* Pfifferling *m*
chant|eur [ʃɑ̃tœr] *m*, **~euse** [-øz] *f* Sänger(in) *m(f)*
chantier [ʃɑ̃tje] *m* Baustelle *f*; ***~ naval*** Werft *f*
chaotique [kaɔtik] chaotisch
chapeau [ʃapo] *m* Hut
chapelle [ʃapɛl] *f* Kapelle
chantilly [ʃɑ̃tiji] *f* (***crème*** *f*) ~ Schlagsahne
chapiteau [ʃapito] *m* (Zirkus-)Zelt *n*
chapitre [ʃapitr(ə)] *m* Kapitel *n*
chaque [ʃak] jede(r, -s)
char [ʃar] *m* *Mil* Panzer; *au carnaval* (geschmückter) Wagen
charbon [ʃarbõ] *m* Kohle *f*
charcuterie [ʃarkytri] *f* Wurstwaren *f/pl*; *magasin* Wurstwarengeschäft *n*; ***as-***

***siette** f **de** ~* Wurstplatte
chardon [ʃardõ] *m* Distel *f*
charge [ʃarʒ] *f* (Höchst-, Nutz-)Last; *El, d'une arme* Ladung; **~s** *pl* Nebenkosten
chargement [ʃarʒəmɑ̃] *m* (Be-, Ver-)Laden *n*; *cargaison* Ladung *f*, Fracht *f*
charger [ʃarʒe] *véhicule* beladen; *arme, batterie, Inform* laden; **~ q de qc** j-n mit et beauftragen; **se ~ de qc** et übernehmen
chariot [ʃarjo] *m* Karren; *machine à écrire* Wagen; *bagages* Kofferkuli; *achats* Einkaufswagen
charité [ʃarite] *f* Mild-, Wohltätigkeit
charmant [ʃarmɑ̃] reizend
charm|e [ʃarm] *m* Reiz; *d'une personne* Charme; **~er** [~e] bezaubern
charlotte [ʃarlɔt] *f Süßspeise aus Löffelbiskuits, Früchten und Vanillecreme*
charpentier [ʃarpɑ̃tje] *m* Zimmermann
charrette [ʃarɛt] *f* Karren *m*
charrue [ʃary] *f* Pflug *m*
charter [ʃartɛr] **1.** Charter…; **2.** *m vol* Charterflug; *avion* Chartermaschine *f*
chasse [ʃas] *f* Jagd; **~ d'eau** Wasserspülung (*WC*)
chasse-neige [ʃasnɛʒ] *m* Schneepflug (*a Skisp*)
chass|er [ʃase] jagen; **~eur** [~œr] *m* Jäger
châssis [ʃɑsi] *m* (Tür-)Rahmen; *Kfz* Fahrgestell *n*
chasteté [ʃastəte] *f* Keuschheit
chat [ʃa] *m* Katze *f*
châtai|gne [ʃɑtɛɲ] *f* Kastanie; **~gnier** [~ɲe] *m* Kastanienbaum
châtain [ʃɑtɛ̃] kastanienbraun
château [ʃɑto] *m* Schloss *n*; **~ fort** Burg *f*; **~ d'eau** Wasserturm
chatouiller [ʃatuje] kitzeln
chaud [ʃo] **1.** warm; *très, trop* ~ heiß; ***j'ai*** **~** mir ist warm, heiß; ***il fait*** **~** es ist warm; **2.** *m* Wärme *f*; **être** (**bien**) **au ~** im Warmen sein
chaudière [ʃodjɛr] *f* (Heiz-, Dampf-)Kessel *m*
chauffage [ʃofaʒ] *m* Heizung *f*; **~ central** Zentralheizung *f*; **~ au mazout** Ölheizung *f*
chauffard [ʃofar] *m* Verkehrsrowdy [-raudi]
chauffe-eau [ʃofo] *m* Heiß-, Warmwasserbereiter
chauffer [ʃofe] (er)wärmen; *maison* heizen; *eau* erhitzen (*v/i* warm werden); *moteur* heißlaufen; **se ~** sich wärmen; **faire ~** (auf)wärmen
chauffeur [ʃofœr] *m* Fahrer, Chauffeur; **~ de taxi** Taxifahrer
chaussée [ʃose] *f* Fahrbahn
chausse-pied [ʃospje] *m* Schuhanzieher
chauss|er [ʃose] **~ du 40**

Schuhgröße 40 haben; **~ette** [~ɛt] *f* Socke
chausson [ʃosõ] *m* Hausschuh; *Kochk* ~ **aux pommes** Apfeltasche *f*
chaussure [ʃosyr] *f* Schuh *m*; **~s** *pl* **de montagne** Bergschuhe *m/pl*; **magasin** *m* **de ~s** Schuhgeschäft *n*
chauve [ʃov] kahl(köpfig)
chauve-souris [ʃovsuri] *f* Fledermaus
chaux [ʃo] *f* Kalk *m*
chef [ʃɛf] *m* Leiter, Chef; ~ **d'entreprise** Unternehmer; ~ (**cuisinier**) Küchenchef, Chefkoch; ~ **de gare** Bahnhofsvorsteher; ~ **d'orchestre** Dirigent
chef-d'œuvre [ʃɛdœvr(ə)] *m* Meisterwerk *n*
chef-lieu [ʃɛfljø] *m* Hauptort
chemin [ʃ(ə)mɛ̃] *m* Weg; ~ **du retour** Heimweg; ~ **de fer** (Eisen-)Bahn *f*
cheminée [ʃəmine] *f* Schornstein *m*; *au coin du feu* Kamin *m*
chemise [ʃ(ə)miz] *f* Hemd *n*; *dossier* Aktendeckel *m*; ~ **de nuit** Nachthemd *n*
chemisier [ʃ(ə)mizje] *m* Bluse *f*
chêne [ʃɛn] *m* Eiche *f*
chenille [ʃ(ə)nij] *f* Raupe
chèque [ʃɛk] *m* Scheck; ~ **barré** Verrechnungsscheck; ~ **de voyage** Reisescheck
chèque-restaurant [ʃɛkrɛstɔrɑ̃] *m* Essen(s)marke *f*
cher [ʃɛr] teuer; *personne* lieb; *dans une lettre* **Chère Madame** Liebe Frau (+ *nom*)
chercher [ʃɛrʃe] suchen; **aller** ~ holen
chéri(e) [ʃeri] *m(f)* Liebling *m*
chétif [ʃetif] schmächtig
cheval [ʃ(ə)val] *m* (*pl* **-aux** [-o]) Pferd *n*; ~ **de course** Rennpferd *n*; **aller à ~, faire du ~** reiten
chevalier [ʃəvalje] *m* Ritter
cheval-vapeur [ʃ(ə)valvapœr] *m* (*Abk* **ch**) *Tech* Pferdestärke *f* (*Abk* PS)
chevelure [ʃəvlyr] *f* Haar *n*
cheveu [ʃ(ə)vø] *m* (Kopf-)Haar *n*; **~x** *pl* Haar(e) *n(pl)*
cheville [ʃ(ə)vij] *f* (Fuß-)Knöchel *m*; *Tech* Dübel *m*
chèvre [ʃɛvr(ə)] *f* Ziege
chevreuil [ʃəvrœj] *m* Reh *n*
chez [ʃe] bei; *direction* zu; ~ **moi** bei *od* zu mir, zu *od* nach Hause; ~ **le médecin** beim *od* zum Arzt
chic [ʃik] schick
chicorée [ʃikɔre] *f plante* Zichorie; *salade* Endivie
chien [ʃjɛ̃] *m* Hund; ~ **de combat** Kampfhund
chienne [ʃjɛn] *f* Hündin
chiffon [ʃifõ] *m* Lappen *m*, Lumpen *m*
chiffre [ʃifr(ə)] *m* Ziffer *f*; *total* Zahl *f*; *code* Chiffre *f*; ~ **d'affaires** Umsatz
Chili [ʃili] **le** ~ Chile *n*
chimie [ʃimi] *f* Chemie

chimpanzé [ʃɛ̃pɑ̃ze] *m* Schimpanse
Chine [ʃin] ***la ~*** China *n*
chinois [ʃinwa] **1.** chinesisch; **2.** ♀ *m* Chinese
chipolata [ʃipɔlata] *f* *Schweinswürstchen*
chips [ʃips] *f/pl* (Kartoffel-) Chips *m/pl*
chirurgien [ʃiryrʒjɛ̃] *m* Chirurg
chlore [klɔr] *m* Chlor *n*
choc [ʃɔk] *m* Zusammenstoß; *Med* Schock
chocolat [ʃɔkɔla] *m* Schokolade *f*; *boisson a* Kakao *m*; ***~s*** *pl* Pralinen *f/pl*; ***~ au lait*** Vollmilchschokolade *f*; ***glace*** *f* ***au ~*** Schokolade(n)-eis *n*
chœur [kœr] *m* Chor
choisir [ʃwazir] (aus)wählen; *décider* sich entscheiden
choix [ʃwa] *m* Wahl *f*; *sélection* Auswahl *f*; ***au ~*** zur Auswahl
choléra [kɔlera] *m* Cholera *f*
cholestérol [kɔlɛsterɔl] *m* Cholesterin *n*
chômage [ʃomaʒ] *m* Arbeitslosigkeit *f*; ***allocation*** *f* **(*de*)** ***~*** Arbeitslosengeld *n*; ***être au ~*** arbeitslos sein
chôm|eur [ʃomœr] *m*, ***~euse*** [-øz] *f* Arbeitslose(r) *su*
choqu|ant [ʃɔkɑ̃] schockierend; *révoltant* empörend; ***~er*** [-e] schockieren
chose [ʃoz] *f* Ding *n*, Sache
chou [ʃu] *m* Kohl; ***~ rouge*** Rotkohl; ***~ de Bruxelles*** Rosenkohl; ***~ à la crème*** Windbeutel mit Schlagsahne; ***pâte*** *f* ***à ~*** Brandteig *m*
choucroute [ʃukrut] *f* Sauerkraut *n*; ***~ garnie*** Sauerkraut *n* auf elsässische Art (*mit Würsten und Schweinerippchen*)
chou|-fleur [ʃuflœr] *m* Blumenkohl; ***~-rave*** [-rav] *m* Kohlrabi
chouette [ʃwɛt] **1.** *f* Eule; **2.** *adj* F toll, prima
chrétien [kretjɛ̃] **1.** christlich; **2.** ***~(ne)*** [- (-ɛn)] *m(f)* Christ(in)
chronique [krɔnik] **1.** chronisch (*a Med*); **2.** *f* Chronik
chronomètre [krɔnɔmɛtr(ə)] *m* Stoppuhr *f*
C.H.U. [seaʃy] *m* (*centre hospitalier universitaire*) Universitätsklinikum *n*
chuchoter [ʃyʃɔte] flüstern
chute [ʃyt] *f* Sturz *m*; ***~ d'eau*** Wasserfall *m*; ***~s*** *pl* ***de neige*** Schneefälle *m/pl*; ***~ de pierres*** Steinschlag *m*
Chypre [ʃipr(ə)] Zypern *n*
ci [si] ***à cette heure-~*** um diese Zeit
cible [sibl(ə)] *f* Zielscheibe
ciboulette [sibulɛt] *f* Schnittlauch *m*
cicatrice [sikatris] *f* Narbe
cicatriser [sikatrize] **(*se*)** ***~*** vernarben
ci|-contre [sikõtr(ə)] nebenstehend; ***~-dessous*** [-d(ə)-

su] unten stehend, weiter unten; **~-dessus** [~d(ə)sy] oben stehend, weiter oben
cidre [sidr(ə)] *m* Apfelwein; *de France* Cidre
ciel [sjɛl] *m* Himmel
cierge [sjɛrʒ] *m* Kerze *f*
cigale [sigal] *f Zo* Grille
cigar|e [sigar] *m* Zigarre *f*; **~ette** [~ɛt] *f* Zigarette
cigogne [sigɔɲ] *f* Storch *m*
ci-joint [siʒwɛ̃] anliegend, anbei
cil [sil] *m* Wimper *f*
cime [sim] *f d'une montagne* Gipfel *m*; *d'un arbre* Wipfel *m*
ciment [simɑ̃] *m* Zement
cimetière [simtjɛr] *m* Friedhof
ciné [sine] *m* F Kino *n*
cinéma [sinema] *m* Kino *n*; F *fig* Theater *n*; ***aller au ~*** ins Kino gehen
cinq [sɛ̃k] fünf
cinquantaine [sɛ̃kɑ̃tɛn] *f âge* Fünfzig; ***une ~ (de …)*** etwa fünfzig (…)
cinquant|e [sɛ̃kɑ̃t] fünfzig; **~ième** [~jɛm] fünfzigste(r, -s)
cinquième [sɛ̃kjɛm] **1.** fünfte(r, -s); **2.** *m Math* Fünftel *n*; *étage* fünfter Stock; **3.** *f Kfz* fünfter Gang *m*
cintre [sɛ̃tr(ə)] *m Arch* Bogen; *vêtements* Kleiderbügel
cirage [siraʒ] *m* Schuhcreme *f*
circonstances [sirkõstɑ̃s] *f/pl* Umstände *m/pl*; ***dans ces ~*** unter diesen Umständen
circuit [sirkɥi] *m* **~ (*touristique*)** Rundreise *f*, -fahrt *f*; *Sp* **~ (*automobile*)** Autorennstrecke *f*; **~ (*électrique*)** Stromkreis
circulaire [sirkylɛr] **1.** kreisförmig; **2.** *f* Rundschreiben *n*
circulation [sirkylasjõ] *f* (Auto-, Straßen-)Verkehr *m*; ***~ en sens inverse*** Gegenverkehr *m*; *Med* ***~ du sang*** (Blut-)Kreislauf *m*
circuler [sirkyle] *piétons* gehen; *voitures, conducteurs* fahren; *sang* fließen; *bruit* umgehen; ***circulez!*** weitergehen!
ci|re [sir] *f* Wachs *n*; **~er** [~e] *chaussures* wichsen, putzen; *parquet* bohnern
cirque [sirk] *m* Zirkus
ciseaux [sizo] *m/pl* Schere *f*
citadin [sitadɛ̃] *m* Städter
citation [sitasjõ] *f* Zitat *n*
cité [site] *f* Stadt; *immeubles* (Wohn-)Siedlung *f*
citer [site] *auteur* zitieren; *nommer* nennen
citoyen [sitwajɛ̃] *m* (Staats-)Bürger
citron [sitrõ] *m* Zitrone *f*
citrouille [sitruj] *f* Kürbis *m*
civet [sivɛ] *m* ***~ de lièvre*** Hasenpfeffer
civette [sivɛt] *f* Schnittlauch *m*
civière [sivjɛr] *f* Tragbahre

civil [sivil] **1.** Zivil…, bürgerlich; ***bureau** m **de l'état** ~* Standesamt *n*; **2.** *m* Zivilist; ***en** ~* in Zivil
civilisation [sivilizasjõ] *f* Zivilisation
clafoutis [klafuti] *m* Kirschauflauf
clair [klɛr] **1.** klar; *couleur, chambre* hell; **2.** *m* ***~ de lune*** Mondschein
clairière [klɛrjɛr] *f* Lichtung
clandestin [klãdɛstɛ̃] heimlich
claque [klak] *f* Ohrfeige
claquer [klake] *porte* zuschlagen (*a v/t*); *volet* schlagen; ***se ~ un muscle*** sich e-n Muskel zerren
clarté [klarte] *f* Licht *n*; *de l'eau, du ciel, fig* Klarheit
classe [klɑs] *f* Klasse (*a fig*); ***(salle** f **de)** ~* Klasse(nzimmer) *f(n)*; ***aller en ~*** in die, zur Schule gehen; ***~ de neige*** Skilager *n*; ***~ verte*** Schullandheim *n*; ***~ économique*** Economyklasse; ***~ affaires*** Business-Class
class|ement [klasmã] *m école, Sp* (Be-)Wertung *f*; ***~er*** [~e] ordnen (***par*** nach)
classeur [klasœr] *m* Ordner
classique [klasik] **1.** klassisch; **2.** *m* Klassiker
clavicule [klavikyl] *f* Schlüsselbein *n*
clavier [klavje] *m* Tastatur *f*
clé, clef [kle] *f* Schlüssel *m* (*a Tech, fig, Mus*); ***~ de contact*** Zündschlüssel *m*; ***~ de voiture*** Autoschlüssel *m*; ***fermer à ~*** abschließen, -sperren
clergé [klɛrʒe] *m* Klerus
clic [klik] **1.** ***~!*** klick!; **2.** *m* Klicken *n*; *Inform* ***~ (de la souris)*** Mausklick; ***double ~*** Doppelklick
clic-clac [klikklak] *m* Schlafcouch [-kautʃ] *f*
client(e) [klijã(t)] *m(f)* Kunde *m*, Kundin *f*; *d'un hôtel, d'un restaurant* Gast *m*
clientèle [klijãtɛl] *f* Kundschaft
cligner [kliɲe] ***~ des yeux*** (mit den Augen) blinzeln
clignotant [kliɲɔtã] *m* Blinker
climat [klima] *m* Klima *n*
climatisation [klimatizasjõ] *f* Klimaanlage
clin d'œil [klɛ̃dœj] *m* Zwinkern *n*; ***en un ~*** im Nu
clinique [klinik] **1.** klinisch; **2.** *f* Klinik
cliquer [klike] *Inform* klicken; ***~ sur*** anklicken
cloch|e [klɔʃ] *f* Glocke; ***~er*** [~e] *m* Glocken-, Kirchturm; ***~ette*** [~ɛt] *f* Glöckchen *n*
cloison [klwazõ] *f* Zwischenwand
cloître [klwɑtr(ə)] *m Arch* Kreuzgang; *monastère* Kloster *n*
clôture [klotyr] *f* Zaun *m*
cloque [klɔk] *f* (Haut-)Blase
clou [klu] *m* Nagel; *fig* Clou; F

~s *pl* Fußgängerüberweg *m*; **~ de girofle** Gewürznelke *f*
clouer [klue] an-, festnageln
clown [klun] *m* Clown [klaun]
club [klœb] *m* Klub
coaguler [koagyle] **(se) ~** gerinnen
cobaye [kɔbaj] *m* Meerschweinchen *n*
coca [kɔka] *m* Cola *f*
coccinelle [kɔksinɛl] *f* Marienkäfer *m*
cocher [kɔʃe] abhaken
cochon [kɔʃõ] *m* Schwein *n*; **~ d'Inde** Meerschweinchen *n*
cockpit [kɔkpit] *m* Cockpit *n*
coco [kɔko] *m* **noix** *f* **de ~** Kokosnuss
cocotte [kɔkɔt] *f* Schmortopf *m*; **~-minute** [-minyt] *f* Schnellkochtopf *m*
code [kɔd] *m* Code *od* Kode; *jur* Gesetzbuch *n*; *Kfz* **~s** *pl* Abblendlicht *n*; **~ confidentiel** Geheimnummer *f*; **~ postal** Postleitzahl *f*; **~ de la route** Straßenverkehrsordnung *f*; **se mettre en ~** abblenden
code-barres [kɔdbar] *m* Strichkode
cœur [kœr] *m* Herz *n*; **au ~ de** mitten in (*D*); **de bon ~** von Heizen gern; **par ~** auswendig; **j'ai mal au ~** mir ist übel; **cela lui tient à ~** das liegt ihm *od* ihr am Herzen
coffre [kɔfr(ə)] *m meuble* Truhe *f*, *Kfz* Kofferraum
coffre-fort *m* Safe, Tresor
cognac [kɔɲak] *m* Cognac *od* Kognak
cogner [kɔɲe] schlagen; *moteur* klopfen; **se ~** sich stoßen (**contre** an *D*)
cohérent [kɔerɑ̃] zusammenhängend
cohue [kɔy] *f* Gedränge *n*
coiff|er [kwafe] (**se ~** sich) frisieren; **~eur** [-œr] *m* Friseur; **~euse** [-øz] *f* Friseuse; **~ure** [-yr] *f* Frisur
coin [kwɛ̃] *m* Ecke *f*; **~ fenêtre** Fensterplatz; **au ~ de la rue** an der Straßenecke
coincer [kwɛ̃se] einklemmen; *Tech* ver-, festkeilen; **être coincé** verklemmt sein (*a fig*)
coing [kwɛ̃] *m* Quitte *f*
col [kɔl] *m* Kragen; *de montagne* Pass
colère [kɔlɛr] *f* Zorn *m*, Wut; **être en ~** zornig, wütend sein (**contre q** auf, über j-n); **se mettre en ~** zornig, wütend werden
coléreux [kɔlerø] jähzornig
colibri [kɔlibri] *m* Kolibri
colin [kɔlɛ̃] *m* Seehecht
colique [kɔlik] *f* Kolik
colis [kɔli] *m* Paket *n*
collaborer [kɔlabɔre] mitarbeiten (**à** an *D*)
collant [kɔlɑ̃] **1.** klebend, Klebe...; *doigts* klebrig; *robe*, *jeans* hauteng; F *personne* aufdringlich; **2.** *m* Strumpfhose *f*
colle [kɔl] *f* Klebstoff *m*

collect|ion [kɔlɛksjõ] *f* Sammlung; **~ionner** [~jɔne] sammeln
collège [kɔlɛʒ] *m* Realschule *f*
collègue [kɔlɛg] *m* Kollege
coller [kɔle] (an-, auf-, zusammen-, zu)kleben; *adhérer* kleben (**à** an *D*)
collier [kɔlje] *m* Halskette *f*
colline [kɔlin] *f* Hügel *m*
collision [kɔlizjõ] *f* Zusammenstoß *m*
Cologne [kɔlɔɲ] Köln
colombe [kɔlõb] *f* Taube
colonie [kɔlɔni] *f* Kolonie; **~ (de vacances)** Ferienlager *n*
colonne [kɔlɔn] *f* Säule; *d'un journal* Spalte; **~ Morris** Litfaßsäule *f*; *Anat* **~ vertébrale** Wirbelsäule *f*, Rückgrat *n*
color|ant [kɔlɔrɑ̃] **1.** Farb…; **2.** *m* Farbstoff; **~er** [~e] färben; **~ier** [~je] *dessin* ausmalen; **~is** [~i] *m* Kolorit *n*
combat [kõba] *m* Kampf; **~tant** [~tɑ̃] *m* Kämpfer; **~tre** [~tr(ə)] (be)kämpfen
combien [kõbjɛ̃] wie viel; *à quel point* wie (sehr); **~ de** wie viel; **~ de fois** wie oft; **~ de temps** wie lange
combinaison [kõbinɛzõ] *f* Kombination, Zusammenstellung; *vêtement* Overall *m*; *de femme* Unterrock *m*; **~ de ski** Skianzug *m*
comble [kõbl(ə)] **1.** (gedrängt) voll; **2.** *m* Gipfel
combler [kõble] *trou* zuschütten; *lacune* ausfüllen; **~ de** überschütten mit
combust|ible [kõbystibl(ə)] **1.** brennbar; **2.** *m* Brennmaterial *n*; **~ion** [~jõ] *f* Verbrennung
comédie [kɔmedi] *f* Komödie; *fig* Theater *n*; **~ musicale** Musical [mjuzikəl] *n*
comédien(ne) [kɔmedjɛ̃ (-ɛn)] *m(f)* Schauspieler(in)
comestible [kɔmɛstibl(ə)] **1.** essbar; **2. ~s** *m/pl* Lebensmittel *n/pl*
comique [kɔmik] komisch
comité [kɔmite] *m* Ausschuss; **~ d'entreprise** Betriebsrat
commandant [kɔmɑ̃dɑ̃] *m* Major, Kommandant; *Flgw* **~ de bord** Flugkapitän
command|e [kɔmɑ̃d] *f* Bestellung; **~er** [~e] *ordonner* befehlen; *au café*, *Hdl* bestellen
comme [kɔm] wie; *en tant que* als; *au moment où* als; *parce que* da; **~ si** als ob
commencement [kɔmɑ̃smɑ̃] *m* Anfang
commencer [kɔmɑ̃se] beginnen, anfangen (**à** zu, **par** mit, **qc** [mit] et); **~ par faire qc** zuerst et tun
comment [kɔmɑ̃] wie
commentaire [kɔmɑ̃tɛr] *m* Kommentar
commerçant [kɔmɛrsɑ̃] **1.** Geschäfts…; **2.** *m* (**petit**) **~** Einzelhändler
commerce [kɔmɛrs] *m* Han-

del; *magasin* Geschäft *n*; ***faire du ~*** Handel treiben
commercial [kɔmɛrsjal] Handels…; *directeur* kaufmännisch; *chaîne* Privat…
commettre [kɔmɛtr(ə)] begehen
commiss|aire [kɔmisɛr] *m* ~ (***de police***) Kommissar; **~ariat** [-arja] *m* ~ (***de police***) Polizeirevier *n*
commission [kɔmisjõ] *f* Kommission; *Hdl* Provision; **~s** *pl courses* Besorgungen *f/pl*; ***faire une ~ à q*** j-m et bestellen
commode [kɔmɔd] **1.** bequem; **2.** *f* Kommode
commotion [kɔmosjõ] *f* ***~ cérébrale*** Gehirnerschütterung
commun [kɔmœ̃] gemeinsam, Gemeinschafts…; *ordinaire* gewöhnlich (*a péj*); ***en ~*** gemeinsam; ***peu, pas ~*** außer-, ungewöhnlich
communauté [kɔmynote] *f* Gemeinschaft
commune [kɔmyn] *f Pol* Gemeinde
communication [kɔmynikasjõ] *f* Kommunikation, Verständigung; *message* Mitteilung; *Tel ligne* Verbindung; *conversation* Gespräch *n*
communier [kɔmynje] zur Kommunion gehen
communion [kɔmynjõ] *f* Kommunion; ***première ~*** Erstkommunion
communiqu|é [kɔmynike] *m* Kommuniqué *n*; **~er** [-e] *renseignements* mitteilen; *se faire comprendre* sich verständigen
commun|isme [kɔmynism(ə)] *m* Kommunismus; **~iste** [-ist] *m* Kommunist
commutateur [kɔmytatœr] *m* Schalter
compagne [kõpaɲ] *f* Gefährtin; *d'un homme* Lebensgefährtin
compagnie [kõpaɲi] *f* Gesellschaft; ***~ aérienne*** Fluggesellschaft; ***en ~ de*** in Begleitung von
compagnon [kõpaɲõ] *m* Gefährte; *d'une femme* Lebensgefährte
compar|aison [kõparɛzõ] *f* Vergleich *m*; **~er** [-e] vergleichen (***à, avec*** mit)
compartiment [kõpartimɑ̃] *m case* Fach *n*; *train* Abteil *n*; ***~ (non) fumeurs*** (Nicht-) Raucherabteil *n*; ***~ congélateur*** Gefrierfach *n*
compas [kõpɑ] *m Math* Zirkel; *Mar* Kompass
compassion [kõpasjõ] *f* Mitleid *n*
compatible [kõpatibl(ə)] vereinbar; *Inform* kompatibel
compatriote [kõpatrijɔt] *m, f* Landsmann *m*, -männin *f*
compenser [kõpɑ̃se] ausgleichen
compétent [kõpetɑ̃] kompe-

tent; *jur* zuständig
compétition [kõpetisjõ] *f* Wettbewerb *m*; *Sp* Wettkampf *m*
complément [kõplemɑ̃] *m* Ergänzung *f*; *Gr* **~ d'objet direct** Akkusativobjekt *n*
complet [kõplɛ] **1.** *entier* vollständig; *plein* voll, besetzt; *hôtel* belegt; *théâtre* ausverkauft; **2.** *m* Anzug
complètement [kõplɛtmɑ̃] völlig
compléter [kõplete] vervollständigen
complexe [kõplɛks] **1.** kompliziert; **2.** *m* Komplex
compliment [kõplimɑ̃] *m* Kompliment *n*
compliqué [kõplike] kompliziert
comporter [kõpɔrte] enthalten; *impliquer* mit sich bringen; **se ~** sich verhalten
composer [kõpoze] zusammensetzen; *former* bilden; *Tel numéro* wählen; *Mus* komponieren; **se ~ de** bestehen aus
compositeur [kõpozitœr] *m* Komponist
compost|er [kõpɔste] entwerten; **~eur** [~œr] *m* Entwerter
comprendre [kõprɑ̃dr(ə)] verstehen; *comporter* umfassen
compresse [kõprɛs] *f* Kompresse
comprimé [kõprime] *m* Tablette *f*
comprimer [kõprime] *air* verdichten; *substance* zusammenpressen, -drücken
compris [kõpri] inbegriffen (**dans** in *D*); **tout ~** alles inbegriffen; **service non ~** ohne Bedienung; **y ~** einschließlich
comptabilité [kõtabilite] *f* Buchführung
compt|able [kõtabl(ə)] *m* Buchhalter; **~ant** [~ɑ̃] bar
compte [kõt] *m calcul* Berechnung *f*; *en banque* Konto *n*; **~ courant** Girokonto *n*; **~ chèque postal** Postgirokonto [-ʒi] *n*; **se rendre ~ de** sich klar werden über (*A*); **tenir ~ de** berücksichtigen (*A*)
compter [kõte] zählen; *prévoir* rechnen (mit); *facturer* berechnen (**à q** j-m); **~** (+ *inf*) beabsichtigen zu; **~ sur** zählen, rechnen auf (*A*)
compteur [kõtœr] *m* Zähler; *de vitesse* Tachometer
comptoir [kõtwar] *m café* Theke *f*; *magasin* Ladentisch
comte [kõt] *m* Graf
comté [kõte] *m Art Schweizer Käse aus der Franche-Comté*
comtesse [kõtɛs] *f* Gräfin
con [kõ] P (*f* **conne** [kɔn]) saublöd
concéder [kõsede] zugestehen
concentr|ation [kõsɑ̃trasjõ] *f* Konzentration; **~er** [~e] (**se ~** sich) konzentrieren (**sur** auf *A*)

conception [kõsɛpsjõ] *f idée* Vorstellung; *création* Entwurf *m*

concerner [kõsɛrne] betreffen, angehen; ***en ce qui concerne ...*** was (*A*) betrifft

concer|t [kõsɛr] *m* Konzert *n*; **~to** [~to] *m* Konzert *n*

concession [kõsɛsjõ] *f* Konzession, Zugeständnis *n*

concessionnaire [kõsesjɔnɛr] *m* Vertragshändler

concevoir [kõsəvwar] *comprendre* begreifen; *imaginer* entwerfen

concierge [kõsjɛrʒ] *m, f* Hausmeister(in) *m(f)*

conclure [kõklyr] *marché* abschließen; *discours* beschließen; *déduire* **~ *qc de*** et schließen aus

conclusion [kõklyzjõ] *f* Schluss *m*; ***en ~*** abschließend

concombre [kõkõbr(ə)] *f* Gurke; ***salade*** *f* ***de ~s*** Gurkensalat *m*

concorder [kõkɔrde] *f* übereinstimmen

concourir [kõkurir] **~ *à*** mitwirken an; **~ *pour*** sich bewerben um

concours [kõkur] *m* Wettbewerb; Preisausschreiben *n*

concurr|ence [kõkyrɑ̃s] *f* Konkurrenz; **~ent** [~ɑ̃] *m* Konkurrent

condamner [kõdane] verurteilen (***à*** zu)

condiment [kõdimɑ̃] *m* Gewürz *n*

condition [kõdisjõ] *f* Bedingung; ***à ~ que*** (+ *subj*), ***à ~ de*** (+ *inf*) unter der Bedingung, dass; ***sans ~s*** bedingungslos

condoléances [kõdɔleɑ̃s] *f/pl* Beileid *n*

conduc|teur [kõdyktœr] *m*, **~trice** [~tris] *f* Fahrer(in) *m(f)*

conduire [kõdɥir] führen; *entreprise* leiten; *voiture* fahren; **~ *à*** führen zu; ***se ~*** sich benehmen

conduite [kõdɥit] *f comportement* Benehmen *n*; *canalisation* Leitung; *Kfz* Fahren *n*, Fahrweise; **~ *en état d'ivresse*** Trunkenkeit am Steuer

cône [kon] *m* Kegel

confect|ion [kõfɛksjõ] *f* Anfertigung; *vêtements* Konfektion; **~ionner** [~jɔne] anfertigen

conférence [kõferɑ̃s] *f* Konferenz; *exposé* Vortrag *m*

confess|er [kõfɛse] gestehen; ***se ~*** beichten (***de qc*** et); **~ion** [~jõ] *f* Beichte

confiance [kõfjɑ̃s] *f* Vertrauen *n*; ***avoir ~ en*** Vertrauen haben zu; ***faire ~ à*** vertrauen (*D*)

confiant [kõfjɑ̃] vertrauensvoll

confidence [kõfidɑ̃s] *f* ***faire une ~ à q*** j-m et anvertrauen

confidentiel [kõfidɑ̃sjɛl] vertraulich

confier [kõfje] **~ qc à q** j-m et anvertrauen; **se ~ à q** sich j-m anvertrauen

confirm|ation [kõfirmasjõ] *f* Bestätigung; *Rel* Konfirmation; **~er** [~e] bestätigen

confiserie [kõfizri] *f* Süßigkeit; *magasin* Süßwarengeschäft *n*

confisquer [kõfiske] beschlagnahmen

confit [kõfi] **1.** *fruits* kandiert; **2.** *m* **~ de canard** *im eigenen Fett konservierte Entenstücke*

confiture [kõfityr] *f* Marmelade

conflit [kõfli] *m* Konflikt, Auseinandersetzung *f*

confondre [kõfõdr(ə)] verwechseln

conform|e [kõfɔrm] **~ à** gemäß (*D*), entsprechend (*D*); **~ément** [~emɑ̃] **~ à** gemäß (*D*), laut (*D*)

confort [kõfɔr] *m* Komfort

confortable [kõfɔrtabl(ə)] bequem, komfortabel

confronter [kõfrõte] gegenüberstellen

confu|s [kõfy] *forme, bruit* undeutlich; *idées* unklar; *embarrassé* verlegen; **~sion** [~zjõ] *f* Verwirrung; *erreur* Verwechslung

congé [kõʒe] *m* Urlaub; **~s *pl* payés** bezahlter Urlaub; **être en ~** im, in Urlaub sein; **prendre ~ de** sich verabschieden von

congélateur [kõʒelatœr] *m* Tiefkühltruhe *f*; *armoire* Gefrierschrank

congeler [kõʒle] ge-, einfrieren, tiefkühlen

congère [kõʒɛr] *f* Schneeverwehung

congrès [kõgrɛ] *m* Kongress, Tagung *f*

conjonctif [kõʒõktif] ***tissu* ~** Bindegewebe *n*

conjonctivite [kõʒõktivit] *f* Bindehautentzündung

conjugal [kõʒygal] ehelich

connaissance [kɔnɛsɑ̃s] *f* Kenntnis; *conscience* Bewusstsein *n*; *personne* Bekannte(r) *su*; **~s *pl*** Kenntnisse

connaisseur [kɔnɛsœr] *m* Kenner

connaître [kɔnɛtr(ə)] kennen; *personne* kennenlernen

conne *s* **con**

connecter [kɔnɛkte] *El* anschließen (**an** *A*); *Inform* **se ~** (sich) einloggen

connu [kɔny] bekannt

conqu|érir [kõkerir] erobern; **~ête** [~kɛt] *f* Eroberung

consacrer [kõsakre] (**se**) **~ à** (sich) widmen (*D*)

conscienc|e [kõsjɑ̃s] *f* Bewusstsein *n*; *morale* Gewissen *n*; **~ieux** [~jø] gewissenhaft

conscient [kõsjɑ̃] bewusst

conseil [kõsɛj] *m* Rat (-schlag); *assemblée* Rat;

réunion Ratsversammlung *f*; ~ ***de surveillance*** Aufsichtsrat
conseiller [kõsɛje] **1.** raten; ~ ***q*** j-n beraten; **2.** *m* Berater
consentir [kõsɑ̃tir] einwilligen (***à qc*** in et *A*)
conséqu|ence [kõsekɑ̃s] *f* Konsequenz, Folge; **~ent** [~ɑ̃] ***par*** ~ folglich
conservatoire [kõsɛrvatwar] *m* Musikhochschule *f*
conserv|e [kõsɛrv] *f* Konserve; **~er** [~e] behalten
considérable [kõsiderabl(ə)] beträchtlich
considération [kõsiderasjõ] *f* Überlegung, Erwägung; *estime* Achtung; ***prendre en*** ~ berücksichtigen
considérer [kõsidere] betrachten (***comme*** als); *estimer* achten; ~ ***que*** finden, dass
consigne [kõsiɲ] *f instruction* Anweisung; *de bouteilles* Pfand *n*; *pour les bagages* Gepäckaufbewahrung; ~ ***automatique*** Schließfächer *n/pl*
consister [kõsiste] ~ ***en*** bestehen aus; ~ ***à*** (+ *inf*) darin bestehen zu (+ *inf*)
consol|ation [kõsɔlasjõ] *f* Trost *m*; **~er** [~e] trösten
consomma|teur [kõsɔmatœr] *m*, **~trice** [~tris] *f* Verbraucher(in) *m(f)*
consommation [kõsɔmasjõ] *f* Verbrauch *m*; Konsum *m*; *au café* Getränk *n*, Verzehr *m*; *tarif affiché* **~s** *pl* Getränkepreise *m/pl*
consommé [kõsɔme] *m* Kraftbrühe *f*
consommer [kõsɔme] verbrauchen; *au café* verzehren
consonne [kõsɔn] *f* Konsonant *m*
conspiration [kõspirasjõ] *f* Verschwörung
const|amment [kõstamɑ̃] ständig; **~ant** [kõstɑ̃] (be-)ständig; *température* konstant
Constance [kõstɑ̃s] Konstanz; ***le lac de*** ~ der Bodensee
constat [kõsta] *m* (amtliches) Protokoll *n*; *Kfz* Unfallprotokoll *n*
constater [kõstate] feststellen
consterné [kõstɛrne] bestürzt
constipation [kõstipasjõ] *f* *Med* Vestopfung
constit|uer [kõstitɥe] bilden; **~ution** [~ysjõ] *f* *Pol* Verfassung
construction [kõstryksjõ] *f* Bau *m*
construire [kõstrɥir] bauen
consulat [kõsyla] *m* Konsulat *n*
consult|ation [kõsyltasjõ] *f* Beratung; *Med* Sprechstunde; **~er** [~e] um Rat fragen, zu Rate ziehen
contact [kõtakt] *m* Kontakt;

faux ~ Wackelkontakt; ***prendre*** ~ ***avec q*** sich mit j-m in Verbindung setzen; *Kfz* ***mettre le*** ~ die Zündung einschalten
contagieux [kõtaʒjø] ansteckend
contaminer [kõtamine] anstecken; *eau* verseuchen
conte [kõt] *m* Erzählung *f*; ~ (***de fées***) Märchen *n*
contempler [kõtɑ̃ple] (aufmerksam) betrachten
contemporain [kõtɑ̃pɔrɛ̃] zeitgenössisch
conteneur [kõtnœr] *m* Container [-'te:-]
contenir [kõtnir] enthalten; *réservoir, stade* fassen
content [kõtɑ̃] zufrieden
contenter [kõtɑ̃te] zufriedenstellen; ***se*** ~ sich begnügen (***de*** mit)
contenu [kõtny] *m* Inhalt
conter [kõte] erzählen
contester [kõtɛste] bestreiten
contigu [kõtigy] angrenzend (***à*** an *A*)
continent [kõtinɑ̃] *m* Kontinent
continuel [kõtinɥɛl] (be)ständig; **~lement** [~mɑ̃] ständig
continuer [kõtinɥe] *qc* fortsetzen; *personne* weitermachen, -arbeiten, -fahren *usw*; *durer* andauern; ~ ***à*** *od* ***de*** (+ *inf*) weiter… (+ *inf*)
contours [kõtur] *m/pl* Umrisse, Konturen *f/pl*
contraceptif [kõtrasɛptif] *m* Verhütungsmittel *n*
contracter [kõtrakte] zusammenziehen; *alliance* schließen; *assurance* abschließen
contradic|tion [kõtradiksjõ] *f* Widerspruch *m*; **~toire** [~twar] widersprüchlich
contraindre [kõtrɛ̃dr(ə)] zwingen (***à*** zu)
contrainte [kõtrɛ̃t] *f* Zwang *m*
contraire [kõtrɛr] **1.** entgegengesetzt; **2.** *m* Gegenteil *n*; ***au*** ~ im Gegenteil; **~ment** [~mɑ̃] ~ ***à*** im Gegensatz zu
contrarier [kõtrarje] (ver)ärgern
contraste [kõtrast] *m* Kontrast
contrat [kõtra] *m* Vertrag
contravention [kõtravɑ̃sjõ] *f* Verstoß *m* (***à*** gegen); *amende* gebührenpflichtige Verwarnung
contre [kõtr(ə)] gegen (*A*); (***tout***) ~ dicht bei, neben; ***par*** ~ andererseits
contrebande [kõtrəbɑ̃d] *f* Schmuggel *m*; ***faire de la*** ~ schmuggeln; ***passer, introduire en*** ~ einschmuggeln
contrecœur [kõtrəkœr] ***à*** ~ ungern, widerwillig
contredire [kõtrədir] widersprechen (***q*** j-m)
contrée [kõtre] *f* Gegend
contremaître [kõtrəmɛtr(ə)] *m* Werkführer
contresens [kõtrəsɑ̃s] *m*

Sinnwidrigkeit *f*; ***en ~*** gegen die Fahrtrichtung

contribuable [kõtribyabl(ə)] *m* Steuerzahler

contribuer [kõtribɥe] beitragen (***à*** zu)

contribution [kõtribysjõ] *f* Beitrag *m*

contrôle [kõtrol] *m* Kontrolle *f*; *école* Klassenarbeit *f*; ***~ des billets*** Fahrscheinkontrolle *f*; ***~ des passeports*** Passkontrolle *f*; ***~ d'identité*** Ausweiskontrolle *f*; *Kfz* ***~ technique*** *etwa* TÜV

contrôl|er [kõtrole] kontrollieren; ***~eur*** [-œr] *m* Kontrolleur; *train* Schaffner

contusion [kõtyzjõ] *f* *Med* Prellung, Quetschung

convaincre [kõvɛ̃kr(ə)] überzeugen (***q de qc*** j-n von et)

convalescence [kõvalesɑ̃s] *f* Genesung

convenable [kõvnabl(ə)] *approprié* passend; *acceptable* (recht) ordentlich; *décent* anständig

convenir [kõvnir] ***~ à q*** j-m passen; ***~ à qc*** sich für et eignen, für et geeignet sein; ***~ de qc*** et vereinbaren; *admettre* et zugeben

conversation [kõvɛrsasjõ] *f* Unterhaltung, Gespräch *n*

convertir [kõvɛrtir] *Rel* bekehren (***à*** zu); *fractions* umwandeln; *unités de mesure* umrechnen (***en*** in *A*); *Rel* ***se ~*** übertreten (***à*** zu)

conviction [kõviksjõ] *f* Überzeugung

convoi [kõvwa] *m* Konvoi

convoiter [kõvwate] begehren

convoquer [kõvɔke] *employé* kommen lassen, rufen; *jur* (vor)laden

coopérer [koɔpere] zusammenarbeiten; ***~ à qc*** an et (*D*) mitarbeiten

copain [kɔpɛ̃] F *m* Freund; F Kumpel

copie [kɔpi] *f* Kopie; *école* (Klassen-)Arbeit

copier [kɔpje] kopieren; *élève* abschreiben (***sur*** von)

copieux [kɔpjø] reichlich

copine [kɔpin] F *f* Freundin

coq [kɔk] *m* Hahn; *Kochk* ***~ au vin*** Hähnchen *n* in Burgunder

coque [kɔk] *f* *œuf, noix* Schale; *bateau* Rumpf *m*; ***œuf*** *m* ***à la ~*** weiches Ei *n*

coquelicot [kɔkliko] *m* Klatschmohn

coqueluche [kɔklyʃ] *f* Keuchhusten *m*

coquet [kɔkɛ] hübsch; *cherchant à plaire* kokett

coquetier [kɔktje] *m* Eierbecher

coquillage [kɔkijaʒ] *m* Muschel(schale) *f*

coquille [kɔkij] *f* Schale; *Kochk* ***~ Saint-Jacques*** Jakobsmuschel

cor [kɔr] *m* Horn *n*; *Med* Hühnerauge *n*

corail [kɔraj] *m* (*pl* ***-aux*** [-o]) Koralle *f*
Coran [kɔrɑ̃] *m* Koran
corbeau [kɔrbo] *m* Rabe
corbeille [kɔrbɛj] *f* Korb *m*; ~ ***à papier*** Papierkorb *m*
corbillard [kɔrbijar] *m* Leichenwagen
corde [kɔrd] *f* Leine, Strick *m*; *épaisse* Seil *n*; *ficelle* Schnur; *Mus* Saite; ~ ***à linge*** Wäscheleine *f*
cordial [kɔrdjal] herzlich
cordon [kɔrdõ] *m* Schnur *f*
cordonnier [kɔrdɔnje] *m* Schuhmacher
coriace [kɔrjas] zäh
corne [kɔrn] *f* Horn *n*
corneille [kɔrnɛj] *f* Krähe
corner [kɔrnɛr] *m Sp* Eckball
cornet [kɔrnɛ] *m* Tüte *f*
corniche [kɔrniʃ] *f* kurvenreiche Küstenstraße
cornichon [kɔrniʃõ] *m* Essiggürkchen *n*, Cornichon *n*
corporel [kɔrpɔrɛl] körperlich
corps [kɔr] *m* Körper
correct [kɔrɛkt] richtig, korrekt
correction [kɔrɛksjõ] *f* Korrektheit; *amélioration* Verbesserung, Korrektur
correspondance [kɔrɛspõdɑ̃s] *f* Korrespondenz; *lettres* Briefwechsel *m*; (aus-, eingehende) Post; *train* Anschluss(zug) *m*
correspondant [kɔrɛspõdɑ̃] **1.** entsprechend; **2.** ~**(e)** [~(t)] *m*(*f*) Briefpartner(in); *école* Brieffreund(in); *presse* Korrespondent(in); *Tel* Gesprächspartner(in)
correspondre [kɔrɛspõdr(ə)] ~ ***à qc*** e-r Sache (*D*) entsprechen; ~ ***avec q*** mit j-m in Briefwechsel stehen
corrida [kɔrida] *f* Stierkampf *m*
corridor [kɔridɔr] *m* Korridor, Flur
corriger [kɔriʒe] verbessern; *école* korrigieren
corrosif [kɔrozif] ätzend
corsage [kɔrsaʒ] *m* Bluse *f*
Corse [kɔrs] ***la*** ~ Korsika *n*
cortège [kɔrtɛʒ] *m* (Fest-, Um-)Zug
corvée [kɔrve] *f* lästige Pflicht; ~ ***de vaisselle*** Küchendienst *m*
cosmétique [kɔsmetik] **1.** kosmetisch; **2.** *m* Schönheitsmittel *n*
costume [kɔstym] *m* Anzug; *théâtre* Kostüm *n*; *régional* Tracht *f*
côte [kot] *f mer* Küste; *colline* Hang *m*; *montée* Steigung; *Anat* Rippe; *Kochk* Kotelett *n*; *de bœuf* Rippenstück *n*; ***la*** ♀ (***d'Azur***) die Côte d'Azur
côté [kote] *m* Seite *f*; ***à*** ~ ***de*** neben; ***à*** ~ nebenan; ***de l'autre*** ~ auf der anderen Seite; ***du*** ~ ***de*** in der Nähe von
côtelé [kotle] ***velours*** *m* ~ Cord
côtelette [kɔtlɛt] *f* Kotelett *n*

côtier [kotje] Küsten…
cotis|ation [kɔtizasjõ] *f* Beitrag *m*; **~er** [~e] Beitrag zahlen; ***se*** **~** sammeln
coton [kɔtõ] *m* Baumwolle *f*; **~** (***hydrophile***) Watte *f*; (***morceau*** *m* ***de***) **~** Wattebausch
cou [ku] *m* Hals
couche [kuʃ] *f* Schicht; *pour bébés* Windel; *Med* ***fausse*** **~** Fehlgeburt
couché [kuʃe] liegend; ***être*** **~** liegen; *au lit* im Bett sein
coucher [kuʃe] **1.** *étendre* hinlegen (***sur*** auf *A*); *enfant* zu Bett bringen; *passer la nuit* schlafen, übernachten; ***se*** **~** schlafen gehen; *soleil* untergehen; F **~** ***avec q*** mit j-m schlafen; **2.** *m* **~** ***du soleil*** Sonnenuntergang
couchette [kuʃɛt] *f* Koje; *train* Platz *m* im Liegewagen; **~*s*** *pl* Liegewagen *m*
coude [kud] *m* Ellbogen
coudre [kudr(ə)] nähen; *bouton* annähen (***à*** an *A*)
couenne [kwan] *f* (Speck-)Schwarte
couette [kwɛt] *f* Federbett *n*
couler [kule] fließen; *robinet* tropfen; *nez* laufen; *bateau* sinken
couleur [kulœr] *f* Farbe
couleuvre [kulœvr(ə)] *f* Natter
couloir [kulwar] *m* Flur
coup [ku] *m* Schlag; *de couteau* Stich; *de feu* Schuss; *échecs* Zug; **~** ***de poing*** Faustschlag; **~** ***de pied*** (Fuß-)Tritt; **~** ***d'œil*** Blick; **~** ***de soleil*** Sonnenbrand; *Sp* **~** ***franc*** Freistoß; **~** ***de téléphone*** (F ***de fil***) Anruf; ***boire un*** **~** einen trinken; ***tenir le*** **~** durchhalten; ***tout à*** **~** plötzlich; ***du premier*** **~** (gleich) beim ersten Mal; ***après*** **~** hinterher
coupable [kupabl(ə)] **1.** schuldig (***de*** *G*); **2.** *m, f* Schuldige(r) *su*
coupe[1] [kup] *f* (Obst-, Sekt-)Schale; *Sp* Pokal *m*, Cup [kap] *m*; **~** ***glacée*** Eisbecher *m*
coupe[2] [kup] *f* **~** (***de cheveux***) Haarschnitt *m*
coupe-circuit [kupsirkɥi] *m* Sicherung *f*
couper [kupe] schneiden (*a v/i*); *morceau* abschneiden; *eau, gaz* abstellen; *conversation, Tel* unterbrechen; *vin* verdünnen; *cartes* abheben; *prendre un raccourci* e-e Abkürzung nehmen; **~** ***en deux*** teilen
couple [kupl(ə)] *m* Paar *n*; *mari et femme* Ehepaar *n*
couplet [kuplɛ] *m* Strophe *f*
coupole [kupɔl] *f* Kuppel
coupon [kupõ] *m* Abschnitt
coupure [kupyr] *f* *blessure* Schnitt(wunde) *m(f)*; **~** ***de courant*** Stromsperre
cour [kur] *f* Hof *m*; *jur* Gericht(shof) *n(m)*

courage [kuraʒ] *m* Mut
couramment [kuramɑ̃] fließend; *souvent* häufig
courant [kurɑ̃] **1.** üblich; **2.** *m* Strömung *f*; *El* Strom; **~ d'air** Luftzug; **être au ~** auf dem Laufenden sein (**de** über *A*)
courbatures [kurbatyr] *f/pl* Muskelkater *m*
courb|e [kurb] **1.** gebogen; **2.** *f* Kurve; **~er** [~e] biegen
cour|eur [kurœr] *m* Läufer; *automobile, cycliste* Rennfahrer; **~euse** [~øz] *f* Läuferin
courge [kurʒ] *f* Kürbis *m*
courgette [kurʒɛt] *f* Zucchini
courir [kurir] laufen, rennen; *bruit* umgehen; *danger* sich aussetzen (*D*); *risque* eingehen; **~ le danger, le risque de** (+ *inf*) Gefahr laufen zu
couronne [kurɔn] *f* Krone; *de fleurs* Kranz *m*
courrier [kurje] *m* Post *f*
courroie [kurwa] *f* Riemen *m*
cours [kur] *m* Kurs; *leçon* (Unterrichts-)Stunde *f*; **~ de langue** Sprachkurs; **~ du change** Wechselkurs; **au ~ de** im Laufe (*G*); **en ~ de route** unterwegs
course [kurs] *f Sp* Rennen *n*; *à pied* Lauf *m*; **~s** *pl* Einkäufe; **faire la ~** e-n Wettlauf machen; **faire des ~s** einkaufen
court [kur] **1.** kurz; **2.** *m* **~ (de tennis)** Tennisplatz
court-circuit [kursirkɥi] *m* Kurzschluss
couscous [kuskus] *m* Kuskus
cousin [kuzɛ̃] *m* Cousin, Vetter; *Zo* (Stech-)Mücke *f*
cousine [kuzin] *f* Cousine
coussin [kusɛ̃] *m* Kissen *n*
coût [ku] *m* Kosten *pl*
coûtant [kutɑ̃] **prix** *m* **~** Selbstkostenpreis
couteau [kuto] *m* Messer *n*
coûter [kute] kosten; **~ cher** teuer sein
coutume [kutym] *f* Gewohnheit; Brauch *m*, Sitte
coutur|e [kutyr] *f* Naht (*a Med*); *occupation* Nähen *n*, Schneidern *n*; Schneiderei; **~ier** [~je] *m* Modeschöpfer; **~ière** [~jɛr] *f* Schneiderin
couvent [kuvɑ̃] *m* Kloster *n*
couver [kuve] **~ (ses œufs)** brüten
couvercle [kuvɛrkl(ə)] *m* Deckel
couvert [kuvɛr] **1.** bedeckt; **marché** *m* **~** Markthalle *f*; **être bien ~** warm angezogen sein; **2.** *m* Besteck *n*
couverture [kuvɛrtyr] *f* Decke; *livre* Einband *m*; *magazine* Titelseite; **~ chauffante** Heizdecke; **~ de laine** Wolldecke
couvre-lit [kuvrəli] *m* Tagesdecke *f*
couvrir [kuvrir] zu-, bedecken (**de** mit); *fig* überschütten (**de** mit); *frais* decken; *distance* zurücklegen; **se ~** *personne* sich warm anziehen;

ciel sich bedecken
cow-boy [kobɔj] *m* Cowboy ['kaubɔi]
crabe [krab] *m* Krabbe *f*
cracher [kraʃe] spucken
craie [krɛ] *f* Kreide
craindre [krɛ̃dr(ə)] fürchten, sich fürchten vor (*D*); *chaleur* nicht vertragen; **~ que ... ne** (+ *subj*) (be)fürchten, dass
crainte [krɛ̃t] *f* Furcht, Angst; **~s** *pl* Befürchtungen
craintif [krɛ̃tif] ängstlich
crampe [krɑ̃p] *f* Krampf *m*
cramponner [krɑ̃pɔne] **se ~ à** sich klammern an (*A*)
crâne [krɑn] *m* Schädel
crâner [krane] F angeben
crapaud [krapo] *m* Kröte *f*
craquer [krake] knacken, krachen; *parquet* knarren; *couture* platzen; *fig personne* zusammenbrechen
crasse [kras] *f* Dreck *m*
cratère [kratɛr] *m* Krater
cravate [kravat] *f* Krawatte
crayon [krɛjõ] *m* Bleistift; **~ feutre** Filzstift; **~ de couleur** Buntstift; **~ à sourcils** Augenbrauenstift
création [kreasjõ] *f* Gründung, Schaffung; *mode* Kreation; *théâtre* Erstinszenierung
crèche [krɛʃ] *f Rel* Krippe; *garderie* Kinderkrippe
crédible [kredibl(ə)] glaubwürdig
crédit [kredi] *m* Kredit; **à ~** auf Kredit
créditer [kredite] gutschreiben (**q de 300 euros** j-m 300 Euro)
crédule [kredyl] leichtgläubig
créer [kree] gründen; *emplois, problèmes* schaffen
crématorium [krematɔrjɔm] *m* Krematorium *n*
crème [krɛm] *f* Sahne; **~ glacée** Eiscreme; **~ caramel** Karamelpudding *m*; **~ d'asperges** Spargelcremesuppe; **~ à raser** Rasiercreme; **~ pour les mains** Handcreme; **~ hydratante** Feuchtigkeitscreme; **~ solaire** Sonnen(schutz)creme
crémerie [krɛmri] *f* Milchgeschäft *n*
créneau [kreno] *m* Schießscharte *f*; *Kfz* Parklücke *f*; **faire un ~** einparken
crêpe [krɛp] *f Kochk* Crêpe (*dünner Pfannkuchen*)
crépuscule [krepyskyl] *m* (Abend-)Dämmerung *f*
cresson [krɛsõ] *m* Kresse *f*
Crète [krɛt] **la ~** Kreta *n*
crête [krɛt] *f* (Hahnen-, Berg-)Kamm *m*
crétin [kretɛ̃] F *m* Dummkopf
creuser [krøze] graben; *fruit* aushöhlen; **se ~ la tête** sich den Kopf zerbrechen
creux [krø] **1.** hohl; leer; **2.** *m* Höhlung *f*; Vertiefung *f*; **~ de la main** hohle Hand *f*
crevaison [krəvɛzõ] *f* Reifenpanne

crevasse [krəvas] *f* Riss *m*
crever [krəve] platzen lassen; *pneu* zerstechen; *v/i* platzen; F *mourir* verrecken; *Kfz* ***j'ai crevé*** ich habe e-n Platten
crevette [krəvɛt] *f* Garnele
cri [kri] *m* Schrei
crible [kribl(ə)] *m* Sieb *n*
cric [krik] *m* Wagenheber
crier [krije] schreien
crim|e [krim] *m* Verbrechen *n*; **~inel** [~inɛl] **1.** kriminell; **2.** *m* Verbrecher
crinière [krinjɛr] *f* Mähne
criquet [krikɛ] *m* Heuschrecke *f*
crise [kriz] *f* Krise; ***~ cardiaque*** Herzanfall *m*
critique [kritik] **1.** kritisch; **2.** *m* Kritiker; **3.** *f* Kritik
critiquer [kritike] kritisieren
Croatie [krɔasi] ***la ~*** Kroatien *n*
crochet [krɔʃɛ] *m* Haken; ***faire un ~*** e-n Abstecher machen
crocodile [krɔkɔdil] *m* Krokodil *n*
croire [krwar] glauben (***qc*** et *A*, ***q*** j-m); ***~ à, ~ en*** glauben an (*A*); ***se ~ malin*** sich für klug halten
croisement [krwazmɑ̃] *m* Kreuzung *f*
croiser [krwaze] kreuzen; ***~ q*** j-m begegnen; ***mots croisés*** Kreuzworträtsel *n*
croisière [krwazjɛr] *f* Kreuzfahrt
croissance [krwasɑ̃s] *f* Wachstum *n*
croissant [krwasɑ̃] *m* Hörnchen *n*, Croissant *n*; ***~ de lune*** Mondsichel *f*
croix [krwa] *f* Kreuz *n*
Croix-Rouge [krwaruʒ] ***la ~*** das Rote Kreuz
croqu|ant [krɔkɑ̃] knusprig, knackig; **~e-monsieur** [~məsjø] *m* Schinkentoast mit Käse
croquette [krɔkɛt] *f* Krokette
croquis [krɔki] *m* Skizze *f*
crotte [krɔt] *f* Kot *m*; ***~ en*** *od* ***de chocolat*** Praline
croustillant [krustijɑ̃] knusprig
croûte [krut] *f du pain* Kruste; *du fromage* Rinde; *pâté* ***en ~*** im Teigmantel
croûton [krutõ] *m* (Brot-)Kanten; *Kochk* gerösteter Brotwürfel, Croûton
croyant [krwajɑ̃] gläubig
C.R.S. [seɛrɛs] *m* Bereitschaftspolizist; ***les ~*** *pl* die Bereitschaftspolizei
cru¹ [kry] **1.** roh; **2.** *m* Wein(bau)gebiet *n*; *vin* Wein
cru² [kry] *p/p von* ***croire***
cruauté [kryote] *f* Grausamkeit
cruche [kryʃ] *f* Krug *m*
crucifier [krysifje] kreuzigen
crudités [krydite] *f/pl* Rohkost *f*; ***assiette*** *f* ***de ~*** Salatplatte
crue [kry] *f* Hochwasser *n*; ***être en ~*** Hochwasser führen

cruel [kryɛl] grausam
crustacés [krystase] *m/pl* Krustentiere *n/pl*
cube [kyb] *m* Würfel; ***mètre** m* ~ Kubikmeter
cueillir [kœjir] pflücken
cuiller *ou* **cuillère** [kɥijɛr] *f* Löffel *m*; ***petite*** ~ Teelöffel *m*; ~ ***à soupe*** Esslöffel *m*
cuillerée [kɥijere] *f* Löffel *m* voll
cuir [kɥir] *m* Leder *n*
cuire [kɥir] *à l'eau* kochen (*a v/i*); *à la poêle* braten; *pain, gâteau* backen (*a v/i*)
cuisine [kɥizin] *f* Küche; Kochen *n*; ***faire la*** ~ kochen
cuisin|é [kyizine] ***plat*** ~ Fertiggericht *n*; **~er** [‿e] kochen; **~ier** [‿je] *m* Koch; **~ière** [‿jɛr] *f* Köchin; *appareil* (Elektro-, Gas-)Herd *m*
cuisse [kɥis] *f Anat* (Ober-) Schenkel *m*; *Kochk* Keule; **~s** *pl* ***de grenouille*** Froschschenkel *m/pl*
cuisson [kɥisõ] *f* Kochen *n*; Backen *n*
cuit [kɥi] gekocht, gar; ~ ***au four*** gebacken
cuivre [kɥivr(ə)] *m* Kupfer *n*
cul [ky] *m* P Arsch
cul-de-sac [kydsak] *m* Sackgasse *f*
culinaire [kylinɛr] kulinarisch
culotte [kylɔt] *f* (kurze) Hose; *femme* Schlüpfer *m*
culpabilité [kylpabilite] *f* Schuld
culte [kylt] *m Rel* Kult (*a fig*); *confession* Konfession *f*; *service* Gottesdienst
cultivateur [kyltivatœr] *m* Landwirt
cultiv|é [kyltive] gebildet; *champ* bebaut; **~er** [‿e] *champ* bebauen; *céréales* anbauen; ***se*** ~ sich bilden
culture [kyltyr] *f* Kultur; *de la terre* Bebauung; *de légumes* Anbau *m*
culturel [kyltyrɛl] kulturell
cumin [kymɛ̃] *m* Kümmel
cure [kyr] *f* Kur; ~ ***d'amaigrissement*** Abmagerungskur
curé [kyre] *m* (katholischer) Pfarrer
cure-dent [kyrdɑ̃] *m* Zahnstocher
curieux [kyrjø] neugierig; *bizarre* seltsam
curiosité [kyrjozite] *f* Neugier; **~s** *pl d'une ville* Sehenswürdigkeiten
curiste [kyrist] *m, f* Kurgast *m*
curry [kyri] *m* Curry ['kœri]
cuver [kyve] ~ ***son vin*** s-n Rausch ausschlafen
cuvette [kyvɛt] *f* Waschbecken *n*
CV *m* (*cheval fiscal*) Steuer-PS *n*
C.V. *m* (*curriculum vitae*) Lebenslauf
cyber|café [sibɛrkafe] *m* Internetcafé *n*; **~espace** [‿ɛspas] *m* Cyberspace ['saibər-

speːs]; **~monde** [~mõd] *m* Cyberspace ['saibərspeːs]
cyclable [siklabl(ə)] ***piste** f* **~** Rad(fahr)weg *m*
cycl|isme [siklism(ə)] *m* Radsport; **~iste** [~ist] *m, f* Radfahrer(in) *m(f)*
cyclomoteur [siklomɔtœr] *m* Mofa *n*
cyclone [siklon] *m* Wirbelsturm
cygne [siŋ] *m* Schwan
cylindr|e [silɛ̃dr(ə)] *m* Zylinder; **~ée** [~e] *f* Hubraum *m*
cynique [sinik] zynisch
cyprès [siprɛ] *m* Zypresse *f*
cystite [sistit] *f* Blasenentzündung

D

d' [d] *s* ***de*¹**
dactylo [daktilo] *f* Schreibkraft
daim [dɛ̃] *m Zo* Damhirsch; *cuir* Wildleder *n*
dalle [dal] *f* Fliese
dalmatien [dalmasjɛ̃] *m* Dalmatiner
dame [dam] *f* Dame
dancing [dɑ̃siŋ] *m* Tanzlokal *n*
Danemark [danmark] ***le* ~** Dänemark *n*
danger [dɑ̃ʒe] *m* Gefahr *f*
dangereux [dɑ̃ʒrø] gefährlich
danois [danwa] **1.** dänisch; **2.** **♀** *m* Däne
dans [dɑ̃] *lieu* in (*D od A*); *temps* in (*D*); **~ *la rue*** auf der Straße; *boire* **~ *un verre*** aus e-m Glas
dans|e [dɑ̃s] *f* Tanz *m*; **~er** [~e] tanzen; **~eur** [~œr] *m*, **~euse** [~øz] *f* Tänzer(in) *m(f)*
Danube [danyb] ***le* ~** die Donau
dard [dar] *m* Stachel
date [dat] *f* Datum *n*; **~ *de naissance*** Geburtsdatum *n*; **~ *limite de vente*** Mindesthaltbarkeitsdatum *n*
dater [date] datieren
datte [dat] *f* Dattel
daube [dob] *f* ***bœuf** m **en*** **~** Rinderschmorbraten
dauphin [dofɛ̃] *m* Delfin
daurade [dorad] *f* Goldbrassen *m*
davantage [davɑ̃taʒ] mehr
de¹ [də] (*vor Vokal* ***d'***) *prp* von (*od G*); *provenance, matière* aus, von; *cause* vor (*D*); ***le train* ~ *Paris*** der Zug aus Paris; ***le train* ~ *banlieue*** der Nahverkehrszug; ***le train du matin*** der Morgenzug; **~ … *à*** von … bis …
de² [də] *article partitif* **~ *l'eau*** Wasser; ***du pain*** Brot; ***des épinards*** Spinat
dé [de] *m* Würfel; **~** (***à coudre***) Fingerhut *m*
dealer [dilœr] *m* Dealer ['diː-]
déballer [debale] auspacken

débarcadère [debarkadɛr] *m* Landungsbrücke *f*
débarquer [debarke] an Land gehen; *décharger* ausladen; **~ de** aussteigen aus
débarrasser [debarase] ausräumen; **~ (la table)** den Tisch abräumen; **se ~ de** loswerden (*A*); *chose(s)* wegwerfen (*A*)
débat [deba] *m* Debatte *f*
débile [debil] F schwachsinnig
débit [debi] *m* Absatz, Vertrieb; **~ de boissons** Ausschank
débiter [debite] belasten (**q de 300 euros** j-n mit 300 Euro)
déblayer [deblɛje] wegräumen
déboiser [debwaze] abholzen
déboîter [debwate] *Med* ver-, ausrenken; *Kfz* ausscheren
déborder [debɔrde] *rivière* über die Ufer treten; *eau, lait* überlaufen
déboucher [debuʃe] *bouteille* aufmachen; **~ de** (heraus-) kommen aus; **~ sur** führen zu (*a fig*)
débouchés [debuʃe] *m/pl Wi* Absatzmärkte; *emplois* Berufsaussichten *f/pl*
debout [dəbu] stehend, aufrecht (stehend); **être ~** stehen; *levé* auf(gestanden) sein
déboutonner [debutɔne] aufknöpfen
débraillé [debraje] nachlässig, salopp
débrancher [debrɑ̃ʃe] *Tech* abschalten
débrayer [debrɛje] *Kfz* auskuppeln
débris [debri] *m/pl* Scherben *f/pl*; *d'un avion* Trümmer *pl*
débrouiller [debruje] **se ~** zurechtkommen
début [deby] *m* Anfang; **au ~** anfangs, am Anfang
début|ant(e) [debytɑ̃(t)] *m/f* Anfänger(in); **~er** [~e] anfangen (**par** mit)
décaféiné [dekafeine] **1.** koffeinfrei; **2.** *m* (*Abk* F **déca**) koffeinfreier Kaffee
décapotable [dekapɔtabl(ə)] *f* Kabrio(lett) *n*
décapsuleur [dekapsylœr] *m* Flaschenöffner
décédé [desede] verstorben
décéder [desede] (ver)sterben
décembre [desɑ̃br(ə)] *m* Dezember
décent [desɑ̃] anständig
déception [desɛpsjõ] *f* Enttäuschung
décerner [desɛrne] *prix* verleihen
décès [desɛ] *m* Tod(esfall)
décevoir [des(ə)vwar] enttäuschen
déchaîné [deʃɛne] *personne* außer Rand und Band; **~ contre** aufgebracht gegen
décharg|e [deʃarʒ] *f* **~ (électrique)** elektrischer) Schlag

m; ~ (***publique***) Müllkippe *f*; ~**er** [-e] *camion, arme* entladen; *bagages* ausladen (***de*** aus)
déchausser [deʃose] ***se*** ~ sich die Schuhe ausziehen
déchets [deʃɛ] *m/pl* Abfälle; ~ ***radioactifs*** Atommüll *m*
déchiffrer [deʃifre] entziffern; *code* entschlüsseln
déchir|er [deʃire] ~ *u* ***se*** ~ zerreißen; ~**ure** [-yr] *f* Riss *m*
décidé [deside] entschlossen; *ton* entschieden
décider [deside] ~ ***qc*** et beschließen; ~ ***de qc*** über et (*A*) entscheiden; ~ ***de*** (+ *inf*) beschließen zu; ***se*** ~ ***à*** (+ *inf*) sich entschließen zu
décis|if [desizif] entscheidend; ~**ion** [-jõ] *f* Entscheidung
déclarer [deklare] erklären; *naissance* anmelden; *à la douane* verzollen; ***se*** ~ sich äußern; *maladie* ausbrechen
déclencher [deklɑ̃ʃe] auslösen; ***se*** ~ ausgelöst werden
décoll|age [dekɔlaʒ] *m Flgw* Start; ~**er** [-e] *timbre* ablösen; *avion* starten
décombres [dekõbr(ə)] *m/pl* Trümmer *pl*, Schutt *m*
décommander [dekɔmɑ̃de] absagen (***qc*** et *A*, ***q*** j-m); *Hdl* abbestellen; ***se*** ~ absagen
décomposer [dekõpoze] zerlegen; ***se*** ~ verwesen
décon|certer [dekõsɛrte] verwirren; ~**geler** [-ʒəle] auftauen
déconnecter [dekɔnɛkte] *El* unterbrechen; *Inform* ***se*** ~ (sich) ausloggen
déconseiller [dekõsɛje] abraten (***qc à q*** j-m von et)
décor [dekɔr] *m* Ausstattung *f*, Dekor; *fig* Umgebung *f*; ~**s** *pl théâtre* Bühnenbild *n*
décor|ation [dekɔrasjõ] *f* Ausstattung; Dekoration; *médaille* Orden *m*; ~**er** [-e] schmücken (***de*** mit)
découler [dekule] ~ ***de*** sich ergeben aus
découper [dekupe] *rôti, gâteau* aufschneiden; *poulet* tranchieren; *article* ausschneiden
décourager [dekuraʒe] entmutigen
décousu [dekuzy] *fig* zusammenhanglos
découvert [dekuvɛr] unbedeckt, offen; *compte* ***à*** ~ überzogen
découverte [dekuvɛrt] *f* Entdeckung
découvrir [dekuvrir] entdecken; ***se*** ~ *en dormant* sich aufdecken
décrire [dekrir] beschreiben
décrocher [dekrɔʃe] *wagon, tableau* abhängen; *rideaux*, *Tel* abnehmen
déçu [desy] enttäuscht
dédaign|er [dedɛɲe] verachten; ~**eux** [-ø] verächtlich
dedans [dədɑ̃] **1.** darin; drin-

nen; *déplacement* hinein *od* herein, F rein; **2.** *m* Innere(s) *n*

déd|icace [dedikas] *f* Widmung; **~ier** [~je] widmen

dédommager [dedɔmaʒe] entschädigen (***de*** für)

dédouaner [dedwane] verzollen

déduction [dedyksjõ] *f conclusion* Ableitung, (Schluss-)Folgerung; *soustraction* Abzug *m*

déduire [dedɥir] *conclure* ableiten (***de*** von); *soustraire* abziehen (***de*** von)

déesse [deɛs] *f* Göttin

défaillance [defajɑ̃s] *f* Schwächeanfall *m*; *Tech, fig* Versagen *n*, Ausfall *m*

défaire [defɛr] *ceinture, paquet* aufmachen; *valise* auspacken; *lit* abziehen

défaite [defɛt] *f* Niederlage

défaut [defo] *m* Fehler; *inconvénient* Nachteil

défavor|able [defavɔrabl(ə)] ungünstig; *réponse* negativ; **~iser** [~ize] benachteiligen

défectueux [defɛktɥø] fehlerhaft; *machine* defekt

défen|dre [defɑ̃dr(ə)] verteidigen; *interdire* verbieten; ***se ~*** sich verteidigen, sich wehren; **~du** [~dy] verboten

défense [defɑ̃s] *f* Verteidigung; *interdiction* Verbot *n*; ***~ de fumer*** Rauchen verboten!

défi [defi] *m* Herausforderung *f*

défiance [defjɑ̃s] *f* Misstrauen *n*

defilé [defile] *m Mil* Aufmarsch; ***~ de mode*** Modenschau *f*

définir [definir] *mot* definieren; *sentiment* genau beschreiben

définitif [definitif] endgültig

déformation [defɔrmasjõ] *f* Verformung

défouler [defule] ***se ~*** sich abreagieren *od* austoben

défunt [defɛ̃] verstorben

dégager [degaʒe] befreien (***de*** aus); *rue, nez* freimachen; ***se ~*** sich befreien (***de*** aus); *rue, nez* frei werden; *ciel* aufklaren; *gaz* ausströmen (aus); *fumée* aufsteigen (aus)

dégât [dega] *m* Schaden; ***~s pl matériels*** Sachschaden

dégel [deʒɛl] *m* Tauwetter *n*

dégeler [deʒle] auftauen

dégivrer [deʒivre] abtauen; entfrosten

dégoût [degu] *m* Ekel

dégoûtant [degutɑ̃] widerlich

dégoûter [degute] anekeln; ***~ q de qc*** j-m et verleiden

dégonflé [degõfle] ***le pneu est ~*** der Reifen hat Luft verloren

degré [dəgre] *m* Grad; ***11 ~s*** *température* 11 Grad, *vin* 11 Prozent

dégueulasse [degœlas] F

ekelhaft, zum Kotzen
déguiser [degize] ***se ~*** sich verkleiden (***en*** als)
dégustation [degystasjõ] *f* **~ *de vins*** Weinprobe
déguster [degyste] kosten; *savourer* genießen
dehors [dəɔr] **1.** draußen; *déplacement* hinaus *od* heraus, nach draußen, F raus; **2.** *m* Äußere(s) *n*; ***en ~ de*** außerhalb (*G*); *à part* außer (*D*)
déjà [deʒa] schon
déjeuner [deʒœne] **1.** (zu) Mittag essen; **2.** *m* Mittagessen *n*; ***petit ~*** Frühstück *n*
délabré [delabre] verfallen
délai [delɛ] *m* Frist *f*; *prolongation* Aufschub; ***sans ~*** fristlos
délasser [delɑse] entspannen; ***se ~*** sich erholen
délayer [delɛje] verdünnen
délibérément [deliberemɑ̃] absichtlich
délibérer [delibere] **~ *sur qc*** (über) et (*A*) beraten
délicat [delika] zart; *problème* heikel; *avec tact* feinfühlig; *difficile* wählerisch
délic|e [delis] *m* Genuss; **~*ieux*** [~jø] köstlich
délimiter [delimite] abgrenzen
délinquant [delɛ̃kɑ̃] *m* Straffällige(r)
délire [delir] *m* Wahn
délit [deli] *m* Vergehen *n*; **~ *de fuite*** Fahrerflucht *f*
délivrer [delivre] befreien; *passeport* ausstellen
déloyal [delwajal] unfair; *ami* treulos
deltaplane [dɛltaplan] *m* (Flug-)Drachen; *sport* Drachenfliegen *n*
déluge [delyʒ] *m* Sintflut *f*
demain [d(ə)mɛ̃] morgen; **~ *matin*** (***soir***) morgen früh (Abend)
demande [d(ə)mɑ̃d] *f* Bitte; *écrite* Antrag *m*; **~ *d'emploi*** Stellengesuch *n*; ***faire une ~*** e-n Antrag stellen
demandé [d(ə)mɑ̃de] gefragt, begehrt
demander [d(ə)mɑ̃de] bitten (***qc à q*** j-n um et); *réclamer* verlangen (***qc à q*** et von j-m); *vouloir savoir* fragen (***qc à q*** j-n nach et)
démanger [demɑ̃ʒe] jucken
démarche [demarʃ] *f* Gang *m*; *fig* **~*s*** *pl* Schritte *m/pl*
démarr|age [demaraʒ] *m* Anfahren *n*; **~*er*** [~e] *voiture* anfahren; *moteur* anspringen; *fig* beginnen; **~*eur*** [~œr] *m Kfz* Anlasser
déménag|ement [deme-naʒmɑ̃] *m* Umzug; **~*er*** [~e] umziehen
dément [demɑ̃] wahnsinnig
démesuré [deməzyre] riesig; *fig* maßlos
démettre [demɛtr(ə)] *bras* aus-, verrenken
demeurer [d(ə)mœre] *habiter* wohnen; *rester* bleiben
demi [d(ə)mi] **1.** halbe(r, -s);

une heure et ~e anderthalb Stunden; ***il est onze heures et ~e*** es ist halb zwölf; **2.** *m bière* **un ~** ein (kleines) Glas Bier

demi|-douzaine [d(ə)miduzɛn] *f* halbes Dutzend *n*; **~-heure** [₋jœr] *f* halbe Stunde; **~-pension** [₋pɑ̃sjõ] *f* Halbpension

démiss|ion [demisjõ] *f* Rücktritt *m*; **~ionner** [₋jɔne] zurücktreten (***de*** aus)

demi-tour [d(ə)mitur] *m* ***faire ~*** umkehren

démocratie [demɔkrasi] *f* Demokratie

démodé [demɔde] altmodisch

demoiselle [d(ə)mwazɛl] *f* Fräulein *n*

démolir [demɔlir] ab-, niederreißen; *casser* kaputtmachen

démon [demõ] *m* Teufel

démonter [demõte] auseinander nehmen, zerlegen; *tente* abbrechen

démontrer [demõtre] beweisen

dénigrer [denigre] herabsetzen

dénivelé(e) [denivle] *m(f)* Höhenunterschied *m*

dénoncer [denõse] denunzieren

dense [dɑ̃s] dicht

dent [dɑ̃] *f* Zahn *m*; **~ *de lait*** Milchzahn *m*; **~ *de sagesse*** Weisheitszahn *m*

dentaire [dɑ̃tɛr] Zahn...; zahnärztlich; ***fil*** *m* **~** Zahnseide

dentelle [dɑ̃tɛl] *f* Spitze

dent|ier [dɑ̃tje] *m* (künstliches) Gebiss *n*; **~ifrice** [₋ifris] *m* Zahnpasta *f*; **~iste** [₋ist] *m* Zahnarzt; **~ition** [₋isjõ] *f Anat* Gebiss *n*

déodorant [deɔdɔrɑ̃] *m* Deo (-dorant) *n*

dépannage [depanaʒ] *m* Reparatur *f*; ***entreprise*** *f* ***de ~*** Abschleppdienst *m*

dépanner [depane] reparieren; *remorquer* abschleppen; F *fig* aushelfen (***q*** j-m)

dépanneuse [depanøz] *f* Abschleppwagen *m*

départ [depar] *m* Abfahrt *f*; *avion* Abflug; *en voyage* Abreise *f*; *Sp* Start; *début* Anfang; ***au ~*** am Anfang, anfangs

département [departəmɑ̃] *m* Departement *n*; *service* Abteilung *f*

dépasser [depɑse] *doubler* überholen; *être plus grand* überragen; *somme, temps* überschreiten; *fig* übertreffen

depêcher [depɛʃe] ***se ~*** sich beeilen

dépendance [depɑ̃dɑ̃s] *f* Abhängigkeit; *Med* Pflegebedürftigkeit; *bâtiment* **~s** *pl* Nebengebäude *n/pl*

dépendant [depɑ̃dɑ̃] abhängig (***de*** von); *Med* pflegebedürftig; **~ (*d'une drogue*)**

drogenabhängig

dépendre [depɑ̃dr(ə)] abhängen (**de** von); ***cela dépend(ra) du temps*** es kommt auf das Wetter an

dépens [depɑ̃] *m/pl* ***aux ~ de*** auf Kosten von

dépens|e [depɑ̃s] *f* Ausgabe; *de temps* Aufwand *m* (**de** an); **~er** [~e] ausgeben; *consommer* verbrauchen; ***se ~*** sich (physisch) verausgaben

dépérissement [deperismɑ̃] *m* ***~ des forêts*** Waldsterben *n*

dépist|age [depistaʒ] *m Med* Früherkennung *f*, Vorsorge *f*; **~er** [~e] aufspüren

déplac|é [deplase] unpassend; **~er** [~e] umstellen; *reporter* verlegen; ***se ~ pour son travail*** (geschäftlich) unterwegs sein

déplaire [deplɛr] ***~ à q*** j-m nicht gefallen, missfallen

dépliant [deplijɑ̃] *m* Faltprospekt

déplorable [deplɔrabl(ə)] beklagenswert

déporter [depɔrte] *personne* deportieren; *véhicule* abdrängen; ***se ~*** ausscheren

déposer [depoze] abstellen, ablegen; *argent* einzahlen; *personne* absetzen; ***se ~*** *boue* sich ablagern

dépouiller [depuje] berauben (**de** *G*)

dépourvu [depurvy] ***~ de*** ohne; …los; ***prendre au ~*** (völlig) überraschen

dépression [depresjõ] *f Med* Depression(en) *f(pl)*; *météo* Tief *n*; ***~ nerveuse*** Nervenzusammenbruch *m*

déprimer [deprime] deprimieren; F down sein

depuis [dəpɥi] *prp* seit (*D*), *lieu* von … aus; *adv* seitdem; *cj* ***~ que*** seit(dem); ***~ quand?*** seit wann?, wie lange (schon)?

député [depyte] *m* Abgeordnete(r) *su*

déraciner [derasine] entwurzeln

déraill|er [derɑje] entgleisen; **~eur** [~jœr] *m vélo* Gangschaltung *f*

déranger [derɑ̃ʒe] stören; *objets* in Unordnung bringen

déraper [derape] *voiture* ins Schleudern kommen; *piéton* ausrutschen

dérégler [deregle] verstellen; ***se ~*** nicht mehr richtig funktionieren

dérive [deriv] *Mar* ***aller à la ~*** treiben

dériver [derive] *Mar, Flgw* abgetrieben werden

dermatologue [dɛrmatɔlɔg] *m* Hautarzt

dernier [dɛrnje] letzte(r, -s); *après nom* vergangen, vorig; *employé seul* ***le ~, la dernière*** der, die, das Letzte; ***en ~*** zuletzt; ***l'an ~, l'année dernière*** im letzten Jahr

dernièrement [dɛrnjɛrmɑ̃] neulich

dérouler [derule] aufrollen; ***se ~*** sich abspielen

derrière [dɛrjɛr] **1.** *prp* hinter (*D od A*); *adv* hinten; ***de ~*** Hinter…; ***par ~*** von hinten; **2.** *m* Rückseite *f*; F *postérieur* Hintern

des [de] = ***de*** + ***les***

dès [dɛ] von … an; ***~ que*** sobald

désaccord [dezakɔr] *m* Uneinigkeit *f*

désagréable [dezagreabl(ə)] unangenehm

désaltérer [dezaltere] ***se ~*** s-n Durst stillen

désapprouver [dezapruve] missbilligen

désarmement [dezarməmɑ̃] *m* Abrüstung *f*

désastr|e [dezastr(ə)] *m* Katastrophe *f*; **~eux** [~ø] katastrophal

désavantag|e [dezavɑ̃taʒ] *m* Nachteil; **~er** [~e] benachteiligen

descendant [desɑ̃dɑ̃] *m* Nachkomme

descendre [desɑ̃dr(ə)] hinunter- *od* heruntergehen, *en voiture* -fahren; *objet* hinunter- *od* herunterbringen; *route* abwärts gehen; *température* fallen; *marée* zurückgehen; ***~ de*** *train* aussteigen aus, *origine* abstammen von

descente [desɑ̃t] *f du train* Aussteigen *n*; *pente* abschüssige Strecke; *ski* Abfahrtslauf *m*

description [dɛskripsjõ] *f* Beschreibung

désert [dezɛr] **1.** einsam, öde, leer; **2.** *m* Wüste *f*

déserter [dezɛrte] verlassen; *Mil* desertieren

désespéré [dezɛspere] verzweifelt

désespoir [dezɛspwar] *m* Verzweiflung *f*

déshabiller [dezabije] (***se ~*** sich) ausziehen

désigner [deziɲe] bezeichnen; bestimmen

désinfectant [desɛ̃fɛktɑ̃] *m* Desinfektionsmittel *n*

désintéressé [dezɛ̃terɛse] uneigennützig

désintoxication [dezɛ̃tɔksikasjõ] *f* ***cure*** *f* ***de ~*** Entziehungskur

désir [dezir] *m* Wunsch

désirer [dezire] wünschen; ***vous désirez?*** was darf es sein?

désobéir [dezɔbeir] ungehorsam sein; ***~ à q*** j-m nicht gehorchen

désobéissant [dezɔbeisɑ̃] ungehorsam, unfolgsam

désobligeant [dezɔbliʒɑ̃] unfreundlich

désodorisant [dezɔdɔrizɑ̃] *m* Deodorant *n*

désolé [dezɔle] (tief) betrübt (***de*** über *A*); *région* trostlos; (***je suis***) ***~*** (es) tut mir Leid

désordre [dezɔrdr(ə)] *m* Un-

ordnung *f*; ***en ~*** in Unordnung
désormais [dezɔrmɛ] von nun an
dessécher [deseʃe] **~** *und* ***se ~*** austrocknen
desserrer [desere] lockern, lösen
dessert [desɛr] *m* Nachtisch
desservir [desɛrvir] *village* (regelmäßig) fahren zu; *gare* halten an (*D*); *port* anlaufen; *aéroport* anfliegen
dessin [desɛ̃] *m* Zeichnung *f*; Plan; Muster *n*; ***~ animé*** Zeichentrickfilm
dessiner [desine] zeichnen
dessous [dəsu] **1.** darunter; ***en ~*** darunter; ***en ~ de*** unter (*D*); **2.** *m* Unterseite *f*
dessus [dəsy] **1.** darauf; **2.** *m* Oberseite *f*
destin [dɛstɛ̃] *m* Schicksal *n*
destinataire [dɛstinatɛr] *m* Empfänger
destination [dɛstinasjõ] *f* Bestimmungsort *m*; ***à ~ de Paris*** nach Paris
destin|ée [dɛstine] *f* Schicksal *n*; **~er** [~e] **~ *à*** bestimmen für
destruction [dɛstryksjõ] *f* Zerstörung, Vernichtung
détachant [detaʃɑ̃] *m* Fleckentferner
détacher [detaʃe] lösen, losmachen; *chien* losbinden; *feuille* abreißen (***de*** von); ***se ~*** sich lösen; *chien* sich losreißen; ***se ~ sur*** sich abzeichnen gegen
détail [detaj] *m* Einzelheit *f*; *sans importance* Kleinigkeit *f*; ***en ~*** ausführlich; ***au ~*** stückweise
déteindre [detɛ̃dr(ə)] ausbleichen; **~ *sur*** abfärben auf (*A*)
détendre [detɑ̃dr(ə)] (***se ~*** sich) entspannen
détenir [detənir] besitzen; *record* halten; *secret* bewahren; *criminel* gefangen halten
détente [detɑ̃t] *f* Entspannung
détention [detɑ̃sjõ] *f* Haft
détenu [detəny] *m* Häftling
déterminer [detɛrmine] bestimmen, festlegen; **~ *q à*** (+ *inf*) j-n veranlassen zu
détester [detɛste] hassen
détonation [detɔnasjõ] *f* Knall *m*
détour [detur] *m* Umweg
détourner [deturne] *circulation* umleiten; **~ *q de qc*** j-n von et abbringen
détresse [detrɛs] *f* Not
détroit [detrwa] *m* Meerenge *f*
détruire [detrɥir] zerstören
dette [dɛt] *f* Schuld
deuil [dœj] *m* Trauer *f*
deux [dø] zwei; ***les ~*** beide
deuxième [døzjɛm] zweite(r, -s)
deux-points [døpwɛ̃] *m* Doppelpunkt
dévaliser [devalize] ausrauben
devancer [d(ə)vɑ̃se] **~ *q*** j-m voraus sein (***de*** um); *aller*

au devant de j-m zuvorkommen

devant [d(ə)vɑ̃] **1.** *prp* vor (*D od A*); *adv* vorn(e); ***de ~*** Vorder…; **2.** *m* Vorderseite *f*, vorderer Teil

devanture [d(ə)vɑ̃tyr] *f* Auslage

dévaster [devaste] verwüsten

développ|ement [devlɔpmɑ̃] *m* Entwicklung *f*; **~er** [~e] entwickeln

devenir [dəvnir] werden

déviation [devjasjõ] *f* Umleitung

dévier [devje] *Kfz* umleiten; *projectile* (von s-r Richtung) abweichen

devin|er [d(ə)vine] (er)raten; **~ette** [~ɛt] *f* Rätsel *n*

devis [d(ə)vi] *m* Kostenvoranschlag

devises [d(ə)viz] *f/pl* Devisen

dévisser [devise] ab-, losschrauben

dévoiler [devwale] enthüllen

devoir [dəvwar] **1.** müssen; *conseil, regret* sollen; *intention* wollen; *argent* schulden; *vie* verdanken; ***tu devrais …*** du solltest …; **2.** *m* Pflicht *f*; *école* **~s** *pl* (Haus-)Aufgaben *f/pl*

dévorer [devɔre] verschlingen (*a fig*)

dévoué [devwe] ergeben

dévouer [devwe] ***se ~*** sich aufopfern (***pour*** für)

diabète [djabɛt] *m* Zuckerkrankheit *f*, Diabetes

diable [djabl(ə)] *m* Teufel

diabolique [djabɔlik] teuflisch

diagnostic [djagnɔstik] *m* Diagnose *f*

dialecte [djalɛkt] *m* Dialekt

dialogue [djalɔg] *m* Dialog

dialoguer [djalɔge] *Inform ~* (***en ligne***) chatten ['tʃɛtən]

diamant [djamɑ̃] *m* Diamant

diamètre [djamɛtr(ə)] *m* Durchmesser

diapo(sitive) [djapo(zitiv)] *f* Dia(positiv) *n*

diarrhée [djare] *f Med* Durchfall *m*

dict|ée [dikte] *f* Diktat *n*; **~er** [~e] diktieren

dictionnaire [diksjɔnɛr] *m* Wörterbuch *n*

diesel [djezɛl] *m* Dieselmotor; Diesel(fahrzeug) *m(n)*

diète [djɛt] *f* Diät

Dieu [djø] *m* Gott

différ|ence [diferɑ̃s] *f* Unterschied *m*; **~ent** [~ɑ̃] unterschiedlich, verschieden; *autre* anders, andere(r, -s); **~s** *pl* verschiedene; ***~ de*** anders als

difficile [difisil] schwierig

difficulté [difikylte] *f* Schwierigkeit

diffuser [difyze] verbreiten; *radio* ausstrahlen, senden

digérer [diʒere] verdauen (*a fig*)

digest|e [diʒɛst] leicht verdaulich; **~if** [~if] *m* Digestiv, Verdauungsschnaps; **~ion**

[₋jõ] *f* Verdauung
digne [diɲ] würdig (**de** *G*)
digue [dig] *f* Damm *m*, Deich *m*
dilater [dilate] ausdehnen
dimanche [dimɑ̃ʃ] *m* Sonntag; **le ~** sonntags
dimension [dimɑ̃sjõ] *f* Dimension
diminuer [diminɥe] verringern, *prix* senken; *v/i* abnehmen; *prix* sinken; *température* zurückgehen; *chaleur* nachlassen
dind|e [dɛ̃d] *f* Pute; **~on** [₋dõ] *m* Truthahn, Puter
dîner [dine] **1.** zu Abend essen; **2.** *m* Abendessen *n*
dinosaure [dinɔzɔr] *m* Dinosaurier
diplomate [diplɔmat] *m* Diplomat
diplôme [diplom] *m* Diplom *n*; *de fin d'études* Abschluss (-zeugnis) *m*(*n*)
dire [dir] sagen; **vouloir ~** bedeuten; **pour ainsi ~** sozusagen
direct [dirɛkt] direkt, unmittelbar; **émission** *f* **en ~** Live-Sendung
directeur [dirɛktœr] *m* Direktor, Leiter
direction [dirɛksjõ] *f* Leitung; *dirigeants* Geschäftsleitung; *sens* Richtung; *Kfz* Lenkung; **toutes ~s** *panneau* alle Richtungen, Durchgangsverkehr; **~ assistée** Servolenkung
directrice [dirɛktris] *f* Leiterin
diriger [diriʒe] leiten; *véhicule* lenken
discerner [disɛrne] unterscheiden
discipline [disiplin] *f* Disziplin; *matière* Fach *n*
discothèque [diskɔtɛk] *f* Diskothek
discours [diskur] *m* Rede *f*
discret [diskrɛ] diskret
discussion [diskysjõ] *f* Diskussion
discuter [diskyte] diskutieren
dispar|aître [disparɛtr(ə)] verschwinden; *animaux* aussterben; **~ition** [₋isjõ] *f* Verschwinden *n*; Aussterben *n*
dispensaire [dispɑ̃sɛr] *m* Ambulanz *f*
dispenser [dispɑ̃se] befreien (**de** von)
disperser [dispɛrse] zerstreuen
disponible [dispɔnibl(ə)] verfügbar; *libre* frei; *argent* flüssig
disposé [dispoze] **~ à** (+ *inf*) bereit zu
disposer [dispoze] anordnen; **~ de** verfügen über (*A*)
disposit|if [dispositif] *m* Vorrichtung *f*; **~ion** [₋sjõ] *f* Verfügung
disproportion [disprɔpɔrsjõ] *f* Missverhältnis *n*
disput|e [dispyt] *f* Streit *m*; **~er** [₋e] *match* austragen; **se ~** (sich) streiten

disquaire [diskɛr] *m* Schallplattenhändler
disque [disk] *m Mus* (Schall-)Platte *f*; *Tech* Scheibe *f*; *Sp* Diskus; *Inform* Platte *f*; **~ compact** CD *f*; **~ dur** Festplatte *f*; *Kfz* **~ de stationnement** Parkscheibe *f*
disquette [diskɛt] *f* Diskette
dissertation [disɛrtasjõ] *f école* Aufsatz *m*
dissimuler [disimyle] (**se ~** sich) verbergen
dissip|é [disipe] unaufmerksam; **~er** [~e] **se ~** *brume* sich auflösen
dissolvant [disɔlvɑ̃] *m* Nagellackentferner
dissoudre [disudr(ə)] auflösen
dissuader [disɥade] (**q de qc** j-m von et) abraten
distance [distɑ̃s] *f* Abstand *m*, Entfernung; Distanz (*a fig*)
distinct [distɛ̃(kt)] unterschiedlich; *voix* deutlich
distinction [distɛ̃ksjõ] *f* Unterscheidung; *différence* Unterschied *m*; *élégance* Vornehmheit
distingu|é [distɛ̃ge] vornehm; **~er** [~e] unterscheiden
distraction [distraksjõ] *f* Zerstreutheit; *détente* Ablenkung; **~s** *pl* Zeitvertreib *m*
distraire [distrɛr] ablenken (**de** von); *public* unterhalten; **se ~** sich ablenken
distrait [distrɛ] zerstreut
distribuer [distribɥe] aus-, verteilen; *courrier* austragen
distributeur [distribytœr] *m* Automat; **~ de billets** Geldautomat; **~ de boissons** Getränkeautomat
divan [divɑ̃] *m* Couch *f*
diverger [divɛrʒe] abweichen
divers [divɛr] verschieden
divert|ir [divɛrtir] (**se ~** sich) unterhalten; **~issement** [~ismɑ̃] *m* Vergnügen *n*
divin [divɛ̃] göttlich
divis|er [divize] teilen (**en** in *A*, **par** durch); *partager* aufteilen (**entre** unter *D*); *fig personnes* entzweien, *groupe* spalten; **~ion** [~jõ] *f* (Auf-)Teilung; *football* Liga
divorc|e [divɔrs] *m* (Ehe-)Scheidung *f*; **~er** [~e] sich scheiden lassen (**de** von)
divulguer [divylge] verbreiten
dix [dis, di] zehn
dizaine [dizɛn] *f* **une ~ (de)** etwa zehn
docile [dɔsil] folgsam
docteur [dɔktœr] *m* Doktor, Arzt
document [dɔkymɑ̃] *m* Dokument *n*; **~s** *pl* Unterlagen *f/pl*
documentaire [dɔkymɑ̃tɛr] *m* Dokumentarfilm
doigt [dwa] *m* Finger; **~ de pied** Zeh(e) *m(f)*
dois [dwa] *prés von* **devoir**
dollar [dɔlar] *m* Dollar

dolmen [dɔlmɛn] *m* Dolmen
domaine [dɔmɛn] *m propriété* (Land-)Gut *n*; *fig* Gebiet *n*, Bereich
dôme [dom] *m* Kuppel *f*
domestique [dɔmɛstik] **1.** Haus…, häuslich; **2.** *m*, *f* Hausangestellte(r) *su*
domicil|e [dɔmisil] *m* Wohnsitz; **~ié** [~je] **~ à** wohnhaft in
dominer [dɔmine] beherrschen; *Sp* dominieren; *prédominer* überwiegen, vorherrschen; ***se ~*** sich beherrschen
dommage [dɔmaʒ] *m* Schaden; ***~s** pl **et intérêts*** Schadenersatz; **(*c'est*) ~** (es ist) schade; ***quel ~!*** wie schade!
dompter [dõte] bändigen
D.O.M.-T.O.M. [dɔmtɔm] *m/pl* (*départements et territoires d'outre-mer*) überseeische Departements und Gebiete
don [dõ] *m* Spende *f*; *talent* Begabung *f*
donation [dɔnasjõ] *f* Schenkung
donc [dõk] also; ***pourquoi ~?*** warum denn?; ***tais-toi ~!*** halt doch den Mund!
döner [dønɛr] *m* Döner
donjon [dõʒõ] *m* Bergfried
donné [dɔne] bestimmt; ***à un moment ~*** irgendwann; ***étant ~ que*** da (ja)
données [dɔne] *m/pl* Daten *n/pl*
donner [dɔne] geben (***qc à q*** j-m et); *cadeau* schenken; ***~ sur*** hinausgehen auf (*A*)
dont [dõ] von dem, von der, von denen, wovon; *complément d'un nom a* dessen, deren
dop|age [dɔpaʒ] *m* Doping *n*; **~er** [~e] dopen
dorade *s* ***daurade***
dorénavant [dɔrenavɑ̃] von jetzt an, künftig
dorer [dɔre] vergolden
dormir [dɔrmir] schlafen
dortoir [dɔrtwar] *m* Schlafsaal
dos [do] *m* Rücken; *chèque* Rückseite *f*; *chaise* Rücken-, Stuhllehne *f*
dose [doz] *f* Dosis
dossier [dosje] *m* Rückenlehne *f*; *documents* Akten *f/pl*
douan|e [dwan] *f* Zoll(amt) *m(n)*; **~ier** [~je] **1.** Zoll…; **2.** *m* Zollbeamte(r)
double [dubl(ə)] **1.** doppelt; **2.** *m* Duplikat *n*; *tennis* Doppel *n*; ***le ~*** das Doppelte
doubler [duble] verdoppeln; *vêtement* füttern; *Kfz* überholen; *film* synchronisieren
douce *s* ***doux***
doucement [dusmɑ̃] sanft, behutsam; *parler* leise; *rouler* langsam
douceur [dusœr] *f* Sanftmut
douch|e [duʃ] *f* Dusche; **~er** [~e] duschen
doué [dwe] begabt
doul|eur [dulœr] *f* Schmerz *m*; **~oureux** [~urø] schmerzhaft

doute [dut] *m* Zweifel; ***sans ~*** wahrscheinlich; ***sans aucun ~*** zweifellos
douter [dute] zweifeln (***de*** an *D*); ***se ~ de*** ahnen
douteux [dutø] zweifelhaft, fraglich
doux [du] (*f* ***douce*** [dus]) *fruit* süß; *temps* mild; *personne, musique* sanft; *peau* zart
douzaine [duzɛn] *f* ***une ~*** (***de …***) ein Dutzend *n* (…); *environ douze* etwa zwölf (…)
douze [duz] zwölf
dragée [draʒe] *f* Dragée *n*, Pille
draguer [drage] F *filles* anmachen
drame [dram] *m* Drama *n*
drap [dra] *m* ***~*** (***de lit***) (Bett-)Laken *n*; ***~s*** *pl* Bettwäsche *f*
drapeau [drapo] *m* Fahne *f*
dresser [drɛse] aufstellen; *tête* aufrichten; *animal* dressieren; *Kochk* anrichten; ***se ~*** *personne* sich aufrichten; *montagne* emporragen
drogue [drɔg] *f* Droge(n) *f(pl)*, Rauschgift *n*
drogu|é(e) [drɔge] *m(f)* Drogen-, Rauschgiftsüchtige(r) *su*; ***~er*** [~e] ***se ~*** Drogen, Rauschgift nehmen
droit [drwa] **1.** rechte(r, -s); *ligne* gerade; *vertical, personne* aufrecht; ***tout ~*** geradeaus; **2.** *m* Recht *n*; *taxe* Gebühr *f*; ***avoir le ~ de*** das Recht haben zu, dürfen; ***avoir ~ à*** ein (An-)Recht haben auf (*A*)
droite [drwat] *f* Rechte (*a Pol*), rechte Seite; ***à ~*** rechts (***de*** von)
drôle [drol] lustig; *bizarre* seltsam, komisch; ***un ~ de …*** ein komischer …
du [dy] = ***de*** + ***le***
dû [dy] *p/p von* ***devoir***
duc [dyk] *m* Herzog
duchesse [dyʃɛs] *f* Herzogin
duel [dɥɛl] *m* Duell *n*
dune [dyn] *f* Düne
duper [dype] betrügen
dur [dyr] **1.** *adj* hart; *difficile* schwierig; *sévère* streng; *climat* rau; *viande* zäh; **2.** F *m* ***un ~*** (***à cuire***) F ein hartgesottener Bursche
durable [dyrabl(ə)] dauerhaft
durant [dyrɑ̃] während (*G*)
durcir [dyrsir] hart machen, härten; (***se***) ***~*** hart werden
durée [dyre] *f* Dauer
durer [dyre] dauern; *beau temps* anhalten
dureté [dyrte] *f* Härte
duvet [dyvɛ] *m* Flaum; *sac de couchage* Schlafsack
D.V.D. [devede] *m* (*digital versatile disc*) DVD *f*
dynamo [dinamo] *f* Dynamo *m*; *Kfz* Lichtmaschine

E

eau [o] *f* Wasser *n*; **~ chaude** Warmwasser *n*; **~ courante** fließendes Wasser *n*; **~ du robinet** Leitungswasser *n*; **~ minérale** Mineralwasser *n*; **~ gazeuse** Sprudel *m*; **~ non potable** kein Trinkwasser

eau-de-vie [odwi] *f* Schnaps *m*

ébauche [eboʃ] *f* Entwurf *m*

éblouir [ebluir] blenden; *fig* hinreißen

éboulement [ebulmɑ̃] *m* Einsturz, Erdrutsch

écaille [ekɑj] *f* Schuppe

écart [ekar] *m* Abstand; *différence* Unterschied; *Sp* **grand ~** Spagat; **à l'~** abseits

écarter [ekarte] *jambes* spreizen; *table* wegrücken (**de** von); **s'~ de** sich entfernen von, **s'~ du chemin** vom Weg abkommen; **s'~ du sujet** vom Thema abschweifen

ecclésiastique [ɛklezjastik] kirchlich

échafaudage [eʃafodaʒ] *m* Gerüst *n*

échalote [eʃalɔt] *f* Schalotte

échange [eʃɑ̃ʒ] *m* Austausch; **faire un ~** tauschen (**avec** mit)

échanger [eʃɑ̃ʒe] austauschen (**contre** gegen); *lettres, alliances* wechseln; *soldes* **ni repris ni échangés** vom Umtausch ausgeschlossen

échangeur [eʃɑ̃ʒœr] *m* Autobahnkreuz *n*

échantillon [eʃɑ̃tijõ] *m* Probe *f*, Muster *n*

échappement [eʃapmɑ̃] *m* Auspuff

échapper [eʃape] **~ à** entkommen (*D*); *obligations* sich entziehen (*D*); **~ à q** *mots* j-m entschlüpfen; *nom* j-m nicht einfallen; **s'~** entkommen (**de** aus)

écharde [eʃard] *f* Splitter *m*

écharpe [eʃarp] *f* Schal *m*; *Med* (Arm-)Binde

échasse [eʃas] *f* Stelze

échauffer [eʃofe] *Sp* **s'~** sich warm laufen

échéance [eʃeɑ̃s] *f* Fälligkeit

échec [eʃɛk] *m* Misserfolg

échecs [eʃɛk] *m/pl* (**jeu m d'**)**~** Schach(spiel) *n*; **jouer aux ~** Schach spielen

échelle [eʃɛl] *f* Leiter; *carte* Maßstab *m*; *fig niveau* Ebene

écho [eko] *m* Echo *n*; **~graphie** [~grafi] *f* Ultraschalluntersuchung, Sonographie

échouer [eʃwe] scheitern; *à un examen* durchfallen

éclair [eklɛr] *m* Blitz; *gâteau* Eclair *n*, Liebesknochen

éclairage [eklɛraʒ] *m* Beleuchtung *f*
éclaircie [eklɛrsi] *f* (vorübergehende) Aufheiterung
éclaircir [eklɛrsir] aufhellen; *fig* (auf)klären; **s'~** *ciel* sich aufhellen, -heitern
éclairer [eklɛre] be-, erleuchten; aufklären
éclat [ekla] *m morceau* Splitter; *de la neige* Helligkeit *f*; *du métal, des yeux* Glanz
éclater [eklate] platzen; *coup de feu* knallen; *incendie* ausbrechen; **~ de rire** laut auflachen
éclipse [eklips] *f* **~ de soleil** Sonnenfinsternis; **~ de lune** Mondfinsternis
écluse [eklyz] *f* Schleuse
école [ekɔl] *f* Schule; **~ maternelle** Kindergarten *m*; **~ primaire** Grundschule
écol|ier [ekɔlje] *m*, **~ière** [-jɛr] *f* Schüler(in) *m(f)*
écolog|ie [ekɔlɔʒi] *f* Umweltschutz *m*; **~iste** [-ist] *m, f* Umweltschützer(in) *m(f)*
économe [ekɔnɔm] sparsam
économie [ekɔnɔmi] *f* Wirtschaft; **~s** *pl* Ersparnisse; **faire des ~** sparen
économi|que [ekɔnɔmik] Wirtschafts…; **~ser** [-ze] sparen
économiseur [ekɔnɔmizœr] *m* **~ d'écran** Bildschirmschoner
écorce [ekɔrs] *f* Rinde; *d'orange* Schale
écorch|er [ekɔrʃe] *peau* aufschürfen; **~ure** [-yr] *f* Schürfwunde
écossais [ekɔsɛ] **1.** schottisch; **2.** ♀ *m* Schotte
Écosse [ekɔs] *f* **l'~** Schottland *n*
écout|er [ekute] hören; *concert a* sich anhören; **~ q** j-m zuhören; *obéir* auf j-n hören; **~eur** [-œr] *m Tel* Hörer
écran [ekrɑ̃] *m* Bildschirm (*a Inform*); *cinéma* Leinwand *f*; **le petit ~** das Fernsehen
écraser [ekraze] zerdrücken; *Kfz* überfahren; **s'~** (**au sol**) abstürzen
écrémé [ekreme] entrahmt
écrevisse [ekrəvis] *f* (Fluss-) Krebs *m*
écrier [ekrije] **s'~** ausrufen
écrire [ekrir] schreiben (**à q** j-m); **s'~** geschrieben werden
écrit [ekri] *m* Schrift(stück) *f* (*n*); **par ~** schriftlich
écriteau [ekrito] *m* Schild *n*
écriture [ekrityr] *f* Schrift
écrivain [ekrivɛ̃] *m* Schriftsteller
écrouler [ekrule] **s'~** einstürzen; *fig personne* zusammenbrechen
écume [ekym] *f* Schaum *m*
écureuil [ekyrœj] *m* Eichhörnchen *n*
écurie [ekyri] *f* Pferdestall *m*
eczéma [ɛgzema] *m* Ekzem *n*
édifice [edifis] *m* Gebäude *n*
édifier [edifje] erbauen

édi|ter [edite] herausgeben; **~teur** [~tœr] *m* Verleger; **~tion** [~sjõ] *f* Ausgabe; *tirage* Auflage; **~s** *pl* Verlag *m*
édredon [edrədõ] *m* Federbett *n*
éducation [edykasjõ] *f* Erziehung; *culture* Bildung
effacer [efɑse] (aus)löschen; *gommer* ausradieren; *enregistrement* löschen; **s'~** verwischen; *couleur* verblassen
effect|if [efɛktif] **1.** wirklich, tatsächlich; **2.** *m od* **~s** *pl* Personalbestand *m*; *d'un parti* Mitgliederzahl *f*; **~ivement** [~ivmɑ̃] tatsächlich
effectuer [efɛktɥe] aus-, durchführen; **s'~** erfolgen
effet [efɛ] *m* Wirkung *f*; *impression* Eindruck; **~s** *pl* **secondaires** Nebenwirkungen *f/pl*; **faire son ~** wirken; **faire de l'~** beeindrucken; **en ~** in der Tat
efficace [efikas] wirksam
effleurer [eflœre] streifen
effondrer [efõdre] **s'~** einstürzen; *personne* zusammenbrechen
efforcer [efɔrse] **s'~** sich bemühen (**de** zu)
effort [efɔr] *m* Anstrengung *f*; **faire un ~** sich anstrengen
effray|ant [efrɛjɑ̃] schrecklich; **~er** [~e] (**s'~** sich) erschrecken
effronté [efrõte] frech
effroyable [efrwajabl(ə)] entsetzlich
égal [egal] gleich; *vitesse* gleichmäßig; **ça m'est ~** das ist mir gleich(gültig), egal
également [egalmɑ̃] ebenfalls
égalité [egalite] *f* Gleichheit
égard [egar] *m* **~s** *pl* Rücksicht *f*; **à l'~ de** gegenüber (**q** j-m); **à cet ~** in dieser Beziehung
égarer [egare] *qc* verlegen; **s'~** sich verirren, sich verlaufen; *en voiture* sich verfahren
égayer [egɛje] aufheitern
église [egliz] *f* Kirche
égoïste [egɔist] **1.** egoistisch; **2.** *m*, *f* Egoist(in) *m(f)*
égoutter [egute] abtropfen lassen
égratign|er [egratiɲe] (**s'~** sich) zerkratzen; **~ure** [~yr] *f* Kratzer *m*
Égypte [eʒipt] *f* **l'~** Ägypten *n*
égyptien [eʒipsjɛ̃] **1.** ägyptisch; **2.** ♀ *m* Ägypter
élan [elɑ̃] *m* Schwung; *Sp* Anlauf; *Zo* Elch
élancer [elɑ̃se] **s'~** sich stürzen
élargir [elarʒir] verbreitern; *fig* erweitern
élastique [elastik] **1.** elastisch; **2.** *m* Gummiband *n*
élec|teur [elɛktœr] *m*, **~trice** [~tris] *f* Wähler(in) *m(f)*
élections [elɛksjõ] *f/pl* Wahlen
électr|icien [elɛktrisjɛ̃] *m* Elektriker; **~icité** [~isite] *f*

Elektrizität; **~ique** [~ik] elektrisch
électrocardiogramme [elɛktrɔkardjɔgram] *m* EKG *n*
électroménager [elɛktrɔmenaʒe] *m* elektrische Haushaltsgeräte *n/pl*
élégance [elegɑ̃s] *f* Eleganz
élément [elemɑ̃] *m* Element *n*
éléphant [elefɑ̃] *m* Elefant
élevage [elvaʒ] *m* Zucht *f*; *du bétail* Viehzucht *f*
élève [elɛv] *m, f* Schüler(in) *m(f)*
élevé [elve] hoch; ***bien (mal) ~*** gut (schlecht) erzogen
élever [elve] *mur* errichten; *enfants* großziehen; *animaux* aufziehen; *voix* heben; ***s'~*** sich erheben; *température* (an)steigen; ***s'~ à*** betragen (*A*)
éleveur [elvœr] *m* Viehzüchter
éliminer [elimine] *obstacle* beseitigen; *adversaire* ausschalten; *Sp* ***être éliminé*** ausscheiden (müssen)
élire [elir] wählen
elle(s) [ɛl] *f(pl)* sie
éloge [elɔʒ] *m* Lob *n*; ***faire l'~ de*** (sehr) loben (*A*)
éloign|é [elwaɲe] entlegen; **~er** [~e] entfernen
élu [ely] *p/p* von ***élire***
émail [emaj] *m* (*pl* **-aux** [-o]) Email *n*; *dents* (Zahn-)Schmelz
e-mail [imɛl] *m* E-Mail ['i:me:l] *f*; ***envoyer qc à q par ~*** j-m et mailen ['me:lən]
émancip|ation [emɑ̃sipasjɔ̃] *f* Emanzipation, Befreiung; **~er** [~e] emanzipieren, befreien; ***s'~*** sich emanzipieren, unabhängig werden
emball|age [ɑ̃balaʒ] *m* Verpackung *f*; **~er** [~e] ein-, verpacken; F *public* hinreißen; F *fille* herumkriegen
embarcadère [ɑ̃barkadɛr] *m* Anlegeplatz
embargo [ɑ̃bargo] *m* Embargo *n*
embarqu|ement [ɑ̃barkəmɑ̃] *m* Verladung *f*, Einschiffung *f*; **~er** [~e] an Bord gehen; ***s'~*** sich einschiffen (***sur*** auf *D*, ***pour*** nach)
embarras [ɑ̃barɑ] *m* Verlegenheit *f*; ***~ gastrique*** Magenverstimmung *f*
embarrassant [ɑ̃barasɑ̃] peinlich
embarrass|é [ɑ̃barase] verlegen; **~er** [~e] stören, behindern; *troubler* in Verlegenheit bringen
embaucher [ɑ̃boʃe] ein-, anstellen
embellir [ɑ̃belir] verschönern
embêt|ant [ɑ̃bɛtɑ̃] ärgerlich; **~er** [~e] ärgern; ***s'~*** sich langweilen
embouchure [ɑ̃buʃyr] *f* Mündung
embouteillage [ɑ̃butɛjaʒ] *m* (Verkehrs-)Stau
emboutir [ɑ̃butir] *Kfz* eindrücken, zerbeulen

embrasser [ɑ̃brase] (**s'~** sich) küssen
embray|age [ɑ̃brɛjaʒ] *m* Kupplung *f*; **~er** [~e] kuppeln
embrouiller [ɑ̃bruje] verwirren
embué [ɑ̃bɥe] *vitre* beschlagen
éméché [emeʃe] beschwipst
émeraude [emrod] *f* Smaragd *m*
émerger [emɛrʒe] auftauchen (*a fig*)
émetteur [emɛtœr] *m* Sender
émettre [emɛtr(ə)] ausstrahlen; *opinion* äußern
émeute [emøt] *f* Aufruhr *m*
émigrer [emigre] auswandern
émin|cé [emɛ̃se] *m* **~ de veau** Kalbsgeschnetzelte(s) *n*; **~cer** [~se] in dünne Scheiben schneiden
éminent [eminɑ̃] hervorragend
émission [emisjɔ̃] *f radio*, *TV* Sendung
emménager [ɑ̃menaʒe] einziehen (**dans** in *A*)
emmener [ɑ̃mne] mitnehmen
émotion [emosjɔ̃] *f excitation* Aufregung; *attendrissement* Rührung
émouvoir [emuvwar] *toucher* rühren; *bouleverser* tief bewegen
empailler [ɑ̃paje] *animal* ausstopfen
empaqueter [ɑ̃pakte] einpacken
emparer [ɑ̃pare] **s'~ de** in s-e Gewalt bringen (*A*), an sich reißen (*A*)
empêcher [ɑ̃peʃe] **~ qc** et verhindern; **~ q de** (+ *inf*) j-n daran hindern zu; **(il) n'empêche que** trotz allem; **je ne peux m'~ de** (+ *inf*) ich muss einfach (+ *inf*)
empereur [ɑ̃prœr] *m* Kaiser
empester [ɑ̃pɛste] stinken
empiffrer [ɑ̃pifre] F **s'~** sich vollstopfen (**de** mit)
empiler [ɑ̃pile] aufstapeln
empire [ɑ̃pir] *m* Reich *n*; **l'♀** das Erste Kaiserreich
empirer [ɑ̃pire] sich verschlimmern
emplacement [ɑ̃plasmɑ̃] *m* Stelle *f*
emploi [ɑ̃plwa] *m* Gebrauch; *travail* Stelle *f*; **~ du temps** Zeitplan; *école* Stundenplan; **~ à plein temps** Vollzeit-, Ganztagsbeschäftigung *f*
employ|é(e) [ɑ̃plwaje] *m(f)* Angestellte(r) *su*; **~er** [~e] verwenden; *moyen* anwenden; **s'~** *mot* gebraucht werden; **~eur** [~œr] *m* Arbeitgeber
empoisonner [ɑ̃pwazɔne] vergiften
emporter [ɑ̃pɔrte] mitnehmen; *courant* fortreißen; **l'~** siegen (**sur** über *A*); **s'~** aufbrausen; **s'~ contre** loswettern gegen
empreinte [ɑ̃prɛ̃t] *f* Abdruck

m; ~ ***digitale*** Fingerabdruck *m*
empresser [ɑ̃prɛse] ***s'~ de*** (+ *inf*) sich beeilen zu
emprisonner [ɑ̃prizɔne] einsperren
emprunt [ɑ̃prɛ̃, ɑ̃prœ̃] *m* Anleihe *f*
emprunter [ɑ̃prɛ̃te, -prœ̃-] ~ ***qc à q*** sich et von j-m (aus-) leihen; ~ ***de l'argent à q*** sich bei j-m Geld leihen
en[1] [ɑ̃] *prp lieu* in (*D od A*), nach; *durée* in (*D*), innerhalb von (*od G*); *matériau* aus; ~ ***ville*** in der (die) Stadt; ~ ***France*** in (nach) Frankreich; ~ ***été*** im Sommer; ~ ***1945*** (im Jahre) 1945; ~ ***mangeant*** beim Essen
en[2] [ɑ̃] *adv u pron* **1.** *de cet endroit* ***j'~ reviens*** ich komme von dort; **2.** *de cela* ***qu'en pensez-vous?*** was halten Sie davon?; ***je m'en souviens*** ich erinnere mich daran
encadrer [ɑ̃kadre] einrahmen
encaisser [ɑ̃kɛse] kassieren; *chèque* einlösen
enceinte [ɑ̃sɛ̃t] schwanger
encens [ɑ̃sɑ̃] *m* Weihrauch
enchanté [ɑ̃ʃɑ̃te] entzückt; ***~!*** sehr erfreut!
enchère [ɑ̃ʃɛr] *f* ***vente aux ~s*** Auktion, Versteigerung
enclume [ɑ̃klym] *f* Amboss *m*
encolure [ɑ̃kɔlyr] *f* Kragenweite
encombr|ant [ɑ̃kõbrɑ̃] sperrig; **~ement** [-əmɑ̃] *m Kfz* Stau
encombrer [ɑ̃kõbre] *couloir* versperren; *rue* verstopfen; ***s'~ de*** sich herumschleppen mit
encore [ɑ̃kɔr] noch; *toujours* immer noch; ~ ***une fois*** noch einmal, nochmals; ***pas ~*** noch nicht
encourager [ɑ̃kuraʒe] ermutigen
encre [ɑ̃kr(ə)] *f* Tinte
endetté [ɑ̃dɛte] verschuldet
endive [ɑ̃div] *f* Chicorée *m*
endommager [ɑ̃dɔmaʒe] beschädigen
endormir [ɑ̃dɔmir] einschläfern; *Med* betäuben; ***s'~*** einschlafen
endroit [ɑ̃drwa] *m lieu* Ort; *place* Stelle *f*; *étoffe* rechte Seite *f*
enduire [ɑ̃dɥir] ~ ***de*** be-, überstreichen mit; ***s'~ de*** sich einreiben mit
enduit [ɑ̃dɥi] *m* Überzug
endurance [ɑ̃dyrɑ̃s] *f* Ausdauer
endurer [ɑ̃dyre] ertragen
énerg|ie [enɛrʒi] *f* Energie; **~ique** [-ik] energisch
énerver [enɛrve] nervös machen
enfance [ɑ̃fɑ̃s] *f* Kindheit; ***dès l'~*** von Kind an
enfant [ɑ̃fɑ̃] *m, f* Kind *n*
enfantin [ɑ̃fɑ̃tɛ̃] kindlich; *facile* kinderleicht
enfer [ɑ̃fɛr] *m* Hölle *f*

enfermer [ɑ̃fɛrme] (**s'~** sich) einschließen
enfiler [ɑ̃file] *perles* auffädeln; *aiguille* einfädeln; F *vêtement* (sich) rasch überziehen
enfin [ɑ̃fɛ̃] zuletzt; *soulagement* endlich; *résignation* nun (ja); *conclusion* kurz
enflammer [ɑ̃flame] anzünden; **s'~** sich entzünden
enfler [ɑ̃fle] anschwellen
enfoncer [ɑ̃fõse] *clou* einschlagen; *pieu* einrammen; *porte* eindrücken; *v/i* versinken (**dans** in *D*)
enfouir [ɑ̃fwir] vergraben
enfreindre [ɑ̃frɛ̃dr(ə)] übertreten, verstoßen gegen
enfuir [ɑ̃fɥir] **s'~** fliehen
enfumé [ɑ̃fyme] verräuchert
engager [ɑ̃gaʒe] *embaucher* an-, einstellen; *conversation* anknüpfen; **s'~ à** (+ *inf*) sich verpflichten zu
engelure [ɑ̃ʒlyr] *f* Frostbeule
engendrer [ɑ̃ʒɑ̃dre] erzeugen
engin [ɑ̃ʒɛ̃] *m* Gerät *n*
englober [ɑ̃glɔbe] umfassen
engloutir [ɑ̃glutir] verschlingen (*a fig*)
engourdi [ɑ̃gurdi] gefühllos, taub
engrais [ɑ̃grɛ] *m* Dünger, Dung
engraisser [ɑ̃grɛse] mästen; *grossir* Fett ansetzen
engrenage [ɑ̃grənaʒ] *m* Getriebe *n*
engueul|ade [ɑ̃gœlad] *f* F Anpfiff *m*, Anschiss *m*; **~er** [~e] F (**s'~** sich) anschnauzen
énigme [enigm(ə)] *f* Rätsel *n*
enjeu [ɑ̃ʒø] *m* Einsatz
enjoliveur [ɑ̃ʒɔlivœr] *m* Radkappe *f*
enlèvement [ɑ̃lɛvmɑ̃] *m* Abtransport; *rapt* Entführung *f*
enlever [ɑ̃lve] entfernen; wegnehmen; *vêtement* ausziehen; *kidnapper* entführen
enneig|é [ɑ̃nɛʒe] verschneit; **~ement** [~mɑ̃] *m* Schneehöhe *f*, -verhältnisse *n/pl*
ennemi [ɛnmi] **1.** feindlich; **2.** *m* Feind
ennui [ɑ̃nɥi] *m* Langeweile *f*; **~s** *pl* Ärger *m*
ennuyer [ɑ̃nɥije] langweilen; *embêter* ärgern; **s'~** sich langweilen
ennuyeux [ɑ̃nɥijø] langweilig, *embêtant* ärgerlich
énorm|e [enɔrm] enorm, ungeheuer; **~ément** [~emɑ̃] ungeheuer; **~ de** enorm viel(e)
enquête [ɑ̃kɛt] *f* Untersuchung; *sondage* Umfrage; *de police* Ermittlungen *f/pl*
enragé [ɑ̃raʒe] tollwütig; *fig* besessen, fanatisch
enregistrement [ɑ̃rəʒistrəmɑ̃] *m disque* Aufnahme *f*, *vidéo* Aufzeichnung *f*; **~ des bagages** Gepäckabfertigung *f*
enregistrer [ɑ̃rəʒistre] eintragen, registrieren; *émission* aufnehmen, aufzeichnen; *Flgw* einchecken [-tʃ-]; *baga-*

ges ***faire*** **~** aufgeben
enrhum|é [ãryme] erkältet; **~er** [~e] ***s'~*** sich erkälten
enrichir [ãriʃir] bereichern
enrou|é [ãrwe] heiser; **~er** [~e] ***s'~*** heiser werden
enrouler [ãrule] *tapis* zusammenrollen; *fil* aufwickeln; **~** ***autour de*** wickeln um
enseignant(e) [ãsɛɲã(t)] *m(f)* Lehrer(in)
enseigne [ãsɛɲ] *f* Schild *n*
enseign|ement [ãsɛɲmã] *m* Unterricht; *institution* Schulwesen *n*; **~er** [~e] unterrichten (***qc à q*** j-n in et *D*)
ensemble [ãsãbl(ə)] **1.** zusammen; *en commun* gemeinsam; *en même temps* gleichzeitig; **2.** *m* Ganze(s) *n*, Gesamtheit *f*; *tailleur* Kostüm *n*; ***l'~ du personnel*** das ganze, gesamte Personal; ***dans l'~*** insgesamt
ensevelir [ãsəvlir] begraben
ensoleillé [ãsɔlɛje] sonnig
ensuite [ãsɥit] dann, darauf
entaille [ãtɑj] *f* Kerbe; *blessure* Schnittwunde
entamer [ãtame] *pain* anschneiden; *bouteille* anbrechen
entasser [ãtɑse] auf-, anhäufen; ***s'~*** *courrier* sich stapeln; *personnes* sich (dicht zusammen)drängen
entendre [ãtãdr(ə)] hören; **~** ***par*** verstehen unter (*D*); **~** ***parler de*** hören von; ***s'~*** sich verstehen; *se mettre d'accord* sich einigen (***sur*** über *A*)
entendu [ãtãdy] **~!** abgemacht!; ***bien*** **~** selbstverständlich
enterrement [ãtɛrmã] *m* Beerdigung *f*
enterrer [ãtɛre] vergraben; *mort* beerdigen
en-tête [ãtɛt] *m* Briefkopf
entêté [ãtɛte] eigen-, starrsinnig, stur
entêter [ãtɛte] ***s'~ dans*** sich versteifen auf (*A*)
enthousiasm|e [ãtuzjasm(ə)] *m* Begeisterung *f*; **~er** [~e] begeistern; ***s'~*** sich begeistern (***pour*** für)
ent|ier [ãtje] ganz; *liberté* völlig; ***en*** **~** ganz; **~ièrement** [~jɛrmã] ganz, völlig
entonnoir [ãtɔnwar] *m* Trichter
entorse [ãtɔrs] *f* Verstauchung; ***se faire une*** **~** ***au pied*** sich den Fuß verstauchen
entortiller [ãtɔrtije] einwickeln
entour|age [ãturaʒ] *m* Umgebung *f*; **~er** [~e] umgeben (***mit*** de)
entracte [ãtrakt] *m* Pause *f*
entraider [ãtrɛde] ***s'~*** sich (gegenseitig) helfen, beistehen
entrain [ãtrɛ̃] *m* Schwung
entraîn|er [ãtrɛne] mit sich fortreißen; *Sp* trainieren; **~eur** [~œr] *m*, **~euse** [~øz] *f* Trainer(in) *m(f)*

entre [ɑ̃tr(ə)] zwischen (*D od A*); *parmi* unter (*D*); ***d'~*** von

entre|bâiller [ɑ̃trəbɑje] halb öffnen; *porte* anlehnen; **~choquer** [~ʃɔke] aneinander stoßen

entrecôte [ɑ̃trəkot] *f* Rippenstück *n*; ***~ marchand de vin*** *Rippenstück in Rotweinsauce*

entrecouper [ɑ̃trəkupe] unterbrechen

entrée [ɑ̃tre] *f* Eintritt *m*, *porte* Eingang *m*; *couloir* Diele; *billet* Eintrittskarte; *Kochk* Vorspeise; ***~ libre, gratuite*** Eintritt frei

entrelarder [ɑ̃trəlarde] spicken

entremets [ɑ̃trəmɛ] *m* Süßspeise *f*, Pudding *m*

entrepôt [ɑ̃trəpo] *m* Lager (-halle) *n(f)*

entre|prendre [ɑ̃trəprɑ̃dr(ə)] unternehmen; **~preneur** [~prənœr] *m* Unternehmer; **~prise** [~priz] *f* Unternehmen *n*

entrer [ɑ̃tre] eintreten, hereinkommen, hineingehen; *objets* (hinein)passen (***dans*** in *A*); *Inform* eingeben; ***entrez!*** herein!

entresol [ɑ̃trəsɔl] *m* Zwischen-, Halbgeschoss *n*

entre-temps [ɑ̃trətɑ̃] inzwischen

entretenir [ɑ̃trətnir] *routes, maison* instand halten; *Tech* warten; *vêtements, relations* pflegen; ***s'~ de qc*** sich über et (*A*) unterhalten

entretien [ɑ̃trətjɛ̃] *m* Instandhaltung *f*; Wartung *f*; Pflege *f*; *conversation* Gespräch *n*

entrevue [ɑ̃trəvy] *f* Begegnung; *entretien* Unterredung

énumérer [enymere] aufzählen

envahir [ɑ̃vair] *pays* einfallen in (*A*); ***être envahi par*** *vacanciers, moustiques* heimgesucht werden von

envelopp|e [ɑ̃vlɔp] *f* Hülle; (Brief-)Umschlag *m*; **~er** [~e] einwickeln, -hüllen

envergure [ɑ̃vɛrgyr] *f* Spannweite; *fig* Format *n*

envers [ɑ̃vɛr] **1.** gegenüber (*D*); **2.** *m* Rückseite *f*; ***à l'~*** verkehrt (herum)

envie [ɑ̃vi] *f* Lust; *jalousie* Neid *m*; ***avoir ~*** Lust haben (***de qc*** auf et *A*, ***de faire qc*** et zu tun); ***faire ~ à q*** j-n reizen

envi|er [ɑ̃vje] beneiden (***qc à q*** j-n um et *A*); **~eux** [~ø] neidisch

environ [ɑ̃virõ] **1.** ungefähr; **2.** **~s** *m/pl* Umgebung *f*; ***aux ~s de*** in der Nähe von

environnement [ɑ̃virɔnmɑ̃] *m* Umwelt *f*

envisager [ɑ̃vizaʒe] ins Auge fassen

envoi [ɑ̃vwa] *m* Sendung *f*

envoler [ɑ̃vɔle] ***s'~*** wegfliegen; *avion* abfliegen

envoyer [ɑ̃vwaje] schicken; *balle* werfen

épais [epɛ] (*f* ***-aisse*** [-ɛs]) dick; *brouillard* dicht

épanouir [epanwir] ***s'~*** aufblühen (*a fig*); *se développer* sich entfalten

épargner [eparɲe] sparen; ***~ qc à q*** j-m et ersparen

épatant [epatɑ̃] großartig

épaule [epol] *f* Schulter

épave [epav] *f* Wrack *n*

épée [epe] *f* Schwert *n*

épeler [eple] buchstabieren

éperons [eprõ] *m/pl* Sporen

épi [epi] *m* Ähre *f*; ***~ de maïs*** Maiskolben

épic|e [epis] *f* Gewürz *n*; ***~er*** [~e] würzen

épic|erie [episri] *f* Lebensmittelgeschäft *n*; ***~ier*** [~je] *m* Lebensmittelhändler

épidémie [epidemi] *f* Epidemie, Seuche

épier [epje] belauern

épilepsie [epilɛpsi] *f* Epilepsie

épiler [epile] enthaaren; *sourcils* auszupfen

épinards [epinar] *m/pl* Spinat *m*

épine [epin] *f* Dorn *m*; ***~ dorsale*** Rückgrat *n*

épingle [epɛ̃gl(ə)] *f* Nadel; ***~ de nourrice*** *od* ***de sûreté*** Sicherheitsnadel; ***~ à cheveux*** Haarnadel

Épiphanie [epifani] *f* Dreikönigsfest *n*

épisode [epizɔd] *m* Episode *f*

épluch|er [eplyʃe] *légumes* putzen; *fruits, pommes de terre* schälen; ***~ures*** [~yr] *f/pl* Schalen; *de légumes* Abfälle *m/pl*

éponge [epõʒ] *f* Schwamm *m*

époque [epɔk] *f* Zeit; ***à l'~ de*** zur Zeit (G); ***à notre ~*** heutzutage

epous|e [epuz] *f* Gattin; ***~er*** [~e] heiraten

épouvant|able [epuvɑ̃tabl(ə)] entsetzlich; ***~er*** [~e] entsetzen

époux [epu] *m* Gatte; *pl* Eheleute

épreuve [eprœv] *f* Prüfung; *Sp* Wettkampf *m*; *Fot* Abzug *m*; ***mettre à l'~*** auf die Probe stellen

éprouver [epruve] prüfen, erproben; *ressentir* empfinden; ***~ q*** j-n (sehr) mitnehmen

épuis|é [epɥize] erschöpft; *livre* vergriffen; ***~er*** [~e] erschöpfen

équateur [ekwatœr] *m* Äquator *m*

équilibre [ekilibr(ə)] *m* Gleichgewicht *n*; ***perdre l'~*** das Gleichgewicht verlieren; ***tenir qc en ~*** et balancieren

équilibr|é [ekilibre] ausgeglichen; ***~er*** [~e] *roue* auswuchten

équipage [ekipaʒ] *m* *Mar, Flgw* Besatzung *f*

équipe [ekip] *f* Team *n*; *Sp* Mannschaft

équip|ement [ekipmɑ̃] *m* Ausrüstung *f*; ***~er*** [~pe] ausstatten, ausrüsten (***de*** mit)

équitable [ekitabl(ə)] gerecht
équitation [ekitasjõ] *f* Reiten *n*
équival|ent [ekivalɑ̃] **1.** gleichwertig (**à** mit); **2.** *m* Äquivalent *n*; **~oir** [~war] **~ à** entsprechen (*D*)
érafl|er [erafle] zerkratzen; **~ure** [~yr] *f* Kratzer *m*
ermite [ɛrmit] *m* Einsiedler
érot|ique [erɔtik] erotisch; **~isme** [~ism(ə)] *m* Erotik *f*
errer [ɛre] umherirren
erreur [ɛrœr] *f* Fehler *m*; *idée fausse* Irrtum *m*; **par ~** aus Versehen
éruption [erypsjõ] *f* Ausbruch *m*; *Med* Ausschlag *m*
es [ɛ] *prés von* **être**
E.S.B. [əɛsbe] *f* (*encéphalopathie spongiforme bovine*) BSE (*bovine spongiforme Enzephalopathie*)
escabeau [ɛskabo] *m* Hocker; *échelle* Tritthocker
escalad|e [ɛskalad] *f* Besteigung; *Sp* Klettern *n*; **~er** [~e] besteigen
escalator [ɛskalatɔr] *m* Rolltreppe *f*
escale [ɛskal] *f* Zwischenaufenthalt *m*; *Flgw* Zwischenlandung; **vol** *m* **sans ~** Direktflug, Non-Stop-Flug; **faire ~ à Francfort** in Frankfurt zwischenlanden
escalier [ɛskalje] *m* Treppe *f*; **~ roulant** Rolltreppe
escalope [ɛskalɔp] *f* Schnitzel *n*
escargot [ɛskargo] *m* Schnecke *f*; **~ de Bourgogne** Weinbergschnecke *f*
escarpé [ɛskarpe] steil
esclave [ɛsklav] *m*, *f* Sklave *m*, Sklavin *f*
escrime [ɛskrim] *f* Fechten *n*
escroc [ɛskro] *m* Betrüger
escroqu|er [ɛskrɔke] betrügen (***q*** j-n, ***qc à q*** j-n um et); **~erie** [~ri] *f* Gaunerei
espace [ɛspas] *m* Raum; *cosmos* Weltraum; *intervalle* Zwischenraum; **~s** *pl* **verts** Grünflächen *f/pl*
espadrille [ɛspadrij] *f* Leinenschuh *m*
Espagne [ɛspaɲ] *f* **l'~** Spanien *n*
espagnol [ɛspaɲɔl] **1.** spanisch; **2.** **♀** *m* Spanier
espèce [ɛspɛs] *f* Art; **~s** *pl* Bargeld *n*; **une ~ de** (…) e-e Art (…); **en ~s** (in) bar
espérer [ɛspere] hoffen (***qc*** auf et *A*)
espion [ɛspjõ] *m* Spion
espionner [ɛspjɔne] ausspionieren
espoir [ɛspwar] *m* Hoffnung *f*; **sans ~** hoffnungslos
esprit [ɛspri] *m* Geist; *humour* Witz
Esquimau [ɛskimo] *m* Eskimo
esquisse [ɛskis] *f* Skizze
essai [esɛ] *m test* Probe *f*; *tentative* Versuch (*a Sp*); *littérature* Essay
essaim [esɛ̃] *m* Schwarm

essay|age [esɛjaʒ] *m* Anprobe *f*; **~er** [~e] versuchen; *vêtement* (an)probieren
essence [esɑ̃s] *f* Benzin *n*; ***prendre de l'~*** tanken
essentiel [esɑ̃sjɛl] **1.** wesentlich; **2.** *m* Hauptsache *f*
essieu [esjø] *m* Achse *f*
essor [esɔr] *m* Aufschwung
essor|er [esɔre] schleudern; **~euse** [~øz] *f* (Wäsche-, Trocken-)Schleuder
essoufflé [esufle] außer Atem
essuie|-glace [esɥiglas] *m* Scheibenwischer; **~-mains** [~mɛ̃] *m* Handtuch *n*
essuyer [esɥije] *vaisselle, mains* abtrocknen; *table* abwischen; *lunettes* putzen; ***s'~*** sich abtrocknen
est¹ [ɛ] *prés von* ***être***
est² [ɛst] *m* Osten; ***à l'~*** im Osten; ***à l'~ de*** östlich von
est-ce que [ɛskə] ***~ tu sais qui …?*** weißt du, wer …?; ***~ tu viens?*** kommst du?
esthéticienne [ɛstetisjɛn] *f* Kosmetikerin
estimation [ɛstimasjõ] *f* Schätzung; *Hdl* Kostenvoranschlag *m*
estime [ɛstim] *f* Achtung (***pour q*** vor j-m)
estimer [ɛstime] schätzen; ***~ que*** der Meinung sein, dass
estiv|al [ɛstival] Sommer…; **~ant** [~vɑ̃] *m* Sommergast
estomac [ɛstɔma] *m* Magen
estrade [ɛstrad] *f* Podium *n*; Podest *n*
et [e] und
étable [etabl(ə)] *f* Stall *m*
établi [etabli] *m* Werkbank *f*
établ|ir [etablir] *usine* einrichten; *devis, record* aufstellen; *liaison* herstellen; ***s'~*** sich niederlassen; **~issement** [~ismɑ̃] *m* (Kur-, Lehr-)Anstalt
étage [etaʒ] *m* Stock(werk) *m* (*n*), Etage *f*
étagère [etaʒɛr] *f* Regalbrett *n*; *meuble* Regal *n*
étain [etɛ̃] *m* Zinn *n*
étalage [etalaʒ] *m* Auslage *f*
étaler [etale] ausbreiten; *vacances* verteilen; *beurre* streichen (***sur*** auf *A*)
étalon [etalõ] *m Zo* Hengst
étanche [etɑ̃ʃ] wasserdicht
étang [etɑ̃] *m* Teich
état [eta] *m* Zustand; ***~ des routes*** Straßenzustand; ***~ civil*** Familienstand; *Med* ***~ général*** Allgemeinzustand, Allgemeinbefinden *n*; **♀** Staat
États-Unis [etazyni] *m/pl* ***les ~*** die Vereinigten Staaten
etc. [ɛtsetera] (*et cetera*) usw. (*und so weiter*)
été¹ [ete] *m* Sommer; ***en ~*** im Sommer
été² [ete] *p/p von* ***être***
éteindre [etɛ̃dr(ə)] *feu* löschen; *lumière, télé, cigarette* ausmachen; ***s'~*** ausgehen
étendre [etɑ̃dr(ə)] *blessé* le-

gen; *bras, jambes* (aus)strecken; *linge* aufhängen; **s'~** *personne* sich hinlegen; *tissu* sich (aus)dehnen; *épidémie* sich ausbreiten; *forêt* sich erstrecken (**jusqu'à** bis [zu])
étend|u [etɑ̃dy] ausgedehnt, weit; **~ue** [~y] *f* Ausdehnung, Größe; *région* Fläche; *d'une catastrophe* Ausmaß *n*
étern|el [etɛrnɛl] ewig; **~ité** [~ite] *f* Ewigkeit
éternuer [etɛrnɥe] niesen
éther [etɛr] *m* Äther
étinceler [etɛ̃sle] funkeln
étincelle [etɛ̃sɛl] *f* Funke *m*
étiquette [etikɛt] *f* Etikett *n*
étoffe [etɔf] *f* Stoff *m*
étoile [etwal] *f* Stern *m*; **~ de mer** Seestern *m*; **hôtel** *m* **trois ~s** Dreisternehotel *n*
étonnant [etɔnɑ̃] erstaunlich
étonné [etɔne] erstaunt
étonner [etɔne] erstaunen, wundern; **s'~** sich wundern (**de** über *A*)
étouff|ant [etufɑ̃] schwül; **~er** [~e] ersticken
étourd|i [eturdi] zerstreut; **~issement** [~ismɑ̃] *m* **j'ai un ~** mir wird schwindlig
étrange [etrɑ̃ʒ] seltsam
étrang|er [etrɑ̃ʒe] **1.** ausländisch; *inconnu* fremd; **2.** *m* Ausland *n*; **à l'~** im (ins) Ausland; **3.** *m*, **~ère** [~ɛr] *f* Ausländer(in) *m(f)*; *inconnu(e)* Fremde(r) *su*
étrangler [etrɑ̃gle] erwürgen
être [ɛtr(ə)] sein
étrennes [etrɛn] *f/pl* Neujahrsgeschenk(e) *n(pl)*
étrier [etrije] *m* Steigbügel
étroit [etrwa] schmal; *vêtements* eng; *borné* kleinlich
étude [etyd] *f* Lernen *n*; *analyse* Untersuchung; **~s** *pl* Studium *n*; **faire ses ~s** studieren
étudiant(e) [etydjɑ̃(t)] *m(f)* Student(in)
étudier [etydje] studieren; *piano* spielen lernen; *langue* (er)lernen
étui [etɥi] *m* Etui *n*
eu [y] *p/p von* **avoir**
eucalyptus [økaliptys] *m* Eukalyptus
euro [øro] *m* Euro; **~chèque** [~ʃɛk] *m* Eurocheque
Europe [ørɔp] *f* **l'~** Europa *n*
européen [ørɔpeɛ̃] **1.** europäisch; **2.** ♀ *m* Europäer
eut [y] *passé simple von* **avoir**
eux [ø] sie (*A*), ihnen (*D*)
évader [evade] **s'~** ausbrechen, (ent)fliehen
évaluer [evalɥe] schätzen
évanou|ir [evanwir] **s'~** ohnmächtig werden; **~issement** [~ismɑ̃] *m* Ohnmacht *f*
évaporer [evapɔre] **s'~** verdunsten, verdampfen
évasion [evazjõ] *f* Flucht
éveiller [evɛje] wecken; **s'~** erwachen
événement [evɛnmɑ̃] *m* Ereignis *n*
éventail [evɑ̃taj] *m* Fächer
éventuel(lement) [evɑ̃tɥɛl

(-mɑ̃)] eventuell
évêque [evɛk] *m* Bischof
évid|emment [evidamɑ̃] selbstverständlich; **~ent** [~ɑ̃] offensichtlich
évier [evje] *m* Spülbecken *n*
éviter [evite] *erreur, accident* vermeiden; *obstacle* ausweichen (*D*); *personne* meiden; **~ de faire qc** vermeiden, et zu tun; **~ qc à q** j-m et ersparen
évol|uer [evɔlɥe] sich entwickeln; **~ution** [~ysjõ] *f* Entwicklung
évoquer [evɔke] in Erinnerung bringen; *souvenirs* wachrufen
exact [ɛgzakt] genau, exakt; *réponse* richtig; *personne* pünktlich
exagérer [ɛgzaʒere] übertreiben
exam|en [ɛgzamɛ̃] *m* Prüfung *f*; *Med* Untersuchung *f*; **~iner** [~ine] prüfen, untersuchen (*a Med*)
excédent [ɛksedɑ̃] *m* Überschuss; **~ de bagages** Übergepäck *n*
excéder [ɛksede] *dépasser* überschreiten, übersteigen; *énerver* wütend machen
excellent [ɛkselɑ̃] hervorragend, ausgezeichnet
excepté [ɛksɛpte] außer (*D*)
exception [ɛksɛpsjõ] *f* Ausnahme
exceptionnel [ɛksɛpsjɔnɛl] außergewöhnlich
excès [ɛksɛ] *m* Übermaß *n*; **~ de vitesse** Geschwindigkeitsüberschreitung *f*
excessif [ɛksɛsif] übermäßig; *exagéré* übertrieben; *loyer, vitesse* überhöht
exciter [ɛksite] erregen (*a sexuellement*); *appétit* anregen
exclamer [ɛksklame] **s'~** ausrufen
exclu|re [ɛksklyr] ausschließen; **~sion** [~zjõ] *f* Ausschluss *m*
excursion [ɛkskyrsjõ] *f* Ausflug *m*
excuse [ɛkskyz] *f* Entschuldigung
excuser [ɛkskyze] (**s'~** sich) entschuldigen; **excusez-moi!** entschuldigen Sie (bitte)!
exécuter [ɛgzekyte] *ordre, projet* ausführen; *personne* hinrichten
exemplaire [ɛgzɑ̃plɛr] **1.** vorbildlich; **2.** *m* Exemplar *n*
exemple [ɛgzɑ̃pl(ə)] *m* Beispiel *n*; **par ~** zum Beispiel
exempt [ɛgzɑ̃] **~ de douane** zollfrei
exercer [ɛgzɛrse] ausüben; *mémoire* üben; **s'~** üben; **s'~ à faire qc** sich in et (*D*) üben
exercice [ɛgzɛrsis] *m* Übung *f*
exig|eant [ɛgziʒɑ̃] anspruchsvoll; **~er** [~ʒe] *réclamer* fordern; *nécessiter* erfordern
exist|ence [ɛgzistɑ̃s] *f* Exis-

tenz; *vie* Leben *n*; **~er** [~e] existieren; ***il existe*** es gibt
exp. (*expéditeur*) Abs. (*Absender*)
expédier [ɛkspedje] versenden; *lettre* absenden; *travail* (zügig) erledigen
expéditeur [ɛkspeditœr] *m* Absender
expérience [ɛksperjɑ̃s] *f* Erfahrung; *scientifique* Experiment *n*
expert [ɛkspɛr] **1.** sach-, fachkundig; **2.** *m* Sachverständige(r); *spécialiste* Fachmann
expertis|e [ɛkspɛrtiz] *f* Gutachten *n*; **~er** [~e] ein Gutachten abgeben über (*A*)
expier [ɛkspje] (ab)büßen, sühnen
expirer [ɛkspire] ausatmen; *passeport* ablaufen
explication [ɛksplikasjõ] *f* Erklärung
expliquer [ɛksplike] erklären
exploit [ɛksplwa] *m* (hervorragende) Leistung
exploit|ation [ɛksplwatasjõ] *f entreprise* Betrieb *m*; *péj* Ausbeutung; **~er** [~e] *commerce* betreiben; *situation* ausnutzen; *ouvriers* ausbeuten
explorer [ɛksplɔre] erforschen
explos|er [ɛksploze] explodieren; **~if** [~if] **1.** explosiv (*a fig*); **2.** *m* Sprengstoff; **~ion** [~jõ] *f* Explosion
export|ation [ɛkspɔrtasjõ] *f* Ausfuhr, Export *m*; **~er** [~e] exportieren
expos|é [ɛkspoze] *m* Darlegung *f*; *école* Referat *n*; **~er** [~e] *dessins, produits* ausstellen; *problème* darlegen; **(*s'*)~ *à*** (sich) aussetzen (*D*); **~ition** [~isjõ] *f* Ausstellung
exprès[1] [ɛksprɛ] absichtlich; *spécialement* extra
exprès[2] [ɛksprɛs] **(*par*) ~** Eilzustellung *f*, durch Eilboten; ***lettre*** *f* **~** Eilbrief *m*
express [ɛksprɛs] **1.** Schnell…; **2.** *m train* Schnellzug, D-Zug; *café* Espresso
express|if [ɛksprɛsif] ausdrucksvoll; **~ion** [~jõ] *f* Ausdruck *m*
expressionnisme [ɛksprɛsjɔnism(ə)] *m* Expressionismus
exprimer [ɛksprime] ausdrücken
expulser [ɛkspylse] vertreiben; *étranger* ausweisen
exquis [ɛkski] auserlesen; *plat* köstlich; *personne* charmant
exténué [ɛkstenɥe] ermattet, erschöpft
extérieur [ɛksterjœr] **1.** äußere(r, -s); Außen…; **2.** *m* Äußere(s) *n*; ***à l'~*** (dr)außen; ***à l'~ de*** außerhalb (*G*)
externe [ɛkstɛrn] äußere(r, -s); ***à usage ~*** zur äußeren Anwendung
extincteur [ɛkstɛ̃ktœr] *m* Feuerlöscher

extraire [ɛkstrɛr] *charbon* fördern; *dent* ziehen
extrait [ɛkstrɛ] *m* Auszug; *d'une plante* Extrakt
extraordinaire [ɛkstraɔrdinɛr] außerordentlich
extrême [ɛkstrɛm] **1.** äußerste(r, -s); **2.** *m* Extrem *n*
extrêmement [ɛkstrɛmmɑ̃] äußerst
extrémisme [ɛkstremism(ə)] *m Pol* Radikalismus, Extremismus; **~ de droite** Rechtsextremismus; **~ de gauche** Linksextremismus
extrémiste [ɛkstremist] *m, f Pol* Radikale(r) *su*; Extremist(in) *m(f)*

F

F (*franc[s]*) *hist* F (*Franc[s]*)
fable [fabl(ə)] *f* Fabel
fabric|ant [fabrikɑ̃] *m* Fabrikant; Hersteller; **~ation** [~asjõ] *f* Herstellung
fabriqu|e [fabrik] *f* Fabrik; **~er** [~e] herstellen
fabuleux [fabylø] märchen-, sagenhaft
façade [fasad] *f* Fassade
face [fas] *f* Gesicht *n*; **de ~** von vorn; **en ~ de** vor (*D od A*); gegenüber (*D*); **~ à** zu (*D*) hin
fâché [faʃe] böse (**contre** auf *A*); *brouillé* verzankt (**avec** mit)
fâcher [faʃe] ärgern; **se ~** böse werden; **se ~ contre q** mit j-m schimpfen; **se ~ avec q** sich mit j-m verzanken
facil|e [fasil] leicht, mühelos; **~ité** [~ite] *f* Leichtigkeit; **~iter** [~ite] erleichtern
façon *f* Art, Weise; **de ~ que** (*od* **à ce que** + *subj*) so …, dass; **de toute ~** auf jeden Fall; **de cette ~** auf diese Art; **de quelle ~?** wie?; **~s** *pl* Benehmen *n*; **sans ~s** zwanglos; **faire des ~s** Umstände machen
facteur [faktœr] *m* Briefträger
factur|e [faktyr] *f* Rechnung; **~er** [~e] berechnen
facultatif [fakyltatif] **arrêt** *m* **~** Bedarfshaltestelle *f*
faculté [fakylte] *f* Fähigkeit; *université* Fakultät
fade [fad] fad(e) (*a fig*)
faibl|e [fɛbl(ə)] **1.** schwach; **2.** *m* Schwäche *f* (**pour** für); **~esse** [~ɛs] *f* Schwäche; **~ir** [~ir] schwächer werden, nachlassen
faillir [fajir] **j'ai failli tomber** ich wäre beinahe gefallen
faillite [fajit] *f* Konkurs *m*
faim [fɛ̃] *f* Hunger *m*
faire [fɛr] machen, tun; *sport* treiben; *tennis* spielen; **~ ~** machen lassen; **~ jeune** jung aussehen; **il fait chaud** es ist

warm; **se ~ à qc** sich an et (*A*) gewöhnen; **pour quoi ~?** wozu?, wofür?

faisan [fəzɑ̃] *m* Fasan

fait [fɛ] *m* Tatsache *f*; **en ~** [ɑ̃fɛ(t)] in Wirklichkeit; **au ~** [ofɛ(t)] übrigens

falaise [falɛz] *f* Steilküste

falloir [falwar] **il faut** (+ *inf*) man muss; **il ne faut pas** man darf nicht; **il me faut qc** ich brauche et; **il faut que j'y aille** ich muss jetzt gehen

falsifier [falsifje] fälschen

fameux [famø] berühmt; *excellent* hervorragend

familial [familjal] Familien…, familiär

familier [familje] vertraut; *irrespectueux* (allzu) vertraulich; *expression* umgangssprachlich

famille [famij] *f* Familie

famine [famin] *f* Hungersnot

fan [fan] *m*, *f* Fan [fɛn] *m*

faner [fane] **se ~** welken

fantaisie [fɑ̃tɛzi] *f originalité* Fantasie; *caprice* Laune

fantôme [fɑ̃tom] *m* Gespenst *n*

far [far] *m* **~ (breton)** Milch-Eier-Auflauf (*mit Backpflaumen*)

farce [fars] *f tour* Streich *m*; *Kochk* Füllung

farci [farsi] *Kochk* gefüllt

fard [far] *m* Schminke *f*; **~ à paupières** Lidschatten

farine [farin] *f* Mehl *n*

fart [fart] *m* Skiwachs *n*

fasciner [fasine] faszinieren

fasse [fas] *subj von* **faire**

fatal [fatal] verhängnisvoll; *mortel* tödlich; *inévitable* zwangsläufig, unvermeidlich

fatigant [fatigɑ̃] ermüdend; *personne* lästig

fatigue [fatig] *f* Müdigkeit; **~s** *pl* Strapazen

fatigué [fatige] müde

fatiguer [fatige] ermüden; *énerver* auf die Nerven gehen (**q** j-m); *ennuyer* langweilen; **se ~** müde werden

faubourg [fobur] *m* Vorstadt *f*, Vorort

faucher [foʃe] *Agr* mähen; *piéton* umfahren; F *voler* klauen

faucille [fosij] *f* Sichel

faucon [fokõ] *m* Falke

faudra [fodra] *fut von* **falloir**

fausse [fos] *s* **faux**

faut [fo] *prés von* **falloir**

faute [fot] *f* Fehler *m*; *responsabilité* Schuld; **~ de** aus Mangel an (*D*), mangels (*G*)

fauteuil [fotœj] *m* Sessel; **~ roulant** Rollstuhl

fauve [fov] *m* Raubtier *n*

faux[1] [fo] *f Agr* Sense

faux[2] [fo] **1.** (*f* **fausse** [fos]) falsch; **2.** *m* Fälschung *f*

faveur [favœr] *f* Gefälligkeit; **en ~ de** zugunsten von

favorable [favɔrabl(ə)] günstig

favor|i [favɔri] Lieblings…;

~iser [~ize] begünstigen
fax [faks] *m* Fax *n*; **~er** [~e] faxen
fébrile [febril] fieberhaft
fécond [fekõ] fruchtbar (*a fig*); **~ation** [~dasjõ] *f Biol* Befruchtung; **~er** [~de] *Biol* befruchten
fédér|al [federal] Bundes…; **~ation** [~asjõ] *f* Bund *m*
fêler [fɛle] ***se ~*** e-n Sprung *od* Sprünge bekommen
félicit|ations [felisitasjõ] *f/pl* Glückwunsch *m*; **~er** [~e] ***~ q*** j-m gratulieren (***pour, de*** zu)
fêlure [fɛlyr] *f* Sprung *m*, Riss *m*
femelle [fəmɛl] *Zo* **1.** weiblich; **2.** *f* Weibchen *n*
féminin [feminɛ̃] weiblich, Frauen…; *mode* Damen…
femme [fam] *f* Frau; *épouse* Ehefrau; ***~ de chambre*** Zimmermädchen *n*; ***~ de ménage*** Putzfrau; ***~ médecin*** Ärztin
fendre [fɑ̃dr(ə)] spalten
fenêtre [f(ə)nɛtrə] *f* Fenster *n*
fenouil [fənuj] *m* Fenchel
fente [fɑ̃t] *f* Spalte; Spalt *m*; *d'une boîte aux lettres*, *d'une jupe* Schlitz *m*
fer [fɛr] *m* Eisen *n*; ***~ à repasser*** Bügeleisen *n*; ***~ à cheval*** Hufeisen *n*
ferai [f(ə)re] *fut von* ***faire***
férié [ferje] ***jour*** *m* ***~*** Feiertag
ferme [fɛrm] **1.** fest; *personne* standhaft; **2.** *f* Bauernhof *m*
fermenter [fɛrmɑ̃te] gären
fermer [fɛrme] schließen; *à clé* abschließen; *radio, télé, lumière* ausschalten
fermeture [fɛrmətyr] *f des magasins* Ladenschluss(zeit) *m(f)*; *définitive* Schließung; *de sac à main* Verschluss *m*; ***~ éclair*** Reißverschluss *m*; ***~ annuelle*** Betriebsferien *pl*; ***jour*** *m* ***de ~*** Ruhetag
ferm|ier [fɛrmje] *m* Bauer; **~ière** [~jɛr] *f* Bäuerin
féroce [ferɔs] wild; *homme* grausam; *appétit* unbändig
ferraille [fɛrɑj] *f* Schrott *m*
ferroviaire [fɛrɔvjɛr] Eisenbahn…
ferry [fɛri] *m* Fährschiff *n*; *bac* Fähre *f*
fertile [fɛrtil] fruchtbar
fesse [fɛs] *f* Hinterbacke; **~s** *pl* Hintern *m*
festival [fɛstival] *m* Festspiele *n/pl*, Festival *n*
fêt|e [fɛt] *f* Fest *n*; *jour férié* Feiertag *m*; *Rel* Namenstag *m*; **2e-Dieu** [~djø] *f* Fronleichnam(sfest) *m(n)*; **~er** [~e] feiern
feu [fø] *m* Feuer *n*; *incendie* Brand; ***~ (rouge*** rote) Ampel *f*; ***~ d'artifice*** Feuerwerk *n*; *Kfz* ***~ stop*** Bremslicht *n*; **~x** *pl* ***de position*** Standlicht *n*; **~x** *pl* ***de croisement*** Abblendlicht *n*; **~(x)** *m(pl)* ***arrière*** Rücklicht(er) *n(pl)*; **~x** *pl* ***de détresse*** Warnblinkanlage *f*

feuillage [fœjaʒ] *m* Laub *n*
feuille [fœj] *f* Blatt *n*; **~ morte** welkes Blatt *n*; **~ de maladie** Krankenschein *m*
feuillet|é [fœjte] *m* Blätterteiggebäck *n*; **~er** [~e] durchblättern
feutre [føtr(ə)] *m* Filz; *stylo* Filzschreiber
février [fevrije] *m* Februar
FF (*francs français*) *hist* FF (*französische Francs*)
fiançailles [f(i)jɑ̃sɑj] *f/pl* Verlobung *f*
fianc|é(e) [f(i)jɑ̃se] *m(f)* Verlobte(r) *su*; **~er** [~e] **se ~** sich verloben
fibre [fibr(ə)] *f* Faser
ficeler [fisle] verschnüren
ficelle [fisɛl] *f* Bindfaden *m*
fiche [fiʃ] *f* Karteikarte; *El* Stecker *m*
ficher [fiʃe] **~ le camp** abhauen; F **je m'en fiche** das ist mir egal, wurscht
fichier [fiʃje] *m* Kartei *f*; *Inform* Datei *f*
fichu [fiʃy] F *montre, soirée* im Eimer, hin; *mauvais* verdammt
fidèle [fidɛl] treu
fidélité [fidelite] *f* Treue
fier¹ [fje] **se ~ à q** j-m vertrauen
fier² [fjɛr] stolz (**de** auf *A*)
fierté [fjɛrte] *f* Stolz *m*
fièvre [fjɛvr(ə)] *f* Fieber *n*; **~ jaune** Gelbfieber *n*
figue [fig] *f* Feige
figure [figyr] *f visage* Gesicht *n*; *Math, patinage* Figur; **~s** *pl* **libres** Kür *f*; **~s** *pl* **imposées** Pflicht *f*
figurer [figure] *sur une liste* stehen; **se ~ qc** sich et vorstellen
fil [fil] *m couture* Faden (*a fig*), Garn *n*; *électrique* Leitung(sdraht) *f(m)*; *d'une lampe, du téléphone* Schnur *f*, Kabel *n*; **~ de fer** (Eisen-)Draht
file [fil] *f* Reihe; *d'attente* Schlange; *voie* (Fahr-)Spur; **à la ~** hintereinander; **prendre la ~** sich (hinten) anstellen
filer [file] F *donner* geben; F *s'en aller* (weg)gehen; F *s'enfuir* davonlaufen; F *aller vite* flitzen, sausen
filet [filɛ] *m* Netz *n*; *Kochk* Filet [-le] *n*; **bifteck** *m* **dans le ~** Filetsteak *n*; **faux ~** Lende *f*
fill|e [fij] *f* Tochter; *opposé à garçon* Mädchen *n*; **~ette** [~ɛt] *f* kleines Mädchen *n*
filleul(e) [fijœl] *m(f)* Patenkind *n*
film [film] *m* Film; **~ policier** Kriminalfilm; **~ publicitaire** Werbefilm
filmer [filme] filmen
fils [fis] *m* Sohn
filtr|e [filtr(ə)] *m* Filter; **~er** [~e] filtern
fin¹ [fɛ̃] fein; *tranche* dünn; *mains* schmal; *personne* feinsinnig
fin² [fɛ̃] *f* Ende *n*, Schluss *m*;

but Zweck *m*; ***à la ~*** am Ende (***de*** *G*)
final [final] *résultat* End…; *remarque* Schluss…
final|e [final] *f Sp* Finale *n*; **~ement** [~mɑ̃] letzten Endes
financ|es [finɑ̃s] *f/pl* Finanzen; **~er** [~e] finanzieren; **~ier** [~je] finanziell, Finanz…
finir [finir] *se terminer* enden; *terminer* beenden; *cesser* aufhören (***de*** zu); ***avoir fini*** fertig sein (***qc*** mit et); ***~ bien*** gut enden, schlecht *od* böse enden; ***~ par faire qc*** schließlich et tun
finlandais [fɛ̃lɑ̃dɛ] **1.** finnisch; **2.** ♀ *m* Finne
Finlande [fɛ̃lɑ̃d] ***la ~*** Finnland *n*
firme [firm] *f* Firma
fisc [fisk] *m* Fiskus
fissure [fisyr] *f* Riss *m*, Sprung *m*
fixation [fixasjõ] *f ski* Bindung
fixe [fiks] fest; *objet* unbeweglich; ***à prix ~*** zum Festpreis
fixer [fikse] *objet* befestigen; *date, prix* festsetzen
flageolet [flaʒɔlɛ] *m kleine weißgrüne Bohne*
flair [flɛr] *m* Witterung *f*; *fig* Gespür *n*; **~er** [~e] beschnuppern; *fig* wittern
flamand [flamɑ̃] flämisch
flamant [flamɑ̃] *m* Flamingo
flamber [flɑ̃be] lichterloh brennen; *Kochk* flambieren
flamme [flam] *f* Flamme
flan [flɑ̃] *m* Pudding
flanc [flɑ̃] *m* Flanke *f*, Seite *f*; *d'une montagne* (Ab-)Hang
Flandre [flɑ̃dr(ə)] ***la ~ ou les ~s*** *f/pl* Flandern *n*
flanelle [flanɛl] *f* Flanell *m*
flâner [flɑne] bummeln
flanquer F [flɑ̃ke] schmeißen; *gifle* verpassen
flaque [flak] *f* Pfütze, Lache
flash [flaʃ] *m* Blitzlicht *n*
flatter [flate] schmeicheln (***q*** j-m)
flèche [flɛʃ] *f* Pfeil *m*
fléché [fleʃe] ausgeschildert
fléchir [fleʃir] *genoux* beugen; *poutre* sich biegen; *céder* nachgeben
flegmatique [flɛgmatik] gelassen, ruhig; *péj* phlegmatisch
flegme [flɛgm(ə)] *m* Gelassenheit *f*, Ruhe *f*; *péj* Phlegma *n*
flétrir [fletrir] ***se ~*** (ver)welken
fleur [flœr] *f* Blume; **~ir** [~ir] blühen; **~iste** [~ist] *m*, *f* Blumenhändler(in) *m(f)*
fleuve [flœv] *m* Fluss
flexible [flɛksibl(ə)] biegsam; *fig* flexibel, anpassungsfähig
flic [flik] F *m* Polizist
flirt [flœrt] *m* Flirt
flocon [flɔkõ] *m* Flocke *f*; **~s** *pl* ***d'avoine*** Haferflocken *f/pl*
flor|aison [flɔrɛzõ] *f* Blüte

(-zeit); **~issant** [₋isɑ̃] *fig* blühend
flot [flo] *m* Flut *f*, Strom (*a fig*); **~s** *pl* Fluten *f/pl*
flott|e [flɔt] *f* Flotte; F *eau* Wasser *n*; **~er** [₋e] schwimmen; *à la dérive* abgetrieben werden; **~eur** [₋œr] *m Tech* Schwimmer
flou [flu] *Fot* unscharf, verschwommen; *pensée* unklar
fluide [flyid] flüssig
flûte [flyt] *f* Flöte
fluvial [flyvjal] Fluss…
F.M. [ɛfɛm] *f* (*modulation de fréquence*) UKW (*Ultrakurzwelle*)
foi [fwa] *f* Glaube(n) *m*; **de bonne ~** aufrichtig; **de mauvaise ~** unaufrichtig
foie [fwa] *m* Leber *f*; **~ gras** Gänse- *od* Entenleber *f*
foin [fwɛ̃] *m* Heu *n*
foire [fwar] *f* (Jahr-)Markt *m*; *exposition* Messe
fois [fwa] *f* Mal *n*; **une ~** einmal; **deux ~** zweimal; **une ~ pour toutes** ein für alle Mal; **à la ~** zugleich; F **des ~** manchmal; **chaque ~ que** jedes Mal, wenn
folie [fɔli] *f* Wahnsinn *m*; **~ furieuse** Tobsucht; **~ meurtrière** Amoklauf *m*
folklore [fɔlklɔr] *f* Folklore
folklorique [fɔlklɔrik] *f* Volks..., folkloristisch; **costume** *m* **~** Tracht *f*; **musique** *f* **~** Volksmusik
folle *s* **fou**
foncé [fõse] dunkel; **bleu ~** dunkelblau
fonction [fõksjõ] *f* Funktion; *charge a* Amt *n*; **~ publique** öffentlicher Dienst *m*; **en ~ de** entsprechend (*D*), je nach
fonctionnaire [fõksjɔnɛr] *m*, *f* Beamte(r) *su*
fonctionn|el [fõksjɔnɛl] funktionell; **~er** [₋e] funktionieren, gehen
fond [fõ] *m d'un récipient* Boden; *d'un lac* Grund; *d'une pièce* Hintergrund (*a Mal*, *Fot*); **au ~** im Grunde; **au ~ de** (ganz) unten *od* hinten in (*D*); **à ~** gründlich; *respirer* tief
fondamental [fõdamɑ̃tal] grundlegend
fondat|eur [fõdatœr] *m* Gründer; **~ion** [₋sjõ] *f* Gründung; *institution* Stiftung; **~s** *pl* Fundament *n*
fonder [fõde] gründen; **être fondé sur** beruhen auf (*D*)
fondre [fõdr(ə)] schmelzen; *glaçon, sucre* sich auflösen
fonds [fõ] *m/pl* Gelder *n/pl*, Kapital *n*
fondue [fõdy] *f* **~ (savoyarde)** (Käse-)Fondue *f od n*; **~ bourguignonne** Fleischfondue *f od n*
font [fõ] *prés von* **faire**
fontaine [fõtɛn] *f* Brunnen *m*
football [futbol] *m* Fußball (-spiel) *m*(*n*); **~eur** [₋œr] *m* Fußball(spiel)er

force [fɔrs] *f* Kraft; *contrainte* Zwang *m*, Gewalt; **~ majeure** höhere Gewalt; **de ~, par la ~** mit Gewalt; **à ~ de travailler** durch vieles Arbeiten
forcer [fɔrse] zwingen (**à faire qc** zu et); *porte* aufbrechen; **se ~** sich zwingen
forestier [fɔrɛstje] Wald..., Forst...
forêt [fɔrɛ] *f* Wald *m*
Forêt-Noire [fɔrɛnwar] **la ~** der Schwarzwald
forfait [fɔrfɛ] *m* Pauschalpreis *m*, Pauschale *f*; **voyage** *m* **à ~** Pauschalreise *f*
forger [fɔrʒe] schmieden
formalité [fɔrmalite] *f* Formalität
format [fɔrma] *m* Format *n*
formation [fɔrmasjõ] *f* Bildung; *professionnelle* Ausbildung; *intensive* Schulung
forme [fɔrm] *f* Form; **être en ~** in Form sein
former [fɔrme] bilden; *apprenti* ausbilden
formidable [fɔrmidabl(ə)] F toll, prima, Klasse
formulaire [fɔrmylɛr] *m* Formular *n*
formule [fɔrmyl] *f* Formel
fort [fɔr] **1.** stark; *fièvre* hoch; *sauce* scharf; *gros* beleibt (*femme* vollschlank); *doué* (sehr) gut; *adv frapper, sentir* stark; *serrer* fest; *parler* laut; **2.** *m* Stärke *f*, starke Seite *f*
forteresse [fɔrtərɛs] *f* Festung
fortifiant [fɔrtifjɑ̃] *m* Stärkungsmittel *n*
fortifications [fɔrtifikasjõ] *f/pl* Befestigungsanlagen
fortune [fɔrtyn] *f* Vermögen *n*
fossé [fose] *m* Graben; *fig* Kluft *f*
fou [fu] (*f* **folle** [fɔl]) **1.** verrückt; **2.** *m(f)* Verrückte(r) *su*
foudre [fudr(ə)] *f* Blitz *m*
fouet [fwɛ] *m* Peitsche *f*
fougère [fuʒɛr] *f* Farn(kraut) *m(n)*
fouill|e [fuj] *f* Durchsuchung; **~s** *pl* (Aus-)Grabungen; **~er** [~e] durchsuchen; **~is** [~i] *m* Durcheinander *n*
foulard [fular] *m* Halstuch *n*, Kopftuch *n*
foule [ful] *f* (Menschen-) Menge; **une ~ de ...** e-e Menge ...
fouler [fule] **se ~ la cheville** sich den Knöchel verstauchen
four [fur] *m* Backofen; **~ à micro-ondes** Mikrowellenherd
fourchette [furʃɛt] *f* Gabel
fourgonnette [furgɔnɛt] *f* Lieferwagen *m*
fourmi [furmi] *f* Ameise; **~lière** [~ljɛr] *f* Ameisenhaufen *m*; **~ller** [~je] wimmeln
fournaise [furnɛz] *f fig* Backofen *m*
fourn|ir [furnir] *restaurant* be-

liefern (***en qc*** mit et); *marchandises* liefern; *effort* machen; **~isseur** [~isœr] *m* Lieferant; **~itures** [~ityr] *f/pl* (Schul-, Büro-)Bedarf *m*
fourré [fure] *gâteaux* gefüllt (***à*** mit); *manteau* pelzgefüttert
fourrer [fure] (hinein)stecken (***dans*** in *A*); *Kochk* füllen
fourrure [furyr] *f* Pelz *m*
foutre [futr(ə)] P ***~ le camp*** abhauen; ***je m'en fous!*** das ist mir wurscht!
foutu [futy] *s* ***fichu***
foyer [fwaje] *m de la cheminée* Feuerstelle *f*; *famille* Haushalt; *résidence* Wohnheim *n*; *du théâtre* Foyer *n*
fraction [fraksjõ] *f* (An-)Teil; *Math* Bruch *m*
fracture [fraktyr] *f Med* Bruch *m*
fragile [fraʒil] *verre* zerbrechlich; *personne*, *estomac* empfindlich
fragment [fragmɑ̃] *m* Bruchstück *n*
fraîche *s* ***frais***
fraîcheur [frɛʃœr] *f* Frische; *froid* Kühle
frais[1] [frɛ] (*f* ***fraîche*** [frɛʃ]) frisch; *froid* kühl
frais[2] [frɛ] *m/pl* Kosten *pl*, Ausgaben *pl*; *de déplacement* Spesen *pl*; *taxe* Gebühr(en) *f(pl)*
fraise [frɛz] *f* Erdbeere
framboise [frɑ̃bwaz] *f* Himbeere
franc[1] [frɑ̃] (*f* ***franche*** [frɑ̃ʃ]) offen; *couleur* klar, rein; ***~ de port*** portofrei
franc[2] [frɑ̃] *m en Suisse* Franken; *hist en France*, *en Belgique* Franc
français [frɑ̃sɛ] **1.** französisch; **2.** ***le ~*** Französisch *n*
Français [frɑ̃sɛ] *m* Franzose; **~aise** [~ɛz] *f* Französin
France [frɑ̃s] ***la ~*** Frankreich *n*
France 2 [frɑ̃sdø] *größter öffentlich-rechtlicher Fernsehsender*
Francfort [frɑ̃kfɔr] Frankfurt
franche *s* ***franc***
franchement [frɑ̃ʃmɑ̃] offen; *nettement* (ganz) eindeutig
franchir [frɑ̃ʃir] überschreiten
franchise [frɑ̃ʃiz] *f* Offenheit; *Kfz* Selbstbeteiligung
franco-allemand [frɑ̃koalmɑ̃] französisch-deutsch
frange [frɑ̃ʒ] *f* Franse; *de cheveux* Pony(frisur) *m(f)*
frangipane [frɑ̃ʒipan] *f* Mandelcreme
frapper [frape] schlagen; *à la porte* klopfen; *atteindre* treffen; *étonner* auffallen (***q*** j-m)
fraternel [fratɛrnɛl] brüderlich
fraude [frod] *f* Betrug *m*; ***passer en ~*** (ein- *od* heraus-) schmuggeln
frayeur [frɛjœr] *f* Schrecken *m*
freezer [frizœr] *m* Gefrierfach *n*

frein [frɛ̃] *m* Bremse *f*; **~ moteur** Motorbremse *f*; **~ à disque** Scheibenbremse *f*; **~ à main** Handbremse *f*
freiner [frɛne] bremsen
frelon [frəlõ] *m* Hornisse *f*
frémir [fremir] zittern (**de** vor); *feuilles* rauschen
fréquemment [frekamɑ̃] häufig
fréquence [frekɑ̃s] *f* Häufigkeit
fréquent [frekɑ̃] häufig; **~er** [~te] *café* verkehren in (*D*); *école* besuchen; *personne* verkehren mit
frère [frɛr] *m* Bruder
fresque [frɛsk] *f* Fresko *n*
fret [frɛ] *m* Fracht *f*
friand [frijɑ̃] *m* kleine Blätterteigpastete
friandises [frijɑ̃diz] *f/pl* Leckereien
fricassée [frikase] *f* Frikassee *n*
frictionner [friksjɔne] **se ~** sich abreiben; **se ~ à qc** sich mit et einreiben
frigidaire® [friʒidɛr] *m* Kühlschrank
frigo [frigo] *m* F Kühlschrank
frileux [frilø] **être ~** leicht frieren
frire [frir] (**faire**) **~** *dans une poêle* braten; *dans une friteuse* frittieren
friser [frize] *cheveux* sich kräuseln; *personne* krauses Haar haben
frisson [frisõ] *m* Schauder; Zittern *n*; **avoir des ~s** *de froid* frösteln; *de fièvre* Schüttelfrost haben
frissonner [frisɔne] schaudern, zittern (**de** vor); *de fièvre* Schüttelfrost haben
frites [frit] *f/pl* Pommes frites *pl*, F Pommes [pɔmɛs] *pl*
friteuse [fritøz] *f* Fritteuse
friture [frityr] *f* kleine frittierte Fische *m/pl*
froid [frwa] **1.** kalt; *personne* kühl; **2.** *m* Kälte *f*; **avoir ~** frieren; **il fait ~** es ist kalt; **prendre ~** sich erkälten
froisser [frwase] zerknittern; *fig* kränken; **se ~** knittern
frôler [frole] streifen
fromage [frɔmaʒ] *m* Käse; **~ blanc** Quark; **~ de chèvre** Ziegenkäse; **~ de tête** Schweinskopfsülze *f*
froment [frɔmɑ̃] *m* Weizen
front [frõ] *m* Stirn *f*; *Mil* Front *f*; **~ de mer** Strandpromenade *f*
front|alier [frõtalje] Grenz…; **~ière** [~jɛr] *f* Grenze
frotter [frɔte] reiben; *frictionner* abreiben; *sol, poêle* scheuern; *meuble* polieren; **~ contre** reiben an (*D*); **se ~ les yeux** sich die Augen reiben
frottis [frɔti] *m* *Med* Abstrich
fructueux [fryktɥø] fruchtbar; *rentable* einträglich
fruit [frɥi] *m* Frucht *f*; **~s** *pl*

Obst *n*; **~s** *pl* **de mer** Meeresfrüchte *f/pl*
fuchsia [fyʃja] *m* Fuchsie *f*
fuir [fɥir] fliehen, flüchten; *liquide* auslaufen; *tonneau* lecken; *robinet* tropfen; **~ q, qc** j-n, et meiden
fuite [fɥit] *f* Flucht
fumé [fyme] *Kochk* geräuchert, Räucher…; *verres* getönt, dunkel
fumée [fyme] *f* Rauch *m*
fumer [fyme] rauchen; ***je ne fume pas*** ich bin Nichtraucher(in)
fumeur [fymœr] *m* Raucher
fumier [fymje] *m* Mist
funambule [fynɑ̃byl] *m, f* Seiltänzer(in) *m(f)*
funèbre [fynɛbr(ə)] Trauer…
funérailles [fyneraj] *f/pl* Bestattung *f*
funiculaire [fynikylɛr] *m* (Stand-)Seilbahn *f*
fur [fyr] ***au ~ et à mesure*** nach und nach; **~ de** je nach; **~ *que j'avançais*** je weiter ich vorankam
fureur [fyrœr] *f* Wut
furieux [fyrjø] wütend
furoncle [fyrõkl(ə)] *m* Furunkel
fusée [fyze] *f* Rakete
fusible [fyzibl(ə)] *f* Sicherung
fusil [fyzi] *m* Gewehr *n*
fusiller [fyzije] erschießen
fut [fy] *passé simple von* ***être***
fût [fy] *m* Fass *n*
futur [fytyr] **1.** (zu)künftig; **2.** *m* Zukunft *f*

G

gâch|er [gɑʃe] *argent* verschwenden; *vacances* verderben; **~is** [~i] *m* Verschwendung *f*
gaga [gaga] F vertrottelt
gagn|ant [gaɲɑ̃] **1.** Gewinn…; **2.** *m* Gewinner; **~er** [~e] gewinnen; *argent* verdienen
gai [ge, gɛ] fröhlich
gain [gɛ̃] *m* Gewinn; **~s** *pl* Verdienst; **~ *de temps*** Zeitgewinn
gaine [gɛn] *f* (Schutz-)Hülle; *sous-vêtement* Mieder *n*
galant [galɑ̃] galant
galerie [galri] *f d'art* (Kunst-)Galerie; *Kfz* Dachgepäckträger *m*
galette [galɛt] *f* flacher, runder Kuchen *m*, Fladen *m*; *crêpe* (Buchweizen-)Pfannkuchen *m*; **~ *de pommes de terre*** Kartoffelkuchen *m*; **~s** *pl* ***bretonnes*** bretonische Butterplätzchen *n/pl*; **~ *des Rois*** Dreikönigskuchen
galop [galo] *m* Galopp
galoper [galɔpe] galoppieren
gamin(e) [gamɛ̃ (-in)] *m(f)* F kleiner Junge *m*, kleines

Mädchen *n*; *fils*, *fille* Kleine(r) *su*
gamme [gam] *f* Tonleiter
gant [gɑ̃] *m* Handschuh; ~ ***de toilette*** Waschlappen
garag|e [garaʒ] *m* Garage *f*; *atelier* (Autoreparatur-) Werkstatt *f*; **~iste** [~ist] *m* Werkstattbesitzer
garant|ie [garɑ̃ti] *f* Garantie; **~ir** [~ir] garantieren
garbure [garbyr] *f Kohlsuppe mit Speck*
garçon [garsõ] *m* Junge; ~ (***de café***) Kellner
garde [gard] **1.** *f* Bewachung, Beaufsichtigung; *Med*, *hôpital* Bereitschaftsdienst *m*, (Nacht- *od* Sonntags-) Dienst *m*; *Mil* Wache; ~ ***à vue*** Polizeigewahrsam *m*; ***prendre*** ~ ***à*** Acht geben auf (*A*); ***être de*** ~ Bereitschaftsdienst haben; **2.** *m* Wächter
garde-boue [gardbu] *m* Schutzblech *n*
garder [garde] beaufsichtigen; *prisonniers* bewachen; *conserver* aufbewahren; *ne pas rendre* behalten; *vêtement* anbehalten; ***se*** ~ *aliments* sich halten; ***se*** ~ ***de*** sich hüten vor (*D*)
garderie [gardəri] *f* (Kinder-)Hort *m*
garde-robe [gardərɔb] *f* Garderobe
gardien [gardjɛ̃] *m* Aufseher, Wächter; *d'immeuble* Hausmeister; ~ ***de musée*** Museumswärter; ~ ***de but*** Torwart
gare[1] [gar] *f* Bahnhof *m*; ~ ***routière*** Busbahnhof *m*
gare[2] [gar] ~ ***à toi!*** nimm dich in Acht!, na warte!
garer [gare] ~ *u* ***se*** ~ parken
gargariser [gargarize] ***se*** ~ gurgeln
garn|i [garni] *Kochk* mit Beilage; **~ir** [~ir] *munir* ausstatten (***de*** mit); *décorer* (aus-) schmücken (***de*** mit); *Kochk* garnieren (***de*** mit)
garniture [garnityr] *f* Verzierung; *Kochk* Beilage; ~ ***de freins*** Bremsbelag *m*
gars F [gɑ] *m* Kerl
gasoil [gazwal] *m s* ***gazole***
gaspiller [gaspije] verschwenden, vergeuden
gastrique [gastrik] Magen…
gastronom|e [gastrɔnɔm] *m* Feinschmecker; **~ie** [~i] *f* Kochkunst, Gastronomie; **~ique** [~ik] Feinschmecker…
gâteau [gɑto] *m* Kuchen; **~x** *pl* **secs** Kekse, Plätzchen *n*/*pl*; ***petits*** **~x** *pl* Kleingebäck *n*
gâter [gɑte] verwöhnen; *gâcher* verderben; ***se*** ~ sich verschlechtern
gauch|e [goʃ] **1.** linke(r, -s); *maladroit* linkisch; ***à*** ~ links (***de*** von); **2.** *f* Linke (*a Pol*), linke Seite
gauch|er [goʃe] *m*, **~ère** [~ʃɛr]

f Linkshänder(in) *m(f)*
gaufr|e [gofrə] *f* Waffel; **~ette** [~ɛt] *f* Waffel
gaule [gol] *f* (lange) Stange; Angelrute
gaz [gaz] *m* Gas *n*
gaze [gaz] *f Med* Mull *m*
gazelle [gazɛl] *f* Gazelle
gazette [gazɛt] *f* Zeitung
gazinière [gazinjɛr] *f* Gasherd *m*
gazole [gazɔl] *m* Diesel (-kraftstoff)
gazon [gazõ] *m* Rasen
géant [ʒeɑ̃] **1.** riesig; **2.** *m* Riese
gel [ʒɛl] *m* Frost; *substance* Gel *n*; **~ moussant** Duschgel *n*
gélatine [ʒelatin] *f* Gelatine
gelée [ʒəle] *f* Frost *m*; *confiture* Gelee *n*; **~ (blanche)** (Rau-)Reif *m*; *Kochk* **en ~** in Aspik
geler [ʒəle] *eau* gefrieren; *canal* zufrieren; *fleurs* erfrieren; *grelotter* frieren; **il gèle** es friert
gémir [ʒemir] stöhnen; *se plaindre* jammern
gencive [ʒɑ̃siv] *f* Zahnfleisch *n*
gendarme [ʒɑ̃darm] *m* Gendarm
gendre [ʒɑ̃dr(ə)] *m* Schwiegersohn
gène [ʒɛn] *m* Gen *n*
gêner [ʒɛne] *circulation* behindern; *déranger* stören; *embarrasser* in Verlegenheit bringen; **ne pas se ~** keine Hemmungen haben
général [ʒeneral] allgemein; **en ~** = **~ement** [~mɑ̃] im Allgemeinen, gewöhnlich; **~iser** [~ize] verallgemeinern; **~iste** [~ist] *m Med* praktischer Arzt
génération [ʒenerasjõ] *f* Generation
généreux [ʒenerø] großzügig
générique [ʒenerik] *m cinéma* Vorspann
genêt [ʒənɛ] *m* Ginster
génétique [ʒenetik] genetisch
Genève [ʒənɛv] Genf
génial [ʒenjal] genial
génie [ʒeni] *m* Genie *n*
genou [ʒənu] *m* Knie *n*
genre [ʒɑ̃r] *m* Art *f*; *Gr* Genus *n*, Geschlecht *n*
gens [ʒɑ̃] *m/pl* Leute *pl*
gentiane [ʒɑ̃sjan] *f* Enzian *m*
gentil [ʒɑ̃ti] nett, freundlich
gentillesse [ʒɑ̃tijɛs] *f* Freundlichkeit
géographie [ʒeɔgrafi] *f* Erdkunde
géranium [ʒeranjɔm] *m* Geranie *f*
gérant [ʒerɑ̃] *m* Geschäftsführer
gerbe [ʒɛrb] *f* Garbe
gerçure [ʒɛrsyr] *f* Riss *m*
gérer [ʒere] verwalten
germ|e [ʒɛrm] *m* Keim; **~er** [~e] keimen
geste [ʒɛst] *m* Geste *f*
gestion [ʒɛstjõ] *f* Verwaltung;

~ (des entreprises) Betriebswirtschaft

gibier [ʒibje] *m* Wild *n*

giboulée [ʒibule] *f* (Regen-, Graupel-)Schauer *m*

gifle [ʒifl(ə)] *f* Ohrfeige

gigantesque [ʒigɑ̃tɛsk] riesig

gigot [ʒigo] *m* **~ (de mouton)** Hammelkeule *f*

gilet [ʒilɛ] *m chandail* Strickjacke *f*; *de costume* Weste *f*; **~ de sauvetage** Schwimmweste *f*

gingembre [ʒɛ̃ʒɑ̃br(ə)] *m* Ingwer

girafe [ʒiraf] *f* Giraffe

girolle [ʒirɔl] *f* Pfifferling *m*

gisement [ʒizmɑ̃] *m* Lagerstätte *f*, Vorkommen *n*

gitan [ʒitɑ̃] *m* Zigeuner

gîte [ʒit] *m* Unterkunft *f*; **~ rural** Ferienquartier *n* auf dem Land; **~ d'étape** Unterkunft *f* für Wanderer

givre [ʒivrə] *m* (Rau-)Reif

glace [glas] *f* Eis *n* (*à crème glacée*); *miroir* Spiegel *m*; *Kfz* Fenster *n*

glacé [glase] *gelé* vereist; *personne* durchgefroren; *vent*, *servir* eiskalt; *boisson* eisgekühlt; *coupe*, *crème* Eis…; *accueil* eisig

glac|er [glase] erstarren lassen; *Kochk* glasieren; **~ial** [~jal] *vent* eiskalt; *accueil* eisig

glacier [glacier] *m* Gletscher; *café* Eisdiele *f*, *pâtissier* Eiskonditor

glacière [glasjɛr] *f* Kühlbox

glaçon [glasõ] *m* Eiswürfel

glaïeul [glajœl] *m* Gladiole *f*

glaires [glɛr] *f/pl* Schleim *m*; **avoir des ~** verschleimt sein

glaise [glɛz] *f* Lehm *m*

gland [glɑ̃] *m* Eichel *f*

glande [glɑ̃d] *f* Drüse; **~ thyroïde** Schilddrüse

glissant [glisɑ̃] rutschig, glatt; *panneau* **chaussée** *f* **~e** Schleudergefahr

glisser [glise] *pâtineurs* gleiten; *sans le vouloir* rutschen; *tomber* ausrutschen; *être glissant* rutschig, glatt sein; **~ des mains** aus der Hand rutschen

glissière [glisjɛr] *f* **~ de sécurité** Leitplanke

global [glɔbal] Gesamt…; **~ement** [~mɑ̃] im Großen (und) Ganzen

globe [glɔb] *m* Globus; *de lampe* Glaskugel *f*; **~ (terrestre)** Erdkugel *f*; **~ oculaire** Augapfel

gloire [glwar] *f* Ruhm *m*

gluant [glyɑ̃] klebrig

glucose [glykoz] *m* Traubenzucker

gobelet [gɔblɛ] *m* Becher

goéland [gɔelɑ̃] *m* (große) Möwe *f*

goitre [gwatr(ə)] *m* Kropf

golf [gɔlf] *m* Golf *n*; **~ miniature** Minigolf *n*

golfe [gɔlf] *m* Golf

gomm|e [gɔm] *f* (Radier-)Gummi *m*; **~er** [~e] radieren

gondole [gõdɔl] *f* Gondel
gonfl|é [gõfle] geschwollen; **~er** [~e] *ballon* aufblasen; *pneu* aufpumpen; *genou* anschwellen
gorge [gɔrʒ] *f* Kehle, Hals *m*; *Geogr* Schlucht; ***avoir mal à la ~*** Halsschmerzen haben
gorgée [gɔrʒe] *f* Schluck *m*
gorgonzola [gɔrgõzɔla] *m* Gorgonzola
gorille [gɔrij] *m* Gorilla
gosse [gɔs] F *m*, *f* Kind *n*
gothique [gɔtik] gotisch
gouda [guda] *m* Gouda ['gauda]
goudron [gudrõ] *m* Teer
gouffre [gufr(ə)] *m* Abgrund
goulache [gulaʃ] *f* Gulasch *m od n*
gourde [gurd] *f* Feldflasche
gourmand [gurmã] ***être ~*** gern essen, *de sucreries* gern naschen
gourmandises [gurmãdiz] *f/pl* Leckereien
gourmet [gurmɛ] *m* Feinschmecker
gousse [gus] *f* Hülse, Schote; ***~ d'ail*** Knoblauchzehe
goût [gu] *m* Geschmack
goûter [gute] **1.** kosten (***à*** von); *apprécier* genießen; **2.** *m* (Nachmittags-)Imbiss
goutt|e [gut] *f* Tropfen *m*; *Med* Gicht; **~er** [~e] tropfen; **~ière** [~jɛr] *f* Dachrinne
gouvernail [guvɛrnaj] *m* Ruder *n*
gouvern|ement [guvɛrnəmã] *m* Regierung *f*; **~er** [~e] regieren
grâce [grɑs] *f* Gnade; *jur a* Begnadigung; *charme* Anmut; ***~ à*** dank (*D od G*)
grac|ier [grɑsje] begnadigen; **~ieux** [~jø] anmutig
grade [grad] *m* Dienstgrad; *Mil a* Rang
gradins [gradɛ̃] *m/pl* (ansteigende) Sitzreihen *f/pl*
grain [grɛ̃] *m* Korn *n*; *raisin* Beere *f*; *café* Bohne *f*
graine [grɛn] *f* Samen *m*; ***~ de lin*** Leinsamen *m*; ***~s** pl **de tournesol*** Sonnenblumenkerne *m/pl*
graissage [grɛsaʒ] *m Tech* (Ab-)Schmieren *n*
graiss|e [grɛs] *f* Fett *n*; *Tech* Schmierfett *n*; **~er** [~e] *Tech* schmieren; *Kfz* abschmieren; **~eux** [~ø] fettig
grammaire [gramɛr] *f* Grammatik
gramme [gram] *m* Gramm *n*
grand [grã] groß
grand-chose [grãʃoz] ***pas ~*** nicht viel
Grande-Bretagne [grãdbrətaɲ] ***la ~*** Großbritannien *n*
grand|eur [grãdœr] *f* Größe; **~ir** [~ir] wachsen
grand|-mère [grãmɛr] *f* Großmutter; **~-père** [~pɛr] *m* Großvater; **~-route** [~rut] *f* Landstraße; **~-rue** [~ry] *f* Hauptstraße
grands-parents [grãparã] *m/pl* Großeltern *pl*

grange [grɑʒ] *f* Scheune
granit(e) [granit] *m* Granit
grappe [grap] *f* Traube F; **~ de raisin** Weintraube
gras [grɑ] **1.** (*f* **grasse** [grɑs]) fett; *graisseux* fettig; **mardi** *m* **~** Fastnacht *f*; **2.** *m* Fett *n*
gratin [gratɛ̃] *m* Gratin *n*; **au ~** überbacken; **~ dauphinois** *überbackener Kartoffelauflauf*
gratin|é [gratine] überbacken; **~ée** [~e] *f mit Käse überbackene Zwiebelsuppe*
gratitude [gratityd] *f* Dankbarkeit
gratte-ciel [gratsjɛl] *m* Wolkenkratzer
gratter [grate] kratzen; *enlever* ab-, auskratzen; **se ~** sich kratzen
gratuit [gratɥi] kostenlos
gravats [grava] *m/pl* Bauschutt *m*
grave [grɑv] ernst; *faute* schwer(wiegend); *maladie* schwer; *voix* tief
gravement [grɑvmɑ̃] **~ malade** schwer krank
graver [grave] eingravieren
graveur [gravœr] *m* **~ de CD** CD-Brenner
gravier [gravje] *m* Kies
gravillon [gravijõ] *m* Splitt
gravité [gravite] *f* Ernst *m*
gravure [gravyr] *f* Graphik; *sur métal* Stich *m*
gré [gre] *m* **de son plein ~** (ganz) freiwillig; **contre son ~** widerwillig
grec [grɛk] **1.** griechisch; **2.** ♀ *m* Grieche
Grèce [grɛs] **la ~** Griechenland *n*
greffe [grɛf] *f Med* Transplantation
grêl|e [grɛl] *f* Hagel *m*; **~er** [~e] **il grêle** es hagelt; **~on** [~õ] *m* Hagelkorn *n*
grelotter [grəlɔte] (vor Kälte) zittern
grenier [grənje] *m* Speicher, Dachboden
grenouille [grənuj] *f* Frosch *m*
grève [grɛv] *f* Streik *m*; **~ du zèle** Bummelstreik *m*; **faire ~** streiken
gréviste [grevist] *m*, *f* Streikende(r) *su*
gribouiller [gribuje] (hin-) schmieren
grièvement [grijɛvmɑ̃] **~ blessé** schwer verletzt
griffe [grif] *f* Kralle, Klaue
gril [gril] *m* Brat-, Grillrost; **sur le ~** auf dem Rost
grillade [grijad] *f* gegrilltes Fleischstück *n*; **~s** *pl* Gegrillte(s) *n*
grillage [grijaʒ] *m* (Draht-) Gitter *n*
grille [grij] *f* Gitter *n*
grille-pain [grijpɛ̃] *m* Toaster
griller [grije] (auf dem Rost) braten, grillen; *pain* toasten
grillon [grijõ] *m* Grille *f*
grimper [grɛ̃pe] klettern
grincer [grɛ̃se] knarren
grippe [grip] *f* Grippe

grippé [gripe] ***être ~*** (die) Grippe haben
gris [gri] grau (*a ciel*); *temps* trüb; *fig* angetrunken
grogn|er [grɔɲe] *personne* murren (***contre*** über *A*); **~on** [~ɔ̃] mürrisch
gronder [grɔ̃de] *enfant* (aus-) schimpfen; *tonnerre* grollen
gros [gro] (*f* ***grosse*** [gros]) groß; *gras* dick; *adv* groß; *beaucoup* viel; ***en ~*** im Wesentlichen; *Hdl* im Großen, en gros
groseille [grozɛj] *f* Johannisbeere; ***~ à maquereau*** Stachelbeere
grosse *s* ***gros***
grossesse [grosɛs] *f* Schwangerschaft
grosseur [grosœr] *f* Größe; *Med* Geschwulst
gross|ier [grosje] grob; *mot* derb; **~ièreté** [~jɛrte] *f* Grobheit
grossir [grosir] *personne* zunehmen; *robe* dick machen; *microscope* vergrößern
grotesque [grɔtɛsk] grotesk
grotte [grɔt] *f* Höhle
groupe [grup] *m* Gruppe *f*; ***~ sanguin*** Blutgruppe *f*; ***en ~*** in der Gruppe; ***par ~s*** (***de cinq***) in (Fünfer-)Gruppen
grue [gry] *f* Kran *m*
gruyère [gryjɛr] *m* Schweizer Käse
guêpe [gɛp] *f* Wespe
guère [gɛr] ***ne … ~*** kaum
guér|ir [gerir] heilen; *aller mieux* gesund werden; *plaie* (ver)heilen; **~ison** [~izɔ̃] *f* Heilung
guerre [gɛr] *f* Krieg *m*
guetter [gɛte] lauern (***q*** auf j-n); auflauern (***q*** j-m)
gueule [gœl] *f* Maul *n* (*a* F); F *visage* Gesicht *n*
guichet [giʃɛ] *m* Schalter; ***~ automatique*** Geldautomat; *Flgw* ***~ d'enregistrement*** Abfertigungsschalter
guide [gid] *m* (Fremden-) Führer; *accompagnateur* Reiseleiter; *livre* ***~*** (***touristique***) Reiseführer; ***~ des hôtels*** Hotelführer
guider [gide] *touristes* führen; *diriger* lenken; ***se ~ sur*** sich richten nach
guidon [gidɔ̃] *m* Lenker, Lenkstange *f*
guignol [giɲɔl] *m* Kasper(le); *théâtre* Kasper(le)theater *n*
guirlande [girlɑ̃d] *f* Girlande
guitare [gitar] *f* Gitarre
gymnase [ʒimnɑz] *m* Turnhalle *f*
gymnast|e [ʒimnast] *m*, *f* Turner(in) *m*(*f*); **~ique** [~ik] *f* Gymnastik; *école* Turnen *n*
gynécologue [ʒinekɔlɔg] *m*, *f* Frauenarzt *m*, -ärztin *f*
gypse [ʒips] *m* Gips

H

('h: aspiriertes h, das Apostrophierung und Bindung ausschließt)

habil|e [abil] geschickt; **~eté** [~te] *f* Geschicklichkeit
habiller [abije] anziehen; **s'~** sich anziehen; *en tenue de soirée* sich festlich kleiden
habit|ant [abitɑ̃] *m* Einwohner *m*; *d'un immeuble* Bewohner; **~ation** [~asjõ] *f* Wohnung; **~er** [~e] wohnen in (*D*), bewohnen (*A*)
habits [abi] *m/pl* Kleider *n/pl*
habitude [abityd] *f* Gewohnheit; **d'~** gewöhnlich
habitu|é(e) [abitɥe] *m(f)* Stammgast *m*; **~el** [~ɛl] üblich, gewöhnlich
habituer [abitɥe] (**s'~** sich) gewöhnen (**à** an *A*)
'hach|e [aʃ] *f* Axt; **~er** [~e] hacken; **~is** [~i] *m* Gehackte(s) *n*; **~oir** [~war] *m* Fleischwolf; *couteau* Hackbeil *n*
'hachurer [aʃyre] schraffieren
'haie [ɛ] *f* Hecke; *Sp* Hürde
'haine [ɛn] *f* Hass *m*
'haïr [air] hassen
'hâlé [ɑle] (sonnen-, wetter-) gebräunt
haleine [alɛn] *f* Atem *m*
'hall [ol] *m* Halle *f*; **~ de l'hôtel** Hotelhalle *f*
Halles [al] *f* **les ~** die *früheren* Pariser Markthallen
'halte [alt] *f* Halt *m*; **faire (une) ~** Halt machen
'hamac [amak] *m* Hängematte *f*
'Hambourg [ɑ̃bur] Hamburg
'hamburger [ɑ̃burgœr] *m Kochk* Hamburger
hameçon [amsõ] *m* Angelhaken
'hanche [ɑ̃ʃ] *f* Hüfte
'handball [ɑ̃dbal] *m* Handball
'handicapé [ɑ̃dikape] **1.** behindert; **2. ~(e)** *m(f)* Behinderte(r) *su*
'hangar [ɑ̃gar] *m* Schuppen
'hanneton [antõ] *m* Maikäfer
'Hanovre [anɔvr(ə)] Hannover
'hardi [ardi] kühn
'hareng [arɑ̃] *m* Hering; **~ saur** [sɔr] Bückling
'haricot [ariko] *m* Bohne *f*; **~s** *pl* **verts** grüne Bohnen *f/pl*
harmon|ie [armɔni] *f* Harmonie; **~ieux** [~jø] harmonisch
'harpe [arp] *f* Harfe
'harpon [arpõ] *m* Harpune *f*
'hasard [azar] *m* Zufall; **au ~** auf gut Glück; **par ~** zufällig
'hâte [ɑt] *f* Eile; **avoir ~ de faire qc** es kaum erwarten können, et zu tun
'hâter [ɑte] **se ~** sich beeilen

'hausse [os] *f* Anstieg *m*; *de salaire* Erhöhung; ***être en ~*** steigen
'hausser [ose] erhöhen; *voix* heben; ***~ les épaules*** mit den Achseln zucken
'haut [o] **1.** hoch, hohe(r, -s); *parler* laut; ***~e tension*** *f* Hochspannung; **2.** *m* oberer Teil; *d'une robe* Oberteil *n*; ***en ~*** oben
'hautain [otɛ̃] hochmütig
'hautbois [obwa] *m* Oboe *f*
'hauteur [otœr] *f* Höhe; ***être à la ~ de qc*** e-r Sache (*D*) gewachsen sein
'haut-parleur [oparlœr] *m* Lautsprecher
hebdomadaire [ɛbdɔmadɛr] **1.** wöchentlich, Wochen…; **2.** *m* Wochenzeitschrift *f*
héberger [ebɛrʒe] beherbergen
'hélas [elɑs] leider
hélice [elis] *f* Propeller *m*; *Mar* Schraube
héli|coptère [elikɔptɛr] *m* Hubschrauber; **~port** [~pɔr] *m* Hubschrauberlandeplatz
hématome [ematom] *m* Bluterguss
hémophile [emɔfil] *m*, *f* Bluter *m*
hémorragie [emɔraʒi] *f* Blutung; ***~ cérébrale*** Hirnblutung
hémorroïdes [emɔrɔid] *f/pl* Hämorr(ho)iden
hémostatique [emɔstatik] **1.** blutstillend; **2.** *m* blutstillendes Mittel *n*
'henné [ene] *m* Henna *n*
hépati|que [epatik] Leber…; **~te** [~t] *f* Hepatitis
herbe [ɛrb] *f* Gras *n*; F *drogue* Stoff *m*; ***mauvaise(s) ~(s)*** *f(pl)* Unkraut *n*; *Kochk* ***fines ~s*** *pl* Küchenkräuter *n/pl*
héréditaire [ereditɛr] Erb…, erblich
'hérisson [erisõ] *m* Igel
hérit|age [eritaʒ] *m* Erbe *n*; **~er** [~e] erben; **~ier** [~je] *m* Erbe; **~ière** [~jɛr] *f* Erbin
hermétique [ɛrmetik] luftdicht
'hernie [ɛrni] *f Med* Bruch *m*; ***~ discale*** Bandscheibenvorfall *m*; ***~ inguinale*** Leistenbruch *m*
héroïne[1] [erɔin] *f* Heldin
héroïne[2] [erɔin] *f drogue* Heroin *n*
'héron [erõ] *m* Reiher
'héros [ero] *m* Held
herpès [ɛrpɛs] *m* Herpes
hésiter [ezite] zögern; ***~ entre*** schwanken zwischen (*D*)
'hêtre [ɛtrə] *m* Buche *f*
heure [œr] *f 60 minutes* Stunde; *à sa montre* (Uhr-)Zeit; ***~ d'été*** Sommerzeit; ***~ d'arrivée*** Ankunftszeit; ***~ du départ*** Abfahrtszeit; ***~s*** *pl* ***de pointe, d'affluence*** Stoßzeit *f*; ***~s*** *pl* ***de visite*** Besuchszeit *f*; ***~s*** *pl* ***de consultation*** Sprechstunde *f*; ***~s*** *pl* ***d'ouverture*** Öffnungszeiten; ***quelle ~ est-il?*** wie spät ist

es?; ***il est 'huit ~s*** es ist acht (Uhr); ***à quelle ~?*** um wie viel Uhr?; ***de bonne ~*** früh; ***tout à l'~*** *passé* (so)eben, gerade, *futur* gleich, sofort; ***à tout à l'~!*** bis nachher!

heureusement [ørøzmɑ̃] glücklicherweise

heureux [œrø] glücklich

'heurter [œrte] stoßen gegen; *fig* verletzen; ***se ~*** zusammenstoßen; ***se ~ à*** stoßen auf (*A*)

'hibou [ibu] *m* Eule *f*

'hideux [idø] scheußlich

hier [ijɛr] gestern; ***~ matin*** (***soir***) gestern früh (Abend)

hilarité [ilarite] *f* Heiterkeit

'hip-hop [ipɔp] *m* Hip-Hop

hippique [ipik] ***concours*** *m* ~ Reitturnier *n*

hippocampe [ipɔkɑ̃p] *m* Seepferdchen *n*

hippopotame [ipɔpɔtam] *m* Nilpferd *n*

hirondelle [irɔ̃dɛl] *f* Schwalbe

histoire [istwar] *f* Geschichte

historique [istɔrik] historisch

hiver [ivɛr] *m* Winter

H.L.M. [aʃɛlɛm] *m od f* (*habitation à loyer modéré*) Sozialwohnung *f*

'hocher [ɔʃe] ***~ la tête*** *d'accord* (mit dem Kopf) nicken; *pas d'accord* den Kopf schütteln

'hockey [ɔkɛ] *m* Hockey *n*; ***~ sur glace*** Eishockey *n*

hold-up [ɔldœp] *m* Raubüberfall

'Hollande [ɔlɑ̃d] ***la ~*** Holland *n*

'hollandais [ɔlɑ̃dɛ] **1.** holländisch; **2.** ♀ *m* Holländer

'homard [ɔmar] *m* Hummer; ***~ à l'armoricaine*** (*od* ***à l'américaine***) *Hummerstücke in Weißwein*

homéopath|e [ɔmeɔpat] *m, f* Homöopath(in) *m(f)*; **~ie** [-i] *f* Homöopathie

homicide [ɔmisid] *m* ***~ involontaire*** fahrlässige Tötung *f*

hommage [ɔmaʒ] *m* Huldigung *f*; ***rendre ~ à q*** j-m huldigen

homme [ɔm] *m* Mann; *être humain* Mensch; ***~ d'affaires*** Geschäftsmann; ***~ politique*** Politiker

homme-grenouille [ɔmgrənuj] *m* Froschmann

homosexuel [ɔmɔsɛksyɛl] homosexuell

'Hongrie [ɔ̃gri] ***la ~*** Ungarn *n*

'hongrois [ɔ̃grwa] **1.** ungarisch; **2.** ♀ *m* Ungar

honnête [ɔnɛt] ehrlich, anständig; **~ment** [-mɑ̃] auf ehrliche (Art und) Weise; *franchement* ehrlich

honneur [ɔnœr] *m* Ehre *f*; ***en l'~ de*** zu Ehren von

honoraires [ɔnɔrɛr] *m/pl* Honorar *n*

honorer [ɔnɔre] ehren

'honte [ɔ̃t] *f* Scham; *scandale* Schande; ***avoir ~*** sich schämen

'honteux [ɔ̃tø] *personne* ver-

schämt; *scandaleux* schändlich
hôpital [ɔpital] *m* (*pl* **-aux** [-o]) Krankenhaus *n*
'hoquet [ɔkɛ] *m* **avoir le ~** den Schluckauf haben
horaire [ɔrɛr] *m* *cars, trains* Fahrplan; *avions* Flugplan; *emploi du temps* Zeitplan; *école* Stundenplan
horizon [ɔrizõ] *m* Horizont
horizontal [ɔrizõtal] waagerecht
horloge [ɔrlɔʒ] *f* (Wand-, Turm-)Uhr; *Tel* **~ parlante** Zeitansage
horloger [ɔrlɔʒe] *m* Uhrmacher
hormone [ɔrmɔn] *f* Hormon *n*
horodateur [ɔrɔdatœr] *m* Parkscheinautomat
horreur [ɔrœr] *f* Entsetzen *n*; **avoir ~ de** verabscheuen (*A*)
horrible [ɔribl(ə)] entsetzlich
'hors [ɔr] **~ de** außerhalb (*G*); **~ de danger** außer Gefahr; **~ service** außer Betrieb; **~ taxes** ohne Mehrwertsteuer, *importations* zollfrei; *Sp* **~ jeu** abseits
'hors|-bord [ɔrbɔr] *m* Boot *n* mit Außenbordmotor; **~-d'œuvre** [-dœvrə] *m* Vorspeise *f*; **~-jeu** [-ʒø] *m* *Sp* Abseits *n*
horticulture [ɔrtikyltyr] *f* Gartenbau *m*
hospital|ier [ɔspitalje] gastfreundlich; **~iser** [-ize] in ein Krankenhaus einliefern; **~ité** [-ite] *f* Gastfreundschaft
hostile [ɔstil] feindlich
'hot-dog [ɔtdɔg] *m* Hotdog
hôte [ot] **1.** *m* Gastgeber; **2.** *m, f* *invité(e)* Gast *m*
hôtel [otɛl] *m* Hotel *n*; **~ de ville** Rathaus *n*
hôtel-Dieu *m* (Zentral-) Krankenhaus *n*
hôtelier [otəlje] Hotel…
hôtellerie [otɛlri] *f* Hotelgewerbe *n*
hôtesse [otɛs] *f* Gastgeberin; **~ (d'accueil)** Hostess; **~ de l'air** Stewardess
H.T. (*hors taxes*) o. MwSt. (*ohne Mehrwertsteuer*)
'houblon [ublõ] *m* Hopfen
'housse [us] *f* (Schutz-) Hülle; *Kfz* Schonbezug *m*
'hublot [yblo] *m* *Mar* Bullauge *n*; *Flgw* Fenster *n*
'huer [ɥe] ausbuhen
huile [ɥil] *f* Öl *n*; **~ d'olive** Olivenöl *n*; **~ moteur** Motorenöl *n*; **~ solaire** Sonnenöl *n*
huiler [ɥile] (ein)ölen
huilier [ɥilje] *m* Essig- und Ölständer
huissier [ɥisje] *m* Gerichtsvollzieher
'huit [ɥit, ɥi] acht; **~ième** [-tjɛm] **1.** achte(r, -s); **2.** *m* *Math* Achtel *n*
huître [ɥitrə] *f* Auster
humain [ymɛ̃] menschlich
human|itaire [ymanitɛr] humanitär; **~ité** [-ite] *f* Menschheit

humecter [ymɛkte] anfeuchten; *linge* einsprengen; ***s'~ yeux*** feucht werden; ***s'~ qc*** sich et befeuchten
humeur [ymœr] *f* Laune; ***être de bonne*** (***mauvaise***) ~ gut (schlecht) gelaunt sein, gute (schlechte) Laune haben
humide [ymid] feucht
humilier [ymilje] demütigen
humour [ymu:r] *m* Humor
'hurler [yrle] schreien, brüllen; *loup* heulen
'hutte [yt] *f* Hütte
hydravion [idravjõ] *m* Wasserflugzeug *n*
hyène [jɛn] *f* Hyäne
hygiène [iʒjɛn] *f* Hygiene
hygiénique [iʒjenik] hygienisch
hypertension [ipɛrtɑ̃sjõ] *f* erhöhter Blutdruck *m*, Bluthochdruck *m*
hypno|se [ipnoz] *f* Hypnose; **~tiser** [ɔtize] hypnotisieren
hypocrite [ipɔkrit] **1.** heuchlerisch; **2.** *m*, *f* Heuchler(in) *m(f)*
hypotension [ipɔtɑ̃sjõ] *f* zu niedriger Blutdruck *m*
hypothèque [ipɔtɛk] *f* Hypothek
hypothèse [ipɔtɛz] *f* Hypothese
hystérique [isterik] hysterisch

I

iceberg [ajsbɛrg, isbɛrg] *m* Eisberg
ici [isi] hier, hierher; ***par ~*** hier entlang; ***jusqu'~*** bis hierher; *temporel* bis jetzt; ***les gens*** *m/pl* ***d'~*** die Einheimischen
idéal [ideal] *m* Ideal *n*
idée [ide] *f* Idee, Gedanke *m*, Vorstellung; ***changer d'~*** es sich anders überlegen
identique [idɑ̃tik] identisch
identité [idɑ̃tite] *f* Identität; ***pièce*** *f* ***d'~*** Ausweis(papier) *m(n)*
idiot [idjo] **1.** dumm; **2.** *m* Dummkopf; **~ie** [~si] *f* Dummheit
idole [idɔl] *m* Idol *n*
ignoble [iɲɔbl(ə)] *odieux* gemein; *répugnant* widerlich
ignor|ant [iɲɔrɑ̃] unwissend; **~er** [~e] nicht wissen
iguane [igwan] *m* Leguan
il [il] er; *impersonnel* es
île [il] *f* Insel; **~ *flottante*** *Eierschnee auf Vanillesoße*
illégal [ilegal] ungesetzlich
illimité [ilimite] unbegrenzt
illisible [ilizibl(ə)] unleserlich
illuminer [ilymine] (festlich) beleuchten
illustre [ilystr(ə)] berühmt
illustré [ilystre] *m* Illustrierte *f*
ils [il] sie

image [imaʒ] *f* Bild *n*; ~ (***de marque***) Image [imitʃ] *n*
imagin|aire [imaʒinɛr] nicht wirklich; Fantasie…; **~ation** [~asjõ] *f* Fantasie
imaginer [imaʒine] (*a* ***s'~***) sich vorstellen; *inventer* sich einfallen lassen; ***s'~ que*** sich einbilden, dass
imbécile [ɛ̃besil] **1.** dumm; **2.** *m*, *f* Dummkopf *m*
imbuvable [ɛ̃byvabl(ə)] ungenießbar, nicht trinkbar
imit|ation [imitasjõ] *f* Nachahmung; **~er** [~e] nachahmen
immangeable [ɛ̃mɑ̃ʒabl(ə)] ungenießbar, nicht essbar
immatriculation [imatrikylasjõ] *f* Eintragung; *Kfz* Zulassung
immédia|t [imedja] unmittelbar; *départ* sofortig; **~tement** [~tmɑ̃] sofort
immense [imɑ̃s] riesig
immeuble [imœbl(ə)] *m* Gebäude *n*
immigré [imigre] **1.** eingewandert; **2.** *m* (***travailleur m***) ~ Gastarbeiter
imminent [iminɑ̃] unmittelbar bevorstehend
immobile [imɔbil] unbeweglich
immobilier [imɔbilje] Immobilien…
immoral [imɔral] unmoralisch
immortel [imɔrtɛl] unsterblich
impair [ɛ̃pɛr] ungerade
impartial [ɛ̃parsjal] unparteiisch
impasse [ɛ̃pɑs] *f* Sackgasse
impatience [ɛ̃pasjɑ̃s] *f* Ungeduld
impati|ent [ɛ̃pasjɑ̃] ungeduldig; **~enter** [~ɑ̃te] ***s'~*** die Geduld verlieren
impératrice [ɛ̃peratris] *f* Kaiserin
imperméable [ɛ̃pɛrmeabl(ə)] **1.** undurchlässig; *tissu* wasserdicht; **2.** *m* Regenmantel
impertinent [ɛ̃pɛrtinɑ̃] unverschämt
impitoyable [ɛ̃pitwajabl(ə)] unbarmherzig
impliquer [ɛ̃plike] *mêler* verwickeln (***dans*** in *A*); *signifier* bedeuten; *supposer* voraussetzen
implorer [ɛ̃plɔre] ~ ***q*** j-n anflehen; ~ ***qc*** um et flehen
impoli [ɛ̃pɔli] unhöflich
importance [ɛ̃pɔrtɑ̃s] *f* Wichtigkeit; ***sans*** ~ unwichtig
important [ɛ̃pɔrtɑ̃] **1.** wichtig; *somme, dégâts* groß; **2.** *m* Hauptsache *f*
importation [ɛ̃pɔrtasjõ] *f* Einfuhr, Import *m*
importer[1] [ɛ̃pɔrte] *Hdl* einführen, importieren
importer[2] [ɛ̃pɔrte] wichtig sein (***à q*** j-m, für j-n); ***peu importe*** das ist nicht so wichtig; ***n'importe!*** das ist egal!; ***n'importe où*** irgendwo(hin), egal wo(hin); ***n'importe qui*** jeder (x-beliebige)

importuner [ɛ̃pɔrtyne] belästigen
imposer [ɛ̃poze] vorschreiben, auferlegen; *de force* aufzwingen; ***s'~*** sich aufdrängen; *par sa valeur* sich durchsetzen
impossible [ɛ̃pɔsibl(ə)] unmöglich
impôt [ɛ̃po] *m* Steuer *f*
impraticable [ɛ̃pratikabl(ə)] unbefahrbar
imprécis [ɛ̃presi] ungenau
imprégner [ɛ̃preɲe] tränken (***de*** mit)
impression [ɛ̃prɛsjõ] *f* Eindruck *m*; ***avoir l'~ de*** (+ *inf*) *od* ***que …*** den Eindruck haben, zu *od* dass …
impressionn|ant [ɛ̃prɛsjɔnɑ̃] beeindruckend; ***~er*** [~e] beeindrucken; ***~isme*** [~ism(ə)] *m* Impressionismus
imprévu [ɛ̃prevy] unvorhergesehen
imprim|ante [ɛ̃primɑ̃t] *f Inform* Drucker *m*; ***~er*** [~e] drucken; ***~erie*** [~ri] *f* Druckerei; ***~eur*** [~œr] *m* Drucker
improviser [ɛ̃prɔvize] improvisieren
improviste [ɛ̃prɔvist] ***à l'~*** unerwartet
imprud|ence [ɛ̃prydɑ̃s] *f* Unvorsichtigkeit; ***~ent*** [~ɑ̃] unvorsichtig
impudique [ɛ̃pydik] schamlos
impuissant [ɛ̃pɥisɑ̃] machtlos; *Med* impotent
inabordable [inabɔrdabl(ə)] *prix* unerschwinglich
inacceptable [inaksɛptabl(ə)] unannehmbar
inaccessible [inaksɛsibl(ə)] unzugänglich
inactif [inaktif] untätig
inanimé [inanime] leblos
inattendu [inatɑ̃dy] unerwartet
inaugurer [inogyre] einweihen; *musée* eröffnen
incapable [ɛ̃kapabl(ə)] unfähig
incend|ie [ɛ̃sɑ̃di] *m* Brand; ***~ier*** [~je] in Brand stecken
incert|ain [ɛ̃sɛrtɛ̃] unsicher; *temps* unbeständig; ***~itude*** [~ityd] *f* Unsicherheit
incessant [ɛ̃sɛsɑ̃] unaufhörlich
incident [ɛ̃sidɑ̃] *m* Zwischenfall
incisive [ɛ̃siziv] *f* Schneidezahn *m*
inciter [ɛ̃site] anregen (***à*** zu)
incliner [ɛ̃kline] neigen; ***s'~*** sich neigen; *fig* ***s'~ devant*** sich beugen (*D*)
inclus [ɛ̃kly] einschließlich
incohérent [ɛ̃kɔerɑ̃] zusammenhanglos
incolore [ɛ̃kɔlɔr] farblos
incombustible [ɛ̃kõbystibl(ə)] feuerfest
incommoder [ɛ̃kɔmɔde] belästigen, plagen
incomparable [ɛ̃kõparabl(ə)] unvergleichlich
incompatible [ɛ̃kõpatibl(ə)]

unvereinbar; *Inform* inkompatibel
incompréhensible [ɛ̃kõpreɑ̃sibl(ə)] unverständlich
inconnu [ɛ̃kɔny] unbekannt
inconsci|ence [ɛ̃kõsjɑ̃s] *f* Leichtsinn *m*; **~emment** [~amɑ̃] unbewusst; **~ent** [~ɑ̃] **1.** *inanimé* bewusstlos; *fou* leichtsinnig; **2.** *m* Unterbewusstsein *n*
inconstant [ɛ̃kõstɑ̃] unbeständig
inconvénient [ɛ̃kõvenjɑ̃] *m* Nachteil
incorrect [ɛ̃kɔrɛkt] unkorrekt; *personne* nicht korrekt
incorrigible [ɛkɔriʒibl(ə)] unverbesserlich
incroyable [ɛ̃krwajabl(ə)] unglaublich
inculper [ɛ̃kylpe] beschuldigen (**de** *G*)
inculte [ɛ̃kylt] ungebildet; *Agr* unbebaut
incurable [ɛ̃kyrabl(ə)] unheilbar
Inde [ɛ̃d] *f* **l'~** Indien *n*
indécent [ɛ̃desɑ̃] unanständig
indécis [ɛ̃desi] unentschlossen
indéfini [ɛ̃defini] unbestimmt
indemne [ɛ̃dɛmn] unverletzt
indemn|iser [ɛ̃dɛmnize] entschädigen (**de** für); **~ité** [~ite] *f* Entschädigung
indépend|ance [ɛ̃depɑ̃dɑ̃s] *f* Unabhängigkeit; **~ant** [~ɑ̃] unabhängig (**de** von)
indescriptible [ɛ̃dɛskriptibl(ə)] unbeschreiblich
index [ɛ̃dɛks] *m* Register *n*, Index; *doigt* Zeigefinger
indicat|if [ɛ̃dikatif] *m Tel* Vorwahl(nummer) *f*; **~ion** [~sjõ] *f* Hinweis *m*
indice [ɛ̃dis] *m* Anzeichen *n*; *jur* Indiz *n*; *crème solaire* Schutzfaktor
indien [ɛ̃djɛ̃] **1.** *Inde* indisch; *Amérique* indianisch; **2.** ♀ *m Inde* Inder; *Amérique* Indianer
indifférent [ɛ̃diferɑ̃] gleichgültig
indigène [ɛ̃diʒɛn] *m*, *f* Eingeborene(r) *su*
indigest|e [ɛ̃diʒɛst] schwer verdaulich; **~ion** [~jõ] *f* Magenverstimmung
indignation [ɛ̃diɲasjõ] *f* Empörung
indigne [ɛ̃diɲ] unwürdig
indigner [ɛ̃diɲe] **s'~** sich entrüsten, sich empören (***contre q, de qc*** über j-n, et)
indiquer [ɛ̃dike] zeigen; *prix, température* angeben; *recommander* nennen
indispensable [ɛ̃dispɑ̃sabl(ə)] unentbehrlich
indiscret [ɛdiskrɛ] indiskret
individu [ɛ̃dividy] *m* Individuum *n*
individuel [ɛ̃dividɥɛl] individuell; ***chambre f ~le*** Einzelzimmer *n*; ***maison f ~le*** Einfamilienhaus *n*
indolore [ɛ̃dɔlɔr] schmerzlos
indulg|ence [ɛ̃dylʒɑ̃s] *f* Nach-

sicht; **~ent** [~ɑ̃] nachsichtig
industr|ialisation [ɛ̃dystrijalizasjɔ̃] *f* Industrialisierung; **~ie** [~i] *f* Industrie
industriel [ɛ̃dystrijɛl] **1.** Industrie…; **2.** *m* Industrielle(r)
inefficace [inefikas] unwirksam
inerte [inɛrt] regungslos
inespéré [inɛspere] unverhofft
inévitable [inevitabl(ə)] unvermeidlich
inexact [inɛgza(kt)] ungenau; *faux* falsch; *personne* unpünktlich
inex|périmenté [inɛksperimɑ̃te] unerfahren; **~plicable** [~plikabl(ə)] unerklärlich
infaillible [ɛ̃fajibl(ə)] unfehlbar
infantile [ɛ̃fɑ̃til] Kinder…; *péj* kindisch
infarctus [ɛ̃farktys] *m* Infarkt
infatigable [ɛ̃fatigabl(ə)] unermüdlich
infect [ɛ̃fɛkt] scheußlich; *personne* ekelhaft
infecter [ɛ̃fɛkte] **s'~** sich infizieren
infection [ɛ̃fɛksjɔ̃] *f* Infektion
inférieur [ɛ̃ferjœr] untere(r, -s), Unter…; **~ à** unterlegen (*D*)
infernal [ɛ̃fɛrnal] höllisch
infidèle [ɛ̃fidɛl] untreu
infime [ɛ̃fim] winzig
infini [ɛ̃fini] unendlich
infirm|e [ɛ̃firm] (körper)behindert; **~erie** [~əri] *f* Krankenabteilung; **~ier** [~je] *m* Krankenpfleger; **~ière** [~jɛr] *f* Krankenschwester
inflammation [ɛ̃flamasjɔ̃] *f* Entzündung
inflation [ɛ̃flasjɔ̃] *f* Inflation
influ|ence [ɛ̃flyɑ̃s] *f* Einfluss *m*; **~encer** [~ɑ̃se] beeinflussen
informaticien(ne) [ɛ̃fɔrmatisjɛ̃ (-ɛn)] *m(f)* Informatiker(in)
information [ɛ̃fɔrmasjɔ̃] *f* Information; *renseignement a* Auskunft; *jur* Ermittlungen *f/pl*; **~s** *pl* Nachrichten
informatique [ɛ̃fɔrmatik] *f* Informatik; *techniques* EDV
informer [ɛ̃fɔrme] benachrichtigen (***de*** von); **s'~** sich erkundigen (***de*** nach)
infraction [ɛ̃fraksjɔ̃] *f* Verstoß *m* (***à*** gegen)
infroissable [ɛ̃frwasabl(ə)] knitterfrei
infusion [ɛ̃fyzjɔ̃] *f* (Kräuter-)Tee, Aufguss *m*; **~ *de menthe*** Pfefferminztee *m*
ingénieur [ɛ̃ʒenjœr] *m* Ingenieur
ingénieux [ɛ̃ʒenjø] *personne* erfinderisch; *explications* geistreich
ingrat [ɛ̃gra] undankbar
ingrédients [ɛ̃gredjɑ̃] *m/pl* Zutaten *f/pl*
inguinal [ɛ̃ginal] *Anat* Leisten...

inhumain [inymɛ̃] unmenschlich
inimaginable [inimaʒinabl(ə)] unvorstellbar
inhabituel [inabitɥɛl] ungewöhnlich
ininflammable [inɛ̃flamabl(ə)] unentzündbar
initial [inisjal] Anfangs...
initiative [inisjativ] *f* Initiative; ***syndicat*** *m* ***d'~*** Fremdenverkehrsamt *n*
initier [inisje] einweihen (***à*** in *A*)
injec|ter [ɛ̃ʒɛkte] injizieren, (ein)spritzen (***dans*** in *A*); **~tion** [~sjõ] *f* Injektion, Einspritzung
injur|e [ɛ̃ʒyr] *f* Beleidigung; *gros mot* Schimpfwort *n*; **~ier** [~je] beschimpfen
injuste [ɛ̃ʒyst] ungerecht
inlay [inlɛ] *m Med* Inlay ['inle:] *n*
inné [ine] angeboren
innoc|ence [inɔsɑ̃s] *f* Unschuld; **~ent** [~ɑ̃] unschuldig
innombrable [inõbrabl(ə)] zahllos, unzählig
innovation [inɔvasjõ] *f* Neuerung
inoccupé [inɔkype] *personne* untätig; *maison* unbewohnt, leer stehend
inodore [inɔdɔr] geruchlos
inoffensif [inɔfɑ̃sif] harmlos
inond|ation [inõdasjõ] *f* Überschwemmung; **~er** [~e] überschwemmen
inoubliable [inublijabl(ə)] unvergesslich
inouï [inwi] unerhört
inquiet [ɛ̃kjɛ] unruhig
inquiéter [ɛ̃kjete] beunruhigen; ***s'~*** sich Sorgen machen (***pour qc*** um j-n, ***de qc*** um et)
inquiétude [ɛ̃kjetyd] *f* Unruhe, Sorge
inscription [ɛ̃skripsjõ] *f* Anmeldung, Einschreibung; *sur un écriteau* Aufschrift
inscrire [ɛ̃skrir] ***~ sur*** eintragen in (*A*); ***~ à*** *école, crèche* anmelden in (*D*); ***s'~ à*** *cours* sich anmelden zu
insect|e [ɛ̃sɛkt] *m* Insekt *n*; **~icide** [~isid] *m* Insektenvertilgungsmittel *n*
insens|é [ɛ̃sɑ̃se] unsinnig; **~ible** [~ibl(ə)] unempfindlich
insérer [ɛ̃sere] einfügen
insigne [ɛ̃siɲ] *m* Abzeichen *n*
insignifiant [ɛ̃siɲifjɑ̃] unbedeutend
insinuer [ɛ̃sinɥe] zu verstehen geben
insister [ɛ̃siste] darauf bestehen (***pour*** zu); ***~ sur qc*** Nachdruck auf et (*A*) legen
insolation [ɛ̃sɔlasjõ] *f* Sonnenstich *m*
insolent [ɛ̃sɔlɑ̃] frech
insoluble [ɛ̃sɔlybl(ə)] unlösbar
insomnie [ɛ̃sɔmni] *f* Schlaflosigkeit; ***avoir des ~s*** schlaflose Nächte haben
insouciant [ɛ̃susjɑ̃] sorglos
inspecter [ɛ̃spɛkte] kontrollieren

inspirer [ɛ̃spire] inspirieren; *respirer* einatmen
instable [ɛ̃stabl(ə)] unbeständig
install|ateur [ɛ̃stalatœr] *m* Installateur; **~ation** [~asjõ] *f* Einrichtung; **~s** *pl* Anlagen
installer [ɛ̃stale] installieren; *cuisine* einrichten; **s'~** sich niederlassen; ***s'~ chez q*** bei j-m wohnen
instant [ɛ̃stɑ̃] *m* Augenblick; ***à l'~*** soeben
instantané [ɛ̃stɑ̃tane] augenblicklich
instinct [ɛ̃stɛ̃] *m* Instinkt
institut [ɛ̃stity] *m* Institut *n*; ***~ de beauté*** Schönheitssalon
institu|teur [ɛ̃stitytœr] *m*, **~trice** [~tris] *f* (Grundschul-)Lehrer(in) *m(f)*
instructif [ɛ̃stryktif] lehrreich
instruction [ɛ̃stryksjõ] *f* Unterricht *m*; *formation* Ausbildung; *culture* (Schul-)Bildung; **~s** *pl directives* Anweisungen; *notice* (Betriebs-)Anleitung *f*
instruire [ɛ̃strɥir] unterrichten; **s'~** sich bilden
instrument [ɛ̃strymɑ̃] *m* Instrument *n*
insuffisant [ɛ̃syfizɑ̃] ungenügend
insuline [ɛ̃sylin] *f* Insulin *n*
insult|e [ɛ̃sylt] *f* Beleidigung, Beschimpfung; **~er** [~e] beleidigen, beschimpfen
insupportable [ɛ̃sypɔrtabl(ə)] unerträglich; *personne a* unausstehlich
intact [ɛ̃takt] unbeschädigt
intégral [ɛ̃tegral] vollständig
intellectuel [ɛ̃telɛktɥɛl] **1.** geistig, Geistes…; **2. ~(le)** *m(f)* Intellektuelle(r) *su*
intellig|ence [ɛ̃tɛliʒɑ̃s] *f* Intelligenz; **~ent** [~ɑ̃] intelligent
intens|e [ɛ̃tɑ̃s] stark; **~if** [~if] intensiv, Intensiv…; **~ité** [~ite] *f* Stärke, Intensität
intention [ɛ̃tɑ̃sjõ] *f* Absicht
intentionnel [ɛ̃tɑ̃sjɔnɛl] absichtlich
interac|tif [ɛ̃tɛraktif] interaktiv; **~tion** [~sjõ] *f* Wechselwirkung
intercalaire [ɛ̃tɛrkalɛr] eingeschoben; ***jour*** *m* **~** Schalttag
intercaler [ɛ̃tɛrkale] einschieben
intercéder [ɛ̃tɛrsede] sich einsetzen (***pour q*** für j-n)
intercepter [ɛ̃tɛrsɛpte] abfangen
interchangeable [ɛ̃tɛrʃɑ̃ʒabl(ə)] austauschbar
interdépen|dance [ɛ̃tɛrdepɑ̃dɑ̃s] *f* gegenseitige Abhängigkeit; Verflechtung; **~dant** [~dɑ̃] voneinander abhängend
inter|diction [ɛ̃tɛrdiksjõ] *f* Verbot *n*; **~dire** [~dir] verbieten; **~dit** [~di] verboten
intéressant [ɛ̃terɛsɑ̃] interessant
intéresser [ɛ̃terɛse] interessieren; *concerner* betreffen;

s'~ à sich interessieren für
intérêt [ɛ̃terɛ] *m* Interesse *n*; *égoïsme* Eigennutz; ***~s*** *pl Zinsen pl*
intérieur [ɛ̃terjœr] **1.** innere(r, -s), Innen…; *mer* Binnen…; *vol* Inland…; **2.** *m* Innere(s) *n* (*a fig*); ***à l'~*** (dr)innen; ***à l'~ de*** innerhalb (*G*)
interlocuteur [ɛ̃tɛrlɔkytœr] *m* Gesprächspartner
intermédiaire [ɛ̃tɛrmedjɛr] **1.** Zwischen…; **2.** *m* Vermittler; ***par l'~ de q*** über j-n
internat [ɛ̃tɛrna] *m* Internat *n*
international [ɛ̃tɛrnasjɔnal] international
interne [ɛ̃tɛrn] intern
Internet [ɛ̃tɛrnɛt] *m* Internet *n*; ***adresse*** *f* **~** Internetadresse; ***connexion*** *f* **~** Internetanschluss *m*
interphone [ɛ̃tɛrfɔn] *m* Sprechanlage *f*
interpr|ète [ɛ̃tɛrprɛt] *m*, *f* Dolmetscher(in) *m(f)*; *Mus*, *théâtre* Interpret(in) *m(f)*; *d'un rôle* Darsteller(in) *m(f)*; ***~éter*** [-e] interpretieren
interro|gatoire [ɛ̃tɛrɔgatwar] *m* Verhör *n*; ***~ger*** [-ʒe] befragen (***sur*** über *A*); *élève* prüfen; *jur* verhören
interrompre [ɛ̃tɛrõpr(ə)] unterbrechen; *entretien*, *voyage* abbrechen
interrup|teur [ɛ̃tɛryptœr] *m El* Schalter; ***~tion*** [-sjõ] *f* Unterbrechung
intersaison [ɛ̃tɛsɛzõ] *f* Zwischensaison
intersection [ɛ̃tɛrsɛksjõ] *f* *carrefour* Kreuzung
intervalle [ɛ̃tɛrval] *m* Zwischenraum; *dans le temps* Zwischenzeit *f*
intervenir [ɛ̃tɛrvənir] einschreiten, eingreifen
intestin [ɛ̃tɛstɛ̃] *m* Darm; **~ *grêle*** Dünndarm
intime [ɛ̃tim] intim; *ami* eng; *vie* Privat…
intimider [ɛ̃timide] einschüchtern
intoxication [ɛ̃tɔksikasjõ] *f* Vergiftung
Intranet [ɛ̃tranɛt] *m Inform* Intranet *n*
introd|uction [ɛ̃trɔdyksjõ] *f* Einführung; *préface* Einleitung; ***~uire*** [-ɥir] einführen
inusable [inyzabl(ə)] unverwüstlich
inutile [inytil] unnütz
invalid|e [ɛ̃valid] **1.** erwerbsunfähig; **2.** *m*, *f* Invalide; ***~ité*** [-ite] *f* Invalidität, Erwerbsunfähigkeit
inventaire [ɛ̃vãtɛr] *m* Aufstellung *f*
invent|er [ɛ̃vãte] erfinden; ***~eur*** [-œr] *m* Erfinder
invention [ɛ̃vãsjõ] *f* Erfindung
inverse [ɛ̃vɛrs] **1.** umgekehrt; **2.** *m* Gegenteil *n* (***de*** von)
invest|ir [ɛ̃vɛstir] investieren; (***dans*** in *A*); ***~issement*** *m* Investition *f*

invisible [ɛ̃vizibl(ə)] unsichtbar
invit|ation [ɛ̃vitasjõ] *f* Einladung; **~é(e)** [~e] *m(f)* Gast *m*; **~er** [~e] einladen (***au cinéma*** ins Kino; ***à dîner*** zum Abendessen)
involontaire [ɛ̃vɔlõtɛr] unabsichtlich
invraisemblable [ɛ̃vrɛsɑ̃blabl(ə)] unwahrscheinlich
iode [jod] *m* Jod *n*
irai [ire] *fut von* ***aller***
Iran [irɑ̃] *m* ***l'~*** der Iran
Iraq [irak] *m* ***l'~*** der Irak
irlandais [irlɑ̃dɛ] **1.** irisch; **2.** ♀ *m* Ire
Irlande [irlɑ̃d] *f* ***l'~*** Irland *n*
ironique [irɔnik] ironisch
irréel [ireɛl] unwirklich
irrégulier [iregylje] unregelmäßig; *situation* regelwidrig
irréparable [ireparabl(ə)] nicht (mehr) zu reparieren
irréprochable [ireprɔʃabl(ə)] tadellos
irrésistible [irezistibl(ə)] unwiderstehlich
irrit|able [iritabl(ə)] reizbar; **~er** [~e] reizen
islam [islam] *m* Islam; **~ique** [~ik] islamisch
isolé [izɔle] *retiré* abgelegen; *seul* einsam; *unique* einzeln, Einzel…; *El*, *Arch* isoliert
isoler [izɔle] isolieren
Israël [israɛl] *m* Israel *n*
israélien [israeljɛ̃] **1.** israelisch; **2.** ♀ *m* Israeli
issu [isy] hervorgegangen (***de*** aus)
issue [isy] *f* Ausgang *m*; *fig solution* Ausweg *m*; ***~ de secours*** Notausgang *m*; ***voie f sans ~*** Sackgasse
Italie [itali] *f* ***l'~*** Italien *n*
italien [italjɛ̃] **1.** italienisch; **2.** ♀ *m* Italiener
itinéraire [itinerɛr] *m* Route *f*, Weg, Strecke *f*; ***~ bis*** Ausweichstrecke *f*
ivoire [ivwar] *m* Elfenbein *n*
ivr|e [ivr(ə)] betrunken; **~esse** [~ɛs] *f* Trunkenheit
ivrogne [ivrɔɲ] **1.** trunksüchtig; **2.** *m*, *f* Säufer(in) *m(f)*

J

j' [ʒ] *s* ***je***
jacinthe [ʒasɛ̃t] *f* Hyazinthe
jacuzzi® [ʒakyzi] *m* Whirlpool® ['vœrlpu:l]
jadis [ʒadis] einst, früher
jaillir [ʒajir] *gicler* herausspritzen (***de*** aus)
jalouse *s* ***jaloux***
jalousie [ʒaluzi] *f* Neid *m*; *en amour* Eifersucht
jaloux [ʒalu] (*f* ***-ouse*** [-uz]) *envieux* neidisch; *en amour* eifersüchtig
jamais [ʒamɛ] je(mals); ***à ~*** für immer; *négatif* ***ne … ~*** nie(mals); ***ne … plus ~, ne***

… ~ ***plus*** nie mehr, nie wieder
jambe [ʒɑ̃b] *f* Bein *n*
jambon [ʒɑ̃bõ] *m* Schinken; ~ ***blanc*** *od* ***de Paris*** gekochter Schinken; ~ ***cru*** (***fumé***) roher (geräucherter) Schinken; ~ ***de Bayonne*** *roher, leicht gesalzener Schinken*
jambonneau [ʒɑ̃bɔno] *m* Eisbein *n*, Schweinshaxe *f*
jante [ʒɑ̃t] *f* Felge
janvier [ʒɑ̃vje] *m* Januar
Japon [ʒapõ] ***le*** ~ Japan *n*
japonais [ʒapɔnɛ] **1.** japanisch; **2.** ♀ *m* Japaner
jardin [ʒardɛ̃] *m* Garten; ~ ***d'enfants*** Kindergarten
jardin|age [ʒardinaʒ] *m* Gartenarbeit *f*; **~ier** [~je] *m* Gärtner; **~ière** [~jɛr] *f* Gärtnerin; *Kochk* ~ ***de légumes*** gemischtes Gemüse *n*
jarret [ʒarɛ] *m* (Schweins-, Kalbs-)Hachse *f*
jauge [ʒoʒ] *f* ~ ***d'essence*** Benzinuhr
jaune [ʒon] **1.** gelb; **2.** *m* Gelb *n*; ~ ***d'œuf*** Eigelb *n*
jaunisse [ʒonis] *f* Gelbsucht
javelot [javlo] *m* Speer
je [ʒə] (*vor Vokal* ***j'***) ich
jerrican(e), **jerrycan** [(d)ʒerikan] *m* (Benzin-)Kanister
jet [ʒɛ] *m* Wurf; ~ (***d'eau***) (Wasser-)Strahl
jetée [ʒəte] *f* Mole
jeter [ʒəte] werfen; *se débarrasser de* wegwerfen
jeton [ʒətõ] *m* Marke *f*, Münze *f*; *au jeu* Spielmarke *f*; ~ ***de téléphone*** Telefonmarke *f*
jeu [ʒø] *m* Spiel *n* (*a Tech*); *de clés* Satz; ~ ***de cartes*** Kartenspiel *n*; ~ ***de construction*** Baukasten; ~ ***vidéo*** Computer-, Videospiel *n*; ~ ***télévisé*** Quiz(sendung) *n*(*f*); ♀***x*** *pl* ***Olympiques*** Olympische Spiele *n/pl*
jeudi [ʒødi] *m* Donnerstag; ***le*** ~ donnerstags
jeun [ʒɛ̃, ʒœ̃] ***à*** ~ nüchtern
jeune [ʒœn] jung
jeûner [ʒøne] fasten
jeunesse [ʒœnɛs] *f* Jugend
joaillier [ʒɔɑje] *m* Juwelier
job [dʒɔb] *m* F Job [dʒ-]; ~ ***pour les vacances*** Ferienjob
jogging [dʒɔgiŋ] Jogging *n*; ***faire du*** ~ joggen
joie [ʒwa] *f* Freude
joindre [ʒwɛ̃dr(ə)] miteinander verbinden; *à une lettre* beilegen (***à*** *D*); ~ ***q*** (***par téléphone***) j-n (telefonisch) erreichen
joint [ʒwɛ̃] **1.** *p/p von* ***joindre***; **2.** *m du robinet* Dichtung *f*
joli [ʒɔli] hübsch, niedlich
jonction [ʒõksjõ] *f* Verbindung
jongler [ʒõgle] jonglieren
joue [ʒu] *f* Backe
jouer [ʒwe] spielen; *somme* setzen; ~ ***aux cartes*** Karten spielen; ~ ***au football*** Fußball spielen; ~ ***du piano***

Klavier spielen
jou|et [ʒwɛ] *m* Spielzeug *n*; **~eur** [~œr] *m*, **~euse** [~øz] *f* Spieler(in) *m(f)*
jour [ʒur] *m* Tag; **~ férié** Feiertag; **~ ouvrable** Werktag; **~ de l'An** Neujahrstag; **~ d'arrivée** Anreisetag; **~ de départ** Abreisetag; **~ de repos** Ruhetag; **~ de travail** Arbeitstag; **un ~** eines Tages; **le ~, de ~** am Tag(e); **de nos ~s** heutzutage; **il fait ~** es ist Tag, es ist hell; **à ~** auf dem Laufenden; **mettre à ~** auf den neuesten Stand bringen, aktualisieren; **par ~** täglich, pro Tag; **l'autre ~** neulich
journal [ʒurnal] *m* (*pl* **-aux** [-o]) Zeitung *f*; *télévisé* Nachrichten *f/pl*; *intime* Tagebuch *n*
journaliste [ʒurnalist] *m, f* Journalist(in) *m(f)*
journée [ʒurne] *f* Tag *m*; **pendant la ~** tagsüber; **toute la ~** den ganzen Tag (lang, über)
joyeux [ʒwajø] fröhlich
judiciaire [ʒydisjɛr] gerichtlich
judo [ʒydo] *m* Judo *n*
juge [ʒyʒ] *m* Richter(in) *m(f)*
jugement [ʒyʒmɑ̃] *m* Urteil *n*
juger [ʒyʒe] *affaire* entscheiden; *personne* das Urteil sprechen über (*A*); *fig* **~ (de)** beurteilen (*A*)
juif [ʒɥif] **1.** jüdisch; **2. ♀** *m* Jude
juillet [ʒɥijɛ] *m* Juli
juin [ʒɥɛ̃] *m* Juni
juke-box [(d)ʒykbɔks] *m* Musikbox *f*
julienne [ʒyljɛn] *f dünne Gemüsestreifen*; *potage* Gemüsesuppe
jumeau [ʒymo] **1.** (*f* **-elle** [-ɛl]) Zwillings…; **2.** *m* Zwillingsbruder; **~x** *pl* Zwillinge
jumelage [ʒymlaʒ] *m* Städtepartnerschaft *f*
jumelé [ʒymle] **villes** *f/pl* **~es** Partnerstädte
jumelle [ʒymɛl] *f* Zwillingsschwester
jumelles [ʒymɛl] *f/pl* Fernglas *n*; **~ de théâtre** Opernglas *n*
jument [ʒymɑ̃] *f* Stute
jupe [ʒyp] *f* Rock *m*; **~-culotte** [~kylɔt] *f* Hosenrock *m*
jupon [ʒypõ] *m* Unterrock
jurer [ʒyre] schwören
juridique [ʒyridik] Rechts…
juron [ʒyrõ] *m* Fluch
jury [ʒyri] *m* Jury *f*; *jur* die Geschworenen *pl*
jus [ʒy] *m* Saft; *de viande* Bratensaft; **~ d'orange** Orangensaft; **~ de tomate** Tomatensaft
jusque [ʒysk(ə)] **jusqu'à** bis; **jusqu'à la gare** bis zum Bahnhof; **jusqu'à Paris** bis nach Paris; **jusqu'à quand?** bis wann?; **jusqu'à ce que** (+ *subj*) bis
juste [ʒyst] *correct* richtig; *exact* genau; *équitable* gerecht; *serré* zu eng; *adv chan-*

ter richtig; *exactement* genau; *seulement* nur; *depuis peu* (***tout***) ~ gerade (noch)
justement [ʒystəmɑ̃] *précisément* gerade; *avec raison* zu *od* mit Recht
justice [ʒystis] *f* Gerechtigkeit; *institution* Justiz
justifier [ʒystifje] rechtfertigen
juteux [ʒytø] saftig
juvénile [ʒyvenil] jugendlich

K

K7 [kasɛt] *f* Kassette
kangourou [kɑ̃guru] *m* Känguru *n*
karaoké [karaɔke] *m action* Karaoke *n*; *appareil* Karaokeanlage *f*
kart [kart] *m* Gokart
képi [kepi] *m* Käppi *n*
kermesse [kɛrmɛs] *f* Kirmes
kérosène [kerozɛn] *m* Kerosin *n*
kilo(gramme) [kilɔ(gram)] *m* Kilo(gramm) *n*
kilométrage [kilɔmetraʒ] *m* Kilometerstand
kilomètre [kilɔmɛtr(ə)] *m* Kilometer; ***130 ~s à l'heure, 130 ~s-heure*** 130 Stundenkilometer
kinésithérapie [kineziterapi] *f* Heil-, Krankengymnastik
kiosque [kjɔsk] *m* Kiosk
kirsch [kirʃ] *m* Kirsch, Kirschwasser *n*
kitchenette [kitʃənɛt] *f* Kochnische
kiwi [kiwi] *m fruit* Kiwi *f*
klaxon® [klaksɔn] *m* Hupe *f*
klaxonner [klaksɔne] hupen
koala [kɔala] *m* Koala(bär)
kouglof [kuglɔf] *m* Napfkuchen, Gugelhupf (*aus dem Elsass*)
kyste [kist] *m* Zyste *f*

L

l' [l] *s* ***le***
la [la] *s* ***le***
là [la] da *od* dahin; *là-bas* dort *od* dorthin; ***par*** ~ da, dort (entlang, hindurch)
là-bas [laba] dort
laboratoire [labɔratwar] *m* Labor(atorium) *n*
lac [lak] *m* See
lac|er [lase] *chaussures* (zu-)schnüren; **~et** [~ɛ] *m* Schnürsenkel
lâche [laʃ] **1.** feige; **2.** *m*, *f* Feigling *m*
lâcher [laʃe] loslassen; *freins* versagen
lacune [lakyn] *f* Lücke
là-dedans [lad(ə)dɑ̃] drinnen

là-dessous [lad(ə)su] darunter
là-dessus [lad(ə)sy] darüber, darauf
là-haut [lao] da oben
laid [lɛ] hässlich
laine [lɛn] *f* Wolle
laisse [lɛs] *f* Leine
laisser [lɛse] lassen; *adresse, message* hinterlassen; *oublier* liegen lassen; **~ faire qc à q** j-n et tun lassen; **se ~ aller** sich gehen lassen; **se ~ faire** sich alles gefallen lassen
lait [lɛ] *m* Milch *f*; **~ écrémé** Magermilch *f*; **~ entier** Vollmilch *f*; **~ en poudre** Milchpulver *n*; **~ démaquillant** Reinigungsmilch *f*
lait|erie [lɛtri] *f* Molkerei; **~ier** [-je] Milch…, Molkerei…
laitue [lɛty] *f* Kopfsalat *m*
lambeau [lɑ̃bo] *m* Fetzen
lame [lam] *f* **~ (de rasoir)** Rasierklinge
lament|able [lamɑ̃tabl(ə)] kläglich, jämmerlich; **~er** [-e] **se ~** jammern
lampadaire [lɑ̃padɛr] *m d'appartement* Stehlampe *f*; *réverbère* Straßenlaterne *f*
lampe [lɑ̃p] *f* Lampe; **~ de poche** Taschenlampe; **~ de chevet** Nachttischlampe
lancer [lɑ̃se] werfen; *produit* einführen; *mode* aufbringen; **~ qc à q** j-m et zuwerfen
landau [lɑ̃do] *m* Kinderwagen
lande [lɑ̃d] *f* Heide
langage [lɑ̃gaʒ] *m* Sprache *f*
langer [lɑ̃ʒe] *m bébé* wickeln
langoust|e [lɑ̃gust] *f* Languste; **~ines** [-in] *f/pl* Scampi *pl*
langue [lɑ̃g] *f Anat* Zunge; *langage* Sprache; **~ étrangère** Fremdsprache; **~ maternelle** Muttersprache
lanière [lanjɛr] *f* Riemen *m*
lanterne [lɑ̃tɛrn] *f* Laterne
lapin [lapɛ̃] *m* Kaninchen *n*
laque [lak] *f* Lack *m*; *pour les cheveux* Haarspray *m od n*
laquelle [lakɛl] *s* **lequel**
lar|d [lar] *m* Speck; **~dons** [-dõ] *m/pl* Speckwürfel
large [larʒ] **1.** breit; *vêtements* weit; *généreux* großzügig; **2.** *m Mar* hohe, offene See *f*; **3 mètres de ~** 3 Meter breit, in der Breite; **au ~ de** auf der Höhe von
largeur [larʒœr] *f* Breite
larme [larm] *f* Träne
laryngite [larɛ̃ʒit] *f* Kehlkopfentzündung
laser [lazɛr] *m* Laser [lezər]
lasser [lɑse] ermüden; **se ~ de qc** e-r Sache (*G*) müde, überdrüssig werden
latéral [lateral] seitlich, Seiten…, Neben…
latin [latɛ̃] *m* Latein(isch) *n*
latitude [latityd] *f Geogr* Breite
lauréat(e) [lɔrea(t)] *m(f)* Preisträger(in)
laurier [lɔrje] *m* Lorbeer
lavable [lavabl(ə)] waschbar
lavabo [lavabo] *m* Waschbe-

cken *n*; *pièce* Waschraum; **~s** *pl* Toilette *f*

lavage [lavaʒ] *m* Waschen *n*, Wäsche *f*; *Kfz* **~ automatique** Waschanlage *f*

lavande [lavɑ̃d] *f* Lavendel *m*

lave [lav] *f* Lava

lave-glace [lavglas] *m* Scheibenwaschanlage *f*

lave-linge [lavlɛ̃ʒ] *m* Waschmaschine *f*

laver [lave] (**se ~** sich) waschen; **se ~ les dents** sich die Zähne putzen

laverie [lavri] *f* **~ automatique** Waschsalon *m*

lave-vaisselle [lavvesɛl] *m* Geschirrspülmaschine *f*

laxatif [laksatif] *m* Abführmittel *n*

le [lə] *m*, **la** [la] *f* (*beide vor Vokal* **l'**), **les** [lɛ] *pl* der, die, das; *pl* die; *pron* ihn, sie, es; *pl* sie

lécher [leʃe] lecken

leçon [ləsõ] *f* (Unterrichts-) Stunde, Lektion; *fig* Lehre; **~s** *pl* **de conduite** Fahrstunden

lecteur [lɛktœr] *m* Leser; *Inform* Laufwerk *n*; **~ de CD-ROM** CD-ROM-Laufwerk *n*; **~ de CD** CD-Player; **~ de cassettes** Kassettenrekorder

lecture [lɛktyr] *f* (Vor-, Durch-)Lesen *n*; *livre* Lektüre

légal [legal] gesetzlich

légende [leʒɑ̃d] *f* Legende

léger [leʒe] leicht; *couche* dünn; **à la légère** leichtfertig

législation [leʒislasjõ] *f* Gesetzgebung

légitime [leʒitim] rechtmäßig, legitim; *enfant* ehelich; *juste* gerecht(fertigt); **~ défense** *f* Notwehr

léguer [lege] vererben (*a fig*)

légume [legym] *m* Gemüsesorte *f*; **~s** *pl* Gemüse *n*

Léman [lemɑ̃] *m* **le lac ~** der Genfer See

lendemain [lɑ̃dmɛ̃] *m* **le ~** am nächsten Tag, am Tag danach

lent [lɑ̃] langsam

lentille [lɑ̃tij] *f* *Bot*, *Tech* Linse; **~s** *pl* **de contact** Kontaktlinsen

lequel [ləkɛl] (*f* **laquelle** [lakɛl]) *pron interrogatif* welche(r, -s)?; *pron relatif* der, die, das

les [le] *s* **le**

lésion [lezjõ] *f* Beschädigung

lessive [lɛsiv] *f* Waschmittel *n*, -pulver *n*; *lavage*, *linge* Wäsche; **faire la ~** (Wäsche) waschen

lest [lɛst] *m* Ballast

lettre [lɛtr(ə)] *f* Brief *m*; *caractère* Buchstabe *m*; **~ piégée** Briefbombe

leucémie [løsemi] *f* Leukämie

leur [lœr] *pron possessif* ihr(e); *pron personnel* ihnen

levée [ləve] *f* Leerung

lever [ləve] **1.** (hoch)heben; *Kfz* *vitre* zu-, hochmachen;

pâte gehen; ***se ~*** aufstehen; *soleil, lune* aufgehen; *jour* anbrechen; *brouillard* sich auflösen; **2.** *m* Aufstehen *n*; ***~ du soleil*** Sonnenaufgang; ***au ~*** beim Aufstehen
levier [ləvje] *m* Hebel; ***~ de changement de vitesse*** Schalthebel
lèvre [lɛvr(ə)] *f* Lippe
levure [ləvyr] *f* Hefe
lézard [lezar] *m* Eidechse *f*
liaison [ljɛzõ] *f* Verbindung; *amoureuse* Verhältnis *n*; *Gr* Bindung; ***~ aérienne*** Flugverbindung
libéral [liberal] liberal; *médecin usw* freiberuflich
libér|ation [liberasjõ] *f* Befreiung; ***~er*** [~e] befreien (***de*** von)
liberté [liberte] *f* Freiheit
librair|e [librɛr] *m* Buchhändler; ***~ie*** [~i] *f* Buchhandlung
libre [libr(ə)] frei
libre-service [librəsɛrvis] *m* Selbstbedienung *f*; *magasin* Selbstbedienungsladen
licenc|iement [lisɑ̃simɑ̃] *m* Entlassung *f*; ***~ier*** [~je] entlassen
licorne [likɔrn] *f* Einhorn *n*
liège [ljɛʒ] *m* Kork
lien [ljɛ̃] *m* Band *n*; *affectif* Bindung *f*; *rapport* Verbindung *f*
lier [lje] (zusammen)binden; *idées, personnes* verbinden; ***se ~ d'amitié avec q*** sich mit j-m anfreunden
lierre [ljɛr] *m* Efeu
lieu [ljø] *m* Ort; ***~ de naissance*** Geburtsort; ***au ~ de*** (an)statt (G); ***avoir ~*** stattfinden
lièvre [ljɛvr(ə)] *m* Hase
ligne [liɲ] *f* Linie; *transports a* Strecke; *Tel* Leitung; *communication* Verbindung; *dans un texte* Zeile; *chemin de fer* ***grandes ~s*** *pl* Fernstrecken; ***~ de métro*** U-Bahn-Linie; *Inform* ***en ~*** online ['ɔnlain]; *Inform* ***'hors ~*** offline ['ɔflain]; ***avoir la ~*** e-e schlanke Figur haben
ligoter [ligɔte] fesseln
lilas [lilɑ] **1.** lila; **2.** *m* Flieder
limace [limas] *f* (Nackt-)Schnecke
lim|e [lim] *f* Feile; ***~er*** [~e] feilen
limitation [limitasjõ] *f* Beschränkung; ***~ de vitesse*** Geschwindigkeitsbeschränkung, Tempolimit *n*
limite [limit] *f* Grenze
limiter [limite] begrenzen, beschränken (***à*** auf *A*); ***se ~*** sich einschränken
limonade [limɔnad] *f* Limonade
limpide [lɛ̃pid] klar
lin [lɛ̃] *m* Leinen *n*
ling|e [lɛ̃ʒ] *m* Wäsche *f*; ***~ (de corps)*** Unterwäsche *f*; ***~erie*** [~ri] *f* Damen(unter)wäsche
lion [ljõ] *m* Löwe
lionne [ljɔn] *f* Löwin
liqueur [likœr] *f* Likör *m*; ***~***

aux œufs Eierlikör *m*
liquidation [likidasjõ] *f jur* Auflösung; *Hdl* **~ (*du stock*)** (Räumungs-)Ausverkauf *m*
liquide [likid] **1.** flüssig; **2.** *m* Flüssigkeit *f*; *argent* Bargeld *n*; **~ *de frein*** Bremsflüssigkeit *f*; ***en* ~** (in) bar
lire [lir] lesen; *à voix haute* vorlesen (***qc à q*** j-m et)
lisible [lizibl(ə)] leserlich
lisse [lis] glatt
liste [list] *f* Liste
lit [li] *m* Bett *n*; **~ *d'enfant*** Kinderbett *n*; ***petit* ~** Einzelbett *n*; ***grand* ~** französisches Bett *n*; **~*s pl jumeaux*** Doppelbett *n* (*2 Einzelbetten*)
litre [litr(ə)] *m* Liter *n od m*
littér|aire [literɛr] literarisch; **~*ature*** [~atyr] *f* Literatur
littoral [litɔral] **1.** Küsten…; **2.** *m* Küstenstrich, Küste *f*
livraison [livrɛzõ] *f* Lieferung
livre[1] [livr(ə)] *m* Buch *n*
livre[2] [livr(ə)] *f* Pfund *n*
livrer [livre] liefern
livret [livrɛ] *m* Heft *n*; **~ (*de caisse*) *d'épargne*** Spar(kassen)buch *n*
lobe [lɔb] *m Anat, Bot* Lappen; **~ *de l'oreille*** Ohrläppchen *n*
local [lɔkal] **1.** örtlich; **2.** *m* Raum; **~*ité*** [~ite] *f* Ortschaft
locataire [lɔkatɛr] *m, f* Mieter(in) *m(f)*
location [lɔkasjõ] *f* Vermietung; *par le locataire* Mieten *n*; *de vélos, skis* Verleih *m*; *loyer* Miete; *pour les vacances* Ferienhaus *n*, -wohnung; *billetterie* Vorverkauf *m*; **~ *de voitures*** Autovermietung
locomotive [lɔkɔmɔtiv] *f* Lokomotive
logement [lɔʒmɑ̃] *m* Wohnung *f*
loger [lɔʒe] beherbergen; *habiter* wohnen
logiciel [lɔʒisjɛl] *m* Software *f*
logique [lɔʒik] logisch
loi [lwa] *f* Gesetz *n*
loin [lwɛ̃] weit; ***au* ~** weit weg; ***de* ~** von weitem; *fig* bei weitem
lointain [lwɛtɛ̃] **1.** fern; **2.** *m* Ferne *f*
Loire [lwar] ***la* ~** die Loire; *vallée* das Loiretal
loisirs [lwazir] *m/pl* Freizeit *f*; *occupations* Freizeitbeschäftigung *f*
Londres [lõdr(ə)] London
long [lõ] **1.** lang; **2.** *m* Länge *f*; ***dix mètres de* ~** zehn Meter lang; ***le* ~ *de*** längs, entlang (*G*), an … (*D*) entlang
longer [lõʒe] entlanggehen, fahren (***qc*** an et *D*); *voie ferrée* entlangführen (an *D*)
longitude [lõʒityd] *f Geogr* Länge
longtemps [lõtɑ̃] lange
longueur [lõgœr] *f* Länge
longue-vue [lõgvy] *f* Fernrohr *n*
Lorraine [lɔrɛn] ***la* ~** Lothringen *n*
lors [lɔr] **~ *de*** bei

lorsque [lɔrsk(ə)] (*vor Vokal* ***lorsqu'***) *au présent ou futur* wenn, *au passé* als
lot [lo] *m loterie* Gewinn
loterie [lɔtri] *f* Lotterie
lotion [losjõ] *f* Lotion, Gesichts-, Rasierwasser *n*
loto [lɔto] *m* Lotto *n*; ***~ sportif*** Fußballtoto *n*
lotte [lɔt] *f de mer* Seeteufel *m*
loucher [luʃe] schielen
louer [lwe] *propriétaire* vermieten; *locataire* mieten; ***à ~*** zu vermieten; ***chambre à ~*** Zimmer frei
loup [lu] *m* Wolf
loupe [lup] *f* Lupe
lourd [lur] schwer; *temps* schwül; *plaisanterie* plump
loyer [lwaje] *m* Miete *f*
lu [ly] *p/p von* ***lire***
lubrifiant [lybrifjɑ̃] *m* Schmiermittel *n*
lucarne [lykarn] *f* Dachfenster *n*
luge [lyʒ] *f* (Rodel-)Schlitten *m*; ***faire de la ~*** Schlitten fahren, rodeln
lui [lɥi] *objet indirect* ihm (*m u n*), ihr (*f*); *après prp* ihn (*A*), ihm (*D*); *sujet* er
luire [lɥir] *soleil* scheinen; *métal* glänzen
lumbago [lõbago] *m* Hexenschuss
lumière [lymjɛr] *f* Licht *n* (*a fig*)
lumineux [lyminø] leuchtend
lunatique [lynatik] launisch
lunch [lœntʃ, lɛ̃ʃ] *m* kaltes Büfett *n*
lundi [lɛ̃di, lœ̃-] *m* Montag; ***~ de Pâques*** Ostermontag; ***le ~*** montags
lune [lyn] *f* Mond *m*; ***~ de miel*** Flitterwochen *f/pl*
lunette [lynɛt] *f* Fernrohr *n*
lunettes [lynɛt] *f/pl* Brille *f*; ***~ de plongée*** Taucherbrille *f*; ***~ de ski*** Skibrille *f*; ***~ de soleil*** Sonnenbrille *f*
lustre [lystr(ə)] *m* Kronleuchter
lutt|e [lyt] *f* Kampf *m*; *Sp* Ringen *n*, Ringkampf *m*; ***~er*** [~e] kämpfen (***pour*** für *od* um, ***contre*** gegen); *Sp* ringen
luxation [lyksasjõ] *f* Verrenkung
luxe [lyks] *m* Luxus
Luxembourg [lyksɑ̃bur] ***le ~*** Luxemburg *n*
luxembourgeois [lyksɑ̃burʒwa] **1.** luxemburgisch; **2.** ♀ *m* Luxemburger
luxer [lykse] ***se ~ le bras*** sich den Arm ausrenken *od* verrenken
luxueux [lyksɥø] luxuriös
lycée [lise] *m* Gymnasium *n*
lycéen(ne) [liseɛ̃ (-eɛn)] *m(f)* Gymnasiast(in)
lyncher [lɛ̃ʃe] lynchen
lynx [lɛ̃ks] *m* Luchs
lys [lis] *m* Lilie *f*

M

M. (*monsieur*) Herr
m' [m] *s* ***me***
ma [ma] *s* ***mon***
macaronis [makarɔni] *m/pl* Makkaroni *pl*
macédoine [masedwan] *f* ~ ***de fruits*** Obstsalat *m*; ~ ***de légumes*** Mischgemüse *n*
mâche [mɑʃ] *f* Feldsalat *m*
mâcher [mɑʃe] kauen
machin [maʃɛ̃] *m* F Dings (-da) *n*
machinal [maʃinal] mechanisch, automatisch
machine [maʃin] *f* Maschine; ~ ***à coudre*** Nähmaschine; ~ ***à laver*** Waschmaschine; ~ ***à écrire*** Schreibmaschine; ~ ***à sous*** Spielautomat *m*
mâchoire [mɑʃwar] *f* Kiefer *m*
maçon [masõ] *m* Maurer
madame [madam] *f* Frau; *lettre* 𝔖, Sehr geehrte Frau (+ *nom de famille*)
mademoiselle [madmwazɛl] *f* Fräulein *n*
magasin [magazɛ̃] *m* Laden, Geschäft *n*; ***grand*** ~ Kaufhaus *n*
magazine [magazin] *m* Zeitschrift *f*, Magazin *n* (*a TV*)
mag|icien [maʒisjɛ̃] *m* Zauberer; **~ique** [~ik] magisch, Zauber…
magnét|ique [maɲetik] magnetisch; **~ophone** [~ɔfɔn] *m* Tonbandgerät *n*; **~oscope** [~ɔskɔp] *m* Videorekorder
magnifique [maɲifik] herrlich, prächtig
magret [magrɛ] *m* ~ ***de canard*** Entenbrust(filets) *f* (*n/pl*)
mai [mɛ] *m* Mai
maigr|e [mɛgr(ə)] mager; **~ir** [~ir] abnehmen
mail [mɛl] *m Inform* Mail [meːl] *f*
maille [mɑj] *f* Masche
maillot [majo] *m Sp* Trikot [-ko] *n*; ~ (***de bain***) Badehose *f*, *de femme* Badeanzug; ~ ***de corps*** Unterhemd *n*
main [mɛ̃] *f* Hand
mainate [mɛnat] *m* Beo
main-d'œuvre [mɛ̃dœvr(ə)] *f* Arbeitskräfte *f/pl*; *travail* Arbeit
maintenant [mɛ̃tnɑ̃] jetzt
maintenir [mɛ̃tnir] aufrechterhalten; *tradition* erhalten; ~ ***que …*** dabei bleiben, dass
mair|e [mɛr] *m* Bürgermeister; **~ie** [~i] *f* Rathaus *n*
mais [mɛ] aber; *après une négation* sondern
maïs [mais] *m* Mais
maison [mɛzõ] **1.** *f* Haus *n*; ***à la*** ~ zu Hause *od* nach Hause; ~ ***de campagne*** Landhaus *n*; ~ ***de retraite***

Altersheim *n*; **2.** *adj Kochk* hausgemacht; *tarte* selbst gebacken

maître [mɛtr(ə)] *m* Herr; **~ d'école** Grundschullehrer; **~ nageur** Bademeister; **~ d'hôtel** Oberkellner

maîtresse [mɛtrɛs] *f* Herrin; *amante* Geliebte; **~ d'école** Grundschullehrerin; **~ de maison** Dame des Hauses

maîtriser [mɛtrize] *agresseur* überwältigen; *langue* beherrschen; *incendie* unter Kontrolle bringen

majeur [maʒœr] **1.** Haupt…; *partie* Groß…; *jur* volljährig; *Mus* **do** *m* **~** C-Dur *n*; **2.** *m* Mittelfinger

majorité [maʒɔrite] *f* Mehrheit (*a Pol*); *jur* Volljährigkeit

Majorque [maʒɔrk] Mallorca *n*

mal [mal] **1.** (*pl* **maux** [mo]) Böse(s) *n*; *effort* Mühe *f*; **être, se sentir ~** sich nicht wohl fühlen; **avoir ~ (aux dents, à la tête** Zahn-, Kopf-)Schmerzen haben; **faire ~** weh tun (**à q** j-m); **se donner du ~** sich Mühe geben; **avoir le ~ de mer** seekrank sein; **2.** *adv* schlecht; **pas ~** ganz gut; **pas ~ de** ziemlich viel(e)

malad|e [malad] **1.** krank; **2.** *m, f* Kranke(r) *su*, Patient(in) *m(f)*; **~ie** [~i] *f* Krankheit; **~if** [~if] *personne* kränklich; *curiosité* krankhaft

maladroit [maladrwa] ungeschickt

malaise [malɛz] *m* Unbehagen *n*; *Med* Unwohlsein *n*; **avoir un ~** ohnmächtig werden

malchance [malʃɑ̃s] *f* Unglück *n*, Pech *n*

mâle [mɑl] **1.** männlich; **2.** *m Zo* Männchen *n*; F Mann

malentendu [malɑ̃tɑ̃dy] *m* Missverständnis *n*

malfaiteur [malfɛtœr] *m* Übeltäter

malgré [malgre] trotz (*G*)

malh|eur [malœr] *m* Unglück *n*; **~eureusement** [~ørøzmɑ̃] leider; **~eureux** [~ørø] unglücklich

malhonnête [malɔnɛt] unehrlich

malicieux [malisjø] schelmisch

malin [malɛ̃] (*f* **maligne** [maliɲ]) *rusé* schlau; *malveillant* boshaft; *Med* bösartig

malle [mal] *f* Reisekoffer *m*

malsain [malsɛ̃] ungesund

malt [malt] *m* Malz *n*

maltraiter [maltrɛte] misshandeln

malveillant [malvɛjɑ̃] böswillig

maman [mamɑ̃] *f* Mutti, Mama, Mami

mamie [mami] *f* Oma

mammifère [mamifɛr] *m* Säugetier *n*

manche[1] [mɑ̃ʃ] *m d'une pelle*

Stiel; *d'un tournevis* Griff

manche² [mɑ̃ʃ] *f* Ärmel *m*; ***à ~s courtes, longues*** kurz-, langärm(e)lig; ***sans ~s*** ärmellos

Manche [mɑ̃ʃ] ***la ~*** der Ärmelkanal

mandarine [mɑ̃darin] *f* Mandarine

mandat [mɑ̃da] *m* **~ (*postal*)** Postanweisung *f*; ***~ d'arrêt*** Haftbefehl

manège [manɛʒ] *m* Reitbahn *f*; *de fête foraine* Karussell *n*

mangeable [mɑ̃ʒabl(ə)] essbar

manger [mɑ̃ʒe] essen; *animal* fressen; ***inviter q à ~*** j-n zum Essen einladen

mangu|e [mɑ̃g] Mango; **~ier** [~je] *m* Mangobaum

maniable [manjabl(ə)] handlich; *Kfz* wendig

maniaque [manjak] *tatillon* pingelig; *fou* wahnsinnig

manier [manje] umgehen (***qc*** mit et); *voiture* lenken

manière [manjɛr] *f* Art, Weise; **~s** *pl* Manieren *f/pl*, Benehmen *n*; ***faire des ~s*** sich zieren

maniéré [manjere] geziert, gekünstelt

manifest|ation [manifɛstasjõ] *f* Kundgebung, Demonstration; *événement* Veranstaltung; **~er** [~e] (***se ~*** sich) äußern; *Pol* demonstrieren

manipuler [manipyle] handhaben; *péj* manipulieren

manivelle [manivɛl] *f* Kurbel

mannequin [mankɛ̃] *m* (Schaufenster-)Puppe; *modèle* Mannequin *n*

manœuvre¹ [manœvr(ə)] *m* Hilfsarbeiter

manœuvr|e² [manœvr(ə)] *f* *Kfz*, *Mil* Manöver *n*; **~er** [~e] manövrieren

manque [mɑ̃k] *m* Mangel (***de*** an *D*)

manquer [mɑ̃ke] fehlen; *cible* verfehlen; *occasion* verpassen; ***~ de*** Mangel haben an (*D*)

manteau [mɑ̃to] *m* Mantel

manucure [manykyr] *f* Maniküre

manuel [manɥɛl] **1.** Hand..., manuell; **2.** *m* Handbuch *n*

maquereau [makro] *m* Makrele *f*; P Zuhälter

maquill|age [makijaʒ] *m* Schminke *f*, Make-up *n*; **~er** [~e] (***se ~*** sich) schminken

marais [marɛ] *m* Sumpf, Moor *n*

marbre [marbr(ə)] *m* Marmor

marc [mar] *m* Trester *m/pl*; *eau de vie* Tresterschnaps; ***~ de café*** Kaffeesatz

marchand(e) [marʃɑ̃(d)] *m(f)* Händler(in); ***~ des quatre saisons*** Obst- und Gemüsehändler(in); ***~ de journaux*** Zeitungshändler(in)

marchandise [marʃɑ̃diz] *f* Ware

marche [marʃ] *f* Marsch *m* (*a Mil*); *randonnée* Wanderung; *d'escalier* Stufe; ***en ~*** *véhicule* in Fahrt; *machine, moteur* in Gang; *Kfz* ***~ arrière*** Rückwärtsgang *m*
marché [marʃe] *m* Markt; *arrangement* Geschäft *n*; ***~ aux puces*** Flohmarkt; ***au ~*** auf dem (*od* den) Markt; ***bon*** (***meilleur***) ***~*** billig (billiger); ***par-dessus le ~*** (auch) noch dazu
marcher [marʃe] gehen, laufen; *fonctionner* laufen; ***faire ~*** *appareil* anstellen; F *personne* zum Narren halten
marcotte [markɔt] *f Bot* Ableger *m*
mardi [mardi] *m* Dienstag; ***~ gras*** Fastnacht *f*
mare [mar] *f* Tümpel *m*
marécag|e [marekaʒ] *m* Sumpf, Moor *n*; **~eux** [~ø] sumpfig, morastig
marée [mare] *f* Ebbe und Flut, Gezeiten *pl*; ***~ basse*** Ebbe; ***~ 'haute*** Flut; ***~ noire*** Ölpest
marennes [marɛn] *f/pl Austern aus Marennes*
margarine [margarin] *f* Margarine
marg|e [marʒ] *f* Rand *m*; *fig* Spielraum *m*; **~inal** [~inal] **1.** Rand...; *fig a* nebensächlich; **2.** *m* Außenseiter, Aussteiger
mari [mari] *m* (Ehe-)Mann
mariage [marjaʒ] *m* Heirat *f*; *fête* Hochzeit *f*; *institution* Ehe *f*
marié [marje] **1.** verheiratet; **2. ~(e)** *m(f)* Bräutigam *m*, Braut *f*
marier [marje] ***se ~*** heiraten (***avec q*** j-n)
marin [marɛ̃] **1.** Meer(es)..., See...; **2.** *m* Seemann
marine [marin] **1.** *f* Marine; **2.** *adj* (***bleu***) ***~*** marineblau
mariner [marine] in Marinade liegen; (***faire***) ***~*** marinieren
maritime [maritim] See...
marjolaine [marʒɔlɛn] *f* Majoran *m*
mark [mark] *m hist* Mark *f*
marmite [marmit] *f* Kochtopf *m*
Maroc [marɔk] ***le ~*** Marokko *n*
marocain [marɔkɛ̃] **1.** marokkanisch; **2.** ♀ *m* Marokkaner
maroquinerie [marɔkinri] *f* Lederwarengeschäft *n*
marquant [markɑ̃] bedeutend, hervorstechend, markant
marque [mark] *f* Zeichen *n*; *trace* Spur; *Hdl* Marke
marquer [marke] (kenn-)zeichnen; *noter* aufschreiben; *influencer* prägen, *but* schießen
marraine [marɛn] *f* Patin
marron[1] [marɔ̃] braun
marron[2] [marɔ̃] *m* (Ess-)Kastanie *f*, Marone *f*
mars [mars] *m* März
marteau [marto] *m* Hammer

martre [martr(ə)] *f* Marder *m*
masculin [maskylɛ̃] männlich
masque [mask] *m* Maske *f*; **~ à gaz** Gasmaske
massage [masaʒ] *m* Massage *f*
masse [mas] *f* Masse, Menge; **en ~** massenweise, in Massen
mass|er [mase] massieren; **~eur** [~œr] *m*, **~euse** [~øz] *f* Masseur(in) *m(f)*
massif [masif] **1.** massiv; *gros* massig; **2.** *m* (Gebirgs-)Massiv *n*; **~ de fleurs** Blumenbeet *n*; **le** ♀ **central** das Zentralmassiv
mat [mat] matt (*à échecs*)
mât [mɑ] *m* Mast
match [matʃ] *m Sp* Spiel *n*; **~ de foot(ball)** Fußballspiel *n*; **~ aller** Hinspiel *n*; **~ retour** Rückspiel *n*; **~ nul** unentschieden
matelas [matla] *m* Matratze *f*; **~ pneumatique** Luftmatratze *f*
matelot [matlo] *m* Matrose
matériau [materjo] *m* Material *n*; **~x** *pl* Baumaterial *n*
matériel [materjɛl] **1.** materiell; *problèmes* finanziell; **2.** *m* Material *n*; *Inform* Hardware *f*; **~ de camping** Campingausrüstung *f*
matern|el [matɛrnɛl] Mutter…, mütterlich; **~elle** [~ɛl] *f* Kindergarten *m*; **~ité** [~ite] *f* Mutterschaft; *hôpital* Entbindungsstation
mathématiques [matematik] *f/pl* Mathematik *f*
matière [matjɛr] *f* Stoff *m*, Material *n*; *sujet* Thema *n*; *école* (Schul-)Fach *n*; **~ première** Rohstoff *m*; **~s** *pl* **grasses** Fett *n*
matin [matɛ̃] *m* Morgen; *matinée* Vormittag; **ce ~** heute Morgen
matinée [matine] *f* Vormittag *m*, Morgen *m*; *théâtre* **(en) ~** (in der) Nachmittagsvorstellung *f*; **faire la grasse ~** lange schlafen, ausschlafen
maudire [modir] verfluchen
mauvais [movɛ] schlecht; *méchant* böse; *faux* falsch; *mer* bewegt; **il fait ~** es ist schlechtes Wetter
maux *s* **mal**
Mayence [majɑ̃s] Mainz
mayonnaise [majɔnɛz] *f* Mayonnaise
mazout [mazut] *m* Heizöl *n*
me [m(ə)] (*vor Vokal* **m'**) mich; mir
mécanicien [mekanisjɛ̃] *m* Mechaniker; F **~ auto** Automechaniker
mécan|ique [mekanik] **1.** mechanisch; **2.** *f* Mechanik; **~isme** [~ism(ə)] *m* Mechanismus
méch|anceté [meʃɑ̃ste] *f* Bosheit; **~ant** [~ɑ̃] böse; *chien* bissig
mèche [mɛʃ] *f bougie* Docht *m*; *explosif* Zündschnur *f*; *de cheveux* Strähne

mécontent [mekõtɑ̃] unzufrieden
médaille [medaj] *f* Medaille [-daljə]
médecin [medsɛ̃] *m* Arzt, Ärztin *f*; **~ de garde** Notarzt
médecine [medsin] *f* Medizin
médias [medja] *m/pl* Medien *n/pl*
médical [medikal] ärztlich
médicament [medikamɑ̃] *m* Medikament *n*
médiéval [medjeval] mittelalterlich
médiocre [medjɔkr(ə)] unzureichend; *élève* schwach
médit|atif [meditatif] nachdenklich; **~ation** [~asjõ] *f* Nachdenken *n*, Meditation; **~er** [~e] nachdenken (**sur qc** über et *A*), meditieren
Méditerranée [mediterane] **la ~** das Mittelmeer
méduse [medyz] *f* Qualle
méfi|ance [mefjɑ̃s] *f* Misstrauen *n*; **~ant** [~ɑ̃] misstrauisch
méfier [mefje] **se ~ de q** j-m misstrauen
meilleur [mɛjœr] besser; **le ~, la ~e** der, die, das beste; *de la classe* der, die Beste
mélang|e [melɑ̃ʒ] *m* Mischung *f*; **~er** [~e] (ver)mischen (**à** *od* **avec** mit); *dossiers, dates* durcheinanderbringen
mêler [mɛle] (ver)mischen; **se ~ de** sich (ein)mischen in (*A*)
mélèze [melɛz] *m* Lärche *f*
mélodie [melɔdi] *f* Melodie
melon [məlõ] *m* Melone *f*
membre [mɑ̃br(ə)] *m Anat* Glied *n*; *d'un club* Mitglied *n*
même [mɛm] *adv* sogar, selbst; *adj u pron* **le ~, la ~** derselbe, dieselbe, dasselbe; **la ~ chose** dasselbe, das Gleiche; **~ si** selbst wenn; **de ~ que** ebenso (wie); **de ~!** gleichfalls!
mémé [meme] *f* Oma
mémoire [memwar] *f* Gedächtnis *n*; *Inform* Speicher *m*; **~s** *pl* Memoiren; **de ~** aus dem Gedächtnis; **à la ~ de, en ~ de** zur Erinnerung an
menac|e [mənas] *f* Drohung; *danger* Bedrohung; **~er** [~e] drohen (**q de** j-m mit); *avec une arme* bedrohen (j-n mit)
ménage [menaʒ] *m* Haushalt; *couple* Ehepaar *n*; **faire le ~** putzen
ménager[1] [menaʒe] schonen
ménager[2] [menaʒe] *adj* Haushalt(ung)s…
mend|iant(e) [mɑ̃djɑ̃(t)] *m(f)* Bettler(in); **~ier** [~je] betteln
mener [məne] *conduire* bringen; *fig* führen; *diriger* leiten; *route* führen (**à** nach, zu); *Sp* führen
menhir [menir] *m* Menhir, Hinkelstein
méningite [menɛ̃ʒit] *f* Hirnhautentzündung
ménisque [menisk] *m* Meniskus

mensonge [mɑ̃sõʒ] *m* Lüge *f*
mensuel [mɑ̃sɥɛl] **1.** monatlich; **2.** *m* Monatszeitschrift *f*
mental [mɑ̃tal] geistig, Geistes…
mentalité [mɑ̃talite] *f* Mentalität
ment|eur [mɑ̃tœr] *m*, **~euse** [~øz] *f* Lügner(in) *m(f)*
menthe [mɑ̃t] *f* Minze
mentionner [mɑ̃sjɔne] erwähnen
mentir [mɑ̃tir] lügen
menton [mɑ̃tõ] *m* Kinn *n*
menu[1] [məny] schmächtig; *hacher* fein
menu[2] *m* Menü *n* (*a Inform*); *carte* Speisekarte *f*
menuisier [mənɥizje] *m* Tischler, Schreiner
mépri|s [mepri] *m* Verachtung *f*; **~ser** [~ze] verachten
mer [mɛr] *f* Meer *n*, See; ***la ~ Baltique*** die Ostsee; ***la ~ du Nord*** die Nordsee; ***à la ~*** am *od* ans Meer, an der *od* an die See
mercerie [mɛrsəri] *f articles* Kurzwaren *f/pl*; *magasin* Kurzwarengeschäft *n*
merci [mɛrsi] danke; ***~ beaucoup!*** vielen Dank!; ***~ de*** *od* ***pour*** danke für
mercredi [mɛrkrədi] *m* Mittwoch; ***le ~*** mittwochs
mercure [mɛrkyr] *m* Quecksilber *n*
merde [mɛrd] *f* P Scheiße
mère [mɛr] *f* Mutter
merguez [mɛrgɛz] *f scharfes Würstchen* (*aus Nordafrika*)
méridional [meridjɔnal] südfranzösisch
meringue [mərɛ̃g] *f* Baiser *n*
mérit|e [merit] *m* Verdienst *n*; **~er** [~e] verdienen
merlan [mɛrlɑ̃] *m* Merlan
merle [mɛrl] *m* Amsel *f*
merveille [mɛrvɛj] *f* Wunder *n*; ***à ~*** vortrefflich
merveilleux [mɛrvɛjø] wunderbar
mesdames [medam] ***~ (et messieurs)!*** meine Damen (und Herren)!
mesquin [mɛskɛ̃] kleinlich
message [mɛsaʒ] *m* Nachricht *f*; *petit mot* ***un ~*** ein paar Zeilen *f/pl*
messe [mɛs] *f* Messe
messieurs [mesjø] *m/pl* Herren; ***~!*** meine Herren!; P ***~ dames!*** die Herrschaften!
mesure [məzyr] *f* Maß *n*; *disposition* Maßnahme; *Mus* Takt *m*; ***être en ~ de*** in der Lage sein zu; ***sur ~e*** nach Maß; ***en ~*** im Takt
mesurer [məzyre] messen; ***~ 1,80 m*** 1,80 m groß sein; ***tu mesures combien?*** wie groß bist du?
métal [metal] *m* (*pl* **-aux** [-o]) Metall *n*
météo [meteo] F *f* Wetterbericht *m*
méthode [metɔd] *f* Methode
méticuleux [metikylø] peinlich genau

métier [metje] *m* Beruf; Handwerk *n*
mètre [mɛtr(ə)] *m* Meter *n*; *règle, ruban* Metermaß *n*
métro [metro] *m* U-Bahn *f*
mets [mɛ] *m Kochk* Gericht *n*
metteur [mɛtœr] *m* ~ **en scène** Regisseur
mettre [mɛtr(ə)] (**se** ~ sich) legen, stellen, setzen; *vêtements* (sich) anziehen; ~ **deux jours à** (+ *inf*) zwei Tage brauchen, um zu; ~ **en marche** anlassen; ~ **au courant** informieren; **se** ~ **à faire qc** anfangen, et zu tun
meuble [mœbl(ə)] *m* Möbel(-stück) *n*; ~**s** *pl* Möbel
meubl|é [mœble] möbliert; ~**er** [~e] (**se** ~ sich) einrichten
meunière [mønjɛr] *f* (**à la**) ~ nach Müllerinart
meurt [mœr] *prés von* **mourir**
meurtr|e [mœrtr(ə)] *m* Mord; ~**ier** [~ije] *m* Mörder
mi-... [mi] halb...; (**à la**) ~**-janvier** Mitte Januar
micro [mikro] *m* Mikrophon *n*
microbe [mikrɔb] *m* Mikrobe *f*
micro-ondes [mikrɔɔ̃d] *m* Mikrowellenherd
micro(-ordinateur) [mikro(-ɔrdinatœr)] *m* PC
micro|processeur [mikroprɔsɛsœr] *m* Mikroprozessor; ~**scope** [~skɔp] *m* Mikroskop *n*
midi [midi] *m* Mittag; *heure* zwölf (Uhr); **le** ♀ Südfrankreich *n*; **à** ~ mittags; *heure* um zwölf (Uhr)
mie [mi] *f* Krume
miel [mjɛl] *m* Honig
mien [mjɛ̃] (*f* **mienne** [mjɛn]) **le** ~, **la** ~**ne** meine(r, -s); **les** ~**s, les** ~**nes** meine
mieux [mjø] besser; **le** ~ am besten; **beaucoup** ~, **bien** ~ viel besser; **un peu** ~ etwas besser; **le** ~ **possible** so gut wie möglich; **au** ~ bestenfalls; **de** ~ **en** ~ immer besser
mignon [miɲõ] niedlich
migraine [migrɛn] *f* Migräne
mijoter [miʒɔte] bei schwacher Hitze schmoren
mil [mil] *dans une date* tausend
milieu [miljø] *m* Mitte *f*; *entourage* Umwelt *f*; *social* Milieu *n*; **au** ~ **de** in der Mitte (*G*)
militaire [militɛr] **1.** militärisch; **2.** *m* Soldat
mille [mil] **1.** tausend; **2.** *m* ~ (**marin**) Seemeile *f*
millénaire [milenɛr] *m* Jahrtausend *n*
millefeuille [milfœj] *m Cremeschnitte aus Blätterteig*
millésime [milezim] *m d'un vin* Jahrgang
milliard [miljar] *m* Milliarde *f*
millième [miljɛm] **1.** tausendste(r, -s); **2.** *m Math* Tausendstel *n*
millier [milje] *m* Tausend *n*; **un** ~ **de** tausend; **des** ~**s** (**de**) Tausende (von)

millimètre [milimɛtr(ə)] *m* Millimeter *m od n*
million [miljõ] *m* Million *f*
mince [mɛ̃s] dünn; *personne* schlank
mine[1] [min] *f* Mine (*a Mil*)
mine[2] [min] *f expression* Gesicht *n*; *aspect* Äußere(s) *n*; ***avoir bonne ~*** gut aussehen
mineur[1] [minœr] zweitrangig; *jur* minderjährig; *Mus* ***do*** *m* **~** c-Moll *n*
mineur[2] [minœr] *m* Bergmann
minibar [minibar] *m* Minibar *f*
minibus [minibys] *m* Kleinbus
minijupe [miniʒyp] *f* Minirock *m*
minime [minim] winzig
minimum [minimɔm] *m* Minimum *n*
minis|tère [ministɛr] *m* Ministerium *n*; **~tre** [~tr(ə)] *m* Minister
minitel® [minitɛl] *m etwa* Btx(-Gerät) *n*, Bildschirmtext
minorité [minɔrite] *f* Minderheit
minuit [minɥi] *m* Mitternacht *f*
minute [minyt] *f* Minute; ***une ~!*** e-n Augenblick!
minutieux [minysjø] peinlich genau
mirabelle [mirabɛl] *f* Mirabelle
miracle [mirɑkl(ə)] *m* Wunder *n*
miroir [mirwar] *m* Spiegel
mis [mi] *p/p von* ***mettre***
mise [miz] *f au jeu* Einsatz *m*; ***~ au point*** Einstellung, *fig* Richtigstellung; ***~ en plis*** Wasserwelle; ***~ en scène*** Inszenierung
miser [mize] setzen (***sur*** auf *A*)
misérable [mizerabl(ə)] elend, erbärmlich
misère [mizɛr] *f* Elend *n*
mission [misjõ] *f* Auftrag *m*
missionnaire [misjɔnɛr] *m* Missionar
mite [mit] *f* Motte
mi-temps [mitɑ̃] *f Sp* Halbzeit; ***travailler à ~*** halbtags arbeiten
mitraill|ette [mitrajɛt] *f* Maschinenpistole; **~euse** [~øz] *f* Maschinengewehr *n*
mixeur [miksœr] *m* Mixer
mixte [mikst] gemischt
MJC [ɛmʒise] *f* (*Maison des jeunes et de la culture*) städtisches Jugendklubhaus *n*
Mlle (*mademoiselle*) Frl. (*Fräulein*)
Mme (*madame*) Fr. (*Frau*)
mobile [mɔbil] **1.** beweglich; **2.** *m* Beweggrund, Motiv *n*
mobylette® [mɔbilɛt] *f* Mofa *n*
mode[1] [mɔd] *m* Art *f*, Weise *f*; ***~ d'emploi*** Gebrauchsanweisung *f*
mode[2] [mɔd] *f* Mode; ***à la ~*** Mode…, modisch
modèle [mɔdɛl] **1.** Muster…;

2. *m* Modell *n*; *fig exemple* Vorbild *n*
modem [mɔdɛm] *m* Modem *n*
modération [mɔderasjõ] *f* Mäßigung
modéré [mɔdere] mäßig; *prix, personne* maßvoll
modern|e [mɔdɛrn] modern; **~iser** [~ize] modernisieren
modeste [mɔdɛst] bescheiden
modif|ication [mɔdifikasjõ] *f* (Ab-)Änderung; **~ier** [~je] ändern; *retoucher* abändern
modulation [mɔdylasjõ] *f* **(en) ~ de fréquence** (auf) UKW
moelle [mwal] *f* Mark *n*; **~ épinière** Rückenmark *n*
mœurs [mœr(s)] *f/pl* Sitten
moi [mwa] *après prp* mich (*A*), mir (*D*); *sujet* ich
moindre [mwɛ̃dr(ə)] geringer, minder; **le, la ~** der, die, das geringste
moine [mwan] *m* Mönch
moineau [mwano] *m* Spatz
moins[1] [mwɛ̃] weniger (**que, de** als); **le ~** am wenigsten; **~ cher** billiger; **le ~ cher** am billigsten; **du ~, au ~** wenigstens; **de ~ en ~** immer weniger; **à ~ que** es sei denn, dass
moins[2] [mwɛ̃] *prp Math, température* minus; *Hdl* abzüglich (*G*); **cinq heures ~ dix** zehn vor fünf
mois [mwa] *m* Monat
mois|i [mwazi] **1.** schimm(e)lig; **2.** *m* Schimmel; **~ir** [~ir] (ver)schimmeln; **~issures** [~isyr] *f/pl* Schimmel *m*
moisson [mwasõ] *f* Ernte
moissonner [mwasɔne] ernten
moitié [mwatje] *f* Hälfte; **à ~** halb, zur Hälfte
moka [mɔka] *m* Mokka; *gâteau* Mokka- *od* Schokoladentörtchen *n*
molaire [mɔlɛr] *f* Backenzahn *m*
molle *s* **mou**
mollet [mɔlɛ] *m* Wade *f*
moment [mɔmɑ̃] *m* Augenblick, Moment; **en ce ~** im Augenblick, in diesem Moment; **dans un ~** gleich; **pour le ~** vorerst; **au ~ où** in dem Augenblick, als *od* wo
momentané [mɔmɑ̃tane] augenblicklich
mon [mõ] (*f* **ma** [ma], *pl* **mes** [me]) mein(e)
monastère [mɔnastɛr] *m* Kloster *n*
monde [mõd] *m* Welt *f*; **du ~** Leute *pl*; **tout le ~** jeder (-mann), alle
mondial [mõdjal] Welt…; **~isation** [~izasjõ] *f* Globalisierung
monétaire [mɔnetɛr] Geld…, Währungs…, Münz…
moni|teur [mɔnitœr] *m*, **~trice** [~tris] *f de ski* Skilehrer(in) *m(f)*; *d'auto-école* Fahrlehrer(in) *m(f)*; *de colonie de va-*

cances Betreuer(in) *m(f)*
monnaie [mɔnɛ] *f d'un pays* Währung; *argent* Geld *n*; *pièces* Kleingeld *n*; ***rendre la ~*** herausgeben; ***faire la ~ de 100 euros*** 100 Euro wechseln
monologue [mɔnɔlɔg] *m* Selbstgespräch *n*
monotone [mɔnɔtɔn] eintönig
monsieur [məsjø] *m* Herr; *lettre* ♀, Sehr geehrter Herr (+ *nom de famille*)
monstr|e [mõstr(ə)] **1.** *m* Ungeheuer *n*; **2.** *adj* Monster…, Riesen…; **~ueux** [~yø] scheußlich
mont [mõ] *m* Berg
montagne [mõtaɲ] *f mont* Berg *m*; *opposé à plaine* Gebirge *n*, Berge *m/pl*; ***à la ~*** im *od* ins Gebirge
montant [mõtɑ̃] *m* Betrag
montée [mõte] *f ascenscion* Aufstieg *m*; *pente* Steigung; *fig hausse* Anstieg *m*
monter [mõte] steigen (***à, sur*** auf *A*), hinauf- *od* herauf- *od* hochgehen (*véhicule* -fahren); *route* ansteigen; *température, marée* steigen; *Tech* montieren; *tente* aufschlagen; ***~ dans*** (ein)steigen in (*A*); ***se ~ à*** betragen (*A*)
montre [mõtr(ə)] *f* Uhr; **~-bracelet** [~braslɛ] *f* Armbanduhr
montrer [mõtre] zeigen
monture [mõtyr] *f* **~ (*de lunettes*)** Brillengestell *n*
monument [mɔnymɑ̃] *m* Denkmal *n*
moquer [mɔke] ***se ~ de*** sich lustig machen über (*A*)
moquette [mɔkɛt] *f* Teppichboden *m*
moqueur [mɔkœr] spöttisch
moral [mɔral] **1.** moralisch; *psychologique* seelisch; **2.** *m* Moral *f*, Stimmung *f*
morale [mɔral] *f* Moral
morceau [mɔrso] *m* (*pl* **~x**) Stück *n*
mordre [mɔrdr(ə)] beißen; *insecte* stechen; *poisson* anbeißen; ***se ~ la langue*** sich auf die Zunge beißen
morille [mɔrij] *f* Morchel
morse [mɔrs] *m Zo* Walross *n*
morsure [mɔrsyr] *f* Bisswunde; (Insekten-)Stich *m*
mort [mɔr] **1.** tot, gestorben; *bois* dürr; **2.** *f* Tod *m*; **3. ~(e)** [~(t)] *m(f)* Tote(r) *su*
mortel [mɔrtɛl] tödlich; *l'homme* sterblich; F *très ennuyeux* sterbenslangweilig
morue [mɔry] *f* Kabeljau *m*
mosaïque [mɔzaik] *m* Mosaik *n*
mosquée [mɔske] *f* Moschee
mot [mo] *m* Wort *n*; **~s *pl croisés*** Kreuzworträtsel *n*; *Inform* ***~ de passe*** Passwort *n*
motard [mɔtar] *m* Motorradfahrer *m* (*der Polizei*)
motel [mɔtɛl] *m* Motel *n*
moteur [mɔtœr] *m* Motor; ***~ Diesel*** Dieselmotor; ***~ à***

deux temps Zweitaktmotor; *Inform* ~ ***de recherche*** Suchmaschine *f*
motif [mɔtif] *m* Motiv *n*
moto [mɔto] F *f*, **~cyclette** [~siklɛt] *f* Motorrad *n*; **~cycliste** [~siklist] *m* Motorradfahrer
motte [mɔt] *f* ~ (***de terre***) Scholle; ~ ***de beurre*** Butterklumpen *m*
mou [mu] (*f* ***molle*** [mɔl]) weich; *apathique* lahm
mouche [muʃ] *f* Fliege
mouch|er [muʃe] ***se*** ~ sich die Nase putzen; **~oir** [~war] *m* Taschentuch *n*; ~ ***en papier*** Papiertaschentuch *n*
moudre [mudr(ə)] mahlen
mouette [mwɛt] *f* Möwe
mouillé [muje] nass; ***être tout mouillé*** völlig durchnässt sein
mouiller [muje] nass machen; ***se*** ~ nass werden
moule[1] [mul] *f Zo* Miesmuschel; **~s** *pl* ***marinière*** *in Weinsud gekochte Miesmuscheln*
moul|e[2] [mul] *m* (Gieß-)Form *f*; *Kochk* Back-, Kuchenform; **~er** [~e] *statue* gießen; *briques* formen
moulin [mulɛ̃] *m* Mühle *f*; ~ ***à vent*** Windmühle *f*; ~ ***à café*** Kaffeemühle *f*; ~ ***à poivre*** Pfeffermühle *f*
moulu [muly] gemahlen
mourir [murir] sterben
mousse[1] [mus] *f Bot* Moos *n*
mousse[2] [mus] *f* Schaum *m*; *Kochk* Mousse; *matière plastique* Schaumstoff *m*; ~ ***à raser*** Rasierschaum *m*; ~ ***au chocolat*** Schokoladencremespeise
mouss|er [muse] schäumen; **~eux** [~ø] **1.** schäumend; **2.** *m* Schaumwein
moustache [mustaʃ] *f* Schnurrbart *m*
moustiquaire [mustikɛr] *m* Moskitonetz *n*
moustique [mustik] *m* (Stech-)Mücke *f*
moût [mu] *m* Most
moutarde [mutard] *f* Senf *m*
mouton [mutõ] *m* Schaf *n*; *mâle castré* Hammel; *viande* Hammelfleisch *n*
mouvement [muvmɑ̃] *m* Bewegung *f*
mouvementé [muvmɑ̃te] *séance* erregt; *vie* bewegt
moyen [mwajɛ̃] **1.** mittlere(r, -s), durchschnittlich; **2.** *m* Mittel *n*; **~s** *pl* (Geld-)Mittel *n/pl*; *capacités* Fähigkeiten *f/pl*
moyenne [mwajɛn] *f* Durchschnitt *m*
mozzarella [mɔdzarela] *f* Mozzarella *m*
M.S.T *f* (*maladie sexuellement transmissible*) Geschlechtskrankheit
muet [mɥɛ] (*f* ***-ette*** [-ɛt]) stumm
muguet [mygɛ] *m* Maiglöckchen *n*

mule [myl] *f* Pantoffel *m*
mulet [mylɛ] *m* Maulesel
multi|colore [myltikɔlɔr] bunt; **~culturel** [~kyltyrɛl] multikulturell
multiple [myltipl(ə)] verschieden; ***à de ~s reprises*** mehrmals
multiplier [myltiplije] vermehren; *Math* multiplizieren; ***se ~*** sich häufen; *Biol* sich vermehren
multitude [myltityd] *f* ***une ~ de …*** e-e Vielzahl von (*od G*)
Munich [mynik] München
municipal [mynisipal] (*pl* ***-aux*** [-o]) kommunal; städtisch; **~ité** [~ite] *f commune* Gemeinde; *ville* Stadt
munir [mynir] ausrüsten, versehen (***de*** mit)
munitions [mynisjõ] *f/pl* Munition *f*
mûr [myr] reif
mur [myr] *m* Mauer *f*; *intérieur* Wand *f*; **~aille** [~aj] *f* (Stadt-)Mauer; **~al** [~al] Wand…
mûre [myr] *f* Brombeere
murer [myre] zumauern
mûrir [myrir] reifen
murmur|e [myrmyr] *m* Gemurmel *n*; **~er** [~e] murmeln
muscade [myskad] *f* Muskatnuss
muscat [myska] *m* Muskateller(wein)
muscle [myskl(ə)] *m* Muskel
musclé [myskle] muskulös
musculation [myskylasjõ] *f* Muskeltraining *n*
museau [myzo] *m* Schnauze *f*
musée [myze] *m* Museum *n*
musicien [myzisjɛ̃] **1.** musikalisch; **2.** *m* Musiker
musique [myzik] *f* Musik; ***~ classique*** klassische Musik; ***~ pop*** Popmusik; ***~ de chambre*** Kammermusik
musulman [myzylmɑ̃] **1.** moslemisch, mohammedanisch; **2.** *m* Moslem, Mohammedaner
mutiler [mytile] verstümmeln
mutuel(lement) [mytɥɛl (-mɑ̃)] gegenseitig
mygale [migal] *f* Vogelspinne
myope [mjɔp] kurzsichtig
myosotis [mjɔzɔtis] *m* Vergissmeinnicht *n*
myrtille [mirtij] *f* Heidel-, Blaubeere
mystère [mistɛr] *m* Geheimnis *n*; *énigme* Rätsel *n*
mystérieux [misterjø] geheimnisvoll

N

nacre [nakr(ə)] *f* Perlmutt *n*
nage [naʒ] *f* Schwimmen *n*; ***être en ~*** schweißgebadet sein
nageoire [naʒwar] *f* Flosse
nager [naʒe] schwimmen; ***~ le crawl*** kraulen
nag|eur [naʒœr] *m*, **~euse** [~øz] *f* Schwimmer(in) *m(f)*
naïf [naif] naiv
nain [nɛ̃] *m* Zwerg
naissance [nɛsɑ̃s] *f* Geburt; *fig* Entstehung
naître [nɛtr(ə)] geboren werden; *fig* entstehen
nappe [nap] *f* Tischtuch *n*
narcisse [narsis] *m* Narzisse *f*
narcotique [narkɔtik] *m* Betäubungsmittel *n*
narine [narin] *f* Nasenloch *n*
narration [narasjõ] *f* Erzählung
natal [natal] Geburts…, Heimat…; **~ité** [~ite] *f* (***taux*** *m* ***de***) ~ Geburtenzahl
natation [natasjõ] *f* Schwimmen *n*
natif [natif] ***~ de*** gebürtig aus
nation [nasjõ] *f* Nation
national [nasjɔnal] National…
nationale [nasjɔnal] *f correspond à* Bundesstraße
nationalité [nasjɔnalite] *f* Staatsangehörigkeit, Nationalität
natte [nat] *f* Zopf *m*; ***~ isolante*** Isomatte
nature [natyr] *f* Natur; *caractère a* Wesen *n*; ***~ morte*** Stillleben *n*; ***café*** *m* ~ schwarzer Kaffee
naturel [natyrɛl] natürlich, Natur…; **~lement** [~mɑ̃] natürlich, selbstverständlich
naturisme [natyrism(ə)] *m* Freikörperkultur *f*, FKK
naufrage [nofraʒ] *m* Schiffbruch
nausée [noze] *f* Übelkeit
nautique [notik] Wasser…
naval [naval] See…
navarin [navarɛ̃] *m* Lammragout *n*
navet [navɛ] *m* weiße Rübe *f*
navette [navɛt] *f* Pendelzug *m*, -bus *m*; *bac* Fähre; *correspondance* Zubringer(bus) *m*; ***faire la ~*** pendeln
navigateur [navigatœr] *m Inform* Browser ['brauzər]
navigation [navigasjõ] *f* Schifffahrt; ***~ aérienne*** Luftfahrt; ***~ spatiale*** Raumfahrt
navire [navir] *m* (See-)Schiff *n*
navré [navre] tief betrübt
ne [nə] ***~ … pas*** nicht; ***~ … que*** nur, *temporel* erst; ***~ … plus*** nicht mehr
né [ne] (*p/p von* ***naître***) geboren

néanmoins [neɑ̃mwɛ̃] dennoch, trotzdem
nécessaire [nesesɛr] **1.** notwendig; **2.** *m* **le ~** das Notwendige; *trousse* Necessaire *n*
nécessit|é [nesɛsite] *f* Notwendigkeit; **~er** [~] erfordern
néerlandais [neɛrlɑ̃dɛ] **1.** niederländisch; **2.** ♀ *m* Niederländer
nef [nɛf] *f* Schiff *n*
néfaste [nefast] verhängnisvoll
négatif [negatif] **1.** negativ; *réponse* verneinend; **2.** *m Fot* Negativ *n*
négation [negasjõ] *f* Verneinung
néglig|ent [negliʒɑ̃] nachlässig; **~er** [~e] vernachlässigen
négoc|iant [negɔsjɑ̃] *m* **~ en vins** Weinhandlung *f*; **~ier** [~je] verhandeln
neige [nɛʒ] *f* Schnee *m*; **~ fraîche** Neuschnee *m*; **~ fondue** Schneeregen *m*; **~ verglacée** Schneeglätte
neiger [nɛʒe] schneien; ***il neige*** es schneit
neigeux [nɛʒø] verschneit; *sommet* schneebedeckt
néon [neõ] *m* Neon *n*; *tube* Neonröhre *f*
nerf [nɛr] *m* Nerv
nerv|eux [nɛrvø] nervös, Nerven…; **~osité** [~ozite] *f* Nervosität
n'est-ce pas? [nɛspa] nicht wahr?
net [nɛt] *propre* sauber, rein; *clair* klar, deutlich; *réponse* eindeutig; *Fot, TV* scharf; *Hdl* Netto…
netteté [nɛtte] *f* Sauberkeit; Klarheit; *Fot, TV* Schärfe
nettoyage [nɛtwajaʒ] *m* Reinigung *f*; **~ à sec** chemische Reinigung *f*
nettoyer [nɛtwaje] reinigen, säubern
neuf[1] [nœf] neun
neuf[2] [nœf] (*f* ***neuve*** [nœv]) neu
neutre [nøtr(ə)] neutral; *Gr* sächlich
neuvième [nœvjɛm] **1.** neunte(r, -s); **2.** *m Math* Neuntel *n*
névé [neve] *m* Firn
neveu [nəvø] *m* Neffe
névr|algie [nevralʒi] *f* Neuralgie; **~otique** [~ɔtik] neurotisch
nez [ne] *m* Nase *f*
ni [ni] und nicht; **~ … ~ …** weder … noch …
niais [njɛ] albern
Nice [nis] Nizza
niche [niʃ] *f* Nische; *de chien* Hundehütte
nid [ni] *m* Nest *n*
nièce [njɛs] *f* Nichte
nier [nje] leugnen
n'importe *s* ***importer***[2]
niveau [nivo] *m* Niveau *n* (*a fig*); *hauteur* Höhe *f*; **~ d'huile** Ölstand; **~ de la mer** Meeresspiegel; **~ de**

vie Lebensstandard; ***au ~ de*** auf gleicher Höhe mit
nobl|e [nɔbl(ə)] **1.** ad(e)lig; *fig* edel; **2.** *m, f* Adlige(r) *su*; **~esse** [-ɛs] *f* Adel *m*
noce [nɔs] *f*, **~s** *pl* Hochzeit *f*
nocif [nɔsif] schädlich
nocturne [nɔktyrn] **1.** nächtlich, Nacht...; **2.** *f od m Hdl Öffnungszeit am Abend*
Noël [nɔɛl] *m* Weihnachten *n*; ***père*** *m* ~ Weihnachtsmann
nœud [nø] *m* Knoten
noir [nwar] **1.** schwarz; *sombre* dunkel; F *ivre* blau; **2.** **♀(e)** *m(f)* Schwarze(r) *su*
noisette [nwazɛt] *f* Haselnuss
noix [nwa] *f* (Wal-)Nuss
nom [nõ] *m* Name; ***petit ~*** Vorname; ***~ de famille*** Familienname; ***~ de jeune fille*** Geburts- *od* Mädchenname; ***~ propre*** Eigenname; ***de ~*** dem Namen nach
nombre [nõbr(ə)] *m* Zahl *f*; *quantité à* Anzahl *f*
nombreux [nõbrø] zahlreich
nombril [nõbri(l)] *m* Nabel
nommer [nɔme] nennen; *à une fonction* ernennen; ***se ~*** sich nennen, heißen
non [nõ] nein; ***moi ~*** ich nicht!; ***moi ~ plus*** ich auch nicht; ***~ seulement ..., mais encore*** nicht nur ..., sondern auch
nonante [nɔnɑ̃t] *Belgique, Suisse* neunzig
non|-fumeur [nõfymœr] *m* Nichtraucher; **~-nageur** [-naʒœr] *m* Nichtschwimmer
nord [nɔr] *m* Norden; ***au ~ de*** nördlich von
nord|-est [nɔrɛst] *m* Nordosten; **~-ouest** [nɔrwɛst] *m* Nordwesten
normal [nɔrmal] normal; **~ement** [-mɑ̃] normalerweise
normand [nɔrmɑ̃] aus der Normandie
Normandie [nɔrmɑ̃di] ***la ~*** die Normandie
Norvège [nɔrvɛʒ] ***la ~*** Norwegen *n*
norvégien [nɔrveʒjɛ̃] **1.** norwegisch; **2.** **♀** *m* Norweger
nos [no] *s* ***notre***
nostalgie [nɔstalʒi] *f* Sehnsucht (***de*** nach)
notaire [nɔtɛr] *m* Notar
notamment [nɔtamɑ̃] besonders
note [nɔt] *f* Note; *annotation* Anmerkung; *d'hôtel* Rechnung
noter [nɔte] *écrire* (sich) notieren, (sich) aufschreiben; *constater* feststellen
notice [nɔtis] *f d'un lave-linge* Anleitung; *d'un médicament* Beipackzettel *m*
notion [nosjõ] *f* Begriff *m*; **~s** *pl* Grundkenntnisse (***de*** in *D*)
notre [nɔtr(ə)] (*pl* ***nos*** [no]) unser(e)
nôtre [notr(ə)] ***le ~, la ~*** unsere(r, -s); ***les ~s*** *pl* unsere

nouer [nwe] (zusammen-, zu-)binden
nouilles [nuj] *f/pl* Nudeln
nourrice [nuris] *f* Tagesmutter
nourrir [nurir] ernähren; *animaux* füttern; ***se*** ~ sich ernähren (***de*** von)
nourriss|ant [nurisɑ̃] nahrhaft; **~on** [₋ɔ̃] *m* Säugling
nourriture [nurityr] *f* Nahrung
nous [nu] wir; *complément d'objet* uns
nouveau [nuvo] (*vor Vokal* ***nouvel***, *f* ***nouvelle*** [nuvɛl]) neu; ***de*** *od* ***à*** ~ wieder, noch einmal; **~-né** [₋ne] *m* Neugeborene(s) *n*
nouveauté [nuvote] *f* Neuheit
nouvel(le) *s* ***nouveau***
nouvelle [nuvɛl] *f* Nachricht; *récit* Novelle; *radio*, *TV* **~s** *pl* Nachrichten
Nouvelle-Zélande [nuvɛlzelɑ̃d] ***la*** ~ Neuseeland *n*
novembre [nɔvɑ̃br(ə)] *m* November
novice [nɔvis] **1.** unerfahren; **2.** *m* Neuling
noyau [nwajo] *m* Kern
noyer[1] [nwaje] ertränken; ***se*** ~ ertrinken
noyer[2] [nwaje] *m* Nussbaum
nu [ny] **1.** nackt; *plaine*, *arbre* kahl; **2.** *m Mal* Akt
nuage [nɥaʒ] *m* Wolke *f*
nuageux [nɥaʒø] wolkig
nuancer [nɥɑ̃se] nuancieren, differenzieren
nucléaire [nykleɛr] Kern…, nuklear; ***centrale*** *f* ~ Kernkraftwerk *n*
nudisme [nydism(ə)] *m* Freikörperkultur *f*, FKK
nuire [nɥir] schaden (***à*** *D*)
nuisible [nɥizibl(ə)] schädlich (***à*** für)
nuit [nɥi] *f* Nacht; *à l'hôtel a* Übernachtung; ***cette*** ~ heute Nacht; ***la*** ~ nachts; ***bonne*** **~!** gute Nacht; ***il fait*** ~ es ist Nacht, dunkel; ***la*** ~ ***tombe*** es wird Nacht, dunkel
nul [nyl] *Sp* unentschieden; *visibilité*, *risques* gleich null; *devoir* wertlos
nullement [nylmɑ̃] keineswegs
numérique [nymerik] digital
numéro [nymero] *m* Nummer *f*; ~ ***de la chambre*** Zimmernummer *f*; ~ ***de fax*** Faxnummer *f*; ~ ***d'immatriculation*** Zulassungsnummer *f*; ~ ***de téléphone*** Telefonnummer *f*; ~ ***vert*** Service-130-Rufnummer *f*; ***faire le*** ~ wählen; ***faire un faux*** ~ sich verwählen
numéroter [nymerɔte] nummerieren
nu-pieds [nypje] **1.** barfuß; **2.** *m/pl* (einfache) Sandalen *f/pl*
nuque [nyk] *f* Genick *n*, Nacken *m*

O

oasis [ɔazis] *f* Oase
obéir [ɔbeir] gehorchen (**à** *D*)
obéissance [ɔbeisɑ̃s] *f* Gehorsam *m*
obélisque [ɔbelisk] *m* Obelisk
objectif [ɔbʒɛktif] **1.** objektiv; **2.** *m but* Ziel *n*; *Fot* Objektiv *n*
objection [ɔbʒɛksjõ] *f* Einwand *m*
objet [ɔbʒɛ] *m* Gegenstand; **~ *d'art*** Kunstgegenstand; **~*s*** *pl* ***de valeur*** Wertsachen *f/pl*; ***bureau*** *m* ***des ~s trouvés*** Fundbüro *n*
obligation [ɔbligasjõ] *f* Verpflichtung
obligatoire [ɔbligatwar] obligatorisch; ***enseignement*** *m* ~ Schulpflicht *f*
obligé [ɔbliʒe] dankbar, verbunden; ***je vous serais très ~(e) de bien vouloir faire qc*** ich wäre Ihnen sehr dankbar, wenn Sie et tun würden
oblig|eant [ɔbliʒɑ̃] freundlich, entgegenkommend; **~er** [~e] zwingen (**à** zu)
oblique [ɔblik] schief, schräg
oblitérer [ɔblitere] entwerten
obscène [ɔpsɛn] obszön
obscur [ɔpskyr] dunkel (*a fig*); **~ité** [~ite] *f* Dunkelheit
obsèques [ɔpsɛk] *f/pl* Trauerfeier *f*, Beisetzung *f*
observation [ɔpsɛrvasjõ] *f* Beobachtung; *remarque* Bemerkung
observatoire [ɔpsɛrvatwar] *m* Observatorium *n*
observer [ɔpsɛrve] beobachten; *remarquer* bemerken; *règlement* einhalten
obstacle [ɔpstakl(ə)] *m* Hindernis *n*
obstiné [ɔpstine] hartnäckig
obstiner [ɔpstine] ***s'~*** stur sein; ***s'~ à faire qc*** sich darauf versteifen, et zu tun
obtenir [ɔptənir] erlangen
obturateur [ɔptyratœr] *m Fot* Verschluss
obus [ɔby] *m* Granate *f*
occasion [ɔkazjõ] *f* Gelegenheit; ***à l'~*** gelegentlich, bei Gelegenheit; ***à l'~ de*** anlässlich (*G*); ***d'~*** gebraucht; ***voiture*** *f* ***d'~*** Gebrauchtwagen *m*
occasionner [ɔkazjɔne] verursachen
Occident [ɔksidɑ̃] *m* ***l'~*** der Westen
occidental [ɔksidɑ̃tal] westlich
occup|ant [ɔkypɑ̃] *m* (Haus-)Bewohner; *Kfz* Insasse; **~ation** [~asjõ] *f* Beschäftigung; *Mil* Besetzung
occupé [ɔkype] *personne* beschäftigt; *place, taxi, Tel* be-

setzt; *appartement* bewohnt
occuper [ɔkype] *enfant* beschäftigen; *temps, soirées* verbringen; *de la place* ein-, wegnehmen; *appartement* bewohnen; *poste* innehaben; *Mil* besetzen; ***s'~ de*** sich beschäftigen mit, sich kümmern um
océan [ɔseɑ̃] *m* Ozean
octante [ɔktɑ̃t] *Belgique, Suisse* achtzig
octobre [ɔktɔbr(ə)] *m* Oktober
oculiste [ɔkylist] *m, f* Augenarzt *m*, -ärztin *f*
odeur [ɔdœr] *f* Geruch *m*; *parfum* Duft *m*; ***mauvaise ~*** Gestank *m*
odieux [ɔdjø] grässlich; ***~ avec q*** gemein zu j-m
odorat [ɔdɔra] *m* Geruchssinn
œil [œj] *m* (*pl* ***yeux*** [jø]) Auge *n*; ***coup*** *m* ***d'~*** Blick
œillet [œjɛ] *m* Nelke *f*
œuf [œf] *m* (*pl* ***~s*** [ø]) Ei *n*; ***~ à la coque*** weiches Ei *n*; ***~ dur*** hartes Ei *n*; ***~ sur le plat*** Spiegelei *n*; ***~s*** *pl* ***brouillés*** Rührei(er) *n(pl)*
œuvre [œvrə] *f* Werk *n*; ***~ d'art*** Kunstwerk *n*
offens|e [ɔfɑ̃s] *f* Beleidigung; **~er** [~e] beleidigen
office [ɔfis] *m* Dienststelle *f*; *messe* Gottesdienst; ***~ de tourisme*** Verkehrsamt *n*; ***d'~*** von Amts wegen
officiel [ɔfisjɛl] offiziell
officier [ɔfisje] *m* Offizier
offre [ɔfr(ə)] *f* Angebot *n*; ***~s*** *pl* ***d'emploi*** Stellenangebote *n/pl*; ***~ de dernière minute*** Last-Minute-Angebot [lɑːst'minit-] *n*
offrir [ɔfrir] anbieten; *en cadeau* schenken; ***s'~ qc*** sich et leisten
oie [wa] *f* Gans
oignon [ɔɲõ] *m* Zwiebel *f*
oiseau [wazo] *m* Vogel
olive [ɔliv] *f* Olive
ombragé [õbraʒe] schattig
ombre [õbr(ə)] *f* Schatten *m*; ***~ à paupières*** Lidschatten *n*; ***à l'~*** im Schatten
ombrelle [õbrɛl] *f* Sonnenschirm *m*
omelette [ɔmlɛt] *f* Omelett *n*; ***~ au jambon*** Schinkenomelett *n*; ***~ norvégienne*** *mit Eischnee überbackenes und flambiertes Eisdessert*
omettre [ɔmɛtr(ə)] auslassen; ***~ de*** (+ *inf*) (es) unterlassen zu
omoplate [ɔmɔplat] *f* Schulterblatt *n*
on [õ] man; F wir; ***~ frappe*** es klopft
oncle [õkl(ə)] *m* Onkel
onde [õd] *f* Welle; *radio* ***grandes ~s*** *pl* Langwelle *f*; ***~s*** *pl* ***courtes*** Kurzwelle *f*, ***~s*** *pl* ***moyennes*** Mittelwelle *f*; ***sur les ~s*** im Rundfunk
ongle [õgl(ə)] *m* Nagel
onguent [õgɑ̃] *m* Salbe *f*
ont [õ] *prés von* ***avoir***

ONU [ɔny] *f* **l'~** die UNO
onze [õz] elf
opaque [ɔpak] undurchsichtig
opéra [ɔpera] *m* Oper *f*
opér|ation [ɔperasjõ] *f* (Rettungs-, Polizei-)Aktion; *Med, Mil* Operation; *affaire* Geschäft *n*; **~er** [-e] *Med* operieren; *procéder* vorgehen; *médicament* wirken
ophtalmologiste [ɔftalmɔlɔʒist] *m, f* Augenarzt *m*, -ärztin *f*
opiniâtre [ɔpinjɑtr(ə)] hartnäckig
opinion [ɔpiɲõ] *f* Meinung
opportun [ɔpɔrtɛ̃, -tœ̃] günstig, angebracht
opposé [ɔpoze] **1.** gegenüberliegend; *direction, goûts* entgegengesetzt; ***être ~ à qc*** gegen et sein; **2.** *m* Gegenteil *n*; ***à l'~ de*** im Gegensatz zu
opposer [ɔpoze] gegenüberstellen (***à*** *D*); ***s'~ à*** *personne* sich widersetzen (*D*); *chose* im Wege stehen (*D*)
opposition [ɔpɔzisjõ] *f* Gegensatz *m*; *résistance* Widerstand *m* (***à*** gegen); *jur* Einspruch *m*; *Pol* Opposition
oppresser [ɔprɛse] beklemmen; *fig* bedrücken
opprimer [ɔprime] unterdrücken
opticien [ɔptisjɛ̃] *m* Optiker
option [ɔpsjõ] *f* Wahl; *Kfz* ***~s pl*** Extras *n/pl*; ***en ~*** als Extra (gegen Aufpreis); *école* (***matière*** *f* ***à***) ~ Wahlfach *n*
or¹ [ɔr] *m* Gold *n*
or² [ɔr] *cj* nun (aber)
orag|e [ɔraʒ] *m* Gewitter *n*; **~eux** [-ø] gewittrig
oral [ɔral] **1.** mündlich; *Med* ***par voie ~e*** oral; **2.** *m* mündliche Prüfung *f*
orange [ɔrɑ̃ʒ] **1.** orange(farben); **2.** *f* Apfelsine, Orange
orchestre [ɔrkɛstr(ə)] *m* Orchester *n*; *théâtre* (Platz im) Parkett *n*
ordinaire [ɔrdinɛr] **1.** gewöhnlich; *péj* ordinär; **2.** *m* *essence* Normalbenzin *n*; ***d'~*** gewöhnlich
ordinateur [ɔrdinatœr] *m* Computer; ***~ individuel*** PC, Personalcomputer; ***~ portable*** Laptop
ordonnance [ɔrdɔnɑ̃s] *f Med* Rezept *n*
ordonné [ɔrdɔne] *personne* ordentlich; *intérieur* wohlgeordnet
ordonner [ɔrdɔne] *classer* ordnen; *commander* befehlen
ordre [ɔrdr(ə)] *m* Ordnung *f*; *classement* Reihenfolge *f*; *commandement* Befehl (*a Inform*)
ordures [ɔrdyr] *f/pl* Müll *m*
oreill|e [ɔrɛj] *f* Ohr *n*; **~er** [-e] *m* Kopfkissen *n*; **~ons** [-õ] *m/pl* Mumps *m*
orfèvre [ɔrfɛvrə] *m* Goldschmied
organe [ɔrgan] *m* Organ *n*

organ|isation [ɔrganizasjõ] *f* Organisation; **~iser** [˷ize] organisieren
organisme [ɔrganism(ə)] *m Anat, Bot* Organismus; *institution* Organisation *f*
orgasme [ɔrgasm(ə)] *m* Orgasmus
orge [ɔrʒ] *f* Gerste
orgie [ɔrʒi] *f* Orgie
orgue [ɔrg] *m* (*od* **~s** *f/pl*) Orgel *f*
orgueil [ɔrgœj] *m vanité* Hochmut; *fierté* Stolz
Orient [ɔrjã] *m* **l'~** der Orient
oriental [ɔrjãtal] orientalisch; *à l'est* östlich
orient|ation [ɔrjãtasjõ] *f* Orientierung; **~er** [˷e] **s'~** sich orientieren
originaire [ɔriʒinɛr] **être ~ de** stammen aus
original [ɔriʒinal] **1.** original; Original…; *idée* originell; *personne* sonderbar; **2.** *m* Original *n*
origine [ɔriʒin] *f* Ursprung *m*, Herkunft; *cause* Ursache
O.R.L. [oɛrɛl] *m, f* (*otorhinolaryngologiste*) HNO-Arzt *m*, -Ärztin *f*
orme [ɔrm] *m* Ulme *f*
orner [ɔrne] schmücken
orphelin(e) [ɔrfəlɛ̃ (-in)] *m(f)* Waise *f*
orteil [ɔrtɛj] *m* Zehe *f*
orthographe [ɔrtɔgraf] *f* Rechtschreibung
orthopédiste [ɔrtɔpedist] *m* Orthopäde *m*
ortie [ɔrti] *f* Brennnessel
os [ɔs, *pl* o] *m* Knochen
osciller [ɔsile] schwingen; *fig* schwanken (**entre** zwischen *D*)
os|é [oze] gewagt; **~er** [˷e] wagen, sich trauen
osier [ozje] *m* Korbweide *f*; **en ~** Korb…
otage [ɔtaʒ] *m* Geisel *f*
OTAN [ɔtã] *f* **l'~** die NATO
ôter [ote] wegnehmen; *manteau* ablegen
otite [ɔtit] *f* Ohrenentzündung
oto-rhino(-laryngologiste) [ɔtorino(larɛ̃gɔlɔʒist)] *m, f* Hals-Nasen-Ohren-Arzt *m*, -Ärztin *f*
ou [u] oder; **~ bien** oder; **~ (bien) … ~ (bien) …** entweder … oder …; **cinq ~ six …** fünf bis sechs …
où [u] **~?** wo? wohin?; **d'~?** woher?; *pron relatif* in dem (der), in den (die, das); **d'~** aus dem; **là ~** da, dort, wo; **le soir ~** der Abend, an dem
ouate [wat] *f* Watte
oubli [ubli] *m* Vergessen *n*; **tomber dans l'~** in Vergessenheit geraten
oublier [ublijə] vergessen (**de** zu)
ouest [wɛst] *m* Westen; **à l'~ de** westlich von
oui [wi] ja; **mais ~** aber ja, ja doch
ouïe [wi] *f* Gehör(sinn) *n(m)*
ouragan [uragã] *m* Orkan

ourlet [urlɛ] *m* Saum
ours [urs] *m* Bär; **~ *blanc*** Eisbär
oursin [ursɛ̃] *m* Seeigel
outil [uti] *m* Werkzeug *n*
outre [utr(ə)] *prp* außer (*D*); *adv* ***en ~*** außerdem
outré [utre] entrüstet
outre-mer [utrəmɛr] ***d'~*** überseeisch, Übersee…
ouvert [uvɛr] geöffnet
ouverture [uvɛrtyr] *f* Öffnung; *d'un compte, d'une exposition* Eröffnung; *Mus* Ouvertüre
ouvrage [uvraʒ] *m* Arbeit *f*; *livre* Werk *n*
ouvre-boîtes [uvrəbwat] *m* Büchsenöffner
ouvre-bouteilles [uvrəbutɛj] *m* Flaschenöffner
ouvreuse [uvrøz] *f* Platzanweiserin
ouvr|ier [uvrije] *m*, **~ière** [~ijɛr] *f* Arbeiter(in) *m(f)*
ouvrir [uvrir] (er)öffnen; *lumière* anmachen
ovale [ɔval] oval
oxygène [ɔksiʒɛn] *m* Sauerstoff
ozone [ozon, -zɔn] *m* Ozon *n*; ***couche*** *f* ***d'~*** Ozonschicht; ***taux*** *m* ***d'~*** Ozonwert; ***trou*** *m* ***d'~*** Ozonloch *n*

P

pace-maker [pɛsmɛkœr] *m* Herzschrittmacher
pacifique [pasifik] friedlich
Pacifique [pasifik] ***le ~, l'océan ~*** der Pazifik
pacte [pakt] *m* Pakt
pagayer [pagɛje] paddeln
page [paʒ] *f* Seite; *Tel* ***~s pl jaunes*** gelbe Seiten; *Inform* ***~ d'accueil*** Homepage ['ho:mpe:tʃ]
paie [pɛ] *f* (Arbeits-)Lohn *m*
paiement [pɛmɑ̃] *m* Zahlung *f*
paillasson [pajasõ] *m* Strohmatte *f*
paille [paj] *f* Stroh *n*; *pour boire* Strohhalm *m*
pain [pɛ̃] *m* Brot *n*; ***~ complet*** Vollkornbrot *n*; ***~ de mie*** Toastbrot *n*; ***~ de campagne*** Landbrot *n*; ***petit ~*** Brötchen *n*; ***~ au chocolat*** Schokoladenbrötchen *n*; ***~ aux raisins*** Schnecke *f*; ***~ d'épice*** Honigkuchen
pair [pɛr] *nombre* gerade
paire [pɛr] *f* Paar *n*
paisible [pɛzibl(ə)] friedlich; *sommeil, vie* ruhig
paix [pɛ] *f* Friede *m*; *tranquillité* Ruhe (*a fig*)
palace [palas] *m* Luxushotel *n*
palais[1] [palɛ] *m* Palast
palais[2] [palɛ] *m* *Anat* Gaumen

Palatinat [palatina] ***le ~*** die Pfalz
pâle [pɑl] blass, bleich
palier [palje] *m* Treppenabsatz
pâlir [pɑlir] erblassen
palissade [palisad] *f* Lattenzaun *m*
palme [palm] *f* Schwimmflosse
palmier [palmje] *m* Palme *f*
palper [palpe] abtasten
palpit|ations [palpitasjõ] *f/pl* Herzklopfen *n*; **~er** [~e] *cœur* klopfen
paludisme [palydism(ə)] *m* Malaria *f*
pamplemousse [pɑ̃pləmus] *m* Pampelmuse *f*
panaché [panaʃe] *m* ***(demi) ~*** Bier *n* mit Limonade
pancarte [pɑ̃kart] *f* Schild *n*
pan-bagnat [pɑ̃baɲa] *m mit Nizza-Salat gefüllte Brötchen*
pancréas [pɑ̃kreas] *m* Bauchspeicheldrüse *f*
paner [pane] panieren
panier [panje] *m* Korb
panier-repas [panjerəpa] *m* Lunchpaket *n*
panique [panik] *f* Panik
panne [pan] *f* Panne; ***~ de courant*** Stromausfall *m*; ***en ~*** defekt; ***tomber en ~*** e-e Panne haben; ***avoir une ~ d'essence*** kein(en Tropfen) Benzin mehr haben
panneau [pano] *m* Schild *n*, Tafel *f*; *Tech* Platte *f*; ***~ de signalisation*** Verkehrsschild *n*
panorama [panɔrama] *m* Panorama *n*, Rundblick
pansement [pɑ̃smɑ̃] *m* Verband; Pflaster *n*; ***~ provisoire*** Notverband
pantalon [pɑ̃talõ] *m* Hose *f*
pantoufle [pɑ̃tufl(ə)] *f* Pantoffel *m*, Hausschuh *m*
paon [pɑ̃] *m* Pfau
papa [papa] *m* Papa, Vati
pape [pap] *m* Papst
papeterie [papɛtri] *f* Schreibwarengeschäft *n*
papi [papi] *m* Opa
papier [papje] *m* Papier *n*; ***un ~*** ein Blatt *n*, ein Stück *n* Papier; ***~ hygiénique*** Toilettenpapier *n*; ***~ à lettres*** Briefpapier *n*; ***~ d'emballage*** Packpapier *n*; ***~ d'alu (-minium)*** Alu(minium)folie *f*; ***~ peint*** Tapete *f*; ***~s*** *pl* ***(d'identité)*** (Ausweis-)Papiere *n/pl*; ***~s*** *pl* ***de la voiture*** Wagen-, Fahrzeugpapiere *n/pl*
papillon [papijõ] *m* Schmetterling; F *contravention* Strafzettel *m*
paprika [paprika] *m* Paprika
paquebot [pakbo] *m* Passagierschiff *n*
Pâques [pɑk] *f/pl* Ostern *n*; ***à ~*** (zu, an) Ostern
paquet [pakɛ] *m* Paket *n*; *de cigarettes* Schachtel *f*; ***petit ~*** Päckchen *n*
paquet-cadeau [pakɛkado]

m ***faire un ~*** als Geschenk verpacken
par [par] *en passant* durch, über (*A*); *moyen* mit; *passif* von, durch; *raison* aus; ***~ Paris*** über Paris; ***~ le train*** mit dem Zug; ***~ an*** pro Jahr; ***~ chèque*** mit Scheck
parachute [paraʃyt] *m* Fallschirm
paradis [paradi] *m* Paradies *n*
paragraphe [paragraf] *m* Absatz (*a jur*)
paraître [parɛtr(ə)] erscheinen (*a livre*); *sembler* scheinen, aussehen; ***il paraît que tu …*** man sagt, dass du …; du sollst …
parallèle [paralɛl] **1.** parallel; **2.** *f* Parallele
paralys|er [paralize] lähmen; **~ie** [~i] *f* Lähmung
parapente [parapɑ̃t] *m* Gleitschirmfliegen *n*; *engin* Gleitschirm
parapet [parapɛ] *m* Brüstung *f*
parapluie [paraplɥi] *m* Regenschirm
parasite [parazit] *m* Parasit (*a fig*); ***~s*** *pl radio* Störgeräusche *n/pl*, Störungen *f/pl*
parasol [parasɔl] *m* Sonnenschirm
paratonnerre [paratɔnɛr] *m* Blitzableiter
paravent [paravɑ̃] *m* Wandschirm
parc [park] *m* Park; ***~ national, régional*** Nationalpark; ***~ d'attractions*** Erlebnis-, Vergnügungspark; ***~ de stationnement*** Parkplatz
parce que [parsk(ə)] (*vor Vokal* ***parce qu'***) weil
parcmètre [parkmɛtr(ə)] *m* Parkuhr *f*
parcourir [parkurir] *ville* durchlaufen, -fahren; *trajet* zurücklegen; *lettre* überfliegen
parcours [parkur] *m* (Fahr-, Renn-)Strecke *f*
par-derrière [pardɛrjɛr] von hinten; *passer, fig dire du mal* hinten(he)rum
par-dessous [pardəsu] darunter hindurch
pardessus [pardəsy] *m* Überzieher
par|-dessus [pardəsy] darüber (hinweg); **~-devant** [~dəvɑ̃] vorn (herum)
pardon [pardɔ̃] *m* **~!** Entschuldigung!; **~?** wie bitte?
pardonner [pardɔne] verzeihen
pare|-brise [parbriz] *m* Windschutzscheibe *f*; **~-chocs** [parʃɔk] *m* Stoßstange *f*
pareil [parɛj] *semblable* gleich, ähnlich (***à*** *D*); *tel* solche(r, -s); **~lement** [~mɑ̃] gleichfalls
parent [parɑ̃] **1.** verwandt; **2.** **~(e)** [~(t)] *m(f)* Verwandte(r) *su*; **3.** **~s** *m/pl* Eltern
parenthèse [parɑ̃tɛz] *f* Klammer
paresseux [parɛsø] faul

parfait [parfɛ] **1.** perfekt, vollkommen; **2.** *m* Parfait *n*
parfaitement [parfɛtmɑ̃] vollkommen; *très bien* sehr gut; *réponse* gewiss
parfois [parfwa] manchmal
parfum [parfɛ̃, -fœ̃] *m* Duft; *en parfumerie* Parfüm *n*, Parfum [˷fœ̃] *n*; *d'une glace* Geschmack *m*
pari [pari] *m* Wette *f*
parier [parje] wetten (***qc*** um et)
Paris [pari] Paris [-s]
parisien [parizjɛ̃] **1.** Pariser, pariserisch; **2.** ♀ *m* Pariser
parking [parkiŋ] *m* Parkplatz; ***~ couvert*** Parkhaus *n*; ***~ souterrain*** Tiefgarage *f*
parlement [parləmɑ̃] *m* Parlament *n*
parler [parle] sprechen, reden (***de*** von, über *A*; ***à q*** mit j-m); *Tel* ***pourrais-je ~ à M. …?*** kann ich bitte Herrn … sprechen?
parmesan [parməsɑ̃] *m* Parmesan(käse)
parmi [parmi] unter (*D*)
paroi [parwa] *f* Wand
paroisse [parwas] *f* (Kirchen-, Pfarr-)Gemeinde
parole [parɔl] *f* Wort *n*; ***~s*** *pl d'une chanson* Text *m*; **(*ma*) *~* (*d'honneur*)!** (mein) Ehrenwort!
parquet [parkɛ] *m* Parkett *n*
parrain [parɛ̃] *m* Pate
part [par] *f* Anteil *m* (*a Wi*); *partie* Teil *m od n*; *de gâteau* Stück *n*; ***nulle ~*** nirgends; ***autre ~*** anderswo(hin); ***quelque ~*** irgendwo(hin); ***d'autre ~*** außerdem; ***d'une ~, … d'autre ~*** einerseits … andererseits; **(*mis*) *à ~*** abgesehen von; ***de la ~ de q*** von j-m; ***prendre ~ à*** teilnehmen an (*D*); *Tel* ***c'est de la ~ de qui?*** wer ist am Apparat?
partager [partaʒe] *m* (auf)teilen; **(*se*) *~ qc avec q*** (sich) et mit j-m teilen
partance [partɑ̃s] *f* ***en ~*** abfahrbereit; ***le train en ~ pour …*** der Zug nach …
partenaire [partənɛr] *m, f* Partner(in) *m(f)*
parterre [partɛr] *m fleurs* Blumenbeet *n*; *théâtre* Parkett *n*
parti [parti] *m* Partei *f*
partial [parsjal] parteiisch
particip|ant [partisipɑ̃] *m* Teilnehmer; ***~er*** [˷e] ***~ à*** teilnehmen an (*D*); *aux frais* sich beteiligen an (*D*)
particularité [partikylarite] *f* Besonderheit
particul|ier [partikylje] besondere(r, -s); *privé* Privat…; ***en ~*** = ***~ièrement*** [˷jɛrmɑ̃] besonders
partie [parti] *f* Teil *m*; *jeux, Sp* Spiel *n*, Partie; *jur* Partei; ***en ~*** teilweise; ***faire ~ de*** gehören zu
partir [partir] (weg)gehen; *en voyage* abreisen; *train* abfahren (***à, pour*** nach); *avion* abfliegen; *peinture* abgehen; *ta-*

che weggehen; ***à ~ de*** ab, von … an

partout [partu] überall

paru [pary] *p/p von* ***paraître***

parvenir [parvənir] gelangen (***à*** zu); ***faire ~*** zukommen lassen; ***il parvient à*** (+ *inf*) er kann …, es gelingt ihm zu …

pas[1] [pɑ] ***ne … ~*** nicht; ***ne … ~ de*** kein(e); ***ne … ~ non plus*** auch nicht; ***~ du tout*** überhaupt nicht

pas[2] [pɑ] *m* Schritt; ***~ à ~*** Schritt für Schritt; ***le ~ de Calais*** die Straße von Dover

passable [pasabl(ə)] leidlich; *note* ausreichend

passage [pasaʒ] *m* Durchgang, -fahrt *f*; *couvert, extrait* Passage *f*; ***~ à niveau*** Bahnübergang; ***~ pour piétons*** Fußgängerüberweg; *panneau* ***~ protégé*** Vorfahrt *f* (*an der nächsten Kreuzung*); ***de ~*** auf der Durchreise

passager [pasaʒe] **1.** vorübergehend; **2.** *m*, ***~ère*** [~ɛr] *f Flgw, Mar* Passagier *m*; *d'un train* Reisende(r) *su*; *d'une voiture* Insasse *m*, Insassin *f*

passant [pasɑ̃] **1.** ***en ~*** beiläufig; **2.** *m* Passant

passe [pɑs] *f Sp* Zuspiel *n*; *football* Pass *m*

passé [pɑse] **1.** vergangen; *couleur* verblichen; *prp* nach; **2.** *m* Vergangenheit *f* (*a Gr*)

passe-partout [pɑspartu] *m* Hauptschlüssel

passeport [paspɔr] *m* (Reise-)Pass

passer [pɑse] *frontière* überschreiten; *vacances* verbringen; *examen* machen; *soupe* passieren; *donner* reichen; *v/i temps* vergehen; *film* laufen; *café* durchlaufen; ***se ~*** sich ereignen; ***~ devant q, qc*** an j-m, et vorbeigehen (*od* -fahren); ***~ chez q*** bei j-m hereinschauen; ***~ par Lyon*** über Lyon fahren; ***laisser ~*** durchlassen; ***se ~ de*** auskommen ohne; ***qu'est- ce qui se passe?*** was ist los?

passerelle [pɑsrɛl] *f* Steg *m*, Fußgängerbrücke; *Mar, Flgw* Gangway [gɛŋve]

passe-temps [pɑstɑ̃] *m* Zeitvertreib

passif [pasif] **1.** passiv; **2.** *m Gr* Passiv *n*

passion [pasjõ] *f* Leidenschaft

passionn|ant [pasjɔnɑ̃] aufregend, spannend; ***~er*** [~e] begeistern

passoire [paswar] *f* Sieb *n*

pastèque [pastɛk] *f* Wassermelone

pasteur [pastœr] *m* (evangelischer) Pfarrer

pastille [pastij] *f* (Zucker-)Plätzchen *n*; *petite pilule* Pastille; ***~ de charbon*** Kohletablette

pastis [pastis] *m Aperitif mit Anis*
patau|geoire [patoʒwar] *f* Plan(t)schbecken *n*; **~ger** [~ʒe] plan(t)schen
pâte [pɑt] *f* Teig *m*; **~s** *pl* Teigwaren; **~ feuilletée** Blätterteig *m*; **~ d'amande** Marzipan *n*; **~ dentifrice** Zahnpasta
pâté [pɑte] *m* Pastete *f*; **~ de foie** Leberpastete *f*; **~ de campagne** *Pastete aus verschiedenen Fleischsorten*
paternel [patɛrnɛl] Vater…, väterlich
patience [pasjɑ̃s] *f* Geduld
patient [pasjɑ̃] **1.** geduldig; **2. ~(e)** [~(t)] *m(f)* Patient(in)
patienter [pasjɑ̃te] sich gedulden
patin [patɛ̃] *m* **~ (à glace)** Schlittschuh; **~ à roulettes** Rollschuh; **~ en ligne** Inline-Skate *n*; **faire du ~** Schlittschuh laufen
patinage [patinaʒ] *m* Schlittschuhlaufen *n*; **~ artistique** Eiskunstlauf
patiner [patine] Schlittschuh laufen; *roues* durchdrehen; *embrayage* rutschen
patinette [patinɛt] *f* Roller *m*
patin|eur [patinœr] *m*, **~euse** [~øz] *f* Schlittschuhläufer(in) *m(f)*
pâtisserie [pɑtisri] *f* feines Gebäck *n*, Kuchen *m*; *magasin* Konditorei
patois [patwa] *m* Mundart *f*
patrie [patri] *f* Vaterland *n*, Heimat
patron(ne) [patrɔ̃ (-ɔn)] *m(f)* Chef(in); *d'un café* Besitzer(in), Wirt(in)
patrouille [patruj] *f Mil* Patrouille; *police* Streife
patte [pat] *f* Pfote; *fauve* Tatze; *oiseau, insecte* Bein *n*
pâturage [pɑtyraʒ] *m* (Vieh-)Weide *f*
paume [pom] *f* Handfläche
paupière [popjɛr] *f* Augenlid *n*
paupiette [popjɛt] *f* Roulade
pauvre [povr(ə)] **1.** arm; **2.** *m, f* Arme(r) *su*
pauvreté [povrəte] *f* Armut
pavé [pave] *m* Pflasterstein
payant [pɛjɑ̃] *personne* zahlend; *parking* gebührenpflichtig; *fig* **être ~** sich lohnen
paye [pɛj] *f* (Arbeits-)Lohn *m*
payer [pɛje] (be)zahlen (**qc dix euros** für et zehn Euro); **~ séparément** (**tout ensemble**) getrennt (zusammen) zahlen; **se ~ qc** sich et leisten
pays [pei] *m* Land *n*
paysage [peizaʒ] *m* Landschaft *f*
pays|an [peizɑ̃] *m* Bauer; **~anne** [~an] *f* Bäuerin
Pays-Bas [peibɑ] *m/pl* **les ~** die Niederlande *n/pl*
P.-D.G. [pedeʒe] *m* (*président-directeur général*) Generaldirektor

péage [peaʒ] *m Kfz* Autobahngebühr *f*; *lieu* Zahlstelle *f*; **à ~** gebührenpflichtig
peau [po] *f* Haut; *fourrure* Fell *n*; *cuir* Leder *n*; *de fruits* Schale
pêche[1] [pɛʃ] *f Bot* Pfirsich *m*; **~ Melba** Pfirsich Melba
pêche[2] [pɛʃ] *f* Fischerei, Fischfang *m*; *action* Fischen *n*; *à la ligne* Angeln *n*; **aller à la ~** angeln gehen
péché [peʃe] *m* Sünde *f*
pêcher[1] [pɛʃe] fischen; **~ à la ligne** angeln
pêcher[2] [pɛʃe] *m* Pfirsichbaum
pêcheur [pɛʃœr] *m* Fischer; **~ (à la ligne)** Angler
pédal|e [pedal] *f* (Kupplungs-, Brems-)Pedal *n*; **~er** [~e] (in die Pedale) treten
pédalo® [pedalo] *m* Tretboot *n*
pédé [pede] *m* F Schwule(r)
pédiatre [pedjatr(ə)] *m, f* Kinderarzt *m*, -ärztin *f*
pédicure [pedikyr] *m, f* Fußpfleger(in) *m(f)*
peign|e [pɛɲ] *m* Kamm; **~er** [~e] kämmen
peignoir [pɛɲwar] *m de bain* Bademantel; *robe de chambre* Morgenrock
peindre [pɛ̃dr(ə)] malen; *mur* (an)streichen; *fig* schildern
peine [pɛn] *f chagrin* Kummer *m*; *effort* Mühe; *jur* Strafe; **ce n'est pas la ~** das ist nicht nötig; **à ~** kaum
peintre [pɛ̃tr(ə)] *m* Maler; **~ (en bâtiment)** Anstreicher
peinture [pɛ̃tyr] *f couche* Anstrich *m*; *d'une voiture* Lack *m*; *action* (An-)Streichen *n*; *matière* Farbe; *art* Malerei; *tableau* Gemälde *n*
pêle-mêle [pɛlmɛl] bunt durcheinander
peler [pəle] (ab)schälen; *nez* sich schälen
pèlerinage [pɛlrinaʒ] *m* Pilger-, Wallfahrt *f*
pélican [pelikɑ̃] *m* Pelikan
pelle [pɛl] *f* Schaufel
pellicule [pelikyl] *f* Film *m*; **~s** *pl* (Kopf-)Schuppen *f/pl*
pelote [p(ə)lɔt] *f* Knäuel *n od m*; *Sp* **~ basque** Pelota
peloton [p(ə)lɔtõ] *m Sp* (Haupt-)Feld *n*
pelouse [p(ə)luz] *f* Rasen *m*
peluche [p(ə)lyʃ] *f* Plüsch *m*; **ours** *m* **en ~** Teddy(bär)
pelure [p(ə)lyr] *f* Schale
pénal [penal] *jur* Straf…
penalty [penalti] *m* Elfmeter, Strafstoß
penchant [pɑ̃ʃɑ̃] *m* Hang, Neigung *f* (**à** *od* **pour** zu)
pencher [pɑ̃ʃe] neigen; *bateau* sich (zur Seite) neigen; *tableau* schief hängen; **se ~ en avant** sich nach vorn beugen; **se ~ par la fenêtre** sich zum Fenster hinauslehnen
pendant [pɑ̃dɑ̃] **1.** während (*G*); **~ que** während; **2.** *m* Gegenstück *n*
penderie [pɑ̃dri] *f* (eingebau-

ter) Kleiderschrank *m*; *pièce* Kleiderkammer
pendre [pɑ̃dr(ə)] aufhängen; *v/i* hängen; ***se ~*** sich erhängen; ***se ~ à qc*** sich an et (*A*) hängen
pendule [pɑ̃dyl] *f* Pendel-, Wand-, Küchenuhr
pénétrer [penetre] ***~ dans*** eindringen in (*A*)
pénible [penibl(ə)] *travail* mühsam; *circonstances* traurig; F *personne* schwierig
péniche [peniʃ] *f* Lastkahn *m*
pénicilline [penisilin] *f* Penizillin *n*
péninsule [penɛ̃syl] *f* Halbinsel
pénis [penis] *m* Penis
pensée [pɑ̃se] *f* Denken *n*; *idée* Gedanke *m*; *Bot* Stiefmütterchen *n*
penser [pɑ̃se] denken; ***~ à*** denken an (*A*); ***~ de*** halten von; ***je pense que …*** ich glaube, dass …; ***je pense partir demain*** ich habe vor, morgen abzureisen
pensif [pɑ̃sif] nachdenklich
pension [pɑ̃sjɔ̃] *f* *hôtel* Pension; *allocation* Rente; *internat* Internat *n*; ***~ de famille*** kleine Pension; ***~ complète*** Vollpension
pente [pɑ̃t] *f* (Ab-)Hang *m*; *d'une route* Gefälle *n*; ***en ~*** abfallend
Pentecôte [pɑ̃tkot] *f* Pfingsten *n*
pépé [pepe] *m* Opa
pépin [pepɛ̃] *m* Kern
pépinière [pepinjɛr] *f* Baumschule
percer [pɛrse] *trou, tunnel* bohren; *planche, mur* durchbohren; *dents* durchkommen; *réussir* den Durchbruch schaffen
percevoir [pɛrsəvwar] wahrnehmen; *somme, impôts* einnehmen
perche [pɛrʃ] *f* Stange; *Sp* Stab *m*; ***saut** m **à la ~*** Stabhochsprung
perdre [pɛrdr(ə)] verlieren; *occasion* versäumen; *temps* vergeuden; ***se ~*** verloren gehen; *personne* sich verlaufen; *en voiture* sich verfahren
perdrix [pɛrdri] *f* Rebhuhn *n*
perdu [pɛrdy] verloren
père [pɛr] *m* Vater; *Rel* Pater
perfectionner [pɛrfɛksjɔne] vervollkommnen; *connaissances* verbessern; ***se ~*** sich verbessern
péril [peril] *m* Gefahr *f*
périlleux [perijø] gefährlich
périmé [perime] *passeport* abgelaufen; *dépassé* überholt
périmètre [perimɛtr(ə)] *m* Umfang
période [perjɔd] *f* Periode; ***~ des vacances*** Ferienzeit
périodique [perjɔdik] *m* Zeitschrift *f*; ***~ment*** [~mɑ̃] immer wieder
périphérique [periferik] **1.** (Stadt-)Rand…; *Inform* peripher; **2.** *m* *Inform* Periphe-

riegerät *n*; *à Paris* **le ~** die Ringautobahn
périr [perir] umkommen
périssable [perisabl(ə)] verderblich
perle [pɛrl] *f* Perle
permanence [pɛrmanɑ̃s] *f service* Bereitschaftsdienst *m*; **en ~** ständig
perman|ent [pɛrmanɑ̃] ständig; **~ente** [-ɑ̃t] *f* Dauerwelle
permettre [pɛrmɛtr(ə)] (**se ~** sich) erlauben
permis [pɛrmi] *m* Erlaubnis (-schein) *f(m)*; **~ (de conduire)** Führerschein; **~ de séjour** Aufenthaltserlaubnis *f*, Aufenthaltsgenehmigung *f*
permission [pɛrmisjõ] *f* Erlaubnis; *Mil* Urlaub *m*; **avoir la ~ de** (+ *inf*) dürfen
perpétuel(lement) [pɛrpetɥɛl(mɑ̃)] dauernd, ständig
perpétuité [pɛrpetɥite] *f* **à ~** lebenslänglich
perplexe [pɛrplɛks] ratlos
perquisition [pɛrkizisjõ] *f* Haussuchung
perroquet [pɛrɔkɛ] *m* Papagei
perruche [pɛryʃ] *f* Wellensittich *m*
perruque [pɛryk] *f* Perücke
persévér|ance [pɛrseverɑ̃s] *f* Ausdauer; **~ant** [-ɑ̃] ausdauernd; **~er** [-e] nicht aufgeben
persienne [pɛrsjɛn] *f* Fensterladen *m*
persil [pɛrsi] *m* Petersilie *f*
persister [pɛrsiste] anhalten, andauern; **~ dans** bleiben bei, beharren auf (*D*)
personn|age [pɛrsɔnaʒ] *m* Person *f* (*a théâtre*); **~alité** [-alite] *f* Persönlichkeit
personne [pɛrsɔn] **1. ne ... ~** niemand; **2.** *f* Person; **~ dépendante** Pflegefall *m*
personnel [pɛrsɔnɛl] **1.** persönlich; **2.** *m* Personal *n*
persuader [pɛrsɥade] überzeugen (**de qc** von et), überreden (**de faire qc** et zu tun)
perte [pɛrt] *f* Verlust *m*
perturbation [pɛrtyrbasjõ] *f* Störung (*a radio, TV*)
pesant [pəzɑ̃] schwer; *démarche* schwer(fällig); *silence* erdrückend
pesanteur [pəzɑ̃tœr] *f* Schwerkraft
peser [pəze] wiegen (*a v/i*); *fig* abwägen
peste [pɛst] *f* Pest
pétarader [petarade] knattern
pétard [petar] *m* Knallkörper
pétanque [petɑ̃k] *f* Boule (-spiel) *n*
pétiller [petije] *eau minérale* sprudeln; *champagne* prickeln; *yeux* funkeln, blitzen
petit [p(ə)ti] klein
petit-beurre [p(ə)tibœr] *m* Butterkeks
petite-fille [p(ə)titfij] *f* Enkelin
petit-fils [p(ə)tifis] *m* Enkel
petit-suisse [p(ə)tisɥis] *m*

kleiner, runder Doppelrahmfrischkäse
pétrir [petrir] kneten
pétrole [petrɔl] *m* Erdöl *n*
pétrolier [petrɔlje] *m* Tanker
peu [pø] wenig; **~ à ~** nach und nach; **à ~ près** beinahe, fast
peupl|e [pœpl(ə)] *m* Volk *n*; **~er** [-e] bevölkern
peuplier [pœplije] *m* Pappel *f*
peur [pœr] *f* Angst; **~eux** [-ø] ängstlich
peut [pø] *prés von* **pouvoir**
peut-être [pøtɛtr(ə)] vielleicht
phare [far] *m* Leuchtturm; *Kfz* Scheinwerfer
pharmacie [farmasi] *f* Apotheke; **~ de garde** dienstbereite Apotheke; (**armoire** *f* **à**) **~** Hausapotheke
pharmacien(ne) [farmasjɛ̃ (-ɛn)] *m(f)* Apotheker(in)
philosoph|e [filɔzɔf] *m* Philosoph; **~ie** [-i] *f* Philosophie
phoque [fɔk] *m* Seehund
photo [fɔto] *f* Foto *n*; **~ d'identité** Passbild *n*; **~ (en) couleur** Farbfoto *n*; **prendre q en ~** ein Foto von j-m machen
photocop|ie [fɔtɔkɔpi] *f* Fotokopie; **~ier** [-je] fotokopieren; **~ieuse** [-jøz] *f* (Foto-)Kopiergerät *n*
photograph|e [fɔtɔgraf] *m, f* Fotograf(in) *m(f)*; **~ie** [-i] *f* Fotografie; **~ier** [-je] fotografieren
phrase [frɑz] *f* Satz *m*
physique [fizik] **1.** körperlich, physisch; *lois* physikalisch; **2.** *m* Äußere(s) *n*; **3.** *f* Physik
piano [pjano] *m* Klavier *n*; **~ à queue** Flügel
pic [pik] *m* Bergspitze *f*; *outil* Spitzhacke *f*; *Zo* Specht; **à ~** senkrecht; F *arriver, tomber* wie gerufen
pichet [piʃɛ] *m* Krug
pickpocket [pikpɔkɛt] *m* Taschendieb
picoter [pikɔte] kribbeln; *yeux* brennen
pie [pi] *f* Elster
pièce [pjɛs] *f* Stück *n*; *élément* Teil *m*; *d'habitation* Zimmer *n*; **~ de monnaie** Geldstück *n*, Münze; **~ de rechange** Ersatzteil *n*; **~ d'identité** Ausweis *m*; **deux ~s** zweiteilig
pied [pje] *m* Fuß; **à ~** zu Fuß
piédestal [pjedɛstal] *m* Sockel
piège [pjɛʒ] *m* Falle *f*
pierre [pjɛr] *f* Stein *m*; **~ précieuse** Edelstein *m*
piéton(ne) [pjetõ (-ɔn)] *m(f)* Fußgänger(in)
pieu [pjø] *m* Pfahl
pieux [pjø] fromm
pigeon [piʒõ] *m* Taube *f*
pile [pil] *f tas* Stapel *m*; *El* Batterie; **~ ou face?** Kopf oder Zahl?
pilier [pilje] *m* Pfeiler
piller [pije] plündern
pilot|e [pilɔt] *m* Pilot; *de*

course (Renn-)Fahrer; *Mar* Lotse; **~er** [~e] *avion* fliegen; *voiture* fahren; *Mar* lotsen; *fig q* führen
pilule [pilyl] *f* Pille
piment [pimɑ̃] *m* Paprika
pimenté [pimɑ̃te] sehr scharf
pin [pɛ̃] *m Bot* Kiefer *f*; **~ parasol** Pinie *f*
pince [pɛ̃s] *f* Zange; *de homard* Schere; **~ à linge** Wäscheklammer; **~ à épiler** Pinzette
pinceau [pɛ̃so] *m* Pinsel
pincer [pɛ̃se] kneifen; **se ~ le doigt** sich den Finger (ein-)klemmen (**dans** in *D*)
ping-pong [piŋpõg] *m* Tischtennis *n*
pioche [pjɔʃ] *f* Hacke
pion [pjõ] *m échecs* Bauer; *dames* Stein
pipe [pip] *f* Pfeife
piquant [pikɑ̃] *Kochk* pikant; *moutarde* sehr scharf
pique [pik] *m cartes* Pik *n*
pique|-nique [piknik] *m* Picknick *n*; **~-niquer** [-nike] picknicken, Picknick machen
piquer [pike] stechen (*a insecte*); *fumée, moutarde* beißen; *Med* e-e Spritze geben (***q*** j-m)
piquet [pikɛ] *m* Pflock; **~ de tente** Hering
piqûre [pikyr] *f* Stich *m*; *Med* Spritze; **~ de moustique** Mückenstich *m*
piranha [pirana] *m* Piranha [-'ranja]
pire [pir] schlimmer; **le, la ~** der, die, das schlimmste
piscine [pisin] *f* Schwimmbad *n*; **~ couverte** Hallenbad *n*
pissaladière [pisaladjɛr] *f* Anchovisfladen *m* (*provenzalische Pizza*)
pissenlit [pisɑ̃li] *m* Löwenzahn
pistache [pistaʃ] *f* Pistazie
piste [pist] *f trace* Spur (*a fig*); *de danse* Tanzfläche; *Sp* (Renn-)Bahn; *Flgw* Rollbahn; *de ski* Piste; **~ de fond** Loipe; **~ cyclable** Rad(fahr)weg *m*
pistolet [pistɔlɛ] *m* Pistole *f*
piston [pistõ] *m* Kolben
pitbull [pitbyl, pitbul] *m* Pitbull
pitié [pitje] *f* Mitleid *n*
pitoyable [pitwajabl(ə)] mitleiderregend; *péj* erbärmlich
pittoresque [pitɔrɛsk] malerisch
pizza [pidza] *f* Pizza
placard [plakar] *m* Wandschrank
place [plas] *f* Platz *m*; *emploi* Stelle; **à la ~ de** anstelle von; **à ta ~** an deiner Stelle; **sur ~** an Ort und Stelle
placement [plasmɑ̃] *m* (Geld-)Anlage *f*
placer [plase] (hin)stellen, (hin)legen; *argent* anlegen; **~ *q*** *à table* j-n setzen; **se ~** sich setzen
plafond [plafõ] *m* (Zimmer-)Decke *f*

plage [plaʒ] *f* Strand *m*; **~ de sable** Sandstrand *m*; **aller à la ~** an den Strand gehen
plaie [plɛ] *f* Wunde
plaindre [plɛ̃dr(ə)] bedauern; **se ~** sich beklagen (**de** über *A*); *de douleurs* klagen (über *A*); **se ~ à q** sich bei j-m beschweren (**de** über *A*)
plaine [plɛn] *f* Ebene
plainte [plɛ̃t] *f* Klage; **porter ~** Anzeige erstatten (**contre** gegen)
plaire [plɛr] gefallen; **s'il te** *od* **vous plaît** bitte; **se ~ à Paris** gern in Paris sein
plaisant|er [plɛzɑ̃te] scherzen, Spaß machen; **~erie** [~ri] *f* Scherz *m*, Spaß *m*
plaisir [plɛzir] *m* Vergnügen *n*, Freude *f*; **avec ~** mit Vergnügen; **pour le ~** zum Vergnügen
plan [plɑ̃] **1.** eben; **2.** *m surface* Fläche *f*; *projet* Plan; *d'une rédaction* Gliederung *f*; **~ de la ville** Stadtplan
planche [plɑʃ] *f* Brett *n*; **~ à voile** Surfbrett *n*; *Sp* Windsurfen *n*; **~ à roulettes** Skateboard *n*; **faire de la ~ à voile** (wind)surfen
plancher [plɑ̃ʃe] *m* Fußboden
planer [plane] schweben
planète [planɛt] *m* Planet
planeur [planœr] *m* Segelflugzeug *n*
plantation [plɑ̃tasjõ] *f* Plantage
plante *f* Pflanze; **~s** *pl* **médicinales** Heilpflanzen; **~ du pied** Fußsohle
planter [plɑ̃te] (an-, ein)pflanzen; *piquet* einschlagen; *tente* aufstellen
plaque [plak] *f* Platte; *chocolat* Tafel; *sur la peau* Fleck *m*; **~ commémorative** Gedenktafel; **~ électrique** Kochplatte; **~ minéralogique, d'immatriculation** Nummernschild *n*; **~ d'égout** Kanaldeckel *m*; **~ d'identité du chien** Hundemarke; **~ dentaire** Zahnbelag *m*
plastique [plastik] *f* Plastik
plat[1] [pla] flach; **à ~** *batterie* leer; *pneu* platt
plat[2] [pla] *m vaisselle* Platte *f*; *creux* Schüssel *f*; *Kochk* Gericht *n*; **~ du jour** Tagesgericht *n*; **~ cuisiné** Fertiggericht *n*
platane [platan] *f* Platane
plateau [plato] *m* Tablett *n*; *Geogr* Hochebene *f*; *Kochk* **~ de fromages** Käseplatte *f*
plâtr|e [plɑtr(ə)] *m* Gips; *Med* Gipsverband; **~er** [~e] (ver-)gipsen; *Med* eingipsen
plein [plɛ̃] voll; **~ de** (+ *nom*) voll(er); **~e lune** *f* Vollmond *m*; **en ~ été** im Hochsommer; **en ~ air** im Freien; **en ~e nuit** mitten in der Nacht; **en ~ soleil** in der prallen Sonne; **à ~ temps** ganztags; **faire le ~** voll tanken
pleurer [plœre] weinen (**de** vor)

pleurésie [plœrezi] *f* Rippenfellentzündung
pleuvoir [plœvwar] regnen; ***il pleut*** es regnet
pli [pli] *m* Falte *f*; *du pantalon* Bügelfalte *f*; *lettre* Brief; *cartes* Stich
pliant [plijɑ̃] zusammenklappbar; ***chaise f ~e, siège m ~*** Klappstuhl *m*; ***canot m ~*** Faltboot *n*
plie [pli] *f Zo* Scholle
plier [plije] (zusammen)falten, (-)legen; *chaise* zusammenklappen; *genoux* beugen; *se courber* sich biegen
plomb [plõ] *m* Blei *n*; ***sans ~*** bleifrei
plombage [plõbaʒ] *m* Plombe *f*, Füllung *f*
plongée [plõʒe] *f* Tauchen *n*; ***~ sous marine*** Tauchsport *m*
plongeoir [plõʒwar] *m* Sprungbrett *n*
plongeon [plõʒõ] *m* Kopfsprung
plonger [plõʒe] tauchen; *qc* (ein)tauchen (***dans*** in *A*); *faire un plongeon* springen; ***se ~ dans*** *fig* sich vertiefen, versenken in (*A*)
plong|eur [plõʒœr] *m*, ***~euse*** [~øz] *f* Taucher(in) *m(f)*; *natation* Springer(in) *m(f)*
plu [ply] *p/p von* ***pleuvoir*** *und von* ***plaire***
pluie [plɥi] *f* Regen *m*
plume [plym] *f* Feder
plupart [plypar] ***la ~ des ...*** die meisten ...; ***la ~ du temps*** meistens
pluriel [plyrjɛl] *m* Plural, Mehrzahl *f*
plus[1] [ply, *alleinstehend* plys] mehr (***que, de*** als); ***le ~*** am meisten; ***~ grand*** größer (***que*** als); ***le ~ grand*** der größte; ***ne ... ~*** nicht mehr; ***ne ... ~ de*** kein(e) ... mehr; ***ne ... ~ que*** nur noch; ***non ~*** auch nicht; ***de ~*** mehr; *en outre* außerdem; ***en ~*** noch dazu; (***tout***) ***au ~*** höchstens; ***d'autant ~*** um so mehr; ***de ~ en ~*** immer mehr
plus[2] [plys] **1.** *Math* plus; **2.** *m signe, avantage* Plus *n*
plusieurs [plyzjœr] mehrere
plutôt [plyto] eher; *mieux* lieber; *assez* ziemlich
pluvieux [plyvjø] regnerisch
pneu [pnø] *m* Reifen; ***~ neige*** Winterreifen
pneumonie [pnømɔni] *f* Lungenentzündung
poche [pɔʃ] *f* Tasche; ***livre m de ~*** Taschenbuch *n*
poêle[1] [pwal] *m* Ofen
poêle[2] [pwal] *f* (Brat-)Pfanne
poème [pɔɛm] *m* Gedicht *n*
poésie [pɔezi] *f* Poesie (*a fig*); *poème* Gedicht *n*
poète [pɔɛt] *m* Dichter
poids [pwa] *m* Gewicht *n*; *fig* Last *f*; ***~ lourd*** Lkw, Lastwagen, F Laster; ***prendre du ~*** zunehmen
poignard [pwaɲar] *m* Dolch
poignée [pwaɲe] *f quantité*

Hand voll; *d'une fenêtre, d'une valise* Griff *m*; **~ (de porte)** Türgriff *m*, Klinke; **~ de main** Händedruck *m*
poignet [pwaɲɛ] *m* Handgelenk *n*
poil [pwal] *m* (Tier-, Körper-)Haar *n*; **à ~** (splitter-)nackt
poilu [pwaly] behaart
poing [pwɛ̃] *m* Faust *f*
point [pwɛ̃] *m* Punkt; *endroit* Stelle *f*; *couture* Stich; **deux ~s** *pl* Doppelpunkt *m*; **~ d'exclamation** Ausrufezeichen *n*; **~ d'interrogation** Fragezeichen *n*; **~ de départ** Ausgangspunkt; **~ de vue** Stand-, Gesichtspunkt; *Med* **~ de côté** Seitenstechen *n*; **à ~** *steak* medium; **être sur le ~ de** (+ *inf*) gerade im Begriff sein zu
pointe [pwɛ̃t] *f* Spitze; **de ~** Spitzen…
pointu [pwɛ̃ty] spitz
pointure [pwɛ̃tyr] *f* (Schuh-)Größe
poire [pwar] *f* Birne
poireau [pwaro] *m* Porree
poirier [pwarje] *m* Birnbaum
pois [pwa] *m* Erbse *f*; **petits ~** *pl* grüne Erbsen
poison [pwazõ] *m* Gift *n*
poisson [pwasõ] *m* Fisch
poissonnerie [pwasɔnri] *f* Fischhandlung
poitrine [pwatrin] *f* Brust
poivre [pwavr(ə)] *m* Pfeffer
poivr|é [pwavre] gepfeffert; **~er** [~e] pfeffern
poivr|ier [pwavrije] *m*, **~ière** [~ijɛr] *f* Pfefferstreuer *m*
poivron [pwavrõ] *m* Paprika(schote) *m(f)*
polaire [pɔlɛr] Polar…
pôle [pol] *m* Pol; **~ Nord** Nordpol; **~ Sud** Südpol
poli [pɔli] höflich; *métal, pierre* glatt, poliert
police[1] [pɔlis] *f* Polizei; **~ judiciaire** Kriminalpolizei; **~ de la route** Verkehrspolizei; **~ secours** Überfallkommando *n*
police[2] [pɔlis] *f* **~ (d'assurance)** (Versicherungs-)Police
policier [pɔlisje] **1.** *enquête* polizeilich; *chien* Polizei…; *film, roman* Kriminal…; **2.** *m* Polizist
polir [pɔlir] schleifen, polieren, glätten
politesse [pɔlitɛs] *f* Höflichkeit
politique [pɔlitik] **1.** politisch; **2.** *f* Politik; **3.** *m* Politiker
poll|uant [pɔlɥɑ̃] umweltschädlich; **~uer** [~ɥe] verschmutzen; **~ution** [~ysjõ] *f* (Luft-, Umwelt-)Verschmutzung
Pologne [pɔlɔɲ] **la ~** Polen *n*
polonais [pɔlɔnɛ] **1.** polnisch; **2.** **♀** *m* Pole
polycopier [pɔlikɔpje] vervielfältigen
pommade [pɔmad] *f* Salbe
pomme [pɔm] *f* Apfel *m*; *Anat*

~ d'Adam Adamsapfel *m*; **~ de pin** Tannenzapfen *m*; **~ de terre** Kartoffel; **~s** *pl* **de terre sautées** Bratkartoffeln; **~s** *pl* **de terre à l'eau** Salzkartoffeln; **~** *pl* **de terre en robe des champs** Pellkartoffeln; **~s** *pl* **mousseline** *sahnig geschlagenes Kartoffelpüree*

pommier [pɔmje] *m* Apfelbaum

pompe [põp] *f* Pumpe; **~ à vélo** Luftpumpe; **~ à essence** Zapfsäule; **~s** *pl* **funèbres** Beerdigungsinstitut *n*

pomper [põpe] ab-, hochpumpen

pompier [põpje] *m* Feuerwehrmann; **~s** *pl* Feuerwehr *f*

pompiste [põpist] *m* Tankwart

poncer [põse] (ab)schleifen; *au papier émeri* (ab)schmirgeln

ponctuel [põktɥɛl] pünktlich

pondre [põdr(ə)] *œufs* legen

poney [pɔnɛ] *m* Pony *n*

pont [põ] *m* Brücke *f*; *Mar* Deck *n*; *Kfz* **~ arrière** Hinterachse *f*

pop-corn [pɔpkɔrn] *m* Popcorn *n*

populaire [pɔpylɛr] Volks…; *aimé* populär, beliebt

population [pɔpylasjõ] *f* Bevölkerung

porc [pɔr] *m* Schwein *n*; *viande* Schweinefleisch *n*

porcelaine [pɔrsəlɛn] *f* Porzellan *n*

port¹ [pɔr] *m* Hafen; *ville* Hafenstadt *f*; **~ de pêche** Fischereihafen *m*; **~ de plaisance** Jacht-, Segelhafen *m*

port² [pɔr] *m lettre* Porto *n*; **en ~ dû** unfrankiert; **en ~ payé** frankiert

portable [pɔrtabl(ə)] **1.** tragbar; **2.** *m Inform* Laptop [lɛp-]; *Tel* Handy *n*

portant [pɔrtɑ̃] **bien ~** gesund

portatif [pɔrtatif] tragbar

porte [pɔrt] *f* Tür; *ville* Tor *n*; **~ (d'embarquement)** Flugsteig *m*

porte|-avions [pɔrtavjõ] *m* Flugzeugträger; **~-bagages** [-bagaʒ] *m* Gepäckträger; **~-bébé** [-bebe] *m* Babytragetasche *f*, -sack; **~-bonheur** [-bɔnœr] *m* Glücksbringer; **~-clés** [-kle] *m* Schlüsselring, -tasche *f*; **~-documents** [-dɔkymɑ̃] *m* (Kolleg-)Mappe *f*

portée [pɔrte] *f* **à ~ de la main** in Reichweite; *fig* **à la ~ de q** für j-n verständlich

porte-fenêtre [pɔrtfənɛtr(ə)] *f* Verandatür

porte|feuille [pɔrtfœj] *m* Brieftasche *f*; **~manteau** [-mɑ̃to] *m* Garderobe(nständer) *f(m)*, Kleiderhaken

porte|monnaie [pɔrtmɔnɛ] *m* Geldbeutel, Portemonnaie *n*; **~-parole** [-parɔl] *m* Sprecher

porter [pɔrte] tragen; *apporter* (hin)bringen, (hin)schaffen; ~ ***sur*** betreffen; ***il se porte bien*** (***mal***) es geht ihm gut (schlecht); ~ ***bonheur*** Glück bringen
porte|-serviettes [pɔrtsɛrvjɛt] *m* Handtuchhalter; ~**-skis** [~ski] *m* Skiträger
porteur [pɔrtœr] *m à la gare* Gepäckträger; *d'un chèque* Überbringer
portier [pɔrtje] *m* Pförtner
portière [pɔrtjɛr] *f* (Wagen-)Tür
portion [pɔrsjõ] *f Kochk* Portion, Stück *n*; *partie* Teil *m*
porto [pɔrto] *m* Portwein
portrait [pɔrtrɛ] *m* Porträt *n*
portugais [pɔrtygɛ] **1.** portugiesisch; **2.** ♀ *m* Portugiese
Portugal [pɔrtygal] ***le*** ~ Portugal *n*
pose [poz] *f de carrelage* Verlegung; *Fot* Belichtung
poser [poze] *à plat* (hin)legen; *debout* (hin)stellen; *carrelage, moquette* (ver)legen; *question* stellen; ***se*** ~ *oiseau* sich setzen (***sur*** auf *A*); *avion* aufsetzen
positif [pozitif] positiv
position [pozisjõ] *f du corps* Stellung; *emplacement, situation* Lage; *place* Stelle
posologie [pozɔlɔʒi] *f* Dosierung
posséder [pɔsede] besitzen
possess|eur [pɔsɛsœr] *m* Besitzer; ~**ion** [~jõ] *f* Besitz *m*
possibilité [pɔsibilite] *f* Möglichkeit
possible [pɔsibl(ə)] möglich; ***autant que*** ~ so viel wie möglich; ***le plus vite*** ~ so schnell wie möglich; ***faire*** (***tout***) ***son*** ~ (***pour*** + *inf*) sein Möglichstes tun (um zu)
postal [pɔstal] Post…
poste¹ [pɔst] *f* Post; ~ ***restante*** postlagernd
poste² [pɔst] *m* Posten (*a Mil u Hdl*); *emploi a* Stelle *f*; *radio, TV* Apparat (*a Tel*), Gerät *n*; ~ ***de police*** Polizeiwache *f*
postérieur [pɔsterjœr] **1.** *de derrière* hintere(r, -s), Hinter…; *d'après* spätere(r, -s); ~ ***à*** später als; **2.** *m* F Hintern
post-it® [pɔstit] *m* Haftnotiz *f*
pot [po] *m* (Blumen-, Farb-)Topf; *Kfz* ~ ***d'échappement*** Auspuff(topf); ~ ***catalytique*** Kat(alysator)
potable [pɔtabl(ə)] trinkbar; ***eau*** *f* ~ Trinkwasser *n*
potage [pɔtaʒ] *m* Suppe *f*
pot-au-feu [pɔtofø] *m Eintopf aus Suppenfleisch und Gemüse*
pot-de-vin [podvɛ̃] *m* Schmiergeld *n*
poteau [pɔto] *m* Pfosten (*a Sp*); ~ ***indicateur*** Wegweiser
potée [pɔte] *f Eintopf aus gekochtem Fleisch und Gemüse*
poterie [pɔtri] *f* Töpferei; ~**s**

pl Töpferwaren *f/pl*
potiron [pɔtirõ] *m* Riesenkürbis
pou [pu] *m* Laus *f*
poubelle [pubɛl] *f* Mülleimer *m*; *d'un immeuble* Mülltonne
pouce [pus] *m* Daumen
poudre [pudr(ə)] *f* Pulver *n*; *maquillage* Puder *m*; ***café m en ~*** Pulverkaffee
poudreuse [pudrøz] *f* Pulverschnee *m*
poulailler [pulaje] *m* Hühnerstall; *théâtre* Galerie *f*
poulain [pulɛ̃] *m* Fohlen *n*
poularde [pulard] *f* Poularde
poul|e [pul] *f* Huhn *n*, Henne; **~et** [~ɛ] *m* Hähnchen *n*
pouls [pu] *m* Puls; ***prendre le ~*** den Puls messen
poumon [pumõ] *m* Lunge *f*
poupe [pup] *f Mar* Heck *n*
poupée [pupe] *f* Puppe
pour [pur] für; *contre* gegen; *à destination de* nach; *en raison de* wegen (*G*); **~** (+ *inf*) um zu; ***~ que*** damit; ***cinq ~ cent*** fünf Prozent
pourboire [purbwar] *m* Trinkgeld *n*
pourcentage [pursɑ̃taʒ] *m* Prozentsatz
pourquoi [purkwa] warum, weshalb, wieso; ***c'est ~*** darum, deshalb
pourrai [pure] *fut von* ***pouvoir***
pourr|i [puri] faul, verfault; *été* verregnet; **~ir** [~ir] (ver)faulen
poursuite [pursɥit] *f* Verfolgung; *jur* ***~s*** *pl* Strafverfolgung *f*
poursuivre [pursɥivr(ə)] verfolgen; *continuer* fortsetzen; *jur* ***~ q (en justice)*** j-n gerichtlich belangen
pourtant [purtɑ̃] dennoch, doch
pourvoir [purvwar] ausstatten, versehen (***de*** mit)
pourvu [purvy] ***~ que*** (+ *subj*) vorausgesetzt dass; *espérons que* hoffentlich, wenn nur
pousse-pousse [puspus] *m* Rikscha *f*
pousser[1] [puse] schieben; *voiture en panne* anschieben; *personne* anstoßen; ***~ à*** (+ *inf*) drängen zu; ***se ~*** zur Seite rücken; ***ne poussez pas!*** bitte nicht drängen; *inscription* ***poussez*** drücken
pousser[2] [puse] wachsen; *dents* durchbrechen
poussière [pusjɛr] *f* Staub *m*
poussiéreux [pusjerø] staubig
poussin [pusɛ̃] *m* Küken *n*
poutre [putr(ə)] *f* Balken *m*
pouvoir [puvwar] **1.** können; *avoir le droit de* dürfen; ***il se peut que*** (+ *subj*) es kann sein, dass; ***je n'en peux plus*** ich halte es nicht mehr aus; **2.** *m* Macht *f*; *capacité* Fähigkeit *f*
praire [prɛr] *f* Venusmuschel
prairie [prɛri] *f* Wiese
pral|ine [pralin] *f* gebrannte Mandel; **~iné** [~ine] *chocolat*

mit Nougatfüllung; *glace* mit Krokantsplittern
praticable [pratikabl(ə)] *route* befahrbar
pratique [pratik] **1.** praktisch; **2.** *f* Praxis; *expérience* a (praktische) Erfahrung; *d'un métier* Ausübung; *d'un sport* (Be-)Treiben *n*; **~s** *pl* Praktiken
pratiquement [pratikmɑ̃] praktisch
pratiquer [pratike] ausüben, (be)treiben
pré [pre] *m* Wiese *f*
préavis [preavi] *m* ***sans ~*** fristlos
précaution [prekosjõ] *f* Vorsicht; **~s** *pl* Vorsichtsmaßnahmen
précédent [presedɑ̃] **1.** vorhergehend, vorig; **2.** *m* Präzedenzfall
précéder [presede] ***~ qc*** e-r Sache (*D*) vorangehen; ***~ q*** vor j-m hergehen *od* -fahren
précieux [presjø] wertvoll
précipice [presipis] *m* Abgrund
précipitations [presipitasjõ] *f/pl* Niederschlag *m*
précipiter [presipite] *faire tomber* (hinab)stürzen; *catapulter* schleudern; *départ, décision* überstürzen; ***se ~*** sich stürzen (***sur*** auf *A*)
précis [presi] präzis(e), genau; ***à dix heures ~es*** Punkt zehn (Uhr)
précis|ément [presizemɑ̃] genau; **~er** [-e] *point* präzisieren; *date, endroit* genau angeben; *souligner* klarstellen; ***se ~*** klarer werden
précision [presizjõ] *f* Genauigkeit; **~s** *pl* genauere Angaben (***sur*** über *A*)
précoce [prekɔs] *fruit* Früh…; *enfant* frühreif
préconçu [prekõsy] vorgefasst
préconiser [prekɔnize] empfehlen
prédécesseur [predesesœr] *m* Vorgänger
prédiction [prediksjõ] *f* Voraussage
prédire [predir] voraus-, vorhersagen
préfabriqué [prefabrike] ***maison f ~e*** Fertighaus *n*
préface [prefas] *f* Vorwort *n*
préfecture [prefɛktyr] *f* Präfektur; ♀ (***de police***) *Polizeipräsidium in Paris*
préférable [preferabl(ə)] besser (***à*** als); ***il est ~ de*** (+ *inf*) es ist besser zu
préféré [prefere] Lieblings…
préférence [preferɑ̃s] *f* Vorzug *m*; ***de ~*** lieber
préférer [prefere] vorziehen (***à*** *D*); ***~ faire qc*** et lieber tun
préjugé [preʒyʒe] *m* Vorurteil *n*
prélever [prel(ə)ve] entnehmen (***sur*** *D od* aus); *sur un compte* abbuchen (von)
prématuré [prematyre] ver-

früht; ***enfant*** *m* ~ Frühgeburt *f*
premier [prəmje] erste(r, -s); ***le ~, la première*** der, die, das erste; ***en ~*** zuerst
première [prəmjɛr] *f* Erstaufführung, Premiere
premièrement [prəmjɛrmɑ̃] erstens
prendre [prɑ̃dr(ə)] nehmen (*a voiture, train*); *emmener* mitnehmen; *voler* (weg-, ab-) nehmen; *pêcher* fangen; *arrêter* fassen; *surprendre* ertappen; *repas, médicament* einnehmen; *billet* kaufen; *café, verre* trinken; *argent à la banque* abheben; *temps* kosten; ***~ froid*** sich erkälten; ***~ du poids*** zunehmen; ***~ son temps*** sich Zeit nehmen; ***~ à droite*** rechts abbiegen; (***se***) ***~ pour*** (sich) halten für; ***s'y ~ bien*** geschickt sein
prénom [prenõ] *m* Vorname
préoccuper [preɔkype] ***~ q*** j-n stark beschäftigen; *santé* j-m Sorge(n) machen
préparatifs [preparatif] *m/pl* Vorbereitungen *f/pl*
prépar|ation [preparasjõ] *f* Vorbereitung; *Kochk* Zubereitung; **~er** [~e] vorbereiten; *repas* zubereiten
près [prɛ] nah(e); ***tout ~*** ganz in der Nähe; ***à peu ~*** ungefähr; ***de ~*** aus der Nähe; *fig* genau; ***~ de*** nah(e) bei, in der Nähe von; *presque* fast
presbyte [prɛsbit] weitsichtig
prescription [prɛskripsjõ] *f Med* Rezept *n*
prescrire [prɛskrir] vorschreiben; *Med* verschreiben
présence [prezɑ̃s] *f* Anwesenheit
présent [prezɑ̃] **1.** anwesend; *actuel* gegenwärtig; **2.** *m* Gegenwart *f*; *Gr* Präsens *n*; ***à ~*** jetzt
présenta|teur [prezɑ̃tatœr] *m*, **~trice** [~tris] *f TV des programmes* Ansager(in) *m(f)*; *d'un show* Moderator(in) *m(f)*; *du journal* Nachrichtensprecher(in) *m(f)*
présenter [prezɑ̃te] vorzeigen; *appareil, collection* vorführen; *q à q* vorstellen; *show télévisé* moderieren; ***se ~*** sich vorstellen; *difficultés* auftauchen
préservatif [prezɛrvatif] *m* Kondom *n*, Präservativ
préserver [prezɛrve] bewahren, schützen (***de*** vor)
président [prezidɑ̃] *m* Vorsitzende(r), Präsident
presque [prɛsk(ə)] fast
presqu'île [prɛskil] *f* Halbinsel
pressant [prɛsɑ̃] dringend
presse [prɛs] *f* Presse
pressé [prese] eilig; ***il est ~*** er hat es eilig
presse-citron [prɛssitrõ] *m* Zitronenpresse *f*
pressentiment [presɑ̃timɑ̃] *m* Vorgefühl *n*, Ahnung *f*
presser [prɛse] *bouton* drü-

cken; *fruits* (aus)pressen; *être urgent* eilen; *temps* drängen; **se ~** sich beeilen
pressing [prεsiŋ] *m* Reinigung *f*
pression [prεsjõ] *f* Druck *m*; *bouton* Druckknopf *m*; **bière** *f* **~** Fassbier *n*; **~ artérielle** Blutdruck *m*; **~ des pneus** Reifendruck *m*
prestidigitateur [prεstidiʒitatœr] *m* Zauberkünstler
prestige [prεstiʒ] *m* Prestige *n*, Ansehen *n*
présumer [prezyme] vermuten
prêt[1] [prε] fertig; **~ à** bereit zu
prêt[2] [prε] *m* Darlehen *n*
prétendre [pretɑ̃dr(ə)] behaupten
prétendu [pretɑ̃dy] angeblich, so genannt
prétentieux [pretɑ̃sjø] anmaßend, eingebildet
prêter [prεte] leihen; **se ~ à** sich eignen zu, für
prétexte [pretεkst] *m* Vorwand
prêtre [prεtr(ə)] *m* Priester
preuve [prœv] *f* Beweis *m*; **faire ~ de courage** Mut beweisen
prévenant [prevnɑ̃] zuvorkommend
prévenir [prevnir] *informer* benachrichtigen (**de** von); *mettre en garde* warnen (**de** vor *D*); *éviter* vorbeugen (**qc** *D*)
préventif [prevɑ̃tif] vorbeugend
prévention [prevɑ̃sjõ] *f* Verhütung; *jur* Untersuchungshaft; *préjugé* Vorurteil *n*
prévis|ible [previzibl(ə)] vorhersehbar; **~ion** [~jõ] *f* Vorhersage; **~s** *pl* **météorologiques** Wettervorhersage *f*
prévoir [prevwar] voraus-, vorhersehen; *programmer* vorsehen, planen
prévoyant [prevwajɑ̃] vorausschauend
prier [prije] beten (**Dieu** zu Gott); *demander* bitten; **je vous en prie** bitte (sehr); *pas de quoi* gern geschehen!, keine Ursache!
prière [priεr] *f* Gebet *n*; *demande* Bitte
primaire [primεr] **école** *f* **~** Grundschule
prime [prim] *f* Prämie
primé [prime] preisgekrönt
primeurs [primœr] *f/pl* Frühobst *n*, -gemüse *n*
primevère [primvεr] *f* Primel
primitif [primitif] Ur…; *rudimentaire* primitiv
prince(sse) [prε̃s(εs)] *m(f)* Prinz(essin); *régnant(e)* Fürst(in)
principal [prε̃sipal] **1.** *entrée, raison* Haupt…; **2.** *m* Hauptsache *f*; **~ement** [~mɑ̃] hauptsächlich
principe [prε̃sip] *m* Prinzip *n*, Grundsatz; **en ~** im Prinzip; **par ~** aus Prinzip

printemps [prɛ̃tɑ̃] *m* Frühling; **au ~** im Frühling
priorité [priɔrite] *f* Vorrang *m*; *Kfz* Vorfahrt
pris [pri] *p/p von* **prendre**
prise [priz] *f Mil* Eroberung; *pêche, chasse* Fang *m*; *judo* Griff; *alpinisme* Halt; **~ (de courant)** Steckdose; **~ de sang** Blutentnahme; *alcootest* Blutprobe
prison [prizõ] *f* Gefängnis *n*
prisonn|ier [prizɔnje] *m*, **~ière** [~jɛr] *f* Gefangene(r) *su*
privé [prive] privat; *vie, club* Privat…
priver [prive] **~ q de qc** j-m et entziehen; **se ~ de qc** auf et *A* verzichten
privilège [privilɛʒ] *m* Privileg *n*, Vorrecht *n*
prix [pri] *m* Preis
probable(ment) [prɔbablə (-mɑ̃)] wahrscheinlich
problème [prɔblɛm] *m* Problem *n*
procéd|é [prɔsede] *m* Verfahren *n*; **~er** [~e] verfahren; **~ure** [~yr] *f jur* (Gerichts-) Verfahren *n*
procès [prɔsɛ] *m* Prozess
procession [prɔsesjõ] *f* Prozession
procès-verbal [prɔsɛvɛrbal] *m* (*pl* **-aux** [-o]) gebührenpflichtige Verwarnung *f*; *compte-rendu* Protokoll *n*
prochain [prɔʃɛ̃] nächste(r, -s), kommende(r, -s)
proche [prɔʃ] **1.** nahe; **~ de** nah an *od* bei (*D*); **2.** *m/pl* **ses ~s** s-e Angehörigen
procuration [prɔkyrasjõ] *f* Vollmacht
procurer [prokyre] (**se ~** sich) verschaffen
procureur [prɔkyrœr] *m* Staatsanwalt
prodigieux [prɔdiʒjø] außergewöhnlich
producteur [prɔdyktœr] *m* Erzeuger, Produzent (*a Kino, TV*); *fabricant* Hersteller
production [prɔdyksjõ] *f* Produktion
produire [prɔdɥir] produzieren (*a Film*); *acier, énergie* erzeugen; **se ~** sich ereignen
produit [prɔdɥi] *m* Produkt *n*; **~s** *pl* **naturels** Naturprodukte *n/pl*; **~ solaire** Sonnenschutzmittel *n*; **~s** *pl* **surgelés** Tiefkühlkost *f*
professeur [prɔfɛsœr] *m* Lehrer(in) *m(f)*; *d'université* Professor(in) *m(f)*
profession [prɔfɛsjõ] *f* Beruf *m*
professionnel [prɔfɛsjɔnɛl] **1.** Berufs…; **2.** *m* Fachmann; *Sp* Profi
profil [prɔfil] *m* Profil *n*
profit [prɔfi] *m* Nutzen; *Wi* Profit; **au ~ de** zugunsten (*G*)
profiter [prɔfite] **~ de** profitieren von, ausnützen (*A*); **~ à** von Nutzen sein (*D*)
profiterole [prɔfitrɔl] *f Wind-*

beutel mit Creme- oder Eisfüllung
profon|d [prɔfõ] tief; **~deur** [~dœr] *f* Tiefe
programme [prɔgram] *m* Programm *n*
progr|ès [prɔgrɛ] *m* Fortschritt; **~esser** [~ese] Fortschritte machen; **~essivement** [~ɛsivmɑ̃] stufenweise
proie [prwa] *f* Beute
project|eur [prɔʒɛktœr] *m* Scheinwerfer; **~ile** [~il] *m* Geschoss *n*
projet [prɔʒɛ] *m* Plan
projeter [prɔʒte] *film* vorführen; *catapulter* schleudern; **~ de** (+ *inf*) planen zu
prolongation [prɔlõgasjõ] *f zeitliche* Verlängerung
prolonger [prɔlõʒe] verlängern
promenade [prɔmnad] *f* Spaziergang *m*; **~ en bateau** Bootsfahrt
promener [prɔmene] **se ~** spazieren gehen; *en voiture* spazieren fahren; F *fig* **envoyer ~ q** F j-n abwimmeln *od* zum Teufel jagen
prom|esse [prɔmɛs] *f* Versprechen *n*; **~ettre** [~ɛtr(ə)] versprechen
promotion [prɔmosjõ] *f avancement* Beförderung; *Hdl* **en ~** im Sonderangebot
prononcer [prɔnõse] *mot* aussprechen; *discours* halten; *jugement* verkünden; **se ~** sich äußern (**sur** zu), sich aussprechen (**pour, contre** für, gegen); *mot* (aus)gesprochen werden
propager [prɔpaʒe] verbreiten; **se ~** *nouvelle* sich verbreiten; *épidémie* sich ausbreiten
propos [prɔpo] *m/pl* Äußerungen *f/pl*; **à ~** übrigens; **à ~ de** wegen (*G*)
proposer [prɔpoze] vorschlagen; *aide, argent* anbieten
proposition [prɔpozisjõ] *f* Vorschlag *m*
propre¹ [prɔpr(ə)] sauber
propre² [prɔpr(ə)] eigen; **~ à** charakteristisch für; **nom** *m* **~** Eigenname
propret [prɔprɛ] *chose* schmuck; *personne* adrett
propreté [prɔprəte] *f* Sauberkeit
propriétaire [prɔprietɛr] *m, f* Eigentümer(in) *m(f)*, Besitzer(in) *m(f)*; *qui loue* Vermieter(in) *m(f)*, Hauswirt(in) *m(f)*
propriété [prɔpriete] *f* Eigentum *n*, Besitz *m*; *caractéristique* Eigenschaft
propulsion [prɔpylsjõ] *f* Antrieb *m*
prospectus [prɔspɛktys] *m* Prospekt
prosp|ère [prɔspɛr] blühend; **~érité** [~erite] *f* Wohlstand *m*
prostituée [prɔstitye] *f* Prostituierte
protection [prɔtɛksjõ] *f* Schutz *m*

protéger [prɔteʒe] (***se*** ~ sich) schützen (***de*** vor *D*, ***contre*** gegen)
protestant [prɔtɛstɑ̃] **1.** protestantisch, evangelisch; **2.** ~**(e)** [~(t)] *m(f)* Protestant(in)
protester [prɔtɛste] protestieren
prothèse [prɔtɛz] *f* Prothese
proue [pru] *f Mar* Bug *m*
prouver [pruve] beweisen
provenance [prɔvnɑ̃s] *f* Herkunft; ***en*** ~ ***de ...*** aus
provenir [prɔvnir] ~ ***de*** (her-)kommen aus, von
proverbe [prɔvɛrb] *m* Sprichwort *n*
province [prɔvɛ̃s] *f* Provinz; ***en*** ~ außerhalb von Paris
provision [prɔvizjõ] *f* Vorrat *m* (***de*** an *D*); *d'un chèque* Deckung; ~***s*** *pl* (Lebensmittel-, Winter-)Vorräte *m/pl*; *courses* Einkäufe *m/pl*
provisoire [prɔvizwar] vorläufig, provisorisch
provoquer [prɔvɔke] *q* provozieren; *qc* auslösen
proximité [prɔksimite] *f* Nähe; ***à*** ~ **(*de*)** in der Nähe (*G*)
prud|ence [prydɑ̃s] *f* Vorsicht; ~**ent** [~ɑ̃] vorsichtig
prun|e [pryn] *f* Pflaume; ~**eau** [~o] *m* Backpflaume *f*
psychiatre [psikjatr(ə)] *m, f* Psychiater(in) *m(f)*
psychique [psiʃik] psychisch
psycho|logique [psikɔlɔʒik] psychologisch; *problèmes* psychisch; ~**logue** *m, f* Psychologe *m*, -login *f*
pu [py] *p/p von* ***pouvoir***
public [pyblik] **1.** (*f* ***publique***) öffentlich; ***rendre*** ~ bekannt machen; **2.** *m* Publikum *n*
publication [pyblikasjõ] *f* Veröffentlichung
pub(licité) [pyb(lisite)] *f* Werbung
publier [pyblije] veröffentlichen
publique *s* ***public***
puce [pys] *f* Floh *m*; *Inform* Chip [tʃ-] *m*
pud|eur [pydœr] *f* Scham(haftigkeit); ~**ique** [~ik] schamhaft; *réservé* zurückhaltend
puer [pɥe] stinken (***qc*** nach et)
puéril [pɥeril] kindisch
puis [pɥi] dann
puisque [pɥisk(ə)] da (ja)
puiss|ance [pɥisɑ̃s] *f pouvoir* Macht; *force* Stärke; ~**ant** [~ɑ̃] mächtig; *moteur, médicament* stark
puisse [pɥis] *subj von* ***pouvoir***
puits [pɥi] *m* Brunnen
pull [pyl] *m* F Pulli
pull-over [pylɔvɛr] *m* Pullover
pulmonaire [pylmɔnɛr] Lungen…
pulpe [pylp] *f* Fruchtfleisch *n*
pulsation [pylsasjõ] *f* Herzschlag *m*, Puls(schlag) *m*
punaise [pynɛz] *f Zo* Wanze; *clou* Reißzwecke, -nagel *m*
punch[1] [põʃ] *m* Punsch

punch² [pœnʃ] *m* F Schwung, Elan
punir [pynir] bestrafen
punition [pynisjõ] *f* Strafe; ***en ~ de*** zur Strafe für
pur [pyr] rein; *vin* pur, unverdünnt; ***~ sang*** Vollblut…
purée [pyre] *f* Püree *n*, Brei *m*; ***~ de pommes de terre*** Kartoffelpüree *n*, -brei *m*
pureté [pyrte] *f* Reinheit
purger [pyrʒe] *radiateur* entlüften; *peine* ver-, abbüßen
purifier [pyrifje] reinigen
pur-sang [pyrsɑ̃] *m* Vollblut (-pferd) *n*
purulent [pyrylɑ̃] eit(e)rig
pus [py] *m* Eiter
putain [pytɛ̃] *f* P Hure
putois [pytwa] *m* Iltis
puzzle [pœzəl] *m* Puzzle ['pazəl] *n*
PV [peve] F *m* (*procès-verbal*) Strafzettel
pyjama [piʒama] *m* Schlafanzug, Pyjama [-(d)ʒ-]
pylône [pilon] *m El* Mast; *Arch* Pylon
pyramide [piramid] *f* Pyramide
Pyrénées [pirene] ***les ~*** *f/pl* die Pyrenäen *pl*

Q

qu' [k] *s* ***que***
quadrangulaire [kwadrɑ̃gylɛr] viereckig
quadrillé [kadrije] kariert
quadruple [kwadrypl(ə)] vierfach
quai [ke] *m port* Kai; *gare* Bahnsteig
qualifi|é [kalifje] geeignet; **~er** [~e] bezeichnen; *Sp* ***se ~*** sich qualifizieren
qualité [kalite] *f* (gute) Eigenschaft; *de produits* Qualität; ***de ~*** Qualitäts…
quand [kɑ̃] wann?; *lorsque* wenn (+ *prés od fut*), als (+ *passé*); *toutes les fois que* (jedesmal) wenn; ***~ même*** trotzdem; *tout de même* immerhin
quant à [kɑ̃ta] was … betrifft
quantité [kɑ̃tite] *f* Menge
quarantaine¹ [karɑ̃tɛn] *f âge* Vierzig; ***une ~ (de …)*** etwa vierzig (…)
quarantaine² [karɑ̃tɛn] *f Med* Quarantäne
quarante [karɑ̃t] vierzig
quart [kar] *m* Viertel *n*; ***~ d'heure*** Viertelstunde *f*
quartier [kartje] *m* Viertel *n*
quatorze [katɔrz] vierzehn
quatre [katr(ə)] vier; ***manger comme ~*** für drei essen
Quatre-Cantons [katrəkɑ̃tõ] ***le lac des ~*** der Vierwaldstätter See
quatre|-vingt(s) [katrəvɛ̃] achtzig; **~-vingt-dix** [~vɛ̃dis] neunzig

quatrième [katrijɛm] vierte(r, -s)
que [kə] (*vor Vokal* **qu'**) (**qu'est-ce**) **~?** was?; *pron relatif* den, die, das (*A*); *pl* die; *cj* dass; **ne ... ~** nur; *temporel* erst; **plus grand ~ moi** größer als ich; **qu'il pleuve ou non** ob es regnet oder nicht; (**qu'est-ce**) **~ c'est beau!** wie schön!
quel [kɛl] welche(r, -s); **~ âge a-t-il?** wie alt ist er?; **~le chance!** was für ein Glück!; **~le que soit l'heure** egal, wie spät es ist
quelconque [kɛlkõk] irgendein(e)
quelque [kɛlk(ə)] irgendein; ungefähr; **~s** *pl* einige; **quarante ans et ~s** etwas über vierig Jahre; **~ chose** etwas; **~ part** irgendwo(hin)
quelquefois [kɛlkəfwa] manchmal
quelques-uns [kɛlkəzɛ̃, -zœ̃] *m/pl* einige
quelqu'un [kɛlkœ̃] jemand
quenelle [kənɛl] *f* Klößchen *n*
querell|e [kərɛl] *f* Streit *m*; **~er** [~e] **se ~** (sich) streiten
qu'est-ce que? *s* **que**
question [kɛstjõ] *f* Frage
questionn|aire [kɛstjɔnɛr] *m* Fragebogen; **~er** [~e] be-, ausfragen
quête [kɛt] *f* Suche; *collecte* Geldsammlung
queue [kø] *f* Schwanz *m*; *de casserole* Stiel *m*; *de train* Ende *n*; **faire la ~** Schlange stehen, anstehen
qui [ki] **~** (**est-ce ~**)**?** wer? **~** (**est-ce que**)**?** wen?; **à ~?** wem? (*od* an wen?, mit wem? *usw*); *pron relatif* der, die, das, *pl* die; **à ~** dem (*od* an den, mit dem *usw*); **~ que ce soit** wer auch immer
quiche [kiʃ] *f* **~ lorraine** Speckkuchen *m*
quiconque [kikõk] jeder, der ...; *n'importe qui* irgend jemand
quille [kij] *f* Kegel *m*; *Mar* Kiel *m*
quincaillerie [kɛ̃kajri] *f* Eisenwarenhandlung
quinine [kinin] *f* Chinin *n*
quintuple [kɛ̃typl(ə)] *m* **le ~** das Fünffache; *du prix* der fünffache Preis
quinzaine [kɛ̃zɛn] *f* *quinze jours* vierzehn Tage; **une ~** (**de ...**) etwa fünfzehn (...)
quinze [kɛ̃z] fünfzehn; **~ jours** vierzehn Tage
quinzième [kɛ̃zjɛm] fünfzehnte(r, -s)
quittance [kitɑ̃s] *f* Quittung
quitte [kit] quitt
quitter [kite] verlassen; *emploi* aufgeben; **se ~** sich trennen; **ne quittez pas!** bitte, bleiben Sie am Apparat!
quoi [kwa] **~?** was?; **à ~** woran, womit, wozu *usw*; **~ que ce soit** was auch immer; **à ~ bon?** wozu?; **~ qu'il en**

soit wie dem auch sei
quoique [kwakə] obgleich, obwohl
quota [kɔta, kwɔ-] *m* Quote *f*
quotidien [kɔtidjɛ̃] **1.** täglich; **2.** *m* Tageszeitung *f*

R

rabais [rabɛ] *m* Rabatt
rabaisser [rabɛse] herabsetzen
rabattre [rabatr(ə)] *siège* herunterklappen; *col* umschlagen; *faire un rabais* nachlassen (**sur** von); **se ~** *voiture* rasch wieder einscheren
rabbin [rabɛ̃] *m* Rabbiner
rabot [rabo] *m* Hobel
rabougri [rabugri] verkümmert
raccommoder [rakɔmɔde] flicken
raccourc|i [rakursi] *m* Abkürzung *f*; **~ir** [~r] *séjour* ab-, verkürzen; *robe* kürzer machen; *jours* kürzer werden
raccrocher [rakrɔʃe] wieder aufhängen; *wagon* wieder anhängen; *Tel* auflegen; **se ~ à** sich festhalten an (*D*)
race [ras] *f* Rasse
racheter [raʃte] wieder kaufen; **~ qc à q** et von j-m abkaufen
racine [rasin] *f* Wurzel
rac|isme [rasism(ə)] *m* Rassismus; **~iste** [~ist] **1.** rassistisch; **2.** *m, f* Rassist(in) *m(f)*
raconter [rakõte] erzählen
radar [radar] *m* Radar *m od n*; **contrôle** *m* **~** Radarkontrolle *f*
radeau [rado] *m* Floß
radiateur [radjatœr] *m* Heizkörper; *Kfz* Kühler; **~ électrique** Heizofen
radiations [radjasjõ] *f/pl Phys* Strahlen *m/pl*
radieux [radjø] strahlend
radio [radjo] *f* Radio *n*; *station* Sender *m*; *Med* Röntgenaufnahme, -bild *n*; *liaison* **par ~** über Funk; **écouter la ~** Radio hören; **se faire faire une ~** sich röntgen lassen
radioactif [radjoaktif] radioaktiv
radiocassette [radjokasɛt] *f* Radiorekorder *m*
radiographie [radjografi] *f* Röntgenaufnahme, -bild *n*
radio-réveil [radjorevɛj] *m* Radiowecker
radiotéléphone [radjotelefɔn] *m* Funktelefon *n*; *de voiture* Autotelefon *n*
radis [radi] *m* **~** (**rose**) Radieschen *n*
radoucir [radusir] *temps* **se ~** milder werden
rafale [rafal] *f* Bö
raffin|é [rafine] *pétrole* raffi-

niert; *sucre* weiß; *personne* feinsinnig; *goût* erlesen; **~erie** [~ri] *f* Raffinerie

rafraîch|ir [rafrɛʃir] *boisson* kühlen, kalt stellen; *peintures* auffrischen; **se ~** *temps* kühler werden; *personne* sich erfrischen; **~issement** [~ismɑ̃] *m* Erfrischung *f*

rage [raʒ] *f* Wut; *Med* Tollwut; **~ de dents** rasende Zahnschmerzen *m/pl*

ragoût [ragu] *m* Ragout *n*

raï [raj] *m Mus* Rai

raide [rɛd] steif (*a fig*); *pente* steil

raie [rɛ] *f rayure* Streifen *m*; *cheveux* Scheitel *m*; *Zo* Rochen *m*

raifort [rɛfɔr] *m* Meerrettich

rail [rɑj] *m* Schiene *f*

railler [raje] spotten (**q** über j-n)

rainure [rɛnyr] *f* Rille

raisin [rɛzɛ̃] *m* (Wein-)Traube(n) *f(pl)*; **~s** *pl* **secs** Rosinen *f/pl*

raison [rɛzõ] *f* Vernunft; *cause* Grund *m*; *argument* Argument *n*; **~ de vivre** Lebensinhalt *m*; **avec ~** mit Recht; **avoir** (**donner**) **~** Recht haben (geben); **pour cette ~** aus diesem Grund; **en ~ de** auf Grund (*G*)

raisonnable [rɛzɔnabl(ə)] vernünftig; *prix* angemessen

raisonnement [rɛzɔnmɑ̃] *m* Überlegung *f*, Argumentation *f*

rajeunir [raʒœnir] jünger aussehen; *coiffure* jünger machen

rajouter [raʒute] hinzufügen; *sel* zugeben

ralenti [ralɑ̃ti] *m Kfz* Leerlauf; *film* Zeitlupe *f*; **au ~** in Zeitlupe

ralentir [ralɑ̃tir] verlangsamen; *Kfz* langsamer fahren

râler [rale] F meckern

rallong|e [ralõʒ] *f d'une table* Ausziehplatte; *El* Verlängerungsschnur; **~er** [~e] verlängern; *vêtement* länger machen; *table* ausziehen; *jours* länger werden

ramasser [ramase] aufheben; *champignons* sammeln; *cahiers* einsammeln

rame [ram] *f* Ruder *n*; *de métro* Zug *m*

rameau [ramo] *m* Zweig

ramener [ramne] zurückbringen; *q chez lui* nach Hause bringen; *apporter* mitbringen

ram|er [rame] rudern; **~eur** [~mœr] *m* Ruderer

ramollir [ramɔlir] weich machen; **se ~** weich werden

rampe [rɑ̃p] *f* (Treppen-)Geländer *n*; *dans un parking* Auf- *od* Abfahrt

ramper [rɑ̃pe] kriechen (*a fig* **devant q** vor j-m)

rance [rɑ̃s] ranzig

rancœur [rɑ̃kœr] *f* Groll *m*

rançon [rɑ̃sõ] *f* Lösegeld *n*

rancun|e [rɑ̃kyn] *f* Groll *m*;

~ier [~je] nachtragend
randonnée [rɑ̃dɔne] *f en montagne* Wanderung; *à vélo* (Fahr-)Radtour
rang [rɑ̃] *m rangée* Reihe *f*; *place* Platz, Stelle *f*; **au troisième ~** in der dritten Reihe, *classement* auf Platz drei
rangée [rɑ̃ʒe] *f* Reihe
ranger [rɑ̃ʒe] *affaires, chambre* aufräumen; *papiers* ordnen; *voiture* (ein)parken
ranimer [ranime] wiederbeleben
rap [rap] *m Mus* Rap [rɛp]
rapace [rapas] *m* Raubvogel
râp|e [rɑp] *f* Reibe; **~er** [~e] reiben
rapid|e [rapid] **1.** schnell; **2.** *m Geogr* Stromschnelle *f*; *train* (Fern-)Schnellzug, D-Zug; **~ité** [~ite] *f* Schnelligkeit
rappel [rapɛl] *m Med* Nachimpfung *f*; *théâtre* **~s** *pl* Vorhänge; *panneau* **~!** *Wiederholungsschild zur Geschwindigkeitsbeschränkung*
rappeler [raple] erinnern (**qc à q** j-n an et *A*); *Tel* noch einmal anrufen, *en réponse* zurückrufen; **se ~** sich erinnern an (*A*)
rapport [rapɔr] *m* Bericht; *lien* Zusammenhang; **~s** *pl* Beziehungen *f/pl*; *sexuels* (Geschlechts-)Verkehr *m*; **par ~ à** gegenüber (*D*)
rapporter [rapɔrte] zurückbringen; *ramener* mitbringen; *raconter* berichten; *bénéfice* einbringen (*v/i* einträglich sein); *école* petzen; **se ~ à** sich beziehen auf (*A*)
rapprocher [raprɔʃe] heranrücken, *deux objets* zusammenrücken; *fig* einander näher bringen; **se ~** sich nähern; *fig* sich näher kommen
rapt [rapt] *m* Entführung *f*
raquette [rakɛt] *f* (Tischtennis-, Tennis-)Schläger *m*; *pour la neige* Schneeschuh *m*
rare(ment) [rɑr(mɑ̃)] selten
ras [rɑ] *cheveux* kurz geschnitten; **à ~ bord** bis zum Rand; **à, au ~ de** dicht über (*D od A*)
raser [rɑze] rasieren; *bâtiment* abreißen; *Kfz piéton* dicht vorbeifahren an (*D*); **se ~** sich rasieren
rasoir [rɑzwar] *m* Rasierapparat; **~ électrique** elektrischer Rasierapparat
rassembler [rasɑ̃ble] (ver-)sammeln; *informations* sammeln; **se ~** sich versammeln
rassis [rasi] alt(backen)
rassurer [rasyre] beruhigen
rat [ra] *m* Ratte *f*
ratatouille [ratatuj] *f* **~ (niçoise)** *provenzalischer Gemüseeintopf*
rate [rat] *f* Milz
ratés [rate] *m/pl Kfz* Fehlzündung *f*
râteau [rɑto] *m* Rechen, Harke *f*
rater [rate] *cible* verfehlen; *train, occasion* verpassen;

échouer misslingen; **~ un examen** in e-r Prüfung durchfallen

ration [rasjõ] *f* Ration

rationnel [rasjɔnɛl] rational; *pratique* rationell

raton [ratõ] *m* junge Ratte *f*; **~ laveur** Waschbär

R.A.T.P. [ɛrɑtepe] *f* (*Régie autonome des transports parisiens*) Pariser Verkehrsbetriebe

rattraper [ratrape] *voiture* einholen; *retard* aufholen; *heures*, *cours* nachholen; **se ~ à** sich festhalten an (*D*); **se ~ sur** ausgleichen durch

rauque [rok] heiser, rau

ravag|es [ravaʒ] *m/pl* Verwüstungen *f/pl*; **~er** [~e] verwüsten, verheeren

rave [rav] *f* Rübe

ravi [ravi] entzückt

ravin [ravɛ̃] *m* Schlucht *f*

ravissant [ravisɑ̃] entzückend

ravitaill|ement [ravitɑjmɑ̃] *m* Versorgung *f*; F *provisions* Lebensmittel *n/pl*, Verpflegung *f*; **~er** [~e] versorgen

ray|é [rɛje] gestreift; *carrosserie* zerkratzt; **~er** [~e] *voiture* zerkratzen; *mot* (durch-, aus)streichen

rayon [rɛjõ] *m* Strahl; *Math* Radius; *d'une roue* Speiche *f*; *d'un grand magasin* Abteilung *f*; *étagère* Regal *n*

rayonnage [rɛjɔnaʒ] *m* Regal *n*

rayonn|ant [rɛjɔnɑ̃] strahlend; **~ement** [~mɑ̃] *m Phys* Strahlung *f*; *fig* Ausstrahlung *f*; **~er** [~e] (aus)strahlen

rayure [rɛjyr] *f* Streifen *m*; *égratignure* Kratzer *m*

R.D.A. [ɛrdeɑ] *f* (*République démocratique allemande*) *hist* **la ~** die DDR (*Deutsche Demokratische Republik*)

réacteur [reaktœr] *m* Reaktor; *Flgw* Düsentriebwerk *n*; **~ nucléaire** Kernreaktor

réaction [reaksjõ] *f* Reaktion *f*; **avion** *m* **à ~** Düsenflugzeug *n*

réagir [reaʒir] reagieren

réalisa|teur [realizatœr] *m*, **~trice** [~tris] *f* Regisseur(in) *m(f)*

réaliser [realize] realisieren, verwirklichen; *se rendre compte* begreifen

réalité [realite] *f* Wirklichkeit

réanimation [reanimasjõ] *f* Intensivstation

réarmement [rearməmɑ̃] *m* Aufrüstung *f*

rebeller [r(ə)bɛle] **se ~** sich auflehnen (**contre** gegen)

rébellion [rebɛljõ] *f* Aufstand *m*

rebondir [r(ə)bõdir] zurück-, abprallen (**sur** von)

rebord [r(ə)bɔr] *m* Rand; **~ d'une fenêtre** Fensterbank *f*

rebut [r(ə)by] *m* Ausschuss, Abfall

récapituler [rekapityle] zusammenfassen

récemment [resamɑ̃] kürzlich, vor kurzem, neulich
récent [resɑ̃] neu; *passé* jüngste(r, -s)
récépissé [resepise] *m* Empfangsschein
récepteur [resɛptœr] *m radio* Empfänger; *Tel* Hörer
réception [resɛpsjõ] *f* Empfang *m*
recette [r(ə)sɛt] *f* **~ (de cuisine)** (Koch-)Rezept *n*; *Hdl* **~(s)** (*pl*) Einnahme(n); ***livre*** *m* ***de ~s*** Kochbuch *n*
receveur [rəsvœr] *m* **~ (de bus)** (Bus-)Schaffner; *Med* Empfänger
recevoir [rəsvwar] *qc* erhalten; *personne(s)* empfangen; ***être reçu (à un examen)*** (e-e Prüfung) bestehen
rechange [r(ə)ʃɑ̃ʒ] *m* ***de ~*** Ersatz…
réchapper [reʃape] ***en ~*** überleben
recharger [r(ə)ʃarʒe] *batterie* aufladen; *fusil* wieder laden; *briquet* nachfüllen
réchaud [reʃo] *m* Kocher
réchauffer [reʃofe] aufwärmen; ***se ~*** *personne* sich aufwärmen; *temps* wärmer werden
recherche [r(ə)ʃɛrʃ] *f* Suche (***de*** nach); *scientifique* Forschung; ***~s*** *pl* Nachforschungen
rechercher [r(ə)ʃɛrʃe] suchen; *criminel* fahnden (***q*** nach j-m)
rechut|e [r(ə)ʃyt] *f* Rückfall *m*; **~er** [~e] e-n Rückfall haben
récif [resif] *m* Riff *n*
récipient [resipjɑ̃] *m* Behälter
réciproque [resiprɔk] gegenseitig
récit [resi] *m* Erzählung *f*; ***faire le ~ de*** erzählen von
récital [resital] *m* Konzert *n*
réciter [resite] *leçon* aufsagen; *vers* vortragen
réclam|ation [reklamasjõ] *f* Reklamation; **~er** [~e] verlangen (***qc à q*** et von j-m, ***q*** nach j-m); *revendiquer* fordern; *nécessiter* erfordern
récolt|e [rekɔlt] *f* Ernte; **~er** [~e] ernten
recommandé [r(ə)kɔmɑ̃de] *lettre* eingeschrieben; ***en ~*** per Einschreiben
recommander [r(ə)kɔmɑ̃de] empfehlen
recommencer [r(ə)kɔmɑ̃se] wieder *od* von vorn(e) anfangen (***qc*** [mit] et, ***à*** + *inf* zu)
récompens|e [rekõpɑ̃s] *f* Belohnung; **~er** [~e] belohnen (***de*** für)
réconcilier [rekõsilje] (***se ~*** sich) versöhnen
reconduire [r(ə)kõdɥir] (zurück)bringen, (-)begleiten; ***~ q jusqu'à la porte*** j-n zur Tür begleiten
réconforter [rekõfɔrte] trösten
reconnaiss|ance [r(ə)kɔnɛsɑ̃s] *f* Anerkennung; *grati-*

tude Dankbarkeit; **~ant** [~ɑ̃] dankbar (**de** für)
reconnaître [r(ə)kɔnɛtr(ə)] (wieder) erkennen (**à** an *D*); *faute* erkennen; *enfant, état* anerkennen
reconnu [r(ə)kɔny] anerkannt
reconstruire [r(ə)kõstrɥir] wieder aufbauen
record [r(ə)kɔr] *m* Rekord
recourbé [r(ə)kurbe] gebogen; *bec* krumm
récréation [rekreasjõ] *f* Erholung; *école* Pause
recruter [r(ə)kryte] rekrutieren; *personnel a* einstellen
rectangle [rɛktɑ̃gl(ə)] *m* Rechteck *n*
rectangulaire [rɛktɑ̃gylɛr] rechteckig
rectifier [rɛktifje] berichtigen; *tracé de route* begradigen
reçu [r(ə)sy] **1.** *p/p von* ***recevoir***, **2.** *m* Quittung *f*
recueil [r(ə)kœj] *m* Sammlung *f*
recueillement [r(ə)kœjmɑ̃] *m* innere Sammlung *f*, Andacht *f*
recueilli [r(ə)kœji] andächtig
recueillir [r(ə)kœjir] sammeln; *personne* (bei sich) aufnehmen; **se ~** sich innerlich sammeln
recul [r(ə)kyl] *m fig* Abstand
reculé [r(ə)kyle] abgelegen
reculer [r(ə)kyle] zurückschieben; *décision* auf-, hinausschieben; *personne, fig chômage* zurückgehen; *voiture* zurückfahren
reculons [r(ə)kylõ] **à ~** rückwärts
récupérer [rekypere] wiedererlangen; *rattraper* nachholen; *recycler* (wieder) verwerten; *sportif, malade* sich erholen
récurer [rekyre] scheuern
recyclage [r(ə)siklaʒ] *m* Umschulung *f*; *Tech* Recycling *n*
rédact|eur [redaktœr] *m* Redakteur; **~ion** [~sjõ] *f* Verfassen *n*; *école* Aufsatz *m*; *d'un journal* Redaktion
redevance [rədvɑ̃s] *f radio, TV* Gebühr
rédiger [rediʒe] verfassen
redire [r(ə)dir] noch einmal sagen; ***trouver à ~ à qc*** et an et (*D*) auszusetzen haben
redoubler [r(ə)duble] *école* **~** (***une classe***) e-e Klasse wiederholen
redout|able [r(ə)dutabl(ə)] furchterregend; *adversaire* (sehr) gefährlich; **~er** [~e] fürchten
redresser [r(ə)drɛse] *chose penchée* gerade richten; *chose tordue* gerade biegen; *situation* wieder in Ordnung bringen; **se ~** sich (wieder) aufrichten
réduction [redyksjõ] *f* Reduzierung; *rabais* Ermäßigung *f*, Preisnachlass *m*; ***~ du temps de travail*** Arbeitszeitverkürzung

réduire [redɥir] reduzieren; *vitesse* drosseln; *Med* einrenken; *Kochk* (**faire**) ~ einkochen lassen
réduit [redɥi] *m prix, tarif* ermäßigt; *format* verkleinert
rééducation [reedykasjõ] *f* Heil-, Krankengymnastik
réel [reɛl] wirklich
réexpédier [reɛkspedje] zurücksenden; *faire suivre* nachsenden
refaire [r(ə)fɛr] noch einmal machen; *remettre en état* instand setzen; ~ **la peinture** neu streichen
référer [refere] **se ~ à** sich beziehen auf (*A*)
réfléchir [refleʃir] *refléter* widerspiegeln; *penser* nachdenken (**à, sur** über *A*)
reflet [r(ə)flɛ] *m image* Spiegelbild *n*; **~s** *pl* Glanz *m*
refléter [r(ə)flete] widerspiegeln
réflexe [reflɛks] *m* Reflex
réflexion [reflɛksjõ] *f* Überlegung; *remarque* Bemerkung
réforme [refɔrm] *f* Reform
réfrigérateur [refriʒeratœr] *m* Kühlschrank
refroidir [r(ə)frwadir] abkühlen; **se ~** kälter werden, sich abkühlen; **laisser ~** abkühlen lassen; **ça va ~** es wird kalt
refroidissement [r(ə)frwadismã] *m* Abkühlung *f*; *Med* Erkältung *f*; *Kfz* **eau** *f* **de ~** Kühlwasser *n*
refuge [r(ə)fyʒ] *m abri* Zuflucht(sort) *f(m)*; *en montagne* (Schutz-)Hütte *f*
réfugi|é [refyʒje] *m* Flüchtling; **~er** [~e] **se ~** (sich) flüchten
refus [r(ə)fy] *m* Ablehnung *f*
refuser [r(ə)fyze] ablehnen; **~ qc à q** j-m et verweigern; **~ de** (+ *inf*) sich weigern zu
régaler [regale] ***il se régale*** es schmeckt ihm sehr gut
regard [r(ə)gar] *m* Blick
regarder [r(ə)garde] ansehen; *concerner* **~ q** j-n (etwas) angehen
régates [regat] *f/pl* Regatta *f*
reggae [rege] *m* Reggae
régime [reʒim] *m* Diät *f*; *Kfz* Drehzahl *f*
région [reʒjõ] *f* Gegend
réglage [reglaʒ] *m* Einstellung *f*
règle [rɛgl(ə)] *f instrument* Lineal *n*; *principe* Regel, Vorschrift; *Med* **~s** *pl* Periode *f*; **en ~** *papiers* in Ordnung
règlement [rɛgləmã] *m règles* Vorschrift(en) *f(pl)*; *d'une affaire* Regelung *f*; *d'une facture* Begleichung *f*
réglementaire [regləmãtɛr] vorschriftsmäßig
régler [regle] regeln; *facture* bezahlen; *Tech* einstellen
réglisse [reglis] *f* Lakritze
régner [reɲe] herrschen
regret [r(ə)grɛ] *m* Bedauern *n*, Reue *f* (**de** über *A*); *nostalgie* Sehnsucht *f* (**de** nach)

regrett|able [r(ə)grɛtabl(ə)] bedauerlich; **~er** [-e] bedauern; *faute* bereuen; *personne*, *époque* nachtrauern (*D*)
régul|ier [regylje] regelmäßig; *en règle* vorschriftsmäßig; **~ièrement** [-jɛrmɑ̃] regelmäßig
rein [rɛ̃] *m* Niere *f*; **~s** *pl Anat* Kreuz *n*
reine [rɛn] *f* Königin
rejeter [rəʒte] zurückwerfen, *refuser* ablehnen
rejoindre [r(ə)ʒwɛ̃dr(ə)] *personne* (wieder) treffen; *Sp* einholen; *endroit* wieder gelangen an (*A*); **se ~** sich (wieder) treffen
réjouir [reʒwir] erfreuen; **se ~** sich freuen (**de** über *A*, **que** + *subj* dass)
relâche [r(ə)lɑʃ] *f théâtre* keine Vorstellung; **sans ~** ununterbrochen
relâcher [r(ə)laʃe] *détendre* lockern; *libérer* freilassen
relais [r(ə)lɛ] *m Sp* Staffel (-lauf) *f(m)*; *El* Relais *n*; **~ (routier)** Raststätte *f*; **prendre le ~ de q** j-n ablösen
relatif [r(ə)latif] relativ; **~ à** bezüglich (*G*)
relation [r(ə)lasjɔ̃] *f lien* Beziehung; *ami* Bekannte(r) *su*; **~s** *pl* Beziehungen
relaxer [r(ə)lakse] **se ~** sich entspannen
relayer [r(ə)lɛje] (**se ~** sich) ablösen
relevé [rəlve] **1.** *Kchk* pikant; **2.** *m* **~ de compte** Kontoauszug; **~ d'identité bancaire** (*Abk* **R.I.B.**) Bankverbindung *f*
relever [rəlve] *enfant* (wieder) aufheben; *adulte* aufhelfen (**q** j-m); *chaise* wieder aufstellen; *siège* hochklappen; *col* hochschlagen; *Kochk* pikanter machen; *fautes* feststellen; **se ~** wieder aufstehen
relief [rəljɛf] *m* Relief *n*; *fig* **mettre en ~** hervorheben
relier [rəlje] verbinden; *livre* binden
relig|ieuse [r(ə)liʒjøz] *f* Nonne; *gâteau* Windbeutel *m* (*mit Mokka- od Schokoladencreme*); **~ieux** [-jø] **1.** religiös; *fête*, *mariage* kirchlich; **2.** *m* Mönch; **~ion** [-ʒjɔ̃] *f* Religion
reliure [rəljyr] *f* Einband *m*
remarquable [r(ə)markabl(ə)] bemerkenswert
remarque [r(ə)mark] *f* Bemerkung
remarquer [r(ə)marke] bemerken; **se faire ~** auffallen
rembourrer [rɑ̃bure] polstern
remboursement [rɑ̃bursəmɑ̃] *m* Rückzahlung *f*; *des frais* (Rück-)Erstattung *f*; **contre ~** per Nachnahme
rembourser [rɑ̃burse] *emprunt* zurückzahlen; *frais* (zurück)erstatten
remède [r(ə)mɛd] *m* (Heil-, Gegen-)Mittel *n*

remerciement [r(ə)mɛrsimɑ̃] *m* Dank
remercier [r(ə)mɛrsje] danken (***q de*** *od* ***pour qc*** j-m für et)
remettre [r(ə)mɛtr(ə)] wieder hinstellen, -legen, -hängen; *veste* wieder anziehen; *départ* verschieben; ~ ***qc à q*** j-m et aushändigen; ***se ~ à faire qc*** wieder et tun; ***se ~ de*** sich erholen von
remise [r(ə)miz] *f réduction* Rabatt *m*; *débarras* Schuppen *m*; ~ ***en forme*** Fitnesstraining [-tre-] *n*
remonte-pente [r(ə)mõtpɑ̃t] *m* Schlepplift
remonter [r(ə)mõte] wieder hinaufgehen, -steigen, -fahren; *prix*, *fièvre* wieder (an-) steigen; *dans la voiture* wieder (ein)steigen; *objets* wieder hinauftragen; *réveil* aufziehen; ~ ***q*** j-n stärken; ~ ***à*** zurückgehen auf (*A*)
remords [r(ə)mɔr] *m* Gewissensbisse *pl*
remorqu|e [r(ə)mɔrk] *f* Anhänger *m*; **~er** [~e] *Kfz* abschleppen
remparts [rɑ̃par] *m/pl* Wall *m*; *d'une ville* Stadtmauer *f*
remplaçant [rɑ̃plasɑ̃] *m* Vertreter, Vertretung *f*
remplac|ement [rɑ̃plasmɑ̃] *m* Ersatz; **~er** [~e] ersetzen; ~ ***q*** *provisoirement* j-n vertreten
remplir [rɑ̃plir] füllen (***de*** mit); *chèque* ausfüllen; *conditions*, *devoir* erfüllen
remporter [rɑ̃pɔrte] wieder mitnehmen; *victoire*, *prix* erringen
remuer [rəmɥe] *lèvres* bewegen; *salade* umrühren; *v/i* sich bewegen; *enfant* lebhaft sein
rémunérer [remynere] bezahlen
renaissance [r(ə)nɛsɑ̃s] *f* Wiederaufleben *n*
renard [r(ə)nar] *m* Fuchs
rencontre [rɑ̃kõtr(ə)] *f* Begegnung (*a Sp*), Treffen *n*
rencontrer [rɑ̃cõtre] ~ ***q*** j-m begegnen; *faire la connaissance de* j-n kennen lernen; *Sp* auf j-n treffen; ***se ~*** sich kennen lernen
rendement [rɑ̃dmɑ̃] *m* Ertrag; *efficacité* Leistung *f*
rendez-vous [rɑ̃devu] *m* Verabredung *f*; *amoureux* Rendezvous *n*; *lieu* Treffpunkt; *professionnel*, *chez le médecin* Termin; ***donner ~ à q*** sich mit j-m verabreden; ***prendre (un)*** ~ e-n Termin vereinbaren; ***sur ~*** nach Vereinbarung
rendre [rɑ̃dr(ə)] zurückgeben; *vomir* erbrechen; ~ ***fou*** verrückt machen; ***se ~*** sich begeben (***chez q*** zu j-m); *Mil* sich ergeben
rênes [rɛn] *f/pl* Zügel *m/pl*
renfermer [rɑ̃fɛrme] enthalten

renforcer [rɑ̃fɔrse] verstärken
renier [r(ə)nje] verleugnen
renifler [r(ə)nifle] schnüffeln
renne [rɛn] *m* Rentier *n*
renommé [r(ə)nɔme] berühmt (**pour** für)
renoncer [r(ə)nõse] verzichten (**à** auf *A*)
renouveler [r(ə)nuvle] erneuern
rénover [renɔve] renovieren; *fig* erneuern
renseignement [rɑ̃sɛɲmɑ̃] *m* Auskunft *f*; **donner des ~s sur** Auskunft erteilen über (*A*); **prendre des ~s** Auskünfte einholen
renseigner [rɑ̃sɛɲe] Auskunft geben (**q sur** j-m über *A*); **se ~** sich erkundigen (**sur** über *A*)
rente [rɑ̃t] *f* (Kapital-)Rente
rentrée [rɑ̃tre] *f* Rückkehr; **~ des classes** Schulbeginn *m*
rentrer [rɑ̃tre] *entrer* hineingehen; *de voyage* zurückkehren; *du travail* nach Hause kommen; **~ dans un arbre** gegen e-n Baum fahren
renverser [rɑ̃vɛrse] umstoßen, umwerfen; **se ~** umfallen, umkippen
renvoyer [rɑ̃vwaje] *lettre* zurückschicken; *ballon* zurückwerfen; *personne* entlassen; *de l'école* verweisen
répandre [repɑ̃dr(ə)] *liquide* verschütten; *sable* streuen; *odeur, nouvelle* verbreiten; **se ~** *liquide* sich verteilen; *odeur, nouvelle* sich verbreiten
répandu [repɑ̃dy] verbreitet, üblich
répar|ation [reparasjõ] *f* Reparatur; **~er** [~re] reparieren
repartir [r(ə)partir] wieder weggehen, abfahren; *retourner* zurückgehen, -fahren
répartir [repartir] ver-, aufteilen
repas [r(ə)pɑ] *m* Mahlzeit *f*
repasser [r(ə)pase] wieder vorbeigehen, -kommen; *linge* bügeln
repentir [r(ə)pɑ̃tir] **se ~ de qc** et bereuen
répercussions [repɛrkysjõ] *f/pl* Auswirkungen
repérer [r(ə)pere] ausfindig machen; **se ~** sich zurechtfinden
répertoire [repɛrtwar] *m* Verzeichnis *n*; *agenda* Adressbuch *n*; *théâtre* Repertoire *n*
répét|er [repete] wiederholen; **~ition** [~tisjõ] *f* Wiederholung; *théâtre* Probe
replier [r(ə)plije] wieder zusammenfalten
répliquer [replike] erwidern
répondeur [repõdœr] *m* Anrufbeantworter
répondre [repõdr(ə)] antworten (**à q** j-m; **à qc** auf et *A*); *freins* ansprechen; **~ à** entsprechen (*D*)
réponse [repõs] *f* Antwort

reportage [r(ə)pɔrtaʒ] *m* Reportage *f*
reporter¹ [r(ə)pɔrte] ver-, aufschieben
reporter² [r(ə)pɔrtɛr] *m* Reporter *m*
repos [rəpo] *m* Ruhe *f*; ***prendre du ~*** ausspannen
reposer [r(ə)poze] zurücklegen, -stellen; ***~ sur*** beruhen auf (*D*); ***se ~*** sich ausruhen
repousser [r(ə)puse] *reporter* hinausschieben; *cheveux, gazon* wieder wachsen
reprendre [r(ə)prɑ̃dr(ə)] wieder nehmen; *à table* noch einmal nehmen; *travail* wieder aufnehmen; *corriger* (***se ~*** sich) verbessern
représentant [r(ə)prezɑ̃tɑ̃] *m* Vertreter
représentation [r(ə)prezɑ̃tasjõ] *f* Darstellung; *théâtre* Vorstellung; ***~ du soir*** Abendvorstellung
représenter [r(ə)prezɑ̃te] darstellen; *théâtre* aufführen; *Pol, Hdl* vertreten; ***se ~ qc*** sich et vorstellen
répr|ession [reprɛsjõ] *f* Unterdrückung; ***~imer*** [~ime] unterdrücken
reprise [r(ə)priz] *f du travail* Wiederaufnahme; *Hdl* Zurücknahme; *Sp* Runde; ***à plusieurs ~s*** mehrmals
reproch|e [r(ə)prɔʃ] *m* Vorwurf; ***~er*** [~e] vorwerfen
reproduction [r(ə)prɔdyksjõ] *f Biol* Fortplanzung; *illustration* Abbildung
reproduire [r(ə)prɔdɥir] nachbilden, wiedergeben; ***se ~*** sich wiederholen, wieder vorkommen; *Biol* sich fortpflanzen
reptile [rɛptil] *m* Reptil *n*
république [repyblik] *f* Republik
répugnant [repyɲɑ̃] widerlich, abstoßend
réputation [repytasjõ] *f* Ansehen *n*, Ruf *m*
requin [r(ə)kɛ̃] *m* Hai(fisch)
réquisition [rekizisjõ] *f* Beschlagnahme
R.E.R. [ɛrəɛr] *m* (*réseau express régional*) S-Bahn *f*
réseau [rezo] *m* Netz *n*; ***~ routier*** Straßennetz *n*
réservation [rezɛrvasjõ] *f* Reservierung; ***~ de chambres*** Zimmervermittlung
réserve [rezɛrv] *f* Naturschutzgebiet *n*, Reservat *n*; *restriction* Vorbehalt *m*; *provisions* Reserve; *retenue* Zurückhaltung
réserver [rezɛrve] reservieren; *voyage* buchen; *garder* zurücklegen; ***être réservé à q*** j-m vorbehalten sein
réservoir [rezɛrvwar] *m* Reservoir *n* (*a fig*); *d'essence* Tank
résid|ence [rezidɑ̃s] *f* Wohnsitz *m*; ***~er*** [~e] wohnhaft sein
résidu [rezidy] *m* Rest, Rückstand

résigner [reziɲe] ***se ~*** resignieren; ***se ~ à*** sich abfinden mit
résine [rezin] *f* Harz *n*
résist|ance [rezistɑ̃s] *f* Widerstand *m*; *endurance* Widerstandskraft; **~ant** [~ɑ̃] widerstandsfähig
résister [reziste] **~ à** Widerstand leisten (*D*); *supporter* aushalten (*A*)
résolu [rezɔly] entschlossen; **~tion** [~sjõ] *f* Entschluss *m*
résonner [rezɔne] widerhallen
résoudre [rezudr(ə)] *problème* lösen; **~ de** (+ *inf*) beschließen zu; ***se ~ à*** (+ *inf*) sich entschließen zu
respect [rɛspɛ] *m* Respekt, Achtung *f*
respecter [rɛspɛkte] respektieren, achten; *priorité* beachten; *règlement* einhalten
respectif [rɛspɛktif] jeweilig
respiration [rɛspirasjõ] *f* Atmung, Atmen *n*; ***~ artificielle*** künstliche Beatmung
respirer [rɛspire] atmen
resplendissant [rɛsplɑ̃disɑ̃] glänzend
respons|abilité [rɛspõsabilite] *f* Verantwortung; **~able** [~sabl(ə)] verantwortlich (**de** für)
resquiller [rɛskije] schwarzfahren
ressac [rəsak] *m* Brandung *f*
ressembl|ance [r(ə)sɑ̃blɑ̃s] *f* Ähnlichkeit; **~er** [~e] **~ à** ähneln, gleichen (+ *dat*)
ressemeler [r(ə)səmle] besohlen
ressentir [r(ə)sɑ̃tir] empfinden
resserrer [r(ə)sɛrre] *nœud* fester ziehen; *vis* fester anziehen
ressort [r(ə)sɔr] *m Tech* Feder *f*
ressortir [r(ə)sɔrtir] wieder hinausgehen; *couleur* sich abheben (**sur** von); ***faire ~*** hervorheben; ***il ressort de qc que …*** aus et geht hervor, dass
ressortissant [r(ə)sɔrtisɑ̃] *m* Staatsangehörige(r)
ressources [r(ə)surs] *f/pl* Mittel *n/pl*; ***~ en énergie*** Energiequellen *f/pl*; ***sans ~*** mittellos
ressusciter [resysite] auferstehen
restaurant [rɛstɔrɑ̃] *m* Restaurant *n*
restauration [rɛstɔrasjõ] *f d'art* Restaurierung; *métier* Gaststättengewerbe *n*; ***~ rapide*** Fast Food *n*
restaurer [rɛstɔre] restaurieren; ***se ~*** sich (wieder) stärken
reste [rɛst] *m* Rest; ***du ~*** übrigens
rester [rɛste] bleiben; *subsister* übrig bleiben; ***il reste du vin*** es ist noch Wein übrig; ***il ne reste plus de pain*** es ist kein Brot mehr da

resto [rɛsto] *m* F Restaurant *n*
restoroute® [rɛstorut] *f* Raststätte, Rasthaus *n*
restr|eindre [rɛstrɛ̃dr(ə)] be-, einschränken; **~iction** [~iksjõ] *f* Ein-, Beschränkung
résult|at [rezylta] *m* Ergebnis *n*; **~er** [~e] sich ergeben, folgen (**de** aus)
résum|é [rezyme] *m* Zusammenfassung *f*; **~er** [~e] zusammenfassen
rétabl|ir [retablir] wiederherstellen; **se ~** (wieder) gesund werden; **~issement** [~ismɑ̃] *m* Genesung *f*
retard [r(ə)tar] *m* Verspätung *f*; *paiement* Rückstand; **être en ~** sich verspäten, zu spät kommen; *train* Verspätung haben
retarder [r(ə)tarde] *personne* aufhalten; *montre* zurückstellen; *départ* hinausschieben; *v/i montre* nachgehen (**de** um)
retenir [rətnir] zurück-, aufhalten; *se souvenir* behalten; *chambre* reservieren; **se ~** sich beherrschen; **se ~ à** sich festhalten an (*D*)
retentir [r(ə)tɑ̃tir] widerhallen
retenue [rətny] *f* Zurückhaltung; (Gehalts-)Abzug *m*; *école* Nachsitzen *n*
rétine [retin] *f* Netzhaut
retir|é [r(ə)tire] abgelegen, zurückgezogen; **~er** [~e] herausnehmen; *argent* abheben; **se ~** sich zurückziehen
retour [r(ə)tur] *m* Rückfahrt *f*, -reise *f*; **à mon ~** bei m-r Rückkehr; **être de ~** zurück sein; **par ~ du courrier** postwendend
retourner [r(ə)turne] zurückkehren, -gehen, -fahren; *de nouveau* wieder gehen, fahren; *matelas* umdrehen; *lettre* zurücksenden; **se ~** *personne* sich umdrehen; *Kfz* sich überschlagen
retrait [r(ə)trɛ] *m du permis de conduire* Entzug; *d'argent* Abheben *n*
retraite [r(ə)trɛt] *f* Ruhestand *m*; *pension* (Alters-)Rente
retraité [r(ə)trete] pensioniert
rétrécir [retresir] *au lavage* einlaufen; **se ~** enger werden; *fig* sich verkleinern
rétrograder [retrɔgrade] *Kfz* zurückschalten
rétrospective [retrɔspɛktiv] *f* Retrospektive; **~ment** [~mɑ̃] rückblickend
retrouver [rətruve] wiederfinden
rétroviseur [rətrɔvizœr] *m* Rückspiegel; **~ extérieur** Außenspiegel
réunification [reynifikasjõ] *f* Wiedervereinigung
réunion [reynjõ] *f* Versammlung
réunir [reynir] *choses séparées* (miteinander) verbinden; *documents* zusammenstel-

len; *preuves* zusammentragen; *conditions* erfüllen; *fonds* auf-, zusammenbringen; **se ~** sich versammeln
réussir [reysir] *personne* Erfolg haben; *projet* gelingen; ***je réussis à*** es gelingt mir zu; **~ *à un examen*** e-e Prüfung bestehen
réussite [reysit] *f* Erfolg *m*
revanche [r(ə)vɑ̃ʃ] *f* Rache; *Sp* Revanche; ***prendre sa ~*** Rache nehmen (***sur q*** an j-m); *Sp* sich revanchieren; ***en ~*** dafür
rêve [rɛv] *m* Traum
réveil [revɛj] *m* Wecker
réveiller [reveje] wecken; **se ~** aufwachen
révélation [revelasjõ] *f* Aufdeckung; **~s** *pl* Enthüllungen
révéler [revele] aufdecken; **se ~ *exact*** sich als richtig erweisen
revenant [rəvnɑ̃] *m* Gespenst *n*
revendi|cation [r(ə)vɑ̃dikasjõ] *f* Forderung; **~quer** [~dike] fordern
revendre [r(ə)vɑ̃dr(ə)] weiterverkaufen
revenir [rəvnir] wiederkommen; *rentrer* zurückkommen; *mot, nom* wieder einfallen; *Hdl* sich belaufen (**à** auf); **~ *sur*** *décision* rückgängig machen; *sa parole* zurücknehmen, *Kochk* ***faire ~*** *viande* anbraten; *oignons* in Fett dünsten; ***cela revient au même*** das kommf auf das Gleiche hinaus
revenu [rəvny] *m* Einkommen *n*
rêver [rɛve] träumen (**de** von)
réverbère [reverbɛr] *m* Straßenlaterne *f*
rêverie [rɛvri] *f* Träumerei
revers [r(ə)vɛr] *m* Rückseite *f*; *d'un pantalon, d'une manche* Auf-, Umschlag; *tennis* Rückhand *f*
revêtement [r(ə)vɛt(ə)mɑ̃] *m* *Tech* Aus-, Verkleidung *f*; *d'une route* Straßendecke *f*
revient [rəvjɛ̃] ***prix*** *m* ***de ~*** Selbstkostenpreis
réviser [revize] *école* wiederholen; ***faire ~ sa voiture*** s-n Wagen zur Inspektion bringen
revoir [r(ə)vwar] wiedersehen; *film* sich wieder ansehen; **se ~** sich wiedersehen; ***au ~!*** auf Wiedersehen!
révolt|e [revɔlt] *f* Aufstand *m*; **~er** [~e] empören; **se ~** sich auflehnen (***contre*** gegen); *s'indigner* sich empören (***contre*** über *A*)
révolution [revɔlysjõ] *f* Revolution
revolver [r(ə)vɔlvɛr] *m* Revolver
revue [r(ə)vy] *f* Zeitschrift; *théâtre* Revue; *Mil* Parade
rez-de-chaussée [redʃose] *m* Erdgeschoss *n*
R.F.A. [ɛrefa] *f* (*République*

fédérale d'Allemagne) BRD (*Bundesrepublik Deutschland*)
Rhin [rɛ̃] ***le ~*** der Rhein
Rhône [ron] ***le ~*** die Rhone
rhubarbe [rybarb] *f* Rhabarber *m*
rhum [rɔm] *m* Rum
rhumatisme [rymatism(ə)] *m* Rheuma *n*; ***avoir des ~s*** Rheuma haben
rhume [rym] *m* Schnupfen; *refroidissement* Erkältung *f*; ***~ des foins*** Heuschnupfen; ***avoir un ~*** e-n Schnupfen haben; ***attraper un ~*** sich erkälten
ri [ri] *p/p von* ***rire***
ricaner [rikane] höhnisch lachen; *bêtement* kichern
R.I.B. [ɛribe] *m s* ***relevé***
rich|e [riʃ] reich; ***~esse*** [~ɛs] *f* Reichtum *m*
ricin [risɛ̃] *m* Rizinus
ride [rid] *f* Falte
rideau [rido] *m* Vorhang, Gardine *f*; ***~ de douche*** Duschvorhang
ridicul|e [ridikyl] lächerlich; ***~iser*** [~ize] lächerlich machen
rien [rjɛ̃] (***ne …***) ~ nichts; ***~ du tout*** überhaupt nichts; ***pour ~*** umsonst; ***de ~!*** keine Ursache!; ***sans ~ dire*** ohne etwas zu sagen
rigide [riʒid] starr, steif; *personne* streng
rigole [rigɔl] *f* Rinne
rigoler [rigɔle] Spaß machen; *rire* lachen; ***pour ~*** zum Spaß
rigolo [rigɔlo] F lustig; *étrange* komisch
rigoureux [rigurø] streng
rigueur [rigœr] *f* Strenge; ***à la ~*** notfalls, zur Not
rillettes [rijɛt] *f/pl im eigenen Fett konserviertes Schweinefleisch*
rimer [rime] (sich) reimen
rincer [rɛ̃se] *linge* spülen; *cheveux, verre* ausspülen
riposter [ripɔste] schlagfertig antworten
rire [rir] **1.** lachen (***de*** über *A*); ***pour ~*** zum Spaß; **2.** *m* Lachen *n*
ris [ri] *m* ***~ de veau*** Kalbsbries *n*
risque [risk] *m* Risiko *n*
risqué [riske] riskant
risquer [riske] riskieren; ***~ de*** (+ *inf*) Gefahr laufen zu, *chose* drohen zu
rissoler [risɔle] *Kochk* goldbraun braten
rivage [rivaʒ] *m* Ufer *n*
riv|al [rival] *m* (*pl* ***-aux*** [-o]) Rivale; ***~ale*** [~al] *f* Rivalin
rive [riv] *f* Ufer *n*
riverain [rivrɛ̃] *m* Anlieger
rivière [rivjɛr] *f* Fluss *m*
riz [ri] *m* Reis
R.N. (*route nationale*) *correspond à* B (*Bundesstraße*)
R.N.I.S. [ɛrɛniɛs] *m* (*réseau numérique à intégration de services*) ISDN *n* (*Integrated Services Digital Network*)

robe [rɔb] *f* Kleid *n*; ~ ***d'été*** Sommerkleid *n*; ~ ***de soirée*** Abendkleid *n*; ~ ***de chambre*** Morgenrock *m*
robinet [rɔbinɛ] *m* Hahn
robot [rɔbo] *m* Roboter
robuste [rɔbyst] robust
roch|e [rɔʃ] *f* Fels *m*; **~er** [~e] *m* Felsen
rod|er [rɔde] *voiture* einfahren; **~age** [~aʒ] *m* Einfahren *n*
rôder [rode] herum-, umherstreifen
rognon [rɔɲõ] *m Kochk* Niere *f*
roi [rwa] *m* König; ***les* ♀*s mages*** die Heiligen Drei Könige
rôle [rol] *m* Rolle *f* (*a théâtre*); ***à tour de*** ~ abwechselnd
roller [rɔlœr] *m* Inline-Skate *n*
romain [rɔmɛ̃] **1.** römisch; **2.** ♀ *m* Römer
roman [rɔmɑ̃] **1.** romanisch; **2.** *m* Roman
romanc|ier [rɔmɑ̃sje] *m*, **~ière** [~jɛr] *f* Romanschriftsteller(in) *m(f)*
romantique [rɔmɑ̃tik] **1.** romantisch; **2.** *m* Romantiker
romarin [rɔmarɛ̃] *m* Rosmarin *n*
rompre [rõpr(ə)] brechen; *relations* abbrechen; ***se*** ~ *ficelle* reißen; ~ ***avec q*** mit j-m brechen
romsteck [rɔmstɛk] *m* Rumpsteak [-stek] *n*
rond [rõ] **1.** rund; *personne* rund(lich); **2.** *m* Kreis; ***en*** ~ im Kreis
ronde [rõd] *f* Runde
rond-point [rõpwɛ̃] *m* Kreisverkehr, runder Platz
ronfler [rõfle] schnarchen
ronger [rõʒe] nagen; ***se*** ~ ***les ongles*** an den Nägeln kauen
ronronner [rõrɔne] schnurren
roquette [rɔkɛt] *f* Rakete; *Kochk* Rucola *m*
rosbif [rɔsbif] *m* Roastbeef *n*
rose [roz] **1.** rosa; **2.** *f* Rose
rosé [roze] **1.** zartrosa; **2.** *m* Rosé(wein)
roseau [rozo] *m* Schilf *n*
rosée [roze] *f* Tau *m*
rosier [rozje] *m* Rosenstrauch
rossignol [rɔsiɲɔl] *m* Nachtigall *f*
roter [rɔte] rülpsen
rôti [roti] **1.** gebraten, Brat…; **2.** *m* Braten
rôtir [rotir] braten
rôtiss|erie [rotisri] *f* Grillrestaurant *n*; **~oire** [~war] *f* Grill *m*
rotule [rɔtyl] *f* Kniescheibe
roue [ru] *f* Rad *n*; ~ ***avant*** Vorderrad *n*; ~ ***arrière*** Hinterrad *n*; ~ ***de secours*** Reserverad *n*
rouge [ruʒ] **1.** rot; **2.** *m* Rot *n*; *vin* Rotwein; ~ ***à lèvres*** Lippenstift; ***être*** (***passer***) ***au*** ~ *feu* auf Rot sein (schalten)
rougeâtre [ruʒɑtr(ə)] rötlich
rouge-gorge [ruʒgɔrʒ] *m* Rotkehlchen *n*

roug|eole [ruʒɔl] *f* Masern *pl*; **~eurs** [-ʒœr] *f/pl* rote Flecken *m/pl*; **~ir** [-ir] rot werden
rouille [ruj] *f* Rost *m*; *Kochk mit Peperoni gewürzte Knoblauchsoße*
rouill|é [ruje] rostig; **~er** [-e] rosten
rouleau [rulo] *m* (Klopapier-, Tapeten-)Rolle *f*; *grosse vague* Brandungswelle *f*; **~ à pâtisserie** Nudelholz *n*
roulement [rulmɑ̃] *m* **~ à billes** Kugellager *n*
rouler [rule] rollen; *voiture* fahren
roulette [rulɛt] *f meubles* Rolle; *jeu* Roulett(e) *n*
roulotte [rulɔt] *f* Wohnwagen *m*
roumain [rumɛ̃] **1.** rumänisch; **2.** ♀ *m* Rumäne
Roumanie [rumani] **la ~** Rumänien *n*
rouspéter [ruspete] F meckern
rousse *s* **roux**
roussi [rusi] *m* Brandgeruch; **sentir le ~** versengt, angesengt riechen
route [rut] *f* (Auto-, Land-) Straße; *itinéraire* Weg *m*, Strecke; **~ de Paris** Straße nach Paris; **~ à grande circulation** Hauptverkehrsstraße; *panneau* **~ prioritaire** Vorfahrtsstraße; **en ~** unterwegs; **quitter la ~** von der Fahrbahn abkommen; **six heures de ~** sechs Stunden Fahrzeit; **bonne ~!** gute Fahrt!
routier [rutje] **1.** Straßen…, Verkehrs…; **2.** *m* Fernfahrer
routine [rutin] *f* Routine
roux [ru] (*f* **rousse** [rus]) rothaarig; *cheveux* rot
royal [rwajal] königlich (*a fig*), Königs…
royaume [rwajom] *m* Königreich *n*
ruban [rybɑ̃] *m* Band *n*; **~ adhésif** Klebeband *n*
rubéole [rybeɔl] *f* Röteln *pl*
rubis [rybi] *m* Rubin
rubrique [rybrik] *f* Rubrik
ruche [ryʃ] *f* Bienenstock *m*
rude [ryd] *climat* rau; *travail* hart; *hiver* streng
rue [ry] *f* Straße; **dans la ~** auf der Straße; **en pleine ~** auf offener Straße
ruée [rɥe] Ansturm *m*
ruelle [rɥɛl] *f* Gasse
ruer [rɥe] *cheval* ausschlagen; **se ~ sur** sich stürzen auf (*A*)
rugir [ryʒir] brüllen
ruine [rɥin] *f* Verfall *m*; **en ~** verfallen; **~s** *pl* Ruinen
ruin|é [rɥine] ruiniert; **~er** [-e] ruinieren; *fig* zunichte machen
ruisseau [rɥiso] *m* Bach; *caniveau* Gosse *f* (*a fig*)
ruisseler [rɥisle] rinnen; **~ de** triefen von
rumeur [rymœr] *f* (dumpfer) Lärm *m*; *on-dit* Gerücht *n*
rupture [ryptyr] *f* Bruch *m* (*a*

entre personnes); *Med* Riss *m*; *de négociations* Abbruch *m*
rural [ryral] ländlich
ruse [ryz] *f* List
rusé [ryze] listig
russe [rys] **1.** russisch; **2.** ♀ *m* Russe
Russie [rysi] ***la*** ~ Russland *n*
rustique [rystik] rustikal
rythme [ritm(ə)] *m* Rhythmus

S

s' [s] *s* ***se***; *vor il, ils s* ***si***
S.A. [ɛsa] *f* (*société anonyme*) AG (*Aktiengesellschaft*)
sa [sa] *s* ***son***[1]
sable [sɑbl(ə)] *m* Sand
sabl|é [sɑble] *m* Sandplätzchen *n*; **~ier** [~ije] *m* Sanduhr *f*; Eieruhr *f*
sablonneux [sɑblɔnø] sandig
sabot [sabo] *m* Holzschuh; *Zo* Huf; *Kfz* ***~ de frein*** Bremsklotz; ***~ de Denver*** [dɑ̃vɛr] Parkkralle *f*
sabre [sɑbr(ə)] *m* Säbel
sac [sak] *m pours ses affaires* Tasche *f*; *pour le transport* Sack; *pour l'emballage* Tüte *f*; ~ (***à main***) Handtasche *f*; ***~ de voyage*** Reisetasche *f*; ***~ isotherme*** Kühltasche *f*; ***~ à dos*** Rucksack; ***~ de couchage*** Schlafsack *m*; ***~ en plastique*** Plastiktüte *f*; ***~ poubelle*** Müllbeutel
saccager [sakaʒe] *ville* plündern; *maison* auf den Kopf stellen
sache [saʃ] *subj von* ***savoir***
sachet [saʃɛ] *m* ***~ de thé*** Teebeutel
sacoche [sakɔʃ] *f* Umhängetasche; *vélo, moto* Packtasche
sacré [sakre] heilig
sacrif|ice [sakrifis] *m* Opfer *n*; **~ier** [~je] opfern
safari [safari] *m* Safari *f*
sage [saʒ] weise; *enfant* artig
sage-femme [saʒfam] *f* Hebamme
saignant [sɛɲɑ̃] blutend; *steak* englisch
saigner [sɛɲe] bluten; ***~ du nez*** Nasenbluten haben
sain [sɛ̃] gesund; ***~ et sauf*** wohlbehalten
saindoux [sɛ̃du] *m* Schweineschmalz *n*
saint [sɛ̃] **1.** heilig; **2. ~(e)** [~(t)] *m*(*f*) Heilige(r) *su*; **~-bernard** *m* Bernhardiner
saisir [sɛzir] ergreifen (*a occasion*); *ballon* (auf)fangen; *comprendre* begreifen; *viande* anbraten; *jur* pfänden; *Inform* erfassen; ***se ~ de*** ergreifen (*A*)
saison [sɛzõ] *f* Jahreszeit; *période* Zeit; *touristique* Saison; *théâtrale* Spielzeit; ***'haute ~*** Hochsaison; ***basse ~*** Vor- *od* Nachsaison; ***en***

pleine ~ in der Hochsaison
saisonnier [sɛzɔnje] saisonbedingt
sait [sɛ] *prés von* ***savoir***
salade [salad] *f* Salat *m*; ~ ***verte*** grüner Salat *m*; ~ ***de fruits*** Obstsalat *m*; ~ ***niçoise*** Nizza-Salat *m*
saladier [saladje] *m* Salatschüssel *f*
salaire [salɛr] *m ouvrier* (Arbeits-)Lohn; *employé* Gehalt *n*
salami [salami] *m* Salami *f*
salarié(e) [salarje] *m(f)* Arbeitnehmer(in)
salaud [salo] P *m* gemeiner Kerl, Mistkerl
sale [sal] schmutzig, dreckig; F *devant nom* übel; ~ ***type*** *m* widerlicher Kerl; ~ ***temps*** *m* Sauwetter *n*
salé [sale] **1.** gesalzen; *au goût* salzig; F *addition a* gepfeffert; **2.** *m* ***petit*** ~ *gepökeltes Schweinefleisch*
saler [sale] salzen
saleté [salte] *f* Schmutzigkeit; *crasse* Schmutz *m*, Dreck *m*
salière [saljɛr] *f* Salztreuer *m*
salir [salir] (***se*** ~ sich) schmutzig machen
salive [saliv] *f* Speichel *m*
salle [sal] *f* Saal *m*; *moins grand* Raum *m*; *pièce* Zimmer *n*; ~ ***d'attente*** *gare* Wartesaal *m*; *d'un médecin* Wartezimmer *n*; ~ ***à manger*** Esszimmer *n*; *hôtel* Speisesaal *m*; ~ ***de séjour*** Wohnzimmer *n*; ~ ***de bains*** Bad(ezimmer) *n*
salon [salõ] *m* Wohnzimmer *n*; ≈ *foire* Messe *f*, Ausstellung *f*; ~ ***de coiffure*** Friseursalon; *Inform* ~ ***de conversation*** Chatroom ['tʃɛt-ruːm]; ~ ***de thé*** Café *n*
salopette [salɔpɛt] *f* Latzhose
saluer [salɥe] grüßen
salut [saly] *m* Gruß; ~***!*** grüß dich!; *au revoir* tschüs!
salutation [salytasjõ] *f* Begrüßung; ~***s*** *pl lettre* viele Grüße
samedi [samdi] *m* Samstag; ***le*** ~ samstags
SAMU [samy] *m* (*service d'aide médicale d'urgence*) Notarzt, Rettungsdienst
sandale [sɑ̃dal] *f* Sandale
sandwich [sɑ̃dwitʃ] *m* Sandwich *n*
sang [sɑ̃] *m* Blut *n*; ***être en*** ~ blutüberströmt sein; F ***se faire du mauvais*** ~ sich Sorgen machen
sang-froid [sɑ̃frwa] *m calme* Beherrschung *f*; *froideur* Kaltblütigkeit *f*; ***de*** ~ kaltblütig
sanglant [sɑ̃glɑ̃] blutig
sangle [sɑ̃gl(ə)] *f* Gurt *m*
sanglier [sɑ̃glije] *m* Wildschwein *n*
sangloter [sɑ̃glɔte] schluchzen
sans [sɑ̃] ohne
sans-abri [sɑ̃sabri] *m, f* Obdachlose(r) *su*

sans-gêne [sɑ̃ʒɛn] **1.** dreist; **2.** *m* Dreistigkeit *f*
santé [sɑ̃te] *f* Gesundheit; ***être en bonne ~*** gesund sein; ***à votre ~!*** auf Ihr Wohl!, zum Wohl!
sapin [sapɛ̃] *m* Tanne *f*
Sardaigne [sardɛɲ] ***la ~*** Sardinien *n*
sardine [sardin] *f* Sardine; ***~ à l'huile*** Ölsardine
S.A.R.L. [ɛsaɛrɛl] *f* (*société à responsabilité limitée*) GmbH (*Gesellschaft mit beschränkter Haftung*)
sarrasin [sarazɛ̃] *m* Buchweizen
Sarre [sar] ***la ~*** Saarland *n*
Sarrebruck [sarbryk] Saarbrücken
satellite [satɛlit] *m* Satellit; (***télévision*** *f* ***par***) ~ Satellitenfernsehen *n*
satisfaction [satisfaksjõ] *f* Zufriedenheit; *d'un besoin* Befriedigung
satisfaire [satisfɛr] *personne* zufriedenstellen; *besoin* befriedigen
satisfaisant [satisfəzɑ̃] befriedigend, zufriedenstellend
satisfait [satisfɛ] zufrieden (***de*** mit)
sauce [sos] *f* Soße; ***~ blanche*** weiße, helle Soße; ***~ tomate*** Tomatensoße; ***~ de soja*** Sojasoße
saucer [sose] (mit Brot) austunken, -wischen
saucisse [sosis] *f* Würstchen *n*; ***~ grillée*** Bratwurst
saucisson [sosisõ] *m* Wurst *f*; ***~ sec*** Dauerwurst *f*; ***~ à l'ail*** Knoblauchwurst *f*
sauf[1] [sof] (*f* ***sauve*** [sov]) ***sain et ~*** wohlbehalten
sauf[2] [sof] außer (*D*), bis auf (*A*); ***~ que*** außer dass; ***~ si*** außer (wenn)
sauge [soʒ] *f* Salbei *m*
saule [sol] *m* Weide *f*; ***~ pleureur*** Trauerweide *f*
saumon [somõ] *m* Lachs; ***~ fumé*** Räucherlachs
sauna [sona] *f* Sauna
saupoudrer [sopudre] bestreuen
saurai [sore] *fut von* ***savoir***
saut [so] *m* Sprung; ***~ en 'hauteur*** Hochsprung; ***~ en longueur*** Weitsprung; ***~ à l'élastique*** Bungeejumping ['bandʒi:dʒampiŋ] *n*; ***~ à la perche*** Stabhochspringen *n*; ***~ périlleux*** Salto
sauter [sote] springen; *bâtiment* in die Luft fliegen; *El plombs* durchbrennen; *obstacle* überspringen; *ligne, repas* auslassen; ***faire ~*** *pont* sprengen; *pommes de terre* braten
sauterelle [sotrɛl] *f* Heuschrecke
sauvage [sovaʒ] wild; *farouche* menschenscheu
sauve *s* ***sauf***
sauvegarder [sovgarde] schützen; *Inform* sichern

sauver [sove] retten; *accidentés* bergen; ***se ~*** s'*enfuir* davonlaufen; F *s'en aller* (weg-) gehen
sauv|etage [sovtaʒ] *m* Rettung *f*; **~eteur** [ₒtœr] *m* Retter; **~eur** [ₒvœr] *m* Retter; *Rel* ♀ Erlöser
savant [savɑ̃] **1.** gelehrt; **2.** *m* Gelehrte(r)
saveur [savœr] *f* Geschmack *m*
Savoie [savwa] ***la ~*** Savoyen *n*
savoir [savwar] **1.** wissen; *langue* können; ***~ nager*** schwimmen können; ***faire ~*** mitteilen; **2.** *m* Wissen *n*
savoir|-faire [savwarfɛr] *m* Können *n*, Know-how [nohau] *n*; **~-vivre** [ₒvivr(ə)] *m* (feine) Manieren *f/pl*, Lebensart *f*
savon [savõ] *m* Seife *f*
savonner [savɔne] (***se ~*** sich) einseifen
savour|er [savure] genießen; **~eux** [ₒø] köstlich
scandale [skɑ̃dal] *m* Skandal; ***faire ~*** Aufsehen erregen
scandal|eux [skɑ̃dalø] skandalös, empörend; **~iser** [ₒize] empören, entrüsten
scanner[1] [skanɛr] *m Tech* Scanner [skɛ-]; *Med* Computertomograph
scanner[2] [skane] (ein)scannen [-skɛ-]
scaphandr|e [skafɑ̃dr(ə)] *m* Taucheranzug; **~ier** [ₒije] *m* Taucher
scarlatine [skarlatin] *f* Scharlach *m*
scarole [skarɔl] *f* Winterendivie
sceau [so] *m* Siegel *n*
scénario [senarjo] *m* Drehbuch *n*
scène [sɛn] *f* Szene; *plateau* Bühne; ***mettre en ~*** inszenieren; *cinéma* Regie führen
sceptique [sɛptik] skeptisch
schéma [ʃema] *m* Schema *n*; **~tique** [ₒtik] schematisch
sciatique [sjatik] *f* Ischias *m*
scie [si] *f* Säge
science [sjɑ̃s] *f* Wissenschaft; **~s** *pl* Naturwissenschaften; *école* **~s** *pl* ***naturelles*** Biologie *f*
scientifique [sjɑ̃tifik] **1.** wissenschaftlich; **2.** *m*, *f* (*non littéraire* Natur-)Wissenschaftler(in) *m(f)*
scier [sje] sägen
scintiller [sɛ̃tije] funkeln, glitzern
scol|aire [skɔlɛr] Schul…; **~arité** [ₒlarite] *f* Schulzeit
scooter [skutœr] *m* (Motor-) Roller
score [skɔr] *m Sp* (Spiel-) Stand; ***~ final*** Endstand
scorpion [skɔrpjõ] *m* Skorpion
scotch[1] [skɔtʃ] *m whisky* Scotch
scotch[2]® [skɔtʃ] *m* Tesafilm®
scout [skut] *m* Pfadfinder
scrupul|e [skrypyl] *m* Skrupel; **~s** *pl a* Bedenken *n/pl*;

sans **~(*s*)** skrupellos
scrupuleux [skrypylø] gewissenhaft
scrutin [skrytɛ̃] *m Pol* Wahl *f*
sculpt|er [skylte] *bois* schnitzen; *pierre, marbre* meißeln; **~eur** [~œr] *m* Bildhauer; **~ure** [~yr] *f art* Bildhauerei; *œuvre* Skulptur
se [sə] (*vor Vokal* ***s'***) sich
séance [seɑ̃s] *f* Sitzung; *cinéma* Vorstellung; *Med* Behandlung
seau [so] *m* Eimer
sec [sɛk] (*f* ***sèche*** [sɛʃ]) trocken; *feuille* dürr; *vin a* herb; *réponse* schroff; ***à ~*** *rivière* ausgetrocknet; F *fig* blank; ***au ~*** im Trockenen *od* ins Trockene
sécateur [sekatœr] *m* Gartenschere *f*
sèche *s* ***sec***
sèche|-cheveux [sɛʃʃəvø] *m* Föhn, Haartrockner; ***sécher au ~*** föhnen
sèche-linge [sɛʃlɛ̃ʒ] *m* Wäschetrockner
sécher [seʃe] trocknen (*a v/i*); ***se ~*** sich (ab)trocknen; F *école* ***~ un cours*** e-e Stunde schwänzen
sécheresse [seʃrɛs] *f* Trockenheit, Dürre
second [s(ə)gõ] zweite(r, -s)
secondaire [s(ə)gõdɛr] Neben..., nebensächlich; ***enseignement*** *m* **~** Sekundarstufe *f*
seconde [s(ə)gõd] *f* Sekunde; *train* zweite Klasse; *Kfz* zweiter Gang *m*
secouer [s(ə)kwe] schütteln
secourir [s(ə)kurir] beistehen (***q*** j-m)
secours [s(ə)kur] *m* Hilfe *f*; ***au ~!*** Hilfe!; ***premiers ~*** *pl* Erste Hilfe *f*; ***~ en montagne*** Bergwacht *f*
secousse [s(ə)kus] *f* Stoß *m*
secret [səkrɛ] **1.** geheim; **2.** *m* Geheimnis *n*; ***en ~*** heimlich
secrétaire [s(ə)kretɛr] *m, f* Sekretär(in) *m(f)*; ***~ f de direction*** Chefsekretärin; ***~ médical(e)*** Sprechstundenhilfe *f*
sécrétion [sekresjõ] *f Med* Sekret *n*
secte [sɛkt] *f* Sekte
secteur [sɛktœr] *m* Sektor; *El* (Strom-)Netz *n*
sécurité [sekyrite] *f* Sicherheit; **~ *sociale*** *französische Sozialversicherung*
sédatif [sedatif] *m* Beruhigungsmittel *n*
sédui|re [sedɥir] verführen; *fig* verlocken; **~sant** [~zɑ̃] verführerisch; *idée* verlockend
seiche [sɛʃ] *f* Tintenfisch *m*
seigle [sɛglə] *m* Roggen
seigneur [sɛɲœr] *m* Herr; *Rel* ***le ~*** der Herr
sein [sɛ̃] *m* Brust *f*; **~s** *pl* Busen *m*; ***au ~ de*** innerhalb (*G*)
Seine [sɛn] ***la ~*** die Seine
séisme [seism(ə)] *m* Erdbeben *n*

seiz|e [sɛz] sechzehn; **~ième** [~jɛm] sechzehnte(r, -s)
séjour [seʒur] *m* Aufenthalt; **~ner** [~ne] sich aufhalten
sel [sɛl] *m* Salz *n*; ***mettre du ~*** salzen (***dans qc*** et *A*)
sélect|ion [selɛksjõ] *f* Auswahl; **~ionner** [~jɔne] auswählen
self-service [sɛlfsɛrvis] *m* Selbstbedienungsladen *m*, -restaurant *n*
selle [sɛl] *f* Sattel *m*; *Kochk* Rücken *m*; *Med* **~s** *pl* Stuhlgang *m*
selon [s(ə)lõ] gemäß (*D*), nach (*D*); ***~ la taille*** je nach Größe; ***~ que*** je nachdem, ob; ***~ moi*** meiner Meinung nach
semaine [s(ə)mɛn] *f* Woche; ***en ~*** unter der Woche
semblable [sɑ̃blabl(ə)] ähnlich (***à*** *D*)
semblant [sɑ̃blɑ̃] *m* (An-) Schein; ***faire ~ de*** (+ *inf*) so tun, als ob; ***il fait ~*** er tut nur so
sembler [sɑ̃ble] scheinen; ***il semble fatigué*** er scheint müde zu sein; ***il semble que*** es scheint, dass; ***il me semble que*** mir scheint(, dass)
semelle [s(ə)mɛl] *f* Sohle
semestre [s(ə)mɛstr(ə)] *m* Halbjahr *n*
semi-remorque [səmir(ə)mɔrk] *f* Sattelschlepper *m*
semoule [s(ə)mul] *f* Grieß *m*
sens [sɑ̃s] *m* Sinn; *direction* Richtung *f*; ***~ de l'orientation*** Orientierungssinn; ***~ de l'humour*** Sinn für Humor; ***le bon ~*** der gesunde Menschenverstand; *Kfz* ***~ unique*** Einbahnstraße *f*; ***~ giratoire*** Kreisverkehr; *panneau* ***~ interdit*** Einfahrt verboten!
sensation [sɑ̃sasjõ] *f* Empfindung; *impression* Gefühl *n*; ***faire ~*** Aufsehen erregen
sensationnel [sɑ̃sasjɔnɛl] F toll
sensible [sɑ̃sibl(ə)] empfindlich; *impressionnable* empfindsam; *baisse* fühlbar
sensuel [sɑ̃sɥɛl] sinnlich
sentence [sɑ̃tɑ̃s] *f* Urteil *n*
sentier [sɑ̃tje] *m* Pfad; Fußweg, Wanderweg
sentiment [sɑ̃timɑ̃] *m* Gefühl *n*
sentimental [sɑ̃timɑ̃tal] Gefühls…; *personne* gefühlsbetont; *péj* sentimental
sentir [sɑ̃tir] riechen (***qc*** nach et); *ressentir* fühlen; *physiquement* spüren; ***~ bon*** (***mauvais***) gut (schlecht) riechen; (***ne pas***) ***se ~ bien*** sich (nicht) gut fühlen
séparation [separasjõ] *f* Trennung
séparé(ment) [separe(mɑ̃)] getrennt
séparer [separe] trennen; *deux personnes* auseinanderbringen; ***se ~*** sich trennen;

(**se**) **~ en** (sich) teilen in (*A*)
sept [sɛt] sieben
septante [sɛptɑ̃t] *Belgique, Suisse* siebzig
septembre [sɛptɑ̃br(ə)] *m* September
septicémie [sɛptisemi] *f* Blutvergiftung
septième [sɛtjɛm] **1.** siebte(r, -s); **2.** *m Math* Siebtel *n*
séquelles [sekɛl] *f/pl* Nachwirkungen
serai [səre] *fut von* **être**
serein [sərɛ̃] gelassen
série [seri] *f* Reihe, Serie (*a TV*)
sérieusement [serjøzmɑ̃] ernsthaft, im Ernst
sérieux [serjø] ernst; *consciencieux* zuverlässig; *élève* fleißig; *travail* sorgfältig; **prendre au ~** ernst nehmen
seringue [sərɛ̃g] *f* Spritze; **~ jetable** Einwegspritze
serment [sɛrmɑ̃] *m* Schwur, Eid
sermon [sɛrmõ] *m* Predigt *f*
séro|négatif [seronegatif] HIV-negativ; **~positif** [~pozitif] HIV-positiv
serpent [sɛrpɑ̃] *m* Schlange *f*
serpillière [sɛrpijer] *f* Scheuerlappen *m*
serre [sɛr] *f* Gewächshaus *n*; *Zo* Klaue
serré [sere] *vêtement* eng; *personnes* dicht gedrängt
serrer [sere] (zusammen-) drücken, (-)pressen; *nœud* fest-, zuziehen; *vis* anziehen; **se ~** zusammenrücken; **~ la main à q** j-m die Hand geben; **~ q** *vêtement* j-m zu eng sein; *Kfz* **~ à droite** sich rechts einordnen
serrur|e [sɛryr] *f* Schloss *n*; **~ier** [~je] *m* Schlosser
sérum [serɔm] *m* Serum *n*
serv|eur [sɛrvœr] *m* Kellner; *Inform* Anbieter; **~euse** [~øz] *f* Kellnerin
service [sɛrvis] *m* Dienst; *faveur* Gefallen; *au café, au restaurant* Bedienung *f*, Service [sœrvis]; *département* Abteilung *f*; *hôpital a* Station *f*; *vaisselle* Service *n*; *tennis* Aufschlag; **~ après-vente** Kundendienst; **~ (militaire)** Wehrdienst; **~ de traumatologie** Unfallstation *f*; **'hors ~** außer Betrieb; **être de ~** Dienst haben; **rendre (un) ~ à q** j-m e-n Dienst erweisen; **~ compris** einschließlich Bedienung
serviette [sɛrvjɛt] *f de table* Serviette; *de toilette* Handtuch *n*; *porte-documents* Aktentasche; **~ hygiénique** (Damen-)Binde *f*; **~ en papier** Papierserviette
servir [sɛrvir] *mets* servieren, auftragen; *à boire* einschenken; *client* bedienen; **~ à q** j-m nützen; **~ à qc** zu et dienen; **~ de** dienen als; **se ~** sich bedienen; **se ~ de** benutzen (*A*)
servofrein [servofrɛ̃] *m*

Bremskraftverstärker
ses [se] *pl* seine; *à elle* ihre
set [sɛt] *m tennis* Satz
seuil [sœj] *m* Schwelle *f*
seul [sœl] allein; *unique* einzig; *seulement* allein, nur; ***le ~, la ~e*** der, die, das einzige
seulement [sœlmɑ̃] nur; *temps* erst; ***hier ~*** erst gestern
sévère [sevɛr] streng
sexe [sɛks] *m* Geschlecht *n*; *sexualité* Sex; *Anat* Geschlechtsteile *pl*
sexuel [sɛksɥɛl] sexuell
shampooing [ʃɑ̃pwɛ̃] *m* Shampoo *n*; *lavage* Haarwäsche *f*
sherry [ʃɛri] *m* Sherry
short [ʃɔrt] *m* Shorts *pl*
si[1] [si] *cj (vor il, ils **s'**)* wenn; ***même ~*** selbst wenn, wenn auch; ***comme ~*** als ob; ***je me demande ~ …*** ich frage mich, ob …
si[2] [si] *tellement, aussi* so
si[3] [si] *après négation* doch
sida [sida] *m* Aids [e:ts] *n*
sidéen [sideɛ̃] **1.** aidskrank ['e:ts-]; **2. ~(ne)** [~ (-ɛn)] *(m)f* Aidskranke(r) *su* ['e:ts-]
siècle [sjɛkl(ə)] *m* Jahrhundert *n*
siège [sjɛʒ] *m* Sitz; *chaise* Stuhl; *fauteuil* Sessel
sien [sjɛ̃] (*f* ***sienne*** [sjɛn]) ***le ~, la ~ne*** seine(r, -s), *à elle* ihre(r, -s)
sieste [sjɛst] *f* Mittagsschläfchen *n*
siffler [sifle] *chanson* pfeifen; *chanteurs* auspfeifen
sifflet [siflɛ] *m* Pfeife *f*; ***coup m de ~*** Pfiff; ***~s*** *pl* Pfiffe
signal [siɲal] *m* (*pl* ***-aux*** [-o]) Signal *n*; *train* ***~ d'alarme*** Notbremse *f*
signalement [siɲalmɑ̃] *m* Personenbeschreibung *f*
signaler [siɲale] anzeigen; *à la police a* melden; ***~ qc à q*** j-n auf et (*A*) hinweisen
signalisation [siɲalizasjõ] *f routière* Be-, Ausschilderung
signature [siɲatyr] *f* Unterschrift
signe [siɲ] *m* Zeichen *n*; ***faire ~ à q*** j-m winken
signer [siɲe] unterschreiben, unterzeichnen
significatif [siɲifikatif] bezeichnend (***de*** für)
signif|ication [siɲifikasjõ] *f* Bedeutung; ***~ier*** [~je] bedeuten
silenc|e [silɑ̃s] *m de q* Schweigen *n*; *d'un endroit* Stille *f*; ***~ieux*** [~jø] still; *de nature* schweigsam
silhouette [silwɛt] *f* Umrisse *m/pl*; *d'une femme* Figur
similaire [similɛr] ähnlich
similicuir [similikɥir] *m* Kunstleder *n*
similitude [similityd] *f* Ähnlichkeit
simple [sɛ̃pl(ə)] **1.** einfach; schlicht; **2.** *m tennis* Einzel

n; **~ment** [-mɑ̃] einfach
simplifier [sɛ̃plifje] vereinfachen
simul|ateur [simylatœr] *m* Simulator; **~er** [-e] vortäuschen
simultané(ment) [simyltane(mɑ̃)] gleichzeitig
sinc|ère [sɛ̃sɛr] aufrichtig; **~érité** [-erite] *f* Aufrichtigkeit
singe [sɛ̃ʒ] *m* Affe
singulier [sɛ̃gylje] **1.** eigenartig, merkwürdig; **2.** *m Gr* Singular, Einzahl *f*
sinistre [sinistr(ə)] **1.** unheimlich; **2.** *m* (Brand-)Katastrophe *f*; *assurances* Schaden(s-fall)
sinon [sinõ] *autrement* sonst; *sauf* außer; *si ce n'est* wenn nicht
sinueux [sinɥø] gewunden (*a fig*); *route* kurvenreich
sirop [siro] *m* Sirup
site [sit] *m* Lage *f*; *paysage* Landschaft *f*
situation [sitɥasjõ] *f* Lage; *poste* (hohe) Stellung, Position
situé [sitɥe] gelegen; ***être ~*** liegen
six [sis, si] sechs
sixième [sizjɛm] **1.** sechste(r, -s); **2.** *m Math* Sechstel *n*
skateboard [skɛtbɔrd] *m* Skateboard ['ske:t-] *n*
ski [ski] *m* Ski; *sport* Skilauf(en) *m(n)*, Skifahren *n*, Skisport; ***~ de fond*** Langlauf; ***~ de randonnée*** Skiwandern *n*; ***~ acrobatique*** Skiakrobatik *f*; ***~ nautique*** Wasserski; ***faire du ~*** Ski laufen, fahren
skier [skje] Ski laufen, fahren
ski|eur [skjœr] *m*, **~euse** [-øz] *f* Skiläufer(in) *m(f)*, -fahrer(in) *m(f)*
slalom [slalɔm] *m* Slalom
slip [slip] *m* Slip; ***~ de bain*** Badehose *f*
slovaque [slɔvak] **1.** slowakisch; **2.** ♀ *m* Slowake
Slovaquie [slɔvaki] ***la ~*** Slowakei
snack(-bar) [snak(bar)] *m* Schnellgaststätte *f*
SMIC [smik] *m* (*salaire minimum interprofessionnel de croissance*) garantierter Mindestlohn
SMS [ɛsɛmɛs] *m* (*short message service*) *service* SMS *n*; *message* SMS(-Nachricht) *f*
S.N.C.F [ɛsɛnseɛf] *f* (*Société nationale des chemins de fer français*) französische Staatsbahn
sobre [sɔbr(ə)] mäßig, enthaltsam; *style* nüchtern
sociable [sɔsjabl(ə)] gesellig
social [sɔsjal] sozial, Sozial…; *de la société a* Gesellschafts…, gesellschaftlich
société [sɔsjete] *f* Gesellschaft; ***~ anonyme*** Aktiengesellschaft; ***en ~*** in Gesellschaft
socle [sɔkl(ə)] *m* Sockel

socquette [sɔkɛt] *f* Söckchen *n*; *pour homme* Socke
sœur [sœr] *f* Schwester
soi [swa] sich; ***chez ~*** zu Hause
soi-disant [swadizɑ̃] angeblich
soie [swa] *f* Seide
soif [swaf] *f* Durst *m*; ***avoir ~*** Durst haben
soigner [swaɲe] pflegen; *Med* behandeln; ***se ~*** *malade* etwas dagegen tun
soigneux [swaɲø] sorgfältig
soin [swɛ̃] *m* Sorgfalt *f*; ***~s*** *pl* Pflege *f*, *Med* Behandlung *f*; ***premiers ~s*** Erste Hilfe *f*; ***prendre ~ de*** sich kümmern um; *santé*, *affaires* achten auf (*A*)
soir [swar] *m* Abend; ***ce ~*** heute Abend; ***le ~*** abends
soirée [sware] *f* Abend *m*; *réception* Gesellschaft
soit[1] [swa] *subj von* ***être***
soit[2] [swa] ***~ … ~ …*** entweder … oder …
soixantaine [swasɑ̃tɛn] *f âge* Sechzig; ***une ~ (de …)*** etwa sechzig (…)
soixante [swasɑ̃t] sechzig; ***~ et onze*** einundsiebzig
soixante-dix [swasɑ̃tdis] siebzig
soja [sɔʒa] *m* Soja(bohne) *f*
sol [sɔl] *m* Boden
solaire [sɔlɛr] Sonnen…
solarium [sɔlarjɔm] *m* Solarium *n*
soldat [sɔlda] *m* Soldat
solde [sɔld] *m d'un compte* Saldo; *reste à payer* Restbetrag; ***~s*** *pl* (Sommer- *od* Winter-)Schlussverkauf; Ausverkauf; ***acheter en ~*** im Schlussverkauf kaufen
soldé [sɔlde] *Hdl* herabgesetzt
sole [sɔl] *f* Seezunge
soleil [sɔlɛj] *m* Sonne *f*; ***au ~*** in der Sonne; ***en plein ~*** in der prallen Sonne; ***il fait du ~*** die Sonne scheint
solennel [sɔlanɛl] feierlich
solidaire [sɔlidɛr] solidarisch
solide [sɔlid] fest, solide (*a Kenntnisse*); *personne* robust
soliste [sɔlist] *m*, *f* Solist(in) *m(f)*
soli|taire [sɔlitɛr] **1.** einsam; **2.** *m*, *f* Einzelgänger(in) *m(f)*; ***~tude*** [~tyd] *f* Einsamkeit
soluble [sɔlybl(ə)] löslich
solution [sɔlysjõ] *f* Lösung
sombre [sõbr(ə)] dunkel; *a fig* düster
sommaire [sɔmɛr] **1.** *exposé* kurzgefasst; *examen* kurz; *connaissances* dürftig; **2.** *m* kurze Inhaltsangabe *f*
somme[1] [sɔm] *f* Summe
somme[2] [sɔm] *m* F Schläfchen *n*, Nickerchen *n*
sommes [sɔm] *prés von* ***être***
sommeil [sɔmɛj] *m* Schlaf; ***avoir ~*** müde sein
sommelier [sɔməlje] *m* Kellermeister; *au restaurant* Weinkellner

sommet [sɔmɛ] *m* Gipfel; *d'un arbre* Wipfel
sommier [sɔmje] *m* Sprungfederrahmen
somnambule [sɔmnɑ̃byl] **1.** mondsüchtig; **2.** *m*, *f* Mondsüchtige(r) *su*
somnifère [sɔmnifɛr] *m* Schlafmittel *n*
somptueux [sõptɥø] prächtig, pracht-, prunkvoll
son[1] [sõ] *m* (*f* **sa** [sa], *pl* **ses** [se]) sein(e); *à elle* ihr(e)
son[2] [sõ] *m* Ton; *d'un instrument, de la voix* Klang
sondage [sõdaʒ] *m* **~** (**d'opinions**) Meinungsumfrage *f*
sonde [sõd] *f* Sonde (*a Med*)
songer [sõʒe] **~ à** (+ *inf*) daran denken zu
sonner [sɔne] *cloches* läuten; *réveil, sonnette, téléphone* klingeln; *horloge* schlagen
sonnerie [sɔnri] *f* Läuten *n*; Klingeln *n*
sonnette [sɔnɛt] *f* Klingel
sono [sɔno] *f* F Verstärker-, Lautsprecheranlage
sonor|e [sɔnɔr] tönend, klangvoll; **~ité** [~ite] *f* Klang *m*
sont [sõ] *prés von* **être**
sophistiqué [sɔfistike] *maniéré* gekünstelt; *perfectionné* hoch entwickelt
sorbet [sɔrbɛ] *m* Halbgefrorene(s) *n*, Sorbet(t) *m od n*
sorcière [sɔrsjɛr] *f* Hexe
sordide [sɔrdid] schmutzig (*a fig*); *crime* gemein
sort [sɔr] *m* Schicksal *n*; **tirer au ~** auslosen
sorte [sɔrt] *f* Art; *espèce* Sorte; **toutes ~s de** allerlei; **une ~ de** e-e Art (von); **de ~ que** sodass
sortie [sɔrti] *f* Ausgang *m*; *pour voitures* Ausfahrt; *action* Hinausgehen *n*; *balade* Ausflug *m*; *d'un film* Uraufführung; **~ de voitures** *pancarte* Ausfahrt (*a* Einfahrt) freihalten; **~ de secours** Notausgang *m*
sortir [sɔrtir] hinausgehen, herauskommen; (*en*) *voiture* hinaus- *od* herausfahren; *film* herauskommen; *qc de qc* herausholen, -nehmen, -ziehen; *chien* ausführen; *voiture* herausfahren; *chaise de jardin* hinausstellen; **~ avec q** mit j-m ausgehen; **s'en ~** damit fertig werden; *s'en tirer* davonkommen
sot [so] töricht, dumm
sottise [sɔtiz] *f* Dummheit
souche [suʃ] *f* Baumstumpf *m*
souci [susi] *m* Sorge *f*
soucier [susje] **se ~** sich kümmern (**de** um)
soucieux [susjø] besorgt; **~ de** bedacht auf (*A*)
soucoupe [sukup] *f* Untertasse
soudain [sudɛ̃] plötzlich
souder [sude] schweißen; *avec du métal* löten
souffle [sufl(ə)] *m* Atem; **être**

à bout de ~ außer Atem sein; *fig* ***second~*** neuer Anlauf
soufflé [sufle] *m* Auflauf, Soufflee *n*
souffler [sufle] blasen; *bougie* ausblasen; *reprendre haleine* Atem, Luft holen; *école* vorsagen
soufflet [suflɛ] *m* Blasebalg
souffr|ance [sufrɑ̃s] *f* Schmerz *m*; **~ant** [~ɑ̃] (leicht) erkrankt; **~ir** [~ir] leiden (**de** unter *D*; *Med* an *D*)
soufre [sufr(ə)] *m* Schwefel
souhait [swɛ] *m* Wunsch; F ***à vos ~s!*** Gesundheit!
souhait|able [swɛtabl(ə)] wünschenswert; **~er** [~e] wünschen
soûl [su] F betrunken
soulagement [sulaʒmɑ̃] *m* Erleichterung *f*
soulager [sulaʒe] *douleur, migraine* lindern; *malade* Erleichterung bringen (*D*); ***être soulagé*** erleichtert sein
soûler [sule] ***~ q*** j-n betrunken machen
soulever [sulve] hochheben; *problème* aufwerfen; ***se ~*** *peuple* sich erheben
soulier [sulje] *m* Schuh
souligner [suliɲe] unterstreichen (*a fig*)
soumettre [sumɛtr(ə)] *pays* unterwerfen; *présenter* vorlegen
soupape [supap] *f* Ventil *n*
soupçon [supsõ] *m* Verdacht
soupçonn|er [supsɔne] verdächtigen; **~eux** [~ø] argwöhnisch
soupe [sup] *f* Suppe; ***~ à l'oignon*** Zwiebelsuppe; ***~ de poisson*** Fischsuppe; ***~ au pistou*** *provenzalische Gemüsesuppe mit Basilikum*
souper [supe] (nach der Abendveranstaltung) essen
soupière [supjɛr] *f* Suppenschüssel, Terrine
soupirer [supire] seufzen
souple [supl(ə)] biegsam, geschmeidig
source [surs] *f* Quelle
sourcil [sursi] *m* Augenbraue *f*
sourd [sur] taub (**de** auf *D*); *qui entend mal* schwerhörig; *bruit* dumpf
sourd-muet [surmɥɛ] taubstumm
sourire [surir] **1.** lächeln; **2.** *m* Lächeln *n*
souris [suri] *f* Maus (*a Inform*)
sournois [surnwa] hinterhältig
sous [su] unter (*D od A*); ***~ peu*** in Kürze
sous-alimenté [suzalimɑ̃te] unterernährt
sous-développé [sudevlɔpe] unterentwickelt
sous-entendu [suzɑ̃tɑ̃dy] *m* Andeutung *f*
sous-estimer [suzɛstime] unterschätzen

sous-exposé [suzɛkspoze] *photo* unterbelichtet
sous|-locataire [sulɔkatɛr] *m, f* Untermieter(in) *m(f)*; **~-marin** [~marɛ̃] *m* U-Boot *n*; **~-sol** [~sɔl] *m* Untergeschoss *n*
sous|traction [sustraksjõ] *f* Subtraktion; **~traire** [~trɛr] abziehen (***de*** von)
sous-vêtements [suvɛtmɑ̃] *m/pl* Unterwäsche *f*
souteneur [sutnœr] *m* Zuhälter
soutenir [sutnir] *piliers* stützen; *projet* unterstützen; *prétendre* behaupten
souterrain [sutɛrɛ̃] **1.** unterirdisch; **2.** *m* Unterführung *f*
soutien [sutjɛ̃] *m aide* Unterstützung *f*
soutien-gorge [sutjɛ̃gɔrʒ] *m* Büstenhalter
souvenir [suvnir] **1.** ***se ~*** sich erinnern (***de*** an *A*); **2.** *m* Erinnerung *f*; *objet* Andenken *n*; *tourisme* Souvenir *n*, Reiseandenken *n*; ***en ~ de*** zur Erinnerung an (*A*)
souvent [suvɑ̃] oft
soyez [swaje] *subj von* ***être***
spacieux [spasjø] geräumig
spaghetti [spageti] *m/pl* Spaghetti *pl*
sparadrap [sparadra] *m* Heftpflaster *n*
spasme [spasm(ə)] *m* Krampf
spatial [spasjal] Raum…
spécial [spesjal] (*m/pl* ***-aux*** [-o]) besondere(r, -s), speziell; *exceptionnel* Sonder…; *spécialisé* Fach…; F *inhabituel* eigenartig; **~ement** [~mɑ̃] speziell
spécial|iste [spesjalist] *m* Spezialist, Fachmann; *Med* Facharzt; **~ité** [~ite] *f* Fach (-gebiet) *n*; *Kochk* Spezialität
spect|acle [spɛktakl(ə)] *m* Anblick, Schauspiel *n*; *représentation* Vorstellung *f*; **~ateur** [~atœr] *m* Zuschauer
sphère [sfɛr] *f* Kugel
spirituel [spiritɥɛl] geistig; *drôle* geistreich
spiritueux [spiritɥø] *m/pl* Spirituosen *pl*
splend|eur [splɑ̃dœr] *f* Glanz *m*, Pracht; **~ide** [~id] prächtig
spontané [spõtane] spontan; *personne* natürlich
sport [spɔr] *m* Sport; **~s** *pl* ***d'hiver*** Wintersport *m*; ***faire du ~*** Sport treiben
sport|if [spɔrtif] **1.** sportlich, Sport…; **2.** *m*, **~ive** [~iv] *f* Sportler(in) *m(f)*
squash [skwaʃ] *m* Squash [skvɔʃ] *n*
squelette [skəlɛt] *m* Skelett *n*
stable [stabl(ə)] stabil; *échelle* standfest; *emploi* fest, sicher; *personne* ausgeglichen
stade [stad] *m* Stadium *n*; *Sp* Stadion *n*
stag|e [staʒ] *m* Praktikum *n*; **~iaire** [~jɛr] *m* Praktikant
stand [stɑ̃d] *m Hdl* Stand
standard [stɑ̃dar] **1.** Stan-

dard…; **2.** *m Tel* Zentrale *f*
standardiste [stɑ̃dardist] *f* Telefonistin
star [star] *m* Filmstar *m*
starter [startɛr] *m Kfz* Choke
station [stasjõ] *f* Station, Haltestelle; *de métro a* Bahnhof *m*; *de radio* Sender *m*; **~ de taxis** Taxistand *m*; **~ balnéaire** Seebad *n*; **~ de sports d'hiver** Wintersportort *m*
stationnaire [stasjɔnɛr] gleich bleibend, unverändert
stationnement [stasjɔnmɑ̃] *m* Parken *n*; **~ interdit** Parkverbot *n*
stationner [stasjɔne] parken
station-service [stasjõsɛrvis] *f* Tankstelle
statistique [statistik] **1.** statistisch; **2. ~s** *f/pl* Statistik(en) *f(pl)*
statue [staty] *f* Statue
statut [staty] *m* Status; **~s** *pl* Satzung *f*, Statuten *n/pl*
steak [stɛk] *m* Steak [stek] *n*; **~ au poivre** Pfeffersteak *n*; **~ tartare** Tatar *n*; **~ haché** Hacksteak *n*
sténodactylo [stenodaktilo] *f* Stenotypistin
stéréo [stereo] **1.** Stereo…; **2.** *f* Stereo *n*; **en ~** in Stereo
stériliser [sterilize] sterilisieren
steward [stjuward, sti-] *m* Steward
stimulateur [stimylatœr] *m* **~ cardiaque** Herzschrittmacher
stimuler [stimyle] *personne* anspornen; *appétit* anregen
stock [stɔk] *m d'un magasin* Warenbestand; *réserve* Vorrat (**de** an); **en ~** vorrätig
stocker [stɔke] lagern; speichern (*a Inform*)
stop [stɔp] **1.** stopp!; **2.** *m panneau* Stoppschild *n*; *feu arrière* Bremslicht *n*; F **faire du ~** per Anhalter fahren
stopper [stɔpe] *v/t u v/i* anhalten, stoppen
strapontin [strapõtɛ̃] *m* Klappsitz
Strasbourg [strazbur] Straßburg
strict [strikt] streng; **le ~ nécessaire** das (Aller-)Nötigste
studio [stydjo] *m TV, radio* Studio *n*; *de cinéma* Atelier *n*; *logement* Einzimmerwohnung *f*, Apartment [-mɔnt] *n*
stupéfait [stypefɛ] verblüfft
stupéfiant [stypefjɑ̃] **1.** verblüffend; **2.** *m* Rauschgift *n*
stupid|e [stypid] dumm; **~ité** [~ite] *f* Dummheit
style [stil] *m* Stil
stylo [stilo] *m* **~ (à encre, à plume)** Füller; **~ à bille** Kugelschreiber
stylo-feutre [stiloføtr(ə)] *m* Filzschreiber
su [sy] *p/p von* **savoir**
subir [sybir] erleiden; **~ un**

examen sich e-m Examen unterziehen
subit [sybi] plötzlich
subjonctif [sybʒɔ̃ktif] *m* Konjunktiv
sublime [syblim] großartig
substance [sypstɑ̃s] *f* Substanz, Stoff *m*
substantif [sypstɑ̃tif] *m* Substantiv *n*, Hauptwort *n*
substituer [sypstitɥe] ersetzen (***A à B*** B durch A)
subtil [syptil] scharfsinnig; *nuance* fein
succéder [syksede] **~ à** folgen auf (*A*); ***se ~*** aufeinander folgen
succès [syksɛ] *m* Erfolg; ***avec ~*** erfolgreich
successeur [syksɛsœr] *m* Nachfolger
success|if [syksɛsif] aufeinander folgend; **~ion** [~jõ] *f* (Aufeinander-)Folge; **~ivement** [~ivmɑ̃] nacheinander
succulent [sykylɑ̃] köstlich
succursale [sykyrsal] *f* Filiale; *d'une banque* Zweigstelle
suc|er [syse] lutschen; **~ette** [~ɛt] *f* Lutscher *m*; *tétine* Schnuller *m*
sucre [sykr(ə)] *m* Zucker; ***~ en morceaux*** Würfelzucker
sucr|é [sykre] süß; **~er** [~e] zuckern; **~eries** [~əri] *f/pl* Süßigkeiten; **~ier** [~ije] *m* Zuckerdose *f*
sud [syd] *m* Süden; ***au ~ de*** südlich von
sud|-est [sydɛst] *m* Südosten; **~-ouest** [~dwɛst] *m* Südwesten
Suède [sɥɛd] ***la ~*** Schweden *n*
suédois [sɥedwa] **1.** schwedisch; **2.** **≗** *m* Schwede
suer [sɥe] schwitzen
sueur [sɥœr] *f* Schweiß *m*
suffire [syfir] genügen, reichen; ***ne pas ~*** nicht ausreichen
suffis|amment [syfizamɑ̃], **~ant** [~ɑ̃] ausreichend
suffoquer [syfɔke] ersticken
suggérer [sygʒere] vorschlagen; *faire penser à* denken lassen an (*A*)
suggestion [sygʒɛstjõ] *f* Vorschlag *m*
suicid|e [sɥisid] *m* Selbstmord; **~er** [~e] ***se ~*** Selbstmord begehen
suie [sɥi] *f* Ruß *m*
suis [sɥi] *prés von* ***être***
Suisse [sɥis] ***la ~*** die Schweiz
suisse [sɥis] **1.** schweizerisch, Schweizer; **2.** **≗** *m*, *f* Schweizer(in) *m*(*f*)
suite [sɥit] *f* Folge; *série* Reihe; **~s** *pl conséquences* Folgen; ***de ~*** hintereinander; ***à la ~ de, par ~ de*** infolge (*G*); ***par la ~*** später; ***tout de ~*** sofort; ***et ainsi de ~*** und so weiter
suivant [sɥivɑ̃] nächste(r, -s), folgende(r, -s); ***au ~!*** der Nächste, bitte!; ***~ que*** je nachdem, ob
suivi [sɥivi] *m Med* (weitere)

Betreuung *f*

suivre [sɥivr(ə)] folgen (**q** j-m); *cours* besuchen; **faire ~** *lettre* nachsenden; **à ~** Fortsetzung folgt

sujet [syʒɛ] *m* Thema *n*; *motif* Anlass (**de** zu); *Gr* Subjekt *n*; **au ~ de** wegen (*G*)

super [sypɛr] **1.** F super; **2.** *m* Super(benzin) *n*

superbe [sypɛrb] prächtig

superfic|ie [sypɛrfisi] *f* Fläche; **~iel** [~jɛl] oberflächlich

superflu [sypɛrfly] **1.** überflüssig; **2.** *m* Überfluss

supérieur [syperjœr] **1.** obere(r, -s), Ober…; **~ à** höher als; *fig* überlegen (*D*); **2.** **~(e)** *m(f)* Vorgesetzte(r) *su*

supermarché [sypɛrmarʃe] *m* Supermarkt

superposer [sypɛrpoze] übereinander legen

superstitieux [sypɛrstisjø] abergläubisch

supplément [syplemɑ̃] *m* Zusatz; *train* Zuschlag; *restaurant, hôtel* **avec ~** gegen Aufpreis; **être en ~** *boissons* extra gehen

supplémentaire [syplemɑ̃tɛr] zusätzlich

supplice [syplis] *m* Folter *f*; *souffrance* Qual *f*

supplier [syplije] anflehen

support [sypɔr] *m* Stütze *f*

supportable [sypɔrtabl(ə)] erträglich

supporter[1] [sypɔrte] ertragen; *chaleur* vertragen; *Tech* tragen; **ne pas ~ q** j-n nicht ausstehen können

supporter[2] [sypɔrtɛr] *m Sp* Fan [fɛn]

supposer [sypoze] annehmen, vermuten; *impliquer* voraussetzen

suppositoire [sypozitwar] *m Med* Zäpfchen *n*

supprimer [syprime] *mur* wegnehmen; *passage* streichen; *emplois* abbauen; *douleur* stillen; *permis de conduire* entziehen; *personne* beseitigen; *abolir* aufheben

suppurer [sypyre] eitern

suprême [syprɛm] höchste(r, -s), oberste(r, -s)

sur [syr] auf (*D od A*); *au dessus de* über (*D od A*); *vers* auf (*A*) zu, nach; *au sujet de* über (*A*); ***une fenêtre ~ la rue*** ein Fenster zur Straße; ***avoir de l'argent ~ soi*** Geld bei sich haben; ***trois mètres ~ cinq*** drei mal fünf Meter

sûr [syr] sicher; *sérieux* zuverlässig; **bien ~!** natürlich!

surcharger [syrʃarʒe] überladen, überlasten

surchauffer [syrʃofe] *pièce* überheizen; *Tech* überhitzen

surélever [syrelve] erhöhen

sûrement [syrmɑ̃] sicher(-lich)

surestimer [syrɛstime] überschätzen

sûreté [syrte] *f* Sicherheit

surexposé [syrɛkspoze] *photo* überbelichtet

surf [sœrf] *m* Wellenreiten *n*, Surfen *n*; *planche* Surfbrett *n*; ~ **(des neiges)** Snowboard(fahren) [sno:bɔrt] *n*
surface [syrfas] *f de l'eau* Oberfläche; *Math* Fläche
surfer [sœrfe] *Sp* surfen; *Inform* ~ **sur Internet** im Internet surfen
surgelé [syrʒəle] **1.** tiefgekühlt; **2.** ~**s** *m/pl* Tiefkühlkost *f*
surgir [syrʒir] auftauchen
sur-le-champ [syrləʃɑ̃] auf der Stelle, sofort
surmené [syrməne] überarbeitet
surmonter [syrmɔ̃te] überwinden, bezwingen
surnom [syrnɔ̃] *m* Spitzname
surpasser [syrpase] übertreffen
surprenant [syrprənɑ̃] erstaunlich
surprendre [syrprɑ̃dr(ə)] überraschen
surpris [syrpri] überrascht; **être ~ que** (+ *subj*) sich wundern, dass
surprise [syrpriz] *f* Überraschung
sursis [syrsi] *m* Bewährungsfrist *f*
surtaxe [syrtaks] *f* Zuschlag *m*; *d'une lettre* Nachgebühr
surtout [syrtu] besonders, vor allen Dingen
surveill|ance [syrvɛjɑ̃s] *f* Aufsicht, Überwachung; ~**ant** [~ɑ̃] *m* Aufseher; ~**er** [~e] überwachen, beaufsichtigen
survêtement [syrvɛtmɑ̃] *m* Trainingsanzug
survivant [syrvivɑ̃] *m* Überlebende(r)
survivre [syrvivr(ə)] ~ **à** überleben (*A*)
survoler [syrvɔle] überfliegen
sus [sys] **être en ~** extra gehen
susceptible [syseptibl(ə)] *personne* empfindlich; **être ~ de** (+ *inf*) fähig sein zu (+ *inf*)
susciter [sysite] hervorrufen
susp|ect [syspɛ(kt)] verdächtig (**de** *G*); ~**ecter** [~ɛkte] verdächtigen
suspendre [syspɑ̃dr(ə)] aufhängen; *séance* unterbrechen; *paiements* einstellen; **se ~ à** sich hängen an (*A*)
suspense [syspens] *m* Spannung *f*
suspension [syspɑ̃sjɔ̃] *f Kfz* Aufhängung, Federung
svelte [svɛlt] schlank
S.V.P. (*s'il vous plaît*) bitte
sweat-shirt [switʃœrt] *m* Sweatshirt *n*
sympa(thique) [sɛ̃pa(tik)] sympathisch; *soirée* nett
symphonie [sɛ̃fɔni] *f* Sinfonie
symptôme [sɛ̃ptom] *m* Symptom *n*
synagogue [sinagɔg] *f* Synagoge

syndic [sɛ̃dik] *m* Verwalter
syndical [sɛ̃dikal] gewerkschaftlich, Gewerkschafts…
syndicat [sɛ̃dika] *m* Gewerkschaft *f*; **~ d'initiative** Fremdenverkehrsamt *n*, -büro *n*
synthétique [sɛ̃tetik] synthetisch; *fibres a* Kunst…
système [sistɛm] *m* System *n*; **~ immunitaire** Immunsystem *n*; *Inform* **~ d'exploitation** Betriebssystem *n*

T

t' [t] *s* **te**
ta [ta] *s* **ton**
tabac [taba] *m* Tabak; (**bureau** *m* **de**) **~** Tabakladen
table [tabl(ə)] *f* Tisch *m*; **~ de nuit** Nachttisch *m*; **~ de ping-pong** Tischtennisplatte; **~ des matières** Inhaltsverzeichnis *n*; **mettre la ~** den Tisch decken; **à ~!** (das) Essen ist fertig!
tableau [tablo] *m* Gemälde *n*, Bild *n*, Tafel *f*; *schéma* Tabelle *f*; *école* **~ (noir)** (Wand-)Tafel *f*; **~ d'affichage** Anzeigetafel *f*, Schwarzes Brett *n*; **~ de bord** Armaturenbrett *n*
tablette [tablɛt] *f* (Ablage-)Platte; **~ de chocolat** Tafel Schokolade
tablier [tablije] *m* Schürze *f*
tabou [tabu] **1.** tabu; **2.** *m* Tabu *n*
taboulé [tabule] *m Gericht aus Kuskus, Petersilie, Pfefferminze, Zwiebeln und Tomaten*
tabouret [taburɛ] *m* Hocker
tache [taʃ] *f* Fleck *m*; **~s** *pl* **de rousseur** Sommersprossen
tâche [tɑʃ] *f* Aufgabe
tacher [taʃe] fleckig machen
tâcher [tɑʃe] **~ de** (+ *inf*) sich bemühen zu, versuchen zu
tact [takt] *m* Takt(gefühl) *m(n)*
taie [tɛ] *f* Kopfkissenbezug *m*
taille [taj, tɑj] *f* Größe; *Anat* Taille [taljə]
taille-crayon(s) [tajkrɛjõ] *m* Bleistiftspitzer
tailler [tɑje] *vêtement* zuschneiden; *haie* beschneiden; *crayon* spitzen; **~ grand** groß ausfallen
tailleur [tajœr] *m* Schneider; *vêtement* Kostüm *n*; **~-pantalon** [₋pɑ̃talõ] *m* Hosenanzug
taire [tɛr] **se ~** schweigen; **tais-toi!** sei still!
talon [talõ] *m* Ferse *f*; *de la chaussure* Absatz; *d'un chèque* Stammabschnitt
talus [taly] *m* Böschung *f*
tambour [tɑ̃bur] *m* Trommel *f*; **~in** [₋ɛ̃] *m* Tamburin *n*
tamis [tami] *m* Sieb *n*
tamiser [tamize] sieben; *lumière* dämpfen

tampon [tɑ̃pɔ̃] *m* (Watte-)Bausch; *cachet* Stempel; ~ ***hygiénique*** Tampon
tamponner [tɑ̃pɔne] *plaie* abtupfen; *timbre* (ab)stempeln; *voiture* auffahren auf (*A*); ***se*** ~ zusammenstoßen
tandis que [tɑ̃di(s)k(ə)] während
tango [tɑ̃go] *m* Tango
tant [tɑ̃] so viel; *aimer* so sehr; ~ ***de fois*** so oft; ~ ***que*** solange; ***en*** ~ ***que*** als; ~ ***mieux*** um so besser; ~ ***pis*** schade
tante [tɑ̃t] *f* Tante
taon [tɑ̃] *m Zo* Bremse *f*
tapage [tapaʒ] *m* Lärm
tape [tap] *f* Klaps *m*
taper [tape] schlagen; *sur l'épaule de q* klopfen; *à la machine* tippen; *Inform* eingeben
tapenade [tapənad] *f* Olivenpaste (*aus der Provence*)
tapis [tapi] *m* Teppich; *Sp* Matte *f*; ~ ***roulant*** Förderband *n*; *pour piétons* Roll-, Fahrsteig; *Inform* ~ ***de souris*** Mauspad [-pɛt] *n*
tapiss|er [tapise] tapezieren; **~erie** [-ri] *f* Wandteppich *m*
taquiner [takine] necken
tard [tar] spät; ***au plus*** ~ spätestens
tarder [tarde] auf sich warten lassen; zögern; ***ne pas*** ~ ***à faire qc*** bald et tun
tarif [tarif] *m* Tarif; *d'un hôtel* Preisliste *f*; *transports* ~ ***réduit*** ermäßigter Preis; ***plein*** ~ normaler Preis
tarir [tarir] versiegen
tarte [tart] *f* Obstkuchen *m*, -torte; ~ ***au citron*** Zitronentorte; ~ ***à l'oignon*** Zwiebelkuchen *m*; ~ ***Tatin*** *gestürzter Apfelkuchen mit Karamel*
tartelette [tartəlɛt] *f* Törtchen *n*
tartine [tartin] *f* Butter- *od* Marmeladenbrot *n*
tartre [tartr(ə)] *m* Kesselstein; *des dents* Zahnstein
tas [tɑ] *m* Haufen; F ***un*** ~ ***de*** (…) e-e Menge (…), ein Haufen (…)
tasse [tɑs] *f* Tasse
tâter [tɑte] befühlen, betasten; *pouls* fühlen
taupe [top] *f* Maulwurf *m*
taureau [toro] *m* Stier, Bulle; ***course*** *f* ***de*** **~x** Stierkampf *m*
taux [to] *m montant fixé* Satz; *pourcentage* Rate *f*, Quote *f*; ~ ***d'alcoolémie*** Alkoholspiegel; ~ ***de change*** Wechselkurs; ~ ***d'inflation*** Inflationsrate *f*
taxe [taks] *f redevance* Gebühr; *impôt* Steuer; ~ ***de séjour*** Kurtaxe; ***toutes*** **~s** ***comprises*** einschließlich Mehrwertsteuer; ***'hors*** **~s** ohne Mehrwertsteuer
taxi [taksi] *m* Taxi *n*
tchèque [tʃɛk] tschechisch; ***la République*** ~ die Tschechische Republik, Tschechien *n*
Tchèque [tʃɛk] *m* Tscheche

te [t(ə)] (*vor Vokal* ***t'***) dich; dir
technicien [tɛknisjɛ̃] *m* Techniker
technique [tɛknik] **1.** technisch; **2.** *f* Technik
techno [tɛkno] *f Mus* Techno *m od n*
teindre [tɛ̃dr(ə)] färben
teint [tɛ̃] *m* Teint, Gesichtsfarbe *f*; ***fond*** *m* ***de ~*** Make-up *n*
teinte [tɛ̃t] *f* Farbton *m*
teinté [tɛ̃te] getönt
teinturerie [tɛ̃tyrri] *f* (chemische) Reinigung
tel [tɛl] (*f* ***-le***) solche(r, -s); ***~ que*** wie
télé [tele] *f* F Fernsehen *n*; *téléviseur* Fernseher *m*
télé|carte [telekart] *f* Telefonkarte; **~charger** [-ʃarʒe] *Inform* herunterladen; **~commande** [-kɔmɑ̃d] *f* Fernbedienung; **~communications** [-kɔmynikasjɔ̃] *f/pl* Fernmeldewesen *n*; **~copie** [-kɔpi] *f* (Tele-)Fax *n*; **~film** [-film] *m* Fernsehfilm; **~gramme** [-gram] *m* Telegramm *n*
télé|guidé [telegide] ferngelenkt; **~objectif** [-ɔbʒɛktif] *m* Teleobjektiv *n*; **~phérique** [-ferik] *m* (Draht-)Seilbahn *f*
téléphone [telefɔn] *m* Telefon *n*; ***par ~*** telefonisch; ***au ~*** am Telefon; ***~ sans fil*** schnurloses Telefon *n*; ***~ mobile*** Mobiltelefon *n*; ***~ portable*** Handy [hen-] *n*; ***~ à carte*** Kartentelefon *n*
téléphoner [telefɔne] telefonieren (***à q*** mit j-m), anrufen (***à q*** j-n)
téléphonique [telefɔnik] telefonisch, Telefon…
télescope [telɛskɔp] *m* Teleskop *n*, Fernrohr *n*
télescoper [telɛskɔpe] zusammenstoßen mit; ***se ~*** zusammenstoßen
télé|siège [telesjɛʒ] *m* Sessellift; **~ski** [-ski] *m* Skilift
téléspecta|teur [telespɛktatœr] *m*, **~trice** [-tris] *f* Fernsehzuschauer(in) *m(f)*
télé|visé [televize] Fernseh…; **~viseur** [-vizœr] *m* Fernseher
télévision [televisjɔ̃] *f* Fernsehen *n*; *téléviseur* Fernseher *m*; ***regarder la ~*** fernsehen
télex [telɛks] *m* Fernschreiben *n*, Telex *n*
telle *s* ***tel***
tellement [tɛlmɑ̃] dermaßen, so
témoigner [temwaɲe] (als Zeuge) aussagen; ***~ de*** bezeugen (*A*); *chose* zeugen von
témoin [temwɛ̃] *m* Zeuge
tempe [tɑ̃p] *f* Schläfe
température [tɑ̃peratyr] *f* Temperatur (*a Med*)
tempête [tɑ̃pɛt] *f* Sturm *m*
temple [tɑ̃pl(ə)] *m* Tempel; (protestantische) Kirche *f*
temporaire [tɑ̃pɔrɛr] zeitweilig, vorübergehend

temps[1] [tɑ̃] *m* Zeit *f*; ~ **libre** Freizeit *f*; **à ~** rechtzeitig; **de ~ en ~** von Zeit zu Zeit; **(ne pas) avoir le ~** (keine) Zeit haben; **en même ~** zugleich
temps[2] [tɑ̃] *m météo* Wetter *n*; **quel ~ fait-il?** wie ist das Wetter?
tenace [tənas] hartnäckig
tenailles [tənɑj] *f/pl* Zange *f*
tendance [tɑ̃dɑ̃s] *f* Tendenz
tendinite [tɑ̃dinit] *f* Sehnenscheidenentzündung
tendon [tɑ̃dõ] *m* Sehne *f*
tendre[1] [tɑ̃dr(ə)] spannen; *piège* stellen; *bras* ausstrecken; *main* reichen (*a fig*)
tendre[2] [tɑ̃dr(ə)] zärtlich, liebevoll; *viande* zart
tendresse [tɑ̃drɛs] *f* Zärtlichkeit
tenir [tənir] (fest)halten; *promesse* halten; *restaurant* führen; *place* einnehmen; **~ à** halten an (*D*); *fig* hängen an (*D*); *être dû à* liegen an (*D*); **~ au frais** kühl aufbewahren; **se ~** sich (fest)halten (**à** an *D*); **se ~ mal** sich schlecht benehmen; **tiens!** *prends* da (nimm)!
tennis [tenis] *m* Tennis *n*; **~ de table** Tischtennis *n*; **~** *pl* Turnschuhe
tension [tɑ̃sjõ] *f* Spannung; *Med* Blutdruck *m*
tent|ant [tɑ̃tɑ̃] verlockend; **~ation** [~asjõ] *f* Versuchung
tentative [tɑ̃tativ] *f* Versuch *m*
tente [tɑ̃t] *f* Zelt *n*
tenter [tɑ̃te] versuchen (**de** zu); *attirer* locken, reizen
tenue [təny] *f vêtements* Kleidung; *savoir-vivre* Anstand *m*; **~ de soirée** Abendkleidung; *Kfz* **~ de route** Straßenlage
terme [tɛrm] *m* Frist *f*; *expression* Ausdruck; **à court, long ~** kurz-, langfristig
terminaison [tɛrminɛzõ] *f Gr* Endung
terminal [tɛrminal] *m* Terminal *m od n*; *en ville Endstation der Flughafenlinie in der Stadt*
terminale [tɛrminal] *f* Abiturklasse
terminer [tɛrmine] beenden; **se ~** enden (**par** mit), zu Ende gehen; **être terminé, avoir terminé** fertig sein
terminus [tɛrminys] *m* Endstation *f*
terne [tɛrn] glanzlos, matt
terrain [tɛrɛ̃] *m* Gelände *n*; *parcelle* Grundstück *n*; *sol* Boden; **~ de camping** Campingplatz; **~ de football** Fußballplatz
terrasse [tɛras] *f* Terrasse
terre [tɛr] *f* Erde; Land *n*; **~ ferme** Festland *n*
terrible [tɛribl(ə)] furchtbar, schrecklich; F toll; *appétit* gewaltig; **pas ~** nicht besonders

terrine [tɛrin] *f* Tonschüssel *m* mit Deckel; *pâté* Pastete
territoire [tɛritwar] *m* Gebiet *n*
test [tɛst] *m* Test; **~ de dépistage du sida** Aidstest ['e:ts-]
testicule [tɛstikyl] *m* Hoden
tétanos [tetanos] *m* Wundstarrkrampf, Tetanus
tête [tɛt] *f* Kopf *m*; *visage* Gesicht *n*; **en ~** an der Spitze; **en ~ à ~** unter vier Augen
téter [tete] saugen
tétée [tete] *f* **donner la ~ à** stillen
tétine [tetin] *f du biberon* Sauger *m*; *jouet* Schnuller *m*
têtu [tɛty] starrköpfig
texte [tɛkst] *m* Text
textile [tɛkstil] *m* Textil…; **~s** *m/pl* Textilien *pl*
TF1 [teɛfɛ̃] (*Télévision française un*) Französisches Fernsehen, 1. Programm
T.G.V. [teʒeve] *m* (*train à grande vitesse*) *correspond à* ICE
thé [te] *m* Tee; **~ glacé** Eistee; **~ au lait** Tee mit Milch
théâtre [teɑtr(ə)] *m* Theater *n*; *fig* Schauplatz
théière [tejɛr] *f* Teekanne
thème [tɛm] *m* Thema *n*
théor|ie [teɔri] *f* Theorie; **~ique** [~ik] theoretisch
thermal [tɛrmal] Thermal…; **cure** *f* **~e** Bade- *od* Trinkkur
thermomètre [tɛrmɔmɛtr(ə)] *m* Thermometer *n*; **~ médical** Fieberthermometer *n*
thermos® [tɛrmos] *f* (**bouteille** *f*) **~** Thermosflasche®
thon [tõ] *m* Tunfisch
thorax [tɔraks] *m* Brustkorb
thym [tɛ̃] *m* Thymian
tibia [tibja] *m* Schienbein *n*
ticket [tikɛ] *m* Fahrschein; *d'entrée* Eintrittskarte *f*; **~ restaurant** Essensmarke *f*; **~ de caisse** Kassenzettel *f*; **~ de stationnement** Parkschein
tiède [tjɛd] lau(warm)
tien [tjɛ̃] (*f* **tienne** [tjɛn]) **le ~, la ~ne** deine(r, -s); **les ~s, les ~nes** deine
tient [tjɛ̃] *prés von* **tenir**
tiercé [tjɛrse] *m* Dreierwette *f*
tiers [tjɛr] *m* Drittel *n*; **~-monde** [~mõd] *m* Dritte Welt *f*
tige [tiʒ] *f Bot* Stengel *m*, Stiel *m*; *barre* Stange
tigre [tigr(ə)] *m* Tiger
tilleul [tijœl] *m* Linde *f*; *tisane* Lindenblütentee
timbre [tɛ̃br(ə)] *m* Briefmarke *f*
timbré [tɛbre] frankiert
timid|e [timid] schüchtern; **~ité** [~ite] *f* Schüchternheit
tique [tik] *f Zo* Zecke
tir [tir] *m* Schuss; *Sp* Schießen *n*
tirage [tiraʒ] *m loterie* Ziehung *f*; *Fot* Abziehen *n*; **~ au sort** Auslosung *f*
tire-bouchon [tirbuʃõ] *m* Korkenzieher

tirer [tire] ziehen; *rideau* zu- *od* aufziehen; *coup de feu* abgeben; *lièvre* schießen; *chèque* ausstellen; **~ les cartes** die Karten legen; **~ sur q** auf j-n schießen; **s'en ~** davonkommen; F **se ~** abhauen
tiroir [tirwar] *m* Schublade *f*
tisane [tizan] *f* Kräutertee *m*
tisser [tise] weben
tissu [tisy] *m* Stoff
titre [titrə] *m* Titel; *d'un article* Überschrift *f*
titulaire [titylɛr] *m, f d'un document* Inhaber(in) *m(f)*
toast [tost] *m* Trinkspruch; *pain grillé* Toast; **porter un ~ à q** auf j-n trinken
toboggan [tɔbɔgɑ̃] *m* Rutschbahn *f*
toi [twa] *après prp* dich (*A*), dir (*D*); *sujet* du
toile [twal] *f tissu* Leinen *n*; *peinture* Gemälde *n*; **~ d'araignée** Spinnwebe, Spinnennetz *n*
toilette [twalɛt] *f* Waschen *n*; *vêtements* Kleidung; **~s** *pl* Toilette *f*, WC *n*; **faire sa ~** sich waschen
toit [twa] *m* Dach *n*; **~ ouvrant** Schiebedach *n*
tôle [tol] *f* Blech *n*; **~ ondulée** Wellblech *n*; **~s** *pl* **froissées** Blechschaden *m*
tolérant [tɔlerɑ̃] tolerant
tolérer [tɔlere] dulden; *médicament* vertragen
tomate [tɔmat] *f* Tomate; **salade *f* de ~s** Tomatensalat *m*
tomb|e [tõb] *f* Grab *n*; **~eau** [~o] *m* Grabmal *n*
tombée [tõbe] *f* **à la ~ de la nuit** bei Einbruch der Dunkelheit
tomber [tõbe] fallen; *glisser, trébucher* stürzen, hinfallen; *vent* sich legen; *anniversaire* **~ un dimanche** auf e-n Sonntag fallen; **~ malade** krank werden; **~ amoureux** sich verlieben (**de** in *A*); *Kfz* **~ en panne** e-e Panne haben; **faire ~** umwerfen; **laisser ~** fallen lassen; **ça tombe bien** das trifft sich gut
tome [tɔm] *m* Band
tomme [tɔm] *f Hartkäse aus Savoyen*
ton[1] [tõ] *m* (*f* **ta** [ta], *pl* **tes** [te]) dein(e)
ton[2] [tõ] *m* Ton; *fig* **donner le ~** den Ton angeben
tonalité [tɔnalite] *f Tel* Wählton *m*
tondeuse [tõdøz] *f* **~ à gazon** Rasenmäher *m*
tondre [tõdr(ə)] scheren; *gazon* mähen
tongs [tõg] *f/pl* Zehensandalen
tonique [tɔnik] *m* Stärkungsmittel *n*
tonne [tɔn] *f* Tonne
tonneau [tɔno] *m* (*pl* **~x**) Fass *n*; *Kfz* **faire un ~** sich überschlagen
tonnerre [tɔnɛr] *m* Donner

torche [tɔrʃ] *f* Fackel; **~ *électrique*** Stablampe
torchon [tɔrʃõ] *m* Geschirrtuch *n*
tordre [tɔrdr(ə)] *linge* auswringen; *bras* verdrehen; ***se ~ de rire*** sich schieflachen; ***se ~ de douleur*** sich krümmen vor Schmerzen; ***se ~ le pied*** mit dem Fuß umknicken
torréfier [tɔrefje] *café* rösten
torrent [tɔrɑ̃] *m* Wild-, Sturzbach; *fig* Flut *f*, Strom; ***il pleut à ~s*** es gießt in Strömen
torride [tɔrid] heiß (*a fig*); *chaleur* glühend
torse [tɔrs] *m* Oberkörper
tort [tɔr] *m* Unrecht *n*; *erreur* Fehler; *dommage* Schaden; ***avoir ~*** Unrecht haben; ***à ~*** zu Unrecht; ***être dans son*** *od* ***en ~*** *conducteur* schuld sein
torticolis [tɔrtikɔli] *m* steifer Hals
tortue [tɔrty] *f* Schildkröte
torturer [tɔrtyre] foltern; *fig* quälen
tôt [to] früh; ***au plus ~*** frühestens; ***le plus ~ possible*** so bald wie möglich; ***~ ou tard*** früher oder später
total [tɔtal] **1.** völlig; *confiance* voll; *prix* Gesamt…; **2.** *m addition* (Gesamt-)Summe
touchant [tuʃɑ̃] rührend
touche [tuʃ] *f* Taste; *Sp* (***ligne f de***) ~ Seitenlinie
toucher [tuʃe] **1.** berühren; *émouvoir* rühren; *atteindre* treffen; *joindre* erreichen; *argent* bekommen; *chèque* einlösen; ***~ à*** berühren (*A*); **2.** *m* Tastsinn
touffe [tuf] *f* Büschel *n*
toujours [tuʒur] immer, *encore* immer noch; ***depuis ~*** schon immer; ***~ est-il que*** jedenfalls
toupie [tupi] *f* Kreisel *m*
tour[1] [tur] *f* Turm *m*; *building* Hochhaus *n*
tour[2] [tur] *m d'une roue, d'un moteur* Umdrehung *f*; *promenade* Rundgang, -fahrt *f*; *excursion* (Rad-, Auto-)Tour *f*; *voyage* Reise *f*; *farce* Streich; *Sp* Runde *f*; ***faire le ~ de qc*** um et herumgehen; ***c'est mon ~*** ich bin dran
tourbillon [turbijõ] *m* Wirbelwind
tourisme [turism(ə)] *m* Fremdenverkehr, Tourismus; ***~ vert*** Ferien *pl* auf dem Bauernhof; ***office*** *m* ***du ~*** Fremdenverkehrsamt *n*, -büro *n*
touriste [turist] *m, f* Tourist(in) *m(f)*
touristique [turistik] Fremdenverkehrs…, Tourismus…; ***menu*** *m* ***~*** *preiswertes Menü für Touristen*
tourmenter [turmɑ̃te] quälen; ***se ~*** sich Sorgen machen
tournant [turnɑ̃] *m* Kurve *f*
tourne-disque [turnədisk] *m*

Plattenspieler

tournedos [turnədo] *m* (Rinder-)Filetschnitte *f*, Tournedos *n*

tournée [turne] *f théâtrale* Tournee; F *au café* Runde; ***en ~*** auf Tournee

tourner [turne] (auf-, zu)drehen; *page* umblättern; *salade* umrühren; *film* drehen; *tête* wenden; *v/i* sich drehen; *au carrefour* abbiegen; *moteur* laufen; *lait* sauer werden; ***se ~*** sich umwenden; ***se ~ vers*** sich zuwenden (*D*)

tournesol [turnəsɔl] *m* Sonnenblume *f*

tournevis [turnəvis] *m* Schraubenzieher

tournoi [turnwa] *m* Turnier *n*

tournure [turnyr] *f* Wendung

tourte [turt] *f* (Fleisch- *od* Fisch-)Pastete; (Porree-, Spinat-, Birnen-)Torte

Toussaint [tusɛ̃] *f* Allerheiligen *n*

tousser [tuse] husten

tout [tu, tut] (*f* ***toute*** [tut]; *m/pl* ***tous*** [tu, tus], *f/pl* ***toutes*** [tut]) **~(e)** jede(r, -s) *avec article* ganze(r, -s); *employé seul* **~** alles; *pl* ***tous, toutes*** alle; ***~e la ville*** die ganze Stadt; ***~ le monde*** alle; ***tous les (deux) jours*** jeden (zweiten) Tag; ***~ ou rien*** alles oder nichts; ***en ~*** insgesamt; ***~ propre*** ganz sauber; ***tout neuf*** ganz neu; ***~ à fait*** ganz (und gar)

toutefois [tutfwa] jedoch

tout-puissant [tupɥisɑ̃] allmächtig

toux [tu] *f* Husten *m*

toxicomane [tɔksikɔman] (rauschgift)süchtig, drogenabhängig

toxique [tɔksik] **1.** giftig; **2.** *m* Gift *n*

tracasser [trakase] bekümmern; ***se ~*** beunruhigt sein

trace [tras] *f* Spur

tracé [trase] *m* Verlauf

tracer [trase] *ligne* ziehen; *plan* (auf)zeichnen

trachée [traʃe] *f* Luftröhre

tract [trakt] *m* Flugblatt *n*

tracteur [traktœr] *m* Traktor

traction [traksjõ] *f* ***~ avant*** Vorderradantrieb *m*

tradition [tradisjõ] *f* Tradition; *coutume* Brauch *m*

traditionnel [tradisjɔnɛl] traditionell

traduc|teur [tradyktœr] *m*, ***~trice*** [~tris] *f* Übersetzer(in) *m(f)*

traduction [tradyksjõ] *f* Übersetzung

traduire [tradɥir] übersetzen; *exprimer* ausdrücken; ***se ~*** sich äußern

trafic[1] [trafik] *m* Verkehr; ***~ routier*** Straßenverkehr; ***~ aérien*** Flugverkehr

trafic[2] [trafik] *m péj* Schleich-, Schwarzhandel; ***~ de drogue*** Rauschgifthandel; ***faire le ~ de*** schieben mit

trafiquant [trafikɑ̃] *m*

Schwarzhändler; **~ *de drogue*** Rauschgifthändler, Dealer ['diː-]

trag|édie [traʒedi] *f* Tragödie (*a fig*); **~ique** [~ik] tragisch

trahir [trair] verraten

trahison [traizõ] *f* Verrat *m*

train [trɛ̃] *m* Zug; **~ *de marchandises*** Güterzug; **~ *de voyageurs*** Personenzug; **~ *auto-couchettes*** Autoreisezug; **~ *d'atterrissage*** Fahrgestell *n*; ***être en ~ de travailler*** gerade arbeiten

traîneau [trɛno] *m* Schlitten

traîner [trɛne] schleppen, schleifen; *v/i vêtements* herumliegen; *discussion* sich in die Länge ziehen; *traînasser* trödeln; *dans les rues, les cafés* sich herumtreiben

traire [trɛr] melken

trait [trɛ] *m* Strich; **~s** *pl* Gesichtszüge; ***d'un ~*** in e-m Zug(e)

traite [trɛt] *f crédit* Rate; ***d'une (seule) ~*** in e-m Zug(e)

traité [trɛte] *m Pol* Vertrag

traitement [trɛtmã] *m* Behandlung *f* (*a Med*); ***mauvais ~s*** *pl* Misshandlung(en); *Inform* **~ *de l'information*** Datenverarbeitung *f*; **~ *de texte*** Textverarbeitung *f*

traiter [trɛte] behandeln (*a Med*); **~ *q de menteur*** j-n e-n Lügner nennen; **~ *de qc*** von et handeln

traiteur [trɛtœr] *m* Partyservice

traître [trɛtr(ə)] *m* Verräter

trajet [traʒɛ] *m* Strecke *f*

tramway [tramwɛ] *m* Straßenbahn *f*

tranchant [trãʃã] scharf

tranche [trãʃ] *f* Scheibe, Schnitte; **~ *napolitaine*** Fürst-Pückler-Eis *n*

trancher [trãʃe] (durch-) schneiden; *fig* sich entscheiden

tranquille [trãkil] ruhig; *rassuré* unbesorgt; ***laisse-moi ~!*** lass mich in Ruhe!

tranquill|isant [trãkilizã] *m* Beruhigungsmittel *n*; **~ité** [~ite] *f* Ruhe

transat [trãsat] *m* Liegestuhl

transférer [trãsfere] *détenu* überstellen; *bureaux* verlegen

transformation [trãsfɔrmasjõ] *f* (Ver-)Änderung; *métamorphose* Um-, Verwandlung; **~s** *pl travaux* Umbau *m*

transformer [trãsfɔrme] verändern; um-, verwandeln (***en*** in *A*); *maison* umbauen; ***se ~*** sich (ver)ändern; sich verwandeln (***en*** in *A*)

transfusion [trãsfyzjõ] *f* **~ *(sanguine)*** Bluttransfusion

transit [trãzit] *m* Transit; ***en ~*** Transit…

transitoire [trãzitwar] Übergangs…, vorläufig

transmettre [trãsmɛtr(ə)]

weitergeben; *message* übermitteln; *maladie* übertragen (**à q** auf j-n)
transmission [trɑ̃smisjɔ̃] *f* Übertragung
transpar|ence [trɑ̃sparɑ̃s] *f* Durchsichtigkeit, Transparenz; **~ent** [-ɑ̃] durchsichtig
transpercer [trɑ̃sperse] durchbohren
transpir|ation [trɑ̃spirasjɔ̃] *f* Schwitzen *n*; *sueur* Schweiß *m*; **~er** [-e] schwitzen
transplant|ation [trɑ̃splɑ̃tasjɔ̃] *f* Verpflanzung, Transplantation; **~er** [-e] verpflanzen, transplantieren
transport [trɑ̃spɔr] *m* Transport, Beförderung *f*; **~s** *pl* **en commun** öffentliche Verkehrsmittel *n/pl*
transport|able [trɑ̃spɔrtabl(ə)] transportabel; *malade* transportfähig; **~er** [-e] transportieren, befördern
transvaser [trɑ̃svaze] umfüllen, umgießen
transversal [trɑ̃sversal] Quer…
traveller's chèque [travlœr(s)ʃɛk] *m* Reise-, Travellerscheck
travail [travaj] *m* (*pl* **-aux** [-o]) Arbeit *f*; **travaux** *pl* Bauarbeiten *f/pl*; *panneau* Baustelle
travaill|er [travaje] arbeiten (*a bois*); *matériau* bearbeiten; **~eur** [-œr] *m*, **~euse** [-øz] *f* Arbeiter(in) *m(f)*
travers [travɛr] *m* **à ~** durch; **de ~** schief, quer, verkehrt; **en ~ de** quer über (*D*)
traversée [traverse] *f* (Durch-)Fahrt (**de** durch); *en bateau a* (Über-)Fahrt (**de** über *A*)
travers|er [traverse] über-, durchqueren; *à pied a* gehen über (*A*) *od* durch, *en voiture a* fahren über (*A*) *od* durch; *transpercer* durchdringen; **~in** [-ɛ̃] *m* Nackenrolle *f*
trébucher [trebyʃe] stolpern
trèfle [trɛfl(ə)] *m* Klee; *cartes* Kreuz *n*
treiz|e [trɛz] dreizehn; **~ième** [-jɛm] dreizehnte(r, -s)
tremblement [trɑ̃bləmɑ̃] *m* Zittern *n*; **~ de terre** Erdbeben *n*
trembler [trɑ̃ble] zittern (**de froid** vor Kälte); *terre, vitres* beben
trempé [trɑ̃pe] durchnässt
tremper [trɑ̃pe] *vêtement* durchnässen; **~ dans** eintauchen, -tunken in (*A*)
tremplin [trɑ̃plɛ̃] *m* Sprungbrett *n* *ski* Sprungschanze *f*
trentaine [trɑ̃tɛn] *f âge* Dreißig; **une ~** (**de …**) etwa dreißig (…)
trente [trɑ̃t] dreißig
trépied [trepje] *m* Dreifuß; *Fot* Stativ *n*
très [trɛ] sehr
trésor [trezɔr] *m* Schatz
tresse [trɛs] *f* Zopf *m*

tresser [trɛse] flechten
tréteau [treto] *m* Bock
Trèves [trɛv] Trier
tri [tri] *m* Sortieren *n*; ***faire un*** **~** auswählen
triangle [triɑ̃gl(ə)] *m* Dreieck *n*; **~ *de présignalisation*** Warndreieck *n*
triangulaire [triɑ̃gylɛr] dreieckig
tribord [tribɔr] *m* Steuerbord *n*; ***à*** **~** steuerbord(s)
tribu [triby] *f* (Volks-)Stamm *m*
tribunal [tribynal] *m* Gericht *n*
tricher [triʃe] F mogeln
tricolore [trikɔlɔr] dreifarbig; ***drapeau*** *m* **~** Trikolore *f*
tricot [triko] *m action* Stricken *n*; *chandail* Strickjacke *f*; *pull* Pullover
tricoter [trikɔte] stricken
trier [trije] *courrier* sortieren; *lentilles* auslesen
trilingue [trilɛ̃g] dreisprachig
trimestre [trimɛstr(ə)] *m* Vierteljahr *n*, Quartal *n*
trinquer [trɛ̃ke] (mit den Gläsern) anstoßen (***à*** auf *A*)
triomph|e [triɔ̃f] *m* Triumph; **~er** [~e] triumphieren, siegen (***de*** über *A*)
tripes [trip] *f/pl Kochk* Kaldaunen, Kutteln; **~ *à la mode de Caen*** *Kaldaunen in Cidre und Calvados*
tripl|e [tripl(ə)] dreifach; **~er** [~e] verdreifachen
trist|e [trist] traurig; *temps, paysage* trist; **~esse** [~ɛs] *f* Traurigkeit
troc [trɔk] *m* Tausch(handel)
trois [trwɑ] drei; **~ *quarts*** drei viertel
troisième [trwɑzjɛm] dritte(r, -s); **~ *âge*** *m* Senioren *pl*
trombe [trɔ̃b] *f* Windhose; **~ *d'eau*** Wolkenbruch *m*
trombone [trɔ̃bɔn] *m Mus* Posaune *f*; *de bureau* Büroklammer *f*
trompe [trɔ̃p] *f Mus* Horn *n*; *Zo* Rüssel *m*
tromper [trɔ̃pe] täuschen; betrügen (*a en amour*); ***se*** **~** sich irren; ***se*** **~ *de chemin*** sich verlaufen, *en voiture* sich verfahren
trompette [trɔ̃pɛt] *f* Trompete
trompeur [trɔ̃pœr] trügerisch
tronc [trɔ̃] *m* **~ (*d'arbre*)** (Baum-)Stamm
tronçon [trɔ̃sɔ̃] *m* (Autobahn-)Abschnitt
tronçonneuse [trɔ̃sɔnøz] *f* Kettensäge
trop [tro] zu viel; *aimer* zu sehr; *avec adj et adv* zu; **~ *de*** zu viel; ***de, en*** **~** zu viel; **~ *peu*** zu wenig
tropical [trɔpikal] tropisch
tropiques [trɔpik] *pl* Tropen; ***sous les*** **~** in den Tropen
trot [tro] *m* Trab
trotter [trɔte] traben
trottinette [trɔtinɛt] *f* Roller *m*

trottoir [trɔtwar] *m* Bürgersteig
trou [tru] *m* Loch *n*
trouble [trubl(ə)] **1.** *liquide* trüb(ə); *image* verschwommen; *affaire* dunkel; **2.** *m* Verwirrung *f*; **~s** *pl* **respiratoires** Atembeschwerden *f/pl*; **~s** *pl* **digestifs** Verdauungsstörungen *f/pl*; **~s** *pl* **de la circulation** Durchblutungsstörungen *f/pl*; **~s** *pl* **de la vue** Sehstörungen *f/pl*
troubler [truble] stören; *personne* verwirren (*a physiquement*); **se ~** unsicher werden
trouer [true] durchlöchern
troupe [trup] *f de théâtre* Theatertruppe; *bande* Gruppe, Schar; *Mil* Truppe
troupeau [trupo] *m* Herde *f*
trousse [trus] *f* Etui *n*; *école* Federmäppchen *n*; **~ de toilette** Kulturbeutel *m*
trousseau [truso] *m* **~ de clés** Schlüsselbund *n*
trouver [truve] finden; **se ~** sich befinden
truc [tryk] *m* F Trick; *chose* Sache *f*, Ding(sda) *n*
truelle [tryɛl] *f* (Maurer-)Kelle
truffe [tryf] *f* Trüffel
truite [trɥit] *f* Forelle
truquage [trykaʒ] *m* Trickaufnahme *f*
trust [trœst] *m* Trust [-a-], Konzern
tsigane [tsigan] *m*, *f* Zigeuner(in) *m(f)*
T.T.C. (*toutes taxes comprises*) einschl. MwSt. (*einschließlich Mehrwertsteuer*)
tu[1] [ty] du
tu[2] [ty] *p/p von* **taire**
tuba [tyba] *m Sp* Schnorchel
tube [tyb] *m* Rohr *n*; *bsd El* Röhre *f*; *de dentifrice* Tube *f*; *d'aspirine* Röhrchen *n*
tuer [tɥe] töten; **se ~** *mourir* umkommen; *en voiture* tödlich verunglücken
tuerie [tyri] *f* Blutbad *n*
tuile [tɥil] *f* (Dach-)Ziegel *m*
tulipe [tylip] *f* Tulpe
tumeur [tymœr] *f* Geschwulst
Tunisie [tynizi] **la ~** Tunesien *n*
tunisien [tynizjɛ̃] **1.** tunesisch; **2.** ♀ *m* Tunesier
tunnel [tynɛl] *m* Tunnel
turban [tyrbɑ̃] *m* Turban
turbot [tyrbo] *m* Steinbutt
turbulent [tyrbylɑ̃] wild
turc [tyrk] **1.** türkisch; **2.** ♀ *m* Türke
Turquie [tyrki] **la ~** die Türkei
tutoyer [tytwaje] duzen
tuyau [tɥijo] *m* Rohr *n*, Röhre *f*; F Tip; **~ d'arrosage** Gartenschlauch; **~ d'échappement** Auspuffrohr *n*
T.V.A. [tevea] *f* (*taxe à la valeur ajoutée*) Mehrwertsteuer
tympan [tɛ̃pɑ̃] *m Anat* Trommelfell *n*
typ|e [tip] *m* Typ; *modèle* Modell *n*; F *gars* Kerl, Typ; **~ique** [~ik] typisch (**de** für)
typhoïde [tifɔid] *f* Typhus *m*

U

ulcère [ylsɛr] *m* Geschwür *n*; **~ de l'estomac** Magengeschwür *n*
ultérieur [ylterjœr] spätere(r, -s)
ultra... [yltra] extrem, hoch...; *Pol, Phys* ultra...; **~son** [~sõ] *m* Ultraschall
un [ɛ̃, œ̃] *m*, **une** [yn] *f* ein *m*, eine *f*, ein *n*; *employé seul* einer, eine, ein(e)s; *chiffre* **un** eins; **le un** die Eins; **un par un** einer nach dem anderen; **l'un(e)** der (die, das) eine; **l'un(e) l'autre** sich gegenseitig, einander; **l'un(e) et l'autre** beide
unanime [ynanim] einstimmig
uni [yni] *tissus* einfarbig; *surface, papier* glatt
unifier [ynifje] *pays* einigen; *tarifs* vereinheitlichen
uniforme [ynifɔrm] *m* Uniform *f*
union [ynjõ] *f* Union, Vereinigung; **2 européenne** Europäische Union (*Abk* EU)
unique [ynik] *seul* einzig; *extraordinaire* einmalig; **~ment** [~mã] nur
unir [ynir] verein(ig)en; *relier* verbinden; *couple* trauen; **s'~** sich vereinigen
unité [ynite] *f* Einheit
univers [ynivɛr] *m* Weltall *n*; *fig* Welt *f*
université [ynivɛrsite] *f* Universität
urbain [yrbɛ̃] städtisch, Stadt...
urgence [yrʒãs] *f* Dringlichkeit; *Med* Notfall *m*; (**service** *m* **des**) **~s** *pl* Notaufnahme *f*; **il y a ~** es eilt; **d'~** dringend
urgent [yrʒã] dringlich
urine [yrin] *f* Harn *m*
urologue [yrɔlɔg] *m* Urologe
usage [yzaʒ] *m* Gebrauch; *coutume* Brauch; **'hors d'~** außer Gebrauch
usagé [yzaʒe] gebraucht
usager [yzaʒe] *m* Benutzer; **~ de la route** Verkehrsteilnehmer
user [yze] abnutzen; *consommer* verbrauchen; **s'~** sich abnutzen
usine [yzin] *f* Fabrik
ustensile [ystãsil] *m* (Küchen-, Garten-)Gerät *n*
usuel [yzɥɛl] gebräuchlich
utile [ytil] nützlich
util|isateur [ytilizatœr] *m* Benutzer; **~iser** [~ize] benutzen, verwenden; **~ité** [~ite] *f* Nützlichkeit
utopique [ytɔpik] utopisch
U.V. [yve] *m/pl* (*ultra-violets*) UV-Strahlen
uval [yval] Trauben...

V

va [va] *prés von* ***aller***
vacances [vakɑ̃s] *f/pl* Ferien *pl*, Urlaub *m*; ***grandes ~*** große Ferien; ***~ scolaires*** Schulferien; ***~ de dernière minute*** Last-Minute-Urlaub [lɑːstˈminit-] *m*; ***~ de neige*** Winter-, Skiurlaub *m*; ***être en ~*** in *od* im Urlaub sein, Ferien haben; ***partir en ~*** in Urlaub fahren
vacarme [vakarm] *m* Heidenlärm, Krach
vaccin [vaksɛ̃] *m* Impfstoff
vaccin|ation [vaksinasjõ] *f* Impfung; **~er** [~e] impfen
vache [vaʃ] *f* Kuh; ***maladie f de la ~ folle*** Rinderwahn (-sinn) *m*
vacherin [vaʃrɛ̃] *m Baisertorte mit Eis und Sahne*
va-et-vient [vaevjɛ̃] *m* Kommen und Gehen *n*
vagin [vaʒɛ̃] *m Anat* Scheide *f*, Vagina *f*
vague [vag] **1.** vage; *formes* verschwommen; **2.** *f* Welle
vain [vɛ̃] ***en ~*** vergebens
vaincre [vɛ̃kr(ə)] siegen (***q*** über j-n), besiegen (j-n); *peur* überwinden
vainqueur [vɛ̃kœr] *m* Sieger
vais [vɛ] *prés von* ***aller***
vaisseau [vɛso] *m* ***~ (sanguin)*** Blutgefäß *n*; ***~ spatial*** Raumschiff *n*
vaisselle [vɛsɛl] *f* Geschirr *n*; ***produit*** *m* ***~*** Geschirrspülmittel *n*; ***faire la ~*** (das) Geschirr spülen, abwaschen
valable [valabl(ə)] *passeport* gültig; *argument* annehmbar
valet [valɛ] *m* Diener; *cartes* Bube
valeur [valœr] *f* Wert *m*; ***objet*** *m* ***de ~*** Wertgegenstand; ***d'une ~ de*** im Wert von
valid|er [valide] *billet* entwerten; **~ité** [~ite] *f* Gültigkeit
valise [valiz] *f* Koffer *m*; ***faire sa ~*** (den Koffer) packen
vallée [vale] *f* Tal *n*
valonné [valɔne] hügelig
valoir [valwar] wert sein; *coûter* kosten; ***~ cher*** teuer sein; ***ne rien ~*** nichts taugen; ***ça vaut mieux*** das ist (auch) besser; ***il vaut mieux que*** (+ *subj*) es ist besser, wenn; ***ça vaut la peine*** es lohnt sich
valse [vals] *f* Walzer *m*
valve [valv] *f* Ventil *n*
vanille [vanij] *f* Vanille
vaniteux [vanitø] eitel, eingebildet
vanter [vɑ̃te] ***se ~*** prahlen, angeben (***de*** mit)
vapeur [vapœr] *f* Dampf *m*
vaporisateur [vapɔrizatœr] *m* Zerstäuber
varappe [varap] *f* (Felsen-)

Klettern *n*
variable [varjabl(ə)] unterschiedlich, variabel; *temps* veränderlich
varice [varis] *f* Krampfader
varicelle [varisɛl] *f* Windpocken *pl*
vari|é [varje] *programme* abwechslungsreich; *choix* reich; **~er** [~e] abwechslungsreich gestalten; *v/i* sich ändern; *prix* schwanken
variété [varjete] *f diversité* Vielfalt; *de fruits* Sorte; *TV* (**émission** *f* **de**) **~s** *pl* Unterhaltungssendung *f*
variole [varjɔl] *f* Pocken *pl*
vase[1] [vɑz] *m* Vase *f*
vase[2] [vɑz] *f* Schlamm *m*; *dans la mer* Schlick *m*
vaste [vast] weit; *pièce* geräumig
vaut [vo] *prés von* **valoir**
vautour [votur] *m* Geier
veau [vo] *m* Kalb *n*; *viande* Kalbfleisch *n*
vécu [veky] *p/p von* **vivre**
vedette [vədɛt] *f cinéma, Sp* Star *m*; *Mil* Schnellboot *n*
végétal [veʒetal] Pflanzen…
végétarien [veʒetarjɛ̃] **1.** vegetarisch; **2. ~(ne)** [~ (-ɛn)] *m(f)* Vegetarier(in)
végétation [veʒetasjõ] *f* Vegetation; *Med* **~s** *pl* (Rachenmandel- *od* Nasen-)Polypen *n/pl*
véhicule [veikyl] *m* Fahrzeug *n*
veille [vɛj] *f* Vortag *m*; **la ~** am Tag zuvor; **la ~ de** am Tag vor (*D*)
veillée [vɛje] *f* abendliches Beisammensein
veiller [vɛje] **~ tard** lang(e) aufbleiben; **~ sur** aufpassen auf (*A*); **~ à** achten auf (*A*)
veilleur [vɛjœr] *m* **~ de nuit** Nachtwächter
veilleuse [vɛjøz] *f* Nachtlicht *n*; *Kfz* Standlicht *n*
veine [vɛn] *f* Ader, Vene; F **avoir de la ~** Schwein haben
véliplanchiste [veliplɑ̃ʃist] *m, f* (Wind-)Surfer(in) *m(f)*
vélo [velo] F *m* (Fahr-)Rad *n*; **~drome** [~drɔm] *m* Radrennbahn *f*; **~moteur** [~mɔtœr] *m* Moped *n*
velours [vəlur] *m* Samt
velouté [vəlute] *m* **~ d'asperges** Spargelcremesuppe *f*
vendanges [vɑ̃dɑ̃ʒ] *f/pl* (Zeit *f* der) Weinlese *f*
vend|eur [vɑ̃dœr] *m*, **~euse** [~øz] *f* Verkäufer(in) *m(f)*
vendre [vɑ̃dr(ə)] verkaufen; **à ~** zu verkaufen
vendredi [vɑ̃drədi] *m* Freitag; **le ~** freitags; **~ saint** Karfreitag
vénéneux [venenø] giftig
vénérer [venere] verehren
vénérien [venerjɛ̃] Geschlechts…
veng|eance [vɑ̃ʒɑ̃s] *f* Rache; **~er** [~e] rächen; **se ~** sich rächen (**de q** an j-m; **de qc** für et)
venimeux [vənimø] *animal*

giftig (*a fig*), Gift…
venin [vənɛ̃] *m* Gift *n* (*a fig*)
venir [v(ə)nir] kommen (***en voiture, par le train*** mit dem Wagen, Zug) **~ *de*** kommen aus; *tenir à* (her)kommen von; **~ *de faire qc*** gerade, (so)eben et getan haben; **~ *voir q*** j-n besuchen; ***faire*** **~** *médecin* kommen lassen; ***où veux-tu en ~?*** worauf willst du hinaus?
vent [vɑ̃] *m* Wind; **~ *contraire*** Gegenwind; ***il fait du ~*** es ist windig
vente [vɑ̃t] *f* Verkauf *m*; **~ *par correspondance*** Versandhandel *m*; **~ *aux enchères*** Versteigerung *f*, Auktion *f*; ***en ~*** erhältlich (***chez*** bei)
ventilateur [vɑ̃tilatœr] *m* Ventilator
ventre [vɑ̃tr(ə)] *m* Bauch; ***bas ~*** Unterleib
ver [vɛr] *m* Wurm; **~ *de terre*** Regenwurm
verbal [vɛrbal] mündlich
verbe [vɛrb] *m* Verb *n*
verdict [vɛrdikt] *m* Urteilsspruch
verdure [vɛrdyr] *f* Grün *n*
véreux [verø] wurmstichig
verger [vɛrʒe] *m* Obstgarten
verglas [vɛrgla, -glɑ] *m* Glatteis *n*
verglacé [vɛrglase] vereist
vérification [verifikasjõ] *f* Überprüfung
vérifier [verifje] nach-, überprüfen; ***se ~*** sich bestätigen
véritable [veritabl(ə)] echt
vérité [verite] *f* Wahrheit
vermicelle [vɛrmisɛl] *m* Fadennudeln *f/pl*
vermine [vɛrmin] *f* Ungeziefer *n*
vernis [vɛrni] *m* Lack; **~ *à ongles*** Nagellack
verrai [vɛre] *fut von* ***voir***
verre [vɛr] *m* Glas *n*; **~ *usagé*** Altglas *n*; **~ *à vin*** Weinglas *n*; ***un ~ de vin*** ein Glas Wein; **~*s pl de contact*** Kontaktlinsen *f/pl*
verrière [vɛrjɛr] *f* Glasdach *n*
verrou [vɛru] *m* Riegel
verrouiller [vɛruje] verriegeln
verrue [vɛry] *f* Warze
vers[1] [vɛr] gegen, nach; **~ *l'est*** nach Osten (hin); **~ *midi*** gegen Mittag
vers[2] [vɛr] *m* Vers
versant [vɛrsɑ̃] *m* (Ab-)Hang
verse [vɛrs] *f* ***il pleut à ~*** es gießt in Strömen
versement [vɛrsəmɑ̃] *m* (Ein-)Zahlung *f*
verser [vɛrse] (hinein)gießen; *vin* einschenken; *somme sur un compte* einzahlen
verso [vɛrso] *m* Rückseite *f*; ***au ~*** umseitig
vert [vɛr] **1.** grün; **2.** *m* Grün *n*; ***passer au ~*** *feu* auf Grün schalten
vertèbre [vɛrtɛbr(ə)] *f* Wirbel *m*
vertical [vɛrtikal] senkrecht
vertige [vɛrtiʒ] *m* Schwindel;

j'ai un ~, des ~s mir ist schwindlig; ***j'ai le ~*** ich bin nicht schwindelfrei
vertu [vɛrty] *f* Tugend
verveine [vɛrvɛn] *f* Eisenkraut *n*
vésicule [vezikyl] *f* **~ *biliaire*** Gallenblase
vessie [vɛsi] *f* (Harn-)Blase
veste [vɛst] *f* Jacke; *d'un costume* Jackett *n*
vestiaire [vɛstjɛr] *m* Garderobe *f*
vestibule [vɛstibyl] *m* Diele *f*, Flur
vestiges [vɛstiʒ] *m/pl* Überreste; *fig* Spuren *f/pl*
veston [vɛstõ] *m* Jackett *n*
vêtements [vɛtmɑ̃] *m/pl* Kleidung *f*
vétérinaire [veterinɛr] *m* Tierarzt
veuf [vœf] **1.** (*f* ***veuve*** [vœv]) verwitwet; **2.** *m* Witwer
veuille [vœj] *subj von* ***vouloir***
veuillez [vœje] *impératif von* ***vouloir***
veut [vø] *prés von* ***vouloir***
veuve [vœv] **1.** *s* ***veuf***; **2.** *f* Witwe
vex|ant [vɛksɑ̃] kränkend; **~er** [~se] kränken, beleidigen; ***se ~*** gekränkt, beleidigt sein
viaduc [vjadyk] *m* Viadukt
viande [vjɑ̃d] *f* Fleisch *n*; **~ *froide*** kalter Braten *m*; **~ *hâchée*** Hackfleisch *n*
vibrer [vibre] vibrieren, schwingen
vice [vis] *m* Laster *n*
vice versa [vis(ə)vɛrsa] umgekehrt
vicié [visje] *air* verbraucht
vicieux [visjø] *personne* pervers; *regard* lüstern
victime [viktim] *f* Opfer *n*
vict|oire [viktwar] *f* Sieg *m*; **~orieux** [~tɔrjø] siegreich
vidange [vidɑ̃ʒ] *m* Ölwechsel
vide [vid] **1.** leer; **2.** *m* Leere *f* (*a fig*); *abîme* Tiefe *f*; *Phys* Vakuum *n*
vidéo [video] ***caméra f ~*** Videokamera
vidéo|cassette [videokasɛt] *f* Videokassette; **~thèque** [~tɛk] *f* Videothek
vide-ordures [vidɔrdyr] *m* Müllschlucker
vider [vide] (aus)leeren, leer machen; *boire* austrinken; *poisson* ausnehmen
vie [vi] *f* Leben *n*; ***être en ~*** am Leben sein; ***gagner sa ~*** s-n Lebensunterhalt verdienen
vieil *s* ***vieux***
vieillard [vjɛjar] *m* Greis
vieille [vjɛj] **1.** *s* ***vieux***; **2.** *f* Alte
vieillesse [vjɛjɛs] *f* (hohes) Alter *n*
vieillir [vjɛjir] altern
vient [vjɛ̃] *prés von* ***venir***
vierge [vjɛrʒ] **1.** jungfräulich; *feuille* unbeschrieben; *huile* naturrein; ***forêt f ~*** Urwald *m*; ***laine f ~*** Schurwolle; **2.** *f* Jungfrau; ***la (Sainte) ♀*** die (Heilige) Jungfrau (Maria)

vieux [vjø] **1.** (*vor Vokal* **vieil**, *f* **vieille** [vjɛj]) alt; **~ jeu** altmodisch; **2.** *m* Alte(r)
vif [vif] lebhaft; *couleur* kräftig; *allure* schnell
vigilant [viʒilɑ̃] wachsam
vigne [viɲ] *f pied de* **~** Rebstock *m*; *vignoble* Weinberg *m*
vigneron [viɲərõ] *m* Winzer
vignette [viɲɛt] *f* Aufkleber *m*, Gebührenmarke; *Kfz* Steuerplakette
vignoble [viɲɔbl(ə)] *m* Weinberg
vigueur [vigœr] *f* Kraft; **être en ~** gültig sein; **entrer en ~** in Kraft treten
vilain [vilɛ̃] hässlich; *méchant* böse; *temps* schlecht
villa [vila] *f* Villa
village [vilaʒ] *m* Dorf *n*
ville [vil] *f* Stadt; **en ~** in der *od* in die Stadt
vin [vɛ̃] *m* Wein; **~ rouge** Rotwein; **~ de pays** Landwein; **~ de table** Tafelwein; **~ en pichet** offener Wein; **~ mousseux** Schaumwein, Sekt
vinaigr|e [vinɛgr(ə)] *m* Essig; **~ette** [~ɛt] *f* Salatsoße
vingt [vɛ̃] zwanzig
vingtaine [vɛ̃tɛn] *f* **une ~ (de ...)** etwa zwanzig (...)
vingtième [vɛ̃tjɛm] zwanzigste(r, -s)
vinicole [vinikɔl] Wein(-bau)...
viol [vjɔl] *m* Vergewaltigung *f*
violation [vjɔlasjõ] *f* **~ de domicile** Hausfriedensbruch *m*
viol|ence [vjɔlɑ̃s] *f* Gewalt; *d'une tempête* Heftigkeit; **~ent** [~ɑ̃] *personne* gewalttätig; *vent, douleur* heftig
violer [vjɔle] vergewaltigen; *loi, secret* verletzen
violet [vjɔlɛ] violett
violette [vjɔlɛt] *f* Veilchen *n*
violon [vjɔlõ] *m* Geige *f*; **~celle** [~sɛl] *m* Cello *n*
vipère [vipɛr] *f* Viper
virage [viraʒ] *m* Kurve *f*
virement [virmɑ̃] *m* Überweisung *f*
virer [vire] *somme* überweisen; F **~ q** j-n rauswerfen
virgule [virgyl] *f* Komma *n*
viril [viril] männlich
virus [virys] *m* Virus *n*
vis [vis] *f* Schraube
visa [viza] *m* Visum *n*
visage [vizaʒ] *m* Gesicht *n*
vis-à-vis [vizavi] **~ de** gegenüber (*D*)
viser [vize] zielen auf (*A*); *s'adresser à* betreffen (*A*); *accusations* sich richten gegen
viseur [vizœr] *m* Visier *n*; *Fot* Sucher
vis|ibilité [vizibilite] *f* Sicht; **~ible** [~ibl(ə)] sichtbar; *manifeste* erkennbar, sichtlich
visière [vizjɛr] *f* (Mützen-) Schirm *m*
vision [vizjõ] *f vue* Sehen *n*; *conception* Vorstellung; *hallucination* Vision
visite [vizit] *f* Besuch *m*; *d'une*

ville Besichtigung; **~ guidée** Führung; **rendre (une) ~ à q** j-n besuchen
visiter [vizite] *musée* besichtigen; *malade* besuchen
visiteur [vizitœr] *m* Besucher
vison [vizõ] *m* Nerz
visqueux [viskø] zähflüssig; *péj* schmierig
visser [vise] *fixer* an-, festschrauben; *serrer* zu-, verschrauben
vitamine [vitamin] *f* Vitamin *n*
vite [vit] schnell
vitesse [vitɛs] *f* Geschwindigkeit, Tempo *n*; *Kfz* Gang *m*; **~ maximale** Höchstgeschwindigkeit
viti|cole [vitikɔl] Wein(bau)…; **~culture** [~kyltyr] *f* Weinbau *m*
vitrail [vitraj] *m* (*pl* **~aux** [-o]) Kirchenfenster *n*
vitre [vitr(ə)] *f* Fensterscheibe
vitré [vitre] **porte** *f* **~e** Glastür
vitrine [vitrin] *f* Schaufenster *n*; *meuble* Vitrine
vivant [vivɑ̃] lebend; lebendig (*a fig*); *enfant* lebhaft
vivre [vivr(ə)] leben; *v/t* erleben; **vive …!** es lebe …!
vivres [vivr(ə)] *m/pl* Lebensmittel *n/pl*
v.o. (*version originale*) Originalfassung *f*
vocabulaire [vɔkabylɛr] *m* Wortschatz; *école* **apprendre du ~** Vokabeln lernen
vocation [vɔkasjõ] *f* Berufung, Neigung
vodka [vɔdka] *m* Wodka
vœu [vø] *m* Wunsch; **~x** *pl* **de bonne année** Glückwünsche zum neuen Jahr; **tous mes ~x!** alles Gute!
voici [vwasi] hier ist *od* sind
voie [vwa] *f* Weg *m* (*a fig*), Straße; *file* Fahrspur; **~ (ferrée)** Gleis *n*; **~ express** Schnellstraße; **~ de garage** Abstellgleis *n* (*a fig*); **à trois ~s** dreispurig
voilà [vwala] da ist *od* sind; **le ~** da ist er
voile[1] [vwal] *m* Schleier
voile[2] [vwal] *f* Segel *n*; **faire de la ~** segeln
voilier [vwalje] *m* Segelboot *n*; *grand* Segelschiff *n*
voir [vwar] sehen; *film* sich ansehen; *comprendre* einsehen; **se ~** sich sehen; **cela se voit** das sieht, merkt man; **faire ~** zeigen; **aller** (*od* **venir**) **~** besuchen
voisin [vwazɛ̃] **1.** *maison* Nachbar…; *pièce* Neben…; **2. ~(e)** [~(-in)] *m*(*f*) Nachbar(in) *m*(*f*)
voiture [vwatyr] *f* Wagen *m*, Auto *n*; **~ ancienne** Oldtimer ['ouldtaimər] *m*; **~ piégée** Autobombe; **~ de tourisme** Personenwagen, Pkw; **~ tout terrain** Geländewagen; **en ~** mit dem Auto
voiture|-couchettes [vwatyrkuʃɛt] *f* Liegewagen *m*; **~-lit** [~li] *f* Schlafwagen *m*;

~restaurant [-rɛstɔrɑ̃] *f* Speisewagen *m*
voix [vwa] *f* Stimme (*a Pol*); ***à ~ basse*** leise; ***à 'haute ~*** laut
vol[1] [vɔl] *m jur* Diebstahl
vol[2] [vɔl] *m* Flug; ***~ aller*** Hinflug; ***~ retour*** Rückflug; ***~ charter*** Charterflug; ***~ régulier*** Linienflug; ***~ international*** Auslandsflug; ***~ intérieur*** Inlandsflug; ***~ de dernière minute*** Last-Minute-Flug [lɑːst'minit-]; ***à ~ d'oiseau*** (in der) Luftlinie
volaille [vɔlɑj] *f* Geflügel *n*
volant [vɔlɑ̃] *m Kfz* Lenkrad *n*; *Sp* Federball
vol-au-vent [vɔlovɑ̃] *m* Blätterteigpastete *f*
volcan [vɔlkɑ̃] *m* Vulkan
voler[1] [vɔle] stehlen; ***~ q*** j-n bestehlen
voler[2] [vɔle] *oiseau* fliegen
volet [vɔlɛ] *m* Fensterladen
vol|eur [vɔlœr] *m*, **~euse** [-øz] *f* Dieb(in) *m(f)*; ***~ à la tire*** Taschendieb(in) *m(f)*
volley-ball [vɔlɛbol] *m* Volleyball
volontaire [vɔlɔ̃tɛr] **1.** freiwillig; **2.** *m*, *f* Freiwillige(r) *su*
volonté [vɔlɔ̃te] *f* Wille *m*; ***bonne ~*** guter Wille *m*; ***à ~*** nach Belieben
volontiers [vɔlɔ̃tje] gern
volt [vɔlt] *m* Volt *n*
volume [vɔlym] *m* Volumen *n*; *tome* Band; *du son* Lautstärke *f*
vom|ir [vɔmir] sich übergeben; **~issements** [-ismɑ̃] *m/pl* Erbrechen *n*
vont [vɔ̃] *prés von **aller***
vorace [vɔras] gefräßig
vos [vo] *s **votre***
Vosges [voʒ] *f/pl* Vogesen
vot|e [vɔt] *m* Votum *n*, Stimme *f*, Abstimmung *f*; **~er** [-e] abstimmen
votre [vɔtr(ə)] (*pl* ***vos*** [vo]) euer (eure); Ihr(e)
vôtre [votr(ə)] ***le ~, la ~*** eure(r, -s); Ihre(r, -s); ***les ~s*** *pl* eure; Ihre
vouloir [vulwar] wollen; ***je voudrais*** ich möchte gern; ***~ dire*** bedeuten; ***en ~ à q*** auf j-n böse sein
vous [vu] ihr, euch; *forme de politesse* Sie, Ihnen
voûte [vut] *f* Gewölbe *n*, Wölbung
vouv|oiement [vuvwamɑ̃] *m* Siezen *n*; **~oyer** [-aje] siezen
voyage [vwajaʒ] *m* Reise *f*; ***~ organisé*** Pauschal-, Gruppenreise *f*; ***~ à l'étranger*** Auslandsreise *f*; ***~ d'études*** Studienreise *f*; ***~ en bateau*** Schiffsreise *f*; ***~ en train*** Bahnfahrt *f*; ***~ en voiture*** Autofahrt *f*; ***bon ~!*** gute Reise! ***en ~*** auf Reisen; ***partir en ~*** verreisen; ***2 jours de ~*** 2 Tage Fahrt
voyag|er [vwajaʒe] reisen; **~eur** [-œr] *m*, **~euse** [-øz] *f* Reisende(r) *su*
voyant [vwajɑ̃] auffällig

voyante [vwajɑ̃t] *f* Hellseherin
voyelle [vwajɛl] *f* Vokal *m*
voyou [vwaju] *m* jugendlicher Rowdy; *truand* Ganove
vrac [vrak] ***en ~*** *non emballé* lose; *en désordre* durcheinander
vrai [vrɛ] wahr; ***à ~ dire*** offen gesagt
vraiment [vrɛmɑ̃] wirklich
vraisemblable(ment) [vrɛsɑ̃blablə(mɑ̃)] wahrscheinlich
V.T.T. [vetete] *m* (*vélo tout terrain*) Mountainbike *n*
vu[1] [vy] *p/p von* ***voir***
vu[2] [vy] in Anbetracht (*G*)
vue [vy] *f sens* Sehen *n*; *panorama* Aussicht, (Aus-)Blick *m* (**sur** auf *A*); *photo, dessin* Ansicht; ***de ~*** vom Sehen; ***en ~*** in Sicht; ***en ~ de*** (+ *inf*) um zu; ***à première ~*** auf den ersten Blick
vulgaire [vylgɛr] gewöhnlich; *grossier* vulgär, ordinär; ***langue f ~*** Volkssprache

W

wagon [vagõ] *m* Wagen
wagon|-bar [vagõbar] *m* Büffetwagen; **~-couchettes** [-kuʃɛt] *m* Liegewagen; **~-lit** [-li] *m* Schlafwagen; **~-restaurant** [-rɛstorɑ̃] *m* Speisewagen
waters [water] *m/pl* Toilette *f*
watt [wat] *m* Watt *n*
W.-C. [(dublə)vese] *m/pl* WC *n*
Web [wɛb] *m* (*World Wide Web*) *Inform* Web *n*; ***site*** *m* **~** Website ['vɛpsait] *f*
webmaster [wɛbmastœr] *m* *Inform* Webmaster
week-end [wikɛnd] *m* Wochenende *n*
western [wɛstɛrn] *m* Western, Wildwestfilm
whisky [wiski] *m* Whisky

X

xénophob|e [gzenɔfɔb] ausländerfeindlich; **~ie** [-i] *f* Ausländerfeindlichkeit
xérès [kserɛs, gze-] *m* Sherry

Y

y [i] **1.** *à cet endroit* da, dort; da-, dorthin; ***j'~ étais aussi*** ich war auch dort; ***tu ~ vas?*** gehst du dahin? ***on ~ va!*** gehen wir!; ***ça ~ est!*** es ist so weit; **2.** *à cela* daran, darauf; ***j'~ penserai*** ich werde daran denken; ***j'~ renonce*** ich verzichte darauf
yacht [jɔt] *m* Jacht *f*; **~ing** [~iŋ] *m* Segelsport
yaourt [jaur(t)] *m* Joghurt *m od n*
yeux [jø] *m/pl s* ***œil***

Z

zèbre [zɛbr(ə)] *m* Zebra *n*
zèle [zɛl] *m* Eifer; ***faire du ~*** übereifrig sein
zéro [zero] *m* Null *f*; F ***c'est ~*** das taugt nichts
zeste [zɛst] *m* ***~ de citron*** (Stück *n*) Zitronenschale *f*
zézayer [zezeje] lispeln
zigzag [zigzag] *m* ***en ~*** im Zickzack
zinc [zɛ̃g] *m* Zink *n*; F *comptoir* Theke *f*
zone [zon] *f* Zone; Gebiet *n*; ***~ résidentielle*** Wohngebiet *n*; ***~ interdite*** Sperrgebiet *n*; ***~ de haute pression*** Hochdruckgebiet *n*; ***~ bleue*** Kurzparkzone; ***~ piétonnière*** Fußgängerzone
zoo [zo] *m* Zoo
zoom [zum] *m* Zoom *n*
zut! [zyt] verflixt!, verdammt!

Deutsch-französisches Wörterverzeichnis

A

Aachen Aix-la-Chapelle
Aal *m* anguille *f*
Aas *n* charogne *f*; **~geier** *m* vautour
ab (*D*) à partir de; *weg* parti; **~ morgen** à partir de demain; **~ Düsseldorf fliegen** prendre l'avion à Düsseldorf; *Fahrplan* **Berlin ~ 9.15** départ de Berlin à 9 h 15; **~ und zu** de temps en temps
abändern modifier
Abbau *m e-s Zelts usw* démontage; *Bergbau* extraction *f*; *Verminderung* réduction *f*; **2en** démonter; *Erz usw* extraire; *verringern* réduire
ab|beißen arracher (en mordant); **~bestellen** *Hotelzimmer* annuler la réservation de; *Zeitung* résilier l'abonnement à
abbiegen tourner (**nach rechts** à droite)
Abbildung *f* illustration
abbinden *Med* ligaturer
abblend|en *Kfz* se mettre en code; **2licht** *n* feux *m/pl* de croisement, codes *m/pl*
ab|brechen casser; *Haus* démolir; *Zelt* démonter; *unterbrechen* interrompre; *Beziehungen* rompre; *v/i* se casser; **~bremsen** freiner, ralentir; **~brennen** brûler; *Feuerwerk* tirer
abbringen ***j-n von et ~*** détourner, dissuader q de qc
abbröckeln s'effriter
Abbruch *m* démolition *f*; *von Verhandlungen* rupture *f*
abbürsten brosser
ab|decken découvrir; *Tisch* débarrasser; *zudecken* recouvrir; **~dichten** calfeutrer; **~drehen** *Mar*, *Flgw* changer de cap; F *Wasser, Licht* fermer
Abdruck *m* tirage; *Finger*2 empreinte *f*
Abend *m* soir; *Abendstunden* soirée *f*; **am ~** le soir; **heute ~** ce soir; **im Laufe des ~s** dans la soirée; **guten ~!** bonsoir!; **schönen ~!** bonne soirée!; **zu ~ essen** dîner
Abend|anzug *m* tenue *f* de soirée; **~brot** *n* repas *m* du soir; **~dämmerung** *f* crépuscule *m*; **~essen** *n* dîner *m*; **~kleid** *n* robe *f* du soir, de soirée; **~land** *n* Occident *m*
abends le soir

Abendvorstellung *f* soirée
Abenteu|er *n* aventure *f*; **≈erlich** aventureux; **~rer** *m* aventurier
aber mais
Aber|glaube *m* superstition *f*; **≈gläubisch** superstitieux
Abf. (*Abfahrt*) départ *m*
abfahren partir (***nach*** pour, à; ***von*** de); *Müll* enlever; *Reifen* user
Abfahrt *f* départ *m*
Abfahrts|lauf *m Sp* descente *f*; **~tag** *m* jour du départ; **~zeit** *f* heure du départ
Abfall *m* déchets *m/pl*; *Müll* ordures *f/pl*; **~eimer** *m* poubelle *f*
abfallen *Blätter* tomber; *Gelände* aller en pente
ab|färben déteindre (***auf*** *A* sur); **~fassen** rédiger
abfertig|en contrôler (*a Reisende*); *Gepäck* enregistrer; **≈ung** *f* contrôle *m*; *des Gepäcks* enregistrement *m*
abfinden ***j-n ~*** indemniser q; ***sich mit et ~*** accepter qc
Abfindung *f* indemnisation; *Betrag* indemnité
ab|fliegen partir, s'envoler (***nach*** pour); **~fließen** s'écouler
Abflug *m* départ; **~tag** *m*, **~zeit** *f s* ***Abfahrts...***
Abfluss *m* écoulement; **~rohr** *n* tuyau *m* d'écoulement
Abfuhr *f v Müll* enlèvement *m*
Abführmittel *n* laxatif *m*
Ab|gabe *f* remise; *Verkauf* vente; *Steuer* taxe; **~gang** *m* départ; **~gase** *n/pl* gaz *m/pl* d'échappement
abgeben remettre, donner; *zur Aufbewahrung* déposer; *verkaufen* vendre; ***sich ~ mit*** s'occuper de
abgebrannt F *fig* fauché
abgedroschen rebattu
abgehen partir, s'en aller; *Knopf* se défaire
abge|laufen *Pass* périmé; **~legen** isolé; **~macht!** entendu!, d'accord!; **~nutzt** usé
Abgeordnete(r) *su* député *m*
abgeschlossen fermé à clé; *beendet* terminé
abgesehen ***~ von*** à part, abstraction faite de; ***davon ~*** (mis) à part cela
abgespannt très fatigué
abgestanden éventé
abgewöhnen déshabituer (***j-m et*** q de qc); ***sich das Rauchen ~*** s'arrêter de fumer
abgrenzen délimiter
Abgrund *m* précipice; *fig* abîme
abhaken *auf e-r Liste* cocher
abhalten *Sitzung* tenir; *Gottesdienst* célébrer; ***j-n von et ~*** empêcher q de faire qc
abhanden ***~ kommen*** disparaître, s'égarer
Abhang *m* pente *f*; *Berg≈* versant
abhängen dépendre (***von***

de); *Wagen* décrocher
abhängig dépendant (**von** de); ~ ***sein von*** dépendre de
Abhängigkeit *f* dépendance
abhärten endurcir, aguerrir
abhauen F foutre le camp
abheben *Geld* retirer; *Tel* décrocher; *Karten* couper; *Flgw* décoller; ***sich*** ~ ***von*** se détacher de
abheilen guérir
abhetzen ***sich*** ~ se presser
Abhilfe *f* ~ ***schaffen*** y porter remède
abholen aller *od* venir chercher; ~ ***lassen*** envoyer chercher
abholzen déboiser
abhorchen *Med* ausculter
abhör|en *Schüler* faire réciter (***j-n*** *od* ***j-m et*** qc à q); *Tel* mettre sur écoute; **⁀gerät** *n* micro *m*
Abi(tur) *n* bac(calauréat) *m*
Abiturient *m* bachelier; **~in** *f* bachelière
ab|kaufen acheter (***j-m et*** qc à q); **~klingen** *Schmerz* diminuer; **~kochen** faire bouillir
abkommen *vom Weg* s'écarter (de); *vom Thema* s'éloigner (de); ***von der Fahrbahn*** ~ entrer dans le décor
Abkommen *n* accord *m*
abkömmlich disponible
abkratzen gratter
abkühl|en ***sich*** ~ se rafraîchir; **⁀ung** *f* rafraîchissement *m*
abkürz|en *Weg* raccourcir; *Wort, Besuch* abréger; **⁀ung** *f* abréviation; *Weg* raccourci *m*
abladen décharger
ablassen *Wasser* vider; *Luft* enlever; ~ **von** renoncer à; ***et vom Preis*** ~ rabattre qc sur le prix
Ablauf *m* déroulement; *e-r Frist* expiration *f*; ***nach*** ~ ***von*** au bout de
ablaufen se dérouler; *abfließen* s'écouler; *Frist, Pass* expirer
Ableben *n* décès *m*
ablecken lécher
ableg|en déposer; *Mantel* retirer; *Prüfung* passer; *Akten* classer; *Eid* prêter; *Gewohnheit* se défaire de; **⁀er** *m Bot* marcotte *f*
ablehn|en refuser; *Vorschlag* rejeter; *Verantwortung* décliner; **⁀ung** *f* refus *m*
ablenk|en détourner (**von** de); *zerstreuen* distraire; **⁀ung** *f* distraction
ablesen lire; *Zähler* relever
ablieferǀn livrer; *abgeben* remettre; **⁀ung** *f* livraison; remise
ablösen *et* décoller; *j-n* relayer; ***sich*** ~ se relayer
Ablösung *f* relève
abmach|en défaire; *vereinbaren* convenir (***et*** de qc); **⁀ung** *f* accord *m*
Abmagerungskur *f* cure d'amaigrissement

Abmarsch *m* départ; **≈bereit** prêt à partir
abmelden ***sich*** **~** *von e-m Kurs usw* retirer son inscription; *polizeilich* faire une déclaration de changement de résidence
abmessen mesurer
abmontieren démonter
abmühen ***sich*** **~** se donner du mal
Abnahme *f Rückgang* diminution; *Kauf* achat *m*
abnehmen *Hut* enlever; *Tel Hörer* décrocher; *Führerschein* retirer; *abkaufen* acheter; *v/i geringer werden* diminuer; *Mond* décroître; *an Gewicht* maigrir
Abnehmer *m* acheteur
Abneigung *f* aversion (***gegen*** pour)
abnutzen user
Abonn|ement *n* abonnement *m*; **~ent** *m* abonné; **≈ieren** s'abonner à
Abordnung *f* délégation
ab|packen empaqueter; **~passen** *Gelegenheit* guetter; **~pflücken** cueillir; **~prallen** rebondir; *Geschoss* ricocher; **~rasieren** raser; **~raten** déconseiller (***j-m von et*** qc à q); **~räumen** *Tisch* débarrasser
abrechn|en faire les comptes; *abziehen* déduire; **≈ung** *f* règlement *m* de comptes (*a fig*)
abreiben frotter
Abreise *f* départ *m*
abreise|n partir (***nach*** pour, à); *zurückreisen* rentrer; **≈tag** *m* jour du départ
abreißen arracher; *Haus* démolir; *Knopf* se détacher; *aufhören* cesser
Abriss *m Abbruch* démolition *f*; *Skizze* précis
abrunden arrondir
abrupt brusque (*a fig*)
abrüst|en désarmer; **≈ung** *f* désarmement *m*
abrutschen glisser
ABS *n* (*Antiblockiersystem*) *Kfz* ABS *m*
Abs. (*Absender*) exp. (*expéditeur*)
Absage *f* refus *m*; *auf e-e Bewerbung* réponse négative
absagen se décommander; *et* annuler; ***j-m*** **~** annuler un rendez-vous avec q
absägen scier
Absatz *m Schuh≈* talon; *Text* alinéa; *Hdl* vente *f*; **~markt** *m* débouché
abschaff|en abolir, supprimer; **≈ung** *f* abolition, suppression
abschälen peler
abschalten *Strom* couper; *Gerät* éteindre; *sich entspannen* se relaxer
abschätz|en estimer, évaluer; **~ig** méprisant
Abschaum *m fig* rebut
Abscheu *m* horreur *f* (***vor*** *D* de), répulsion *f* (pour)
abscheulich horrible
abschicken envoyer

abschieben *ins Ausland* expulser
Abschied *m* adieux *m/pl*; **~ nehmen** prendre congé (**von** de); *endgültig* faire ses adieux (à)
Abschiedsgeschenk *n* cadeau *m* d'adieux
abschießen *Flugzeug, Wild* abattre; *Rakete* lancer
abschirmen protéger (**gegen** contre)
ab|schlagen *Ast* couper; *Bitte* refuser; **~schlägig** négatif
Abschlagszahlung *f* avance, acompte *m*
Abschlepp|dienst *m* entreprise *f* de dépannage; **2en** remorquer, dépanner; **~seil** *n* câble *m* de remorquage; **~wagen** *m* dépanneuse *f*
abschließ|en fermer à clé; *beenden* terminer; *Vertrag* conclure; *Versicherung* contracter; **~end** pour conclure
Abschluss *m* *Ende* fin *f*; *e-s Vertrages* conclusion *f*; **zum ~** pour terminer
Abschlussprüfung *f* examen *m* de fin d'études
abschmecken goûter (pour assaisonner)
abschmieren *Kfz* graisser
abschminken ***sich ~*** se démaquiller
abschneiden couper; *fig* **gut ~** s'en tirer bien
Abschnitt *m* *Text*2 passage, paragraphe; *zeitlich* période *f*; *Strecken*2 tronçon; *Kontroll*2 talon
ab|schrauben dévisser; **~schrecken** décourager; *Kochk* passer à l'eau froide
ab|schreiben copier (**von** sur); **2schrift** *f* copie
Abschuss *m* *Rakete* lancement
abschüssig escarpé
Abschussrampe *f* rampe de lancement
ab|schütteln secouer (*a fig*); **~schwächen** atténuer; **~schwellen** *Med* désenfler
absehbar ***in ~er Zeit*** dans un proche avenir
absehen *Folgen* prévoir; **~ von** faire abstraction de; *verzichten auf* renoncer à
abseilen ***sich ~*** descendre en rappel
abseits à l'écart
Abseits *n* *Sp* 'hors-jeu *m*
absend|en envoyer; **2er** *m* expéditeur
absetzen déposer (*a Fahrgast*); *Brille* enlever; *entlassen* révoquer; *vom Spielplan* retirer (de l'affiche); *Ware* vendre
Absicht *f* intention; **mit ~ = 2lich** intentionnellement, exprès; *adj* intentionnel
absolut absolu
absondern séparer, isoler; *Med* sécréter; ***sich ~*** s'isoler (**von** de)
absperr|en *Straße* barrer; *Tür* fermer à clé; **2ung** *f* barrage *m*

abspielen *Platte, Band* passer; **sich ~** se dérouler
Absprache *f* accord *m*
ab|springen sauter; **&sprung** *m* saut; **~spülen** rincer
abstamm|en descendre **(von** de); **&ung** *f* origine
Abstand *m* distance *f*, intervalle (*a zeitlich*); **~ halten** garder ses distances; ***in regelmäßigen Abständen*** à intervalles réguliers; ***mit ~*** de loin
abstauben épousseter
abstechen contraster **(*gegen, von*** avec)
Abstecher *m* crochet
absteigen descendre
abstellen *Koffer usw* poser; *alte Möbel* déposer; *Auto* garer; *Maschine* arrêter; *Gas, Wasser, Strom* couper; *Radio, Heizung* fermer
Abstell|gleis *n* voie *f* de garage; **~raum** *m* débarras
abstempeln timbrer; *entwerten* oblitérer
Abstieg *m* descente *f*; *Niedergang* déclin
abstimmen voter **(*über*** *A* qc); ***aufeinander ~*** harmoniser; *Mode* assortir
Abstimmung *f* vote *m*
abstoßen pousser; *anwidern* dégoûter
abstoßend répugnant
abstrakt abstrait
ab|streiten contester; **&strich** *m Med* prélèvement, frottis; **&sturz** *m* chute *f*; **~stürzen** faire une chute; *Flgw* s'écraser; **~suchen** fouiller
absurd absurde
Abszess *m* abcès
Abt *m* abbé
ab|tasten palper; **~tauen** *Kühlschrank* dégivrer
Abtei *f* abbaye
Abteil *n Bahn* compartiment *m*
Abteilung *f e-r Firma* département *m*; *e-s Kaufhauses* rayon *m*; **&sleiter** *m* directeur du département; *im Kaufhaus* chef de rayon
ab|tippen F taper (à la machine); **~transportieren** *Verletzte* évacuer
abtreib|en *Mar* dériver; *Frau* se faire avorter; **&ung** *f Med* avortement *m*
abtrennen détacher; *absondern* séparer
abtreten céder **(*j-m et*** qc à q); *sich zurückziehen* se retirer; ***(sich) die Füße ~*** s'essuyer les pieds
Abtret|er *m* paillasson; **~ung** *f* cession
ab|trocknen essuyer; *trocken werden* sécher; **~wägen** peser; **~warten** attendre
abwärts vers le bas; ***~ fahren, ~ führen*** descendre
Abwasch *m* vaisselle *f*; **&bar** lavable; **&en** laver; *Geschirr* faire la vaisselle
Abwässer *n/pl* eaux *f/pl* usées
abwechseln alterner **(*mit***

avec); **sich ~** *Personen* se relayer
abwechselnd alternativement, tour à tour; *Personen* à tour de rôle
Abwechslung *f* changement *m*; *Zerstreuung* distraction; **zur ~** pour changer
abwechslungsreich varié; *Leben* mouvementé
abwegig aberrant
Abwehr *f* défense; **2en** *Angriff* repousser; *Stoß* parer
abweichen *vom Kurs, Thema* s'écarter (**von** de); *sich unterscheiden* différer (**von** de); **voneinander ~** diverger
abweichend divergent
Abweichung *f* *Unterschied* différence
abweisen *Bitte* rejeter; *j-n* renvoyer; éconduire
abwenden *Kopf, Blick* détourner; *Gefahr* écarter; **sich ~ von** se détourner de
abwerfen jeter, lancer; *Gewinn* rapporter
abwert|en *Währung* dévaluer; *gering schätzen* déprécier; **2ung** *f* dévaluation
abwesen|d absent (*a fig*); **2heit** *f* absence
ab|wickeln dérouler; *fig erledigen* régler; *Betrieb* liquider; **~wiegen** peser; **~wischen** essuyer; **~würgen** *Motor* caler; **~zahlen** payer à tempérament; **~zählen** compter
Abzahlung *f* **auf ~** à tempérament, à crédit
Abzeichen *n* insigne *m*
abzeichnen copier; *Schriftstück* parapher; **sich ~** *fig* se dessiner
abziehen *Schlüssel* retirer; *Bett* défaire; *Hdl* déduire (**von** de); *Math* soustraire; *v/i Rauch* s'échapper; F *weggehen* ficher le camp
Abzug *m* *Fot* épreuve *f*; *Hdl* déduction *f*
abzüglich moins, déduction faite de
abzweig|en *Straße* bifurquer; *Geld* prélever; **2ung** *f* bifurcation, embranchement *m*
ach! ah!; 'hélas!; **~ so!** ah bon!
Achse *f* axe *m*; *Kfz* essieu *m*
Achsel *f* aisselle; **mit den ~n zucken** 'hausser les épaules
Achselhöhle *f* creux *m* de l'aisselle
Achsenbruch *m* rupture *f* d'essieu
acht 'huit; **in ~ Tagen** dans une semaine
Acht *f* **~ geben** faire attention (**auf** *A* à); **außer ~ lassen** négliger; **sich in ~ nehmen** prendre garde (**vor** *D* à)
achte(r, -s) 'huitième
Achtel *n* 'huitième *m*
achten *hoch~* estimer, respecter; **~ auf** (*A*) faire attention à; **darauf ~, dass …** faire attention à ce que (+ *subj*)
Achter|bahn *f* grand 'huit *m*; **~deck** *n* pont *m* arrière

achtlos négligent
acht|hundert 'huit cents; **~mal** 'huit fois
Achtung *f Hoch*2 estime; *Respekt* respect *m*; **~!** attention!
acht|zehn dix-huit; **~zig** quatre-vingts
ächzen gémir
Acker *m* champ; **~bau** *m* agriculture *f*; **~boden** *m* terre *f* arable
ackern bûcher
ADAC *m* (*Allgemeiner Deutscher Automobil-Club*) Automobile-Club allemand
Adapter *m* adaptateur
addieren additionner
ade! F salut!
Adel *m* noblesse *f*
ad(e)lig noble
Ader *f* veine; *Schlag*2 artère; *fig* don *m* (**für** pour), sens *m* (de)
Adjektiv *n* adjectif *m*
Adler *m* aigle
Admiral *m* amiral
adopt|ieren adopter; **2ion** *f* adoption
Adoptiv|eltern *pl* parents *m/pl* adoptifs; **~kind** *n* enfant *m* adoptif
Adressat *m* destinataire
Adressbuch *n* carnet *m* d'adresses
Adress|e *f* adresse; **2ieren** écrire l'adresse sur; *richten* adresser (**an** *A* à)
Advent *m* Avent
Adverb *n* adverbe *m*
Aerobic *n* aérobic *f*
Affäre *f* affaire; *Liebesbeziehung* aventure
Affe *m* singe
affektiert maniéré
Afrika *n* l'Afrique *f*; **~ner** *m* Africain; **2nisch** africain
After *m* anus
Aftershave *n* après-rasage *m*, after-shave *m*
AG *f* (*Aktiengesellschaft*) S.A. (*société anonyme*)
Agave *f* agave *m*
Agent *m* agent; **~ur** *f* agence
Aggress|ion *f* agression; **2iv** agressif
Ägypt|en *n* l'Égypte *f*; **~er** *m* Égyptien [-psjɛ̃]; **2isch** égyptien
ähneln ressembler (***j-m*** à q)
Ahnen *m/pl* aïeux, ancêtres
ahnen *vermuten* se douter de; *Unglück* pressentir
ähnlich semblable; ***j-m* ~ *sehen, sein*** ressembler à q
Ähnlichkeit *f* ressemblance
Ahnung *f Vorgefühl* pressentiment *m*; *Vorstellung* idée; ***keine* ~!** aucune idée!
Ahorn *m* érable
Ähre *f* épi *m*
Aids *n* sida *m*; **2krank** sidéen; **~test** *m* test de dépistage du sida
Airbag *m Kfz* airbag
Airline *f* compagnie aérienne
Akadem|ie *f* académie; **~iker(in)** *m(f)* diplômé(e) de l'Université
Akazie *f* acacia *m*

akklimatisieren ***sich ~*** s'acclimater
Akkord *m Mus* accord; ***im ~ arbeiten*** travailler aux pièces
Akkordeon *n* accordéon *m*
Akku *m* accus *m/pl*; **~mulator** *m* accumulateur
Akkusativ *m* accusatif
Akne *f* acné
Akrobat(in) *m(f)* acrobate
Akt *m* acte (*a Theater*); *Mal* nu
Akte *f* dossier *m*; *jur* pièces *f/pl*
Akten|koffer *m* attaché-case [-kɛz]; **~tasche** *f* serviette; **~zeichen** *n* référence *f*
Aktie *f* action
Aktiengesellschaft *f* société anonyme (*od* par actions)
Aktion *f* action
Aktionär *m* actionnaire
aktiv actif; **~ieren** activer; **2ität** *f* activité
aktualisieren actualiser, mettre à jour
aktuell actuel; *modisch* à la mode
akupunk|tieren traiter par l'acupuncture; **2tur** *f* acupuncture
Akust|ik *f* acoustique; **2isch** acoustique
akut *Med* aigu; *Frage* brûlant; *Gefahr* imminent
Akzent *m* accent
akzeptieren accepter
Alarm *m* alerte *f*, alarme *f*; **~anlage** *f* alarme automatique
alarmieren alerter; *beunruhigen* alarmer
Alban|er *m* Albanais; **~ien** *n* l'Albanie *f*; **2isch** albanais
albern niais, stupide; **2heit** *f* niaiseries *f/pl*
Albtraum *m* cauchemar
Album *n* album *m*
al dente al dente [-dɛnte]
Alge *f* algue
Algeri|en *n* l'Algérie *f*; **~er** *m* Algérien; **2sch** algérien
Alibi *n* alibi *m*
Alimente *pl* pension *f* alimentaire
Alkohol *m* alcool; **2frei** sans alcool; *Getränk a* non alcoolisé; **~iker(in)** *m(f)* alcoolique; **2isch** alcoolisé
All *n* univers *m*
alle tous [tu] les, toutes les; *alleinstehend* tous [tus], toutes; F ***... ist ~*** il n'y a plus de ...
Allee *f* allée; *Straße* avenue
allein seul; ***von ~*** tout seul; **~*stehend*** *Haus* isolé; *Person* seul
allenfalls tout au plus
allerdings à vrai dire
Allerg|ie *f* allergie; **2isch** allergique (***gegen*** à)
allerhand F pas mal de, toutes sortes de; ***das ist doch ~!*** c'est un peu fort!
Allerheiligen *n* la Toussaint
allerletzt tout dernier; ***zu ~*** en tout dernier lieu
Allerseelen *n* le jour, la fête des Morts
alles tout; ***~ Gute!*** bonne

chance; *zum Geburtstag* bon anniversaire!
allgemein général; ***im* ≈*en*** en général; ***~ verständlich*** à la portée de tous
Allgemein|befinden *n* état *m* général; **~bildung** *f* culture générale; **~heit** *f* public *m*
Alligator *m* alligator
allmächtig tout-puissant
allmählich *adv* peu à peu
All|tag *m* vie *f* quotidienne; **≈täglich** *täglich* quotidien; *gewöhnlich* banal
allzu (viel) trop
Alm *f* alpage *m*
Almosen *n* aumône *f*
Alpen *pl* ***die ~*** les Alpes *f/pl*
Alphabet *n* alphabet *m*; **≈isch** alphabétique
Alptraum *m* cauchemar
als *zeitlich* quand, lorsque; *nach Komparativ* que; *in der Eigenschaft* comme; ***~ ob*** comme si
also *folglich* donc; *das heißt* c'est-à-dire; ***~ gut!, ~ schön!*** bon, d'accord!
alt vieux; *Person a* âgé; *früher* ancien; ***wie ~ bist du?*** quel âge as-tu?; ***ich bin 15 Jahre ~*** j'ai 15 ans
Altar *m* autel
Altenheim *n* maison *f* de retraite
Alter *n* âge *m*; *hohes ~* vieillesse *f*; ***im ~ von*** à l'âge de
älter plus âgé; *Geschwister* aîné; ***~er Herr*** monsieur d'un certain âge
Alternative *f* alternative
Alters|erscheinung *f* signe *m* de vieillesse; **~genosse** *m* personne *f* du même âge; **~grenze** *f* limite *f* d'âge; **~heim** *n* maison *f* de retraite
Alter|tum *n* Antiquité *f*; **≈tümlich** antique
Altglas *n* verre *m* usagé; **~container** *m* conteneur à verre
alt|klug précoce (et arrogant); **~modisch** démodé; **≈papier** *n* vieux papiers *m/pl*; **≈stadt** *f* vieille ville
Alufolie *f* papier *m* alu
Aluminium *n* aluminium *m*
Alzheimerkrankheit *f* maladie d'Alzheimer
am ~ *13. April* le 13 avril; ***~ Sonntag*** le dimanche; ***~ Abend*** le soir; ***~ besten*** le mieux
Amalgam *n* amalgame *m*
Amaryllis *f* amaryllis
Amateur *m* amateur; **~fotograf** *m* photographe amateur
Amboss *m* enclume *f*
ambulant *Hdl* ambulant; *Med* qui ne nécessite pas d'hospitalisation
Ameise *f* fourmi
Ameisenhaufen *m* fourmilière *f*
Amerika *n* l'Amérique *f*; **~ner** *m* Américain; **≈nisch** américain
Amnestie *f* amnistie

Amok *m* **~ laufen** avoir un accès de folie meurtrière
Ampel *f* feu *m*
Ampere *n* ampère *m*
Ampulle *f* ampoule
amputieren amputer
Amsel *f* merle *m*
Amt *n* *Dienststelle* service *m*, office *m*; *Tätigkeit* charge *m*, fonction *f*; **＆lich** officiel
Amtsantritt *m* entrée *f* en fonction
Amulett *n* amulette *f*
amüsant amusant
amüsieren (**sich ~** s')amuser
an à; *Geogr* sur; **von heute ~** à partir d'aujourd'hui; *Fahrplan* **Paris ~ 9.10** arrivée à Paris à 9 h 10; **~ Ostern** à Pâques; **~ sein** *Licht* être allumé; *Radio* marcher; *s a* **am**
Analphabet(in) *m(f)* illettré(e)
Analys|e *f* analyse; **＆ieren** analyser
Ananas *f* ananas *m*
Anarchie *f* anarchie
anbahnen **sich ~** se préparer
Anbau *m* *Agr* culture *f*, *Arch* annexe *f*; **＆en** cultiver; *Arch* rajouter (**an** *A* à); **~küche** *f* cuisine intégrée
anbehalten garder
anbei ci-joint
anbelangen **was ... anbelangt** en ce qui concerne ...
anbeten adorer
Anbetracht *m* **in ~ der Lage** vu *od* étant donné la situation
an|bieten offrir; **~binden** attacher (**an** *A od D* à)
Anblick *m* vue *f*
an|brechen *Flasche usw* entamer; **~brennen** *Essen* brûler; *Milch* attacher; **~bringen** *festmachen* fixer (**an** *D* à)
andächtig recueilli
andauern durer; *Verhandlungen* se prolonger
andauernd continuel; *Frost* persistant; *adv* sans arrêt
Andenken *n* souvenir *m*; mémoire *f*; **zum ~ an** (*A*) en souvenir de
andere(r, -s) autre; **~ (Leute)** d'autres; **ein ~s Mal** une autre fois; **unter ~m** entre autres; **etwas ~s** autre chose
andererseits d'autre part
ändern (**sich ~**) changer
andernfalls sinon, autrement
anders autrement; **jemand (niemand) ~** quelqu'un (personne) d'autre; **ganz ~ sein** être complètement différent
anderswo ailleurs, autre part
anderthalb un et demi; **~ Stunden** une heure et demie
Änderung *f* changement *m*, modification
andeut|en indiquer (vaguement); **＆ung** *f* (vague) indication
Andorra *n* l'Andorre *f*
Andrang *m* affluence *f*
andrehen *Radio* allumer; *Wasser* ouvrir
aneignen **sich et ~** s'appro-

prier qc; *Kenntnisse* assimiler qc
aneinander l'un contre l'autre; *denken* l'un à l'autre; **~fügen** joindre
Anekdote *f* anecdote
anekeln dégoûter
anerkenn|en reconnaître; *Regel, Abmachung* respecter; **≈ung** *f* reconnaissance
anfahren *Fahrzeug* démarrer; *j-n* renverser
Anfall *m Med* attaque *f*, crise *f*
anfällig de santé délicate; sujet (**für** à)
Anfang *m* commencement, début; **am ~, zu ~** au début; **~ Mai** début mai; **von ~ an** dès le début
anfangen commencer (**zu** à, **mit** par); **~ zu** *a* se mettre à
Anfänger(in) *m(f)* débutant(e)
anfangs au début
anfassen toucher; **mit ~** donner un coup de main
an|fertigen faire, fabriquer; *Kleidung* confectionner; **~feuchten** humecter; **~fliegen** *Flgw* s'approcher de; *zur Zwischenlandung* faire escale à; *Fluggesellschaft* desservir
anforder|n demander; *Ware* commander; **≈ung** *f* exigence
Anfrage *f* demande
anfragen demander (**bei** à)
anfreunden sich ~ se lier d'amitié (**mit j-m** avec q)
anführ|en *Festzug* être en tête de; *Grund* donner; *Text* citer; F *täuschen* avoir; **≈er** *m* chef; *péj* meneur; **≈ungszeichen** *n/pl* guillemets *m/pl*
Angabe *f* indication; *Tech* donnée; F *Prahlerei* frime; **nähere ~n** *pl* précisions *f/pl*
angeben donner, indiquer; F *prahlen* crâner; **genau(er) ~** préciser
Angeb|er *m* crâneur; **≈lich** soi-disant
angeboren inné; *Krankheit* congénital
Angebot *n* offre *f*
ange|bracht opportun, indiqué; **~heiratet** par alliance; **~heitert** gai
angehen *j-n* concerner; *Licht* s'allumer; **das geht dich nichts an** cela ne te regarde pas
Angehörige(r) *su* (proche) parent(e); **meine ~n** *pl* les miens, ma famille
Angeklagte(r) *su* accusé(e)
Angel *f* canne à pêche; *Tür≈* gond *m*
Angelegenheit *f* affaire
angelehnt *Tür* entrouvert
Angelhaken *m* hameçon
angel|n pêcher à la ligne; **≈rute** *f* canne à pêche; **≈schein** *m* permis de pêche; **≈schnur** *f* ligne; **≈sport** *m* pêche *f* à la ligne
angemessen approprié; *Strafe* justifié; *Preis* raisonnable

angenehm agréable; **~e Reise!** bon voyage!
Angestellte(r) *su* employé(e); **leitender ~r** cadre *m* (supérieur)
angetrunken éméché
angewiesen ~ sein auf (*A*) dépendre de
angewöhnen sich et ~ prendre l'habitude de faire qc; **sich das Trinken ~** se mettre à boire
Angewohnheit *f* habitude
Angina *f* angine
Angler *m* pêcheur à la ligne
angreif|en attaquer (*a fig*); **2er** *m* agresseur; *Sp* attaquant
angrenzend contigu (**an** *A* à); *Zimmer* voisin
Angriff *m* attaque *f*
angriffslustig agressif
Angst *f* peur (**vor** *D* de, **um** pour); **~ haben** avoir peur
ängst|igen faire peur (**j-n** à q); **~lich** peureux, craintif; *besorgt* anxieux
anhaben *Kleidung* porter
anhalt|en *j-n, et* arrêter; *Atem* retenir; *stehen bleiben* s'arrêter; *andauern* durer; **~end** *Regen usw* persistant; *adv* sans arrêt
Anhalter *m* auto-stoppeur; **per ~ fahren** faire de l'auto-stop *od* F du stop
Anhaltspunkt *m* point de repère
anhand (*G*) à l'aide de
anhängen accrocher
Anhänger *m Person* partisan, adhérant; *Wagen* remorque *f*; *Schmuck* pendentif; *Koffer*2 étiquette *f*
anhänglich affectueux
anhäufen amasser, accumuler
Anhieb auf ~ du premier coup
Anhöhe *f* 'hauteur, colline
anhören écouter; **mit ~** entendre; **sich et ~** écouter qc
Animateur(in) *m(f)* animateur *m*, animatrice *f*
Anis *m* anis; **~likör** *m* anisette *f*
Ank. (*Ankunft*) arrivée *f*
Ankauf *m* achat
Anker *m* ancre *f*; **vor ~ gehen** jeter l'ancre
ankern mouiller
Anklage *f* accusation
anklagen accuser (**wegen** de)
Anklang *m* **~ finden** être bien accueilli (**bei** par), avoir du succès (auprès de)
ankleben coller (**an** *A* à, sur)
an|klicken *Inform* cliquer sur; **~klopfen** frapper (à la porte); **~knipsen** F *Licht* allumer
ankommen arriver (**pünktlich** à l'heure); *Anklang finden* avoir du succès (**bei** auprès de); **es kommt auf das Wetter an** cela dépend(ra) du temps
an|kreuzen marquer d'une croix; **~kündigen** annoncer
Ankunft *f* arrivée

Ankunfts|tag *m* jour d'arrivée; **~zeit** *f* heure d'arrivée
Anlage *f Tech* installation; *Bau* construction; *Grün*⚲ jardin *m* (public); *zu e-m Brief* pièce jointe; *Geld* placement *m*; *Veranlagung* disposition (**zu** à)
Anlass *m Gelegenheit* occasion *f*; *Grund* raison *f*, motif; **~ geben zu** donner lieu à
anlass|en *Motor* faire démarrer; *Licht* laisser allumé; *Mantel* garder; **⚲er** *m* démarreur
anlässlich à l'occasion de
Anlauf *m* élan; **⚲en** *Hafen* faire escale à
anlegen mettre (**an** contre); *Garten, Straße* aménager; *Sammlung* constituer; *Geld* placer; *Verband* appliquer; *Schiff* accoster (**am Kai** le quai)
Anlege|platz *m*, **~stelle** *f* embarcadère *m*, débarcadère *m*
anlehnen (**sich ~** s')appuyer (**an** *A* contre, à); *Tür* laisser entrouvert
Anleihe *f* emprunt *m*
Anleitung *f* instructions *f/pl*
anlernen former
anliegend ci-joint
Anlieger *m* riverain
an|locken attirer; **~lügen** mentir à; **~machen** *befestigen* attacher (**an** à); *Licht, Heizung usw* allumer; *Salat* assaisonner; F *Mädchen* draguer; **~malen** peindre
anmaßend prétentieux
Anmelde|formular *n* formulaire *m* de demande d'inscription; **~frist** *f* délai *m* d'inscription
anmelden *Besuch* annoncer; *beim Zoll* déclarer; **sich ~** *zur Teilnahme* s'inscrire; *beim Arzt* prendre rendez-vous
Anmeldeschluss *m* (date *f* de) clôture *f* des inscriptions
Anmeldung *f zur Teilnahme* inscription; *behördliche* déclaration; ***nur nach vorheriger ~*** sur rendez-vous
anmerken ***sich nichts ~ lassen*** ne rien laisser paraître
Anmerkung *f* remarque
anmutig gracieux
an|nageln clouer (**an** *A* à); **~nähen** (re)coudre (**an** *A* à)
annähernd *adv* approximativement
Annahme *f* acceptation; *Vermutung* supposition; **~stelle** *f* réception
annehm|bar acceptable, passable; **~en** accepter; *vermuten* supposer
Annonce *f* annonce
annullieren annuler
anonym anonyme
Anorak *m* anorak
anordn|en ordonner; **⚲ung** *f* ordre *m*
anpacken *Problem* s'attaquer à
anpassen (**sich**) ***j-m, e-r Sache ~*** (s')adapter à q, qc

anpassungsfähig souple
anpflanzen planter
anpreisen vanter
Anprob|e *f* essayage *m*; **≈ieren** essayer
anrechnen *abziehen* compter (***auf*** *A* dans), déduire (de); *berechnen* compter (***j-m*** à q)
Anrecht *n* droit *m* (***auf*** *A* à)
anreden adresser la parole à; ***mit du*** ~ tutoyer
anreg|en exciter; *Appetit, Med* stimuler; *vorschlagen* suggérer; **~end** stimulant; *Buch* intéressant
Anreise *f* voyage *m*; *Hinreise* aller *m*; *Ankunft* arrivée; **~tag** *m* jour d'arrivée
Anreiz *m* stimulant
anrichten *Speisen* préparer, servir; *Unheil* causer
Anruf *m* appel, coup de téléphone; **~beantworter** *m* répondeur; **≈en** appeler (***j-n*** q); téléphoner (à q)
anrühren toucher; *Kochk, Farbe* délayer
Ansage *f* annonce
ansagen annoncer
Ansager *m* présentateur *m*; **~in** *f* présentatrice *f*
ansammeln amasser, accumuler
anschaff|en faire l'acquisition de, acheter; **≈ung** *f* acquisition, achat *m*
anschalten allumer
anschau|en regarder; **~lich** clair, concret
Anschein *m* apparence *f*; **≈end** *adv* apparemment
anschieben *Auto* pousser
Anschlag *m Pol* attentat; *Plakat* affiche *f*
anschließen *El* brancher (***an*** *D od A* sur); *Schlauch* raccorder (à); ***sich*** ~ *Person* se joindre (***j-m*** à q)
anschließend ensuite, après
Anschluss *m Verkehrs≈* correspondance *f* (***nach*** pour); *El* branchement; *Tech, Tel* raccordement; *Tel Verbindung* communication *f*; ~ ***finden*** se faire des relations; ***im*** ~ ***an*** (*A*) juste après
Anschluss|flug *m*, **~zug** *m* correspondance *f*
an|schnallen ***sich*** ~ attacher sa ceinture; **~schneiden** entamer (*a fig*)
Anschovis *f* anchois *m*
anschrauben visser
anschreien crier (***j-n*** après q)
Anschrift *f* adresse
anschweißen souder
anschwellen *Med* enfler
ansehen regarder; ***sich et*** ~ voir qc; ***j-n*** ~ ***als*** considérer q comme
ansehnlich considérable
anseilen ***sich*** ~ s'encorder
ansetzen ajuster (***an*** *A* à); rapporter (à); *Termin* fixer; ***Fett*** ~ engraisser
Ansicht *f Bild* vue; *Meinung* avis *m*; ***meiner*** ~ ***nach*** à mon avis
Ansichts|karte *f* carte pos-

tale (illustrée); **~sache** *f* affaire d'opinion
Anspannung *f* tension
Anspielung *f* allusion (***auf** A* à)
anspitzen *Bleistift* tailler
Ansporn *m* stimulant; **2en** stimuler
Ansprache *f* allocution
ansprechen *j-n, Problem usw* aborder; *gefallen* plaire (***j-n*** à q); *Bremsen* répondre
ansprechend agréable, plaisant
Ansprechpartner(in) *m(f)* interlocuteur *m*, interlocutrice *f*
anspringen *Motor* démarrer
Anspruch *m Forderung* exigence *f*; *Recht* droit (***auf** A* à); ***in ~ nehmen*** *Versicherung usw* avoir recours à; *Zeit* prendre; *j-n* accaparer
anspruchs|los peu exigeant; **~voll** exigeant
Anstalt *f* établissement *m*; *Heil2* hôpital *m* psychiatrique
Anstand *m* convenances *f/pl*, bonnes manières *f/pl*
anständig honnête, convenable
anstandslos sans problème
anstarren fixer
anstatt ~ *zu* au lieu de
ansteck|en *befestigen* attacher; *Ring* mettre; *Zigarette* allumer; *Med* contaminer; **~end** contagieux; **2ung** *f* contagion
anstehen faire la queue
ansteigen monter
anstelle (*G*) à la place de
anstellen *Arbeiskräfte* engager, embaucher; *Gerät* mettre en marche; *Radio, TV* allumer; *Gas, Wasser* ouvrir; ***sich ~*** prendre la file, faire la queue
Anstellung *f* emploi *m*
Anstieg *m* montée *f*
anstiften inciter (***zu*** à)
Anstoß *m* impulsion *f*; *Sp* coup d'envoi; ***~ erregen*** choquer (***bei j-m*** q); ***~ nehmen an*** (*D*) être choqué par
anstoßen 'heurter (***an et** A* qc); *mit Gläsern* trinquer (***auf** A* à)
an|stößig choquant; **~strahlen** *Gebäude* illuminer
anstreben aspirer à
anstreichen peindre
anstreng|en fatiguer; ***sich ~*** se donner du mal; **~end** fatigant; **2ung** *f* effort *m*; *Strapaze* fatigue
Anstrich *m* (couche *f* de) peinture *f*
Ansturm *m* ruée *f* (***auf** A* vers)
Anteil *m* part *f*; ***~ nehmen an*** (*D*) prendre part à
Anteilnahme *f* intérêt *m*; *Beileid* sympathie
Antenne *f* antenne
Anti|babypille *f* pilule contraceptive; **~biotikum** *n* antibiotique *m*; **~blockiersystem** *n Kfz* système anti-

blocage des roues
antik antique
Antike *f* antiquité
Antikörper *m* anticorps
Antillen *pl* ***die*** ~ les Antilles *f/pl*
Antilope *f* antilope
Antiquar|iat *n* librairie *f* d'occasion; **&isch** d'occasion
Antiquitäten *f/pl* objets *m/pl* anciens; **~händler** *m* antiquaire
antisemitisch antisémite
Antrag *m* demande *f*; *Formular* formulaire; ***e-n ~ stellen*** faire une demande
an|treffen trouver; **~treiben** pousser, inciter (***zu*** à); *Tech* entraîner; *Motor* propulser
antreten *Arbeit*, *Studium* commencer; ***e-e Reise ~*** partir en voyage
Antrieb *m* *Tech* entraînement; *Flgw*, *Mar* propulsion *f*; ***aus eigenem ~*** de sa propre initiative
Antriebsrad *n* roue *f* motrice
Antwerpen Anvers
Antwort *f* réponse (***auf*** *A* à); **&en** répondre (***j-m*** à q)
anvertrauen confier
anwachsen *Pflanze* prendre racine; *fig* s'accroître
Anwalt *m* avocat
anwärmen (faire) chauffer légèrement
anweis|en *anleiten* instruire; *anordnen* donner des instructions (***j-n*** à q); *zuweisen* attribuer; *Geld* virer; **&ung** *f* instruction; *Überweisung* virement *m*
anwend|en employer, utiliser; *Regel usw* appliquer (***auf*** *A* à); **&ung** *f* emploi *m*, utilisation, application
anwerben engager, recruter
anwesend présent; ***die &en*** les personnes présentes
Anwesenheit *f* présence
anwidern ***j-n*** ~ dégoûter q
Anzahl *f* nombre *m*; **&en** verser un acompte; **~ung** *f* acompte *m*, arrhes *f/pl*
Anzeichen *n* indice *m*, signe *m*
Anzeige *f* annonce; *Familien&* faire-part *m*; *jur* plainte; *anonyme* dénonciation; *Inform* affichage *m*; ***~ erstatten*** porter plainte (***gegen*** contre)
anzeigen indiquer; *Geburt usw* faire part de; *bei der Polizei* signaler; *denunzieren* dénoncer
anziehen *Kleidung* mettre; *Bremse*, *Schraube* serrer; *anlocken* attirer; ***sich*** ~ s'habiller
anzieh|end attirant; **&ungskraft** *f* force d'attraction
Anzug *m* costume
anzünden allumer
Apartment *n* studio *m*; **~haus** *n* immeuble *m* de studios
apathisch apathique
Aperitif *m* apéritif
Apfel *m* pomme *f*; **~baum** *m* pommier; **~kuchen** *m* tarte *f* aux pommes; **~mus** *n*

compote *f* de pommes; **~saft** *m* jus de pomme
Apfelsine *f* orange
Apfel|tasche *f* chausson *m* aux pommes; **~wein** *m* cidre
Apostel *m* apôtre
Apostroph *m* apostrophe *f*
Apothek|e *f* pharmacie; **~er** *m* pharmacien
Apparat *m* appareil; *Radio* poste; *Tel* **bitte bleiben Sie am ~!** ne quittez pas!
Appartement *n s* **Apartment**
appellieren faire appel (**an** *A* à)
Appetit *m* appétit; **guten ~!** bon appétit; **&lich** appétissant; **~losigkeit** *f* manque *m* d'appétit
Applaus *m* applaudissements *m/pl*
Aprikose *f* abricot *m*
April *m* avril; **~scherz** *m* poisson d'avril
Aqua|rell *n* aquarelle [-kw-] *f*; **~rium** *n* aquarium [-kw-] *m*
Äquator *m* équateur [-kw-]
Arab|er *m* Arabe; **~ien** *n* l'Arabie *f*; **&isch** arabe
Arbeit *f* travail *m*; **&en** travailler; **~er** *m* ouvrier; **~geber** *m* employeur; **~nehmer** *m* salarié; **&sam** travailleur
Arbeits|amt *n* Agence *f* pour l'emploi; **~kräfte** *pl* main-d'œuvre *f*; **~lohn** *m* salaire; **&los** au chômage; **~lose(r)** *su* chômeur *m*, chômeuse *f*; **~losengeld** *n* allocation *f* (de) chômage; **~losigkeit** *f* chômage *m*; **~platz** *m* *Stelle* emploi; *Ort* lieu *m* de travail; **&unfähig** invalide; **~unfall** *m* accident du travail; **~zeit** *f* heures *f/pl* de travail; **~zimmer** *n* bureau *m*
Archäologie *f* archéologie [-k-]
Architekt(in) *m(f)* architecte
Architektur *f* architecture
Archiv *n* archives *f/pl*
ARD *f* (*Arbeitsgemeinschaft der Rundfunkanstalten Deutschlands*) première chaîne de la télévision publique allemande
Arena *f* arène
Argentinien *n* l'Argentine *f*
Ärger *m* *Unmut* colère *f*; *Unannehmlichkeiten* ennuis *m/pl*; **&lich** *verärgert* en colère; *unangenehm* ennuyeux
ärgern énerver; *necken* embêter; **sich ~** s'énerver (**über** et *A* à cause de qc, **über j-n** contre q)
Argument *n* argument
Arie *f* air *m* (d'opéra)
Aristokrat|ie *f* aristocratie [-si]; **&isch** aristocratique
arm pauvre
Arm *m* bras
Armaturenbrett *n* tableau *m* de bord
Armband *n* bracelet *m*; **~uhr** *f* montre-bracelet
Armee *f* armée
Ärmel *m* manche *f*
Ärmelkanal der ~ la Manche
ärmellos sans manches

ärmlich pauvre, misérable
armselig misérable; *péj* minable
Armut *f* pauvreté
Aroma *n* arôme *m*
arrogant arrogant
Arsch *m* P cul [ky]
Art *f Sorte* genre *m*, espèce (*a Biol*); *Weise* manière, façon; ***e-e ~ …*** un genre *od* une espèce de; ***aller ~*** de toutes sortes; ***auf diese ~*** de cette manière *od* façon
Arterie *f* artère
Arterienverkalkung *f* artériosclérose
Arthrose *f* arthrose
artig sage
Artikel *m* article
Artillerie *f* artillerie
Artischocke *f* artichaut *m*
Artist(in) *m(f)* artiste de cirque *od* de music-hall
Arznei *f*, **~mittel** *n* médicament *m*
Arzt *m* médecin
Arzthelferin *f* secrétaire médicale
Ärzt|in *f* (femme *f*) médecin *m*; **♀lich** médical
Asbest *m* amiante
Asch|e *f* cendre; **~enbecher** *m* cendrier; **~ermittwoch** *m* mercredi des Cendres
Asiat *m* Asiatique; **♀isch** asiatique
Asien *n* l'Asie *f*
Aspekt *m* aspect
Asphalt *m* asphalte
Aspirin® *n* aspirine® *f*
Ass *n* as [as] *m* (*a fig*)
Assistent(in) *m(f)* assistant(e)
Ast *m* branche *f*
ästhetisch esthétique
Asthma *n* asthme [asm] *m*
Astro|logie *f* astrologie; **~naut** *n* astronaute; **~nomie** *f* astronomie
Asyl *n* asile *m*; **~bewerber(in)** *m(f)* demandeur *m*, demandeuse *f* d'asile
Atelier *n* atelier *m*
Atem *m* respiration *f*; ***schlechter ~*** mauvaise haleine *f*; ***außer ~ kommen*** s'essouffler; ***~ holen*** respirer
Atem|beschwerden *f/pl* troubles *m/pl* respiratoires; **♀los** hors d'haleine, essoufflé; **~not** *f* difficulté à respirer
Atheist(in) *m(f)* athée
Äther *m* éther [-ɛr]
Äthiopien *n* l'Éthiopie *f*
Athlet(in) *m(f)* athlète
atlantisch atlantique; ***der ♀e Ozean*** l'océan *m* Atlantique
Atlas *m* atlas [-as]
atmen respirer
Atmosphäre *f* atmosphère
Atmung *f* respiration
Atom *n* atome *m*; **♀ar** atomique; **~bombe** *f* bombe atomique; **~energie** *f* énergie atomique; **~kraftwerk** *n* centrale *f* nucléaire; **~müll** *m* déchets *m/pl* radioactifs; **~waffen** *f/pl* armes atomiques

Attachment *n Inform* fichier *m* joint
Atten|tat *n* attentat *m*; **~täter** *m* auteur d'un attentat
Attest *n* certificat *m* médical
Attrak|tion *f* attraction; **2tiv** séduisant
au! aïe!
Aubergine *f* aubergine
auch aussi; **~ nicht** non plus; **ich ~** moi aussi; **ich ~ nicht** moi non plus; **wenn ~** même si; **wer (wo) ~ immer** qui (où) que ce soit
auf sur; à, en; **~ dem Land** à la campagne; **~ der Post** à la poste; **~ der Reise** pendant le voyage; **~ der Straße** dans la rue; **~ Korsika** en Corse; **~ Deutsch** en allemand; **~ einmal** tout d'un coup; **~ sein** *Geschäft* être ouvert; *Person* être debout
aufatmen respirer
Aufbau *m* construction *f*; *e-s Gerüsts* montage; *Gliederung* structure *f*; **2en** construire; *aufstellen* monter
aufbekommen arriver à ouvrir
aufbewahr|en garder, conserver; **2ung** *f* conservation; *für Gepäck* consigne
auf|blasen gonfler; **~bleiben** *Kinder* rester debout; *Fenster* rester ouvert; **~blenden** *Kfz* mettre les phares; **~blühen** s'épanouir; **~brauchen** épuiser (*a fig*); **~brechen** *Tür* forcer, fracturer; *sich öffnen* s'ouvrir; *fortgehen* se mettre en route
Aufbruch *m* départ
auf|brühen *Tee* faire; **~bügeln** repasser
aufbürden ***j-m et ~*** mettre qc sur les bras de q
aufdecken découvrir (*a fig*)
aufdrängen ***sich ~*** s'imposer (***j-m*** à q)
auf|drehen ouvrir; *Radio* mettre plus fort; **~dringlich** envahissant; *anhänglich* collant; **2druck** *m* texte imprimé
aufeinander l'un sur (*od* après) l'autre; **~ folgen** se succéder; **~ folgend** consécutif; **~ prallen, ~ stoßen** se heurter
Aufenthalt *m* séjour; *während der Fahrt* arrêt
Aufenthalts|erlaubnis *f*, **~genehmigung** *f* permis *m* de séjour; **~ort** *m* lieu de séjour; **~raum** *m* lieu de réunion *od* de distraction
Auferstehung *f* résurrection
aufessen manger tout
auffahren 'heurter, télescoper (***auf et*** *A* qc); *aufschrecken* sursauter
Auffahr|t *f* rampe (d'accès); *zur Autobahn* bretelle d'accès; **2unfall** *m* télescopage
auffallen frapper (***j-m*** q); *Person* se faire remarquer; ***nicht ~*** passer inaperçu
auf|fallend, ~fällig frappant; *Kleider* voyant

auffangen rattraper; *Wasser* recueillir; *Notruf usw* capter
auffass|en saisir, comprendre; **&ung** *f* opinion; **&ungsgabe** *f* compréhension
auffinden retrouver
aufforder|n inviter (**zu** à); **&ung** *f* invitation
auffrischen rafraîchir; *Wind* fraîchir
aufführ|en *Theater* représenter; **sich ~** se conduire; **&ung** *f* représentation
auffüllen remplir
Aufgabe *f* tâche; *Pflicht u Haus&* devoir *m*; *Math* problème *m*; *Verzicht* abandon *m*
Aufgang *m e-s Gestirns* lever; *Haus&* escalier
aufgeben *Postsendung* expédier; *Gepäck* faire enregistrer; *Annonce, Bestellung* passer; *Hausaufgabe* donner; *verzichten* abandonner; **das Rauchen ~** arrêter de fumer
aufgebracht en colère
aufgehen *Gestirn* se lever; *sich öffnen* s'ouvrir; *Naht* se découdre; *Geklebtes* se décoller
aufgelegt gut (schlecht) ~ de bonne (mauvaise) humeur; **zu et ~ sein** être d'humeur à faire qc
aufge|regt énervé; **~schlossen** ouvert; **~weckt** éveillé
aufgießen *Tee, Kaffee* faire
aufgrund (*G*) en raison de
Aufguss *m* infusion *f*
aufhaben *Hut* avoir (sur la tête); *Geschäft* être ouvert
aufhalten *hemmen* enrayer; *j-n* retarder; *Tür* tenir ouvert; **sich ~** séjourner
aufhäng|en suspendre, accrocher; *Wäsche* étendre; **&er** *m* attache *f*
aufheben *vom Boden* ramasser; *Person* relever; *aufbewahren* garder; *abschaffen* abolir; *Verbot* lever, annuler
aufheitern j-n ~ égayer, dérider q; **sich ~** s'éclaircir
Aufheiterung *f* éclaircie
aufhören arrêter (**zu** de); *Sturm, Weg* s'arrêter; **mit et ~** arrêter (de faire) qc
aufklär|en élucider; **j-n ~** renseigner q (**über** *A* sur); *sexuell* faire l'éducation sexuelle de q; **&ung** *f* éclaircissements *m/pl*
Aufkleber *m* autocollant
auf|knöpfen déboutonner; **~kommen** subvenir (**für** à); *Verdacht* naître; *Wind* se lever
aufladen charger; *Batterie* recharger
Auflage *f Buch&* édition; *Bedingung* condition
auflassen laisser ouvert; *Hut* garder
Auflauf *m Kochk* soufflé; *Menschen&* attroupement
auf|leben renaître; **~legen** mettre, poser (**auf** *A* sur); *Tel* raccrocher
auflehnen sich ~ s'insurger

(***gegen*** contre); *gegen die Eltern* se rebeller (contre)
auflösen *in Flüssigkeit* dissoudre (*a fig Verein usw*); *Geschäft* liquider; *Rätsel* résoudre; ***sich ~*** se dissoudre; *Nebel* se dissiper
Auflösung *f* dissolution
aufmach|en ouvrir; *Knoten* défaire; **&ung** *f* présentation
aufmerksam attentif; *zuvorkommend* attentionné; ***j-n auf et ~ machen*** attirer l'attention de q sur qc
Aufmerksamkeit *f* attention
aufmuntern encourager
Aufnahme *f Empfang* accueil; *Fot* photo, prise de vue; *Ton&* enregistrement *m*; ***e-e ~ machen*** prendre une photo
Aufnahmeprüfung *f* examen *m* d'entrée
aufnehmen *Gast* accueillir; *zulassen* admettre (***in*** *A* à, dans); *Arbeit* commencer; *Fot* prendre en photo; *auf Band* enregistrer; ***Kontakt ~*** prendre contact
aufpassen faire attention (***auf*** *A* à); *auf Kinder* garder
Aufprall *m* choc; **&en** 'heurter (***auf et*** qc)
Aufpreis *m* supplément
aufpumpen gonfler
aufräumen ranger
aufrecht droit (*a fig*); **~erhalten** maintenir
aufregen énerver; ***sich ~*** s'énerver (***über et*** *A* à cause de qc, ***über j-n*** contre q)
aufreg|end excitant; **&ung** *f* énervement *m*, émotion
aufreiben *Haut* écorcher
aufreibend exténuant
aufreißen ouvrir brusquement; *zerreißen* déchirer
aufreizen exciter
aufreizend provocant
aufrichtig franc, sincère; **&keit** *f* sincérité
aufrücken avancer
Aufruf *m* appel (***an*** *A* à); **&en** appeler
Auf|ruhr *m* émeute *f*, révolte *f*; **&runden** arrondir; **~rüstung** *f* (ré)armement *m*; **&sässig** rebelle; **~satz** *m Schule* rédaction *f*; *in e-r Zeitschrift* article; **&schieben** remettre
Aufschlag *m Aufprall* choc; *an Kleidung* revers; *Preis&* augmentation *f*; *Tennis* service; **&en** *Buch* ouvrir; *Zelt* monter; *aufprallen* 'heurter (***auf et*** *A* qc)
aufschließen ouvrir
aufschlussreich instructif
auf|schneiden couper; *Fleisch* découper; *prahlen* se vanter; **&schnitt** *m* charcuterie *f* (en tranches)
aufschreiben noter
Aufschrift *f* inscription
Aufschub *m* délai
aufschürfen érafler
Aufschwung *m* essor
Aufsehen *n* ***~ erregen*** faire du bruit

Aufseher(in) *m(f)* gardien(ne), surveillant(e)
aufsetzen *Hut, Brille* mettre; *Brief* rédiger; *Flgw* se poser
Aufsicht *f* surveillance; *Person* surveillant *m*
aufspringen se lever d'un bond; *Tür* s'ouvrir (brusquement); *Haut* (se) gercer; ***auf e-n Zug ~*** prendre un train en marche
Auf|stand *m* soulèvement, insurrection *f*; **~ständische(r)** *su* insurgé(e)
aufstapeln empiler
aufstecken *Haar* relever; F *aufgeben* abandonner
aufstehen se lever; *Tür* être ouvert
aufsteigen monter (***auf*** *A* sur); *beruflich* monter en grade
aufstell|en *hinstellen* mettre, poser; *aufrichten* dresser; *aufbauen* monter; *Programm, Rekord* établir; *Mannschaft* former; **2ung** *f Liste* relevé *m*
Aufstieg *m* montée *f*, ascension *f*; *im Beruf* avancement
aufsuchen aller voir
Auftakt *m* début (***zu*** de)
auf|tanken faire le plein; **~tauchen** faire surface; *fig* apparaître, surgir; **~tauen** dégeler; *Tiefgekühltes* décongeler; **~teilen** partager (***in*** *A* en); répartir (***unter*** *D* entre)
Auftrag *m* mission; *Hdl* commande *f*; ***im ~ von*** au nom de, pour; ***j-m den ~ geben zu*** charger q de
auftragen *Farbe, Salbe* mettre, appliquer (***auf*** *A* sur); *Speisen* servir
auf|treiben F *Geld usw* trouver; **~trennen** découdre
auftreten *Theater* entrer en scène; *Schwierigkeiten* apparaître; ***entschlossen ~*** se montrer ferme
Auftritt *m* scène *f* (*a fig*); *Schauspieler* entrée *f* en scène
aufwachen se réveiller
aufwachsen grandir
Aufwand *m* dépense *f* (***an*** *D* de); *an Geld* dépenses *f/pl*, moyens *m/pl*; *Luxus* luxe
aufwärmen réchauffer
aufwärts vers le haut
auf|wecken réveiller; **~weichen** ramollir; *Weg* détremper; **~weisen** présenter
aufwend|en *Geld, Zeit* dépenser, investir; **~ig** coûteux; **2ungen** *f/pl* dépenses
aufwert|en réévaluer; *fig* valoriser; **2ung** *f* réévaluation
auf|wickeln enrouler; **~wirbeln** soulever (des tourbillons de); **~wischen** essuyer; **~zählen** énumérer
aufzeichn|en dessiner; *schriftlich* noter; *auf Band* enregistrer; **2ung** *f* note; *auf Band* enregistrement *m*; *TV* émission en différé
auf|ziehen *Vorhang* ouvrir;

Uhr remonter; *Kind* élever; F *necken* charrier; **≈zug** *m* ascenseur; *Theater* acte; *Kleidung péj* accoutrement
aufzwingen ***j-m et ~*** imposer qc à q
Augapfel *m* globe oculaire
Auge *n* œil *m* (*pl* yeux); ***ins ~ fassen*** envisager; ***ins ~ fallen*** sauter aux yeux; *fig* ***ein ~ zudrücken*** fermer les yeux (sur qc)
Augenarzt *m* oculiste
Augenblick *m* instant, moment; **≈lich** *gegenwärtig* actuel; *sofortig* instantané; *vorübergehend* momentané; *adv sofort* immédiatement
Augen|braue *f* sourcil [-si] *m*; **~farbe** *f* couleur des yeux; **~lid** *n* paupière *f*; **~ringe** *m/pl* cernes; **~tropfen** *m/pl* collyre *m*; **~zeuge** *m* témoin oculaire
August *m* août [u(t)]
Auktion *f* vente aux enchères
Aula *f* salle des fêtes
Au-pair-Mädchen *n* jeune fille *f* au pair
aus (*D*) de; ***~ München*** de Munich; ***~ Liebe*** par amour; ***~ Gold*** en or; ***von hier ~*** d'ici; ***~ sein*** *Veranstaltung* être fini; *Licht, Heizung* être éteint
aus|arbeiten élaborer; **~arten** dégénérer (***in** A* en); **~atmen** expirer; **~bauen** *vergrößern* agrandir; *umbauen* aménager; *Motor* démonter; **~bessern** réparer; *Wäsche* raccomoder; **~beulen** débosseler; *Kotflügel* redresser
Ausbeut|e *f* profit *m*; **≈en** exploiter; **~ung** *f* exploitation
ausbild|en former; **≈ung** *f* formation
Ausblick *m* vue *f*
ausbrechen *Feuer, Krankheit* se déclarer; *Krieg* éclater; *entfliehen* s'évader; ***in Tränen ~*** fondre en larmes
ausbreiten *entfalten* étaler; *ausstrecken* étendre; ***sich ~*** s'étendre; *Gerücht, Mode* se répandre, se propager
Ausbruch *m Flucht* évasion *f*; *Vulkan≈* éruption *f*; *Kriegs≈* début; ***zum ~ kommen*** éclater; *Krankheit* se déclarer
Ausdauer *f* persévérance; *Sp* endurance; **≈nd** persévérant; *Sp* endurant
ausdehn|en (***sich ~*** s')étendre; *zeitlich* (se) prolonger; *Phys* dilater; **≈ung** *f* extension; prolongation; *Phys* dilatation; *Größe* étendue
ausdenken ***sich et ~*** imaginer qc
Ausdruck[1] *m* expression *f*; ***zum ~ bringen*** exprimer
Ausdruck[2] *m Inform* listage; **≈en** imprimer, lister
ausdrücken exprimer; *Zitrone, Schwamm* presser; *Zigarette* écraser; ***sich ~*** s'exprimer
ausdrücklich exprès; *adv* expressément

ausdrucks|los inexpressif; **~voll** expressif; **2weise** *f* façon de s'exprimer
auseinander séparés l'un de l'autre; ***2 Jahre ~ sein*** *Brüder* avoir 2 ans de différence; ***~ gehen*** *Personen* se séparer; *Menschenmenge* se disperser; *Geleimtes* se décoller; *Meinungen* diverger; ***~ halten*** distinguer; ***~ nehmen*** démonter
Auseinandersetzung *f* explication, querelle
Ausfahrt *f* sortie
ausfallen *Haare usw* tomber; *Veranstaltung* être annulé; *Tech* tomber en panne; ***gut*** (***schlecht***) ~ être bon (mauvais)
Ausfallstraße *f* route de sortie
ausfegen balayer
ausfindig ***~ machen*** (finir par) trouver
Ausflug *m* excursion *f*
ausfragen ***j-n*** ~ interroger q
Ausfuhr *f* exportation
ausführen *j-n* emmener (***zum Tanz*** danser); *Hund* sortir; *durchführen* effectuer, exécuter; *Plan* réaliser; *Hdl* exporter
ausführ|lich détaillé; *adv* en détail; **2ung** *f* exécution, réalisation; *Modell* version
ausfüllen remplir
Ausgabe *f Geld2* dépense; *Buch2* édition; *Verteilung* distribution
Ausgang *m* sortie *f*; *a fig* issue *f*; *fig* dénouement; **~spunkt** *m* point de départ
ausgeben *Geld* dépenser; *verteilen* distribuer; *Fahrkarten* délivrer; ***sich ~ für, als*** (*A*) se faire passer pour
ausgebucht complet
ausge|dehnt *Spaziergang* long; *Land* vaste; **~fallen** original; *Idee* saugrenu; **~glichen** équilibré
ausgehen sortir; *Licht, Feuer* s'éteindre; *Haare* tomber; *enden* se terminer; ***mir sind die Zigaretten ausgegangen*** je n'ai plus de cigarettes; ***davon ~, dass*** partir du principe que
ausge|hungert affamé; **~nommen** excepté; **~rechnet** justement; **~schlossen** exclu; **~schnitten** *Kleid* décolleté; **~sprochen** prononcé; *adv* vraiment; **~wogen** équilibré; **~zeichnet** excellent
ausgiebig abondant; *Mahlzeit* copieux
ausgießen vider
Ausgleich *m* compensation *f*; *Sp* égalisation *f*; ***zum ~*** en compensation
ausgleichen compenser; *Sp* égaliser
ausgleiten glisser
ausgrab|en déterrer; **2ungen** *f/pl* fouilles
Ausguss *m* évier

aus|halten supporter; **~händigen** remettre
Aushang *m* affiche *f*
aushelfen dépanner (*j-m* q)
Aushilfe *f Person* auxiliaire *m, f*
Aushilfspersonal *n* personnel *m* intérimaire
aushöhlen creuser
auskehren balayer
auskennen ***sich*** ~ s'y connaître (*in D* en)
ausknipsen F *Licht* fermer
auskochen faire bouillir
auskommen s'en sortir, y arriver (***mit et*** avec qc); s'entendre (***mit j-m*** avec q); ***ohne j-n (et) nicht*** ~ ne pouvoir se passer de q (qc)
Auskommen *n* ***sein*** ~ ***haben*** avoir de quoi vivre
Auskunft *f* renseignement *m*; *Tel, Zug*≈ renseignements *m/pl*; ~ ***geben*** renseigner (***j-m über et*** *A* q sur qc)
Auskunftsschalter *m Bahn* guichet informations
aus|kuppeln *Kfz* débrayer; **~kurieren** guérir complètement *od* tout à fait; **~lachen** rire de; **~laden** décharger; F *Gäste* décommander
Auslagen *f/pl* dépenses
Ausland *n* étranger *m*; ***im*** *od* ***ins*** ~ à l'étranger
Ausländer *m* étranger; **~feindlichkeit** *f* xénophobie; **~in** *f* étrangère
ausländisch étranger
Auslands|aufenthalt *m* séjour à l'étranger; **~brief** *m* lettre *f* pour l'étranger; **~gespräch** *n Tel* communication *f* internationale; **~postanweisung** *f* mandat *m* international; **~reise** *f* voyage *m* à l'étranger; **~schutzbrief** *m* contrat d'assistance automobile à l'étranger
aus|lassen oublier; *Wort usw* sauter; *Wut* passer (***an j-m*** sur q); **~laufen** s'écouler; *Schiff* appareiller; **~leeren** vider; **~legen** *Geld* avancer; *deuten* interpréter
ausleihen prêter (***j-m*** à q); ***sich et*** ~ emprunter qc (***von j-m*** à q)
Auslese *f* sélection; *Wein* vin *m* de grand cru
ausliefer|n livrer; *Pol* extrader; **≈ung** *f* livraison; *Pol* extradition
aus|löschen éteindre; **~losen** tirer au sort; **~lösen** déclencher; **≈löser** *m Fot* déclencheur; **~lüften** aérer
ausmachen *Licht, Radio usw* fermer, éteindre; *Termin* fixer; ***macht es Ihnen etwas aus, wenn ...?*** ça vous dérange si…?
Ausmaß *n* ampleur *f*; *Größe* dimensions *f/pl*
ausmessen mesurer
Ausnahme *f* exception; ***mit*** ~ ***von*** à l'exception de
Ausnahmezustand *m* état d'urgence
ausnahms|los sans excep-

tion; **~weise** exceptionnellement
aus|nehmen *Fisch* vider; *fig* F *j-n* plumer; **~nutzen** profiter de; **~packen** *Koffer* défaire; **~plündern** *Person* dévaliser; **~pressen** presser; **~probieren** essayer
Auspuff *m* échappement; **~gase** *n/pl* gas *m/pl* d'échappement; **~rohr** *n* tuyau *m* d'échappement; **~topf** *m* pot d'échappement
auspumpen pomper; ***den Magen*** **~** faire un lavage d'estomac
aus|radieren gommer; **~rangieren** mettre au rancart; **~rasieren** raser; **~rauben** dévaliser; **~räumen** vider; **~rechnen** calculer
Ausrede *f* excuse
ausreden ***j-m et*** **~** dissuader q de qc
ausreichen suffire
ausreichend suffisant
Ausreise *f* sortie
ausreisen (***aus e-m Land***) **~** quitter un pays
aus|reißen arracher; F *weglaufen* se sauver; **~renken** démettre; **~richten** *Gruß* transmettre; *erreichen* obtenir; **~rotten** exterminer
Ausruf *m* exclamation *f*, cri; **2en** s'écrier; *Stationen* annoncer; *verkünden* proclamer; **~ezeichen** *n* point *m* d'exclamation
ausruhen (***sich***) **~** se reposer
ausrüst|en équiper (***mit*** de); **2ung** *f* équipement *m*
ausrutschen glisser
Aussag|e *f* déclaration; *jur* déposition; **2en** déclarer; *jur* déposer
aus|saugen sucer; **~schalten** *Licht, Radio, TV* éteindre, fermer; *Maschine* arrêter; *Gegner* écarter
Ausschank *m* débit
ausscheid|en éliminer (*a Biol*); *aus e-r Firma* quitter (qc); *Sp* être éliminé; *Möglichkeit* être exclu; *Bewerber* ne pas être retenu; **2ung** *f* élimination; *Med* sécrétion; **2ungsspiel** *n* match *m* éliminatoire
aus|scheren *Kfz* déboîter; **~schiffen** (***sich***) **~** débarquer; **~schimpfen** gronder
ausschlafen dormir assez; ***s-n Rausch*** **~** dormir tout son soûl
Ausschlag *m Med* éruption *f*; ***den ~ geben*** être décisif (***für*** dans)
ausschlag|en *Zahn* casser; *Auge* crever; *Angebot* refuser; *Pferd* ruer; *Bot* bourgeonner; **~gebend** décisif
ausschließ|en exclure (***aus, von*** de); **~lich** exclusif; *adv* exclusivement
Ausschluss *m* exclusion *f*
aus|schmücken décorer; *fig* enjoliver; **~schneiden** découper (***aus*** dans)
Ausschnitt *m Zeitungs*2 cou-

pure *f*; *Buch*ϱ extrait; *Bild*ϱ détail; *Kleider*ϱ décolleté
ausschreiben *Wort* écrire en toutes lettres; *Stelle* mettre au concours; *Rechnung* établir; *Scheck* remplir
Ausschuss *m* comité, commission *f*; *Ware* rebuts *m/pl*
ausschütten *Wasser* verser; *Glas* vider; *Gewinn* distribuer
ausschweif|end dissolu; **ϱung** *f* débauche
aussehen avoir l'air; ***gut ~*** *Person* être beau; *gesundheitlich* avoir bonne mine; *Sache* faire bien; ***wie j (et) ~*** ressembler à q (qc); ***es sieht nach Regen aus*** le temps est à la pluie
außen à l'extérieur; ***nach (von) ~*** vers (de) l'extérieur
Außen|bordmotor *m* moteur 'hors-bord; **~handel** *m* commerce extérieur; **~ministerium** *n* ministère *m* des affaires étrangères; **~seite** *f* extérieur *m*; **~seiter** *m* marginal; *Sp* outsider; **~spiegel** *m* rétroviseur extérieur; **~stürmer** *m Sp* ailier
außer (*D*) *außerhalb* 'hors de; *ausgenommen* sauf, excepté; *neben* outre, en plus de; ***~ wenn*** sauf si; à moins que … ne (+ *subj*); ***~ dass*** sauf que; ***~ Betrieb*** 'hors service
außerdem en outre, de plus
äußere(r, -s) extérieur
Äußere(s) *n* extérieur *m*
außergewöhnlich extraordinaire
außerhalb (*G*) 'hors de, en dehors de; ***~ wohnen*** habiter en dehors de la ville
äußerlich extérieur; *fig* superficiel; *Med* ***zur ~en Anwendung*** à usage externe
äußern dire, exprimer; ***sich ~*** se prononcer (***zu*** *A* sur); donner son avis (***über*** *A* sur); *sich zeigen* se manifester
außerordentlich extraordinaire
äußerst extrêmement
außerstande ***~ sein*** être incapable (***et zu tun*** de faire qc)
äußerste(r, -s) extrême; *Preis, Termin* dernier
Äußerung *f* propos *m/pl*
aussetzen *Kind* abandonner; *Belohnung* offrir; *e-r Gefahr, der Sonne* exposer (à); *Motor* s'arrêter; ***et auszusetzen haben an*** (*D*) trouver à redire à
Aussicht *f* vue; *fig* perspective, chance
aussichts|los sans espoir; *Vorhaben* voué à l'échec; **ϱturm** *m* belvédère
Aussiedler *m* rapatrié
aussortieren trier
aus|spannen *Pferd* dételer; *ausruhen* se reposer; **~spielen** *Karte* jouer
Aussprache *f* prononciation;

Gespräch discussion
aussprechen *Wort* prononcer; *äußern* exprimer; ***sich ~*** s'expliquer (***mit j-m*** avec q); se prononcer (***für, gegen*** pour, contre)
Ausspruch *m* parole *f*, sentence *f*
ausspucken cracher
ausspülen rincer
ausstatt|en équiper (***mit*** de); **~ung** *f* équipement *m*
ausstehen ***nicht ~ können*** ne pas pouvoir supporter
aussteigen descendre (***aus*** de)
Aussteiger *m* F marginal
ausstell|en *Waren* exposer; *Pass, Urkunde* délivrer; *Rechnung* établir; *Scheck* faire; **~ung** *f* exposition; *e-s Passes* délivrance; **~ungsgelände** *n* parc *m* d'exposition
aus|sterben disparaître; **~steuer** *f* trousseau *m*; **~stieg** *m* sortie *f*; **~stoßen** expulser; *Schrei* pousser
ausstrahlen *Wärme* répandre; *Radio, TV* diffuser
ausstrecken *Hand* tendre; *Arme, Beine* étendre
aus|streichen rayer; **~strömen** *Wärme, Geruch* se dégager (***aus*** de); *Gas, Dampf* s'échapper (de)
aussuchen choisir
Austausch *m* échange; **~en** échanger
austeilen distribuer
Auster *f* huître
austragen *Briefe* distribuer; *Wettkampf* disputer
Austral|ien *n* l'Australie *f*; **~ier** *m* Australien; **~isch** australien
aus|treten *aus e-r Partei usw* quitter (qc); F *zur Toilette* aller au petit coin; **~trinken** finir; vider; **~tritt** *m* départ (***aus*** de), démission (de); **~üben** exercer; *Sp* pratiquer
Ausverkauf *m* soldes *f/pl*
ausverkauft *Ware* épuisé; *Theater* complet
Aus|wahl *f* choix *m*; *Sp* sélection; **~wählen** choisir (***aus*** parmi)
Auswanderer *m* émigrant
auswander|n émigrer; **~ung** *f* émigration
auswärts à l'extérieur; ***von ~*** d'ailleurs; ***~ essen*** déjeuner *od* dîner en ville, aller au restaurant
aus|waschen laver; **~wechseln** remplacer (***gegen*** par)
Ausweg *m* issue *f*; **~los** sans issue
ausweichen éviter (***j-m, e-r Sache*** q, qc); *e-r Frage* éluder (qc)
ausweichend *Antwort* évasif
Ausweis *m* carte *f*; *Personal~* carte *f* d'identité; **~en** expulser; ***sich ~*** montrer ses papiers; **~papiere** *n/pl* papiers *m/pl* d'identité; **~ung** *f* expulsion
aus|weiten élargir; *fig* agrandir; **~wendig** par cœur;

~werten utiliser, exploiter; **~wiegen** peser (exactement)
auswirken ***sich ~*** se répercuter (***auf*** *A* sur)
auswuchten *Kfz* équilibrer
auszahl|en payer, verser; ***sich ~*** être payant; **≈ung** *f* paiement *m*, versement *m*
auszeichn|en *ehren* distinguer; *mit Orden* décorer (de); *Ware* étiqueter; ***sich ~*** se distinguer (***durch*** par); **≈ung** *f* distinction; *Orden* décoration
auszieh|en *Kleidung* enlever; *Tisch* mettre les rallonges à; *aus e-r Wohnung* déménager; ***sich ~*** se déshabiller; **≈tisch** *m* table *f* à rallonges
Auszubildende(r) *su* apprenti(e)
Auszug *m aus e-m Buch* extrait; *aus e-r Wohnung* déménagement
authentisch authentique
Auto *n* voiture *f*; ***~ fahren*** *Fahrer* conduire; ***mit dem ~ nach Paris fahren*** aller en voiture à Paris
Autobahn *f* autoroute; **~auffahrt** *f* bretelle d'accès; **~ausfahrt** *f* sortie d'autoroute; **~dreieck** *n* échangeur *m*; **~gebühr** *f* péage *m*; **~kreuz** *n* échangeur *m*; **~raststätte** *f* restoroute; **~zubringer** *m* bretelle *f* (*od* voie *f*) d'accès à l'autoroute
Auto|biographie *f* autobiographie; **~bombe** *f* voiture piégée
Autobus *m* autobus; *Reisebus* autocar; *s a* ***Bus...***
Auto|fähre *f* car-ferry *m*; **~fahrer(in)** *m(f)* automobiliste; **~fahrt** *f* voyage *m* en voiture
Autogramm *n* autographe *m*
Auto|karte *f* carte routière; **~kino** *n* drive-in *m*; **~kolonne** *f* file de voitures
Automat *m* distributeur (automatique)
Automatik|getriebe *n* boîte *f* (de vitesses) automatique; **~gurt** *m* ceinture *f* de sécurité à enrouleur
automatisch automatique
Auto|mechaniker *m* mécanicien; **~mobilklub** *m* club automobile
autonom autonome; **≈ie** *f* autonomie
Autonummer *f* numéro *m* d'immatriculation
Autor *m* auteur
Auto|radio *n* autoradio *f od m*; **~reifen** *m* pneu de voiture; **~reisezug** *m* train auto-couchettes; **~rennen** *n* course *f* automobile; **~reparaturwerkstatt** *f* garage *m*
Autorin *f* auteur *m*
autorit|är autoritaire; **≈ät** *f* autorité
Auto|schlüssel *m* clé *f* de voiture; **~telefon** *n* (radio-)téléphone *m* de voiture; **~unfall** *m* accident de voi-

ture; **~verkehr** *m* circulation *f* (automobile); **~vermietung** *f* location de voitures; **~waschanlage** *f* lavage *m* automatique de voitures; **~werkstatt** *f* garage *m*; **~zubehör** *n* accessoires *m/pl* d'automobile
Avocado *f* avocat *m*
Axt *f* hache
Azalee *f* azalée
Azubi *su* apprenti(e) *m(f)*

B

Baby *n* bébé *m*; **~nahrung** *f* aliments *m/pl* pour bébés; **~sitter** *m* baby-sitter *m, f*; **~tragetasche** *f* porte-bébé *m*; **~wäsche** *f* layette
Bach *m* ruisseau
Backblech *n* plaque *f* à pâtisserie
Backbord *n* bâbord *m*
Backe *f* joue
backen *Kuchen, Brot* faire (cuire); *Fisch* (faire) frire
Backen|knochen *m* pommette *f*; **~zahn** *m* molaire *f*
Bäcker *m* boulanger
Bäckerei *f* boulangerie
Back|form *f* moule *m* à gâteaux; **~obst** *n* fruits *m/pl* secs; **~ofen** *m* four; **~pflaume** *f* pruneau *m*; **~pulver** *n* levure *f* chimique; **~stein** *m* brique *f*
Bad *n* bain *m*; *Badezimmer* salle *f* de bains; *Kurort* station *f* thermale; *Schwimm*≈ piscine *f*
Bade|anzug *m* maillot de bain; **~hose** *f* slip *m* de bain; **~kappe** *f* bonnet *m* de bain; **~mantel** *m* peignoir; **~meister** *m* maître nageur
baden se baigner; *in der Wanne* prendre un bain; *j-n* baigner; ≈ ***verboten!*** baignade interdite!
Baden-Württemberg *n* le Bade-Wurtemberg
Bade|ort *m* station *f* balnéaire; **~strand** *m* plage *f*; **~tuch** *n* serviette *f* de bain; **~wanne** *f* baignoire; **~zimmer** *n* salle *f* de bains
Badminton *n* badminton *m* [-mintɔn]
Bagatelle *f* bagatelle
Bagger *m* pelle *f* mécanique
Bahn *f Eisen*≈ chemin *m* de fer; *Weg* voie; *Renn*≈, *Start*≈ piste; ***mit der ~ fahren*** aller en train; ***zur ~ bringen*** emmener à la gare
Bahnbeamte(r) *m* employé des chemins de fer
bahnen ***sich e-n Weg ~*** se frayer un chemin
Bahnfahrt *f* voyage *m* en train
Bahnhof *m* gare *f*; ***auf dem ~*** à la gare
Bahnhofs|halle *f* 'hall *m* (d'une gare); **~vorsteher** *m*

chef de gare
Bahn|linie *f* ligne de chemin de fer; **~steig** *m* quai; **~übergang** *m* passage à niveau
Bahre *f* civière, brancard *m*
Baiser *n* meringue *f*
Bakterie *f* bactérie
Balance *f* équilibre *m*
bald bientôt; **~ *darauf*** peu après; ***so ~ wie möglich*** le plus tôt possible; ***bis ~!*** à bientôt!
baldig prochain
Baldrian *m* valériane *f*
Balken *m* poutre *f*
Balkon *m* balcon
Ball *m* balle *f*; *größerer* ballon; *Tanzfest* bal
Ballast *m* lest [lɛst]; **~stoffe** *m/pl* fibres *f/pl*
Ballett *n* ballet *m*
Ballon *m* ballon
Ballungsraum *m* agglomération *f*
Balsam *m* baume
Bambus *m* bambou
banal banal
Banane *f* banane
Band[1] *m* volume, tome
Band[2] *n* ruban *m*; *fig* lien *m*; ***auf ~ aufnehmen*** enregistrer
Band[3] *f Mus* groupe *m*
Banda|ge *f* bandage *m*; **2gieren** bander
Bande *f* bande; *Verbrecher2* gang [gɑ̃g] *m*
Bänder|riss *m* déchirure *f* des ligaments; **~zerrung** *f* foulure
Bandit *m* bandit
Band|maß *n* mètre *m* à ruban; **~nudeln** *f/pl* nouilles (plates); **~scheibe** *f* disque *m* intervertébral; **~wurm** *m* ver solitaire
Bank *f* banc *m*; *gepolstert* banquette; *Hdl* banque; **~angestellte(r)** *su* employé(e) de banque; **~automat** *m* distributeur (automatique) de billets
Bank|ier *m* banquier; **~konto** *n* compte *m* en banque; **~leitzahl** *f* code *m* banque; **~note** *f* billet *m* de banque
bankrott en faillite
bar **(*in*)** **~** *nicht auf Kredit* comptant; *nicht mit Scheck* en espèces, en liquide
Bar *f* bar *m*; *Nacht2* boîte de nuit
Bär *m* ours [urs]
Baracke *f* baraque
Barbar *m* barbare; **2isch** barbare
barfuß pieds nus
Bargeld *n* (argent *m*) liquide *m*, espèces *f/pl*; **2los** par chèque, par virement
Barhocker *m* tabouret de bar
Bariton *m* baryton
Barkeeper *m* barman [-man]
barmherzig charitable
barock baroque
Barometer *n* baromètre *m*
Barren *m Sp* barres *f/pl* parallèles; *Gold2* lingot
Barriere *f* barrière
Barrikade *f* barricade

barsch brusque
Barsch *m* perche *f*
Barscheck *m* chèque non barré *od* payable au porteur
Bart *m* barbe *f*
Barzahlung *f* paiement *m* comptant; *nicht mit Scheck* en espèces, en liquide
Basar *m* bazar, souk
Basel Bâle
basieren *~ **auf*** (*D*) reposer sur
Basilika *f* basilique
Basilikum *n* basilic *m*
Basis *f* base
Baskenmütze *f* béret *m* basque
Basketball *m* basket(-ball) [-kɛt(bol)]
Bass *m* basse *f*
Bast *m* raphia
bast|eln bricoler; **≗ler** *m* bricoleur
Batik *m od f* batik *m*
Batterie *f* pile; *Kfz* batterie
Bau *m* construction *f*; *Gebäude* bâtiment; *Tier≗* terrier; **~arbeiten** *f/pl* travaux *m/pl*; **~arbeiter** *m* ouvrier du bâtiment
Bauch *m* ventre; **~fell** *n* péritoine *m*; **~fellentzündung** *f* péritonite
Bauchschmerzen *m/pl* *~ **haben*** avoir mal au ventre
Bauch|speicheldrüse *f* pancréas [-s] *m*; **~tanz** *m* danse *f* du ventre
Baudenkmal *n* monument *m*
bauen construire, bâtir
Bauer[1] *m* paysan, fermier; *Schach* pion
Bauer[2] *n* cage *f*
Bäuer|in *f* paysanne, fermière; **≗lich** paysan
Bauern|haus *n*, **~hof** *m* ferme *f*; **~möbel** *pl* meubles *m/pl* rustiques
bau|fällig délabré; **≗firma** *f* entreprise de bâtiment; **≗gerüst** *n* échafaudage *m*; **≗jahr** *n* année *f* de la construction; **≗kasten** *m* jeu de construction; **≗kunst** *f* architecture; **≗leiter** *m* chef de chantier
Baum *m* arbre
Bau|material *n* matériaux *m/pl* de construction; **~meister** *m* architecte
Baum|schule *f* pépinière; **~stamm** *m* tronc d'arbre; **~stumpf** *m* souche *f*
Baumwoll|e *f* coton *m*; **~hemd** *n* chemise *f* de *od* en coton
Bauplatz *m* terrain à bâtir
Bau|sparen *n* épargne-logement *m*; **~stelle** *f* chantier *m*; **~stil** *m* style architectural; **~unternehmer** *m* entrepreneur (de bâtiment); **~werk** *n* édifice *m*, ouvrage *m* d'art
Bayer *m* Bavarois; **≗isch** bavarois
Bayern *n* la Bavière
Bazillus *m* bacille [-il]
beabsichtigen avoir l'intention (***et zu tun*** de faire qc)

beacht|en faire attention à; *Vorschrift* observer; *Vorfahrt* respecter; **~lich** considérable
Beamt|e(r) *m*, **~in** *f* fonctionnaire
beängstigend inquiétant
beanspruchen *Recht* revendiquer; *Platz, Zeit* prendre; *Nerven* fatiguer; *Tech* solliciter
beanstand|en trouver à redire à; *Ware* faire une réclamation pour; **2ung** *f* réclamation
beantragen demander
beantwort|en répondre à; **2ung** *f* réponse (à)
bearbeiten *Material* travailler; *für den Film* adapter; *Antrag, Fall* étudier
beaufsichtig|en surveiller; **2ung** *f* surveillance
beauftragen charger (**mit** de)
bebauen *Gelände* bâtir; *Agr* cultiver
beben trembler
Becher *m* gobelet
Becken *n* bassin *m* (*a Anat*)
bedanken **sich bei j-m ~** remercier q (**für et** de *od* pour qc)
Bedarf *m* besoin(s) *m(pl)* (**an** *D* en); **bei ~** en cas de besoin; **nach ~** selon les besoins
Bedarfshaltestelle *f* arrêt *m* facultatif
bedauerlich regrettable
bedauern regretter (**dass** que … ne + *subj*); *j-n* plaindre
Bedauern *n* regret *m*
bedecken (re)couvrir (**mit** de)
bedeckt *Himmel* couvert
bedenk|en considérer, penser à; **2en** *n/pl* doutes *m/pl*, scrupules *m/pl*; **~lich** douteux; *bedrohlich* inquiétant
bedeut|en signifier, vouloir dire; **~end** important; **2ung** *f Sinn* signification; *Wichtigkeit* importance; **~ungslos** sans importance
bedienen servir; *Maschine* faire marcher; **sich ~** se servir; **werden Sie schon bedient?** on s'occupe de vous?
Bedienung *f* service *m*; *Kellnerin* serveuse; **einschließlich ~** service compris
Bedienungsanleitung *f* mode *m* d'emploi
Bedingung *f* condition; **unter der ~, dass** à la condition que (+ *subj*)
bedingungslos sans condition(s)
bedroh|en menacer (**mit** de); **~lich** menaçant
Bedürf|nis *n* besoin *m* (**nach** de); **2tig** nécessiteux
Beefsteak *n* bifteck *m*
beeilen **sich ~** se dépêcher
beein|drucken impressionner; **~flussen** influencer; **~trächtigen** porter atteinte à; *Gesundheit* nuire à
beenden finir, terminer

beerben ***j-n*** **~** hériter de q
beerdig|en enterrer; **≈ung** *f* enterrement *m*; **≈ungsinstitut** *n* pompes *f/pl* funèbres
Beere *f* baie
Beet *n Blumen≈* parterre *m*; *Gemüse≈* carré *m*, planche *f*
befahrbar praticable
befahren *Straße* emprunter; *adj* ***stark*** **~** très fréquenté
befassen ***sich*** **~** ***mit*** s'occuper de
Befehl *m* ordre; commandement; **≈en** ordonner (***zu*** de), donner l'ordre (de)
befestigen attacher, fixer (***an*** *D* à); *Mil* fortifier; *Straße*, *Ufer* stabiliser
befinden ***sich*** **~** se trouver
Befinden *n* état *m* de santé
befolgen suivre
beförder|n transporter; *im Rang* promouvoir (***zum Direktor*** directeur); **≈ung** *f* transport *m*; promotion
befragen interroger
befrei|en libérer; *freistellen* dispenser (***von*** de); **≈ung** *f* libération
befreundet ami (***mit*** de); ***ich bin mit ihm*** **~** nous sommes amis
befriedig|en satisfaire; **~end** satisfaisant; **≈ung** *f* satisfaction
befristet temporaire; limité (***auf*** *A* à)
befugt autorisé (***zu et*** à)
Befund *m Med* résultat; ***ohne*** **~** résultat négatif
befürcht|en craindre, redouter (***dass*** que … ne + *subj*); **≈ung** *f* crainte
befürworten préconiser
begab|t doué (***für*** pour); **≈ung** *f* don *m*
Begebenheit *f* événement *m*
begegn|en rencontrer (***j-m*** q); **≈ung** *f* rencontre
begehen *Verbrechen*, *Irrtum* commettre; *Fest* célébrer
begehrt demandé, recherché
begeister|n (***sich*** **~** s')enthousiasmer, (se) passionner (***für*** pour); **≈ung** *f* enthousiasme *m*
begierig avide (***auf*** *A*, ***nach*** de)
Beginn *m* commencement; début; ***zu*** **~** au début; **≈en** commencer (***zu*** à, ***mit*** par)
beglaubigen certifier (conforme)
begleichen *Rechnung* régler
begleit|en accompagner (*a Mus*); **≈er** *m* compagnon; **≈erin** *f* compagne; **≈ung** *f* accompagnement *m*; ***in*** **~** (*G*) en compagnie de
beglückwünschen féliciter (***zu*** pour *od* de)
begnadig|en gracier; **≈ung** *f* grâce *f*
begnügen ***sich*** **~** ***mit*** se contenter de
Begonie *f* bégonia *m*
be|graben enterrer; **≈gräbnis** *n* enterrement *m*
begreifen comprendre
begreiflich compréhensible;

j-m et ~ machen faire comprendre qc à q
begrenzen limiter
Begriff *m* notion *f*; ***im ~ sein et zu tun*** être sur le point de faire qc
begründ|en justifier, motiver (***mit*** par); **~et** fondé; **≈ung** *f* raison, motif *m*
begrüß|en saluer; **≈ung** *f Empfang* accueil *m*
begünstigen favoriser, avantager
begutachten donner son avis sur; *fachlich* expertiser
behaart poilu
behagen ***j-m ~*** plaire à q
behalten garder; *im Gedächtnis* retenir
Behälter *m* récipient
behand|eln traiter; *Med a* soigner; **≈lung** *f* traitement *m*; *Med a* soins *m/pl*
beharrlich persévérant
behaupt|en affirmer, prétendre; ***sich ~*** s'affirmer; **≈ung** *f* affirmation
beheben *Schaden* réparer
behelfen ***sich ~ mit*** se débrouiller avec
behelfsmäßig provisoire
behelligen importuner
beherrschen dominer; *Markt* être leader sur; *Lage* contrôler; *Sprache* maîtriser; ***sich ~*** se retenir
Beherrschung *f* ***die ~ verlieren*** ne plus pouvoir se contrôler
beherzigen suivre
behilflich ***j-m ~ sein*** aider q (***bei et*** à faire qc)
behinder|n gêner; **≈te(r)** *su* handicapé(e)
Behörde *f* autorité(s) *f(pl)*, administration
bei (*D*) près de; ***~ j-m*** chez q; ***~ der Ankunft*** à l'arrivée; ***~ schlechtem Wetter*** par mauvais temps; ***beim Essen*** en mangeant; ***et ~ sich haben*** avoir qc sur soi
beibringen ***j-m et ~*** apprendre, enseigner qc à q
Beicht|e *f* confession; **≈en** se confesser; **~stuhl** *m* confessionnal
beide les deux; ***alle ~*** tous les deux; ***eins von ~n*** l'un des deux
beeinander ensemble
Beifahrer *m Pkw* passager; *Lkw* aide-conducteur; *Rallye* coéquipier; **~sitz** *m* place *f* du passager avant
Beifall *m* applaudissements *m/pl*; ***~ klatschen*** applaudir (***j-m*** q)
beifügen joindre
beige beige
Bei|geschmack *m* arrière-goût; *fig* connotation *f*; **~hilfe** *f Geld≈* allocation; *jur* complicité
Beil *n* 'hache *f*
Beilage *f zur Zeitung* supplément *m*; *Kochk* garniture, accompagnement *m*; ***mit ~n*** garni
beiläufig en passant

beilegen *e-m Brief* joindre (à); *Streit* régler
Beileid *n* condoléances *f/pl*; ***j-m sein ~ aussprechen*** faire ses condoléances à q
beiliegend ci-joint
Bein *n* jambe *f*; *von Tieren* patte *f*; *Tisch*ᛋ pied *m*
beinah(e) presque; ***ich wäre ~ gefallen*** j'ai failli tomber
Beiname *m* surnom
Beipackzettel *m* notice *f*
beirren déconcerter
beisammen ensemble
Beisammensein *n* ***gemütliches ~*** réunion *f* amicale
Beisein *n* ***im ~ von*** en présence de
beiseite ***~ legen*** mettre de côté (*a Geld*); ***~ schaffen*** faire disparaître; *Bedenken* ***~ schieben*** écarter
Beisetzung *f* enterrement *m*, obsèques *f/pl*
Beispiel *n* exemple *m*; ***zum ~*** par exemple
beispiel|haft exemplaire; **~los** sans précédent; **~sweise** par exemple
beiß|en mordre; **ᛋzange** *f* tenailles *f/pl*
Bei|stand *m* assistance *f*, aide *f*; **ᛋstehen** assister (***j-m*** q), aider (q)
Beitrag *m* contribution *f*; *Mitglieds*ᛋ cotisation *f*; **ᛋen** contribuer (***zu*** à)
beitreten (*D*) adhérer (à), entrer (dans)
Beiwagen *m* side-car
beizeiten à temps
bejahen répondre affirmativement à
bekämpf|en combattre, lutter contre; **ᛋung** *f* lutte
bekannt connu (***für*** pour); ***~ geben*** annoncer; ***j-n mit j-m ~ machen*** présenter q à q; ***mit j-m ~ sein*** connaître q; ***mir ist ~, dass ...*** je sais que ...
Bekannt|e(r) *su* connaissance *f*; **ᛋlich** comme on sait; **~machung** *f* annonce; *Anschlag* avis *m*; **~schaft** *f* connaissance
beklagen déplorer; ***sich ~ über*** (*A*) se plaindre de
beklagenswert déplorable
Bekleidung *f* vêtements *m/pl*
bekommen recevoir; *oft* avoir; *erlangen* obtenir; *Krankheit* attraper; *Kind* avoir; ***Hunger ~*** commencer à avoir faim; ***j-m (gut) ~*** réussir à q; ***was ~ Sie?*** *an Geld* combien je vous dois?; *im Geschäft* vous désirez?
bekömmlich digeste
bekräftigen confirmer
bekreuzigen ***sich ~*** se signer
bekümmert soucieux
belächeln sourire de
beladen charger (***mit*** de)
Belag *m* couche *f*; revêtement; *Brot*ᛋ garniture *f*
belager|n assiéger; **ᛋung** *f* siège *m*
belanglos insignifiant, sans importance

belasten charger (***mit*** de); *Umwelt* polluer; *Konto* débiter (***mit*** de); *j-n* préoccuper; *jur* accabler
belästig|en importuner; **2ung** *f* dérangement *m*, 'harcèlement *m*
Belastung *f* charge
belaufen ***sich ~ auf*** s'élever à, se monter à
belebt *Straße* animé
Beleg *m* pièce *f* justificative, preuve *f*; *Zahlungs2* reçu; **2en** *Platz* occuper; *Kurs* s'inscrire à; *beweisen* justifier de, prouver; *Brot* garnir (***mit*** de); **~schaft** *f* personnel *m*
belegt *Hotel* complet; *Zunge* chargé; ***~es Brötchen*** sandwich *m*
belehr|en informer (***über*** *A* de); **2ung** *f* instruction
beleidigen offenser, vexer; *beschimpfen* insulter, injurier
beleidig|t offensé, vexé; **2ung** *f* offense; *Beschimpfung* insulte, injure
beleucht|en éclairer; *festlich* illuminer; **2ung** *f* éclairage *m*; *festliche* illumination
Belg|ien *n* la Belgique; **~ier** *m* Belge; **2isch** belge
belicht|en *Fot* exposer; **2ung** *f* pose, exposition
Belichtungs|messer *m* posemètre; **2zeit** *f* temps *m* de pose
Belieben *n* ***nach ~*** à volonté
beliebig quelconque, n'importe quel; ***~ lange*** aussi longtemps que l'on veut
beliebt aimé (***bei*** de *od* par); *Schauspieler* populaire (auprès de); **2heit** *f* popularité
bellen aboyer
belohn|en récompenser (***für*** de *od* pour); **2ung** *f* récompense
Belüftung *f* ventilation
belügen mentir à
bemalen peindre
bemängeln critiquer, trouver à redire à
bemerkbar ***sich ~ machen*** se faire remarquer; *Sache* se faire sentir
bemerken remarquer, noter
bemerk|enswert remarquable; **2ung** *f* remarque
bemitleiden prendre en pitié
bemühen ***sich ~*** s'efforcer (***zu*** de), se donner du mal *od* de la peine; ***sich um j-n ~*** prendre soin de q; ***~ Sie sich nicht!*** ne vous dérangez pas!
Bemühung *f* effort *m*, peine
benachbart voisin
benachrichtigen ***j-n*** (***von et***) ~ prévenir q (de qc)
benachteilig|en *j-n* désavantager; **2ung** *f* désavantage *m*
benehmen ***sich ~*** se comporter, se conduire; **2** *n* comportement *m*
beneiden ***j-n um et ~*** envier qc à q; **~swert** enviable
Bengel *m* F gamin, gosse

benommen étourdi, hébété
benötigen avoir besoin de
benutz|en utiliser; *Verkehrsmittel* prendre; *Weg* emprunter; **²er** *m* utilisateur; *e-s Verkehrsmittels* usager; **²ung** *f* utilisation; **²ungsgebühr** *f* droits *m/pl* d'utilisation; *e-r Straße* péage *m*
Benzin *n* essence *f*; **~kanister** *m* bidon d'essence, jerrycan; **~pumpe** *f* pompe à essence; **~tank** *m* réservoir d'essence; **~uhr** *f* jauge d'essence; **~verbrauch** *m* consommation *f* d'essence
Beo *m* mainate
beobacht|en observer; **²er** *m* observateur; **²ung** *f* observation
bequem confortable; *Ausrede, Lösung* facile; ***es sich ~ machen*** se mettre à son aise
Bequemlichkeit *f* confort *m*; *Trägheit* paresse
beraten ***j-n ~*** conseiller q; **(*über*)** ***et*** (*A*) **~** discuter de qc; **(*sich*) ~** se consulter, délibérer (***über*** *A* sur)
Berat|er *m* conseiller; **~ung** *f durch j-n* consultation; *Besprechung* discussion
berauben dépouiller
berechnen calculer; ***j-m et ~*** compter, facturer qc à q
berechnend *péj* calculateur
Berechnung *f* calcul *m* (*a fig*)
berechtigen **~ *zu*** autoriser à, donner le droit de
berechtigt autorisé; *begründet* fondé
Bereich *m* domaine
bereichern ***sich ~*** s'enrichir
Bereifung *f* pneus *m/pl*
bereisen parcourir
bereit prêt (***zu*** à); ***sich ~ erklären zu*** être prêt *od* disposé à
bereit|en *Sorge, Freude* causer; *Kochk* préparer; **~halten** tenir prêt
bereits déjà
Bereit|schaftsdienst *m* permanence *f*; *Med* (service de) garde *f*; **²stellen** préparer; mettre à la disposition (***für j-n*** de q); **²willig** empressé; *adv* volontiers
bereuen se repentir de; *bedauern* regretter
Berg *m* montagne *f*
bergab ***~ fahren, ~ führen*** descendre
Bergarbeiter *m* mineur
bergauf ***~ fahren, führen*** monter
Berg|bahn *f Zahnradbahn* train *m* à crémaillère; *Seilbahn* téléphérique *m*; **~bau** *m* industrie *f* minière
bergen sauver; *aus dem Wasser* repêcher; *Tote* dégager
Berg|führer *m* guide de montagne; **~hütte** *f* refuge *m*; **²ig** montagneux; **~kette** *f* chaîne de montagnes; **~mann** *m* mineur; **~rutsch** *m* éboulement; **~see** *m* lac de montagne; **~steigen** *n* alpinisme

m; **~steiger** *m* alpiniste; **~tour** *f* course en montagne
Bergung *f* sauvetage *m*; dégagement *m*
Berg|wacht *f* secours *m* en montagne; **~werk** *n* mine *f*
Bericht *m* rapport, compte rendu; *Erzählung* récit; *Presse*2 reportage
berichten rapporter (***j-m et*** qc à q); rendre compte (***über*** *A* de), raconter (***von et*** qc)
Berichterstatter *m* reporter [-ɛr]
berichtigen corriger; *richtigstellen* rectifier
Bermudashorts *pl* bermuda(s) *m(pl)*
Bernhardiner *m* saint-bernard
Bernstein *m* ambre (jaune)
berüchtigt de mauvaise réputation
berücksichtigen tenir compte de; prendre en considération
Beruf *m* profession *f*, métier; ***von ~*** de métier
berufen ***sich ~ auf*** (*A*) se référer à
beruflich professionnel
Berufs|ausbildung *f* formation professionnelle; **~beratung** *f* orientation professionnelle; **~sportler** *m* professionnel; **2tätig** qui travaille; **~verkehr** *m* heures *f/pl* de pointe
Berufung *f* *innere* vocation; *jur* appel *m*; ***~ einlegen*** faire appel (***gegen ein Urteil*** d'un jugement)
beruhen ***~ auf*** (*D*) reposer sur
beruhigen (***sich ~*** se) calmer
beruhigt rassuré
Beruhigungsmittel *n* calmant *m*, tranquillisant *m*
berühmt célèbre (***für*** pour, par); **2heit** *f* célébrité
berühr|en toucher (*a fig*); **2ung** *f* contact *m*
besänftigen calmer, apaiser
Besatzung *f* *Flgw*, *Mar* équipage *m*; *Mil* (troupes *f/pl* d')occupation
besaufen F ***sich ~*** se soûler
beschädig|en endommager; **2ung** *f* endommagement *m*
beschaffen procurer
beschäftigen occuper; *Arbeitskräfte* employer; *Probleme*: *j-n* préoccuper; ***sich ~ mit*** s'occuper de
Beschäftigung *f* occupation; *berufliche* emploi *m*
beschämend 'honteux
Bescheid *m* réponse *f*; ***~ wissen*** être au courant (***über*** *A* de); ***j-m ~ geben*** *od* ***sagen*** prévenir q (***über*** *A* de)
bescheiden modeste; **2heit** *f* modestie
bescheinig|en certifier, attester; **2ung** *f* certificat *m*, attestation
Bescherung *f* distribution des cadeaux (de Noël)
beschimpfen insulter, injurier

Beschlag ***in ~ nehmen*** accaparer
beschlagen *adj Scheibe* couvert de buée
Beschlagnahm|e *f* saisie; **Ձen** saisir, confisquer
beschleunig|en accélérer; **Ձung** *f* accélération
beschließen décider (***zu*** de); *beenden* terminer
Beschluss *m* décision *f*
beschmieren barbouiller
beschmutzen salir
beschränken limiter; ***sich ~ auf*** (*A*) se limiter à
beschrankt *Bahnübergang* gardé
beschränk|t limité; *geistig* borné; **Ձung** *f* limitation
beschreib|en décrire; **Ձung** *f* description
beschriften mettre une inscription sur
beschuldigen accuser; *jur* inculper (***j-n e-r Sache*** *G* q de qc)
Beschuldig|te(r) *su* inculpé(e); **~ung** *f* accusation
beschütz|en protéger (***vor*** *D* de *od* contre); **Ձer** *m* protecteur
Beschwerde *f* réclamation, plainte; **~n** *pl Med* troubles *m/pl*
beschweren ***sich ~*** se plaindre (***bei j-m*** à q, ***über*** *A* de)
beschwerlich pénible, fatiguant
be|schwichtigen apaiser, calmer; **~schwipst** F éméché
beseitigen supprimer, éliminer; *Abfall, Fleck* enlever; *Spuren* faire disparaître
Besen *m* balai
besetzen occuper
besetzt *Platz, WC, Tel* occupé; *Bus, Zug* complet
Besetztzeichen *n Tel* tonalité *f* «occupé»
Besetzung *f* occupation
besichtig|en visiter; **Ձung** *f* visite
besiedelt ***dicht ~*** très peuplé
besiegen vaincre
besinnlich méditatif
Besinnung *f* ***die ~ verlieren*** perdre connaissance; ***zur ~ kommen*** reprendre ses esprits (*a fig*)
besinnungslos évanoui
Besitz *m* possession *f*; *Eigentum* propriété *f*; **Ձen** posséder; **~er** *m* possesseur; *Eigentümer* propriétaire
besohlen ressemeler
besondere(r, -s) particulier, spécial; ***~ Kennzeichen*** signes *m/pl* particuliers; ***nichts Ձs*** rien de spécial *od* d'exceptionnel
Besonderheit *f* particularité
besonders particulièrement, spécialement; *vor allem* surtout; *sehr* très
besorgen procurer
Besorgnis *f* inquiétude, souci *m*; ***~ erregend*** inquiétant
besorgt inquiet

Besorgung *f* **~en machen** faire des courses
besprech|en discuter (**et** de qc); **2ung** *f* discussion; *Sitzung* réunion; (*Buch2*) critique
besser meilleur; *adv* mieux; **~ werden** s'améliorer; **etwas 2es** quelque chose de mieux; **es geht ihm ~** il va mieux; **immer ~** de mieux en mieux; **um so ~** tant mieux
bessern sich ~ s'améliorer
Besserung *f* amélioration; **gute ~!** bon rétablissement!
Bestand *m* existence *f*, durée *f*; *Vorrat* stock
beständig continuel; constant; stable (*a Wetter*)
Bestandteil *m* partie *f* intégrante; composante *f*, élément
bestätigen (**sich ~** se) confirmer; **den Empfang ~** accuser réception
Bestätigung *f* confirmation
Bestattung *f* inhumation
Bestattungsinstitut *n* pompes *f/pl* funèbres
beste(**r**, **-s**) meilleur(e); **am ~n** le mieux; **sein 2s tun** faire de son mieux
bestech|en corrompre; **~lich** corruptible; **2ung** *f* corruption
Besteck *n* couvert *m*
bestehen exister; *Prüfung* réussir; **~ auf** (*D*) insister sur; **~ aus** se composer de
bestehlen voler
besteig|en monter sur, à; *Berg a* faire l'ascension de; **2ung** *f* ascension
bestell|en *Waren, im Restaurant* commander; *Zimmer, Tisch* retenir, réserver; *Grüße* transmettre; *j-n* faire venir; **2nummer** *f* numéro *m* de commande; **2ung** *f* commande
bestenfalls au mieux
bestens pour le mieux
Bestie *f* bête féroce
bestimmen *festlegen* fixer; *entscheiden* décider; *vorsehen* destiner (**für** à); *ernennen* désigner (**zu** comme)
bestimmt *feststehend* déterminé; *Stunde* fixé; *gewiss* certain; *adv* certainement
Bestimmung *f Vorschrift* disposition, règlement *m*; *Zweck2* destination; **~sort** *m* destination *f*
Bestleistung *f Sp* record *m*
bestraf|en punir; **2ung** *f* punition
bestrahl|en *Med* traiter par les rayons; **2ung** *f Med* (séance *f* de) rayons *m/pl*
be|streichen enduire (**mit** de); **~streiten** contester; *Kosten* supporter; **~streuen** parsemer (**mit** de)
Bestseller *m* best-seller
bestürz|t consterné (**über** *A* par); **2ung** *f* consternation
Besuch *m* visite *f*; **~ haben** avoir de la visite; **bei j-m**

zu ~ sein être en visite chez q
besuch|en aller voir; *herkommen* venir voir; *förmlich* rendre visite à; *Museum, Stadt* visiter; *Schule* fréquenter; **2er** *m* visiteur; **2szeit** *f* heures *f/pl* de visite
betätigen actionner; ***sich politisch*** (***sportlich***) **~** faire de la politique (du sport)
Betätigung *f* activité
betäub|en *Med* anesthésier; *örtlich* insensibiliser; **2ung** *f Med* anesthésie (***örtliche*** locale); **2ungsmittel** *n* anesthésique *m*
Bete *f* ***rote ~*** betterave rouge
beteiligen *sich ~ an* (*D*) participer, prendre part à; ***beteiligt sein*** être impliqué (***an e-m Unfall*** dans un accident)
Beteiligung *f* participation
beten prier
beteuern protester de
Beton *m* béton
beton|en accentuer (*a fig*); **2ung** *f* accentuation
Betracht *m* ***in ~ kommen*** entrer en ligne de compte; ***in ~ ziehen*** prendre en considération, tenir compte de
betrachten regarder; *Gemälde usw* contempler; ***~ als*** considérer comme
beträchtlich considérable
Betrag *m* montant, somme *f*
betragen *Summe* se monter à, s'élever à; *Entfernung* être de; ***sich ~*** se conduire
Betragen *n* conduite *f*
betreffen concerner; ***was … betrifft*** en ce qui concerne; ***betrifft*** *im Briefkopf* objet
betreffend concerné, en question
betreten *Raum* entrer dans; *Rasen* marcher sur
betreu|en s'occuper de; prendre soin de; **2er** *m e-r Reisegruppe* accompagnateur; *e-r Jugendgruppe* moniteur; *Sp* entraîneur
Betrieb *m Unternehmen* entreprise *f*; *e-r Maschine* marche *f*, fonctionnement; *lebhaftes Treiben* animation *f*; ***in ~ sein*** être en marche, fonctionner; ***außer ~*** 'hors service; ***in ~ setzen*** mettre en marche; F ***viel ~*** beaucoup de monde
Betriebs|ferien *pl* congés *m/pl* annuels; **~leitung** *f* direction; **~rat** *m* comité d'entreprise; **~unfall** *m* accident *m* du travail; **~wirtschaft** *f* gestion (des entreprises)
betrinken *sich ~* se soûler
betroffen touché; *erschüttert* bouleversé; ***sich ~ fühlen*** se sentir concerné
betrübt affligé, attristé
Betrug *m* fraude *f*
betrüg|en tromper (*a in der Liebe*); *jur* escroquer (***j-n um et*** qc à q); *Wi* frauder; *beim Spiel* tricher; **2er** *m jur* escroc [-o]; *Wi* fraudeur;

~erisch frauduleux; *Person* malhonnête
betrunken soûl, ivre
Bett *n* lit *m*; ***ins** od **zu ~ gehen*** (aller) se coucher; ***ins ~ bringen*** coucher
Bett|bezug *m* 'housse *f* de couette; **~couch** *f* canapé-lit *m*; **~decke** *f* couverture; *Tagesdecke* couvre-lit *m*
betteln mendier (***um et*** qc)
Bettlaken *n* drap *m* (de lit)
Bettler(in) *m(f)* mendiant(e)
Bettruhe *f* ***~ verordnen*** ordonner un repos complet
Bett|tuch *n* drap *m* (de lit); **~vorleger** *m* descente *f* de lit; **~wäsche** *f* draps *m/pl*
Beule *f* bosse
beunruhigen (***sich ~*** s')inquiéter
beurteil|en juger, porter un jugement sur; **Ձung** *f* jugement *m*; *Gutachten* évaluation
Beute *f* proie; *Diebes*Ձ butin *m*
Beutel *m* sac
Bevölkerung *f* population
bevollmächtig|en donner mandat *od* procuration à; **Ձte(r)** *su* mandataire
bevor avant que (+ *subj*), avant de (+ *inf*)
bevorstehen se préparer; ***unmittelbar ~*** être imminent; ***et steht j-m bevor*** qc attend q
bevorzugen préférer; *j-n* favoriser
bewach|en *et* garder; *j-n* surveiller; **Ձer** *m* gardien; **Ձung** *f* garde; surveillance
bewaffn|en armer (***mit*** de); **Ձung** *f* armement *m*
bewahren garder; *j-n* préserver (***vor** D* de)
bewähren ***sich ~*** faire ses preuves
bewähr|t éprouvé; *Person* expérimenté; **Ձungsfrist** *f jur* sursis *m*
bewaldet boisé
bewältigen venir à bout de
bewandert ***~ sein in*** (*D*) s'y connaître en
bewässern irriguer
bewegen bouger; ***j-n ~ rühren*** toucher q; ***j-n zu et ~*** décider q à faire qc; ***sich ~*** bouger
beweglich mobile; *geistig* vif
bewegt *Leben* mouvementé; *See* agité; *fig* ému
Bewegung *f* mouvement *m*; *körperliche* exercice *m*; *Rührung* émotion
Bewegungs|freiheit *f* liberté d'action; **Ձlos** immobile
Beweis *m* preuve *f* (***für et*** de qc); **Ձen** prouver; *Mut usw* faire preuve de; **~stück** *n* pièce *f* à conviction
bewerben ***sich ~ um*** poser sa candidature à
Bewerb|er(in) *m(f)* candidat(e); **~ung** *f* candidature
Bewerbungs|gespräch *n* entretien *m* d'embauche; **~schreiben** *n* lettre *f* de candidature

bewerkstelligen effectuer; *zustande bringen* accomplir
bewert|en évaluer; *Sp, Schule* noter; **2ung** *f* évaluation; *Sp, Schule* note
bewilligen accorder
bewirken causer, amener; *erreichen* obtenir
bewirt|en régaler; **~schaften** exploiter, administrer; **2ung** *f* accueil *m*, service *m*
bewohn|en habiter; *Wohnung a* occuper; **2er(in)** *m(f)* habitant(e); *e-s Hauses usw* occupant(e)
bewölken ***sich ~*** se couvrir (de nuages)
bewölkt nuageux
Bewölkung *f* nuages *m/pl*
bewundern admirer
bewunder|nswert admirable; **2ung** *f* admiration
bewusst conscient; *absichtlich* délibéré; *adv wissentlich* sciemment; ***sich e-r Sache ~ sein*** être conscient de qc
bewusstlos sans connaissance; **2igkeit** *f* évanouissement *m*
Bewusstsein *n* conscience *f*; *Med* ***das ~ verlieren*** (***wiedererlangen***) perdre (reprendre) connaissance
bezahlen payer
bezahlt payé; ***sich ~ machen*** être payant
Bezahlung *f* paiement *m*
bezaubernd charmant, ravissant
bezeichn|en marquer; *benennen* désigner; *einschätzen* qualifier (***als*** de); **~end** caractéristique (***für*** de); **2ung** *f* désignation; *Name* nom *m*
bezeugen témoigner de
bezichtigen accuser
beziehen *Haus* emménager dans; *Zeitung* être abonné à; *Waren* acheter (***von j-m*** chez q); *Gehalt* toucher; ***das Bett frisch ~*** changer les draps; ***sich ~*** *Himmel* se couvrir; ***sich ~ auf*** (*A*) concerner; *sich berufen auf* se référer à
Beziehung *f* relation, rapport *m*; ***in dieser ~*** à cet égard; ***~en haben*** avoir des relations
beziehungsweise respectivement; *genauer gesagt* ou plutôt
Bezirk *m* district; *Wahl2* circonscription *f*
Bezug *m* *Überzug* 'housse *f*, enveloppe *f*; *Kissen2* taie *f* d'oreiller; *e-r Zeitung* abonnement; ***~ nehmen auf*** (*A*) se référer à; ***in ~ auf*** (*A*) en ce qui concerne
bezüglich (*G*) au sujet de, en ce qui concerne
bezwecken avoir pour but
bezweifeln douter de
BH *m* (*Büstenhalter*) soutien-gorge
Bhf. (*Bahnhof*) gare
bibbern F trembler
Bibel *f* Bible
Biber *m* castor

Bibliothek *f* bibliothèque; **~ar(in)** *m(f)* bibliothécaire
Bidet *n* bidet *m*
biegen (***sich*** ~ se) courber; ***um die Ecke*** ~ tourner au coin de la rue
biegsam flexible, souple
Biene *f* abeille
Bienen|stich *m* piqûre *f* d'abeille; **~stock** *m* ruche *f*
Bier *n* bière *f*; ~ ***vom Fass*** bière (à la) pression; ***dunkles*** (***helles***) ~ bière brune (blonde)
Bierkrug *m* chope *f*
bieten offrir; ***sich*** ~ se présenter; ***sich et nicht*** ~ ***lassen*** ne pas se laisser marcher sur les pieds
Bikini *m* bikini
Bilanz *f* bilan *m*
Bild *n* image *f*; *Gemälde* tableau *m*; *Fot* photo *f*; ***sich ein*** ~ ***machen von*** se faire une idée de
bilden former; *ausmachen* constituer; ***sich*** ~ se former; *geistig* se cultiver, s'instruire
Bilderbuch *n* livre *m* d'images
Bild|hauer *m* sculpteur [-lt-] *m*; **2lich** figuratif; *übertragen* figuré; **~platte** *f* vidéodisque *m*; **~röhre** *f TV* tube *m* cathodique
Bildschirm *m* écran; **~schoner** *m* économiseur d'écran; **~text** *m* vidéotex, *etwa* minitel
Bildtelefon *n* visiophone *m*, vidéophone
Bildung *f* formation; *geistige* culture; *Schul*2 éducation
Billard *n* billard *m*
billig bon marché, pas cher; **~er** meilleur marché
billig|en approuver; **2ung** *f* approbation
Binde *f* bande; *Verband* bandage *m*; *Damen*2 serviette hygiénique
Bindegewebe *n* tissu *m* conjonctif
Bindehaut *f* conjonctive; **~entzündung** *f* conjonctivite
bind|en lier, attacher (**an** *A* à); *Krawatte* nouer; *Buch* relier; **2estrich** *m* trait d'union; **2faden** *m* ficelle *f*; **2ung** *f innere* lien(s) *m(pl)*; *vertragliche* engagement *m*; *Ski*2 fixation
binnen (*D*) en, dans un délai de; ~ ***kurzem*** sous peu
Binnen|hafen *m* port fluvial; **~handel** *m* commerce intérieur; **~markt** *m* marché unique
Bio|ethik *f* bioéthique; **~grafie** *f* biographie; **~laden** *m* magasin de produits naturels; **~logie** *f* biologie
biologisch biologique; ~ ***abbaubar*** biodégradable
Birke *f* bouleau *m*
Birnbaum *m* poirier
Birne *f* poire; *El* ampoule
bis *prp* jusqu'à; *cj* jusqu'à ce que (+ *subj*); ~ ***gleich!*** à tout

à l'heure!; ~ ***morgen!*** à demain!; ***2 ~ 3 Tage*** 2 ou 3 jours; ***von … ~ …*** de … à …; ~ ***hierher*** jusqu'ici; ~ ***dahin*** jusque-là; *zeitlich a* d'ici là; ~ ***jetzt*** jusqu'à présent; ~ ***auf*** (*A*) sauf, à part

Bisamratte *f* rat *m* musqué

Bischof *m* évêque

bisexuell bisexuel

bisher jusqu'à présent

Biskuit *n* biscuit *m* de Savoie

Biss *m* morsure *f*

bisschen ***ein ~*** un peu (de)

Bissen *m* bouchée *f*

bissig méchant; *fig* 'hargneux

Bisswunde *f* morsure

bitte s'il te *od* vous plaît; *auf Dank* je t'en *od* vous en prie, (il n'y a) pas de quoi!; *auf Entschuldigung* il n'y a pas de mal; (***wie***) ***~?*** pardon?

Bitte *f* demande; ***ich habe e-e ~ an Sie*** j'ai un service à vous demander

bitten ***j-n um et ~*** demander qc à q

bitter amer (*a fig*); *Kälte* rigoureux; *Armut* extrême

Bizeps *m* biceps

Blähungen *f/pl* gaz *m/pl*

Blamage *f* 'honte

blamieren (***sich ~*** se) ridiculiser

blanchieren blanchir

blank brillant; *Draht* dénudé

Blankoscheck *m* chèque en blanc

Bläschen *n Med* vésicule *f*

Blase *f Luft*2 bulle; *Brand*2 cloque; *durch Reibung* ampoule; *Harn*2 vessie

Blasebalg *m* soufflet

blasen souffler; *Mus* jouer de

Blasenentzündung *f* cystite

Blas|instrument *n* instrument *m* à vent; **~kapelle** *f* fanfare

blass pâle

Blatt *n* feuille *f* (*a Zeitung*)

blätter|n feuilleter (***in et D*** qc); **2teig** *m* pâte *f* feuilletée

Blattlaus *f* puceron *m*

blau bleu; F *fig* noir, rond; ***~es Auge*** œil *m* au beurre noir; ***~er Fleck*** bleu *m*

Blaubeere *f* myrtille

Blaukraut *n* chou *m* rouge

bläulich bleuâtre, bleuté

Blaulicht *n* gyrophare *m*

blaumachen F ne pas aller bosser

Blech *n* tôle *f*; **~dose** *f* boîte en fer-blanc; **~schaden** *m Kfz* tôles *f/pl* froissées

Blei *n* plomb *m*

bleiben rester; ***es bleibt dabei!*** c'est entendu!; *Tel* ***~ Sie am Apparat!*** ne quittez pas!; ~ ***lassen*** laisser tomber

bleich blême, pâle

bleifrei *Benzin* sans plomb

Bleistift *m* crayon; **~spitzer** *m* taille-crayon

Blend|e *f Fot* diaphragme *m*; **2en** éblouir (*a fig*); **2end** *fig* fantastique

Blick *m* regard; *flüchtiger* coup d'œil; ***auf den ersten ~*** à première vue

blicken regarder (***auf et** A* qc); ***sich ~ lassen*** donner signe de vie
blind aveugle; ***~er Alarm*** fausse alerte *f*; ***~er Passagier*** passager *m* clandestin
Blinddarm *m* appendice [-ɛ̃-]; **~entzündung** *f* appendicite
Blinde(r) *su* aveugle
Blinden|hund *m* chien d'aveugle; **~schrift** *f* écriture Braille; **~stock** *m* canne *f* blanche
Blind|heit *f* cécité; **≈lings** aveuglément
blink|en clignoter; *Kfz* mettre son clignotant; **≈er** *m*, **≈licht** *n Kfz* clignotant *m*
blinzeln cligner des yeux
Blitz *m* éclair; *~schlag* foudre *f*; *Fot* flash; **~ableiter** *m* paratonnerre
blitzen étinceler; ***es blitzt*** il y a des éclairs
Blitz|gerät *n*, **~licht** *n Fot* flash *m*; **~schlag** *m* foudre *f*
Block *m* bloc; *Häuser≈* pâté de maisons; **~flöte** *f* flûte à bec; **~haus** *n* cabane *f* en rondins; **≈ieren** bloquer; *Räder* se bloquer
blöd(e) bête, idiot
Blödsinn *m* bêtises *f/pl*, idioties [-si] *f/pl*
blöken bêler
blond blond; **~ieren** décolorer; **≈ine** *f* blonde
bloß *nur* seulement; *unbedeckt* nu; ***mit ~em Auge*** à l'œil nu
bloßstellen compromettre
Blouson *n od m* blouson *m*
Bluejeans *pl* blue-jean *m*
blüh|en être en fleur(s), fleurir (*a fig*); **~end** en fleur(s); *fig* florissant
Blume *f* fleur; *vom Wein* bouquet *m*
Blumen|beet *n* parterre *m* de fleurs; **~geschäft** *n*, **~händler** *m* fleuriste *m*; **~kohl** *m* chou-fleur; **~strauß** *m* bouquet de fleurs; **~topf** *m* pot de fleurs; **~vase** *f* vase *m*
Bluse *f* corsage *m*, chemisier *m*
Blut *n* sang *m*; **~abnahme** *f* prise de sang; **~alkohol** *m* alcoolémie *f*; **≈arm** anémique; **~armut** *f* anémie; **~bild** *n* analyse *f* de sang; **~druck** *m* tension *f* (artérielle); **~druckmesser** *m* tensiomètre
Blüte *f* fleur; *~zeit* floraison; *fig* apogée *m*
Blutegel *m* sangsue *f*
bluten saigner
Bluter *m* hémophile
Blut|erguss *m* hématome; **~fleck** *m* tache *f* de sang; **~gefäß** *n* vaisseau *m* sanguin; **~gruppe** *f* groupe *m* sanguin; **~hochdruck** *m* hypertension *f*; **≈ig** plein de sang; *grausam* sanglant; *Kochk* saignant; **~konserve** *f* (flacon *m* de) sang *m* conservé; **~orange** *f* (orange) sanguine; **~probe**

f prise de sang; **~spender** *m* donneur de sang
blutstillend ***~es Mittel*** hémostatique *m*
Blut|transfusion *f* transfusion sanguine; **~ung** *f* hémorragie; **~vergiftung** *f* septicémie; **~verlust** *m* perte *f* de sang; **~wurst** *f* boudin *m*
BLZ (*Bankleitzahl*) code *m* banque
Bö *f* rafale
Boa *f* boa *m*
Bob *m* bob(sleigh); **~bahn** *f* piste de bob(sleigh)
Bock *m* *Ziegen*2 bouc; *Gestell* tréteau; **2ig** têtu; **~wurst** *f* saucisse de Francfort
Boden *m* sol; *Erde* terre *f*; *Fuß*2 plancher; *Dach*2 grenier; *Gefäß*2 fond; ***zu ~ fallen*** tomber par terre
Boden|personal *n* personnel *m* au sol; **~schätze** *m/pl* richesses *f/pl* naturelles
Bodensee *m* lac de Constance
Body *m* body; **~building** *n* culturisme *m*
Bogen *m* *Krümmung* courbe *f*; *Arch*, *Waffe* arc; *Brücken*2 arche *f*; *Mus* archet; *Papier* feuille *f*; **~gang** *m* arcade *f*; **~schießen** *n* tir *m* à l'arc
Bohle *f* madrier *m*
Bohne *f* 'haricot *m*; *Kaffee*2 grain *m*; ***grüne ~n*** 'haricots verts
Bohnenkaffee *m* (vrai) café
bohner|n cirer; **2wachs** *n* encaustique *f*
bohr|en percer, creuser; *nach Erdöl* forer; **2er** *m* *Tech* mèche *f*, foret; *Zahn*2 fraise *f*; **2maschine** *f* perceuse; **2turm** *m* tour *f* de forage
Boiler *m* chauffe-eau (à accumulation)
Boje *f* bouée, balise
Bolzen *m* boulon
bombardieren bombarder
Bombe *f* bombe
Bombenanschlag *m* attentat à la bombe (***auf** A* contre)
Bon *m* bon; *Kassenzettel* ticket de caisse
Bonbon *m od n* bonbon *m*
Boot *n* bateau *m*; *Kahn* barque *f*; *Motor*2 canot *m*
Boots|fahrt *f* promenade en bateau; **~verleih** *m* location *f* de barques
Bord *m* ***an ~*** à bord; ***an ~ gehen*** embarquer; ***von ~ gehen*** débarquer; ***über ~ werfen*** jeter par-dessus bord (*a fig*)
Bordell *n* maison *f* de tolérance
Bord|fest *n* fête *f* à bord; **~karte** *f* carte d'accès à bord; **~stein** *m* bordure *f* du trottoir
borgen ***j-m et ~*** prêter qc à q; (***sich***) ***et von j-m ~*** emprunter qc à q
Borke *f* écorce
Börse *f* *Wi* Bourse; *Geldbeutel* bourse

Borste *f* soie
bösartig méchant; *Med* malin (*f* maligne)
Böschung *f* talus [-y] *m*; *Ufer*2 berge
böse mauvais, méchant; *verärgert* fâché (***auf*** *A* contre); ***auf j-n ~ sein*** en vouloir à q
bos|haft méchant; **2heit** *f* méchanceté
Bosn|ien *n* la Bosnie; **~ier** *m* Bosnien; **2isch** bosnien
böswillig malveillant
Botanik *f* botanique
botanisch ***~er Garten*** jardin botanique
Bote *m* messager; *Laufbursche* garçon de courses
Botschaft *f* message *m*; *Pol* ambassade; **~er** *m* ambassadeur
Bottich *m* cuve *f*
Boulevardpresse *f péj* presse à sensation
Boutique *f* boutique de mode
Bowle *f etwa* punch *m* [põʃ]
Box *f* box *m*
box|en boxer; **2en** *n* boxe *f*; **2er** *m* boxeur; *Hund* boxer; **2kampf** *m* match de boxe
Boykott *m* boycottage; **2ieren** boycotter
Brachland *n* terre *f* en friche
Branche *f* branche
Branchenverzeichnis *n Tel* pages *f/pl* jaunes
Brand *m* incendie, feu; *Med* gangrène *f*; ***in ~ geraten*** prendre feu
Brandblase *f* cloque
Brandenburg *n* le Brandebourg
Brand|geruch *m* odeur *f* de brûlé; **~salbe** *f* pommade contre les brûlures; **~stiftung** *f* incendie *m* criminel
Brandung *f* ressac *m*
Brandwunde *f* brûlure
Branntwein *m* eau-de-vie *f*
Brasilien *n* le Brésil
brat|en faire rôtir, faire cuire; *auf dem Rost* faire griller; *Kartoffeln* faire sauter; **2en** *m* rôti; **2fisch** *m* poisson frit; **2huhn** *n* poulet *m* rôti; **2kartoffeln** *f/pl* pommes de terre sautées; **2pfanne** *f* poêle [pwal]; **2rost** *m* gril [-l], barbecue [-kju]
Bratsche *f* alto *m*
Brat|spieß *m* broche *f*; **~wurst** *f* saucisse grillée
Brauch *m* usage, coutume *f*; **2bar** utilisable; **2en** avoir besoin de; *Zeit* mettre; **~tum** *n* coutumes *f/pl*
Braue *f* sourcil *m*
Brauerei *f* brasserie
braun marron; *Haar* brun; *von der Sonne* bronzé; ***~e Butter*** beurre *m* noir; ***~ werden*** bronzer
bräunen *Haut* bronzer; ***sich ~ lassen*** se bronzer
Braunkohle *f* lignite *m*
Braunschweig Brunswick
Brause *f Dusche* douche; *Getränk* limonade gazeuse
Braut *f* fiancée; *am Hochzeitstag* mariée

Bräutigam *m* fiancé; *am Hochzeitstag* marié
Brautpaar *n* mariés *m/pl*
brav *Kind, a fig* sage
BRD *f* (*Bundesrepublik Deutschland*) R.F.A. (*République fédérale d'Allemagne*)
Brechdurchfall *m* gastro-entérite *f*
brechen casser (*von selber* se casser); rompre (*a Vertrag, Schweigen*); *Rekord* battre; *Med* vomir; *fig* ***mit j-m ~*** rompre avec q; ***sich den Arm ~*** se casser le bras
Brech|mittel *n* vomitif *m*; **~reiz** *m* envie *f* de vomir, nausée *f*
Brei *m* bouillie *f*; *Kartoffel*≗ *usw* purée *f*
breit large
Breit|e *f* largeur; *Geogr* latitude; **~engrad** *m* degré de latitude
Bremen Brême
Bremsbelag *m* garniture *f* de frein
Brems|e *f* frein *m*; *Zo* taon [tɑ̃] *m*; **≗en** freiner
Brems|flüssigkeit *f* liquide *m* de frein; **~kraftverstärker** *m* servofrein; **~licht** *n* (feu *m*) stop *m*; **~pedal** *n* pédale *f* de frein; **~spur** *f* trace de freinage; **~weg** *m* distance *f* de freinage
brennbar combustible; ***leicht ~*** inflammable
brennen brûler; *Sonne* taper; *Lampe* être allumé; ***es brennt!*** au feu!
Brenn|holz *n* bois *m* de chauffage; **~nessel** *f* ortie; **~spiritus** *m* alcool à brûler; **~stoff** *m* combustible
Brett *n* planche *f*; ***schwarzes ~*** tableau *m* d'affichage
Brief *m* lettre *f*; **~bombe** *f* lettre piégée; **~freund(in)** *m* (*f*) correspondant(e); **~kasten** *m* boîte *f* aux lettres; **≗lich** par lettre(s); **~marke** *f* timbre *m*; **~markensammler** *m* philatéliste; **~papier** *n* papier *m* à lettres; **~tasche** *f* portefeuille *m*; **~träger** *m* facteur; **~umschlag** *m* enveloppe *f*; **~wahl** *f* vote *m* par correspondance; **~wechsel** *m* correspondance *f*
Brikett *n* briquette *f*
brillant brillant
Brillant *m* brillant
Brille *f* lunettes *f/pl*
Brillengestell *n* monture *f*
bringen apporter, amener; *hin~* porter; *begleiten* emmener, accompagner (***zum Bahnhof*** à la gare); *nach Hause* ramener; *Kino, TV* passer; ***j-n dazu ~, et zu tun*** amener q à faire qc; ***in Ordnung ~*** arranger
Brise *f* brise
britisch britannique
bröckeln s'effriter
Brocken *m* morceau; *fig* ***ein paar ~ Englisch*** quelques bribes *f/pl* d'anglais
Brokkoli *pl* brocoli *m*

Brombeere *f* mûre
Bronchitis *f* bronchite
Bronze *f* bronze *m*
Brosche *f* broche
Broschüre *f* brochure
Brot *n* pain *m*; ***e-e Scheibe ~*** une tranche de pain; *bestrichen* une tartine
Brötchen *n* petit pain *m*; ***belegtes ~*** sandwich *m*
Brot|korb *m* corbeille *f* à pain; **~rinde** *f* croûte; **~röster** *m* grille-pain
Browser *m Inform* navigateur
Bruch *m* rupture *f* (*a fig*); *~stelle* cassure *f*; *Knochen*≈ fracture *f*; *Eingeweide*≈ 'hernie *f*; *Math* fraction *f*
brüchig cassant, fragile
Bruch|rechnung *f* calcul *m* des fractions; **~stück** *n* fragment *m*
Brücke *f* pont *m*; *Mar* passerelle; *Teppich* carpette; *Zahn*≈ bridge *m*
Bruder *m* frère
brüderlich fraternel; **≈keit** *f* fraternité
Brüh|e *f* bouillon *m*; F *péj* eau de vaisselle; **~würfel** *m* cube de consommé
brüllen *Mensch* 'hurler
brumm|en *Mensch* grogner; **≈er** *m* F *Zo* grosse mouche *f*; **≈ig** grognon
brünett brun
Brunnen *m* puits
Brüssel Bruxelles
Brust *f* poitrine; ***die rechte (linke) ~*** le sein droit (gauche)
Brustbeutel *m* pochette *f* portée autour du cou
brüsten ***sich ~ mit*** se vanter de
Brust|korb *m* thorax; **~krebs** *m* cancer du sein; **~schwimmen** *n* brasse *f*; **~umfang** *m* tour de poitrine
Brüstung *f* parapet *m*
Brustwarze *f* mamelon *m*
Brut *f* couvée; *péj* sale graine
brutal brutal; **≈ität** *f* brutalité
brüten couver
Brutkasten *m* couveuse *f*
brutto brut; **≈gehalt** *n* salaire *m* brut; **≈gewicht** *n* poids *m* brut; **≈sozialprodukt** *n* produit *m* national brut
BSE *f* (*bovine spongiforme Enzephalopathie*) E.S.B. (*encéphalopathie spongiforme bovine*)
Btx-Gerät *n etwa* minitel *m*
Bub *m* garçon
Bube *m Kartenspiel* valet
Buch *n* livre *m*; **~druckerei** *f* imprimerie
Buche *f* 'hêtre *m*
buchen *Flug usw* réserver
Bücher|ei *f* bibliothèque; **~regal** *n* étagère *f*; **~schrank** *m* bibliothèque *f*
Buchfink *m* pinson
Buchhalt|er *m* comptable; **~ung** *f* comptabilité
Buch|händler *m* libraire; **~handlung** *f* librairie; **~macher** *m* bookmaker

Büchse *f* boîte; *Gewehr* carabine
Büchsen|fleisch *n* viande *f* en conserve; **~milch** *f* lait *m* condensé; **~öffner** *m* ouvre-boîtes
Buchstab|e *m* lettre *f*, caractère; **2ieren** épeler
Bucht *f* baie; *kleine* crique
Buchung *f* réservation
Buckel *m* bosse *f*
bücken ***sich ~*** se baisser
Bückling *m* 'hareng saur
Bude *f* baraque; *Verkaufs2* kiosque *m*; F *Zimmer* piaule
Büfett *n* buffet *m*; *Theke* comptoir *m*; ***kaltes ~*** buffet *m* froid
Büffel *m* buffle
Bug *m* proue *f*; *Flgw* nez
Bügel *m Kleider2* cintre; *Brillen2* branche *f*; **~brett** *n* planche *f* à repasser; **~eisen** *n* fer *m* à repasser; **~falte** *f* pli *m*; **2frei** qui ne se repasse pas, infroissable
bügeln repasser
Bühne *f* scène
Bühnenbild *n* décors *m/pl*
Bulgar|e *m* Bulgare; **~ien** *n* la Bulgarie; **2isch** bulgare
Bulimie *f* boulimie
Bullauge *n* 'hublot *m*
Bulle *m* taureau; *péj Polizist* flic
Bummel *m* F balade *f*
bummel|n F *umherschlendern* se balader; *trödeln* traîner; **2streik** *m* grève *f* du zèle; **2zug** *m* F tortillard
bumsen P baiser
Bund[1] *n* botte *f* (***Radieschen*** de radis)
Bund[2] *m* union *f*, alliance *f*; *Hosen2* ceinture *f*; F ***beim ~ sein*** faire son service (militaire)
Bündel *n* paquet *m*
Bundes... fédéral; **~kanzler** *m* chancelier fédéral; **~land** *n* land *m*; **~republik** *f* République fédérale; **~straße** *f* route nationale; **~tag** *m* Parlement fédéral; **~wehr** *f* armée de la République fédérale
Bündnis *n* alliance *f*, pacte *m*
Bungalow *m* bungalow [bɛ̃-]
Bungeejumping *n* saut *m* à l'élastique
Bunker *m* abri antiaérien
bunt multicolore; *abwechslungsreich* varié; **2stift** *m* crayon de couleur; **2wäsche** *f* linge *m* de couleur
Burg *f* château *m* fort
Bürg|e *m* garant; **2en** se porter garant (***für*** *A* de)
Bürger *m* bourgeois; *Staats2* citoyen; **~initiative** *f* comité *m* de défense; **~krieg** *m* guerre *f* civile; **2lich** civil, civique; *Milieu* bourgeois; **~meister** *m* maire; **~steig** *m* trottoir
Bürgschaft *f* caution
Burgund *n* la Bourgogne; **~er(wein)** *m* bourgogne
Büro *n* bureau *m*; **~angestellte(r)** *su* employé(e) de bu-

reau; **~klammer** *f* trombone *m*; **~kratie** *f* bureaucratie [-si]; **2kratisch** bureaucratique

Bursche *m* garçon, F gars [gɑ]; *péj* type

burschikos désinvolte, sans gêne

Bürst|e *f* brosse; **2en** brosser

Bus *m* bus; *Reise2* car; **~bahnhof** *m* gare *f* routière

Busch *m* buisson; *in Afrika* brousse *f*

Büschel *n* touffe *f*

Busen *m* poitrine *f*, seins *m/pl*; **~freund(in)** *m(f)* ami(e) intime

Bus|fahrer *m* conducteur *od* chauffeur de bus; **~haltestelle** *f* arrêt *m* de bus

Business Class *f* classe affaires

Bus|linie *f* ligne de bus; **~reise** *f* voyage *m* en car

Bussard *m* buse *f*

Buß|e *f Rel* pénitence; *Geld2* amende; **~geld** *n* amende *f*

Büst|e *f* buste *m*; **~enhalter** *m* soutien-gorge

Butangas *n* butane *m*

Butter *f* beurre *m*; **~brot** *n* tartine *f* beurrée; **~dose** *f* beurrier *m*; **~milch** *f* petit-lait *m*, babeurre *m*

bzw. (*beziehungsweise*) respectivement

C

Cabrio(let) *n* décapotable *f*

Café *n* salon *m* de thé

Cafeteria *f* cafétéria

Camcorder *m* caméscope

Camembert *m* camembert

camp|en camper; **2er** *m* campeur

Camping *n* camping *m*; **~ausrüstung** *f* matériel *m* de camping; **~bus** *m* camping-car; **~platz** *m* (terrain de) camping

Caprihose *f* pantalon *m* corsaire

Caravan *m* caravane *f*

CD *f* (*Compact-Disc*) CD *m*; **~-Brenner** *m* graveur de CD; **~-Player** *m* lecteur de CD; **~-ROM** *f* CD-ROM *m*

Cello *n* violoncelle *m*

Celsius *n* ***3 Grad*** ~ 3 degrés centigrade

Chamäleon *n* caméléon *m*

Champagner *m* champagne

Champignon *m* champignon de Paris

Chance *f* chance

Chaos *n* chaos [kao] *m*

chaotisch chaotique

Charakter *m* caractère; **2istisch** characteristique (**für** de)

charmant charmant

Charme *m* charme

Charter|flug *m* vol charter [-ɛr]; **~gesellschaft** *f* com-

pagnie de charters; **~maschine** *f* charter *m*
chartern affréter
Chatroom *m Inform* salon de conversation
chatten *Inform* dialoguer, bavarder (en ligne)
Chef *m* chef, patron; **~arzt** *m* médecin-chef; **~in** *f* patronne; **~sekretärin** *f* secrétaire de direction
Chemie *f* chimie; **~faser** *f* fibre synthétique
Chemiker *m* chimiste
chemisch chimique; **~ *reinigen*** nettoyer à sec
Chemotherapie *f* chimiothérapie
Chicorée *m od f* endive *f*
Chile *n* le Chili
Chin|a *n* la Chine; **~ese** *m* Chinois; **2esisch** chinois
Chinin *n* quinine *f*
Chip *m Spielmarke* jeton; *Inform* puce *f*
Chips *m/pl* chips [-ps] *f/pl*
Chirurg *m* chirurgien; **2isch** chirurgical
Chlor *n* chlore *m*
Choke *m Kfz* starter
Cholera *f* choléra *m*
Cholesterin *n* cholestérol *m*
Chor *m* chœur
Choreographie *f* chorégraphie
Christ *m* chrétien; **~entum** *n* christianisme *m*; **~kind** *n* enfant Jésus *m*; **2lich** chrétien; **~us** *m* le Christ [krist], Jésus-Christ [-i]
Chrom *n* chrome *m*
chronisch chronique
circa environ
City *f* centre-ville *m*
Clown *m* clown [klun]
Cockpit *n* cockpit [-pit] *m*
Cocktail *m* cocktail
Cola *f* F coca *m*
Comic *m* bande *f* dessinée (*Abk* B.D.)
Computer *m* ordinateur
Container *m* conteneur
Copyshop *m* centre de photocopies
Cord *m* velours côtelé
Couch *f* canapé *m*
Countdown *m od n* compte *m* à rebours
Cousin(e) *m(f)* cousin(e)
Cowboy *m* cow-boy [kobɔj]
Creme *f* crème
Curry *n od m* curry *m*
Cyberspace *m* cybermonde

D

da *adv räumlich* là; *zeitlich* alors, à ce moment-là; *cj weil* comme; **~** *(nun einmal)* puisque; **~ *kommt er (ja)!*** le voilà!; **~ *drüben*** là-bas; ***von ~ an*** depuis; ***ich bin gleich wieder ~!*** je reviens tout de suite!; **~ *sein*** être

là; ***ist noch Milch ~?*** il y a encore du lait?
dabei *örtlich* à côté; *zeitlich* en même temps; *mit enthalten* compris; ***et ~ haben*** avoir qc sur soi; ***gerade ~ sein, et zu tun*** être en train de faire qc
dableiben rester (là)
Dach *n* toit *m*; **~boden** *m* combles *m/pl*, grenier; **~decker** *m* couvreur; **~gepäckträger** *m Kfz* galerie *f*; **~kammer** *f* mansarde; **~rinne** *f* gouttière
Dachs *m* blaireau
Dach|stuhl *m* charpente *f* du toit; **~ziegel** *m* tuile *f*
Dackel *m* teckel
dadurch par là; *deshalb* c'est pourquoi; ***~, dass*** comme
dafür pour cela; *als Ersatz* en échange; *zum Ausgleich* par contre; ***~ sein*** être pour; ***ich kann nichts ~*** je n'y peux rien
dagegen contre cela; *im Gegensatz dazu* par contre; *im Vergleich dazu* en comparaison; ***~ sein*** être contre
daheim à la maison, chez moi, toi, *usw*
daher de là; en; *deshalb* c'est pourquoi; *folglich* par conséquent
dahin là; y; ***bis ~*** jusque-là
dahinten là-bas
dahinter (là-)derrière
Dalmatiner *m Zo* dalmatien
damals à l'époque
Dame *f* dame (*a Spielkarte*); *beim Schach* reine; ***~ spielen*** jouer aux dames
Damen|binde *f* serviette hygiénique; **~friseur** *m* coiffeur pour dames; **~schuhe** *m/pl* chaussures *f/pl* de femme; **~toilette** *f* toilettes *f/pl* pour dames
damit avec cela; *cj* pour que, afin que (+ *subj*)
Damm *m* digue *f*; *Stau*2 barrage
dämmern ***es dämmert*** *morgens* le jour se lève; *abends* la nuit tombe
Dämmerung *f Morgen*2 aube; *Abend*2 crépuscule *m*
Dampf *m* vapeur *f*; **~bad** *n* bain *m* de vapeur, bain *m* turc; **~bügeleisen** *n* fer *m* à vapeur; **2en** dégager de la vapeur; *Speisen* fumer
dämpfen *Speisen* (faire) cuire à l'étouffée *od* à l'étuvée; *Stoß, Geräusch* amortir; *Licht* tamiser
Dampfer *m* bâteau à vapeur; *Ozean*2 paquebot
Dampfkochtopf *m* cocotte-minute *f*, autocuiseur
danach après (cela), ensuite
Däne *m* Danois
daneben à côté; *außerdem* en outre
Dän|emark *n* le Danemark; **~in** *f* Danoise; **2isch** danois
Dank *m* remerciement; ***vielen ~!*** merci beaucoup
dank *prp* (*G od D*) grâce à

dankbar reconnaissant (***für*** de); **&keit** *f* reconnaissance, gratitude
danke merci; **~ *schön*** (*od* ***sehr***) merci beaucoup; **~, *gleichfalls*** merci, à vous aussi
danken remercier (***j-m für et*** q de qc)
dann ensuite
daran y (*a räumlich*), en; **~ *glauben*** y croire; **~ *sterben*** en mourir; ***nahe~ sein zu …*** être sur le point de …
darauf (là-)dessus; ***bald~*** peu après; ***am Tag ~*** le lendemain; **~ *verzichten*** s'en passer; ***das kommt ~ an*** ça dépend
daraus en; **~ *folgt, dass …*** il en résulte que …; ***mach dir nichts ~!*** ne t'en fais pas!
darbiet|en offrir, présenter; **&ung** *f* spectacle *m*
darin (là-)dedans
darlegen exposer
Darleh(e)n *n* prêt *m*
Darm *m* intestin; **~grippe** *f* grippe intestinale; **~krebs** *m* cancer de l'intestin
darstellen représenter; *Theater* interpréter
Darsteller(in) *m(f)* interprète
darüber (au-)dessus; **~** *hinweg* par-dessus; *mehr* plus; ***sich~ freuen*** s'en réjouir; **~ *hinaus*** *außerdem* en plus
darum c'est pourquoi; ***es geht ~, dass …*** il s'agit de (+ *inf*)
darunter (au-)dessous; *dazwischen* parmi eux *od* elles; **~ *leiden*** en souffrir
das *s* ***der***, *pron* cela, ça
Dasein *n* existence *f*
dass que; ***so ~*** de sorte que
dasselbe *s* ***derselbe***
Datei *f* fichier *m* (de données)
Daten *n/pl* données *f/pl*; **~bank** *f* banque de données; **~verarbeitung** *f* informatique
Dativ *m* datif
Dattel *f* datte; **~palme** *f* dattier *m*
Datum *n* date *f*
Dauer *f* durée; ***auf die ~*** à la longue
dauer|haft durable; **&karte** *f* abonnement *m*
dauern durer
dauernd continuel(lement)
Dauerwelle *f* permanente
Daumen *m* pouce
Daunen *pl* duvet *m*; **~decke** *f* édredon *m*
davon de cela, en; **~laufen** s'enfuir, se sauver
davor devant; *zeitlich* avant; ***er hat Angst ~*** il en a peur
dazu *zusätzlich* avec cela; *Zweck* pour cela; (***noch***) **~** en plus; ***was meinen Sie ~?*** qu'en pensez-vous?
dazu|gehören en faire partie; **~rechnen**, **~tun** ajouter
dazwischen entre les deux, au milieu; *zeitlich* entre-temps
dazwischenkommen surve-

nir; ***wenn nichts dazwischenkommt*** sauf imprévu
DB (*Deutsche Bahn*) chemins *m/pl* de fer allemands
DDR (*Deutsche Demokratische Republik*) *hist* ***die*** ~ la R.D.A. (*République démocratique allemande*)
Debatte *f* débat *m*
Deck *n* pont *m*
Decke *f Bett*♀ couverture; *Tisch*♀ nappe; *Zimmer*♀ plafond *m*
Deckel *m* couvercle
decken couvrir; ***den Tisch*** ~ mettre la table
Deckung *f* couverture (*a Hdl*)
defekt défectueux; *Motor* en panne
Defekt *m* défaut (***an*** *D* de); panne (de)
Definition *f* définition
Defizit *n* déficit *m* (*a fig*)
Degen *m* épée *f*
dehnbar extensible, élastique
dehnen (***sich*** ~ s'étirer
Deich *m* digue *f*
Deichsel *f* timon *m*
dein(e) ton (ta); ~***e*** *pl* tes
deinerseits de ton côté, de ta part
deinetwegen à cause de toi; *für dich* pour toi
Deklination *f* déclinaison
Dekolleté *n* décolleté *m*
Dekor|ation *f* décoration; *Theater, Film* décors *m/pl*; ♀**ieren** décorer (***mit*** de)
Dele|gation *f* délégation; ~**gierte(r)** *m* délégué
delikat *köstlich* délicieux; *heikel* délicat
Delikatesse *f* mets *m* délicat; ***das ist eine*** ~ c'est délicieux
Delikatess(en)geschäft *n* épicerie *f* fine
Delikt *n* délit
Delle *f* F bosse
Delphin *m* dauphin
dementieren démentir
dem|entsprechend conformément à cela; ~**nach** par conséquent, donc; ~**nächst** prochainement
Demokrat|ie *f* démocratie [-si]; ♀**isch** démocratique; *Partei, Person* démocrate
demolieren démolir
Demonstr|ation *f* manifestation; ♀**ieren** manifester
demütig|en humilier; ♀**ung** *f* humiliation
denkbar imaginable
denken penser (***an*** *A* à); ***sich et*** ~ s'imaginer qc; ***wie*** ~ ***Sie darüber?*** qu'en pensez-vous?
Denk|mal *n* monument *m*; ♀**würdig** mémorable
denn car; ***wo ist er*** ~***?*** où est-il donc passé?; ***mehr*** ~ ***je*** plus que jamais; ***es sei*** ~, ***dass …*** à moins que (+ *subj*)
dennoch cependant, pourtant
denunzieren dénoncer
Deo(dorant) *n* déodorant *m*
Depon|ie *f* décharge; ♀**ieren** déposer
der, die, das le, la (*vor Vokal*

l'); ***die*** *pl* les; *relativ* qui (*A* que)
derart tellement; **~ig** tel
derb grossier
deren dont
derjenige, **diejenige**, **dasjenige** celui, celle; ***diejenigen*** *pl* ceux, celles
dermaßen tellement
derselbe, **dieselbe**, **dasselbe** le même, la même; ***dieselben*** *pl* les mêmes; ***das ist dasselbe*** c'est la même chose
desertieren déserter
desgleichen de même
deshalb pour cette raison, c'est pourquoi
Design *n* design; **~er** *m* designer
Desinfektionsmittel *n* désinfectant *m*
desinfizieren désinfecter
Dessert *n* dessert *m*
destilliert ***~es Wasser*** *n* eau *f* distillée
desto d'autant; ***~ besser*** tant mieux
deswegen *s* ***deshalb***
Detail *n* détail *m*
Detekt|ei *f* agence de détectives; **~iv** *m* détective
deuten interpréter; ***auf et*** (*A*) ~ indiquer qc
deutlich distinct; *Schrift* lisible; *eindeutig* clair, net; **2keit** *f* netteté
deutsch allemand; ***auf 2*** en allemand; ***sprechen Sie 2?*** parlez-vous allemand?
Deutsch|e(r) *su* Allemand(e); **~land** *n* l'Allemagne *f*
Devisen *f/pl* devises
Dezember *m* décembre
dezent discret
d. h. (*das heißt*) c.-à-d. (*c'est à dire*)
Dia *n* F diapo *f*
Diabet|es *m* diabète; **~iker** *m* diabétique
Diagnose *f* diagnostic *m*
Dialekt *m* dialecte
Dialog *m* dialogue
Diamant *m* diamant
Diaprojektor *m* projecteur (de diapositives)
Diät *f* régime *m*; ***~ halten*** suivre un régime
dich te (*vor Vokal* t'); *betont, nach prp* toi; ***für ~*** pour toi
dicht dense (*a Verkehr*), épais; *wasser~* étanche; ***~ an*** (*D*), ***~ bei*** tout près de
Dicht|er *m* poète; **~ung** *f* poésie; *Tech* joint *m*
dick épais; *Person* gros; *geschwollen* enflé; ***~(er) werden*** grossir
Dick|darm *m* gros intestin; **~icht** *n* taillis *m*; **2köpfig** entêté, têtu; **~milch** *f* lait *m* caillé
die *s* ***der***
Dieb *m* voleur; **~stahl** *m* vol
Diele *f Flur* entrée; *Brett* planche
dienen servir (***zu*** à, ***als*** de)
Diener *m* domestique
Dienst *m* service; ***~ haben, im ~ sein*** être de service; ***j-m***

e-n ~ erweisen rendre (un) service à q
Dienstag *m* mardi
dienstags le mardi
Dienstleistung *f* (prestation *f* de) service *m*
dienstlich pour affaires; de service, officiel
Dienst|mädchen *n* bonne *f*; **~reise** *f* déplacement *m*, mission; **~stelle** *f* service *m*, office *m*; **~stunden** *f/pl* heures de service
Diesel *m Fahrzeug* diesel; **~motor** *m* moteur diesel; **~öl** *n* gasoil *od* gazole *m*
diese(r, -s) ce (*vor Vokal* cet), cette; *~ pl* ces; *alleinstehend* celui-ci, celle-ci, *pl* ceux-ci, celles-ci
diesig brumeux
dies|jährig de cette année; **~mal** cette fois(-ci); **~seits** de ce côté
Dietrich *m* passe-partout
Differenz *f* différence
digital numérique; **~uhr** *f* montre à affichage numérique
Diktat *n* dictée *f*
Diktatur *f* dictature
diktier|en dicter; **≈gerät** *n* dictaphone *m*
Dill *m* aneth [-t]
Ding *n* chose *f*; ***vor allen ~en*** avant tout
Dings(da) *n* F truc *m*, machin *m*
Dinosaurier *m* dinosaure
Diphterie *f* diphtérie
Diplom *n* diplôme *m*
Diplomat|(in) *m(f)* diplomate; **≈isch** diplomatique
dir te (*vor Vokal* t'); *betont* à toi; ***mit ~*** avec toi
direkt direct; ***~ gegenüber*** juste en face
Direktflug *m* vol sans escale
Direktion *f* direction
Direktor *m* directeur; *e-s Gymnasiums* proviseur
Direkt|übertragung *f* émission en direct; **~verbindung** *f* liaison directe
Dirig|ent *m* chef d'orchestre; **≈ieren** diriger
Diskette *f* disquette
Diskettenlaufwerk *n* lecteur *m* de disquettes
Disko *f* F disco, boîte; **~thek** *f* discothèque
diskret discret
diskriminieren discriminer
Diskussion *f* discussion
Diskuswerfen *n* lancement *m* du disque
diskutieren discuter (***über*** *A* de *od* sur)
disqualifizieren disqualifier
distanzieren ***sich von et ~*** désapprouver qc
Distel *f* chardon *m*
Disziplin *f* discipline
dividieren diviser
DM (*Deutsche Mark*) *hist* DM *m*
D-Mark *f hist* mark *m* allemand
doch *trotzdem* pourtant; *als Antwort* ***~!*** si!; ***das gibts ~***

gar nicht! c'est pas possible!
Docht *m* mèche *f*
Dock *n* dock *m*
Dogge *f* dogue *m*
Doktor *m* docteur (*a* F *Arzt*)
Dokument *n* document *m*; **~arfilm** *m* documentaire
Dolch *m* poignard
Dollar *m* dollar
dolmetsch|en servir d'interprète; *et* traduire; **♀er(in)** *m(f)* interprète
Dom *m* cathédrale *f*
Donau *f* Danube *m*
Döner *m* kebab [kebab]
Donner *m* tonnerre
donnern ***es donnert*** il tonne
Donnerstag *m* jeudi
donnerstags le jeudi
doof F bête, idiot
dopen doper
Doping *n* dopage *m*; **~kontrolle** *f* contrôle *m* antidopage
Doppel *n* double *m* (*a Sp*); **~bett** *n* lits *m/pl* jumeaux; *französisches Bett* grand lit *m*; **~gänger** *m* sosie; **~klick** *m Inform* double clic; **~punkt** *m* deux-points
doppelt double; ***das ♀e*** le double
Doppelzimmer *n* chambre *f* pour deux personnes
Dorf *n* village *m*
Dorn *m* épine *f*
Dörrobst *n* fruits *m/pl* secs
Dorsch *m* morue *f*
dort là-bas; ***warst du schon mal ~?*** tu y es déjà allé?
dorthin là-bas; ***~ fahren, kommen*** y aller
Dose *f* boîte
Dosen|bier *n* bière *f* en boîte; **~milch** *f* lait *m* concentré; **~öffner** *m* ouvre-boîte(s)
Dosis *f* dose
Dotter *n* jaune *m* d'œuf
downloaden *Inform* télécharger
Drache *m* dragon
Drachen *m Spielzeug* cerf-volant; *Fluggerät* deltaplane; **~fliegen** *n* deltaplane *m*
Dragée *n* dragée *f*
Draht *m* fil de fer; **♀los** sans fil; **~seilbahn** *f* téléférique *m*
Drama *n* drame *m*; **♀tisch** dramatique
dran F *s* ***daran***; ***ich bin ~*** c'est mon tour
drängeln bousculer, pousser
drängen pousser; **(*sich ~*** se) presser; ***j-n ~, et zu tun*** presser q de faire qc; ***die Zeit drängt*** le temps presse
drankommen F ***wer kommt jetzt dran?*** c'est à qui (le tour)?
draußen dehors
Dreck *m* saleté; *Straßen♀* boue *f*; **♀ig** sale
Drehbuch *n* scénario *m*
drehen tourner (*a Film*); ***sich ~*** tourner (***um*** autour de); ***es dreht sich um …*** il s'agit de …
Dreh|kreuz *n* tourniquet *m*; **~strom** *m* courant triphasé;

~tür *f* porte à tambour; **~ung** *f* tour *m*; **~zahlmesser** *m* compte-tours
drei trois; **≈bettzimmer** *n* chambre *f* à trois lits; **≈eck** *n* triangle *m*; **~eckig** triangulaire; **~fach** triple; **~hundert** trois cents; **≈kampf** *m Sp* triathlon; **~mal** trois fois; **≈rad** *n* tricycle *m*; **≈sprung** *m Sp* triple saut; **~spurig** à trois voies
dreißig trente
dreist effronté; F culotté
drei|tägig de trois jours; **≈viertelstunde** *f* trois quarts *m/pl* d'heure; **~zehn** treize
dreschen battre
dressieren dresser
Dressing *n* sauce *f* (de salade)
Dressur *f* dressage *m*
dringen ~ ***durch*** (***in*** *A*) pénétrer dans; ***auf et*** (*A*) ~ exiger qc
dringend urgent
drinnen dedans
dritt|e(r, -s) troisième; **≈el** *n* tiers *m*; **~ens** troisièmement
Droge *f* drogue
drogen|abhängig, **~süchtig** drogué, toxicomane
Drogerie *f* droguerie
droh|en menacer (***j-m*** q, ***mit*** de); **~end** menaçant; *Gefahr* imminent
dröhnen retentir; *Motor* vrombir
Drohung *f* menace
drollig amusant, drôle
Dromedar *n* dromadaire *m*
Drossel *f* grive
drüben de l'autre côté; ***da*** **~**, ***dort*** ~ là-bas
Druck *m* pression *f*; *Buch≈* impression *f*; **~buchstabe** *m* caractère d'imprimerie
drucken imprimer
drücken presser; *stoßen* pousser; *Hand, Schuhe* serrer; ***auf den Knopf*** ~ appuyer sur le bouton; ***sich*** ~ F se défiler
drückend *Hitze* étouffant
Drucker *m* imprimeur; *Inform* imprimante *f*
Druckerei *f* imprimerie
Druck|fehler *m* faute *f* d'impression; **~knopf** *m* bouton-pression; **~luft** *f* air *m* comprimé; **~sache** *f* imprimé *m*; **~schrift** *f* caractères *m/pl* d'imprimerie
drunter ***es od alles geht ~ und drüber*** tout est sens dessus dessous
Drüse *f* glande
Dschungel *m* jungle *f*
du tu; *betont* toi
Dübel *m* cheville *f*
ducken ***sich*** ~ se baisser
Dudelsack *m* cornemuse *f*
Duell *n* duel *m*
Duett *n Mus* duo *m* (de chant)
Duft *m* parfum; **≈en** sentir bon
dulden tolérer
dumm bête; **≈heit** *f* bêtise; **≈kopf** *m* imbécile
dumpf sourd; *unklar* vague
Düne *f* dune

Dünger *m* engrais
dunkel obscur (*a fig*); sombre; *Farbe* foncé; ***es wird* ~** la nuit tombe; ***im* 2n** dans l'obscurité
Dunkelheit *f* obscurité
dunkelrot rouge foncé
dünn mince; *Kaffee, Kleid* léger; *Haar, Luft* rare; **2darm** *m* intestin grêle
Dunst *m* brume *f*; *Küchen*2 vapeur *f*
dünsten cuire à l'étuvée
dunstig brumeux
Duplikat *n* duplicata *m*
Dur *n* mode *m* majeur; **C-~** do *m* majeur
durch par; *quer* ~ à travers; ***hier* ~** par ici; ***das ganze Jahr* ~** toute l'année
durchaus tout à fait; **~ *nicht*** pas du tout
durchblättern feuilleter
durchblicken ~ *lassen* laisser entendre
Durchblutung *f* circulation sanguine
durch|bohren percer; **~brennen** *Sicherung* sauter; *Glühbirne* griller; *fig* F filer; **~denken** examiner à fond; **~drehen** *Räder* patiner; F déjanter; **~dringen** pénétrer
durcheinander en désordre; **2** *n* désordre *m*
durchfahren passer par, traverser; *nicht halten* ne pas s'arrêter; ***bei Rot* ~** griller un feu rouge
Durchfahrt *f* traversée; **~ *verboten!*** passage interdit!
Durchfall *m* *Med* diarrhée *f*
durchfallen *im Examen* échouer
durchführ|bar réalisable; **~en** réaliser
Durchgang *m* passage; ***kein* ~!** passage interdit!
Durchgangsverkehr *m* trafic de transit
durchgebraten bien cuit
durchgehen passer par; *Zug* être direct (***bis*** jusqu'à); ***et* ~ *lassen*** laisser passer qc
durchgehend *Zug* direct; **~ *geöffnet*** ouvert en permanence *od* à midi; **~ *warme Küche*** plats *m/pl* chauds à toute heure
durch|halten tenir jusqu'au bout; **~kommen** passer par, *fig* s'en tirer; *im Examen* être reçu; *Tel* obtenir la communication; **~lassen** laisser passer; **~lässig** perméable
Durchlauferhitzer *m* chauffe-eau instantané
durch|lesen lire en entier; *flüchtig* parcourir; **2leuchtung** *f* *Med* radioscopie; **2messer** *m* diamètre; **~nässt** trempé; **~queren** traverser
Durchreise *f* passage *m*; ***auf der* ~** de passage
durchreise|n passer par; **2visum** *n* visa *m* de transit
durchreißen déchirer
Durchsage *f* annonce

durchschauen *Absichten* percer à jour; ***j-n ~*** pénétrer les intentions de q
Durch|schlag *m* copie *f*, double; **≈schneiden** couper (en deux)
Durchschnitt *m* moyenne *f*; ***im ~*** en moyenne; **≈lich** moyen; *adv* en moyenne
Durchschnittsgeschwindigkeit *f* vitesse moyenne
Durch|schrift *f* copie, double *m*; **≈sehen** examiner, réviser
durchsetzen faire adopter; ***s-n Willen ~*** imposer sa volonté; ***sich ~*** s'imposer
Durchsicht *f* examen *m*, révision; **≈ig** transparent
durch|sprechen discuter; **~stellen** *Tel* passer; **~streichen** rayer
durchsuch|en fouiller; **≈ung** *f* fouille; *e-r Wohnung* perquisition
durchtrieben rusé
Durchwahl(nummer) *f* (numéro *m* de sa) ligne directe
durchwandern parcourir à pied
durchweg sans exception
durch|wühlen fouiller (***et*** dans qc); **~zählen** compter un à un
Durchzug *m* courant d'air
dürfen avoir le droit *od* la permission de; ***darf ich …?*** est-ce que je peux…?; ***man darf nicht …*** il ne faut pas …, on ne doit pas…; ***was darf es sein?*** vous désirez?
dürftig médiocre; *armselig* pauvre
dürr sec (*a Mensch*); *Ast*, *Blatt* mort; *Land* aride
Dürre *f* sécheresse
Durst *m* soif *f*; ***ich habe ~*** j'ai soif
durstig ***~ sein*** avoir soif
Dusche *f* douche
duschen (***sich***) ***~*** prendre une douche, se doucher
Dusch|gel *n* gel *m* moussant; **~vorhang** *m* rideau de douche
Düs|e *f* tuyère; **~enflugzeug** *n* avion *m* à réaction
düster sombre
Duty-free-Shop *m* boutique *f* 'hors taxes
Dutzend *n* douzaine *f*
duzen tutoyer
DVD *f* (*digital versatile disc*) DVD *m*
Dynamit *n* dynamite *f*
Dynamo *m* dynamo *f*
D-Zug *m* train direct, express

E

Ebbe *f* marée basse; ~ ***und Flut*** marée
eben *adj* plat; *adv* justement; ***er ist ~ gekommen*** il vient d'arriver
Ebene *f* plaine; *Pol* plan *m*
ebenfalls également, aussi
ebenso de même; ~ ***groß wie*** aussi grand que; ~ ***viel*** autant (***wie*** que); ~ ***wenig*** aussi peu (***wie*** que)
Eber *m* verrat
ebnen aplanir
Echo *n* écho [eko] *m*
echt véritable, authentique; **≈heit** *f* authenticité
Eckball *m* corner [-ɛr]
Ecke *f* coin *m*; ***um die ~ biegen*** tourner au coin de la rue
eckig anguleux
Eckzahn *m* canine *f*
Economyklasse *f* classe économique
edel noble; **≈stahl** *m* acier inoxydable; **≈stein** *m* pierre *f* précieuse
EDV *f* (*elektronische Datenverarbeitung*) informatique
Efeu *m* lierre
Effekt *m* effet
egal égal; ***das ist mir ~*** ça m'est égal
Egoist *m*, **≈isch** égoïste
ehe avant que (+ *subj*)
Ehe *f* mariage *m*; **~bett** *n* lit *m* conjugal; **~bruch** *m* adultère; **~frau** *f* épouse; **~krach** *m* F scène *f* de ménage; **~leute** *pl* époux *m/pl*; **≈lich** conjugal; *Kind* légitime
ehemalig ancien
Ehe|mann *m* mari; **~paar** *n* couple *m* (marié)
eher *früher* plus tôt; *lieber* plutôt
Ehe|ring *m* alliance *f*; **~scheidung** *f* divorce *m*; **~schließung** *f* mariage *m*
Ehre *f* honneur *m*
ehren honorer; **~amtlich** honorifique; **≈gast** *m* invité d'honneur; **≈wort** *n* parole *f* d'honneur
Ehr|furcht *f* respect *m* (***vor*** *D* de, pour); **~geiz** *m* ambition *f*; **≈geizig** ambitieux
ehrlich honnête(ment); **≈keit** *f* honnêteté
Ei *n* œuf *m*; ***hartes ~*** œuf *m* dur; ***weiches ~*** œuf *m* à la coque
Eibe *f* if *m*
Eich|e *f* chêne *m*; **~el** *f* gland *m*; **~hörnchen** *n* écureuil *m*
Eid *m* serment
Eidechse *f* lézard *m*
eidesstattlich **~e** ***Erklärung*** *f* déclaration à titre de serment
Eidotter *n* jaune *m* d'œuf
Eier|becher *m* coquetier;

~kuchen *m* crêpe *f*; **~likör** *m* liqueur *f* aux œufs; **~schale** *f* coquille d'œuf; **~stock** *m* ovaire; **~tomate** *f* olivette

Eifer *m* enthousiasme; **~sucht** *f* jalousie; **ˆsüchtig** jaloux (***auf*** *A* de)

eifrig enthousiaste; *Schüler* studieux

Eigelb *n* jaune *m* d'œuf

eigen propre; **ˆart** *f* particularité; **~artig** étrange; **ˆbedarf** *m* consommation *f* personnelle; **ˆheim** *n* maison *f* individuelle; **ˆname** *m* nom propre; **~nützig** intéressé

Eigenschaft *f* caractéristique; ***gute ~en*** *pl* qualités

eigensinnig obstiné

eigentlich véritable; *adv* en réalité, à vrai dire

Eigen|tum *n* propriété *f*; **~tümer** *m* propriétaire; **~tumswohnung** *f* appartement *m* en copropriété

eignen ***sich ~*** convenir; *Person* avoir les qualités requises (***für*** pour, ***als od zu*** pour être)

Eilbote *m* ***durch ~n*** par exprès [-ɛs]

Eilbrief *m* lettre *f* exprès [-ɛs]

Eile *f* 'hâte; ***in ~ sein*** être pressé

eilen presser; ***eilt!*** urgent!

eilig pressé; *Sache* urgent; ***es ~ haben*** être pressé

Eilzug *m* train direct

Eimer *m* seau; F ***im ~ sein*** être fichu

ein (*f* **~e**) un, une; ***~ für alle Mal*** une fois pour toutes; ***~er von beiden*** l'un des deux

einander l'un l'autre, les uns les autres; l'un à l'autre, les uns aux autres

einarbeiten ***sich ~*** se familiariser (***in*** *A* avec)

einatmen inspirer; *Gas, Rauch usw* respirer

Einbahnstraße *f* (rue à) sens *m* unique

Einband *m* reliure *f*

einbau|en *Geräte* monter, installer; *Möbel* encastrer; **ˆküche** *f* cuisine aménagée

einbiegen tourner (***in*** *A* dans, ***nach links*** à gauche)

einbilden ***sich et ~*** s'imaginer qc

Einbildung *f* imagination; *irrige* illusion; *Anmaßung* suffisance

einbrech|en cambrioler (***in et*** *A* qc); **ˆer** *m* cambrioleur

einbringen *Gewinn* rapporter

Einbruch *m* cambriolage; ***bei ~ der Nacht*** à la tombée de la nuit

einbürgern naturaliser

einbüßen perdre

eindecken ***sich ~ mit*** s'approvisionner en

eindeutig clair, net, sans équivoque

eindring|en pénétrer (***in*** *A* dans); **ˆling** *m* intrus

Eindruck *m* impression *f*

eindrücken enfoncer
eindrucksvoll impressionnant
eine *s* ***ein***
eineinhalb un et demi
einerseits d'un côté
einfach simple; *schlicht* modeste; ***e-e ~e Fahrkarte*** un aller simple (***nach*** pour)
einfahren *Zug* entrer en gare (***auf Gleis 3*** quai numéro 3); *neues Auto* roder
Einfahrt *f* entrée; *Tor* porte cochère
Einfall *m* idée *f*
einfallen *einstürzen* s'écrouler; *Mil* envahir (***in ein Land*** un pays); *Gedanke* venir à l'esprit; ***sein Name fällt mir nicht ein*** son nom m'échappe
Einfamilienhaus *n* maison *f* individuelle
einfarbig uni
einfetten graisser
Einfluss *m* influence *f*; **²reich** influent
ein|frieren geler; *Lebensmittel* congeler; **~fügen** insérer
Einfuhr *f* importation
einführ|en introduire; *Hdl* importer; **²ung** *f* introduction
Einfuhr|verbot *n* embargo *m* sur les importations; **~zoll** *m* taxes *f/pl* à l'importation
Eingang *m* entrée *f*
Eingangstür *f* porte d'entrée
eingeben *Inform* entrer; *Geheimnummer* taper
einge|bildet prétentieux; **²borene(r)** *su* indigène
eingehen *Post* arriver; *Pflanze, Tier* mourir; *Stoff* rétrécir; ***auf et*** (*A*) **~** *Angebot* accepter; *Details* entrer dans; ***ein Risiko ~*** courir un risque
Eingemachte(s) *n* conserves *f/pl* maison
einge|schneit bloqué par la neige; **~schrieben** *Brief* recommandé
Eingeweide *pl* intestins *m/pl*
eingewöhnen ***sich ~*** s'acclimater
ein|gießen verser (***in*** *A* dans); **~gleisig** à voie unique; **~gliedern** incorporer; **~greifen** intervenir; **²griff** *m* intervention *f* (*a Med*); **~halten** *Frist* respecter; **~hängen** *Tel Hörer* raccrocher
einheimisch local; **²e(r)** *su* personne *f* du pays
Einheit *f* unité; **²lich** homogène; *für alle gleich* unique; **~spreis** *m* prix unique
einholen *j-n, Zeitverlust* rattraper
Einhorn *n* licorne *f*
einig ***sich ~ sein*** (***werden***) être (tomber) d'accord (***über*** *A* sur)
einige quelque(s); *alleinstehend* quelques-un(e)s; ***~ Mal*** plusieurs fois
einigen ***sich ~*** se mettre d'accord (***über*** *A* sur)
einigermaßen relativement
Einig|keit *f* union, concorde;

~ung *f* accord *m*
einjährig d'un an
einkalkulieren tenir compte de
Einkauf *m* achat; ***Einkäufe machen*** = **2en** faire les courses; *et* acheter
Einkaufsbummel *m* ***e-n ~ machen*** faire du shopping
Einkaufs|tasche *f* sac *m* à provisions, cabas *m*; **~wagen** *m* caddie®; **~zentrum** *n* centre *m* commercial
ein|kehren s'arrêter dans un restaurant, une auberge; **~klammern** mettre entre parenthèses
einkleiden ***sich neu ~*** s'habiller de neuf
einklemmen coincer
Einkommen *n* revenu *m*; **~steuer** *f* impôt *m* sur le revenu
Einkünfte *pl* revenus *m/pl*
einlad|en *j-n* inviter; *Gepäck usw* charger; **2ung** *f* invitation
Einlage *f Schuh2* semelle orthopédique
Einlass *m* entrée *f*; ***~ ab 18 Uhr*** ouverture des portes à 18 heures
einlassen laisser entrer; ***sich auf et*** (*A*) **~** se laisser embarquer dans qc
einlaufen *Zug* entrer en gare; *Schiff* entrer au port; *Stoff* rétrécir
einleben ***sich ~*** s'acclimater
einlege|n *Film* mettre; *Kfz Gang* passer; *Fisch* mariner; *Pause* faire; **2sohle** *f* semelle orthopédique
Einleitung *f* introduction
einleuchtend évident
einliefern ***in ein Krankenhaus ~*** hospitaliser
Einlieferung *f Med* hospitalisation; **~sschein** *m Post* récépissé, reçu
ein|lösen *Scheck* encaisser; *Versprechen* tenir; **~machen** faire des conserves de
einmal une fois; *künftig* un jour; ***auf ~*** *plötzlich* tout à coup; *in e-m Zug* d'un seul coup; *zugleich* à la fois; ***noch ~*** encore une fois
Einmal|eins *n* table *f* de multiplication; **2ig** unique
einmischen ***sich ~*** se mêler (***in*** *A* de)
ein|münden déboucher (***in*** *A* sur); **~mütig** unanime; *adv* à l'unanimité
Einnahme *f Hdl* recette
einnehmen *Geld* toucher; *Arznei*, *Platz* prendre; *Stellung* occuper
einölen huiler
einordnen *Kfz* ***sich links ~*** prendre la file de gauche
einpacken empaqueter; *in Papier* emballer; *in den Koffer* mettre (dans la valise)
einparken se garer; *rückwärts* faire un créneau
einplanen prévoir
einprägen ***sich et ~*** retenir, mémoriser qc

einquartieren *u* ***sich*** ~ loger
einrahmen encadrer
einräumen ranger; *zugestehen* accorder
einreib|en (***sich*** ~ se) frictionner; **Ձung** *f* friction
einreichen déposer
Einreise *f* entrée (dans un pays); **~erlaubnis** *f* permis *m* d'entrée
einreise|n entrer (***nach Frankreich*** en France); **Ձvisum** *n* visa *m* d'entrée
einrenken *Med* remettre, remboîter
einricht|en *Wohnung usw* aménager; ***sich*** ~ s'installer; **Ձung** *f* aménagement *m*; *Möbel* ameublement *m*; *Institution* institution
eins un; *Uhrzeit* ***es ist*** ~ il est une heure
einsam *verlassen* seul; *abgelegen* isolé; **Ձkeit** *f* solitude
einsammeln ramasser
Einsatz *m persönlicher* engagement; *Verwendung* emploi; *im Spiel* mise *f*
einscannen scanner
einschalten *Licht*, *Radio*, *TV* allumer; ***sich*** ~ intervenir
Einschaltquote *f TV* audience, audimat *m*
ein|schätzen estimer; **~schenken** verser; **~schicken** envoyer; **~schieben** intercaler
einschiff|en ***sich*** ~ embarquer; **Ձung** *f* embarquement *m*
ein|schlafen s'endormir; *Glieder* s'engourdir; **~schläfern** endormir (*a Med*); *Tier* piquer; **~schlagen** *Nagel* enfoncer; *Glasscheibe* casser; *Weg* prendre; *Blitz* tomber (***in*** *A* sur); **~schleppen** *Krankheit* introduire
einschließ|en (***sich*** ~ s')enfermer (à clé); *umfassen* renfermer; *Mil* encercler; **~lich** y compris
Einschnitt *m* incision *f*; *fig* tournant
einschränk|en limiter, restreindre; ***sich*** ~ réduire ses dépenses; **Ձung** *f* limitation; *Vorbehalt* restriction
Einschreib(e)brief *m* lettre *f* recommandée
einschreiben (***sich*** ~ s')inscrire; *Brief* ~ ***lassen*** = ***als*** *od* ***per*** Ձ ***schicken*** envoyer en recommandé
ein|schreiten intervenir; **~schüchtern** intimider; **~sehen** voir; *Fehler* reconnaître; **~seitig** d'un seul côté; *Pol* unilatéral; *parteiisch* partial
einsend|en envoyer; **Ձeschluss** *m* date *f* limite d'envoi; **Ձung** *f* envoi *m*
einsetzen mettre, insérer (***in*** *A* dans); *Mittel*, *Kräfte* employer; *Leben* risquer; *beginnen* commencer; ***sich*** ~ s'engager; ***sich*** ~ ***für*** *j-n* intervenir en faveur de; *et* défendre
Einsicht *f* compréhension;

⁓ig compréhensif
Einsiedler *m* ermite
einsparen économiser
einsperren emprisonner
einspringen ***für j-n ⁓*** remplacer q
einspritz|en injecter; **⁓motor** *m* moteur à injection
Einspruch *m* protestation *f*; *jur* opposition *f*; ***⁓ erheben*** protester (***gegen*** contre)
einspurig *Straße* à une seule voie; *Bahn* à voix unique
einstecken empocher; *Brief* mettre à la boîte; *hinnehmen* encaisser
einsteigen monter (***in*** *A* dans); ***⁓!*** en voiture!
einstellen *Radio, TV* régler; *Fot* mettre au point; *Arbeitskräfte* embaucher; *Arbeit* cesser; *Rekord* égaler; ***sich auf et*** (*A*) ⁓ se préparer à qc
Einstellung *f Haltung* attitude (***zu*** envers)
ein|stimmig unanime; *adv* à l'unanimité; **⁓stöckig** à un étage; **⁓stufen** classer; **⁓sturz** *m* écroulement; **⁓stürzen** s'écrouler; **⁓sturzgefahr** *f* danger *m* d'écroulement
einstweil|en en attendant; **⁓ig** provisoire
ein|tägig d'une journée; **⁓tauchen** plonger; **⁓tauschen** échanger (***gegen*** contre)
einteilen diviser; *Zeit, Geld* répartir (***in*** *A* en)
einteilig d'une pièce
Einteilung *f* division, répartition
eintönig monotone
Eintopf *m* plat unique
ein|tragen inscrire; **⁓träglich** rentable, lucratif; **⁓treffen** arriver; *Voraussage* se réaliser
eintreten entrer; *sich ereignen* arriver; ***⁓ für*** défendre
Eintritt *m* entrée *f*; ***⁓ frei*** entrée gratuite; ***⁓ verboten*** entrée interdite
Eintritts|karte *f* billet *m* d'entrée; **⁓preis** *m* prix *m* d'entrée
ein|trocknen sécher; **⁓üben** étudier
einver|standen d'accord; (***mit*** avec); **⁓ständnis** *n* accord *m*
Einwand *m* objection *f* (***gegen*** à)
Einwanderer *m* immigrant; *Eingewanderter* immigré
einwander|n immigrer; **⁓ung** *f* immigration
einwandfrei impeccable, irréprochable
Einweg|flasche *f* bouteille non consignée; **⁓spritze** *f* seringue jetable
einweichen faire tremper
einweih|en *Bauwerk* inaugurer; *j-n* initier (***in*** *A* à); **⁓ung** *f* inauguration
Einweisung *f in ein Heim* envoi *m* (***in*** *A* dans); *in ein Krankenhaus* hospitalisation

einwenden objecter
einwerfen *Brief* mettre à la boîte; *Münze* introduire
einwickeln envelopper
einwillig|en consentir (*in A* à); **2ung** *f* consentement *m*
Einwohner *m* habitant
Einwurf *m Schlitz* fente *f*; *Sp* remise *f* en jeu
Einzahl *f* singulier *m*
einzahl|en verser; **2ung** *f* versement *m*
einzäunen entourer d'une clôture, clôturer
Einzel *n Tennis* simple *m*; **~bett** *n* lit *m* à une place; **~fall** *m* cas isolé *od* unique; **~gänger** *m* solitaire; **~handel** *m* commerce de détail; **~heit** *f* détail *m*; **~kind** *n* enfant *m* unique
einzeln seul; *adv* un à un, séparément; ***im* 2*en*** en détail
Einzelzimmer *n* chambre *f* individuelle
einziehen *Bauch, Fahrwerk, Antenne* rentrer; *Steuern* percevoir; *Erkundigungen* prendre; *in e-e Wohnung* emménager (dans); *Flüssigkeit* pénétrer (*in A* dans)
einzig unique; ***kein* 2*er*** pas un seul
einzigartig unique (en son genre), exceptionnel
Einzimmerwohnung *f* studio *m*
Eis *n* glace *f*; **~ *am Stiel*** esquimau *m*; **~ *laufen*** faire du patin
Eis|bahn *f* patinoire; **~bär** *m* ours blanc; **~becher** *m* coupe *f* glacée; **~bein** *n* jambonneau *m*; **~berg** *m* iceberg; **~diele** *f* glacier *m*
Eisen *n* fer *m*
Eisenbahn *f* chemin *m* de fer; **~linie** *f* ligne de chemin de fer; **~unglück** *n* accident *m* de chemin de fer
Eisenwaren *f/pl* quincaillerie *f*
eisern en fer; *fig* de fer
eis|gekühlt glacé; *Sekt* frappé; **2hockey** *n* 'hockey *m* sur glace
eisig glacial (*a fig*)
Eis|kaffee *m* café liégeois; **2kalt** glacé, glacial; **~kunstlauf** *m* patinage artistique; **~lauf** *m* patinage; **~pickel** *m* piolet; **~tee** *m* thé glacé; **~verkäufer(in)** *m(f)* marchand(e) de glaces; **~würfel** *m* glaçon; **~zapfen** *m* glaçon
eitel vaniteux; **2keit** *f* vanité
Eit|er *m* pus; **2(e)rig** purulent; **2ern** suppurer
Eiweiß *n* blanc *m* d'œuf; *Biol* protéines *f/pl*
Ekel *n* dégoût (*vor D* de); **2haft** répugnant
EKG *n* (*Elektrokardiogramm*) E.C.G. *m* (*électrocardiogramme*)
Ekzem *n* eczéma *m*
elastisch élastique
Elch *m* élan
Elefant *m* éléphant
elegant élégant

Elektri|ker *m* électricien; **≈sch** électrique
Elektrizität *f* électricité; **~swerk** *n* centrale *f* électrique
Elektro|gerät *n* appareil *m* électrique; **~herd** *m* cuisinière *f* électrique
Elektron|enblitz *m* flash *m* électronique; **~ik** *f* électronique; **≈isch** électronique
Elektro|rasierer *m* rasoir électronique; **~technik** *f* électrotechnique
Element *n* élément *m*
elementar élémentaire
elend misérable; **≈** *n* misère *f*; **≈sviertel** *n* bidonville *m*
elf onze; **≈** *f Sp* onze *m*
Elfenbein *n* ivoire *m*
Elfmeter *m* penalty
Ell(en)bogen *m* coude *m*
Elsass *n* l'Alsace *f*
Elsäss|er *m* Alsacien; **≈isch** alsacien
Elster *f* pie
Eltern *pl* parents *m/pl*
Email *n* émail *m*
E-Mail *f Einrichtung* courrier *m* électronique; *Nachricht* e-mail *m*; **~-Adresse** *f* adresse e-mail
Eman|zipation *f* émancipation; **≈zipiert** émancipé
Embargo *n* embargo *m*
Embolie *f* embolie
Embryo *m* embryon
Empfang *m* réception *f* (*a TV, Radio, Hotel*); *Begrüßung* accueil; **≈en** recevoir
Empfäng|er *m* destinataire; *Radio, TV* récepteur; **≈lich** sensible (**für** à)
empfängnisverhüt|end contraceptif; **≈ung** *f* contraception
Empfangs|bescheinigung *f* récépissé *m*, reçu *m*; **~bestätigung** *f* accusé *m* de réception; **~büro** *n* réception *f*; **~chef** *m* réceptionniste
empfehl|en recommander; **~enswert** recommandable; **≈ung** *f* recommandation
empfind|en ressentir; **~lich** sensible (***gegen, für*** à); *leicht verletzt* susceptible
Empfindung *f* sensation; *Gefühl* sentiment *m*
empörend révoltant
empör|t indigné; **≈ung** *f* indignation
Ende *n* fin *f*; *räumlich* bout *m*; ***~ April*** à la fin avril; ***am ~*** à la fin (de); au bout (de); *schließlich* finalement; ***zu ~*** terminé; ***zu ~ gehen*** toucher à sa fin
enden finir, se terminer
End|ergebnis *n* résultat *m* final; **≈gültig** définitif
Endivie *f* chicorée
End|lagerung *f* stockage *m* définitif; **≈lich** enfin; **≈los** sans fin, infini; interminable
End|spiel *n* finale *f*; **~spurt** *m Sp* sprint; **~stand** *m Sp* score final; **~station** *f* terminus [-ys] *m*
Endung *f Gr* terminaison

Energie *f* énergie; **~versorgung** *f* alimentation en énergie
energisch énergique
eng étroit; *dicht* serré; ***~er machen*** rétrécir; ***~ anliegend*** *Kleid* moulant
Enge *f* ***j-n in die ~ treiben*** acculer q
Engel *m* ange
Eng|land *n* l'Angleterre *f*; **~länder** *m* Anglais; **ᘔlisch** anglais
Eng|pass *m* goulot d'étranglement (*a fig*); **ᘔstirnig** borné
Enkel *m* petit-fils; **~in** *f* petite-fille
enorm énorme
Ensemble *n Theater* troupe *f*
entbehren manquer de; ***nicht ~ können*** ne pas pouvoir se passer de
entbehr|lich superflu; **ᘔungen** *pl* privations
Entbindung *f Med* accouchement *m*
entdeck|en découvrir; **ᘔer** *m* découvreur; **ᘔung** *f* découverte
Ente *f* canard *m* (*a fig*)
enteign|en exproprier; **ᘔung** *f* expropriation
enterben déshériter
entfallen *wegfallen* être supprimé; ***j-m ~*** échapper à q; ***auf j-n ~*** revenir à q
entfernen (***sich ~*** s'éloigner; *Fleck* enlever
entfernt éloigné
Entfernung *f* distance; *Beseitigung* enlèvement *m*
entfliehen s'enfuir
Entfroster *m* dégivreur
entführ|en enlever; *Flugzeug* détourner; **ᘔer** *m* ravisseur; **ᘔung** *f* enlèvement *m*; *e-s Flugzeugs* détournement *m*
entgegen (*D*) *räumlich* vers; *im Gegensatz zu* contrairement à; **~gehen** aller à la rencontre (***j-m*** de q); **~gesetzt** opposé; **~kommen** *fig* faire des concessions (***j-m*** à q)
entgegnen répliquer
entgehen échapper (***e-r Gefahr*** à un danger); ***sich et*** (***nicht***) ***~ lassen*** (ne pas) manquer qc
Entgelt *n* rémunération *f*
entgleisen dérailler
Enthaarungsmittel *n* dépilatoire *m*
enthalt|en contenir; ***sich ~*** s'abstenir (***e-r Sache*** *G* de qc); **~sam** abstinent
enthüll|en dévoiler; **ᘔung** *f* découverte
enthusiastisch enthousiaste
ent|kalken détartrer; **~kommen** s'échapper; **~korken** déboucher; **~kräften** affaiblir; *Argument* infirmer
entladen décharger (*a El*); ***sich ~*** *Batterie* se vider; *Gewitter* éclater
entlang ***den*** *od* ***am Fluss ~*** le long du fleuve
entlang|fahren, **~gehen** lon-

ger (***an et** D* qc)
entlarven démasquer
entlassen *Arbeitskräfte* licencier; ~ ***werden** Patient* sortir de l'hôpital; *Häftling* sortir de prison
Entlassung *f* licenciement *m*; *aus dem Krankenhaus* sortie
entlasten décharger (*a jur*); *bei der Arbeit* aider
Entlastungs|straße *f* voie de délestage; **~zug** *m* train supplémentaire
ent|laufen s'échapper; **~legen** éloigné; **~leihen** emprunter (***von*** à); **~mündigen** mettre sous tutelle; **~mutigen** décourager; **~nehmen** prendre (***aus*** dans); *schließen* conclure (***aus*** de); **~reißen** arracher
entrüst|en ***sich*** ~ s'indigner (***über** A* de); **2ung** *f* indignation
entschädig|en dédommager (***für*** de); **2ung** *f* dédommagement *m*; *Summe* indemnité
entscheid|en décider (***über** A* de); ***sich*** ~ se décider (***für*** pour); **~end** décisif; **2ung** *f* décision
entschließen ***sich*** ~ se décider (***zu*** à)
entschlossen déterminé; **2heit** *f* détermination
Entschluss *m* décision *f*; ***e-n** ~ **fassen*** prendre une décision
entschuldigen excuser; ***sich*** ~ s'excuser (***wegen, für*** de, ***bei*** auprès de); ~ ***Sie bitte!*** excusez-moi!
Entschuldigung *f* excuse(s) *f(pl)*; ***~!*** pardon!
Entsetz|en *n* effroi *m*, horreur *f*; **2lich** horrible
entsorgen éliminer les déchets
entspann|en ***sich*** ~ se détendre; **2ung** *f* détente
entsprechen correspondre (***e-r Sache** D* à qc)
entsprechend correspondant; *prp* (*D*) conformément à
entspringen *Fluss* prendre sa source
entsteh|en naître (***aus*** de), résulter (de); **2ung** *f* naissance, origine
entstellen défigurer
enttäuschen décevoir; ***enttäuscht sein von*** être déçu par
Enttäuschung *f* déception
ent|waffnen désarmer; **2warnung** *f* fin d(e l')alerte
entweder ~ ... ***oder*** ou ... ou
ent|weichen s'échapper; **~wenden** dérober; **~werfen** *Muster* esquisser; *Plan* concevoir
entwert|en *Fahrschein* composter; *Briefmarke* oblitérer; **2er** *m* composteur
entwickeln développer (*a Fot*); *Tech* mettre au point; ***sich*** ~ se développer

Entwicklung *f* développement *m*
Entwicklungs|helfer *m* coopérant; **~land** *n* pays *m* en voie de développement
entwischen s'échapper
Entwurf *m* projet, plan; *Skizze* ébauche *f*
entzieh|en *Führerschein usw* retirer; **2ungskur** *f* cure de désintoxication
entziffern déchiffrer
entzückend ravissant
entzückt ravi
Entzugserscheinung *f* ***~en haben*** être en état de manque
entzünd|en allumer; ***sich ~*** s'enflammer (*a Med*); **2ung** *f Med* inflammation
entzwei cassé; **~gehen** se casser, se briser
Enzian *m* gentiane *f*
Enzym *n* enzyme *m od f*
Epidemie *f* épidémie
Epilepsie *f* épilepsie
Episode *f* épisode *m*
Epoche *f* époque
er il; *betont* lui
Erachten *n* ***meines ~s*** à mon avis
Erbarmen *n* pitié *f*
erbärmlich lamentable; *Leistung, moralisch* minable
erbarmungslos impitoyable
erbau|en construire; *a fig* édifier; **2er** *m* bâtisseur
Erb|e[1] *n* héritage *m*; **~e**[2] *m* héritier; **2en** hériter
erbeuten capturer
Erbfolge *f* succession
Erbin *f* héritière
erbitten demander (***et von j-m*** qc à q)
erblich héréditaire
erblicken apercevoir
erblinden perdre la vue
erbost fâché
erbrechen *u* ***sich ~*** vomir; **2** *n* vomissement(s) *m(pl)*
Erbschaft *f* héritage *m*
Erbse *f* pois *m*; ***grüne ~n*** petits pois
Erd|apfel *m österr* pomme *f* de terre; **~beben** *n* tremblement *m* de terre, séisme *m*; **~beere** *f* fraise
Erdboden *m* sol; terre *f*
Erde *f* terre
erden *El* mettre à la terre
Erd|gas *n* gaz *m* naturel; **~geschoss** *n* rez-de-chaussée *m*; **~kunde** *f* géographie; **~nuss** *f* cacahuète; **~öl** *n* pétrole *m*
erdrosseln étrangler
erdrücken écraser (*a fig*)
Erd|rutsch *m* glissement de terrain; **~teil** *m* continent
ereignen ***sich ~*** se produire, arriver, se passer
Ereignis *n* événement *m*
Erektion *f* érection
erfahr|en apprendre; *erleben* éprouver; *adj* expérimenté; **2ung** *f* expérience
erfassen saisir (*a fig, Inform*)
erfind|en inventer; **2er** *m* inventeur; **2ung** *f* invention
Erfolg *m* succès, réussite *f*;

2los infructueux; *adv* sans succès; **2reich** couronné de succès; *adv* avec succès
erforderlich nécessaire, requis
erfordern nécessiter, exiger
erforschen explorer
erfreuen faire plaisir à
erfreulich rejouissant
erfreut enchanté (***über*** *A* de)
erfrieren geler; *Person* mourir de froid
erfrisch|en (***sich*** ~ se) rafraîchir; **2ung** *f* rafraîchissement *m*; **2ungstuch** *n* pochette *f* raffraîchissante
erfüllen *Pflicht* accomplir; *Bedingung* remplir; *Wunsch* réaliser; *Bitte* satisfaire à; ~ ***mit*** remplir de; ***sich*** ~ se réaliser
ergänz|en compléter; **2ung** *f* complément *m*
ergeben donner (pour résultat); ***sich*** ~ résulter (***aus*** de); *Mil* se rendre; *adj* dévoué
Ergebnis *n* résultat *m*; **2los** sans résultat
ergiebig abondant, riche (*a Diskussion*)
ergreifen saisir; *Maßnahmen, Flucht* prendre; *Beruf* embrasser; *rühren* toucher, émouvoir
ergriffen ému, touché; ***tief*** ~ bouleversé
erhalten recevoir; *bewahren* conserver; ***gut*** ~ en bon état
erhältlich en vente
erhängen ***sich*** ~ se pendre
erheben *Glas, Hand* lever; *Stimme, Protest* élever; *Zoll, Steuern* percevoir; ***sich*** ~ se lever; *Berg* s'élever; *Pol* se soulever
erheblich considérable
erheitern égayer
erhitzen chauffer
erhöh|en *u* ***sich*** ~ augmenter (***um*** de); **2ung** *f* augmentation
erholen ***sich*** ~ se remettre (***von*** de); *im Urlaub* se reposer
Erholung *f* repos *m*; **~sheim** *n* maison *f* de repos
erinnern rappeler (***j-n an et A*** qc à q); ***sich*** ~ se souvenir (***an*** de)
Erinnerung *f* souvenir *m*; ***zur*** ~ ***an*** (*A*) en souvenir de
erkält|en ***sich*** ~ prendre froid; **2ung** *f* rhume *m*
erkennen reconnaître (***an D*** à); *deutlich sehen* distinguer
erkenntlich ***sich*** (***j-m gegenüber***) ~ ***zeigen*** se montrer reconnaissant envers q
Erker *m* encorbellement
erklär|en expliquer; *förmlich* déclarer; **2ung** *f* explication; *Äußerung* déclaration
erkrank|en tomber malade; **2ung** *f* maladie; *e-s Körperteils* affection
erkundigen ***sich*** ~ se renseigner (***nach*** sur); ***sich nach j-m*** ~ demander des nouvelles de q

Erkundigung *f* renseignement *m*
erlangen obtenir
erlassen promulguer; *Verordnung* publier; ***j-m et ~*** dispenser q de qc
erlaub|en permettre; **≈nis** *f* permission
erläuter|n expliquer; **≈ung** *f* explication
Erle *f* au(l)ne
erleb|en voir; *erfahren* vivre; **≈nis** *n* expérience *f*; *Ereignis* événement *m*
erledigen régler, finir
erledig|t fini; F *erschöpft* crevé; **≈ung** *f* règlement *m*
erleichter|n faciliter; *seelisch* soulager; **≈ung** *f* soulagement *m*
erleiden subir; *Schmerzen* endurer
erlernen apprendre
erlesen *adj* de choix
erleuchten éclairer
Erlös *m* recette *f*
erlöschen s'éteindre; *Anspruch* expirer; *Firma* cesser d'exister
erlös|en délivrer (***von*** de); **≈er** *m Rel* Rédempteur; **≈ung** *f Rel* Rédemption
ermächtig|en autoriser (***zu*** à); **≈ung** *f* autorisation
ermahn|en exhorter (***zu*** à); **≈ung** *f* exhortation
ermäßig|en réduire; **≈ung** *f* réduction
ermessen évaluer, apprécier
ermitt|eln trouver; *Täter* retrouver; *bestimmen* déterminer; **≈lungen** *f/pl* enquête *f*, information *f*
ermöglichen rendre possible
ermord|en assassiner; **≈ung** *f* assassinat *m*
ermüd|en se fatiguer; *j-n* fatiguer; **≈ung** *f* fatigue
er|muntern, **~mutigen** encourager (***zu*** à)
ernähr|en (***sich ~*** se) nourrir (***von*** de); **≈ung** *f* alimentation; *Nahrung* nourriture
ernenn|en nommer; **≈ung** *f* nomination
erneuer|n renouveler; **≈ung** *f* renouvellement *m*
erneut de *od* à nouveau
ernst sérieux, grave; ***~ nehmen*** prendre au sérieux
Ernst *m* sérieux; *der Lage* gravité *f*; ***im ~*** sérieusement
Ernstfall *m* ***im ~*** en cas grave
ernst|haft, **~lich** sérieux
Ernt|e *f* récolte; *Getreide≈* moisson; **≈en** récolter (*a fig*); *Getreide* moissonner
Ernüchterung *f* désenchantement *m*, désillusion
Eroberer *m* conquérant
erober|n conquérir; **≈ung** *f* conquête
eröffn|en ouvrir; *feierlich* inaugurer; **≈ung** *f* ouverture; inauguration
erörtern examiner, discuter
Erot|ik *f* érotisme *m*; **≈isch** érotique
erpress|en ***j-n ~*** faire chanter q; **≈er** *m* maître chanteur;

≈ung *f* chantage *m*
erproben éprouver, tester
erraten deviner
erreg|en *erzürnen* énerver; *sexuell* exciter; **≈er** *m Med* agent pathogène; **≈ung** *f* énervement *m*; excitation
erreich|bar accessible; **~en** atteindre; *j-n* joindre (*a Tel*); *Zug, Bus* attraper; *erlangen* obtenir
errichten ériger
erröten rougir
Errungenschaft *f* conquête; *technische* progrès *m*; *soziale* acquis *m*
Ersatz *m* remplacement (**für** de); *Entschädigung* dédommagement; **~mann** *m* remplaçant; **~rad** *n* roue *f* de rechange; **~spieler** *m* remplaçant; **~teil** *n* pièce *f* de rechange
erschein|en paraître (*a Buch*); *Person, Geist* apparaître; **≈ung** *f* apparition; *Aussehen* aspect *m*; *Natur≈* phénomène *m*
erschießen tuer (d'un coup de feu); *hinrichten* fusiller
erschlagen assommer; ***vom Blitz ~ werden*** être foudroyé
erschöpfen épuiser
erschöpft épuisé
Erschöpfung *f* épuisement *m*
erschrecken effrayer, faire peur à; *v/i u* ***sich ~*** s'effrayer
erschreckend effrayant
erschütter|n secouer; *fig a* bouleverser; **≈ung** *f* secousse; *fig* bouleversement *m*
erschweren rendre (plus) difficile
erschwinglich abordable
ersetzen remplacer (**durch** par); *Schaden* indemniser (***j-m et*** q de qc); *Unkosten* rembourser
erspar|en économiser; *fig* épargner (***j-m et*** qc à q); **≈nis(se)** *f(pl)* économie(s)
erst d'abord; *nur* seulement, ne … que; ***~ gestern*** seulement hier; ***nun ~ recht!*** plus que jamais!
erstatten *Auslagen* rembourser; ***Anzeige ~*** porter plainte (***gegen*** contre); ***Bericht ~*** faire un rapport
Erstaufführung *f* première
Erstaun|en *n* étonnement *m*; **≈lich** étonnant
erstaunt étonné
erste(r, -s) premier, première; ***am ~n Juni*** le premier juin; ***zum ~n Mal*** pour la première fois; ***~ Hilfe*** premiers soins *m/pl*
erstechen poignarder
erstens premièrement
ersticken étouffer (*a fig*)
erst|klassig de première qualité; **~mals** pour la première fois
erstrahlen briller
erstrebenswert digne d'efforts

erstrecken ***sich ~*** s'étendre (***bis zu*** jusqu'à; ***über*** *A* sur)
ersuchen ***j-n um et ~*** demander qc à q
ertappen surprendre; ***auf frischer Tat ~*** prendre sur le fait
ertönen retentir
Ertrag *m* rendement
ertragen supporter; ***nicht zu ~*** insupportable
erträglich supportable
ertränken noyer
ertrinken se noyer
erübrigen avoir encore; ***sich ~*** être inutile
erwachen s'éveiller; *aufwachen* se réveiller
erwachsen adulte; **2e(r)** *su* adulte
erwägen considérer, examiner; *ins Auge fassen* envisager
erwähnen mentionner
erwärmen chauffer
erwart|en attendre; *rechnen mit* s'attendre à; **2ung** *f* attente
erwecken *Verdacht* éveiller; *Vertrauen* inspirer; *Eindruck* donner
erweisen *Dienst, Ehre* rendre; ***sich ~ als*** se révéler
erweitern (***sich ~*** s')élargir
Erwerb *m* acquisition *f*; **2en** acquérir
erwerbs|los sans travail, chômeur; **~tätig** actif; **~unfähig** invalide; **2unfähigkeit** *f* invalidité
erwidern répondre (***auf*** *A* à), répliquer (à); *Gruß, Besuch* rendre
erwischen attraper
erwünscht souhaité
erwürgen étrangler
Erz *n* minerai *m*
erzähl|en raconter (***von et*** qc); **2ung** *f* récit *m*, nouvelle
Erzbischof *m* archevêque
erzeug|en produire; *verursachen* engendrer; **2nis** *n* produit *m*
erzieh|en élever, éduquer; **2er** *m* éducateur; **2erin** *f* éducatrice; **2ung** *f* éducation
erzielen atteindre, obtenir
erzwingen forcer
es *als Subjekt* il, ce; *als Objekt* le, la; ***~ regnet*** il pleut; ***~ ist genug!*** ça suffit!; ***~ gibt*** il y a; ***ich bin ~*** c'est moi; ***~ klingelt*** on sonne
Esche *f* frêne *m*
Esel *m* âne
Eskimo *m* Esquimau
Espresso *m* express
essbar comestible
essen manger; ***zu Mittag ~*** déjeuner; ***zu Abend ~*** dîner
Essen *n* nourriture *f*; *Mahlzeit* repas *m*
Essens|marke *f* ticket-repas *m*; **~zeit** *f* heure des repas
Essig *m* vinaigre; **~gurke** *f* cornichon *m*; **~- und Ölständer** *m* huilier
Ess|löffel *m* cuiller [-ɛr] *f* à soupe; **~waren** *f/pl* comesti-

bles *m/pl*; **~zimmer** *n* salle *f* à manger
Etag|e *f* étage *m*; **~enbett** *n* lits *m/pl* superposés
Etappe *f* étape
Etat *m* budget
Etikett *n* étiquette *f*
etliche quelques, pas mal de
Etui *n* étui *m*
etwa environ, à peu près; **~ig** éventuel
etwas quelque chose; *ein wenig* un peu (de); **~ anderes** autre chose
EU *f* (*Europäische Union*) U.E. (*union européenne*)
euch vous, à vous
euer votre; ***eure*** *pl* vos
Eukalyptus *m* eucalyptus
Eule *f* 'hibou *m*
euretwegen à cause de vous, pour vous
Euro *m* euro
Europa *n* l'Europe *f*
Europä|er *m* Européen; **≗isch** européen
Euroscheck *m* eurochèque
Euter *n* pis *m*
evakuieren évacuer
evangelisch protestant
Evangelium *n* Évangile *m*
eventuell éventuel(lement)
ewig éternel; **≗keit** *f* éternité
exakt exact, précis
Examen *n* examen [ɛgzamɛ̃] *m*
Exemplar *n* exemplaire *m*
Exil *n* exil *m*; ***ins ~ gehen*** s'exiler
Existenz *f* existence
existieren exister
exotisch exotique
Expedition *f* expédition
Experiment *n* expérience *f*; **≗ieren** faire des expériences (***mit*** sur)
Experte *m* expert (***für*** en)
explodieren exploser
Explosion *f* explosion
Export *m* exportation *f*
exportieren exporter
Expressionismus *m* expressionnisme
extra *speziell* spécialement; F *absichtlich* exprès; *getrennt* à part; *zusätzlich* en plus
Extra *n Kfz* option *f*
Extrakt *m* extrait
extrem extrême; **≗ist** *m* extrémiste
extrovertiert extraverti
Exzess *m* excès

F

Fabel *f* fable; **≗haft** formidable
Fabrik *f* usine; **~arbeiter** *m* ouvrier d'usine
Fabrikat *n* produit *m*
Fabrikationsfehler *m* défaut de fabrication
fabrizieren fabriquer
Fach *n* compartiment *m*, casier *m*; *Gebiet* branche *f*, spé-

cialité *f*; *Schul*♀, *Studien*♀ matière *f*; **~arbeiter** *m* ouvrier qualifié; **~arzt** *m* spécialiste; **~ausbildung** *f* formation spécialisée; **~ausdruck** *m* terme technique
Fächer *m* éventail
Fach|gebiet *n* spécialité *f*; **~geschäft** *n* magasin *m* spécialisé; **~kenntnisse** *f/pl* connaissances spéciales; **~mann** *m* spécialiste
Fachwerkhaus *n* maison *f* à colombages
Fackel *f* flambeau *m*
fad(e) fade, insipide
Faden *m* fil; **~nudeln** *f/pl* vermicelle *m*
fähig capable (***zu*** de); ♀**keit** *f* capacité
fahnd|en rechercher (***nach j-m*** q); ♀**ung** *f* recherches *f/pl*
Fahne *f* drapeau *m*
Fahrbahn *f* chaussée
Fähre *f* bac *m*; *große* ferry *m*
fahren aller (***mit dem Auto*** en voiture); *ab*~ partir (***nach*** pour, à); *v/t Auto* conduire; *Lasten* transporter; ***durch … ~*** passer par …; ***j-n nach … ~*** conduire q à …
Fahrer *m* conducteur, chauffeur; **~in** *f* conductrice; **~flucht** *f* délit *m* de fuite
Fahr|gast *m* passager; *im Taxi* client; **~geld** *n* argent *m* du billet; **~gestell** *n* châssis *m*; **~karte** *f* billet *m*
Fahrkarten|automat *m* distributeur de billets; **~schalter** *m* guichet
fahrlässig négligent; *jur* ***~e Tötung*** homicide *m* involontaire
Fahr|lässigkeit *f* négligence; **~lehrer** *m* moniteur d'auto-école
Fahrplan *m* horaire; *als Broschüre* indicateur (des chemins de fer); ♀**mäßig** d'après l'horaire
Fahrpreis *m* prix du billet
Fahrrad *n* bicyclette *f*; vélo *m*; **~verleih** *m* location *f* de vélos; **~weg** *m* piste *f* cyclable
Fahrschein *m* billet; **~automat** *m* distributeur de billets
Fahrschule *f* auto-école
Fährschiff *n* ferry *m*
Fahr|spur *f* voie, file; **~stuhl** *m* ascenseur; **~stunde** *f* leçon de conduite
Fahrt *f Strecke* trajet *m*; *Reise* voyage *m*; *Ausflug* excursion; ***gute ~!*** bonne route!
Fahrtrichtung *f* sens *m* de la marche
Fahr|werk *n* train *m* d'atterrissage; **~zeit** *f* durée du parcours
Fahrzeug *n* véhicule *m*; **~papiere** *n/pl* papiers *m/pl* du véhicule; **~schein** *m* carte *f* grise
fair fair-play [-plɛ]
Fakultät *f* faculté
Falke *m* faucon
Fall *m* cas (*a Gr*); ***auf jeden (keinen) ~*** en tout (aucun)

cas; ***für den ~, dass …*** au cas où …
Falle *f* piège *m*
fallen tomber; *Preise, Temperatur* baisser; ~ ***lassen*** laisser tomber
fällen abattre; *Urteil* prononcer
fällig *Zug usw* attendu; *Zahlung* exigible
falls au cas où, si
Fallschirm *m* parachute; **~springer** *m* parachutiste
falsch faux
fälschen falsifier
Falschgeld *n* fausse monnaie *f*
Fälschung *f* contrefaçon; *Gemälde* faux *m*
Faltboot *n* canot *m* pliant
Falte *f* pli *m*; *Runzel* ride
falten plier; **2rock** *m* jupe *f* plissée
Falter *m* papillon
familiär *vertraut* familier; *die Familie betreffend* familial
Familie *f* famille
Familien|angehörige(r) *su* membre de la famille, parent(e); **~anschluss** *m* accueil dans une famille; **~betrieb** *m* entreprise *f* familiale; **~name** *m* nom de famille; **~stand** *m* situation *f* de famille
Fan *m* fan [fan]; *Sp* supporter [-tɛr]
Fanat|iker *m*, **2isch** fanatique
Fang *m* prise *f*; **2en** attraper; *Fisch* prendre
Fantasie *f* imagination
fantastisch fantastique
Farb|e *f* couleur; *Mal2* peinture; **2echt** grand teint
färben teindre; *ab~* déteindre
farbenblind daltonien
Farb|fernseher *m* téléviseur couleurs; **~film** *m* film en couleurs; *Fot* pellicule *f* couleur; **~foto** *n* photo *f* couleur; **2ig** coloré; **~ige(r)** *su* homme *m*, femme *f* de couleur; **2los** incolore; **~stift** *m* crayon de couleur; **~stoff** *m* matière *f* colorante
Farm *f* ferme; **~er** *m* fermier
Farn(kraut) *m(n)* fougère *f*
Fasan *m* faisan
Fasching *m* carnaval
Faser *f* fibre
Fass *n* tonneau *m*; *Wein2* fût *m*; **~bier** *n* bière *f* (à la) pression
Fassade *f* façade
fassen prendre, saisir; *begreifen* comprendre; *enthalten* contenir; ***sich kurz ~*** être bref
Fassung *f* *Brillen2* monture; *Glühbirnen2* douille; *Text* version; *fig* calme *m*; ***aus der ~ bringen*** décontenancer
fassungs|los décontenancé; **2vermögen** *n* capacité *f*
fast presque
fasten jeûner; **2** *n* jeûne *m*; **2zeit** *f* *Rel* carême *m*
Fastnacht *f* mardi *m* gras
faszinieren fasciner

faul paresseux; *verfault* pourri; **~e Ausrede** mauvaise excuse
faulen pourrir
faulenz|en paresser; **2er** *m* paresseux
Faulheit *f* paresse
Faust *f* poing *m*; **auf eigene ~** de son propre chef
Faustschlag *m* coup de poing
Favorit(in) *m(f)* favori(te)
Fax *n* fax *m*; **2en** faxer; **~gerät** *n* télécopieur *m*; **~nummer** *f* numéro *m* de télécopieur
FCKW (*Fluorchlorkohlenwasserstoffe*) C.F.C. *m/pl* (*chlorofluorocarbones*)
Februar *m* février
Fechten *n* escrime *f*
Feder *f* plume (*a Schreib2*); *Tech* ressort *m*; **~ball** *m* volant; **~bett** *n* édredon *m*
feder|n faire ressort; **2ung** *f* ressorts *m/pl*; *Kfz* suspension
Fee *f* fée
fegen balayer
Fehlbetrag *m* déficit
fehlen manquer; *Person a* être absent; ***es fehlt uns an …*** (*D*) nous manquons de …
Fehler *m* faute *f*, erreur *f*; *Tech*, *Charakter2* défaut; **2frei** sans faute(s); sans défaut(s); **2haft** *Aussprache* incorrect; *Material* défectueux
Fehl|geburt *f* fausse couche; **2schlagen** échouer; **~start** *m* faux départ; **~zündung** *f* *Kfz* ratés *m/pl*
Feier *f* fête; *offiziell* cérémonie
Feierabend *m* ***nach ~*** après le travail; ***~ machen*** finir de travailler
feierlich solennel
feier|n faire la fête; *v/t* fêter; **2tag** *m* jour férié
feige lâche
Feige *f* figue
Feig|heit *f* lâcheté; **~ling** *m* lâche
Feil|e *f* lime; **2en** limer
fein fin; *vornehm* distingué
Feind *m* ennemi; **2lich** ennemi, hostile; **~schaft** *f* inimitié
Fein|gefühl *n* tact *m*; **~kosthandlung** *f* épicerie fine; **~schmecker** *m* gourmet
Feld *n* champ *m*; *Brettspiel* case *f*; *Spiel2* terrain *m*; **~salat** *m* mâche *f*; **~stecher** *m* jumelles *f/pl*; **~weg** *m* chemin de terre; **~zug** *m* campagne *f*
Felge *f* jante
Fell *n* poil *m*, pelage *m*; *von toten Tieren* peau *f*
Fels|en *m* rocher; roc; **2ig** rocheux; **~wand** *f* paroi rocheuse
femin|in féminin; **2ist(in)** *m(f)* féministe; **~istisch** féministe
Fenchel *m* fenouil
Fenster *n* fenêtre *f*; *Wagen2* glace *f*; **~brett** *n* rebord *m*; **~heber** *m* *Kfz* lève-glaces;

~laden *m* volet; **~platz** *m* coin fenêtre; **~scheibe** *f* vitre

Ferien *pl* vacances *f/pl*; **~arbeit** *f* job *m* pour les vacances; **~dorf** *n* village *m* de vacances; **~kurs** *m* cours de vacances; **~lager** *n* colonie *f* de vacances; **~wohnung** *f* location

Ferkel *n* porcelet *m*, goret *m*

fern loin (**von** de); *entlegen* lointain

Fernbedienung *f* télécommande

Ferne *f* lointain *m*; **in** (**aus**) **der ~** au (de) loin

ferner de plus, en outre

Fern|fahrer *m* routier; **~gespräch** *n* communication *f* interurbaine; **2gesteuert** téléguidé, télécommandé; **~glas** *n* jumelles *f/pl*; **~heizung** *f* chauffage *m* urbain; **~licht** *n* feux *m/pl* de route, phares *m/pl*; **~meldewesen** *n* télécommunications *f/pl*; **~rohr** *n* télescope *m*; **~schreiben** *n* télex *m*

Fernseh|en *n* télévision *f*; F télé *f*; **2en** regarder la télévision; **~er** *m* téléviseur; **~nachrichten** *f/pl* journal *m* télévisé; **~programm** *n* *Heft* programme *m* de télévision; *Sendungen* programmes *m/pl*; *Kanal* chaîne *f*; **~sendung** *f* émission de télévision; **~spiel** *n* téléfilm *m*; **~werbung** *f* publicité télévisée; **~zuschauer** *m* téléspectateur

Fernsicht *f* vue

Fernsprech|... *s* ***Telefon...***; **~amt** *n* central *m* téléphonique; **~er** *m* téléphone

Fern|studium *n* cours *m/pl* par correspondance; **~verkehr** *m* trafic *m* à grande distance

Ferse *f* talon *m*

fertig fini; *bereit* prêt; F *erschöpft* à plat; ***mit et ~ sein*** avoir fini qc; ***~ bringen*** arriver (à faire qc); ***~ machen*** terminer; ***sich ~ machen*** se préparer

Fertig|gericht *n* plat *m* cuisiné; **~haus** *n* maison *f* préfabriquée

fesseln ligoter; *fig* captiver

fesselnd captivant

Fest *n* fête *f*

fest ferme; *nicht flüssig* solide; *Zeitpunkt*, *Preis*, *Wohnsitz* fixe; *Schlaf* profond; **~binden** attacher (**an** *D* à)

Festessen *n* banquet *m*

festhalten retenir; **~ an** (*D*) *fig* tenir à; ***sich ~ an*** (*D*) s'accrocher à

Festland *n* terre *f* ferme; continent *m*

festlich solennel

fest|machen fixer; **2nahme** *f* arrestation; **~nehmen** arrêter

Fest|platte *f Inform* disque *m* dur; **~preis** *m* prix fixe

festsetzen fixer

Festspiele *n/pl* festival *m*
feststehen être certain
feststellen constater
Festung *f* forteresse
Festzug *m* cortège
fett gras; ♀ *n* graisse *f*; *am Fleisch* gras *m*; **~arm** maigre; *Milch* écrémé; ♀**fleck** *m* tache *f* de graisse; **~ig** graisseux
Fetzen *m* lambeau
feucht humide; ♀**igkeit** *f* humidité; ♀**igkeitscreme** *f* crème hydratante
Feuer *n* feu *m*; *Brand* incendie *m*; **~alarm** *m* alerte *f* au feu; **~bestattung** *f* incinération; ♀**fest** incombustible; *Schüssel* résistant à la chaleur; ♀**gefährlich** inflammable; **~leiter** *f* échelle de secours; **~löscher** *m* extincteur; **~melder** *m* avertisseur d'incendie; **~wehr** *f* pompiers *m/pl*; **~werk** *n* feu *m* d'artifice; **~zeug** *n* briquet *m*
Fichte *f* épicéa *m*
Fieber *n* fièvre *f*; **~anfall** *m* accès de fièvre; ♀**haft** fébrile; **~mittel** *n* fébrifuge *m*; **~thermometer** *n* thermomètre *m* médical
fiebrig fiévreux
Figur *f geometrische, Eislauf* figure; *e-r Frau* silhouette; *Schach*♀ pièce
Filet *n* filet *m*; **~steak** *n* bifteck dans le filet
Filiale *f* succursale
Film *m* film; *Fot* pellicule *f*; ♀**en** filmer; **~festspiele** *n/pl* festival *m* du cinéma; **~kamera** *f* caméra; **~regisseur(in)** *m(f)* metteur *m* en scène de cinéma; **~schauspieler(in)** *m(f)* acteur (actrice) de cinéma; **~star** *m* vedette *f* de cinéma, star *f*
Filter *m* filtre; **~kaffee** *m* café filtre
filter|n filtrer; ♀**papier** *n* papier-filtre; ♀**zigarette** *f* cigarette à bout filtre
Filz *m* feutre; **~schreiber** *m*, **~stift** *m* (crayon) feutre
Finale *n Mus* final(e) *m*; *Sp* finale *f*
Finanz|amt *n Gebäude* perception *f*; *Behörde* fisc *m*; **~en** *pl* finances *f/pl*; ♀**iell** financier; ♀**ieren** financer
find|en trouver; ♀**erlohn** *m* récompense *f*
Finger *m* doigt; **~abdruck** *m* empreinte *f* digitale; **~hut** *m* dé (à coudre); **~nagel** *m* ongle; **~ring** *m* bague *f*
Fingerspitz|e *f* bout *m* du doigt; **~engefühl** *n* doigté *m*
Fink *m* pinson
Finn|e *m* Finlandais; ♀**isch** finlandais; **~land** *n* la Finlande
finster obscur, sombre; ♀**nis** *f* obscurité
Firma *f* entreprise
Firnis *m* vernis
Fisch *m* poisson; ♀**en** pêcher
Fischer *m* pêcheur; **~boot** *n* bateau *m* de pêche; **~dorf**

n village *m* de pêcheurs
Fisch|erei *f*, **~fang** *m* pêche *f*; **~geschäft** *n* poissonnerie *f*; **~händler** *m* poissonnier; **~otter** *m* loutre; **~stäbchen** *n/pl* bâtonnets *m/pl* de poisson; **~suppe** *f* soupe de poisson; **~zucht** *f* pisciculture
fit en forme; **Ωnesscenter** *n* club *m* de remise en forme
fix F rapide; *adv* vite; ***~ und fertig*** fin prêt, *erschöpft* sur les genoux
fixen F se piquer, se shooter
fixieren fixer
FKK *n* (*Freikörperkultur*) naturisme *m*, nudisme *m*; **~-Strand** *m* plage *f* naturiste
flach plat (*a fig*); *niedrig* bas
Fläche *f* surface, superficie
Flachland *n* plaine *f*
Flachs *m* lin
Flagge *f* pavillon *m*
flambiert flambé
Flame *m* Flamand
Flamingo *m* flamant (rose)
flämisch flamand
Flamme *f* flamme
Flandern *n* la Flandre
Flanell *m* flanelle *f*; **~hemd** *n* chemise *f* de flanelle
Flanke *f* flanc *m*; *Fußball* centre *m*
Flasche *f* bouteille; *Säuglings*Ω biberon *m*
Flaschen|bier *n* bière *f* en bouteille; **~öffner** *m* ouvre-bouteille(s); **~pfand** *n* consigne *f*; **~zug** *m* palan
flattern voleter; *Fahne* flotter
flau faible
Flaum *m* duvet
Flaute *f Mar* calme *m* plat
Flechte *f Bot* lichen [-kɛn] *m*; *Med* dartre
flechten tresser
Fleck *m* tache *f*; *Stelle* endroit; **~entferner** *m* détachant; **Ωig** taché
Fledermaus *f* chauve-souris
Flegel *m* malappris
Fleisch *n* viande *f*; *lebendes* chair *f*; **~brühe** *f* consommé *m*, bouillon *m*
Fleischer *m* boucher
Fleischerei *f* boucherie *f*
fleischig charnu; *Frucht* pulpeux
Fleisch|klößchen *n* boulette *f* (de viande); **~wunde** *f* blessure (dans les chairs)
Fleiß *m* application *f*; **Ωig** appliqué, travailleur
flicken rapiécer; *Fahrradschlauch* réparer; Ω *m* pièce *f*; *aus Gummi* rustine *f*
Flieder *m* lilas
Fliege *f* mouche; *Mode* nœud *m*, papillon *m*
fliegen voler; *im Flugzeug* prendre l'avion
Fliegen|klatsche *f* tapette; **~pilz** *m* amanite *f* tue-mouches
Flieger *m* aviateur
fliehen fuir (**vor j-m** q); ***~ aus*** s'enfuir de; *Gefangener* s'évader de
Fliese *f* carreau *m*, dalle

Fließband *n* chaîne *f* (de montage)
fließen couler
fließend *~es* ***Wasser*** eau *f* courante; *~* ***Französisch sprechen*** parler couramment (le) français
Flinte *f* fusil [-zi] *m*
flirten flirter
Flitterwochen *f/pl* lune *f* de miel
Flocke *f* flocon *m*
Floh *m* puce *f*; **~markt** *m* marché aux puces
Floß *n* radeau *m*
Flosse *f* nageoire
Flöte *f* flûte
flott *schwungvoll* rapide; *schick* chic
Flotte *f* flotte
Fluch *m* *Kraftwort* juron; *Verwünschung* malédiction *f*; **2en** jurer
Flucht *f* fuite; *aus e-m Gefängnis* évasion
flüchten s'enfuir; ***sich*** *~* se réfugier (***in*** *A* dans, ***zu j-m*** chez q)
flücht|ig fugitif; *oberflächlich* superficiel; **2ling** *m* réfugié
Flug *m* vol; **~blatt** *n* tract [-kt] *m*; **~drachen** *m* deltaplane
Flügel *m* aile *f*; *Tür2*, *Fenster2* battant; *Mus* piano à queue
Flug|gast *m* passager; **~gesellschaft** *f* compagnie aérienne; **~hafen** *m* aéroport; **~kapitän** *m* commandant de bord; **~linie** *f* ligne aérienne; **~lotse** *m* contrôleur aérien; aiguilleur du ciel; **~plan** *m* horaire des vols; **~platz** *m* aérodrome; **~reise** *f* voyage *m* en avion; **~schein** *m* billet d'avion; **~schreiber** *m* boîte *f* noire; **~steig** *m* porte *f*; **~ticket** *n* billet *m* d'avion; **~verkehr** *m* trafic aérien
Flugzeug *n* avion *m*; **~absturz** *m* catastrophe *f* aérienne; **~entführung** *f* détournement *m* d'avion
Flur *m* couloir
Fluss *m* rivière *f*; *großer* fleuve
fluss|abwärts en aval; **~aufwärts** en amont
flüssig liquide; *Verkehr* fluide; **2keit** *f* liquide *m*
flüstern chuchoter
Flut *f* marée 'haute; *Wassermasse* flots *m/pl*; *fig* flot *m*; **~licht** *n* lumière *f* des projecteurs; **~welle** *f* raz *m* de marée
Fohlen *n* poulain *m*
Föhn *m* sèche-cheveux; **2en** sécher au sèche-cheveux
Föhre *f* pin *m* sylvestre
Folge *f* suite, conséquence; *Reihe* série; ***zur*** *~* ***haben*** avoir pour conséquence
folgen suivre (***j-m*** q; *zeitlich* ***auf*** *et D* qc); *gehorchen* obéir; ***aus et*** *~* résulter de qc
folgend suivant; **~ermaßen** de la manière suivante
folger|n conclure (***aus*** de);

2ung *f* conclusion
folg|lich par conséquent; donc; **~sam** docile
Folie *f Metall*2 feuille; *Plastik*2 film *m*
Folklore *f* folklore *m*
Folter *f* torture
foltern torturer
fordern exiger (***et von j-m*** qc de q); *Recht* revendiquer
fördern encourager; *Kohle usw* extraire
Forderung *f* exigence; *rechtmäßige* revendication
Forelle *f* truite
Form *f* forme; *Back*2 moule *m*; ***in ~ sein*** être en forme
formal formel; 2**ität** *f* formalité
Format *n* format *m*
Formel *f* formule
formell formel
formen former
förmlich *steif* guindé
formlos sans façons
Formul|ar *n* formulaire *m*; 2**ieren** formuler
forsch|en faire de la recherche; 2**er** *m* chercheur; 2**ung** *f* recherche
Forst *m* forêt *f*
Förster *m* garde forestier
fort parti, absent; ***in einem ~*** sans arrêt; ***und so ~*** et ainsi de suite
fortbestehen continuer à exister, se perpétuer
fortbewegen *sich ~* se déplacer
Fortbildung *f* formation continue *od* permanente
fort|fahren partir; *weitermachen* continuer; **~gehen** partir, s'en aller; **~geschritten** avancé; 2**pflanzung** *f* reproduction; **~schaffen** emmener
Fortschritt *m* progrès; 2**lich** progressiste
fortsetzen continuer, poursuivre
Fortsetzung *f* suite; ***~ folgt*** à suivre
fortwährend continuel(lement)
Foto *n* photo *f*; **~apparat** *m* appareil photo; **~graf** *m* photographe; **~grafie** *f* photographie; 2**grafieren** photographier; *v/i* prendre des photos; **~kopie** *f* photocopie; 2**kopieren** photocopier
Fr. (*Frau*) Mme (*Madame*)
Fracht *f* fret; **~er** *m*, **~schiff** *n* cargo *m*
Frack *m* habit
Frage *f* question; ***e-e ~ stellen*** poser une question; ***das kommt gar nicht in ~!*** il n'en est pas question!
Fragebogen *m* questionnaire
fragen demander (***j-n nach et*** qc à q; ***nach j-m*** des nouvelles de q)
Fragezeichen *n* point *m* d'interrogation
fraglich *unsicher* incertain; *betreffend* en question
Franken *m* franc suisse
Frankfurt Francfort

frankieren affranchir
Frankreich *n* la France
Franse *f* frange
Franz|ose *m* Français; **~ösin** *f* Française; **2ösisch** français; **2ösisch-deutsch** franco-allemand
Frau *f* femme (*a Ehe*2); *Anrede* Madame
Frauen|arzt *m*, **~ärztin** *f* gynécologue *m*, *f*; **~bewegung** *f* féminisme *m*; **~zeitschrift** *f* magazine *m* féminin
Fräulein *n* demoiselle *f*; *Anrede* Mademoiselle
frech insolent; **2heit** *f* insolence
frei libre; *kostenlos* gratuit; ***ein ~er Tag*** un jour de congé; ***ein ~es Zimmer*** une chambre de libre; ***Zimmer ~*** chambre à louer; ***im 2en*** en plein air
Frei|bad *n* piscine *f* en plein air; **2gebig** généreux; **~gepäck** *n* franchise *f* de bagages; **2haben** avoir congé
freihalten *Platz* réserver; ***Einfahrt ~!*** sortie de voitures
Freiheit *f* liberté; **~sstrafe** *f* peine de prison
Frei|karte *f* billet *m* gratuit; **~körperkultur** *f* naturisme *m*, nudisme *m*; **2lassen** libérer; **~lauf** *m* roue *f* libre
freilich bien sûr
Freilichtbühne *f* théâtre *m* de verdure
freimachen *Weg usw* dégager; *Brief* affranchir; ***sich ~*** se libérer; *beim Arzt* se déshabiller
freimütig franc
frei|sprechen *jur* acquitter; **2spruch** *m* acquittement
freistehen ***es steht Ihnen frei, zu …*** vous êtes libre de …
Freistoß *m Sp* coup franc
Freitag *m* vendredi
freitags le vendredi
freiwillig, **2e(r)** *su* volontaire
Freizeit *f* loisirs *m/pl*; **~gestaltung** *f* organisation des loisirs; **~kleidung** *f* vêtements *m/pl* sport
fremd étranger; *unbekannt* inconnu; ***ich bin ~ hier*** je ne suis pas d'ici
Fremde(r) *su* qui n'est pas du pays; *Besucher(in)* touriste
Fremden|führer *m* guide; **~legion** *f* Légion étrangère
Fremdenverkehr *m* tourisme; **~samt** *n*, **~sbüro** *n* office *m* de *od* du tourisme, syndicat *m* d'initiative
Fremd|enzimmer *n* chambre *f* à louer; **~sprache** *f* langue étrangère; **~wort** *n* mot *m* étranger
Fresko *n* fresque *f*
fressen *Tier* manger; P *péj* bouffer
Freude *f* joie, plaisir *m*; ***j-m e-e ~ machen*** faire plaisir à q
freuen ***sich ~ über*** (*A*) se réjouir de; ***sich ~ auf*** (*A*) se réjouir à l'avance de; ***es freut***

mich, dass ... je suis heureux que ... (+ *subj*)
Freund(in) *m(f)* ami(e)
freundlich gentil (**zu j-m** avec q); *Zimmer usw* gai; *Wetter* beau; **das ist sehr ~ von Ihnen** c'est très aimable à vous
Freundschaft *f* amitié; **ᘔlich** amical
Frieden *m* paix *f*
Friedhof *m* cimetière
friedlich pacifique; *ruhig* paisible
frieren geler; *Person* avoir froid; **es friert** il gèle; **mich friert** j'ai froid
Frikassee *n* fricassée *f*
frisch frais; *Wäsche* propre; **~ gestrichen!** peinture fraîche!; **auf ~er Tat** sur le fait
Frisch|e *f* fraîcheur; **~haltebeutel** *m* sachet fraîcheur
Friseur *m* coiffeur; **~salon** *m* salon de coiffure
Friseuse *f* coiffeuse
frisieren (**sich ~** se) coiffer
Frist *f* délai *m*; **ᘔlos** sans préavis
Frisur *f* coiffure
Fritteuse *f* friteuse
Frl. (*Fräulein*) Mlle (*Mademoiselle*)
froh content (**über** *A* de); **ich bin ~, dass** ... je suis content que ... (+ *subj*); **~e Weihnachten!** joyeux Noël!
fröhlich gai, joyeux
fromm pieux
Fronleichnam *m* Fête-Dieu *f*
Front *f* front *m*; *Arch* façade
frontal de face, de front
Frontalzusammenstoß *m* choc frontal
Frontantrieb *m* traction *f* avant
Frosch *m* grenouille *f*; **~mann** *m* homme-grenouille; **~schenkel** *m/pl* cuisses *f/pl* de grenouilles
Frost *m* gel
frösteln frissonner
frost|ig froid; *fig* glacial; **ᘔschutzmittel** *n* antigel *m*
Frott|eetuch *n* serviette *f* éponge; **ᘔieren** (**sich ~** se) frotter, (se) frictionner
Frucht *f* fruit *m* (*a fig*); **ᘔbar** *Agr* fertile; *Lebewesen* fécond; *fig* fructueux; **~eis** *n* glace *f* aux fruits; **~fleisch** *n* pulpe *f*; **~saft** *m* jus de fruits
früh de bonne heure, tôt; **heute ~** ce matin; **morgen ~** demain matin; **zu ~** trop tôt
früher plus tôt; *ehemals* autrefois
Früh|aufsteher(in) *m(f)* lève-tôt; **~jahr** *n*, **~ling** *m* printemps *m*
Frühstück *n* petit déjeuner *m*; **ᘔen** prendre le petit déjeuner; **~sbüfett** *n* buffet *m* de petit-déjeuner
frustriert frustré
Fuchs *m* renard
Fuchsie *f* fuchsia *m*
fühlbar sensible
fühlen sentir; *Puls* tâter; **sich**

nicht wohl **~** ne pas se sentir bien

führen mener, conduire; *Touristen* guider; *Betrieb* diriger; *Ware* faire; *Sp* mener; ***zu et*** **~** mener à qc

Führer *m* *Reise*≗ guide (*a Buch*); *e-r Gruppe* chef; *Pol a* leader; **~schein** *m* permis de conduire

Führung *f* *Besichtigung* visite guidée; *Leitung* direction; *Sp* ***in ~ liegen*** mener

Fuhr|unternehmen *n* entreprise *f* de transport; **~werk** *n* charrette *f*

Fülle *f* abondance

füllen remplir; *Kochk* farcir

Füll(federhalt)er *m* stylo (à encre)

Füllung *f* remplissage *m*; *Kochk* farce; *Zahn*≗ plombage *m*

Fund *m* objet trouvé; *glücklicher* trouvaille *f*; *archäologischer* découverte *f*

Fundament *n* fondations *f*/*pl*; *fig* fondement *m*

Fund|büro *n* bureau *m* des objets trouvés; **~gegenstand** *m*, **~sache** *f* objet *m* trouvé

fünf cinq; **~hundert** cinq cents; **~te**(**r**, **-s**) cinquième; **≗tel** *n* cinquième *m*; **~zehn** quinze; **~zig** cinquante

Funk *m* radio *f*; ***über*** **~** par radio

Funkamateur *m* radio-amateur

Funke *m* étincelle *f*

funkeln étinceler, scintiller

funk|en transmettre par radio; **≗er** *m* radio; **≗gerät** *n* poste *m* émetteur-récepteur; **≗spruch** *m* message radio; **≗streife** *f* voiture *f* de police (radio); **≗taxi** *n* radio-taxi *m*; **≗telefon** *n* radiotéléphone *m*

Funktion *f* fonction; **≗ieren** fonctionner

für (*A*) pour

Furche *f* sillon *m*

Furcht *f* crainte *f*, peur *f* (***vor*** de); **≗bar** terrible, affreux

fürchten craindre (***dass …*** que … ne + *subj*); ***sich ~*** avoir peur (***vor*** *D* de)

fürchterlich terrible

furcht|los intrépide; **~sam** craintif

füreinander l'un pour l'autre

Fürsorge *f* soins *m*/*pl*; *Sozial*≗ aide sociale

Fürsprache *f* intercession, intervention

Fürst *m* prince; **~entum** *n* principauté *f*; **~in** *f* princesse; **≗lich** princier

Furt *f* gué *m*

Furunkel *m* furoncle

Fuß *m* pied; *e-s Tieres* patte *f*; ***zu ~*** à pied

Fußball *m* football [-bol]; *Ball* ballon de football; **~ *spielen*** jouer au football

Fußball|platz *m* terrain de football; **~spiel** *n* match *m* de football; **~spieler** *m* foot-

balleur; **~toto** *n* loto *m* sportif
Fuß|boden *m* plancher; **~bremse** *f* pédale de frein
Fußgänger *m* piéton; **~brücke** *f* passerelle; **~überweg** *m* passage pour piétons; **~zone** *f* zone piétonne *od* piétonnière
Fuß|gelenk *n* cheville *f*; **~matte** *f* paillasson *m*; **~pflege** *f* soins *m/pl* des pieds; **~sohle** *f* plante du pied; **~spur** *f* trace de pied; **~tritt** *m* coup de pied; **~weg** *m* sentier, chemin
Futter *n* nourriture *f*; *Kleider*2 doublure *f*
Futteral *n* étui *m*
füttern *Tier* donner à manger à; *Kind* faire manger; *Kleidung* doubler
Fütterung *f* alimentation
Futur *n* futur *m*

G

Gabe *f* don *m*
Gabel *f* fourchette; *Heu*2 fourche
gabeln ***sich ~*** *Weg* bifurquer
gackern caqueter
Gage *f* cachet *m*
gähnen bâiller
galant galant
Galerie *f* galerie
Galgen *m* potence *f*, gibet
Galle *f* bile; *Tier*2 fiel *m*
Gallen|blase *f* vésicule biliaire; **~kolik** *f* colique hépatique; **~stein** *m* calcul biliaire
Galopp *m* galop; **2ieren** galoper
gammeln F glander
Gämse *f* chamois *m*
Gang *m* marche *f*; *Art des Gehens* démarche; *Ablauf* cours; *Korridor* couloir; *Kfz* vitesse *f*; *Kochk* plat; ***in ~ bringen*** mettre en marche; ***in vollem ~(e) sein*** battre son plein
Gangschaltung *f Kfz* changement *m* de vitesse; *Fahrrad* dérailleur *m*
Gangster *m* gangster [-tɛr]
Gangway *f* passerelle
Ganove *m* truand
Gans *f* oie
Gänse|blümchen *n* pâquerette *f*; **~braten** *m* oie *f* rôtie; **~haut** *f fig* chair de poule; **~leberpastete** *f* (pâté *m* de) foie *m* gras; **~marsch** *m* ***im ~*** en file indienne
ganz tout; *vollständig* entier; *heil* intact; ***den ~en Tag*** toute la journée; ***in der ~en Welt*** dans le monde entier; ***~ gut*** assez bien; ***~ und gar nicht*** pas du tout
Ganztagsarbeit *f* travail *m* à plein temps
gar *Kochk* cuit; *Fleisch* à

point; *adv* ~ ***nicht*** pas du tout; ~ ***nichts*** rien du tout
Garage *f* garage *m*
Garantie *f* garantie; **♒ren** garantir (***für et*** qc); **~schein** *m* certificat de garantie
Garderobe *f Kleidung* garderobe; *Theater usw* vestiaire *m*; *Flur*♒ portemanteau *m*
Garderoben|frau *f* dame du vestiaire; **~marke** *f* numéro *m* de vestiaire
Gardine *f* rideau *m*
gären fermenter
Garn *n* fil *m*
Garnele *f* crevette
garnieren garnir (***mit*** de)
Garnitur *f* ensemble *m*; *Polster*♒ salon *m*
Garten *m* jardin; **~bau** *m* horticulture *f*; **~fest** *n* garden-party *f*; **~lokal** *n* restaurant *od* café *m* avec jardin; **~zaun** *m* clôture *f* de jardin
Gärtner *m* jardinier; **~ei** *f* établissement *m* horticole
Gärung *f* fermentation
Gas *n* gaz *m*; ~ ***geben*** accélérer
Gas|flasche *f* bouteille de gaz; **~hahn** *m* robinet du gaz; **~heizung** *f* chauffage *m* au gaz; **~herd** *m* cuisinière *f* à gaz; **~leitung** *f* conduite de gaz; **~ofen** *m* radiateur à gaz; **~pedal** *n* accélérateur *m*
Gasse *f* ruelle
Gast *m* invité; *Hotel*♒, *im Lokal* client; **~arbeiter** *m neg!* travailleur immigré
Gäste|buch *n* livre *m* d'or; **~zimmer** *n* chambre *f* d'amis
Gast|familie *f* famille d'accueil; **♒freundlich** hospitalier; **~freundschaft** *f* hospitalité; **~geber(in)** *m(f)* hôte(sse); **~haus** *n*, **~hof** *m* auberge *f*; **♒lich** hospitalier, accueillant; **~stätte** *f* restaurant *m*; **~wirt** *m* restaurateur; **~wirtschaft** *f* café-restaurant *m*
Gas|vergiftung *f* intoxication par le gaz; **~zähler** *m* compteur à gaz
Gatt|e *m* époux; **~in** *f* épouse
Gattung *f* genre *m*; *Biol* espèce
Gaumen *m* palais
Gauner *m* escroc [-o]
Gaze *f* gaze
Gazelle *f* gazelle
Gebäck *n* pâtisserie *f*; *Plätzchen* petits gâteaux *m/pl*
gebacken cuit (au four)
Gebärde *f* geste *m*
Gebärmutter *f* utérus *m*
Gebäude *n* bâtiment *m*
geben donner (***j-m et*** qc à q); *reichen*, *am Telefon* passer; ***es gibt*** il y a; ***was gibt es?*** qu'est-ce qu'il y a?
Gebet *n* prière *f*
Gebiet *n* région *f*; *Pol* territoire *m*; *Fach*♒ domaine *m*
gebildet cultivé
Gebirge *n* montagne *f*; ***im*** ~, ***ins*** ~ à la montagne
gebirgig montagneux

Gebirgs|bach *m* torrent; **~kette** *f*, **~zug** *m* chaîne *f* de montagnes
Gebiss *n* dentition *f*; *künstliches* dentier *m*
Gebläse *n Kfz* ventilateur *m*
geblümt à fleurs
geboren né (**am** le); **~e Müller** née Müller; **~ werden** naître
geborgen en sécurité
gebraten rôti
Gebrauch *m* usage, emploi
gebrauchen utiliser; **gut zu ~ sein** être utile
gebräuchlich usuel
Gebrauchs|anweisung *f* mode *m* d'emploi; **ⵔfertig** prêt à l'emploi; **~gegenstand** *m* objet d'usage courant
gebraucht usagé; **ⵔwagen** *m* voiture *f* d'occasion
gebrechlich fragile
Gebrüder *pl* frères *m/pl*
Gebrüll *n* 'hurlements *m/pl*
Gebühr *f* taxe; *Maut* péage *m*; *Fernsehⵔ* redevance
gebührenfrei gratuit
gebührenpflichtig soumis à une taxe; *Parkplatz* payant; *Straße* à péage; **~e Verwarnung** *f* contravention
Geburt *f* naissance
Geburten|kontrolle *f* contrôle *m* des naissances; **~rückgang** *m* dénatalité *f*
Geburts|datum *n* date *f* de naissance; **~haus** *n* maison *f* natale; **~name** *m* nom de jeune fille; **~ort** *m* lieu de naissance; **~tag** *m* anniversaire; **~urkunde** *f* acte *m* de naissance
Gebüsch *n* buissons *m/pl*
Gedächtnis *n* mémoire *f*; **aus dem ~** de mémoire
Gedanke *m* pensée *f*, idée *f*; **sich ~n machen** s'inquiéter (**über** *A* pour); *nachdenken* réfléchir (sur)
Gedanken|austausch *m* échange d'idées; **ⵔlos** irréfléchi; *zerstreut* distrait; **~strich** *m* tiret
Gedeck *n* couvert *m*; menu *m*
gedeihen prospérer
gedenk|en (*G*) *ehrend* commémorer; *vorhaben* penser (**et zu tun** faire qc); **ⵔstätte** *f* lieu *m* commémoratif; **ⵔtafel** *f* plaque commémorative
Gedicht *n* poème *m*
Gedränge *n* bousculade *f*
Geduld *f* patience; **ⵔen sich ~** patienter; **ⵔig** patient
geehrt *in Briefen* **Sehr ~er Herr N.**, Monsieur,
geeignet approprié; *Person* fait (**für** pour)
Gefahr *f* danger *m*; **~ laufen zu …** courir le risque de …; **auf eigene ~** à ses risques et périls [-il]
gefähr|den mettre en danger; **~lich** dangereux
gefahrlos sans danger
Gefährt|e *m* compagnon; **~in** *f* compagne

Gefälle *n* pente *f*
gefallen plaire (***j-m*** à q); ***sich et ~ lassen*** se laisser faire
Gefallen[1] *m* service; ***j-m e-n ~ tun*** rendre (un) service à q
Gefallen[2] *n* ***~ finden an*** (*D*) prendre plaisir à
gefällig *hilfsbereit* serviable; *anziehend* plaisant, agréable; **²keit** *f Dienst* service
gefangen prisonnier; ***~ nehmen*** faire prisonnier
Gefangen|e(r) *su* prisonnier *m*, prisonnière *f*; **~schaft** *f* captivité
Gefängnis *n* prison *f*
Gefäß *n* récipient *m*; *Blut²* vaisseau *m*
gefasst (avec) calme; ***auf et ~ sein*** s'attendre à qc
Gefecht *n* combat *m*
Gefieder *n* plumage *m*
gefleckt tacheté
Geflügel *n* volaille *f*
Gefolge *n* suite *f*
gefräßig vorace, glouton
gefrier|en geler; **²fach** *n* freezer [frizœr] *m*; **²fleisch** *n* viande *f* congelée; **~getrocknet** lyophilisé; **²schrank** *m*, **²truhe** *f* congélateur *m*
Gefrorene(s) *n österr* glace *f*
gefügig docile
Gefühl *n* sentiment *m*; *physisch* sensation *f*; *Gespür* sens *m* (**für** de); *Gemütsbewegung* émotion *f*; **²los** insensible (***gegen*** à); **²voll** sensible; sentimental
gefüllt *Kochk* farci
gegebenenfalls le cas échéant
gegen contre; *Richtung, zeitlich* vers
Gegend *f* région; *Nähe* voisinage *m*
gegen|einander l'un contre l'autre; **²fahrbahn** *f* voie d'en face; **²frage** *f* question posée en retour; **²gift** *n* contrepoison *m*
Gegenleistung *f* ***als ~*** en contrepartie
Gegen|licht *n* contre-jour *m*; **~mittel** *n Med* antidote *m*; **~richtung** *f* direction opposée
Gegensatz *m* contraste; ***im ~ zu*** contrairement à
Gegenseit|e *f jur* parti *m* adverse; **²ig** mutuel, réciproque
Gegen|stand *m* objet (*a fig*); *Thema* sujet; **~stück** *n* pendant *m*
Gegenteil *n* contraire *m* (**von** de); ***im ~*** au contraire
gegenüber *adv* en face; *prp* (*D*) en face de; *fig* envers; *im Vergleich zu* par rapport à; **~stehen** être face à face; **~stellen** confronter
Gegen|verkehr *m* circulation *f* (venant) en sens inverse; **~wart** *f* présent *m* (*a Gr*); *Anwesenheit* présence; **²wärtig** présent (*a anwesend*); *jetzig* actuel; *adv* à présent; **~wind** *m* vent contraire
Gegner *m* adversaire

Gehackte(s) *n* viande *f* 'hachée
Gehalt[1] *m* teneur *f* (**an** *D* en)
Gehalt[2] *n* salaire *m*
Gehalts|empfänger *m* salarié; **~erhöhung** *f* augmentation de salaire
gehässig 'haineux
Gehäuse *n* boîtier *m*; *Tech* carter [-ɛr] *m*
geheim secret; **℘dienst** *m* services *m/pl* secrets; **℘nis** *n* secret *m*, mystère *m*; **~nisvoll** mystérieux; **℘nummer** *f* code *m* secret; **℘tipp** *m* F tuyau; **℘waffe** *f* arme secrète; **℘zahl** *f* code *m* confidentiel
gehemmt complexé, inhibé
gehen aller (à pied); marcher (*a funktionieren*); *fort~* partir; *Ware* se vendre; *Zimmer* ***auf den Hof ~*** donner sur la cour; ***das geht nicht*** ça ne va pas; ***es geht um …*** il s'agit de …; ***wie geht es Ihnen?*** comment allez-vous?; ***es geht mir gut*** (***schlecht***) je vais bien (mal); ***sich ~ lassen*** se laisser aller
Gehilfe *m* aide, commis
Gehirn *n* cerveau *m*; **~erschütterung** *f* commotion cérébrale; **~schlag** *m* apoplexie *f*
Gehör *n* ouïe *f*
gehorchen obéir (***j-m*** à q)
gehören ***j-m ~*** appartenir *od* être à q; ***~ zu*** faire partie de; ***es gehört sich nicht*** ça ne se fait pas
gehörlos sourd
gehorsam obéissant; **℘** *m* obéissance *f*
Geh|steig *m*, **~weg** *m* trottoir
Geier *m* vautour
Geig|e *f* violon *m*; **~er(in)** *m(f)* violoniste
Geisel *f* otage *m*; **~nahme** *f* prise d'otage(s); **~nehmer** *m* preneur d'otage(s)
Geist *m* esprit; *Gespenst* fantôme; ***der Heilige ~*** le Saint-Esprit
Geister|bahn *f* train *m* fantôme; **~fahrer** *m* automobiliste roulant à contresens sur l'autoroute
geistes|abwesend absent; **℘gegenwart** *f* présence d'esprit; **~gestört** dérangé; **℘kranke(r)** *su* malade mental(e); **℘wissenschaften** *f/pl* sciences humaines; **℘zustand** *m* état mental
geistig intellectuel; *psych* mental; ***~e Getränke*** *n/pl* spiritueux *m/pl*
geistlich religieux; *Musik* sacré; **℘e(r)** *m katholischer* prêtre; *evangelischer* pasteur
geistreich spirituel
Geiz *m* avarice *f*; **~hals** *m* avare; **℘ig** avare
Gejammer *n* lamentations *f/pl*
gekränkt vexé, blessé
Gelächter *n* rires *m/pl*
gelähmt paralysé
Gelände *n* terrain *m*

Geländer *n* *Balkon*2 balustrade *f*; *Treppen*2 rampe *f*; *Brücken*2 parapet *m*
Geländewagen *m* voiture *f* tout-terrain
gelassen calme; 2**heit** *f* calme *m*, sang-froid *m*
Gelatine *f* gélatine
geläufig courant; *vertraut* familier (***j-m*** à q)
gelaunt ***gut*** (***schlecht***) ~ de bonne (mauvaise) humeur
gelb jaune; *Ampel* orange; ***bei*** 2 à l'orange
gelb|lich jaunâtre; 2**sucht** *f* jaunisse
Geld *n* argent *m*; ~**automat** *m* distributeur (automatique) de billets; ~**beutel** *m* porte-monnaie *m*; ~**buße** *f* amende; ~**schein** *m* billet de banque; ~**strafe** *f* amende; ~**stück** *n* pièce *f* (de monnaie); ~**wechsel** *m* change; ~**wechsler** *m* *Automat* changeur (de monnaie)
Gelee *n* gelée *f*
gelegen *örtlich* situé; ***das kommt mir sehr*** ~ cela m'arrange; F ça tombe à pic
Gelegenheit *f* occasion; ***bei dieser*** ~ à cette occasion
Gelegenheits|arbeit *f* petit boulot *m*; ~**kauf** *m* occasion *f*
gelegentlich à l'occasion
Gelehrte(r) *su* érudit(e); *Wissenschaftler(in)* savant *m*
Gelenk *n* articulation *f*; 2**ig** souple; ~**rheumatismus** *m* rhumatisme articulaire
gelernt *ausgebildet* qualifié
Geliebte *f* maîtresse
Geliebte(r) *m* amant
gelingen réussir; ***es gelingt mir zu …*** je réussis à …
gelten *gültig sein* être valable; *wert sein* valoir; *Gesetz* être en vigueur; ~ ***für*** concerner; ~ ***als*** passer pour; ***j-m*** ~ s'adresser à q
geltend valable, en vigueur; ~ ***machen*** faire valoir
Geltung *f* *Gültigkeit* validité; *Bedeutung* importance; *Ansehen* autorité; ***zur*** ~ ***bringen*** mettre en valeur; ***zur*** ~ ***kommen*** ressortir
Gelübde *n* vœu *m*
gelungen réussi
gemächlich tranquille
Gemälde *n* peinture *f*, tableau *m*; ~**galerie** *f* galerie de peinture
gemäß (*D*) conformément à, selon
gemäßigt modéré; *Klima* tempéré
gemein commun; *niederträchtig* odieux, méchant
Gemeinde *f* commune; *Rel* paroisse; ~**rat** *m* conseil municipal
Gemein|heit *f* méchanceté; 2**nützig** d'utilité publique; 2**sam** commun; *adv* en commun, ensemble
Gemeinschaft *f* communauté; 2**lich** (en) commun;

~santenne *f* antenne collective
Gemisch *n* mélange *m*
gemischt mixte
Gemurmel *n* murmure *m*
Gemüse *n* légumes *m/pl*; **~händler** *m* marchand de légumes; **~suppe** *f* potage *m* aux légumes
gemütlich *Lokal* accueillant; *Wohnung* douillet; *Sessel* confortable; *Abend* tranquille; ***hier ist es ~*** on est bien ici
Gen *n* gène *m*
genau exact, précis; ***peinlich ~*** minutieux; ***~ um drei Uhr*** à trois heures précises
Genau|igkeit *f* exactitude, précision; **2so** *s* ***ebenso***
genehmig|en autoriser; **2ung** *f* autorisation; *Schein* permis *m*
General *m* général; **~direktor** *m* P.-D.-G.; **~konsulat** *n* consulat *m* général; **~probe** *f* répétition générale; **~streik** *m* grève *f* générale
Generation *f* génération
Generator *m* générateur
generell général; *adv* en général
Genesung *f* guérison
genetisch génétique
Genf Genève; ***der ~er See*** le lac Léman
Genetik *f* génétique
genial génial, de génie
Genick *n* nuque *f*
Genie *n* génie *m*
genieren ***sich ~*** être gêné
genieß|bar consommable; *essbar* mangeable; *trinkbar* buvable; **~en** savourer; *fig Natur, Ruhe* apprécier; *Ansehen usw* jouir de; **2er** *m* bon vivant
Genitiv *m* génitif
genormt standardisé
Genoss|e *m* camarade; **~enschaft** *f* société coopérative
genug assez; ***~ Geld*** assez d'argent
genüg|en suffire; **~end** suffisant
Genugtuung *f* satisfaction
Genuss *m* plaisir; *Nahrung, Alkohol* consommation *f*
geöffnet ouvert
Geo|graphie *f* géographie; **~logie** *f* géologie
Gepäck *n* bagages *m/pl*; **~abfertigung** *f*, **~annahme** *f* enregistrement *m* des bagages; **~aufbewahrung** *f* consigne; **~ausgabe** *f* remise des bagages; **~karren** *m* chariot à bagages; **~kontrolle** *f* contrôle *m* des bagages; **~schein** *m* bulletin de bagages; **~schließfach** *n* consigne *f* automatique; **~stück** *n* colis *m*; **~träger** *m Person* porteur; *am Fahrrad* porte-bagages; **~versicherung** *f* assurance bagages; **~wagen** *m* fourgon (à bagages)
ge|panzert blindé; **~pfeffert** poivré; *fig* salé; **~pflegt** soigné

gerade droit; *Zahl* pair; *adv* justement; *genau* juste; **~ ein Jahr** juste un an; **er ist ~ angekommen** il vient (juste) d'arriver; **nicht ~ leicht** pas vraiment facile
Gerade *f* droite; **⁀aus** tout droit; **⁀wegs** directement; **⁀zu** vraiment, tout simplement
Geranie *f* géranium *m*
Gerät *n El* appareil *m*; *Radio, TV* poste; *Küchen⁀* ustensile *m*; *Turnen* **~e** *pl* agrès *m/pl*
geraten tomber (**in et** *A* dans qc; **an j-n** sur q); **gut** (**schlecht**) **~** (ne pas) bien réussir
Geräteturnen *n* exercices *m/pl* aux agrès
Geratewohl *n* **aufs ~** à l'aventure
geräuchert fumé
geräumig spacieux
Geräusch *n* bruit *m*; **⁀los** silencieux; **⁀voll** bruyant
gerecht juste, équitable; **~fertigt** justifié; **⁀igkeit** *f* justice
Gerede *n* bavardage *m*
gereizt irrité
Gericht *n Speise* plat *m*; *jur* tribunal *m*; *Gebäude* palais *m* de justice; **⁀lich** judiciaire
Gerichts|arzt *m* médecin légiste; **~hof** *m* cour *f* (de justice); **~saal** *m* salle *f* d'audience; **~verhandlung** *f* débats *m/pl*, audience *f*; **~verfahren** *n* procédure *f* (judiciaire); **~vollzieher** *m* huissier (de justice)
gering peu (de), petit
gering|fügig peu important, insignifiant; **~schätzig** dédaigneux
geringste(r, -s) moindre; **nicht im ⁀n** pas le moins du monde
gerinnen *Blut* se coaguler; *Milch* se cailler
Gerippe *n* squelette *m*
gerissen *fig* rusé, roué
gern(e) volontiers; **~ et tun** aimer faire qc; **~ haben, ~ essen** aimer; **ich möchte ~ ...** j'aimerais bien ...; **~ geschehen!** il n'y a pas de quoi!
Geröll *n* éboulis *m*
Gerst|e *f* orge; **~enkorn** *n Med* orgelet *m*
Geruch *m* odeur *f*; *Sinn* odorat; **⁀los** inodore
Gerücht *n* bruit *m*, rumeur *f*
gerührt touché, ému
Gerümpel *n* bric-à-brac *m*
Gerüst *n* échafaudage *m*
gesalzen salé (*a fig*)
gesamt (tout) entier; *Summe* total; **die ~e Belegschaft** l'ensemble du personnel
Gesamt|betrag *m* total; **~eindruck** *m* impression *f* générale
Gesamtgewicht *n Kfz* **das zulässige ~** le poids total autorisé
Gesang *m* chant; **~verein** *m* chorale *f*
Gesäß *n* derrière *m*

Geschäft *n* affaire *f*; *Laden* magasin *m*; **ᘔlich** d'affaires, commercial; *adv* pour affaires

Geschäfts|brief *m* lettre *f* d'affaires; **~frau** *f* femme d'affaires; **~führer** *m* gérant; **~mann** *m* homme d'affaires; **~reise** *f* voyage *m* d'affaires; **~stelle** *f* agence; **~zeit** *f* heures *f/pl* d'ouverture (des magasins *od* des bureaux)

geschehen se passer, arriver, se produire

gescheit intelligent

Geschenk *n* cadeau *m*; **~gutschein** *m* chèque-cadeau; **~papier** *n* papier-cadeau *m*

Geschicht|e *f* histoire; **ᘔlich** historique

Geschicklichkeit *f* adresse

geschickt adroit

geschieden divorcé

Geschirr *n* vaisselle *f*; **~spüler** *m* lave-vaisselle; **~tuch** *n* torchon *m*

Geschlecht *n Biol* sexe *m*; *Familie* famille *f*; *Gr* genre *m*; **ᘔlich** sexuel

Geschlechts|krankheit *f* M.S.T.; **~organe** *n/pl*, **~teile** *n/pl* organes *m/pl* génitaux; **~verkehr** *m* rapports *m/pl* sexuels

geschlossen fermé

Geschmack *m* goût; **ᘔlos** insipide; *taktlos* de mauvais goût; *adv* sans goût; **~(s)sache** *f* affaire de goût; **ᘔvoll** de bon goût; *adv* avec goût

geschmeidig souple

geschmort braisé, mijoté

Geschöpf *n* créature *f*

Geschoss *n* projectile *m*; *Stockwerk* étage *m*

Geschrei *n* cris *m/pl*

Geschwätz *n* bavardage *m*; **ᘔig** bavard

Geschwindigkeit *f* vitesse

Geschwindigkeits|begrenzung *f* limitation de vitesse; **~überschreitung** *f* excès *m* de vitesse

Geschwister *pl* frère(s) *m(pl)* et sœur(s) *f(pl)*

geschwollen enflé

Geschworene(r) *m* juré

Geschwulst *f* tumeur

Geschwür *n* ulcère *m*

Geselchte(s) *n österr* viande *f* fumée

gesellig sociable; ***~es Beisammensein*** *n* réunion *f* entre amis

Gesellschaft *f* société; ***in ~ von*** en compagnie de; ***geschlossene ~*** réunion privée; ***j-m ~ leisten*** tenir compagnie à q

Gesellschaft|er *m Hdl* associé; **ᘔlich** social

Gesellschafts|anzug *m* tenue *f* de soirée; **~reise** *f* voyage *m* organisé; **~schicht** *f* couche sociale; **~spiel** *n* jeu *m* de société

Gesetz *n* loi *f*; **~buch** *n* code *m*; **~gebung** *f* législation; **ᘔlich** légal; **ᘔwidrig** illégal

Gesicht *n* figure *f*, visage *m*

Gesichts|ausdruck *m* expression *f* (du visage); **~farbe** *f* teint *m*; **~maske** *f* masque *m*; **~punkt** *m* point de vue; aspect; **~wasser** *n* lotion *f* pour le visage; **~züge** *m/pl* traits
Gesindel *n* racaille *f*
Gesinnung *f* sentiments *m/pl*; *Meinung* opinion
gesondert séparé
Gespann *n* attelage *m*
gespannt tendu (*a fig*); ***ich bin ~, ob …*** je suis curieux de savoir si …
Gespenst *n* fantôme *m*
gesperrt barré
gespickt (entre)lardé
Gespräch *n* conversation *f*, entretien *m*; *Tel* communication *f*; **2ig** bavard
Gesprächs|partner *m* interlocuteur; **~stoff** *m*, **~thema** *n* sujet *m* de conversation
Gestalt *f* forme; *Wuchs* taille; **2en** former, façonner; *Freizeit* organiser
Geständnis *n* aveu *m*
Gestank *m* puanteur *f*
gestatten permettre; ***~ Sie?*** vous permettez?
Geste *f* geste *m*
gestehen avouer
Gestein *n* roche *f*
Gestell *n* *Bock* chevalet *m*; *Regal* rayonnages *m/pl*; *Brillen2* monture *f*
gestern hier; ***~ Abend*** hier soir
Gestirn *n* astre *m*
gestreift rayé
gestrig d'hier
Gestrüpp *n* broussailles *f/pl*
Gestüt *n* 'haras *m*
Gesuch *n* demande *f* (**um** de)
gesund sain; *Person* en bonne santé, bien portant; ***~ werden*** guérir
Gesundheit *f* santé; ***~!*** *beim Niesen* à vos souhaits!
Gesundheits|amt *n* service *m* (local) de l'hygiène sociale et de la santé publique; **2schädlich** nocif; **~zustand** *m* état de santé
Getränk *n* boisson *f*
Getränke|automat *m* distributeur de boissons; **~karte** *f* carte des boissons
Getreide *n* céréales *f/pl*, blé *m*
getrennt séparé; ***~ zahlen*** payer séparément
Getriebe *n* *Kfz* boîte *f* de vitesses; **~öl** *n* huile *f* de graissage
getrocknet sec
Gewächs *n* végétal *m*
gewachsen ***e-r Sache*** (*D*) ***~ sein*** être à la hauteur de qc
Gewächshaus *n* serre *f*
gewagt risqué; osé
Gewähr *f* garantie; **2en** accorder; **2leisten** garantir
Gewahrsam *m* garde *f*; *Haft* détention *f*
Gewalt *f* force; *~tätigkeit* violence; *Macht* pouvoir *m*; ***höhere ~*** force majeure; ***mit ~*** de force
gewaltig énorme

gewalt|los non-violent; **~sam** violent; *öffnen usw* de force; **~tätig** violent
gewandt adroit; *körperlich* agile; **2heit** *f* adresse; agilité; *im Benehmen* aisance
Gewässer *n* eaux *f/pl*
Gewebe *n* tissu *m* (*a fig*)
Gewehr *n* fusil [-i] *m*
Geweih *n* bois *m/pl*
Gewerb|e *n* industrie *f*; *Beruf* métier *m*; **2lich** industriel; **2smäßig** professionnel
Gewerkschaft *f* syndicat *m*; **2lich** syndical
Gewicht *n* poids *m*; *fig* importance *f*; ***nach ~*** au poids; **2ig** *fig* important
Gewimmel *n* fourmillement *m*
Gewinde *n* pas *m* de vis
Gewinn *m* gain; *Hdl* bénéfice; ***~ bringend*** lucratif
gewinn|en gagner; **2er** *m* gagnant; **2spanne** *f* marge bénéficiaire; **2zahl** *f* numéro *m* gagnant
gewiss certain(ement); ***ein gewisser Herr …*** un certain monsieur …
Gewissen *n* conscience *f*; **2haft** consciencieux; **2los** sans scrupules; **~sbisse** *m/pl* remords
gewissermaßen pour ainsi dire
Gewissheit *f* certitude
Gewitter *n* orage *m*; **~regen** *m* pluie *f* d'orage
gewitt(e)rig orageux
gewöhnen (***sich ~*** s')accoutumer, (s')habituer (***an*** *A* à)
Gewohnheit *f* habitude
gewöhnlich *gewohnt* habituel; *alltäglich* ordinaire, normal; *unfein* vulgaire; *adv* d'habitude; ***wie ~*** comme d'habitude
gewohnt habituel; ***et*** (*A*) ***~ sein*** être habitué à qc
Gewölbe *n* voûte *f*
Gewühl *n* cohue *f*
Gewürz n épice *f*; **~gurke** *f* cornichon *m*; **~nelke** *f* clou *m* de girofle
Gezeiten *pl* marée *f*
geziert affecté, maniéré
Gicht *f Med* goutte
Giebel *m* pignon
Gier *f* avidité; **2ig** avide
gießen verser; *Blumen* arroser; *Tech* couler, fondre; ***es gießt*** il pleut à verse
Gießkanne *f* arrosoir *m*
Gift *n* poison *m*; *Zo* venin *m*
giftig toxique; *Tiere* venimeux; *Pflanzen* vénéneux
Gift|müll *m* déchets *m/pl* toxiques; **~pilz** *m* champignon vénéneux; **~schlange** *f* serpent *m* venimeux
gigantisch gigantesque
Gin *m* gin [dʒin]
Ginster *m* genêt
Gipfel *m* sommet (*a Pol*); F ***das ist der ~!*** c'est un comble!
Gips *m* plâtre; **2en** *Med* plâtrer; **~verband** *m* plâtre
Giraffe *f* girafe

Girlande *f* guirlande
Giro *n* virement *m*; **~konto** *n* compte *m* courant
Gitarre *f* guitare
Gitter *n* grille *f*, grillage *m*; **~fenster** *n* fenêtre *f* grillagée
Gladiole *f* glaïeul *m*
Glanz *m* éclat; *fig* splendeur *f*
glänzen briller (*a fig*)
glänzend brillant (*a fig*)
Glas *n* verre *m*; **~er** *m* vitrier
gläsern de *od* en verre
Glas|hütte *f* verrerie; **~scheibe** *f* vitre; **~scherbe** *f* morceau *m* de verre; **~tür** *f* porte vitrée
Glasur *f* vernis *m*; *Kochk* glaçage *m*
glatt lisse; *rutschig* glissant; *adv* sans problème
Glätte *f der Fahrbahn* état *m* glissant
Glatteis *n* verglas *m*
Glatze *f* calvitie; ***e-e ~ haben*** être chauve
Glaube *m* croyance *f* (**an** *A* en); *Rel* foi *f* (**an** *A* en)
glauben croire (**et** qc; ***j-m*** q; ***an et*** *A* à qc; ***an j-n*** en q)
Glaubensbekenntnis *n* Credo *m*
gläubig croyant; ***die* ≗en** les fidèles *m/pl*
Gläubiger *m Wi* créancier
glaubwürdig crédible
gleich égal; *identisch* même; *ähnlich* pareil; *sofort* tout de suite; ***zur ~en Zeit*** en même temps; ***das ≗e*** la même chose; ***das ist mir ~*** ça m'est égal; ***~ groß*** de même taille; ***~ gegenüber*** juste en face; ***bis ~!*** à tout à l'heure!
gleich|altrig du même âge; **~berechtigt** égal en droits
gleichen ressembler (***j-m*** à q); ***sich ~*** se ressembler
gleichfalls également; ***danke, ~!*** merci, à vous aussi
Gleich|gewicht *n* équilibre *m*; **≗gültig** indifférent; **~heit** *f* égalité; **≗mäßig** régulier
Gleich|strom *m* courant continu; **~ung** *f* équation
gleich|wertig équivalent; **~zeitig** simultané; *adv* en même temps
Gleis *n* voie *f*
gleiten glisser; ***~de Arbeitszeit*** *f* horaire *m* individualisé
Gleit|flug *m* vol plané; **~schirm** *m* parapente
Gletscher *m* glacier; **~spalte** *f* crevasse
Glied *n* membre *m*; *männliches* pénis; *Ketten≗* maillon *m*; **≗ern** (***sich ~*** se) diviser (**in** *A* en); **~erung** *f* division; *e-s Aufsatzes, e-r Rede* plan *m*; **~maßen** *pl* membres *m/pl*
glitschig glissant
glitzern étinceler, scintiller
Globalisierung *f* mondialisation
Globus *m* globe
Glocke *f* cloche
Glocken|blume *f* campanule; **~spiel** *n* carillon *m*; **~turm** *m* clocher
Glück *n* bonheur *m*; *durch Zu-*

fall chance *f*; **zum ~** heureusement; **auf gut ~** au petit bonheur; **viel ~!** bonne chance!; **~ haben** avoir de la chance; **~ bringen** porter bonheur

glück|en réussir; **~lich** heureux; **~licherweise** heureusement

Glücksspiel *n* jeu *m* de hasard

Glückwunsch *m* félicitations *f/pl*; **herzlichen ~!** félicitations!; *zum Geburtstag* joyeux anniversaire!

Glüh|birne *f* ampoule; **2en** *Metall* être incandescent; *fig Gesicht* être en feu; **2end** ardent, brûlant (*beide a fig*); *Hitze* torride; **~wein** *m* vin chaud; **~würmchen** *n* ver *m* luisant

Glut *f* braise; *fig* ardeur

Glyzerin *n* glycérine *f*

GmbH *f* (*Gesellschaft mit beschränkter Haftung*) S.A.R.L. (*société à responsabilité limitée*)

Gnade *f* grâce; **~ngesuch** *n* recours *m* en grâce

gnädig clément; **~e Frau!** Madame!

Gold *n* or *m*; **~barren** *m* lingot d'or; **2en** d'or; *Farbe* doré; **~fisch** *m* poisson rouge; **2ig** mignon, adorable; **~medaille** *f* médaille d'or; **~münze** *f* pièce d'or; **~schmied** *m* orfèvre

Golf[1] *m Geogr* golfe

Golf[2] *n Sp* golf *m*; **~platz** *m* terrain de golf; **~schläger** *m* club

Gondel *f* gondole; *Seilbahn***2** cabine

gönnen **j-m et ~** se réjouir pour q de qc; **sich et ~** se payer *od* s'offrir qc

Gorgonzola *m* gorgonzola

Gorilla *m* gorille

Got|ik *f* style *m od* époque gothique; **2isch** gothique

Gott *m* dieu; *christl. Rel* Dieu; **~ sei Dank!** Dieu merci!

Gottesdienst *m* office; *evangelischer* culte; *katholischer* messe *f*

Göttin *f* déesse

göttlich divin

Götze *m* idole

Gouda *m* gouda

Grab *n* tombe *f*

graben creuser

Graben *m* fossé

Grabmal *n* tombeau *m*

Grabstein *m* pierre *f* tombale

Grad *m* degré; *Rang* grade; **zehn ~ Kälte (Wärme)** dix degrés en dessous (dessus) de zéro

Graf *m* comte

Gräfin *f* comtesse

Gramm *n* gramme *m*

Grammatik *f* grammaire

Granatapfel *m* grenade *f*

Granate *f* obus [-y] *m*

Granit *m* granit(e)

Grapefruit *f* pamplemousse *m*

Graphik *f* arts *m/pl* graphi-

ques; *Druck* gravure, estampe; *Diagramm* graphique *m*; **~er** *m* graphiste
Gras *n* herbe *f*; **~halm** *m* brin d'herbe
grässlich atroce, horrible
Grat *m* crête *f*
Gräte *f* arête
gratiniert gratiné
gratis gratuitement
gratulieren ***j-m zu et ~*** féliciter q de qc
grau gris; **≈brot** *n* pain *m* bis
Graubünden *n* les Grisons *m/pl*
Gräuel *m*, **~tat** *f* atrocité *f*
grauen ***mir graut vor …*** j'ai horreur de …
Grauen *n* horreur *f*; **≈haft**, **≈voll** horrible
grauhaarig aux cheveux gris
Graupel|n *f/pl* grésil [-il] *m*; **~schauer** *m* giboulée *f*
grausam cruel; **≈keit** *f* cruauté
gravierend sérieux, grave
Grazi|e *f* grâce; **≈ös** gracieux
greifbar à portée de la main; *fig* tangible
greifen saisir (***nach et*** qc); ***zu et ~*** recourir à qc; ***um sich ~*** se propager
Greis *m* vieillard; **~in** *f* vieille femme
grell *Licht* cru; *Farbe* criard; *Ton* aigu
Grenze *f* frontière; *fig* limite; ***an der ~*** à la frontière
grenzen border (***an et*** *A* qc); *fig* friser (qc)
Grenz|gänger *m* frontalier; **~gebiet** *n* zone *f* frontalière; **~kontrolle** *f* contrôle *m* à la frontière; **~stein** *m* borne *f*; **~übergang** *m* poste frontière; **~verkehr** *m* trafic frontalier
Griech|e *m* Grec; **~enland** *n* la Grèce; **≈isch** grec
Grieß *m* semoule *f*
Griff *m* *Tür≈*, *Koffer≈* poignée *f*; *Messer≈*, *Werkzeug≈* manche; *Sp* prise *f*; ***im ~ haben*** avoir en main
griffbereit à portée de la main
Grill *m* gril [-il]; *elektrischer* rôtissoire *f*; *Garten≈* barbecue [-kju]; ***vom ~*** grillé; *Hähnchen* rôti
Grille *f* grillon *m*
grill|en griller [-ije]; *v/i* faire un barbecue [-kju]; **≈fest** *n*, **≈party** *f* barbecue *m*
Grimasse *f* grimace; ***~n schneiden*** faire des grimaces
grinsen ricaner
Grippe *f* grippe
grob grossier; **≈heit** *f* grossièreté
Groll *m* rancœur *f*
Grönland *n* le Groenland
Groschen *m* **1.** F pièce de dix pfennigs; **2.** *österr Währung* groschen
groß grand; *voluminös* gros; ***wie ~ bist du?*** tu mesures combien?; ***im ≈en und Ganzen*** dans l'ensemble

groß|artig magnifique; F formidable; **2aufnahme** *f* gros plan *m*; **2britannien** *n* la Grande-Bretagne; **2buchstabe** *m* majuscule *f*
Größe *f* grandeur (*a fig*); *Körper2, Kleider2* taille; *Schuh2* pointure
Groß|eltern *pl* grands-parents *m/pl*; **~handel** *m* commerce de *od* en gros; **~händler** *m* grossiste; **~macht** *f* grande puissance; **~mutter** *f* grand-mère; **~raumwagen** *m Bahn* voiture *f* corail; **2spurig** crâneur; **~stadt** *f* grande ville
größtenteils pour la plupart
Großvater *m* grand-père
großzügig généreux
grotesk grotesque
Grotte *f* grotte
Grube *f* fosse; *Bergbau* mine
grübeln ruminer (**über et** *A* qc)
Gruft *f* caveau *m*
grün vert; **~er Salat** *m* salade *f* verte; **~er Hering** *m* 'hareng frais; **2 werden** *Ampel* passer au vert; *Pol* **die 2en** les Verts *m/pl*
Grünanlage *f* espace *m* vert
Grund *m* fond; *Erdboden* sol; *Ursache* raison *f*; **im ~e** au fond; **aus diesem ~** pour cette raison
Grundbesitz *m* propriété *f* foncière
gründ|en fonder; **2er** *m* fondateur
Grund|fläche *f e-r Wohnung* surface; **~gebühr** *f* taxe de base; *Tel* taxe d'abonnement; **~gedanke** *m* idée *f* de base; **~gesetz** *n* loi *f* fondamentale; **~lage** *f* base, fondement *m*; **2legend** fondamental
gründlich approfondi; *adv* à fond
grundlos pas fondé, gratuit
Gründonnerstag *m* jeudi saint
Grund|riss *m* plan; **~satz** *m* principe; **2sätzlich** *adv* en principe; *aus Prinzip* par principe; **~schule** *f* école primaire; **~steuer** *f* impôt *m* foncier
Grundstück *n* terrain *m*; **~smakler** *m* agent immobilier
Gründung *f* fondation
Grundwasser *n* nappe *f* phréatique
grün|en verdir; **2fläche** *f* espace *m* vert; **2kohl** *m* chou vert; **2streifen** *m Autobahn* bande *f* médiane
grunzen grogner
Grupp|e *f* groupe *m*; **~enreise** *f* voyage *m* organisé
gruppieren (**sich ~** se) grouper (**um** autour de)
Gruß *m* salut; ***j-m e-n ~ von j-m bestellen*** donner le bonjour à q de la part de q; ***herzliche Grüße an …*** (*A*) mes amitiés à …; (***mit***) ***freundliche***(***n***) ***Grüße***(***n***)

sincères salutations
grüßen saluer; ***Gabi lässt ~*** tu as le bonjour de Gabi
gucken F regarder
Gulasch *n* goulasch *m od f*
gültig valable; **²keit** *f* validité
Gummi *n* caoutchouc *m*, *Radier²* gomme *f*; **~ball** *m* balle *f* en caoutchouc; **~band** *n* élastique *m*; **~knüppel** *m* matraque *f*; **~stiefel** *m/pl* bottes *f/pl* en caoutchouc; **~strumpf** *m* bas à varices
günstig favorable; *Preis* avantageux
Gurgel *f* gorge
gurgeln se gargariser
Gurke *f* concombre *m*; *Gewürz²* cornichon *m*
Gurkensalat *m* salade *f* de concombres
Gurt *m* sangle *f*; *Sicherheits²* ceinture *f* (de sécurité)
Gürtel *m* ceinture *f*; **~reifen** *m* pneu à carcasse radiale; **~rose** *f* zona *m*; **~tasche** *f* (sac *m*) banane *f*
GUS (*Gemeinschaft Unabhängiger Staaten*) ***die ~*** la C.E.I. (*Communauté des Etats Indépendants*)
Guss *m* *Regen²* averse *f*; **~eisen** *n* fonte *f*
gut bon; *adv* bien; *Wetter* beau; ***ganz ~*** pas mal; ***~ gehen*** bien finir; ***es geht mir ~*** je vais bien; ***~ gelaunt*** de bonne humeur; ***~ tun*** faire du bien (***j-m*** à q); ***~ riechen*** sentir bon; ***es schmeckt ~*** c'est bon; ***mir ist nicht ~*** je ne me sens pas bien; ***also ~!*** bon d'accord!; F ***machs ~!*** bonne chance!
Gut *n* bien *m*; *Land²* domaine *m*, propriété *f*; **~achten** *n* expertise *f*; **~achter** *m* expert
gutartig *Med* bénin
Güte *f* bonté; *e-r Ware* qualité
Güter|bahnhof *m* gare *f* de marchandises; **~wagen** *m* wagon de marchandises; **~zug** *m* train de marchandises
Guthaben *n* avoir *m*
gütig bon
gütlich à l'amiable
gutmachen ***wieder ~*** réparer
gutmütig (d'un naturel) bon
Gutschein *m* bon
gutschreiben ***j-m et ~*** créditer q de qc
Gutshof *m* ferme *f*
Gymnasium *n* lycée *m*
Gymnastik *f* gymnastique
Gynäkologe *m* gynécologue

H

Haar *n* cheveu *m*; **~(e)** (*pl*) cheveux *m/pl*; *Körper*⁓, *Tier*⁓ poil *m*; ***sich die ~e schneiden lassen*** se faire couper les cheveux
Haar|ausfall *m* chute *f* des cheveux; **~bürste** *f* brosse à cheveux; **~farbe** *f* couleur des cheveux; **~färbemittel** *n* teinture *f* pour les cheveux; **~festiger** *m* fixateur; **~klemme** *f* pince à cheveux; **~nadelkurve** *f* virage *m* en épingle à cheveux; **~netz** *n* résille *f*; **~schnitt** *m* coupe *f* (de cheveux); **~spange** *f* barrette; **~spray** *n* laque *f*; **~trockner** *m* sèche-cheveux; **~wäsche** *f*, **~waschmittel** *n* shampooing *m*; **~wasser** *n* lotion *f* capillaire
haben avoir; ***wir ~ den 2. Mai*** nous sommes le 2 mai; ***was hast du?*** qu'est-ce que tu as?; ***bei sich ~*** avoir sur soi
Haben *n Hdl* crédit *m*
habgierig cupide
Habicht *m* autour
Hack|e *f* pioche; *Ferse* talon *m*; **⁓en** *Kochk* 'hacher; *Holz* casser; **~fleisch** *n* viande *f* 'hachée
Hafen *m* port; **~arbeiter** *m* docker [-ɛr]; **~kneipe** *f* bistrot *m* du port; **~rundfahrt** *f* tour *m* du port en bateau; **~stadt** *f* ville portuaire; **~viertel** *n* quartier *m* du port
Hafer *m* avoine *f*; **~flocken** *f/pl* flocons *m/pl* d'avoine; **~schleim** *m* crème *f* d'avoine
Haft *f* détention; **⁓bar** responsable (**für** de); **~befehl** *m* mandat d'arrêt
haften adhérer (**an** *D* à); **~ für** répondre de
Häftling *m* détenu
Haftnotiz *f* post-it® *m*
Haftpflicht *f* responsabilité civile; **~versicherung** *f* assurance responsabilité civile
Haftschalen *f/pl* verres *m/pl* de contact
Haftung *f* responsabilité (**für** de)
Hagebutte *f* fruit *m* de l'églantier
Hagel *m* grêle *f*
hageln ***es hagelt*** il grêle
Hahn *m* coq; *Tech* robinet
Hähnchen *n* poulet
Hai(fisch) *m* requin
häkeln faire du crochet
Haken *m* crochet; *Angel*⁓ hameçon; F ***die Sache hat e-n ~*** il y a un os *od* un 'hic
halb demi; *adv* à moitié; ***~ leer (voll)*** à moitié vide (plein); ***zum ~en Preis*** à moitié prix; ***ein ~es Jahr*** six mois; ***e-e ~e Stunde*** une demi-heure; **~**

zwei **(*Uhr*)** une heure et demie
Halb|dunkel *n* pénombre *f*; **~finale** *n Sp* demi-finale *f*
halbieren partager en deux
Halb|insel *f* presqu'île, péninsule; **~jahr** *n* semestre *m*; **~kreis** *m* demi-cercle; **~kugel** *f* hémisphère *m*; **~mond** *m* croissant; **~pension** *f* demi-pension; **~schuh** *m* chaussure *f* basse; **2stündlich** toutes les demi-heures; **2tägig** d'une demie journée; **~tagsarbeit** *f* emploi *m* à mi-temps; **~zeit** *f Sp* mi-temps
Hälfte *f* moitié; ***zur*** **~** à moitié
Halle *f* (grande) salle; *Bahnhofs2*, *Hotel2* 'hall [ol] *m*
hallen résonner
Hallenbad *n* piscine *f* couverte
hallo! *Ruf* hé!, hep!; *Gruß* salut!; *Tel* allô!
Halogenlampe *f* lampe (à) halogène
Hals *m* cou; *Kehle* gorge *f*; **~band** *n* collier *m* (*a Hunde2*); **~entzündung** *f* angine; **~kette** *f* collier *m*
Hals-Nasen-Ohren-Arzt *m* oto-rhino-laryngologiste
Halsschmerzen *m/pl* **~ *haben*** avoir mal à la gorge
Hals|tuch *n* foulard *m*; **~weite** *f* encolure; **~wirbel** *m* vertèbre *f* cervicale
Halt *m Anhalten* arrêt; *Stütze* stabilité *f*; *moralischer* soutien; ***e-n*** **~ *suchen*** chercher une prise; **~ *machen*** s'arrêter, faire une 'halte
halt! stop!
haltbar solide; *Lebensmittel* qui se conserve; **2keitsdatum** *n* date *f* limite de consommation
halten tenir; *Rekord* détenir; *Rede* prononcer, faire; *stehen bleiben* s'arrêter; **~ *für*** tenir pour; *fälschlich* prendre pour; ***sich rechts*** **(*links*)** **~** tenir sa droite (gauche); ***was*** **~ *Sie davon?*** qu'en pensez-vous?
Haltestelle *f* arrêt *m*
Halteverbot *n* arrêt *m* et stationnement *m* interdits; ***eingeschränktes*** **~** stationnement *m* interdit (mais arrêt toléré)
Haltung *f Körper2* position; *Einstellung* attitude
Hamburger *m Kochk* 'hamburger
Hammel *m* mouton; **~fleisch** *n* mouton *m*; **~keule** *f* gigot *m*
Hammer *m* marteau
hämmern marteler
Hämorrhoiden *f/pl* hémorroïdes
Hampelmann *m* pantin
Hamster *m* 'hamster
hamstern faire des stocks
Hand *f* main; ***mit der*** **~** à la main; ***zu Händen von*** à l'attention de; ***et bei der*** **~*, zur*** **~ *haben*** avoir qc sous la main

Hand|arbeit *f* travail *m* manuel; **~ball** *m* 'handball; **~bewegung** *f* geste *m* de la main; **~bremse** *f* frein *m* à main; **~buch** *n* manuel *m*; **~creme** *f* crème pour les mains
Händedruck *m* poignée *f* de main
Handel *m* commerce (***mit*** de)
handeln agir; *feilschen* marchander (***um et*** qc); ***mit et ~*** faire le commerce de qc; ***es handelt sich um*** il s'agit de
Handels|beziehungen *f/pl* relations commerciales; **~kammer** *f* chambre de commerce; **~schule** *f* école de commerce
Hand|feger *m* balayette *f*; **~fläche** *f* paume; **~gelenk** *n* poignet *m*; **2gemacht** fait main; **~gepäck** *n* bagages *m/pl* à main; **~griff** *m* poignée *f*; **2haben** manier, manipuler; **~koffer** *m* petite valise *f*
Händler *m* marchand
handlich maniable
Handlung *f* *Tat* acte *m*; *e-s Films usw* action; *Laden* magasin *m*
Handschellen *f/pl* menottes
Handschrift *f* écriture; **2lich** écrit à la main
Handschuh *m* gant; **~fach** *n* boîte *f* à gants
Hand|stand *m* appui tendu; **~tasche** *f* sac *m* à main; **~teller** *m* paume *f* (de la main); **~tuch** *n* serviette *f* (de toilette)
Handwerk *n* métier *m*; **~er** *m* artisan; **~szeug** *n* outils *m/pl*
Handy *n* portable *m*
Hanf *m* chanvre
Hang *m* pente *f*; *fig* penchant (***zu*** pour)
Hänge|brücke *f* pont *m* suspendu; **~matte** *f* 'hamac *m*
hängen pendre, être suspendu *od* accroché (***an*** *D* à); *auf~* suspendre, accrocher (***an*** *A* à); *fig* **~ *an*** (*D*) tenir à; **~ *bleiben*** rester accroché (***an*** *D* à); **~ *lassen*** *Mantel usw* laisser
Hannover Hanovre
Hantel *f* haltère *m*
Happen *m* bouchée *f*; *fig* morceau
Hardware *f* matériel *m*
Harfe *f* 'harpe
Harke *f* râteau *m*
harmlos inoffensif
harmonisch harmonieux
Harn *m* urine *f*; **~blase** *f* vessie; **~leiter** *m* uretère
Harpune *f* 'harpon *m*
hart dur (*a fig*); *rau* rude; *streng* rigoureux; **~ *werden*** durcir; **~ *gekocht*** *Ei* dur
Härte *f* dureté
hart|herzig insensible; **~näckig** opiniâtre
Harz *n* résine *f*; **2ig** résineux
Haschee *n* 'hachis *m*
Hasch(isch) *n* haschisch *m*
Hase *m* lièvre

Haselnuss *f* noisette
Hasen|braten *m* rôti de lièvre; **~pfeffer** *m* civet de lièvre; **~scharte** *f* bec-de-lièvre *m*
Hass *m* 'haine *f*
hassen 'haïr; détester
hässlich laid, vilain
Hast *f* précipitation; **2ig** précipité; *adv* en toute 'hâte; précipitamment
Haube *f* *Kfz* capot *m*; *Trocken2* casque
Hauch *m* souffle; **2dünn** très fin; **2en** souffler
hauen battre; frapper
Haufen *m* tas; *Menschen* foule *f*
häufen ***sich ~*** s'entasser; *Beweise* s'accumuler; *Beschwerden* se multiplier
häufig fréquent; *adv* fréquemment; **2keit** *f* fréquence
Haupt *n* tête *f* (*a fig*); **~bahnhof** *m* gare *f* centrale; **~darsteller** *m* acteur principal; **~eingang** *m* entrée *f* principale; **~fach** *n* matière *f* principale; **~gericht** *n* plat *m* principal; **~geschäftszeit** *f* heures *f/pl* d'affluence; **~gewinn** *m* gros lot
Häuptling *m* chef de tribu
Haupt|mahlzeit *f* repas *m* principal; **~person** *f* personnage *m* principal; **~reisezeit** *f* pleine saison (des voyages, du tourisme); **~rolle** *f* premier rôle *m*; **~sache** *f* essentiel *m*; **2sächlich** essentiel (-lement); **~saison** *f* pleine saison; **~sendezeit** *f* *TV* heures *f/pl* de grande écoute; **~stadt** *f* capitale; **~straße** *f* rue principale; **~verkehrsstraße** *f* route à grande circulation, artère; **~verkehrszeit** *f* heures *f/pl* de pointe
Haus *n* maison *f*; ***nach ~e, zu ~e*** à la maison, chez soi
Haus|apotheke *f* (armoire à) pharmacie; **~arbeit** *f* travaux *m/pl* du ménage; *Schule* devoirs *m/pl*; **~arzt** *m*, **~ärztin** *f* médecin *m* de famille; **~aufgabe** *f* devoir *m*; **~besitzer** *m* propriétaire
Häuserblock *m* pâté de maisons
Haus|frau *f* femme au foyer; **2gemacht** fait maison; **~halt** *m* ménage; *Wi* budget; **~hälterin** *f* gouvernante; **~haltsgerät** *n* appareil *m* ménager; **~herr(in)** *m(f)* maître *m* (maîtresse *f*) de maison
Hausierer *m* colporteur
häuslich domestique; *Person* casanier
Haus|mannskost *f* cuisine bourgeoise *od* des familles; **~meister** *m* concierge; **~mittel** *n* remède *m* de bonne femme; **~nummer** *f* numéro *m* (de la maison); **~ordnung** *f* règlement *m* intérieur; **~schlüssel** *m* clé *f* de la maison; **~schuh** *m* chaus-

son; **~suchung** *f* perquisition; **~tier** *n* animal *m* domestique; **~tür** *f* porte d'entrée
Haut *f* peau; **~abschürfung** *f* écorchure; **~arzt** *m*, **~ärztin** *f* dermatologue *m*, *f*; **~ausschlag** *m* eczéma; **~creme** *f* crème pour la peau; **2eng** collant, moulant; **~farbe** *f* couleur de la peau; **~krankheit** *f* maladie de peau; **~pflege** *f* soins *m/pl* de la peau
Hbf. (*Hauptbahnhof*) gare *f* centrale
Hebamme *f* sage-femme
Hebel *m* levier
heben *Last* soulever; *Hand* lever; *Niveau* relever
hebräisch hébreu
Hecht *m* brochet
Heck *n Kfz* arrière *m*; *Mar a* poupe *f*; **~antrieb** *m* traction *f* arrière
Hecke *f* 'haie
Heckenrose *f* églantine; *Strauch* églantier *m*
Heck|klappe *f Kfz* 'hayon *m*; **~motor** *m* moteur arrière; **~scheibe** *f* lunette arrière
Heer *n* armée *f*
Hefe *f* levure
Heft *n* cahier *m*; *e-r Zeitschrift* numéro *m*
heften attacher (**an** *A* à); *vornähen* bâtir
heftig violent; **2keit** *f* violence
Heft|klammer *f* agrafe; **~pflaster** *n* sparadrap *m*; **~zwecke** *f* punaise
Hehlerei *f* recel *m*
Heide[1] *m* païen
Heide[2] *f* lande; **~kraut** *n* bruyère *f*
Heidelbeere *f* myrtille
heikel délicat; *Person* difficile
heil *Person* indemne; *Sache* intact; F *gesund* guéri
Heil *n* salut *m*
Heil|anstalt *f* maison de santé; **2bar** guérissable
Heilbutt *m* flétan
heilen guérir
heilig saint; *geweiht* sacré; **2abend** *m* veille *f* de Noël; **2e(r)** *su* saint(e); **2tum** *n* sanctuaire *m*
Heil|kräuter *n/pl* herbes *f/pl* médicinales; **~mittel** *n* remède *m*; **~pflanzen** *f/pl* plantes médicinales; **~praktiker** *m* guérisseur; **~quelle** *f* source thermale
Heilung *f* guérison; *e-r Wunde* cicatrisation
heim à la maison, chez soi
Heim *n* foyer *m*; *Alters2* maison *f* de retraite; **~arbeit** *f* travail *m* à domicile
Heimat *f* pays *m* (natal), patrie; **~anschrift** *f* adresse du domicile; **~land** *n* pays *m* (natal); **~museum** *n* musée *m* régional
Heim|computer *m* ordinateur familial; **~fahrt** *f* retour *m*
heimisch local; ***sich ~ fühlen***

se sentir chez soi
Heimkehr *f* rentrée; **2en** rentrer, retourner chez soi
heimlich secret; *adv* secrètement
Heim|reise *f* retour *m*; **~spiel** *n Sp* match *m* à domicile; **~weg** *m* chemin du retour; **~weh** *n* mal *m* du pays; *fig* nostalgie *f*; **~werker** *m* bricoleur
Heirat *f* mariage *m*; **2en** se marier
Heirats|antrag *m* demande *f* en mariage; **~urkunde** *f* acte *m* de mariage; **~vermittlung** *f* agence matrimoniale
heiser enroué
heiß chaud; ***es ist ~*** il fait chaud; ***mir ist ~*** j'ai chaud
heißen s'appeler, se nommer; *bedeuten* signifier, vouloir dire; ***das heißt*** c'est-à-dire; ***ich heiße …*** je m'appelle…; ***was heißt … auf Französisch?*** comment dit-on … en français?
heiter gai; *Wetter* beau; **2keit** *f* sérénité; *Gelächter* hilarité
heiz|en chauffer; **2kissen** *n* coussin *m* électrique; **2körper** *m* radiateur; **2lüfter** *m* radiateur soufflant; **2öl** *n* mazout [-t] *m*; **2ung** *f* chauffage *m*
Hektik *f* agitation
Held *m* 'héros
heldenhaft 'héroïque
helfen aider (***j-m*** q); ***sich nicht mehr zu ~ wissen*** ne plus savoir quoi faire
Helfer(in) *m(f)* aide
hell clair; ***~es Bier*** *n* bière *f* blonde; ***es wird ~*** il commence à faire jour; ***am ~en Tag*** en plein jour
hellblau bleu clair
Helligkeit *f* clarté
Hellseher(in) *m(f)* voyant(e)
Helm *m* casque
Hemd *n* chemise *f*; **~bluse** *f* chemisier *m*
hemmen freiner; *behindern* entraver
Hemmungen *f/pl* complexes *m/pl*; ***~ haben, et zu tun*** ne pas oser faire qc
hemmungslos déchaîné; *adv* sans retenue
Hengst *m* étalon
Henkel *m* anse *f*
Henker *m* bourreau
Henna *f od n* 'henné *m*
Henne *f* poule
Hepatitis *f* hépatite; ***~ A, B*** hépatite (virale) A, B
her ***hier ~*** par ici; F ***~ damit!*** donne!; ***von weit ~*** de loin; ***es ist lange ~*** ça fait longtemps
herab ***von oben ~*** d'en 'haut; *fig* de 'haut
herab|lassen baisser; **~lassend** condescendant; **~setzen** *Preis* réduire; **~steigen** descendre
heran|kommen s'approcher (***an*** *A* de); **~wachsen** grandir
herauf ***von unten ~*** d'en bas

herauf|beschwören *Gefahr* provoquer; **~holen** *Koffer* monter; **~kommen** monter; **~setzen** *Preis* augmenter
heraus dehors; ***zum Fenster ~*** par la fenêtre
herausbekommen parvenir à enlever; *Geheimnis* découvrir; ***ich bekomme noch zehn Euro heraus*** vous me devez encore dix euros
heraus|bringen sortir (*à Buch*); *erraten* deviner; **~fordern** provoquer, défier; **2forderung** *f* défi *m*; **~geben** remettre; *Geld* rendre (la monnaie); *Buch* publier; **~holen** sortir (***aus*** de); **~kommen** sortir; **~lassen** laisser sortir; **~nehmen** retirer; **~schrauben** dévisser
herausstellen ***sich als falsch ~*** se révéler faux
herausziehen extraire (***aus*** de)
herb âpre; *Wein* sec
herbei|eilen accourir; **~holen** aller chercher, faire venir
Herberge *f Jugend2* auberge de la jeunesse
herbringen apporter, amener (*à j-n*)
Herbst *m* automne; **2lich** automnal
Herd *m* cuisinière *f*; *fig* foyer
Herde *f* troupeau *m* (*a fig*)
herein dedans; ***~!*** entrez!
herein|bitten prier d'entrer; **~fallen** *fig* F se faire avoir (***auf*** *A* par); **~kommen** entrer; **~lassen** laisser entrer; **~legen** *fig* F rouler (***j-n*** q)
Herfahrt *f* ***auf der ~*** en venant
Hergang *m* déroulement
hergeben donner
Hering *m* 'hareng; *Zelt2* piquet
herkommen venir; ***komm her!*** viens ici!; ***wo kommen Sie her?*** d'où venez-vous?
Herkunft *f* origine *f*
Heroin *n* héroïne *f*
Herpes *m* herpès [-pɛs]
Herr *m* monsieur; *als Anrede* Monsieur; *Gebieter* maître; *Rel* ***der ~*** le Seigneur
Herren|bekleidung *f* vêtements *m/pl* pour hommes; **~friseur** *m* coiffeur pour hommes; **2los** sans maître, abandonné; **~mode** *f* mode masculine; **~rad** *n* bicyclette *f* d'homme; **~toilette** *f* toilettes *f/pl* pour hommes
herrichten préparer; *Haus* aménager
Herrin *f* maîtresse
herrlich magnifique
Herrschaft *f* domination; *Regierungszeit* règne *m*
herrsch|en régner (***über*** *A* sur); **2er** *m* souverain
herrühren provenir (***von*** de)
herstell|en fabriquer; **2er** *m* fabricant; **2ung** *f* fabrication
herüber de ce côté-ci; **~reichen** passer
herum ***um ... ~*** autour de
herum|fahren contourner (***um et*** qc); *ziellos* circuler;

~führen faire visiter (***j-n in et D*** qc à q); **~irren** errer; **~kriegen** F faire changer d'avis (***j-n*** à q); **~liegen** traîner; **~lungern** F traîner (les rues); **~reichen** faire circuler

herunter ~ *mit euch!* descendez (de là)!

herunter|bringen descendre; **~fallen** tomber (par terre); **~gekommen** *Mensch* tombé bien bas; *Haus* à l'abandon; **~laden** *Inform* télécharger

hervor|bringen produire; **~gehen** ressortir (***aus*** de); **~heben** faire ressortir; *betonen* souligner; **~ragend** excellent; **~rufen** provoquer

Herz *n* cœur *m*; **~anfall** *m* crise *f* cardiaque, attaque *f*; **~beschwerden** *pl* troubles *m/pl* cardiaques; **~fehler** *m* malformation *f* cardiaque; **ℒhaft** *nahrhaft* consistant; *würzig* relevé; **~infarkt** *m* infarctus (du myocarde)

Herzklopfen *n* palpitations *f/pl*; ***~ haben*** avoir le cœur qui bat

herz|krank cardiaque; **~lich** cordial; **ℒlichkeit** *f* cordialité; **~los** dur, inhumain

Herzog *m* duc; **~in** *f* duchesse

Herz|schlag *m* battement du cœur; *Med* arrêt *m* du cœur; **~schrittmacher** *m* stimulateur cardiaque; **~spezialist** *m* cardiologue; **~verpflanzung** *f* greffe du cœur; **~versagen** *n* crise *f* cardiaque

Hessen *n* la Hesse

Hetz|e *f* course, bousculade; **ℒen** pourchasser; *Hund* lâcher (***auf*** *A* sur)

Heu *n* foin *m*

Heuchelei *f* hypocrisie

Heuernte *f* fenaison

heulen 'hurler; F *weinen* pleurnicher

Heu|schnupfen *m* rhume des foins; **~schrecke** *f* sauterelle

heute aujourd'hui; ***~ Morgen*** (***Abend***) ce matin (soir); ***~ in e-r Woche*** (***in 14 Tagen***) aujourd'hui en 'huit (en quinze); **~ Mittag** à midi

heut|ig d'aujourd'hui; *jetzig* actuel; **~zutage** de nos jours

Hexe *f* sorcière

Hexenschuss *m* lumbago

Hieb *m* coup

hier ici; ***~!*** présent!; ***~ entlang*** par ici; ***~ ist, ~ sind*** voici; ***von ~*** (***aus***) d'ici; ***~ bleiben*** rester (ici)

hier|auf (là-)dessus; **~durch** par là; **~für** pour cela; **~her, ~hin** ici, par ici; **~mit** avec cela; *im Brief* par la présente; **~von** de cela, en; **~zu** à cela; *diesbezüglich* à ce sujet

hiesig d'ici

Hilfe *f* aide; ***~!*** au secours!; ***mit ~ von*** à l'aide de; ***Erste ~*** premiers soins *m/pl*

Hilferuf *m* appel au secours

hilflos *ratlos* désemparé; *unbeholfen* maladroit

Hilfs|arbeiter *m* manœuvre; **⁀bedürftig** dans le besoin; **⁀bereit** serviable; **~kraft** *f* aide *m, f*; **~mittel** *n* moyen *m*; **~motor** *m* moteur auxiliaire; **~verb** *n* verbe *m* auxiliaire
Himbeer|e *f* framboise; **~saft** *m* jus de framboise
Himmel *m* ciel; ***unter freiem ~*** en plein air
himmelblau bleu ciel
Himmelfahrt *f* l'Ascension; ***Mariä ~*** l'Assomption
Himm|elsrichtung *f* point *m* cardinal; **⁀lisch** céleste; *fig* divin, sublime
hin là, y; ***nach Norden ~*** vers le nord; ***~ und her*** dans un sens et dans l'autre; ***~ und wieder*** de temps à autre; ***~ und zurück*** aller et retour
hinab en bas, en descendant; **~fahren, ~gehen** descendre
hinauf en 'haut, en montant; **~fahren, ~gehen** monter
hinaus dehors; **~gehen** sortir; *Fenster* donner (***auf*** *A* sur); **~laufen** *fig* aboutir (***auf*** *A* à); **~lehnen *sich ~*** se pencher au dehors; **~schieben** *fig* reporter; **~werfen** mettre à la porte
Hinblick *m* ***im ~ auf*** (*A*) compte tenu de
hindern empêcher (***an*** *D* de)
Hindernis *n* obstacle *m*; **~rennen** *n* course *f* d'obstacles
hindurch à travers, par; ***die ganze Nacht ~*** (durant) toute la nuit
hinein dedans; **~gehen** entrer dans; **~lassen** laisser (*od* faire) entrer; **~passen** (r)entrer (***in*** *A* dans)
hinfahren (y) aller; *j-n* (y) conduire; *et* transporter
Hinfahrt *f* aller *m*
hin|fallen tomber; **~fällig** caduc; **⁀flug** *m* (vol) aller; **⁀gabe** *f* dévouement *m*; **~geben *sich ~*** (*D*) s'adonner à; **~gehen** aller; **~halten** *Hand* tendre; *j-n* faire attendre
hinken boiter
hinlegen poser; ***sich ~*** s'allonger; *ins Bett* se coucher
hin|nehmen *dulden* supporter, accepter; **~reißend** ravissant; *Musik* entraînant
hinricht|en exécuter; **⁀ung** *f* exécution
hin|schicken envoyer (***zu*** à, chez); **~setzen *sich ~*** s'asseoir
Hinsicht *f* ***in dieser ~*** à cet égard
hinsichtlich (*G*) quant à
Hinspiel *n Sp* match *m* aller
hinstellen mettre, poser; ***sich hinten ~*** se mettre derrière
hinten derrière, à l'arrière; ***von ~*** par derrière; ***nach ~*** en arrière
hinter (*D, A*) derrière; **⁀achse** *f* pont *m* arrière; **⁀bliebene(n)** *m/pl* survivants
hintere(r, -s) de derrière, arrière; ***in der hintersten Rei-***

he au dernier rang
hintereinander l'un après l'autre; ***dreimal*** ~ trois fois de suite
Hintergrund *m* fond
Hinter|halt *m* embuscade *f*; **&hältig** sournois
hinterher après
Hinter|kopf *m* occiput [-yt]; **~land** *n* arrière-pays *m*; **&lassen** laisser; **&legen** déposer; **&listig** sournois
Hintern *m* F derrière
Hinterrad *n* roue *f* arrière; **~antrieb** *m* traction *f* arrière
Hintertür *f* porte de derrière
hintun F mettre
hinüber de l'autre côté; **~gehen** traverser (***über et*** *A* qc); **~reichen** passer
Hin- und Rückfahrt *f* aller (et) retour *m*
hinunter en bas; **~bringen** *et* descendre; *j-n* raccompagner jusqu'en bas; **~fallen** tomber; **~gehen** descendre; **~schlucken** avaler
Hinweg *m* ***auf dem*** ~ à l'aller
Hinweis *m* indication *f*; **&en** faire remarquer (***j-n auf et*** *A* qc à q); **~schild** *n*, **~tafel** *f* panneau *m* indicateur
hinziehen ***sich*** ~ traîner en longueur
hinzu en plus; **~fügen** ajouter (***zu*** à); **~kommen** s'ajouter; **~rechnen**, **~zählen** ajouter; **~ziehen** *Arzt* consulter
Hip-Hop *m* 'hip-hop
Hirn *n* cervelle *f* (*a Kochk u fig*); *Organ* cerveau; **~hautentzündung** *f* méningite
Hirsch *m* cerf [sɛr]; **~kuh** *f* biche
Hirse *f* millet *m*
hissen 'hisser
Histor|iker *m* historien; **&isch** historique
Hitze *f* chaleur; **&beständig** résistant à la chaleur; **~welle** *f* vague de chaleur
Hitzschlag *m* coup de chaleur
HIV|-negativ séronégatif; **~-positiv** séropositif
Hobby *n* 'hobby *m*
Hobel *m* rabot
hoch (*devant nom* ***hohe*[r, -s]**) 'haut; *Preis* élevé; *Verlust, Summe* gros; *Fieber* fort; *Geschwindigkeit* grand; *Alter* avancé; *Ton* aigu; ***zwei Treppen*** ~ au second étage
Hoch *n* anticyclone *m*; **~achtung** *f* grande estime
Hochbetrieb *m* F ***es herrscht*** ~ il y a un monde fou
hochdeutsch 'haut allemand
Hochdruck *m* 'haute pression *f*; **~gebiet** *n* zone *f* de 'haute pression
Hoch|ebene *f* ('haut) plateau *m*; **~format** *n* format *m* vertical; **~gebirge** *n* 'haute montagne *f*; **&geschlossen** *Kleid* montant; **~geschwindigkeitszug** *m* train à grande vitesse; **~haus** *n* building *m*, tour *f*; **&heben** *Last* soulever; *Kleid* relever;

Hand lever; **2klappen** relever; **~land** *n* 'hauts plateaux *m/pl*; **2mütig** 'hautain
hochprozentig fortement alcoolisé
Hoch|saison *f* pleine saison; **~schule** *f* établissement *m* d'enseignement supérieur; **~seefischerei** *f* pêche en 'haute mer; **~sommer** *m* plein été; **~spannung** *f* 'haute tension; **~sprung** *m* saut en 'hauteur
höchst le plus 'haut, maximum; *fig* extrême; *adv* extrêmement; **~ *selten*** très rare
Hochstapler *m* imposteur
Höchst|betrag *m* plafond; **2ens** (tout) au plus; **~geschwindigkeit** *f* vitesse maximum; **2wahrscheinlich** très probablement
Hoch|wasser *n* crue *f*; *Überschwemmung* inondation *f*; **2wertig** de qualité supérieure
Hochzeit *f* mariage *m*, noces *f/pl*; *Fest* noce
Hochzeits|geschenk *n* cadeau *m* de mariage; **~reise** *f* voyage *m* de noces
Hocker *m* tabouret
Höcker *m* bosse *f*
Hockey *n* 'hockey [-ɛ] *m*
Hoden *m* testicule
Hof *m* cour *f*; *Bauern2* ferme *f*
hoffen espérer
hoffentlich j'espère que …; *Antwort* **~!** j'espère que oui!
Hoffnung *f* espoir *m*; **2slos** desespéré; *adv* sans espoir
höflich poli; **2keit** *f* politesse
hohe(r, -s) *s* ***hoch***
Höhe *f* 'hauteur; *Flgw* altitude; *e-r Summe* montant *m*
Hoheits|gebiet *n* territoire *m* national; **~gewässer** *n/pl* eaux *f/pl* territoriales
Höhen|angst *f* vertige *m*; **~krankheit** *f* mal *m* des montagnes; **~lage** *f* altitude; **~sonne** *f* *Med* lampe à rayons ultraviolets; **~unterschied** *m* différence *f* de niveau, dénivelé; **2verstellbar** réglable en 'hauteur
Höhepunkt *m* point culminant
hohl creux (*a fig*)
Höhle *f* caverne; *Tropfstein2* grotte; *Tier2* tanière
holen aller *od* venir chercher; **~ *Sie e-n Arzt!*** faites venir un médecin!; **~ *lassen*** envoyer chercher; ***sich* ~** *Krankheit* attraper
Holl|and *n* la Hollande; **~änder** *m* Hollandais; **2ändisch** hollandais
Hölle *f* enfer *m* (*a fig*)
holp(e)rig *Weg* cahoteux
Holunder *m* sureau
Holz *n* bois *m*
hölzern de (*od* en) bois
Holzfäller *m* bûcheron
holzig ligneux; *Gemüse* filandreux
Holz|kohle *f* charbon *m* de bois; **~schnitt** *m* gravure *f* sur bois; **~wolle** *f* fibre de

bois; **~wurm** *m* ver du bois
Homebanking *n* banque *f* à domicile
Homepage *f Inform* page d'accueil
Homöo|path *m* homéopathe; **&pathisch** homéopathique
homosexuell homosexuel; **&e(r)** *su* homosexuel(le)
Honig *m* miel; **~kuchen** *m* pain d'épice
Honorar *n* honoraires *m/pl*
Hopfen *m* 'houblon
hörbar audible
hören entendre; *zu~, an~* écouter; ***auf j-n ~*** écouter q; ***von j-m ~*** avoir des nouvelles de q
Hörer *m Tel* écouteur
Hör|gerät *n* prothèse *f* auditive; **~funk** *m* radio *f*
Horizont *m* horizon
horizontal horizontal
Hormon *n* hormone *m*
Horn *n* corne *f*; *Mus* cor *m*
Hornbrille *f* lunettes *f/pl* d'écaille
Hörnchen *n* croissant *m*
Hornhaut *f* durillon *m*; *des Auges* cornée
Hornisse *f* frelon *m*
Horoskop *n* horoscope *m*
Hör|saal *m* salle *f* de cours; **~spiel** *n* pièce *f* radiophonique
Hörweite *f* ***in (außer) ~*** à ('hors de) portée de la voix
Hose *f* pantalon *m*; *kurze* short *m*
Hosen|anzug *m* tailleur-pantalon; **~rock** *m* jupe-culotte *f*; **~schlitz** *m* braguette *f*; **~tasche** *f* poche (de pantalon); **~träger** *m/pl* bretelles *f/pl*
Hostess *f* hôtesse
Hotdog *m od n* 'hot-dog *m*
Hotel *n* hôtel *m*; **~bar** *f* bar *m* de l'hôtel; **~gast** *m* client de l'hôtel; **~halle** *f* 'hall *m* de l'hôtel; **~verzeichnis** *n* guide *m* des hôtels; **~zimmer** *n* chambre *f* d'hôtel
Hr. (*Herr*) M. (*Monsieur*)
Hubraum *m* cylindrée *f*
hübsch joli
Hubschrauber *m* hélicoptère
Huf *m* sabot; **~eisen** *n* fer *m* à cheval
Hüfte *f* 'hanche
Hügel *m* colline *f*; **&ig** vallonné
Huhn *n* poule *f*
Hühnchen *n* poulet *m*
Hühner|auge *n* cor *m*, œil-de-perdrix *m*; **~brühe** *f* bouillon *m* de poule; **~stall** *m* poulailler
Hülle *f* enveloppe
Hülsenfrüchte *f/pl* légumes *m/pl* secs
human humain; **~itär** humanitaire
Hummel *f* bourdon *m*
Hummer *m* 'homard
Humor *m* humour; **&voll** plein d'humour
humpeln boiter
Humus *m* humus
Hund *m* chien

Hunde|futter *n* nourriture *f* pour chiens; **~hütte** *f* niche; **~leine** *f* laisse
hundert cent; **≗er** *m Geldschein* billet de cent; **≗jahrfeier** *f* centenaire *m*; **~tausend** cent mille
Hündin *f* chienne
Hundstage *m/pl* canicule *f*
Hunger *m* faim *f*; **~ *haben*** avoir faim
hunger|n souffrir de la faim; **≗snot** *f* famine, disette; **≗streik** *m* grève *f* de la faim
hungrig affamé
Hupe *f* klaxon® *m*
hupen klaxonner
hüpfen sautiller
Hürd|e *f* 'haie; *fig* obstacle *m*; **~enlauf** *m* course *f* de haies
Hure *f* P putain
hüsteln toussoter
husten tousser
Husten *m* toux *f*; **~bonbon** *n od m* bonbon *m* pour la toux; **~saft** *m* sirop pour la toux
Hut *m* chapeau
hüten garder; ***das Bett* ~** garder le lit; ***sich* ~ *vor*** (*D*) prendre garde à
Hütte *f* cabane; *Berg≗* refuge *m*
Hyäne *f* hyène
Hyazinthe *f* jacinthe
Hydrant *m* bouche *f* d'eau
Hydrokultur *f* culture hydroponique
Hygien|e *f* hygiène; **≗isch** hygiénique
Hymne *f* hymne *m*
hyper|korrekt hypercorrect; **~modern** ultramoderne
hypnotisieren hypnotiser
Hypothek *f* hypothèque
Hypothese *f* hypothèse
hysterisch hystérique

I

IC *m* (*Intercity*) train de grandes lignes
ICE *m* (*Intercity Express*) *etwa* T.G.V. (*train à grande vitesse*)
ich je (*vor Vokal* j'); *betont* moi; **~ *bins*** c'est moi
ideal idéal; **≗** *n* idéal *m*; **≗ismus** *m* idéalisme; **~istisch** idéaliste
Idee *f* idée
ident|ifizieren identifier; **~isch** identique (***mit*** à); **≗ität** *f* identité
ideologisch idéologique
Idiot *m* idiot; **≗isch** idiot
Idol *n* idole *f*
idyllisch idyllique
Igel *m* 'hérisson
ignorieren ignorer
ihm lui; *betont* à lui; ***mit* ~** avec lui
ihn le (*vor Vokal* l'); *betont, nach prp* lui; ***für* ~** pour lui
ihnen leur; *betont* à eux (à elles); ***mit* ~** avec eux (elles)
Ihnen vous; *betont* à vous

ihr[1] (*D von* ***sie***) lui; *betont* à elle; ***mit ~*** avec elle
ihr[2] (*pl von* ***du***) vous
ihr[3] (*f u pl* ***~e***) *possessiv* son (sa), *pl* ses; *bei mehreren Besitzern* leur, *pl* leurs
Ihr (*f u pl* ***~e***) votre, *pl* vos
illegal illégal
Illusion *f* illusion
Illustrierte *f* magazine *m*
Iltis *m* putois
im *s* ***in***; ***~ Schrank*** dans l'armoire; ***~ Bett*** au lit; ***~ Mai*** en mai; ***~ Französischen*** en français
Image *n* image *f* (de marque)
Imbiss *m* casse-croûte; **~bude** *f* buvette, marchand *m* de frites; **~stube** *f* snack *m*
Imker *m* apiculteur
Immatrikulation *f* inscription
immer toujours; ***~ noch*** toujours, encore; ***schon ~*** toujours; ***~ wieder*** sans arrêt; ***für ~*** pour toujours; ***~ schöner*** de plus en plus beau; ***~ weniger*** de moins en moins; ***~ wenn …*** chaque fois que …
immer|hin après tout, quand même; **~zu** toujours
Immobilien *pl* immobilier *m*; **~makler(in)** *m(f)* agent *m* immobilier
immun immunisé; **²system** *n* système immunitaire
impf|en vacciner; **²pass** *m* carnet de vaccinations; **²schein** *m* certificat de vaccination; **²stoff** *m* vaccin; **²ung** *f* vaccination
imponierend impressionnant
Import *m* importation *f*; **²ieren** importer
impotent impuissant
imprägnieren imperméabiliser
Impressionismus *m* impressionnisme
improvisiert improvisé
impulsiv impulsif
imstande *~ sein zu* être en mesure de
in (*A*, *D*) dans, à, en; ***~ der Stadt*** en ville; ***~ Paris*** à Paris; ***~ Frankreich*** en France; ***~ drei Tagen*** dans trois jours; ***~ dieser Woche*** cette semaine; *s a* ***im***
inbegriffen compris; ***alles ~*** tout compris
indem pendant que; ***~ man et tut*** en faisant qc
Inder *m* Indien (de l'Inde)
Indianer *m* Indien
Indien *n* l'Inde *f*
indirekt indirect
indisch indien
indiskret indiscret
individuell individuel
Individuum *n* individu *m*
Indiz *n* indice *m*
Indonesien *n* l'Indonésie *f*
Industrialisierung *f* industrialisation
Industrie *f* industrie; **~gebiet** *n* région *f* industrielle
industriell industriel
ineinander l'un dans l'autre

Infarkt *m Med* infarctus
Infektion *f* infection
Infektionskrankheit *f* maladie infectieuse
infizieren contaminer
Inflation *f* inflation
Inflationsrate *f* taux *m* d'inflation
infolge (*G*) par suite de; **~dessen** par conséquent
Informatik *f* informatique; **~er** *m* informaticien
Information *f* information; renseignements *m/pl*
informieren (***sich*** **~** s')informer (***über*** *A* sur), (se) renseigner (sur)
Infusion *f Med* perfusion
Ingenieur(in) *m(f)* ingénieur *m*
Ingwer *m* gingembre
Inhaber *m* propriétaire; *Pass*ℒ, *Konto*ℒ titulaire
Inhalt *m* contenu
Inhaltsverzeichnis *n* table *f* des matières
Initiative *f* initiative
Injektion *f* injection
inklusive y compris
Inland *n* intérieur *m* du pays; **~flug** *m* vol intérieur
Inliner, Inlineskates *pl* rollers *m/pl*, patins *m/pl* en ligne
inmitten (*G*) au milieu de
innen à l'intérieur; **ℒkabine** *f* cabine intérieure; **ℒminister** *m* ministre de l'Intérieur; **ℒstadt** *f* centre *m* (de la) ville
innere(r, -s) intérieur; *Med* interne; **ℒ(s)** *n* intérieur *m*
Innereien *f/pl* abats *m/pl*
inner|halb (*G*) à l'intérieur de; *zeitlich* en (l'espace de); **~lich** interne; *geistig* intérieur; *adv* intérieurement
inoffiziell non officiel; *Mitteilung* officieux
Insasse *m Kfz*, *Flgw* passager
insbesondere en particulier
Inschrift *f* inscription
Insekt *n* insecte *m*; **~enspray** *n* bombe *f* insecticide; **~enstich** *m* piqûre *f* d'insecte
Insel *f* île; **~bewohner** *m* insulaire; **~gruppe** *f* archipel *m*
Inser|at *n* annonce *f*; **ℒieren** faire passer une annonce
insgesamt en tout, au total
insofern ~ *als* dans la mesure où
Inspektion *f* inspection; *vom Auto* révision
Install|ateur *m* installateur, plombier; **ℒieren** installer
instand ~ *halten* entretenir; **~ *setzen*** réparer
Instanz *f* instance
Instinkt *m* instinct [-ɛ̃]
Institut *n* institut *m*
Instrument *n* instrument *m*
Insulin *n* insuline *f*
Inszenierung *f* mise en scène
intakt intact
intellektuell intellectuel
intelligent intelligent
Intelligenz *f* intelligence
intensiv intense; **ℒkurs** *m* cours intensif; **ℒstation** *f* service *m* de réanimation

interessant intéressant
Interesse *n* intérêt *m*; **~ haben** s'intéresser (**an** *D*, **für** à)
interessieren intéresser; **sich ~ für** s'intéresser à
Internat *n* internat *m*
international international
Internet *n* Internet [-nɛt] *m*; **~adresse** *f* adresse Internet; **~anschluss** *m* connexion *f* Internet; **~-Café** *n* cybercafé *m*; **~zugang** *m* accès à Internet
Internist(in) *m(f)* spécialiste des maladies organiques
Interview *n* interview *f*
intim intime
intolerant intolérant
Intranet *n* *Inform* Intranet [-nɛt] *m*
Intrige *f* intrigue
introvertiert introverti
Intuition *f* intuition
Invalide *m* invalide
Invasion *f* invasion
Inventur *f* inventaire *m*
invest|ieren investir; **²ition** *f* investissement *m*
inwie|fern, **~weit** dans quelle mesure
inzwischen entre-temps; *einstweilen* en attendant
Irak **der ~** l'Iraq
Iran **der ~** l'Iran
irdisch terrestre
Ire *m* Irlandais
irgend|ein un ... quelconque, n'importe quel ...; **~einer** quelqu'un; *egal wer* n'importe qui; **~etwas** quelque chose; *egal was* n'importe quoi; **~jemand** quelqu'un; *egal wer* n'importe qui; **~wann** un jour; *egal wann* n'importe quand; **~wie** d'une façon ou d'une autre; *egal wie* n'importe comment; **~wo(hin)** quelque part; *egal wo(hin)* n'importe où
ir|isch irlandais; **²land** *n* l'Irlande *f*
ironisch ironique
irre fou; F *toll* super; F *sehr groß* dingue
Irre|(r) *su* fou *m*, folle *f*; **²führen** induire en erreur
irren *umher~* errer; **a sich ~** se tromper (**in et** *D* de; **in j-m** sur q)
Irr|sinn *m* folie *f*; **²sinnig** fou (*a fig*); **~tum** *m* erreur *f*; **²tümlich** erroné; *adv* par erreur
Ischias *m* sciatique *f*
ISDN *n* (*Integrated Services Digital Network*) R.N.I.S. *m* (*réseau numérique à intégration de services*)
Islam *m* islam; **²isch** islamique
Island *n* l'Islande *f*
Isländ|er *m* Islandais; **²isch** islandais
Isolier|band *n* ruban *m* isolant, chatterton [-ɔn] *m*; **²en** isoler; **~kanne** *f* thermos® *m*; **~ung** *f* isolement *m*; *El* isolation
Isomatte *f* natte isolante

Israel *n* Israël *m*
Israel|i *m* Israélien; **≗isch** israélien

J

ja oui; ***Sie wissen ~*** vous savez bien
Jacht *f* yacht [jɔt] *m*
Jack|e *f* veste; **~ett** *n* veston *m*
Jagd *f* chasse; **~gewehr** *n* fusil *m* de chasse; **~schein** *m* permis de chasse; **~zeit** *f* saison de la chasse
jagen chasser; *verfolgen* pourchasser
Jäger *m* chasseur
Jahr *n* an *m*, année *f*; ***im ~ 1997*** en 1997; ***einmal im ~*** une fois par an; ***mit 20 ~en*** à 20 ans; ***seit ~en*** depuis des années; ***das ganze ~*** toute l'année; ***jedes ~*** tous les ans; ***dieses ~*** cette année; ***gutes neues ~!*** bonne année!
jahrelang pendant des années
Jahres|tag *m* anniversaire; **~urlaub** *m* congé annuel; **~zeit** *f* saison
Jahr|gang *m* année *f*; *Wein* *a* millésime *m*; **~hundert** *n* siècle *m*
jährlich annuel; *adv* par an
Jahr|markt *m* foire; **~tausend** *n* millénaire; **~zehnt** *n* décennie *f*
jähzornig coléreux
Italien *n* l'Italie *f*; **~er** *m* Italien; **≗isch** italien
Jalousie *f* store *m* (vénitien)
jämmerlich *ärmlich* misérable; *beklagenswert*, *péj* lamentable
jammern se lamenter
Januar *m* janvier
Japan *n* le Japon; **~er** *m* Japonais; **≗isch** japonais
Jasmin *m* jasmin
Jause *f österr* casse-croûte *m*
jawohl oui, Monsieur
Jazzband *f* orchestre *m* de jazz [dʒɑz]
je *~mals* jamais; *~weils* chacun; *pro* par; ***... kosten ~ 5 Euro*** ... coûtent 5 euros chacun; ***~ zwei*** deux de chaque; ***~ nachdem*** (**, *wie***) ça dépend (de); ***~ ... desto*** plus ... plus
Jeans *pl* jean [dʒin] *m*, jeans [dʒins] *m*
jedenfalls en tout cas
jede(r, -s) chaque; *verallgemeinernd* tout(e); *allein stehend* chacun(e); ***jeden*** (***zweiten***) ***Tag*** tous les (deux) jours
jeder|mann tout le monde; **~zeit** à tout moment
jedesmal *s* ***Mal***
jedoch cependant
jemals jamais

jemand quelqu'un; ~ ***anders*** quelqu'un d'autre
jene(r, -s) ce (cette) … (-là); *vor Vokal* cet … (-là)
jenseits (*G*) au delà de
jetzig actuel
jetzt maintenant; ~ ***gleich*** tout de suite
jeweils chaque fois
Job *m* job [dʒɔb]
Jod *n* iode *m*; **~tinktur** *f* teinture d'iode
Joga *m od n* yoga *m*
joggen faire du jogging
Jogging *n* jogging *m*; **~anzug** *m* jogging
Jog(h)urt *m od n* ya(h)ourt *m*
Johannisbeere *f* groseille; ***Schwarze*** ~ cassis [-is] *m*
jonglieren jongler (***mit*** avec)
Journalist *m* journaliste
Jubel *m* joie *f*
jubeln pousser des cris de joie
Jubiläum *n* anniversaire *m*
juck|en démanger; **2reiz** *m* démangeaison *f*
Jude *m* Juif
Jüd|in *f* Juive; **2isch** juif
Judo *n* judo *m*
Jugend *f* jeunesse; **~gruppe** *f* groupe *m* de jeunes; **~herberge** *f* auberge de jeunesse; **2lich** jeune; **~liche(r)** *su* adolescent(e); *jur* mineur(e); **~stil** *m* art nouveau
Juli *m* juillet
jung jeune
Junge *m* garçon
Junge(s) *n Zo* petit *m*
jünger plus jeune; ***mein ~er Bruder*** mon frère cadet
Jungfrau *f* vierge
Junggesell|e *m*, **~in** *f* célibataire *m*, *f*
Jüngling *m ironisch* jouvenceau
Juni *m* juin
Jura *n/pl* droit
Jurist|(in) *m(f)* juriste; **2isch** juridique
Jury *f* jury *m*
Justiz *f* justice
Juwel|en *n/pl* bijoux *m/pl*; **~ier** *m* bijoutier, joaillier
Jux *m* F blague *f*; ***aus*** ~ pour rigoler

K

Kabarett *n* théâtre *m* de chansonniers
Kabel *n* câble *m*; **~anschluss** *m* raccordement, abonnement au câble; **~fernsehen** *n* (télévision *f* par) câble
Kabeljau *m* cabillaud
Kabine *f* cabine
Kabrio(lett) *n* décapotable *f*
Kachel *f* carreau *m*
Kadaver *m* cadavre
Käfer *m* coléoptère
Kaffee *m* café; **~kanne** *f* cafetière; **~löffel** *m* cuillère *f* à café; **~maschine** *f* cafetière électrique; **~mühle** *f* moulin

m à café; **~tasse** *f* tasse à café
Käfig *m* cage *f*
kahl nu; *Kopf* chauve; *Landschaft* dénudé
Kahn *m* canot, barque *f*
Kai *m* quai
Kaiser *m* empereur; **~in** *f* impératrice; **~schnitt** *m Med* césarienne *f*
Kajal *n* khôl *m*
Kajüte *f* cabine
Kakao *m* cacao; *Getränk* chocolat (chaud)
Kakerlake *f* blatte, cafard *m*
Kaktus *m* cactus
Kalb *n* veau *m*; **~fleisch** *n* veau *m*
Kalbs|braten *m* rôti de veau; **~schnitzel** *n* escalope *f* de veau
Kaldaunen *f/pl* tripes *m/pl*
Kalender *m* calendrier
Kalk *m* chaux *f*; *Med* calcium; **~stein** *n* calcaire *m*
Kalo|rie *f* calorie; **2rienarm** hypocalorique
kalt froid; ***es ist ~*** il fait froid; ***mir ist ~*** j'ai froid; ***~ stellen*** mettre au frais
kaltblütig de sang froid
Kälte *f* froid *m*; *fig* froideur; **~welle** *f* vague de froid
Kaltmiete *f* loyer *m* sans les charges
Kalzium *n* calcium *m*
Kamel *n* chameau *m*
Kamera *f* appareil *m* photo; *Film2* caméra
Kamerad *m* camarade; **~schaft** *f* camaraderie
Kamerun *n* le Cameroun
Kamille *f* camomille; **~ntee** *m* (infusion *f* de) camomille *f*
Kamin *m* cheminée *f*
Kamm *m* peigne; *Hahnen2*, *Gebirgs2* crête *f*
kämmen (***sich ~*** se) peigner
Kammer *f* chambre; **~musik** *f* musique de chambre
Kampf *m* combat, lutte *f*
kämpfen combattre (***gegen j-n*** q *od* contre q), se battre (***mit j-m*** avec q), lutter (***gegen*** contre; ***um*** *od* ***für*** pour)
Kämpfer *m* combattant
Kampf|hund *m* chien de combat; **~richter** *m Sp* arbitre
kampieren camper
Kanada *n* le Canada
Kanad|ier *m* Canadien; **2isch** canadien
Kanal *m* canal; *TV* chaîne *f*; **~isation** *f* égouts *m/pl*
Kanarienvogel *m* canari
Kandidat *m* candidat
kandiert ***~e Früchte*** *f/pl* fruits *m/pl* confits
Känguru *n* kangourou *m*
Kaninchen *n* lapin *m*
Kanister *m* bidon
Kännchen *n* petit pot *m*
Kanne *f* pot *m*
Kannibale *m* cannibale
Kanone *f* canon *m*
Kante *f* arête; *Rand* bord *m*
Kantine *f* cantine
Kanu *n* canoë *m*
Kanzel *f* chaire

Kanzler *m* chancelier
Kap *n* cap *m*
Kapell|e *f* chapelle; *Mus* orchestre *m*; **~meister** *m* chef d'orchestre
Kaper *f* câpre
kapieren F piger
Kapital *n* capital *m*; *Vermögen* capitaux *m/pl*; **~ismus** *m* capitalisme; **~ist** *m*, **≈istisch** capitaliste
Kapitän *m* capitaine
Kapitel *n* chapitre *m*
Kaplan *m* vicaire
Kappe *f* casquette
Kapsel *f* capsule
kaputt F *defekt* en panne; *entzwei* cassé; *müde* crevé
Kapuze *f* capuchon *m*
Karaffe *f* carafe
Karamell *m* caramel; **~bonbon** *m od n* caramel *m*
Karaoke *n* karaoké *m*
Karat *n* carat *m*
Karate *n* karaté *m*
Karawane *f* caravane
Kardinal *m* cardinal
Karfiol *m österr* chou-fleur
Karfreitag *m* vendredi saint
kariert à carreaux
Karies *f* carie
Karikatur *f* caricature
Karneval *m* carnaval; **~szug** *m* cortège du carnaval
Karo *n* carreau *m*
Karosserie *f* carrosserie
Karotte *f* carotte
Karpfen *m* carpe *f*
Karre(n) *f(m)* charrette *f*
Karriere *f* carrière
Karte *f* carte; *Fahr≈, Eintritts≈* billet *m*, ticket *m*; ***nach der ~ essen*** manger à la carte; ***~n spielen*** jouer aux cartes
Kartei *f* fichier *m*; **~karte** *f* fiche
Karten|spiel *n* partie *f* de cartes; *Satz Karten* jeu *m* de cartes; **~telefon** *n* téléphone *m* à carte; **~vorverkauf** *m* location *f*
Kartoffel *f* pomme de terre; **~brei** *m* purée *f* de pommes de terre; **~chips** *m/pl* chips [-ps] *f/pl*; **~puffer** *m* galette *f* de pommes de terre; **~salat** *m* salade *f* de pommes de terre
Karton *m* carton
Karussell *n* manège *m*
Käse *m* fromage; **~brot** *n* tartine *f* de fromage; **~kuchen** *m* gâteau au fromage blanc; **~platte** *f* plateau *m* de fromages
Kaserne *f* caserne
Kasino *n Spiel≈* casino *m*; *Kantine* restaurant *m* d'entreprise
Kaskoversicherung *f Voll≈* assurance tous risques
Kasperle(theater) *m(n)* guignol *m*
Kasse *f* caisse
Kassen|arzt *m*, **~ärztin** *f* médecin *m* conventionné; **~patient(in)** *m(f)* assuré(e) social(e); **~zettel** *m* ticket de caisse
Kassette *f* cassette

Kassettenrekorder *m* magnétophone à cassettes
kassier|en encaisser; **≗er** *m* caissier; **≗erin** *f* caissière
Kastanie *f* châtaigne; *Baum* chataîgnier *m*
Kasten *m* boîte *f*; *für Flaschen* caisse *f*
kastrieren castrer
Kat F *s* ***Katalysator***
Katakombe *f* catacombe
Katalog *m* catalogue
Katalysator *m Kfz* pot catalytique
Katarr(h) *m* catarrhe
Katastrophe *f* catastrophe; **~ngebiet** *n* région *f* sinistrée
Kater *m* matou; F *fig* ***e-n ~ haben*** avoir la gueule de bois
Kathedrale *f* cathédrale
Kathol|ik *m*, **≗isch** catholique
Katze *f* chat *m*; *weibliche* chatte
kauen mâcher; ***an den Nägeln ~*** se ronger les ongles
Kauf *m* achat; **≗en** acheter
Käufer *m* acheteur
Kauf|frau *f* commerciale; **~haus** *n* grand magasin *m*; **~mann** *m* commercial; *Händler* commerçant; **≗männisch** commercial; **~preis** *m* prix d'achat; **~vertrag** *m* contrat de vente
Kaugummi *m* chewing-gum
kaum à peine, ne … guère
Kaution *f* caution
Kavalier *m* homme galant
Kaviar *m* caviar
Kegel *m Math* cône; *Spiel≗* quille *f*; **~bahn** *f* piste de quilles
kegeln jouer aux quilles
Kehl|e *f* gorge; **~kopf** *m* larynx
Kehr|e *f* tournant *m*; **≗en** *fegen* balayer; **~seite** *f* revers *m*; *Nachteil* mauvais côtés *m/pl*
Keil *m* coin; *Unterleg≗* cale *f*
Keilriemen *m* courroie *f*
Keim *m* germe; **≗en** germer; **≗frei** stérilisé; **≗tötend** antiseptique
kein (ne) … pas de; *betont* (ne) … aucun; ***ich habe ~ Geld*** je n'ai pas d'argent; ***in ~em Fall*** en aucun cas
keiner personne … ne; **~ (*von beiden*)** aucun (des deux)
keinerlei ne … aucun
keinesfalls en aucun cas
keineswegs nullement
Keks *m* biscuit
Kelle *f* louche; *Maurer≗* truelle
Keller *m* cave *f*
Kellner *m* garçon, serveur; **~in** *f* serveuse
Kenia *n* le Kenya
kennen (***sich ~*** se) connaître; **~ *lernen*** faire la connaissance de
Kenner *m* connaisseur
Kenntnis *f* connaissance (***von et*** de qc); **~se** *pl* notions *f/pl*
Kennzeich|en *n* caractéristique; *Kfz* numéro *m* d'immatriculation; **≗nen** marquer; caractériser

kentern chavirer
Keramik *f* céramique
Kerbe *f* entaille, cran *m*
Kerl *m* F type
Kern *m von Steinobst* noyau; *von Kernobst* pépin; *Reaktor*♀ cœur; **~energie** *f* énergie nucléaire; ♀**gesund** en parfaite santé
Kernkraft *f* énergie nucléaire; **~gegner** *m* antinucléaire; **~werk** *n* centrale *f* nucléaire
Kerze *f* bougie (*a Kfz*); *Rel* cierge *m*
Kerzenhalter *m* bougeoir
Kessel *m Wasser*♀ bouilloire *f*; *Tech* chaudière *f*
Ket(s)chup *m od n* ketchup *m*
Kette *f* chaîne; *Hals*♀ collier *m*
Ketzer *m* hérétique; **~ei** *f* hérésie; ♀**isch** hérétique
keuch|en 'haleter; ♀**husten** *m* coqueluche *f*
Keule *f Geflügel*♀ cuisse; *Hammel*♀ gigot *m*
Kfz *n* (*Kraftfahrzeug*) véhicule *m*
Kfz-... *s* ***Kraftfahrzeug...***; **~-Werkstatt** *f* garage *m* (auto)
Kichererbse *f* pois *m* chiche
Kickboard *n* trottinette *f*
Kiebitz *m* vanneau
Kiefer[1] *m* mâchoire *f*
Kiefer[2] *f* pin *m*
Kiel *m Mar* quille *f*
Kiemen *f/pl* branchies
Kies *m* gravier
Kiesel(stein) *m* galet, caillou
Kilo(gramm) *n* kilo(gramme) *m*
Kilometer *m* kilomètre; ***mit 60 ~n in der Stunde*** à 60 kilomètres (à l')heure
Kilometer|stand *m* kilométrage; **~stein** *m* borne *f* kilométrique; **~zähler** *m* compteur (kilométrique)
Kilowatt *n* kilowatt *m*; **~stunde** *f* kilowattheure
Kind *n* enfant *m, f*
Kinder|arzt *m*, **~ärztin** *f* pédiatre *m, f*; **~bett** *n* lit *m* d'enfant; **~garten** *m* maternelle *f*; **~gärtnerin** *f* institutrice d'école maternelle; **~geld** *n* allocations *f/pl* familiales; **~heim** *n* foyer *m* d'enfants; **~hort** *m* garderie *f*; **~krankheit** *f* maladie infantile; **~krippe** *f* crèche; **~lähmung** *f* polio(myélite); ♀**los** sans enfants; **~mädchen** *n* bonne *f* d'enfants; **~sitz** *m Kfz* siège pour enfants; **~wagen** *m* landau; *Buggy* poussette *f*; **~zimmer** *n* chambre *f* d'enfant
Kind|heit *f* enfance; ♀**isch** puéril; ♀**lich** enfantin
Kinn *n* menton *m*; **~haken** *m* crochet à la mâchoire
Kino *n* cinéma *m*
Kiosk *m* kiosque
kippen (*v/t* faire) basculer
Kirche *f* église
Kirchen|chor *m* chorale *f* paroissiale; **~fenster** *n* vitrail *m*; **~musik** *f* musique sacrée; **~schiff** *n* nef *f*
kirch|lich religieux; ♀**turm** *m*

clocher; **⁓weih** *f* kermesse
Kirschbaum *m* cerisier
Kirsch|e *f* cerise; **⁓wasser** *n* kirsch *m*
Kissen *n* coussin *m*; *Kopf⁓* oreiller; **⁓bezug** *m* taie *f* (d'oreiller)
Kiste *f* caisse (*a* F *Auto*)
Kitsch *m*, **⁓ig** kitsch
Kitt *m* mastic
Kittel *m* blouse *f*
kitz|eln chatouiller; **⁓(e)lig** chatouilleux; *heikel* délicat
Kiwi *f* kiwi *m*
Klage *f* plainte; *jur a* action (en justice)
klagen se plaindre (**über** *A* de); *jur* porter plainte (**gegen** contre, **wegen** pour)
Kläger(in) *m(f)* *jur* plaignant(e)
Klammer *f* *Haar⁓, Wäsche⁓* pince; *Büro⁓* trombone; **in ⁓n** *pl* entre parenthèses
klammern **sich ⁓ an** (*A*) se cramponner à
Klamotten *f/pl* F fringues
Klang *m* son
Klappbett *n* lit *m* pliant
Klapp|e *f* clapet *m*; **⁓en** rabattre; F *gelingen* marcher; **⁓ern** cliqueter
Klapp|rad *n* bicyclette *f* pliante; **⁓sitz** *m* strapontin; **⁓stuhl** *m* chaise *f* pliante
klar clair; *deutlich* net
Klär|anlage *f* station d'épuration; **⁓en** clarifier (*a fig*)
Klarinette *f* clarinette
Klasse *f* classe; catégorie
klassisch classique
Klatsch *m* commérages *m/pl*; **⁓en** applaudir; F *schwätzen* jaser (**über j-n** sur q)
Klaue *f* griffe; *Vogel* serre
klauen F piquer
Klavier *n* piano *m*; **⁓ spielen** jouer du piano
Kleb|eband *n* ruban *m* adhésif; **⁓en** coller; **⁓rig** collant; **⁓stoff** *m* colle *f*
Klecks *m* tache *f*
Klee *m*, **⁓blatt** *n* trèfle *m*
Kleid *n* robe *f*
Kleider|bügel *m* cintre; **⁓haken** *m* portemanteau; **⁓schrank** *m* penderie *f*; **⁓ständer** *m* portemanteau
Kleidung *f* habits *m/pl*, vêtements *m/pl*
klein petit
Kleingeld *n* monnaie *f*
Kleinigkeit *f* bagatelle; **eine ⁓ essen** manger un petit quelque chose
Kleinkind *n* petit enfant *m*
kleinlich mesquin
Kleinstadt *f* petite ville
Kleister *m* colle *f* (d'amidon)
Klementine *f* clémentine
Klemm|e *f* pince; F embarras *m*; **⁓en** coincer
Klette *f* bardane
kletter|n grimper (**auf** *A* sur, **an** *D* à); **⁓pflanze** *f* plante grimpante
klicken *Inform* cliquer
Klima *n* climat *m*; **⁓anlage** *f* climatisation; **⁓wechsel** *m* changement de climat

Klinge *f* lame
Klingel *f* sonnette
klingeln sonner; ***es klingelt*** on sonne
klingen sonner
Klinik *f* clinique
Klinke *f* poignée
Klippe *f* écueil *m* (*a fig*)
klirren *Ketten* cliqueter; *Gläser* tinter
Klischee *n* cliché *m* (*a fig*)
Klo *n* W.-C. *m/pl*
klonen cloner
Klopapier *n* papier *m* hygiénique
klopfen battre (*a Herz*); *Motor* cogner; ***an die Tür ~*** frapper à la porte; ***es klopft*** on frappe
Klops *m* boulette *f* (de viande)
Kloß *m* boulette *f*
Kloster *n* *Mönchs***♀** monastère *m*; *Nonnen***♀** couvent *m*
Klotz *m* *Holz***♀** bille *f*
Klub *m* club [klœb]
klug intelligent; **♀heit** *f* intelligence
Klumpen *m* motte *f*; *Gold***♀**; pépite *f*; *Kochk* grumeau
knabbern grignoter (***an et*** *D* qc)
Knäckebrot *n* pain *m* suédois
knacken *Nüsse* casser; *Auto* forcer; *Holztreppe* craquer
Knall *m* détonation *f*; **♀en** exploser; *Schuss* retentir; *Tür* claquer; **~frosch** *m*, **~körper** *m* pétard
knapp *Geld* rare; *Zeit* limité; *eng* juste, étroit
knarren *Dielen* craquer; *Bett* grincer
knattern *Motor* pétarader
Knäuel *m od n* pelote *f*
Knautschzone *f* *Kfz* zone rétractable
Knecht *m* valet
kneif|en pincer; **♀zange** *f* tenailles *f/pl*
Kneipe *f* P bistrot *m*
kneten pétrir
Knick *m* coude; *in Papier* pli; **♀en** *Papier* plier; *Zweig* (se) casser
Knie *n* genou *m*; **~bundhose** *f* knicker(bocker)s *m/pl*; **~kehle** *f* jarret *m*
knien être à genoux; ***sich ~*** s'agenouiller
Knie|scheibe *f* rotule; **~strumpf** *m* chaussette *f* (montante)
Kniff *m* pli; *fig* truc [-yk]
knipsen poinçonner; F *Fot* prendre une *od* des photo(s)
knistern *Feuer* crépiter
knitterfrei infroissable
knittern se froisser
Knoblauch *m* ail [aj]; **~zehe** *f* gousse d'ail
Knöchel *m* cheville *f*
Knochen *m* os [ɔs, *pl* o]; **~bruch** *m* fracture *f*; **~mark** *n* moelle *f*
Knödel *m* boulette *f* de mie de pain *od* de pommes de terre
Knolle *f* *Bot* tubercule *m*; *Zwiebel* bulbe

Knopf *m* bouton; **~loch** *n* boutonnière *f*
Knorpel *m* cartilage
Knospe *f* bourgeon *m*, bouton *m*
Knoten *m* nœud
knüpfen nouer
Knüppel *m* gourdin
knurren *Hund* grogner, gronder; *Magen* gargouiller
knusprig croustillant
Koala(bär) *m* koala
Koalition *f* coalition
Kobra *f* cobra *m*
Koch *m* cuisinier; **~buch** *n* livre *m* de cuisine; **2en** *Wasser, Wäsche* faire bouillir; *Kaffee* faire; *v/i sieden* bouillir; *Essen zubereiten* faire la cuisine; **~er** *m* réchaud
Kochgelegenheit *f* possibilité de faire la cuisine
Köchin *f* cuisinière
Koch|löffel *m* cuillère *f* en bois; **~nische** *f* kitchenette, coin *m* cuisine; **~platte** *f* réchaud *m*; **~rezept** *m* recette *f* de cuisine; **~salz** *n* gros sel *m*; **~topf** *m* faitout, casserole *f*
Köder *m* appât
Koffein *n* caféine *f*
koffeinfrei décaféiné
Koffer *m* valise *f*; *großer Reise2* malle *f*; **~kuli** *m* chariot; **~radio** *n* transistor *m*; **~raum** *m Kfz* coffre
Kognak *m* cognac
Kohl *m* chou
Kohle *f* charbon *m*
Kohlensäure *f im Getränk* gaz *m* carbonique; ***Mineralwasser ohne ~*** eau non gazeuse
Kohletablette *f* pastille de charbon
Kohlrabi *m* chou-rave
Koje *f Mar* couchette
Kokain *n* cocaïne *f*
kokett coquet
Kokosnuss *f* (noix de) coco *m*
Koks *m* coke
Kolben *m Tech* piston
Kolibri *m* colibri
Kolik *f* colique
Kolleg|e *m*, **~in** *f* collègue
Köln Cologne
Kölnischwasser *n* eau *f* de Cologne
Kolonie *f* colonie
Kolonne *f* colonne; *Autoschlange* file
Kolumbien *n* la Colombie
Kombi *m Kfz* break *m*
Kombination *f* combinaison; *Kleidung* ensemble *m*; *Ski* ***alpine ~*** combiné *m* alpin
Komfor|t *m* confort; **2tabel** confortable
Kom|iker *m* comique; **2isch** comique; *sonderbar* bizarre
Komitee *n* comité *m*
Komma *n* virgule *m*
kommandieren commander
kommen venir; *an~* arriver; ***durch Lyon ~*** passer par Lyon; ***wie komme ich nach …?*** pour aller à …?; ***~ lassen*** faire venir

Kommen|tar *m* commentaire; **2tieren** commenter
Kommissar *m* commissaire
Kommission *f* commission
Kommode *f* commode
Kommune *f* commune
Kommunion *f* communion
Kommun|ismus *m* communisme; **~ist** *m*, **2istisch** communiste
Komödie *f* comédie
Kompass *m* boussole *f*
kompatibel compatible
kompetent compétent
Kompetenz *f* compétence
komplett complet
Kompli|kation *f* complication; **~ment** *n* compliment *m*; **~ze** *m* complice; **2ziert** compliqué
Kom|ponist *m* compositeur; **~pott** *n* compote *f*; **~presse** *f* compresse; **~promiss** *m* compromis
Kon|densmilch *f* lait *m* concentré; **~dition** *f Sp* forme; *Hdl* condition; **~ditorei** *f* pâtisserie; **~dom** *n* préservatif *m*; **~fekt** *n* confiserie *f*; chocolats *m/pl*; **~ferenz** *f* conférence; **~fession** *f* confession; **~firmation** *f* confirmation; **~fitüre** *f* confiture; **~flikt** *m* conflit
Kongo ***der*** **~** le Congo
Kongress *m* congrès; **~teilnehmer** *m* congressiste
König *m* roi; **~in** *f* reine; **2lich** royal; **~reich** *n* royaume *m*
Konjunktur *f* conjoncture
konkret concret
Konkurrenz *f* concurrence; **2fähig** compétitif
Konkurs *m* faillite *f*; **~verwalter** *m* syndic
können pouvoir; *gelernt haben* savoir; ***schwimmen*** **~** savoir nager; ***Französisch*** **~** parler (le) français; **(*es*)** ***kann sein*** c'est possible
Konser|ve *f* conserve; **~vendose** *f* boîte de conserve; **~vierungsmittel** *n* conservateur *m*
Konstruktion *f* construction
Konsulat *n* consulat *m*
Konsum *m* consommation *f*; **2ieren** consommer
Kontakt *m* contact; **~** ***aufnehmen mit*** prendre contact avec
Kontaktlinsen *f/pl* lentilles de contact
Kontinent *m* continent
Konto *n* compte *m*; **~auszug** *m* relevé de compte; **~nummer** *f* numéro *m* de compte; **~stand** *m* situation *f* du compte
Kontrast *m* contraste
Kontroll|e *f* contrôle *m*; **~eur** *m* contrôleur; **2ieren** contrôler; **~lampe** *f* lampe témoin
Konversation *f* conversation
Konzentrationslager *n* camp *m* de concentration
konzentrieren ***sich*** **~** se concentrer (***auf*** *A* sur)
Konzern *m* groupe, trust [-œ-]
Konzert *n* concert *m*; **~saal** *m*

salle *f* de concert
Kopf *m* tête *f*; ***pro ~*** par personne
Kopf|hörer *m* écouteur; **~kissen** *n* oreiller *m*; **~salat** *m* laitue *f*; **~schmerzen** *m/pl* maux *m/pl* de tête; **~sprung** *m* plongeon; **~stütze** *f Kfz* repose-tête *m*; **~tuch** *n* foulard *m*
Kopie *f* copie
kopier|en copier; **2er** *m*, **2gerät** *n* photocopieuse *f*
Kopilot *m* copilote
Koralle *f* corail *m*
Korb *m* corbeille *f*, panier; **~sessel** *m* fauteuil en rotin
Kordel *f* cordon *m*
Korea *n* la Corée
Kork *m* liège
Korken *m* bouchon; **~zieher** *m* tire-bouchon
Korn¹ *n* grain *m*; *Getreide* céréales *f/pl*
Korn² *m* eau *f* de vie
Körper *m* corps; **~behinderte(r)** *su* 'handicapé(e) physique; **~größe** *f* taille; **2lich** physique; **~pflege** *f* hygiène corporelle; **~teil** *m* partie *f* du corps
korrekt correct; **2ur** *f* correction; *Inform* annulation
Korrespondenz *f* correspondance
Korridor *m* couloir
korrigieren corriger
Korsika *n* la Corse
Kosmetik *f* soins *m/pl* de beauté; **~erin** *f* esthéticienne; **~salon** *m* salon de beauté; **~um** *n* produit *m* de beauté
Kost *f* nourriture
kostbar précieux
kosten coûter; *Speisen* goûter; ***was kostet ...?*** combien coûte ...?
Kosten *pl* frais *m/pl*; **2los** gratuit(ement); **~erstattung** *f* remboursement *m* des frais; **~frage** *f* question de prix; **~voranschlag** *m* devis
köstlich délicieux
kostspielig coûteux
Kostüm *n* costume *m*; *Damen2* tailleur
Kot *m* excréments *m/pl*
Kotelett *n* côtelette *f*
Kotflügel *m Kfz* aile *f*
Krabbe *f* crabe *m*; F *Garnele* crevette
Krach *m Lärm* vacarme; *Streit* dispute *f*
Kraft *f* force; *Person* aide *m*, *f*; ***in ~ treten*** entrer en vigueur
Kraftbrühe *f* consommé *m*
Kraftfahrer(in) *m(f)* automobiliste
Kraftfahrzeug *n* véhicule *m*; **~schein** *m* carte *f* grise; **~steuer** *f* vignette (automobile); **~versicherung** *f* assurance automobile
kräftig fort; *nahrhaft* substantiel
Kraft|stoff *m* carburant; **~wagen** *m* automobile *f*; **~werk** *n* centrale *f* électrique

Kragen *m* col; **~weite** *f* encolure
Krähe *f* corneille
krähen *Hahn* chanter
Kralle *f* griffe
Krampf *m* crampe *f*; **~ader** *f* varice; **2haft** convulsif; *Bemühungen* laborieux; **2lösend** antispasmodique
Kran *m* grue *f*
Kranich *m* grue *f*
krank malade; **~ *werden*** tomber malade
kränken vexer, blesser
Kranken|haus *n* hôpital *m*; **~kasse** *f* caisse d'assurance maladie; **~pfleger** *m* infirmier; **~schein** *m* feuille *f* de maladie; **~schwester** *f* infirmière; **~versicherung** *f* assurance maladie; **~wagen** *m* ambulance *f*
Krank|e(r) *su* malade; **2haft** maladif; **~heit** *f* maladie
kränklich maladif
Kranz *m* couronne *f*
Krapfen *m* beignet
Krater *m* cratère
kratzen (***sich*** **~** se) gratter
Kratzer *m* égratignure *f*
kraus *Haar* crépu
Kraut *n* herbe *f*; *Kohl* chou
Kräutertee *m* tisane *f*
Krawall *m* échauffourée *f*; *Lärm* tapage
Krawatte *f* cravate
Krebs *m* écrevisse *f*; *Med* cancer [-ɛr]
Kredit *m* crédit; **~karte** *f* carte de crédit
Kreide *f* craie
Kreis *m* cercle; *Pol* district
Kreisel *m* toupie *f*
kreis|en tourner (***um*** autour de); **~förmig** circulaire
Kreislauf *m* circulation *f* (*a Med*); **~störungen** *f/pl* troubles *m/pl* circulatoires
Kreissäge *f* scie circulaire
Kreißsaal *m* salle *f* d'accouchement
Kreisverkehr *m* sens giratoire
Krematorium *n* crématorium *m*
Kren *m österr* raifort
Kresse *f* cresson *m*
Kreta *n* la Crète
Kreuz *n* croix *f*; *Anat* reins *m/pl*; *Kartenspiel* trèfle *m*; **2 *und quer*** dans tous les sens
kreuzen (***sich*** **~** se) croiser
Kreuz|fahrt *f* croisière; **~gang** *m* cloître; **~igung** *f* crucifixion
Kreuzschmerzen *m/pl* **~ *haben*** avoir mal aux reins
Kreuzung *f* croisement *m*
Kreuzworträtsel *n* mots *m/pl* croisés
kriechen ramper
Krieg *m* guerre *f*
kriegen F *s* ***bekommen***
Kriegs|dienstverweigerer *m* objecteur de conscience; **~verbrecher** *m* criminel de guerre
Krimi *m* F policier
Kriminal|film *m* film policier; **~ität** *f* criminalité; **~polizei** *f*

police judiciaire; **~roman** *m* roman policier
kriminell criminel
Krippe *f Rel u Kinder*≈ crèche
Krise *f* crise
Krit|ik *f* critique; **~iker** *m* critique; ≈**isch** critique; ≈**isieren** critiquer
Kroat|e *m* Croate; **~ien** *n* la Croatie; ≈**isch** croate
Krokette *f* croquette
Krokodil *n* crocodile *m*
Krokus *m* crocus
Kron|e *f* couronne; **~leuchter** *m* lustre
Kröte *f* crapaud *m*
Krücke *f* béquille
Krug *m* cruche *f*, pichet
Krümel *m* miette *f*
krumm tordu; *Linie* courbe
Krüppel *m* infirme
Kruste *f* croûte
Kruzifix *n* crucifix [-i] *m*
Kuba *n* Cuba
Kübel *m* baquet; *Eimer* seau
Kubikmeter *m od n* mètre *m* cube
Küche *f* cuisine; ***kalte*** **~** repas *m/pl* froids
Kuchen *m* gâteau
Küchenschrank *m* buffet de cuisine
Kuckuck *m* coucou
Kugel *f* boule (*a Billard*≈); *Geschoss* balle; *Sp* poids *m*; **~lager** *n* roulement *m* à billes; **~schreiber** *m* stylo (à) bille; **~stoßen** *n* lancement *m* du poids
Kuh *f* vache
kühl frais; *fig* froid; ≈**box** *f* glacière; **~en** rafraîchir; *Lebensmittel* réfrigérer; *Motor* refroidir; ≈**er** *m Kfz* radiateur; ≈**fach** *n* freezer *m*; ≈**schrank** *m* réfrigérateur; ≈**tasche** *f* sac *m* isotherme; ≈**truhe** *f* congélateur *m*; ≈**wasser** *n* eau *f* de refroidissement
kühn audacieux, courageux; *gewagt* osé
Küken *n* poussin *m*
Kuli *m* F stylo
Kultur *f* culture; **~film** *m* (film) documentaire
Kümmel *m* cumin
Kummer *m* chagrin; *Sorgen* souci(s) *m(pl)*
kümmern ***sich*** **~** ***um*** (*A*) se soucier de
Kund|e *m* client; **~endienst** *m* service après-vente
Kundgebung *f* manifestation
kündig|en licencier (***j-m*** q); *Vertrag* résilier; *selbst* donner sa démission; ≈**ung** *f* licenciement *m*; résiliation; démission; ≈**ungsfrist** *f* délai *m* de préavis
Kundin *f* cliente
Kundschaft *f* clientèle
Kunst *f* art *m*; **~ausstellung** *f* exposition; **~faser** *f* fibre synthétique; **~gewerbe** *n* arts *m/pl* décoratifs; **~leder** *n* similicuir *m*
Künstl|er(in) *m(f)* artiste; ≈**erisch** artistique; ≈**ich** artificiel
Kunst|sammlung *f* collec-

tion d'objets d'art; **~seide** *f* rayonne; **~stoff** *m* plastique; **~stück** *n* tour *m* d'adresse; **~werk** *n* œuvre *f* d'art
Kupfer *n* cuivre *m*; **~stich** *m* taille-douce *f*
Kuppel *f innere* coupole; *äußere* dôme *m*
kupp|eln *Kfz* embrayer; **°lung** *f* embrayage *m*; **°lungspedal** *n* pédale *f* d'embrayage
Kur *f* cure
Kür *f* figures *f/pl* libres
Kurbel *f* manivelle
Kürbis *m* courge *f*; *großer* potiron
Kur|gast *m* curiste; **°ieren** guérir; **°ort** *m* station *f* thermale
Kurs *m* cours; *Mar* route *f*; **~buch** *n* indicateur *m* des chemins de fer
Kursus *m* cours
Kurswagen *m* voiture *f* directe
Kurtaxe *f* taxe de séjour
Kurv|e *f* courbe; *Straßen°* virage *m*; **°enreich** sinueux
kurz court; *zeitlich a* bref; ***vor ~em*** récemment; **~ *(und gut)*** bref
Kurzarbeit *f* chômage *m* partiel
Kürze *f* brièveté; ***in ~*** sous peu
kürzen raccourcir
Kurz|film *m* court métrage; **°fristig** à court terme; **~geschichte** *f* nouvelle
kürzlich récemment
Kurz|parkzone *f* zone bleue; **~schluss** *m* court-circuit; **°sichtig** myope; **~waren** *f/pl* mercerie *f*; **~welle** *f* onde courte
Kusine *f* cousine
Kuss *m* baiser
küssen (***sich ~*** s')embrasser
Küst|e *f* côte; **~enschifffahrt** *f* navigation côtière
Kutsch|e *f* calèche; *prächtige* carrosse; **~er** *m* cocher
Kutteln *pl* tripes *f/pl*
Kuvert *n* enveloppe *f*

L

labil instable
Labor *n* laboratoire *m*
lächeln sourire (***über*** *A* de)
lachen rire (***über*** *A* de); **°** *n* rire *m*
lächerlich ridicule
Lachs *m* saumon
Lack *m* laque *f*, vernis; *Kfz* peinture *f*; **°ieren** laquer, vernir
laden charger (*a Inform*)
Laden *m* magasin; *kleiner* boutique *f*; **~schluss** *m* fermeture *f* des magasins; **~tisch** *m* comptoir
Ladung *f* chargement *m*; *Mar* cargaison; *El* charge
Lage *f* situation; position;

Schicht couche; ***in schöner~*** bien situé; ***in der ~ sein zu*** être en mesure de
Lager *n* camp *m*; *Hdl* entrepôt; **~feuer** *n* feu *m* de camp
lagern camper; *Waren* stocker
Lagune *f* lagune
lahm paralysé; F *fig* mou
lähm|en paralyser (*a fig*); **2ung** *f* paralysie
Laie *m* profane; *Rel* laïque
Laken *n* drap *m* (de lit)
lakonisch laconique
Lakritze *f* réglisse
Lamm *n* agneau *m*; **~fleisch** *n* agneau *m*
Lamp|e *f* lampe; **~enschirm** *m* abat-jour
Land *n* pays *m*; *Fest2* terre *f*; *Gegensatz zu Stadt* campagne *f*; ***auf dem~*** à la campagne; ***an ~ gehen*** débarquer
Land|eanflug *m* phase *f* d'approche; **~ebahn** *f* piste d'atterissage; **2en** *Flgw* atterrir
Länderspiel *n Sp* rencontre *f* internationale
Landes|grenze *f* frontière nationale; **~sprache** *f* langue nationale; **~tracht** *f* costume *m* national (*od* régional)
Land|haus *n* maison *f* de campagne; **~karte** *f* carte
ländlich rural
Landschaft *f* paysage *m*
Landsmann *m* compatriote
Land|straße *f* route départementale; **~streicher** *m* vagabond
Landung *f Flgw* atterrissage *m*; *Mar* débarquement *m*; **~sbrücke** *f* débarcadère *m*
Landwein *m* vin de pays
Landwirt *m* agriculteur
Landwirtschaft *f* agriculture; **2lich** agricole
lang long; ***drei Wochen ~*** pendant trois semaines
lange longtemps; ***wie ~?*** combien de temps?; ***seit ~m*** depuis longtemps
Läng|e *f* longueur; *zeitlich* durée; **~engrad** *m* degré de longitude
Langeweile *f* ennui *m*
langfristig à long terme
Langlauf *m* ski de fond
länglich oblong
längs (*G*) le long de
langsam lent; ***~er fahren*** ralentir
Langschläfer *m* lève-tard
längst depuis longtemps
Languste *f* langouste
langweil|en (***sich ~*** s')ennuyer; **~ig** ennuyeux
Langwelle *f* grandes ondes *f/pl*
Lappen *m* chiffon
Laptop *m Inform* portable
Lärche *f* mélèze *m*
Lärm *m* bruit; **2en** faire du bruit
Laserdrucker *m Inform* imprimante *f* (à) laser [lazɛʀ]
lassen *zu~* laisser; *veran~* faire; ***machen ~*** faire faire; ***~ Sie sich nicht stören!*** ne vous dérangez pas!

lässig nonchalant
Last *f* charge; *fig* fardeau *m*; **~enaufzug** *m* monte-charge(s)
Laster[1] *n* vice *m*
Laster[2] *m* F poids lourd
lästern médire (***über*** *A* de)
lästig embêtant, pénible
Lastkahn *m* péniche *f*
Last-Minute|-Angebot *n* offre *f* de dernière minute; **~-Flug** *m* vol de dernière minute
Lastwagen *m* camion, poids lourd
Latein *n* latin *m*; **~amerika** *n* l'Amérique *f* latine; **2isch** latin
latent latent
Laterne *f* lanterne; *Straßen*2 réverbère
Latte *f* latte; *Sp* barre
Lätzchen *n* bavette *f*
Latzhose *f* salopette
lau tiède; *Wetter* doux
Laub *n* feuillage *m*; **~baum** *m* (arbre) feuillu
Lauch *m* poireau
lauern guetter (***auf*** *A* qc)
Lauf *m* course *f*; *Maschine* marche *f*; *Gewehr* canon; ***im ~e*** (*G*) au cours de
Laufbahn *f* carrière
laufen aller à pied, marcher; *rennen* courir; *Film* passer; *Maschine* marcher
laufend ***am ~en Band*** sans arrêt; ***auf dem 2en sein*** être au courant
Läufer *m* coureur; *Schach* fou; *Teppich* passage; **~in** *f* coureuse
Lauf|masche *f* maille filée; **~steg** *m* podium *m*; **~werk** *n Inform* lecteur *m*
Laune *f* humeur; ***gute*** (***schlechte***) **~** ***haben*** être de bonne (mauvaise) humeur
launisch lunatique
Laus *f* pou *m*
laut[1] bruyant; *Stimme* 'haut
laut[2] *prp* (*G*) d'après, selon
Laut *m* son
läuten sonner
laut|los silencieux; **2sprecher** *m* 'haut-parleur; **2stärke** *f* volume *m*
lauwarm tiède
Lava *f* lave
Lavendel *m* lavande *f*
Lawine *f* avalanche
Lazarett *n* hôpital *m* militaire
leb|en vivre; **2en** *n* vie *f*; **~endig** vivant; *Stadt* animé; *Farbe* vif
Lebens|gefahr *f* danger *m* de mort; **~gefährte** *m* compagnon; **~gefährtin** *f* compagne; **~haltungskosten** *pl* coût *m* de la vie; **2länglich** à perpétuité; **~lauf** *m* curriculum vitae
Lebensmittel *n/pl* vivres *f/pl*; denrées *f/pl* alimentaires; **~geschäft** *n* épicerie *f*; **~vergiftung** *f* intoxication alimentaire
Lebensstandard *m* niveau de vie

Lebensunterhalt *m* moyens *m/pl* d'existence; ***s-n ~ verdienen*** gagner sa vie
Lebensversicherung *f* assurance-vie
Leber *f* foie *m*; **~pastete** *f* pâté *m* de foie
Lebewesen *n* être *m* vivant
lebhaft vif; *Diskussion* animé; *Verkehr* intense
Lebkuchen *m* pain d'épice
leblos inanimé
Leck *n* fuite *f*; *Mar* voie *f* d'eau
lecken lécher
lecker appétissant; **℞bissen** *m* régal
Leder *n* cuir *m*; **~handschuhe** *m/pl* gants de peau; **~jacke** *f* veste, *kurze* blouson *m* de cuir; **~warengeschäft** *n* maroquinerie *f*
ledig célibataire
leer vide; *unbewohnt* inoccupé; **~en** vider; **℞lauf** *m* *Kfz* point mort; **℞ung** *f* *des Briefkastens* levée
legal légal
legen mettre; poser; ***sich*** **~** se coucher; *Wind* tomber
Legende *f* légende
Leggin(g)s *pl* caleçon *m*
legitim légitime
Leguan *m* iguane
Lehm *m* glaise *f*
Lehne *f* *Rücken℞* dossier *m*; *Arm℞* accoudoir *m*
lehnen (***sich*** **~** s')appuyer (***an*** *A* contre)
Lehrbuch *n* manuel *m*
Lehre *f* leçon; *Ausbildung* apprentissage *m*
lehren enseigner, apprendre (***j-n et*** qc à q)
Lehrer(in) *m(f)* *Grundschul℞* instituteur *m*, institutrice *f*; *Gymnasial℞* professeur *m*
Lehr|fach *n* discipline *f*; **~gang** *m* cours; **~ling** *m* apprenti; **℞reich** instructif; **~stelle** *f* place d'apprenti; **~stuhl** *m* chaire *f*; **~zeit** *f* apprentissage *m*
Leib *m* corps; *Bauch* ventre
Leibesvisitation *f* fouille corporelle
Leib|gericht *n* plat *m* préféré; **~schmerzen** *m/pl* mal *m* au ventre; **~wächter** *m* garde du corps
Leiche *f* cadavre *m*
Leichen|halle *f* chapelle mortuaire; **~wagen** *m* corbillard
leicht léger; *einfach* facile; **℞athletik** *f* athlétisme *m*; **~gläubig** crédule; **℞igkeit** *f* *fig* facilité; **℞metall** *n* métal *m* léger; **℞sinn** *m* inconscience *f*; **~sinnig** inconscient
Leid *n* mal *m*; ***es tut mir ~*** je suis désolé; ***er tut mir ~*** il me fait pitié
leiden souffrir (***an*** *D* de); ***nicht ~ können*** ne pas pouvoir souffrir
Leiden *n* souffrance *f*; *Med* affection
Leidenschaft *f* passion; **℞lich** passionné(ment)

leider malheureusement
leidlich passable
Leihbücherei *f* bibliothèque de prêt
leihen prêter (***j-m et*** qc à q); ***sich et*** ~ emprunter qc (***von j-m*** à q)
Leih|gebühr *f* frais *m/pl* de location; **~haus** *n* mont-de-piété *m*; **~wagen** *m* voiture *f* de location; **≈weise** à titre de prêt
Leim *m* colle *f*
Leine *f* corde; *Hunde*≈ laisse
Lein|en *n* toile *f*; **~samen** *m* graine *f* de lin; **~wand** *f* écran *m*
leise bas; *adv* doucement; **~r *stellen*** baisser
Leiste *f* liteau *m*; *Anat* aine
leisten faire; *vollbringen* accomplir; *Dienst* rendre; *Zahlung* effectuer; ***Widerstand*** ~ résister; ***j-m Hilfe*** ~ secourir q; ***sich et*** ~ se permettre qc; *sich et gönnen* se payer qc
Leistenbruch *m* ʻhernie *f* inguinale
Leistung *f* résultats *m/pl* (obtenus); *große* performance; *Tech* puissance
leistungsfähig performant
Leitartikel *m* éditorial
leiten *Betrieb* diriger; *Tech* conduire
Leiter[1] *f* échelle
Leiter[2] *m* directeur, chef; *El* conducteur; **~in** *f* directrice
Leit|planke *f* glissière de sécurité; **~ung** *f* direction; *Tel*, *El* ligne; *Wasser*≈ conduite; **~ungswasser** *n* eau *f* du robinet
Lektion *f* leçon
Lektüre *f* lecture
lenk|en diriger; *Kfz* conduire; **≈rad** *n* volant *m*; **≈radschloss** *n* antivol *m*; **≈stange** *f* guidon *m*; **≈ung** *f Kfz* direction
Leopard *m* léopard
Lepra *f* lèpre
Lerche *f* alouette
lernen apprendre
lesbisch lesbien
lesen lire
Leser *m* lecteur; **≈lich** lisible
Lesezeichen *n* marque-page *m*, signet *m*
letzte(**r**, **-s**) dernier, dernière; *äußerste* extrême; ~ ***Woche*** la semaine dernière
Leucht|e *f* lampe; **≈en** luire; *Lampe* éclairer; **≈end** lumineux; **~er** *m* chandelier; **~reklame** *f* enseigne lumineuse; **~röhre** *f* tube *m* fluorescent; **~turm** *m* phare
leugnen nier
Leukämie *f* leucémie
Leute *pl* gens *m/pl*; ***viele*** ~ beaucoup de monde; ***die jungen*** ~ les jeunes (gens)
Lexikon *n* encyclopédie *f*
Libanon ***der*** ~ le Liban
Libelle *f* libellule
liberal libéral
Licht *n* lumière *f*; ~ ***machen*** allumer (la lumière)
Lichtbild *n* photographie *f*

Lichthupe *f* ***die ~ betätigen*** faire un appel de phares
Licht|jahr *n* année-lumière *f*; **~maschine** *f Kfz* dynamo; **~schalter** *m* interrupteur; **~schutzfaktor** *m* indice de protection (solaire)
Lichtung *f* clairière
Lid *n* paupière *f*; **~schatten** *m* ombre *f* à paupières
lieb cher; *nett, artig* gentil
Liebe *f* amour *m*
lieben aimer; ***sich ~*** *körperlich* faire l'amour
liebenswürdig aimable; **Ꝏkeit** *f* amabilité
lieber ~ *haben* aimer mieux, préférer; ***et ~ tun*** aimer mieux *od* préférer faire qc
Liebes|brief *m* lettre *f* d'amour; **~kummer** *m* chagrin d'amour; **~paar** *n* amoureux *m/pl*
lieb|evoll affectueux; **Ꝏhaber** *m* amant; *Fan* amateur; **~lich** *Wein* moelleux; **Ꝏling** *m* préféré(e) *m(f)*; *Anrede* chéri(e) *m(f)*
Lied *n* chanson *f*, chant *m*
liederlich désordonné
Liedermacher *m* auteur-compositeur-interprète
Liefer|ant *m* fournisseur; **Ꝏbar** livrable; **~frist** *f* délai *m* de livraison
liefer|n livrer, fournir (*a Beweis*); **Ꝏung** *f* livraison; **Ꝏwagen** *m* camionnette *f*
Liege *f* divan *m*; *Garten*Ꝏ chaise longue
liege|n être couché; *Geogr* être situé; **Ꝏsitz** *m Kfz* siège-couchette; **Ꝏstuhl** *m* chaise *f* longue; **Ꝏwagen** *m* voiture-couchettes *f*; **Ꝏwiese** *f* pelouse de repos
Lift *m* ascenseur; *Ski*Ꝏ remonte-pente, téléski
Liga *f* ligue; *Sp* division
light allégé
Likör *m* liqueur *f*
lila lilas
Lilie *f* lys *m*
Limonade *f* limonade
Limousine *f* berline
Linde *f* tilleul *m*
lindern soulager, apaiser
Lineal *n* règle *f*
Linie *f* ligne
Linien|bus *m* autobus régulier; **~flug** *m* vol régulier; **~maschine** *f* avion de ligne
Link *m od n Inform* lien *m*
Linke *f* gauche (*a Pol*)
linke(r, -s) gauche
links à gauche; ***nach ~*** à gauche; ***von ~*** de la gauche; ***sich ~ einordnen*** prendre la file de gauche
Links|abbieger *m* véhicule qui tourne à gauche; **~händer** *m* gaucher
Linse *f Bot, Optik* lentille
Lippe *f* lèvre
Lippenstift *m* rouge à lèvres
lispeln zézayer
List *f* ruse
Liste *f* liste
listig rusé
Liter *m od n* litre *m*

Literatur *f* littérature
Litfaßsäule *f* colonne Morris
live *TV* en direct; **≗sendung** *f* émission en direct
Lizenz *f* licence
Lkw, LKW *m* (*Lastkraftwagen*) camion, poids lourd; **~-Fahrer** *m* routier
Lob *n* louange *f*, éloge *m*; **≗en** louer; **≗enswert** louable
Loch *n* trou *m*; **≗en** poinçonner; **~er** *m* perforateur
Locke *f* boucle
locken attirer
Lockenwickler *m* bigoudi
locker *Schraube* desserré; *entspannt* décontracté
lockern (***sich*** ~ se) relâcher
Löffel *m* cuillère [-ɛr] *f*
Loge *f* loge
logisch logique
Lohn *m* salaire, paie *f*; *fig* récompense *f*; **~empfänger** *m* salarié
lohnen ***es lohnt sich*** (***nicht***) cela (ne) vaut (pas) la peine
Lohn|erhöhung *f* augmentation (de salaire); **~steuer** *f* impôt *m* sur le salaire
Loipe *f* piste de ski de fond
Lok *s* ***Lokomotive***
Lokal *n* restaurant *m*, café *m*
Lokomotiv|e *f* locomotive; **~führer** *m* mécanicien
London Londres
Lorbeer *m* laurier
los *abgetrennt* détaché; **~!** allez!; ***was ist ~?*** qu'est-ce qu'il y a?; ***hier ist nicht viel*** ~ il ne se passe pas grand-chose ici
Los *n* billet *m* de loterie; *Schicksal* sort *m*
löschen éteindre; *Tonband* effacer; *Durst* étancher
lose lâche; *unverpackt* en vrac
Lösegeld *n* rançon *f*
losen tirer au sort (***um et*** qc)
lösen détacher; *Handbremse* desserrer; *Problem* résoudre; *Fahrkarte* prendre
los|fahren, **~gehen** partir; **~lassen** lâcher
löslich soluble
losmachen détacher
Lösung *f* solution (*a Chem*)
Lösungsmittel *n* solvant *m*
löten souder
Lotse *m* pilote
lotsen piloter
Lotterie *f* loterie
Lotto *n* loto *m*; **~schein** *m* bulletin de loto
Löw|e *m* lion; **~enzahn** *m* pissenlit; **~in** *f* lionne
Luchs *m* lynx *m*
Lücke *f* vide *m* (*a fig*); *Mangel* lacune
Luft *f* air *m*; **~ballon** *m* ballon; **~bild** *n* photo *f* aérienne; **≗dicht** hermétique; **~druck** *m* pression *f* atmosphérique
lüften aérer
Luft|fahrt *f* aviation; **~fracht** *f* fret *m* aérien; **~gewehr** *n* fusil *m* à air comprimé; **~kissenboot** *n* aéroglisseur *m*; **~krankheit** *f* mal *m* de l'air; **~kühlung** *f* refroidisse-

ment *m* par air; **~kurort** *m* station *f* climatique; **~loch** *n Flugw* trou *m* d'air; **~matratze** *f* matelas *m* pneumatique; **~pirat** *m* pirate de l'air
Luftpost *f* ***mit ~*** par avion
Luft|pumpe *f* pompe à air; **~röhre** *f* trachée
Lüftung *f* aération
Luft|verkehr *m* trafic aérien; **~verschmutzung** *f* pollution atmosphérique; **~waffe** *f* armée de l'air; **~zug** *m* courant d'air
Lüg|e *f* mensonge *m*; **≈en** mentir; **~ner** *m* menteur
Luke *f* lucarne; *Mar* écoutille
Lunchpaket *n* panier-repas *m*
Lung|e *f* poumon *m*; **~entzündung** *f* pneumonie
Lupe *f* loupe
Lust *f* envie; ***(keine) ~ haben zu*** (ne pas) avoir envie de
lüstern lubrique
lustig *fröhlich* gai; *witzig* drôle; ***sich ~ machen über*** (*A*) se moquer de
lustlos sans entrain
Lustspiel *n* comédie *f*
lutsch|en sucer; **≈er** *m* sucette *f*
Luxemburg *n* le Luxembourg; **~er** *m* Luxembourgeois; **≈isch** luxembourgeois
luxuriös luxueux
Luxus *m* luxe; **~hotel** *n* hôtel *m* de luxe
Lymphknoten *m* ganglion lymphatique
lynchen lyncher

M

machen faire; ***j-n glücklich ~*** rendre q heureux; ***was*** *od* ***wie viel macht das?*** ça fait combien?; ***das macht nichts*** cela ne fait rien
Macht *f* pouvoir *m*; *Staat* puissance
mächtig puissant; *adv* F *sehr* énormément
machtlos impuissant
Madagaskar *n* Madagascar
Mädchen *n* fille *f*; **~name** *m* nom de jeune fille
Mad|e *f* ver *m*; **≈ig** véreux
Magazin *n Zeitschrift* magazine *m*; *Lager* entrepôt *m*
Magen *m* estomac [-a]; ***auf nüchternen ~*** à jeun; ***sich den ~ verderben*** se détraquer l'estomac
Magen|bitter *m* amer; **~geschwür** *n* ulcère *m* de l'estomac; **~schmerzen** *m/pl* maux d'estomac; **~verstimmung** *f* indigestion
mager maigre; **≈milch** *f* lait *m* écrémé
Magnet *m* aimant
Mahagoni *n* acajou *m*
mähen *Gras* faucher; *Rasen*

tondre; *Getreide* moissonner
mahlen moudre
Mahlzeit *f* repas *m*
Mähne *f* crinière
Mahnung *f* avertissement *m*; *Hdl* rappel *m*
Mai *m* mai; **~glöckchen** *n* muguet *m*; **~käfer** *m* 'hanneton
Mail *f Inform* mail *m*; **~box** *f Inform* boîte aux lettres; *e-s Mobiltelefons* boîte vocale
mailen ***j-m*** **~** envoyer un e-mail à q; ***j-m et*** **~** envoyer qc à q par e-mail
Mainz Mayence
Mais *m* maïs; **~kolben** *m* épi de maïs
Majoran *m* marjolaine *f*
makaber macabre
makellos immaculé
Make-up *n* maquillage *m*
Makkaroni *pl* macaronis *m/pl*
Makler *m* agent immobilier
Makrele *f* maquereau *m*
Makrone *f* macaron *m*
mal *s* ***einmal***; *Math* ***zwei ~ zwei*** deux fois deux; ***guck ~!*** regarde!; ***zeig ~!*** fais voir!
Mal *n* fois; ***zum ersten ~*** pour la première fois; ***das nächste ~*** la prochaine fois; ***jedes ~*** chaque fois; ***jedes ~ wenn*** toutes les fois que; ***ein für alle ~*** une fois pour toutes
Malaria *f* malaria
mal|en peindre; **⁓er** *m* peintre; **⁓erei** *f* peinture; **⁓erin** *f* femme peintre; **~erisch** pittoresque
Malz *n* malt *m*; **~bier** *n* bière *f* de malt
Mama *f*, **Mami** *f* maman
man on
manche(**r, -s**) plus d'un(e); *pl* certains
manchmal quelquefois
Mandarine *f* mandarine
Mandel *f* amande; *Anat* amygdale; **~entzündung** *f* amygdalite
Manege *f Zirkus* piste *f*
Mangel *m Fehlen* manque (***an D*** de); *Fehler* défaut; **⁓haft** défectueux; *Schulnote* médiocre
mangels (*G*) faute de
Mango *f* mangue
Manieren *f/pl* bonnes manières
Maniküre *f* manucure
manipulieren manipuler
Mann *m* homme; *Ehe⁓* mari
Männchen *n Zo* mâle *m*
Mannequin *n* mannequin *m*
männlich masculin (*a Gr*); *Biol* mâle
Mannschaft *f* équipe (*a Sp*); *Flgw*, *Mar* équipage *m*
Manöver *n* manœuvre *f*
Manschettenknopf *m* bouton de manchette
Mantel *m* manteau; *Reifen⁓* bandage pneumatique
Mappe *f* serviette; *Schul⁓* cartable *m*
Märchen *n* conte *m* (de fées); **⁓haft** féerique; fabuleux
Marder *m* martre *f*
Margarine *f* margarine

Margerite *f* marguerite
Marienkäfer *m* coccinelle *f*
Marille *f österr* abricot *m*
Marine *f* marine
mariniert mariné
Marionette *f* marionnette
Mark[1] *f hist Geld* mark *m*
Mark[2] *n* moelle *f*
Mark|e *f Hdl* marque; *Spiel*2, *Tel* jeton *m*; *Gebühren*2, *Brief*2 timbre *m*; *Essens*2 ticket; **~enartikel** *m* produit de marque
markier|en marquer; *Weg* baliser; **2ung** *f* balise
Markise *f* store *m*
Markt *m* marché; **~halle** *f* marché *m* couvert; **~platz** *m* place *f* du marché; **~stand** *m* étal
Marmelade *f* confiture
Marmor *m* marbre
Marok|kaner *m* Marocain; **2kanisch** marocain; **~ko** *n* le Maroc
Marone *f* marron *m*
Marsch *m* marche *f* (*a Mus*); **2ieren** marcher
März *m* mars
Marzipan *n* pâte *f* d'amandes
Masche *f* maille (*a fig*)
Maschine *f* machine; *Flgw* appareil *m*; ***mit der ~ schreiben*** taper à la machine
Maschinen|bau *m* construction *f* mécanique; **~gewehr** *n* mitrailleuse *f*; **~pistole** *f* mitraillette
Maschinist *m* chef mécanicien
Masern *pl* rougeole *f*
Mask|e *f* masque *m*; **2ieren** masquer; ***sich ~*** se déguiser (***als*** en)
Maß[1] *n* mesure *f*; ***nach ~*** sur mesure
Maß[2] *f* chope d'un litre de bière
Massage *f* massage *m*
Massaker *n* massacre *m*
Masse *f* masse
massenhaft en masse
Massen|karambolage *f* carambolage *m*; **~medien** *n/pl* mass media *m/pl*; **~tourismus** *m* tourisme de masse
Masseur *m* masseur; **~in** *f* masseuse
maß|gebend, **~geblich** déterminant, décisif
massieren masser
mäßig modéré; *mittel~* médiocre
mäßigen (***sich ~*** se) modérer
massiv massif
maß|los démesuré; **2nahme** *f* mesure; **2stab** *m* échelle *f*; **~voll** modéré
Mast *m* mât
mästen engraisser
Material *n* matériel *m*; *Bau*2 matériau *m*
materiell matériel; *péj* matérialiste
Mathematik *f* mathématiques *f/pl*
Matjeshering *m* 'hareng salé
Matratze *f* matelas *m*
Matrose *m* matelot, marin

matt épuisé; *Fot*, *Schach* mat; *Glas* dépoli
Matte *f* natte; *Fuß*≈ paillasson *m*; *Sp* tapis
Mauer *f* mur *m*
Maul *n* gueule *f*; **~beerbaum** *m* mûrier; **~esel** *m* mulet; **~korb** *m* muselière *f*; **~wurf** *m* taupe *f*
Maurer *m* maçon
Maus *f* souris (*a Inform*); **~efalle** *f* souricière
Mausoleum *n* mausolée *m*
Mauspad *n Inform* tapis *m* (de souris)
Maustaste *f Inform* bouton *m* (de souris)
Maut *f*, **~gebühr** *f*, **~stelle** *f* *österr* péage *m*
maximal maximal; *adv* au maximum
Mayonnaise *f* mayonnaise
MC *f* (*Musikkassette*) K7
Mechan|ik *f* mécanique; **~iker** *m* mécanicien; **≈isch** mécanique; *fig* machinal; **~ismus** *m* mécanisme
meckern *fig* F rouspéter
Mecklenburg-Vorpommern *n* le Mecklembourg et la Poméranie occidentale
Medaille *f* médaille
Medien *n/pl* médias *m/pl*
Medi|kament *n* médicament *m*; **~zin** *f* médecine; *Arznei* médicament
Meer *n* mer *f*; ***am* ~** au bord de la mer; ***ans* ~** à la mer
Meerenge *f* détroit *m*
Meeresfrüchte *f/pl* fruits *m/pl* de mer
Meeresspiegel *m* ***über dem* ~** au dessus du niveau de la mer
Meer|rettich *m* raifort; **~schweinchen** *n* cochon *m* d'Inde
Mehl *n* farine *f*
mehr plus (***als*** que; *vor Substantiven* de); ***nicht* ~** ne … plus; ***immer* ~** de plus en plus; ***noch* ~** encore plus
mehrere plusieurs
mehr|fach à plusieurs reprises; **≈heit** *f* majorité; **≈kosten** *pl* frais *m/pl* supplémentaires; **~mals** plusieurs fois; **~tägig** de plusieurs jours; **≈wertsteuer** *f* taxe sur la valeur ajoutée, T.V.A.; **~zahl** *f* majorité; *Gr* pluriel *m*
meiden éviter
Meile *f* mille *m*
mein(e) mon (ma); **~e** *pl* mes
Meineid *m* parjure
meinen croire, penser; *sagen wollen* vouloir dire
meinetwegen à cause de moi; *für mich* pour moi; **~!** si tu veux (vous voulez)!
Meinung *f* avis *m*, opinion; ***meiner* ~ *nach*** à mon avis
Meinungs|umfrage *f* sondage *m* (d'opinions); **~verschiedenheit** *f* désaccord *m*
Meise *f* mésange
Meißel *m* burin
meist la plupart du temps
meiste ***der, die, das* ~ …** la

plupart de …, la majeure partie de …; ***die ~n*** la plupart; ***am ~n*** le plus
meistens le plus souvent
Meister *m* maître; *Sp* champion; **~schaft** *f Sp* championnat *m*; **~werk** *n* chef-d'œuvre *m*
melden annoncer; *Unfall* déclarer; ***sich ~*** se présenter (***bei*** chez); *von sich hören lassen* donner de ses nouvelles; *Schule* lever la main; *Tel* répondre
Meldepflicht *f* déclaration obligatoire
Meldung *f Nachricht* information; *amtliche* déclaration; *Bericht* rapport *m*
melken traire
Melodie *f* mélodie
Melone *f* melon *m*
Menge *f* quantité; *Menschen*≗ foule
Meniskus *m* ménisque
Mensa *f* restaurant *m* universitaire
Mensch *m* homme
Menschen|leben *n* vie *f* humaine; **≗leer** désert; **~menge** *f* foule; **~rechte** *n/pl* droits *m/pl* de l'homme; **≗scheu** farouche
Mensch|heit *f* humanité; **≗lich** humain; **~lichkeit** *f* humanité
Menstruation *f* règles *f/pl*
Menü *n* menu *m* (*a Inform*)
Merkblatt *n* notice *f*
merken remarquer, s'apercevoir de; ***sich et ~*** retenir qc
merk|lich sensible; **≗mal** *n* caractéristique *f*; **~würdig** curieux, bizarre
Messe *f Rel* messe; *Hdl* foire; **~gelände** *n* parc *m* des expositions
messen mesurer
Messer *n* couteau *m*
Messestand *m* stand
Messing *n* laiton *m*
Metall *n* métal *m*; **~arbeiter** *m* métallurgiste
Metastase *f* métastase
meteorologisch météorologique
Meter *m*, *n*, **~maß** *n* mètre *m*
Methode *f* méthode
Metzge|r *m* boucher; **~rei** *f* boucherie
Meuterei *f* mutinerie
Mexikan|er *m* Mexicain; **≗isch** mexicain
Mexiko *n* le Mexique
mich me (*vor Vokal* m'); *betont, nach prp* moi; ***für ~*** pour moi
Miene *f* air *m*, mine
Miet|e *f* loyer *m*; **≗en** louer; **~er** *m* locataire; **~wagen** *m* voiture *f* de location; **~wohnung** *f* appartement *m* loué
Migräne *f* migraine
Mikro|phon *n* micro *m*; **~prozessor** *m* microprocesseur; **~skop** *n* microscope *m*; **~wellenherd** *m* four à micro-ondes
Milbe *f* acarien *m*
Milch *f* lait *m*; **~flasche** *f Ba-*

by≈ biberon *m*; **~kaffee** *m* café au lait; **~mixgetränk** *n* milk-shake *m*; **~produkte** *n/pl* produits *m/pl* laitiers; **~pulver** *n* lait *m* en poudre; **~zahn** *m* dent *f* de lait
mild doux; **~ern** adoucir
Militär *n* armée *f*; **≈isch** militaire
Milli|arde *f* milliard *m*; **~meter** *n od m* millimètre *m*
Millio|n *f* million *m*; **~när** *m* millionnaire
Milz *f* rate
Minarett *n* minaret *m*
Minder|heit *f* minorité; **≈jährig** mineur; **≈wertig** inférieur; *Hdl* de mauvaise qualité
Mindest… … minimum
mindeste(r, -s) moindre
mindestens au moins
Mindestlohn *m* salaire minimum
Mine *f* mine
Mineral *n* minéral *m*; **~wasser** *n* eau *f* minérale
Mini|bar *f* minibar *m*; **~golf** *n* golf *m* miniature
Minimum *n* minimum *m* (**an** *D* de)
Minirock *m* minijupe *f*
Minister(in) *m(f)* ministre *m*; **~ium** *n* ministère *m*
minus moins; ***2 Grad ~*** 2 degrés au-dessous de zéro
Minute *f* minute
mir me (*vor Vokal* m'); moi; *betont* à moi; ***mit ~*** avec moi
Misch|brot *n* pain *m* bis; **≈en** mélanger; *Karten* battre; **~ung** *f* mélange *m*
miss|achten *Vorfahrt usw* ne pas respecter; *verachten* dédaigner; **~billigen** désapprouver; **≈brauch** *m* abus; **~brauchen** abuser; **≈erfolg** *m* échec; **≈geschick** *n* mésaventure *f*; **~handeln** maltraiter; **~lingen** échouer
misstrau|en se méfier (***j-m*** de q); **≈en** *n* méfiance *f*; **~isch** méfiant
Miss|verständnis *n* malentendu *m*; **≈verstehen** mal comprendre
Mist(haufen) *m* (tas de) fumier
mit (*D*) avec; ***~ dem Zug*** en train
Mit|arbeiter *m* collaborateur; **~benutzung** *f* utilisation en commun; **≈bringen** amener; *Sache* apporter; **≈einander** ensemble
mitfahren ***bei j-m ~*** partir *od* venir avec q; ***wollen Sie ~?*** je peux vous déposer quelque part?
mitgeben donner
Mitgefühl *n* compassion *f*
Mitgift *f* dot [-ɔt]
Mitglied *n* membre *m*
mitkommen ***kommst du*** (***mit uns***) ***mit?*** tu viens avec nous?
Mitleid *n* pitié *f*; **≈ig** compatissant; *adv* plein de pitié
mit|machen participer (**bei** à); **~nehmen** emmener; *Sa-*

che emporter; **⁓reisende(r)** *su* compagnon (compagne) de voyage; **⁓schuldig** complice (**an** *D* de)
mitspielen prendre part au jeu; ***spielst du mit?*** tu joues avec nous (*od* moi *usw*)?
Mittag *m* midi; ***heute*** **~** ce midi; ***morgen*** **~** demain (à) midi; (***zu***) **~** ***essen*** déjeuner
Mittagessen *n* déjeuner *m*
mittags à midi; **⁓pause** *f* heure du déjeuner; **⁓ruhe** *f*, **⁓schlaf** *m* sieste *f*
Mitte *f* milieu *m*; **~** ***März*** à la mi-mars
mitteil|en communiquer, faire savoir (***j-m et*** qc à q); **⁓ung** *f* information; *amtliche* communiqué *m*
Mittel *n* moyen *m*; *Heil⁓* remède *m*; *Putz⁓* produit *m*; **~alter** *n* moyen âge *m*; **⁓alterlich** médiéval; **~amerika** *n* l'Amérique *f* centrale; **~finger** *m* majeur; **⁓fristig** à moyen terme; **⁓los** sans moyens; **⁓mäßig** médiocre
Mittelmeer ***das*** **~** la (mer) Méditerranée
Mittel|ohrentzündung *f* otite moyenne; **~punkt** *m* centre; **~streifen** *m auf Autobahnen* terre-plein central; **~welle** *f* ondes *f/pl* moyennes
mitten **~** ***in*** ... (*D*) au milieu de; *zeitlich* **~** ***in der Nacht*** en pleine nuit
Mitternacht *f* minuit *m*
mittlere(r, -s) moyen
Mittwoch *m* mercredi
mittwochs le mercredi
mitunter de temps en temps
mitwirk|en collaborer (***bei*** à); **⁓ung** *f* collaboration
Mix|becher *m* shaker; **⁓en** mélanger; **~er** *m* barman; *Küchen⁓* mixer
Möbel *n* meuble *m*; *pl* ameublement *m*; **~wagen** *m* voiture *f* de déménagement
Mobiltelefon *n* téléphone *m* mobile
möbliert **~*es Zimmer*** chambre *f* meublée (*od* garnie)
Mode *f* mode
Modell *n* modèle *m*
Modenschau *f* défilé *m* de mode
Mode|rator *m TV* présentateur; **⁓rieren** présenter
modern *adj* moderne; **~isieren** moderniser
Mode|schmuck *m* bijoux *m/pl* (de) fantaisie; **~zeitschrift** *f* revue de mode
modisch à la mode
Mofa *n* cyclomoteur *m*, mobylette *f*
mögen aimer; ***ich möchte*** je voudrais; ***ich möchte gern*** j'aimerais bien; ***das mag sein*** ça se peut
möglich possible; **⁓keit** *f* possibilité
Mohn *m* pavot
Möhre *f*, **Mohrrübe** *f* carotte
Mokka *m* moka
Mole *f* môle, jetée
Molkerei *f* laiterie

Moll *n* mode *m* mineur; ***c-Moll*** do *m* mineur
Moment *m* instant; ***im ~*** actuellement
Monarchie *f* monarchie
Monat *m* mois; **⁀lich** mensuel, par mois
Monats|karte *f* carte mensuelle; **~rate** *f* mensualité
Mönch *m* moine
Mond *m* lune *f*; **~finsternis** *f* éclipse de lune; **~schein** *m* clair de lune
Monitor *m* *Inform* écran
Montag *m* lundi
Montage *f* montage *m*
montags le lundi
Mont|eur *m* monteur; **⁀ieren** monter
Moor *n* marais *m*; **~bad** *n* bain *m* de boue
Moos *n* mousse *f*
Moped *n* vélomoteur *m*
Moral *f* morale
Morast *m* bourbe *f*
Mord *m* meurtre
Mörder *m* meurtrier, assassin
morgen demain; ***~ Abend (früh)*** demain soir (matin)
Morgen *m* matin; ***am ~*** le matin; ***heute ~*** ce matin; ***guten ~!*** bonjour!
Morgen|dämmerung *f*, **~grauen** *n* aube *f*; **~land** *n* Orient *m*; **~mantel** *m*, **~rock** *m* peignoir; **~röte** *f* aurore
morgens le matin
morgig de demain
Morphium *n* morphine *f*
morsch pourri
Mörtel *m* mortier
Mosaik *n* mosaïque *f*
Moschee *f* mosquée
Moskito *m* moustique; **~netz** *n* moustiquaire *f*
Moslem *m* musulman
Most *m* moût; *Apfel⁀* cidre
Motel *n* motel *m*
Motiv *n* motif *m*; *jur* mobile *m*; **⁀ieren** motiver
Motor *m* moteur; **~boot** *n* bateau *m* à moteur; **~haube** *f* capot *m*; **~rad** *n* moto *f*; **~radfahrer** *n* motocycliste; **~roller** *m* scooter [-ɛr]; **~schaden** *m* panne *f* de moteur
Motte *f* mite
Motto *n* devise *f*
Mountainbike *n* vélo *m* tout terrain, V.T.T. *m*
Möwe *f* mouette
Mozzarella *m* mozzarella *f*
Mücke *f* moucheron *m*; *Stech⁀* moustique *m*
Mückenstich *m* piqûre *f* de moustique
müde fatigué
Müdigkeit *f* fatigue
muffig ***~ riechen*** sentir le renfermé
Mühe *f* peine; ***sich ~ geben*** se donner de la peine; ***der ~ wert sein*** valoir la peine
Mühle *f* moulin *m*
mühsam pénible(ment)
Mulde *f* cuvette
Müll *m* ordures *f/pl*; **~abfuhr** *f* ramassage *m* des ordures; **~beutel** *m* sac poubelle

Mullbinde *f* bande de gaze
Müll|deponie *f* décharge (publique); **~eimer** *m* poubelle *f*; **~schlucker** *m* vide-ordures; **~tonne** *f* poubelle; **~trennung** *f* collecte sélective; **~verbrennungsanlage** *f* usine d'incinération des ordures ménagères; **~wagen** *m* benne *f* à ordures
multikulturell multiculturel
multiplizieren multiplier
Mumps *m* oreillons *m/pl*
München Munich [-ik]
Mund *m* bouche *f*; **~art** *f* dialecte *m*
münden ~ *in* (*A*) se jeter dans
Mundharmonika *f* harmonica *m*
mündig majeur
mündlich oral
Mündung *f* embouchure
Mundwasser *n* eau *f* dentifrice
Mund-zu-Mund-Beatmung *f* bouche-à-bouche *m*
Munition *f* munitions *f/pl*
munter gai; *lebhaft* vif; *wach* éveillé
Münz|e *f* pièce (de monnaie); **~fernsprecher** *m* cabine *f* téléphonique (fonctionnant avec des pièces); **~tank** *m* distributeur d'essence; **~wechsler** *m* changeur de monnaie
murmeln murmurer
murren grogner
mürrisch grincheux
Mus *n* marmelade *f*; *Apfel*\~ compote; *Kartoffel*\~ purée *f*
Muschel *f Zo* coquillage *m*; *Schale* coquille; *Mies*\~ moule
Museum *n* musée *m*
Musical *n* comédie *f* musicale
Musik *f* musique
musikalisch musical; **~ *sein*** être musicien
Musik|box *f* juke-box *m*; **~er** *m* musicien; **~instrument** *n* instrument *m* de musique; **~hochschule** *f* conservatoire *m*
musizieren faire de la musique
Muskat *n* muscade *f*
Muskel *m* muscle; **~kater** *m* courbatures *f/pl*; **~zerrung** *f* claquage *m*
muskulös musclé
Müsli *n* mu(e)sli *m*
Muslim *m* musulman
Muße *f* temps *m* (libre)
müssen devoir; ***ich muss jetzt gehen*** il faut que j'aille
Muster *n* modèle *m*; *Stoff*\~ motif *m*; *Warenprobe* échantillon *m*; **\~gültig**, **\~haft** exemplaire; **~wohnung** *f* appartement-témoin *m*
Mut *m* courage; **\~ig** courageux; **\~los** découragé
Mutter *f* mère; *Tech* écrou *m*
mütterlich maternel
Mutter|mal *n* tache *f* de vin; **~sprache** *f* langue maternelle; **\~tag** *m* fête *f* des mères
Mutti *f* maman

mutwillig volontaire
Mütze *f* bonnet *m*, casquette
MwSt. (*Mehrwertsteuer*) T.V.A. *f* (*taxe sur la valeur ajoutée*)
mysteriös mystérieux

N

Nabe *f* moyeu *m*
Nabel *m* nombril [-i]
nach (*D*) *örtlich* à, vers, en; *zeitlich* après; **~ Paris** à Paris, *Zug* pour Paris; **~ Frankreich** en France; **~ Osten (zu)** vers l'est; **fünf ~ drei** trois heures cinq; **~ und ~** peu à peu
nachahm|en imiter; **&ung** *f* imitation
Nachbar(in) *m(f)* voisin(e)
Nachbarschaft *f* voisinage *m*; *die Nachbarn* voisins *m/pl*
nachbestellen commander encore
Nachbildung *f* réplique
nachdem après que, après avoir (+ *inf*); **je ~, ob** suivant que; *s* **je**
nach|denken réfléchir (**über** *A* à *od* sur); **~denklich** pensif; **~drücklich** ferme; *adv* vivement; **~einander** l'un après l'autre; **&folger** *m* successeur; **&forschung** *f* recherches *f/pl*; **&frage** *f Hdl* demande; **~füllen** recharger; **~geben** céder; **&gebühr** *f* surtaxe; **~gehen** suivre (**j-m** q); *Uhr* retarder (**zwei Minuten** de deux minutes); **&geschmack** *m* arrière-goût; **~giebig** conciliant
nachher après, plus tard; **bis ~!** à tout à l'heure!
Nach|hilfe *f* cours *m/pl* particuliers; **&holen** rattraper; **~komme** *m* descendant; **~kriegszeit** *f* après-guerre *m*; **~lass** *m Hdl* remise *f*, réduction *f*; *Erbe* succession *f*
nachlassen *Fieber* diminuer; *Schmerz*, *Wind* se calmer; *Regen* cesser; *leistungsmäßig*, *Augen* baisser
nach|lässig négligent; **~laufen** courir (**j-m** après q)
nachmachen imiter; **~ lassen** *Foto* faire refaire
Nachmittag *m* après-midi; **am ~** l'après-midi; **morgen ~** demain après-midi
nachmittags l'après-midi
Nachnahme *f* **per ~** contre remboursement
Nach|name *m* nom de famille; **&prüfen** vérifier; **&rechnen** recompter, vérifier
Nachricht *f* nouvelle; **~en** *pl Radio* bulletin *m* d'informations; *TV* journal *m* télévisé
Nachrichten|agentur *f* agence de presse; **~satellit**

m satellite de télécommunications
Nach|ruf *m* nécrologie *f*; **~saison** *f* arrière-saison; **≈schicken** faire suivre; **~schlüssel** *m* fausse clé; **≈sehen** vérifier; voir (*ob* si); **≈senden** faire suivre; **~sicht** *f* indulgence; **≈sichtig** indulgent; **~speise** *f* dessert *m*
nächste(r, -s) prochain (*a räumlich*), suivant; **~ *Woche*** la semaine prochaine; ***am ~n Tag*** le jour suivant, le lendemain; ***der ≈ bitte!*** au suivant!
nachstellen *Uhr* retarder
Nacht *f* nuit; ***gute ~!*** bonne nuit!; ***heute ~*** cette nuit; ***in der ~, bei ~*** la nuit
Nachtdienst *m* garde *f od* service de nuit
Nachteil *m* inconvénient; ***im ~ sein*** être désavantagé
Nacht|frost *m* gelée nocturne; **~hemd** *n* chemise *f* de nuit
Nachtigall *f* rossignol *m*
Nachtisch *m* dessert
Nacht|dienst *m im Krankenhaus* garde *f* de nuit; **~leben** *n* vie *f* nocturne; **~lokal** *n* boîte *f* de nuit; **~portier** *m* concierge de nuit
Nachtrag *m* supplément
nachtragend rancunier
nachträglich ultérieur
nachts la nuit
Nachttisch *m* table *f* de nuit; **~lampe** *f* lampe de chevet
Nacht|vorstellung *f im Kino* dernière séance; **~wächter** *m* veilleur de nuit
Nach|weis *m* preuve *f*; **≈weisen** prouver, démontrer; **~wirkungen** *f/pl* séquelles; **~wuchs** *m* progéniture *f*; *Beruf* relève *f*; **≈zahlen** payer un supplément; **≈zählen** recompter; **~zahlung** *f* paiement *m* ultérieur; **~zügler** *m* retardataire
Nacken *m* nuque *f*
nackt nu; **≈badestrand** *m* plage *f* pour nudistes
Nadel *f* aiguille; *Steck≈* épingle; **~baum** *m* conifère
Nagel *m* clou; *Finger≈* ongle; **~bürste** *f* brosse à ongles; **~feile** *f* lime à ongles; **~lack** *m* vernis à ongles; **~lackentferner** *m* dissolvant
nagel|n clouer; **~neu** flambant neuf; **≈schere** *f* ciseaux *m/pl* à ongles
Nagetier *n* rongeur *m*
nah(e) proche; ***~ bei*** près de
Nähe *f* proximité; ***ganz in der ~*** tout près
nähen coudre
näher plus proche, plus près
nähern ***sich j-m, e-r Sache ~*** s'approcher de q, qc
Näh|garn *n* fil *m* à coudre; **~maschine** *f* machine à coudre; **~nadel** *f* aiguille
nahr|haft nourrissant; *Essen* substantiel; **≈ung** *f* nourriture; **≈ungsmittel** *n/pl* pro-

duits *m/pl* alimentaires
Naht *f* couture; *Med* suture
Nahverkehr *m Bahn* trafic de banlieue; **~szug** *m* train de banlieue
Nähzeug *n* nécessaire *m* de couture
naiv naïf
Name *m* nom; ***im ~n von*** au nom de
Namenstag *m* fête *f*
namentlich nominal; *adv* par son (mon *usw*) nom
namhaft renommé
nämlich à savoir; *denn* car
Napf *m* écuelle *f*, jatte *f*
Narbe *f* cicatrice
Narkose *f* anesthésie
Narr *m*, **närrisch** fou
Narzisse *f* narcisse *m*; *gelbe* jonquille
naschen manger par gourmandise; ***gern ~*** aimer les sucreries
Nase *f* nez *m*
Nasenbluten *n* ***~ haben*** saigner du nez
Nasenloch *n* narine *f*
Nashorn *n* rhinocéros *m*
nass mouillé; ***~ machen*** mouiller
Nässe *f* humidité
Nation *f* nation
national national; **2elf** *f* équipe nationale de football; **2feiertag** *m* fête *f* nationale; **2gericht** *n* plat *m* national; **2hymne** *f* hymne *m* national; **2ität** *f* nationalité; **2mannschaft** *f Sp* équipe nationale; **2park** *m* parc national
NATO ***die ~*** l'OTAN *f*
Natur *f* nature; **~ereignis** *n* phénomène *m* naturel; **~heilkunde** *f* médecines *f/pl* naturelles; **~katastrophe** *f* catastrophe naturelle; **~kostladen** *m* magasin de produits naturels
natürlich naturel(lement)
Naturschutz *m* protection *f* de la nature; **~gebiet** *n* réserve *f* naturelle
Naturwissenschaften *f/pl* sciences physiques et naturelles
Nebel *m* brouillard; *Dunst* brume *f*; **~scheinwerfer** *m* phare antibrouillard; **~schlussleuchte** *f* feu *m* arrière antibrouillard
neben (*A*, *D*) à côté de, auprès de; **~an** à côté; **~bei** en passant; **2beschäftigung** *f* activité annexe; **~einander** l'un à côté de l'autre; **2fluss** *m* affluent; **2gebäude** *n* dépendance *f*, annexe *m*; **2kosten** *pl* faux frais *m/pl*; *Miete* charges *f/pl*; **2sache** *f* accessoire *m*; **2straße** *f* route secondaire; **2verdienst** *m* gain supplémentaire; **2wirkung** *f* effet *m* secondaire
neblig brumeux
necken (***sich ~*** se) taquiner
Neffe *m* neveu
Negativ *n Fot* négatif *m*
nehmen prendre; ***Platz ~***

prendre place
Neid *m* jalousie *f*, envie *f*; **𝔖isch** envieux, jaloux (***auf*** *A* de)
neigen pencher; *fig* **~ *zu*** avoir tendance à
Neigung *f* pente; *fig* tendance (***zu*** à)
nein non
Nelke *f* œillet *m*
nennen appeler; *angeben* nommer; ***sich* ~** s'appeler
Neonröhre *f* tube *m* au néon
Nerv *m* nerf
Nerven|schock *m* choc nerveux; **~zusammenbruch** *m* dépression *f* nerveuse
nervös nerveux
Nervosität *f* nervosité
Nerz *m* vison
Nesselfieber *n* urticaire *f*
Nest *n* nid *m*
nett gentil, sympathique
netto net; **𝔖preis** *m* prix net
Netz *n* filet *m*; *fig* réseau *m*; *Strom𝔖* secteur *m*; **~anschluss** *m* raccordement au secteur; **~haut** *f* rétine; **~karte** *f* carte d'abonnement
neu nouveau, neuf; **𝔖bau** *m* construction *f* récente; **𝔖erscheinung** *f* nouveauté
Neuerung *f* innovation
Neugeborene(s) *n* nouveau-né *m*
Neugier *f* curiosité; **𝔖ig** curieux
Neu|heit *f* nouveauté; **~igkeit** *f* nouvelle
Neujahr *n* nouvel an *m*; ***Prosit* ~!** bonne année!
neu|lich l'autre jour; **𝔖ling** *m* nouveau; novice; **~modisch** à la (dernière) mode; **𝔖mond** *m* nouvelle lune *f*
neun neuf; **~hundert** neuf cents; **~te(r, -s)** neuvième; **𝔖tel** *n* neuvième *m*; **~zehn** dix-neuf; **~zig** quatre-vingt-dix
Neuralgie *f* névralgie
Neu|reiche(r) *m* nouveau riche; **~schnee** *m* neige *f* fraîche
Neuseeland *n* la Nouvelle-Zélande
neutral neutre
nicht ne … pas; **~ *mehr*** ne … plus; ***noch* ~** pas encore; **~ *einmal*** même pas; ***gar* ~, *überhaupt* ~** pas du tout; ***ich auch* ~** moi non plus; **~ (*wahr*)?** n'est-ce pas?, hein?
Nichte *f* nièce
Nichtraucher *m* non-fumeur; ***ich bin* ~** je ne fume pas
Nichtraucherabteil *n* compartiment *m* non-fumeurs
nichts (ne) rien
Nichtschwimmer *m* non-nageur; ***er war* ~** il ne savait pas nager
nicken faire un signe de (la) tête
nie ne … jamais; *ohne Verb* jamais; **~ *mehr*, ~ *wieder*** (ne …) plus jamais
niedergeschlagen abattu
Niederlage *f* défaite
Nieder|lande ***die* ~** *pl* les

Pays-Bas *m/pl*; **~länder** *m* Néerlandais; **2ländisch** néerlandais
niederlassen ***sich*** **~** s'établir
Nieder|lassung *f Hdl* succursale; **2legen** *Amt* se démettre de
Niedersachsen *n* la Basse-Saxe
Nieder|schlag *m* précipitations *f/pl*; **2schlagen** jeter à terre; *Aufstand* écraser
niederträchtig infâme
niedlich mignon
niedrig bas
niemals ne … jamais; *ohne Verb* jamais
niemand personne ne …; ne … personne; *ohne Verb* personne
Niere *f* rein *m*; *Kochk* rognon *m*
Nieren|kolik *f* colique néphrétique; **~stein** *m* calcul rénal
Nieselregen *m* bruine *f*
niesen éternuer
Niete *f Los* billet *m* perdant
Nikotin *n* nicotine *f*
Nilpferd *n* hippopotame *m*
nirgend|s, **~wo** nulle part
Nische *f* niche
nisten nicher
Nizza *n* Nice *f*
noch encore; **~** ***nicht*** pas encore; ***immer*** **~** toujours, encore; ***weder …*** **~** ni … ni
nochmals encore une fois
Nomade *m* nomade
Nominativ *m* nominatif
Nonne *f* religieuse
Nonstopflug *m* vol sans escale
Norden *m* nord
nördlich du nord; **~** ***von*** au nord de
Nordosten *m* nord-est
Nordrhein-Westfalen *n* la Rhénanie-du-Nord-Westphalie
Nord|pol *m* pôle nord; **~see** *f* mer du Nord; **~westen** *m* nord-ouest; **~wind** *m* vent du nord
Norm *f* norme
normal normal; **2benzin** *n* essence *f* ordinaire; **~erweise** normalement
Norweg|en *n* la Norvège; **~er** *m* Norvégien; **2isch** norvégien
Not *f* besoin *m*, embarras *m*; *Elend* misère; *~lage* détresse; ***zur*** **~** à la rigueur
Notar *m* notaire
Notarzt *m* médecin d'urgence; **~wagen** *m* ambulance *f*
Not|aufnahme *f* (service *m* des) urgences *f/pl*; **~ausgang** *m* sortie *f* de secours; **~bremse** *f* signal *m* d'alarme; **~dienst** *m* (service de) garde; **2dürftig** provisoire
Note *f* note (*a Schule*, *Mus*)
Notfall *m* cas d'urgence; ***im*** **~** en cas de besoin
notfalls au besoin
notieren noter

nötig nécessaire; ***et ~ haben*** avoir besoin de qc
Notiz *f* note; **~buch** *n* bloc-notes *m*
Not|lage *f* situation difficile; **~landung** *f* atterrissage *m* forcé; **~lösung** *f* solution de fortune *od* provisoire; **~lüge** *f* pieux mensonge *m*; **~ruf** *m* (numéro d')appel d'urgence; **~rufsäule** *f* borne téléphonique *od* d'appel; **~wehr** *f* légitime défense; **ᘯwendig** nécessaire
Novelle *f* nouvelle
November *m* novembre
nüchtern ***auf ~en Magen*** à jeun
Nudeln *f/pl* nouilles, pâtes
Nudist *m* nudiste
null zéro; ***eins zu ~*** un à zéro; ***3 Grad unter ~*** 3 degrés au-dessous de zéro
Nummer *f* numéro *m*
nummerieren numéroter
Nummernschild *n* *Kfz* plaque *f* d'immatriculation
nun maintenant; ***von ~ an*** dorénavant; ***kommst du ~?*** alors, tu viens?
nur ne … que, seulement
Nuss *f* *Walᘯ* noix; *Haselᘯ* noisette; **~baum** *m* noyer; **~knacker** *m* casse-noix; casse-noisettes
Nutte *f* F *péj* pute
nutzen, nützen *j-m* servir (***zu*** à); *et* utiliser; *Gelegenheit* profiter de; ***nichts ~*** ne servir à rien
Nutz|en *m* utilité *f*, profit; **~fahrzeug** *n* véhicule *m* utilitaire
nützlich utile
nutzlos inutile
Nylon® *n* nylon® *m*

O

Oase *f* oasis
ob si; ***als ~*** comme si
obdachlos, ᘯe(r) *su* sans abri
Obduktion *f* autopsie
oben en 'haut; ***da ~*** là-haut; ***nach ~*** vers le 'haut; ***von ~*** d'en 'haut; ***von ~ bis unten*** de 'haut en bas; F ***~ ohne*** seins nus
Ober *m* garçon; ***Herr ~!*** garçon!, Monsieur!
Ober|arm *m* bras; **~bekleidung** *f* vêtements *m/pl*; **~deck** *n* *Mar* pont *m* supérieur
obere(r, -s) supérieur
Ober|fläche *f* surface, superficie; **ᘯflächlich** superficiel; **ᘯhalb** (*G*) au-dessus de; **~hemd** *n* chemise *f*; **~kiefer** *m* mâchoire *f* supérieure; **~körper** *m* torse; **~lippe** *f* lèvre supérieure
Obers *n* *österr* crème *f*
Oberschenkel *m* cuisse *f*
oberste(r, -s) le (la) plus

'haut(e); *im Rang* suprême
Oberweite *f* tour *m* de poitrine
obgleich bien que (+ *subj*)
Objekt *n* objet *m*
objektiv, ♀ *n* objectif *m*
obligatorisch obligatoire
Oboe *f* 'hautbois *m*
Obst *n* fruits *m/pl*; **~baum** *m* arbre fruitier; **~garten** *m* verger; **~kuchen** *m* tarte *f* aux fruits; **~saft** *m* jus de fruits; **~salat** *m* salade *f* de fruits
obszön obscène
obwohl bien que (+ *subj*)
Ochse *m* bœuf; **~nschwanzsuppe** *f* oxtail *m*
öde désert
oder ou; **~ *aber*** ou alors
Ofen *m* poêle [pwal]; *Back*♀ four
offen ouvert; *Stelle* vacant; *Wein* en pichet; *freimütig* franc; **~ *gesagt*** franchement; ***auf ~er See*** au large
offenbar *adv* apparemment
Offen|heit *f* franchise; **♀lassen** laisser ouvert; *Frage* laisser en suspens; **♀sichtlich** manifeste(ment)
öffentlich public; *adv* publiquement, en public; **♀keit** *f* public *m*
offiziell officiel
Offizier *m* officier
offline *Inform* 'hors ligne
öffn|en ouvrir; *Flasche a* déboucher; **♀er** *m* *Flaschen*♀ ouvre-bouteilles; **♀ung** *f* ouverture; **♀ungszeiten** *f/pl* heures d'ouverture
oft souvent; ***wie ~?*** combien de fois?
öfter(s) assez souvent
ohne (*A*) sans; **~hin** de toute façon
Ohnmacht *f Med* évanouissement *m*
ohnmächtig évanoui; **~ *werden*** s'évanouir
Ohr *n* oreille *f*
Ohren|arzt *m*, **~ärztin** *f* otorhino *m*, *f*
Ohrenschmerzen *m/pl* ***ich habe ~*** j'ai mal aux oreilles
Ohr|feige *f* gifle; **~ring** *m* boucle *f* d'oreille
Öko|laden *m* magasin de produits naturels; **~logie** *f* écologie; **♀logisch** écologique
Oktober *m* octobre
Öl *n* huile *f*; *Erd*♀ pétrole *m*; *Heiz*♀ mazout [-t] *m*, fioul *m*; *Kfz* ***das ~ wechseln*** faire la vidange
Oldtimer *m* voiture *f* ancienne
Oleander *m* laurier-rose
ölen graisser
Öl|farbe *f* peinture à l'huile; **~gemälde** *n* (peinture *f* à l')huile *f*; **~heizung** *f* chauffage *m* au mazout
Olive *f* olive
Oliven|baum *m* olivier; **~öl** *n* huile *f* d'olive
Öl|messstab *n* jauge *f* (de niveau) d'huile; **~pest** *f* marée noire; **~sardinen** *f/pl* sardi-

nes à l'huile; **~stand** *m* niveau d'huile; **~wechsel** *m* vidange *f*
Olympiasieger *m* champion olympique
olympisch ***~e Spiele*** *n/pl* jeux *m/pl* olympiques
Oma *f* mamie, mémé
Omelett *n* omelette *f*
Omnibus *m* autobus; *Reisebus* autocar
Onkel *m* oncle
online *Inform* en ligne
OP *m s* ***Operationssaal***
Opa *m* papy, pépé
Oper *f* opéra *m*
Operation *f* opération; **~ssaal** *m* salle *f* d'opération
Operette *f* opérette
operieren opérer
Opern|glas *n* jumelles *f/pl* de théâtre; **~haus** *n* opéra *m*
Opfer *n* sacrifice *m*; *Person* victime *f*
opfern sacrifier
Opium *n* opium *m*
Opposition *f* opposition
Optiker *m* opticien
Optimist *m*, **≈isch** optimiste
Orange *f* orange
orange orange
Orangensaft *m* jus d'orange
Orchester *n* orchestre *m*
Orchidee *f* orchidée
Orden *m* décoration *f*; *Rel* ordre
ordentlich *Zimmer* en ordre; *Person* ordonné
ordinär vulgaire
ordnen ranger; *regeln* régler
Ordner *m Akten≈* classeur
Ordnung *f* ordre *m*; ***in ~*** *Papiere* en règle; *Fahrzeug* en bon état; ***in ~!*** d'accord!; ***in ~ bringen*** arranger
Organ *n* organe *m*; **~isation** *f* organisation; **≈isieren** organiser; **~ismus** *m* organisme
Orgasmus *m* orgasme
Orgel *f* orgue *m*
orientalisch oriental
orientieren ***sich ~*** s'orienter; *sich informieren* se renseigner (***über*** *A* sur)
Original *n* original *m*
original *echt* véritable; *ursprünglich* d'origine
originell original
Orkan *m* ouragan
Ort *m* lieu, endroit; *~schaft* localité *f*; ***an ~ und Stelle*** sur place
Orthographie *f* orthographe
Orthopä|de *m*, **~din** *f* orthopédiste *m, f*
örtlich, **Orts...** local
Ortschaft *f* localité
Orts|gespräch *n Tel* communication *f* urbaine (*od* locale); **~zeit** *f* heure locale
Öse *f* œillet *m*
Osten *m* est [ɛst]; ***im ~*** à l'Est
Oster|ei *n* œuf *m* de Pâques; **~hase** *m* lapin de Pâques; **~montag** *m* lundi de Pâques
Ostern *n* Pâques *f/pl*
Österreich *n* l'Autriche *f*; **~er** *m* Autrichien; **≈isch** autrichien
östlich de l'est, d'est, orien-

tal; **~ *von*** à l'est de
Ost|see *f* mer Baltique; **~wind** *m* vent d'est
Otter *f* vipère
oval ovale
Overall *m* combinaison *f*
Ozean *m* océan
Ozon *n* ozone *m*; **~loch** *n* trou *m* dans la couche d'ozone; **~schicht** *f* couche d'ozone

P

Paar *n Sachen* paire *f*; *Personen* couple *m*; ***ein* ♀** quelques; ***vor ein* ♀ *Tagen*** il y a quelques jours
Pacht *f* bail *m*; **♀en** prendre en bail
Päckchen *n* petit paquet *m*
pack|en *Koffer, Paket* faire; *ergreifen* saisir (***an*** *D* par); **♀papier** *n* papier *m* d'emballage; **♀ung** *f* paquet *m*; *Med* compresse
Paddel *n* pagaie *f*; **~boot** *n* canoë *m*
paddeln pagayer
Paket *n* colis *m*, paquet *m*; **~annahme** *f* réception des colis; **~karte** *f* bulletin *m* d'expédition
Pakt *m* pacte
Palast *m* palais
Palm|e *f* palmier *m*; **~sonntag** *m* dimanche des Rameaux
Pampelmuse *f* pamplemousse *m od f*
Paniermehl *n* chapelure *f*
paniert pané
Panik *f* panique
Pann|e *f* panne; **~enhilfe** *f* (service *m* de) dépannage *m*
Panorama *n* panorama *m*
Panther *m* panthère *f*
Pantoffel *m* pantoufle *f*
Panzer *m Zo* carapace *f*; *Mil* blindé, char; **~schrank** *m* coffre-fort
Papa *m* papa
Papagei *m* perroquet
Papier *n* papier *m*; **~e** *pl* papiers *m/pl*; **~geld** *n* billets *m/pl* (de banque); **~korb** *m* corbeille *f* à papier; **~taschentuch** *n* mouchoir *m* en papier; **~warenhandlung** *f* papeterie
Pappe *f* carton *m*
Pappel *f* peuplier *m*
Paprika *m* paprika; **~schote** *f* poivron *m*
Papst *m* pape
Parabolantenne *f* antenne parabolique
Parade *f* revue, défilé *m*
Paradeiser *m österr* tomate *f*
Paradies *n* paradis *m*
Paragraph *m* paragraphe
parallel parallèle
Pärchen *n* couple
Parfüm *n* parfum *m*; **~erie** *f* parfumerie
Paris Paris [-ri]

Park *m* parc; **~automat** *m* horodateur
parken se garer; *Auto* garer; **2** ***verboten*** stationnement interdit
Parkett *n* parquet *m*; *Theater* orchestre *m*, parterre *m*
Park|gebühr *f* droit *m* de stationnement; **~haus** *n* parking *m* à plusieurs étages; **~kralle** *f* sabot *m* de Denver; **~lücke** *f* place libre (*pour se garer*); **~platz** *m* parking; **~scheibe** *f* disque *m* de stationnement; **~uhr** *f* parcmètre *m*; **~verbot** *n* interdiction *f* de stationner
Parlament *n* parlement *m*
Parodie *f* parodie
Parodontose *f* maladie parodontale
Partei *f* parti *m*; *jur* partie
Parterre *n* rez-de-chaussée *m*
Partie *f* partie
Partner|(in) *m(f)* partenaire *m*, *f*; *Lebensgefährte* compagnon *m*, compagne *f*; **~stadt** *f* ville jumelée
Party *f* fête; *abends* soirée; *bei jungen Leuten* boum; **~service** *m* traiteur (*livrant à domicile*)
Pass *m* passeport; *Gebirgs***2** col; *Sp* passe *f*
Passage *f* passage *m*
Passagier *m* passager
Passbild *n* photo *f* d'identité
passen *Kleidung* aller bien (***j-m*** à q); convenir; **~ *zu*** aller avec
passend *Schlüssel* bon; *Worte* juste; *Krawatte* assorti
passier|en *Grenze* traverser; *geschehen* arriver, se passer; **2schein** *m* laissez-passer
passiv, **2** *n Gr* passif (*m*)
Passkontrolle *f* contrôle *m* des passeports
Pastete *f* pâté *m*; *Blätterteig***2** vol-au-vent *m*
Pate *m* parrain
Paten|kind *n* filleul(e) *m(f)*; **~schaft** *f* parrainage *m*
Patent *n* brevet *m*
Patient(in) *m(f)* patient(e)
Patin *f* marraine
Patrone *f* cartouche
Pauke *f* grosse caisse
pauschal forfaitaire; *allgemein* global
Pauschal|e *f* forfait *m*; **~preis** *m* prix forfaitaire; **~reise** *f* voyage *m* organisé
Pause *f* pause; *Schule* récréation; *Theater* entracte *m*
Pay-TV *n* chaîne *f* cryptée
Pazifik ***der* ~** le Pacifique
pazifisch ***der* 2*e Ozean*** l'océan *m* Pacifique
PC *m* (*Personalcomputer*) micro(-ordinateur), P.C.
Pech *n* F poisse *f*; **~ *haben*** ne pas avoir de veine
Pedal *n* pédale *f*
Pediküre *f* pédicure
peinlich gênant; **~ *genau*** méticuleux
Peitsche *f* fouet *m*
Pell|e *f* pelure; *Wurst***2** peau; **~kartoffeln** *f/pl* pommes de

terre en robe des champs
Pelz *m* fourrure *f*; **~mantel** *m* manteau de fourrure
pendel|n *Zug, Person* faire la navette; **♀verkehr** *m* navette *f*
Penis *m* pénis
Penizillin *n* pénicilline *f*
Pension *f Hotel* pension (de famille); *Ruhegehalt, -stand* retraite; **♀iert** retraité; **~ierung** *f* retraite
Peperoni *f* piment *m*
perfekt parfait
Periode *f* période; *Menstruation* règles *f/pl*
Peripherie *f* périphérie; **~geräte** *n/pl Inform* périphériques *m/pl*
Perl|e *f* perle; **~mutt** *n* nacre *f*
Person *f* personne; *Theater* personnage *m*
Personal *n* personnel *m*; **~abbau** *m* compression *f* du personnel; **~ausweis** *m* carte *f* d'identité; **~computer** *m* micro-ordinateur
Personalien *pl* identité *f*
Personen|(kraft)wagen *m* voiture *f* de tourisme; **~zug** *m* train de voyageurs
persönlich personnel(lement); **♀keit** *f* personnalité
Perücke *f* perruque
Pessimist *m*, **♀isch** pessimiste
Pest *f* peste
Petersilie *f* persil *m*
Petroleum *n* pétrole *m*
Pfad *m* sentier; **~finder** *m* (boy-)scout
Pfahl *m* pieu
Pfalz *die* **~** le Palatinat
Pfand *n* consigne *f*; **~flasche** *f* bouteille consignée
Pfann|e *f* poêle [pwal]; **~kuchen** *m* crêpe *f*; *Krapfen* beignet
Pfarrer *m katholischer* curé; *evangelischer* pasteur
Pfau *m* paon
Pfeffer *m* poivre; **~kuchen** *m* pain d'épice
Pfefferminz|e *f* menthe; **~tee** *m* infusion *f* de menthe
pfeffern poivrer
Pfeif|e *f* sifflet *m*; *Tabaks♀* pipe; **♀en** siffler
Pfeil *m* flèche *f*
Pfeiler *m* pilier
Pfennig *m hist* pfennig
Pferd *n* cheval *m*
Pferde|rennen *n* course *f* de chevaux; **~schwanz** *m* queue *f* de cheval; **~stall** *m* écurie *f*; **~stärke** *f* cheval-vapeur *m*
Pfiff *m* coup de sifflet; **~erling** *m* chanterelle *f*, girolle *f*
Pfingsten *n* la Pentecôte
Pfingstmontag lundi *m* de Pentecôte
Pfirsich *m* pêche *f*
Pflanz|e *f* plante; **♀en** planter; **~enschutzmittel** *n* pesticide *m*; **♀lich** végétal; **~ung** *f* plantation
Pflaster *n* sparadrap *m*; *Straßen♀* pavé *m*; **~stein** *m* pavé
Pflaume *f* prune

Pfleg|e *f* soins *m/pl*; **2en** soigner; **~er** *m* infirmier
Pflicht *f* devoir *m*; **~versicherung** *f* assurance obligatoire
Pflock *m* piquet
pflücken cueillir
Pflug *m* charrue *f*
pflügen labourer
Pförtner *m* concierge, gardien
Pfosten *m* poteau
Pfote *f* patte
pfui! pouah!
Pfund *n* livre *f*
pfuschen F bâcler
Pfütze *f* flaque; *größere* mare
Phantasie *s* ***Fantasie***
Phase *f* phase
Photo *n usw s* ***Foto***
Physik *f* physique
physisch physique
Pianist(in) *m(f)* pianiste
Pickel *m* piolet; *Med* bouton
Picknick *n* pique-nique *m*; ***~ machen*** pique-niquer
Pik *n* pique *m*
pikant épicé
Pilger *m* pèlerin; **~fahrt** *f* pèlerinage *m*
Pille *f* pilule
Pilot *m* pilote
Pils *n*, **Pils(e)ner** *n* Pils *f*
Pilz *m* champignon; F *~erkrankung* mycose *f*
Pinguin *m* pingouin
Pinie *f* pin *m* parasol
pinkeln F faire pipi
Pinsel *m* pinceau
Pinzette *f* pince *f* à épiler
Pistazie *f* pistache
Piste *f* piste
Pistole *f* pistolet *m*
Pitbull *m* pitbull
Pizza *f* pizza
Pkw, **PKW** *m* (*Personenkraftwagen*) voiture *f* de tourisme
Plakat *n* affiche *f*
Plan *m* plan; *Vorhaben* projet
Plane *f* bâche
planen projeter
Planet *m* planète *f*
Planierraupe *f* bulldozer *m*
Planke *f* planche
planmäßig *Ankunft* prévu; *adv* comme prévu; *ankommen* à l'heure prévue
Plansch|becken *n* pataugeoire *f*; **2en** patauger
Plantage *f* plantation
Plastik[1] *f* sculpture
Plastik[2] *n* plastique *m*; **~beutel** *m*, **~tüte** *f* sac *m* en plastique
plätschern clapoter
platt plat; *Reifen* à plat, crevé; ***einen 2en haben*** avoir crevé
Platte *f* plaque; *Kochk* plat *m*; ***kalte ~*** assiette anglaise
Plattenspieler *m* tourne-disque
Platz *m* place *f*; *Ort* endroit; ***nehmen Sie ~!*** asseyez-vous!
Platzanweiserin *f* ouvreuse
Plätzchen *n* gâteau *m* sec
platzen éclater
Platzkarte *f* réservation
Platzregen *m* averse *f*
plaudern causer (***über*** *A*, ***von*** de)

Pleite *f* faillite
Plomb|e *f Zahn*♀ plombage *m*; **♀ieren** *Zahn* plomber
plötzlich soudain
plump lourd; *Lüge* grossier
plündern piller
Plural *m* pluriel
plus plus; ***3 Grad ~*** 3 degrés au-dessus de zéro
PLZ (*Postleitzahl*) code *m* postal
Po *m* F derrière
Pocken *f/pl* variole *f*; **~schutzimpfung** *f* vaccination antivariolique
Podium *n* estrade *f*
poetisch poétique
Pokal *m* coupe *f*
Pol *m* pôle
Polarstern *m* étoile *f* polaire
Pole *m* Polonais
Polen *n* la Pologne
Police *f* police (d'assurance)
polieren polir
Politesse *f* contractuelle
Poli|tik *f* politique; **~tiker(in)** *m(f)* homme (femme) politique; **♀tisch** politique
Polizei *f* police; **♀lich** de la police; *adv* par la police; **~revier** *n* commissariat *m* de police; **~streife** *f* patrouille de police; **~stunde** *f* heure réglementaire de fermeture (des cafés *usw*)
Polizist *m* agent de police
polnisch polonais
Polstersessel *m* fauteuil rembourré
Pommes frites *pl* frites *f/pl*
Pony[1] *n* poney *m*
Pony[2] *m Frisur* frange *f*
Popcorn *n* pop-corn *m*
Pop|musik *f* musique pop; **~sänger** *m* chanteur pop
populär populaire
Por|e *f* pore; **♀ös** poreux
Porree *m* poireau
Portemonnaie *n* porte-monnaie *m*
Portier *m* concierge; *Hotel*♀ portier
Portion *f* portion
Porto *n* port *m*; **♀frei** franc(o) de port
Porträt *n* portrait *m*
Portug|al *n* le Portugal; **~iese** *m* Portugais; **♀iesisch** portugais
Porzellan *n* porcelaine *f*
Posaune *f* trombone *m*
Post *f* poste; *Postsendung* courrier *m*; ***mit der ~*** par la poste
Post|amt *n* bureau *m* de poste; **~anweisung** *f* mandat-poste *m*; **~bote** *m* facteur
Posten *m Stellung* poste
Post|fach *n* boîte *f* postale; **~girokonto** *n* compte *m* courant postal; **~karte** *f* carte postale; **♀lagernd** poste restante; **~leitzahl** *f* code *m* postal
Post|sparbuch *n* livret *m* d'épargne de la poste; **~sparkasse** *f* caisse d'épargne de la poste; **~stempel** *m* cachet de la poste; **♀wendend** par retour du courrier

prächtig magnifique
prahlen se vanter (***mit*** de)
Praktik|ant(in) *m(f)* stagiaire; **~um** *n* stage *m*
praktisch pratique; ***~er Arzt*** *m* généraliste
Prali|ne *f*, **~né** *n*, **~nee** *n* chocolat *m*
Prämie *f* prime
Präparat *n* préparation *f*
Präsens *n* présent
Präservativ *n* préservatif *m*
Präsident *m* président
Praxis *f* pratique; *Med* cabinet *m* de consultation
predigen prêcher
Predigt *f* sermon *m*
Preis *m* prix; ***um jeden ~*** à tout prix
Preisausschreiben *n* concours *m*
Preiselbeere *f* airelle
preisen louer, vanter
Preis|erhöhung *f* augmentation des prix; **~ermäßigung** *f* réduction; **≗gekrönt** primé; **≗günstig** avantageux; **~liste** *f* liste des prix; **~nachlass** *m* rabais, remise *f*; **~senkung** *f* baisse des prix; **~träger** *m* lauréat; **≗wert** bon marché
Prellung *f Med* contusion
Premiere *f* première
Presse *f* presse
pressen presser
prickeln picoter; *Getränk* pétiller
Priester *m* prêtre
prima F super
primitiv primitif
Prinz *m* prince; **~essin** *f* princesse
Prinzip *n* principe *m*; **≗iell** *aus Prinzip* par principe; *im Prinzip* en principe
privat privé; *persönlich* personnel; **≗adresse** *f* adresse personnelle; **≗eigentum** *n* propriété *f* privée; **≗sender** *m TV* chaîne *f* privée; **≗unterricht** *m* cours *m/pl* particuliers
pro par; ***~ Tag*** par jour
Probe *f* essai *m*; *Hdl* échantillon *m*; *Theater* répétition; **~fahrt** *f* essai *m*
probe|n répéter; **~weise** à titre d'essai; **≗zeit** *f* période d'essai
probieren essayer
Problem *n* problème *m*
Produkt *n* produit *m*
Produktion *f* production
produzieren produire
Professor(in) *m(f)* professeur *m* (d'université)
Profi *m Sp* professionnel
Profil *n* profil *m*; *Reifen≗* sculptures *f/pl*
Profit *m* profit; **≗ieren** profiter (***von*** de)
Prognose *f* prognostic *m*
Programm *n* programme *m* (*a Inform*); *TV* chaîne *f*
programmier|en programmer; **≗er** *m* programmeur
Projekt *n* projet *m*
Projektor *m* projecteur
Prokurist *m* fondé de pouvoir
Promenade *f* promenade

Promille *n* F ***1,5~*** 1 gramme 5 d'alcoolémie
Promillegrenze *f* taux *m* légal d'alcoolémie
prominent célèbre
Propangas *n* propane *m*
Propeller *m* hélice *f*
Prospekt *m* prospectus
prost! à ta (*od* à votre) santé!
Prostituierte *f* prostituée
Protest *m* protestation *f*
Protestant *m*, **ᴤisch** protestant
protestieren protester
Prothese *f* prothèse
Protokoll *n* procès-verbal *m*
Proviant *m* provisions *f/pl*
Provinz *f* province
Provision *f* commission
provisorisch provisoire
provozieren provoquer
Prozent *n* pour cent *m*; **~satz** *m* pourcentage *m*
Prozess *m* procès
prüf|en examiner; *nach~* vérifier; **ᴤung** *f* examen *m*; *Nachᴤ* vérification
Prügelei *f* bagarre
prügeln (***sich ~*** se) battre
prunkvoll fastueux
PS (*Pferdestärke*) ch (*cheval-vapeur*)
Psych|iater *m* psychiatre [-k-]; **ᴤisch** psychique; **ᴤologisch** psychologique [-k-]
Pubertät *f* puberté
Publikum *n* public *m*
Pudding *m* flan, crème *f* renversée
Pudel *m* caniche; **~mütze** *f* bonnet *m* de laine
Puder *m* poudre *f*; **~dose** *f* poudrier *m*; **~zucker** *m* sucre glace
Pulli *m*, **Pullover** *m* pull-over
Puls *m* pouls; **~ader** *f* artère
Pulver *n* poudre *f*; **~schnee** *m* poudreuse *f*
Pumpe *f* pompe
pumpen pomper; F prêter; (***sich***) ***et von j-m ~*** emprunter qc à q; *Geld* taper q (de) qc
Punkt *m* point; ***~ drei Uhr*** à trois heures précises
pünktlich ponctuel; *adv* à l'heure
Puppe|e *f* poupée; **~enspiel** *n* marionnettes *f/pl*
pur pur
Püree *n* purée *f*
pusten souffler
Pute *f* dinde
Putsch *m* *Pol* putsch
Putz *m* *Arch* enduit; *Rauᴤ* crépi; **ᴤen** nettoyer; *Schuhe* cirer; *Zähne* se laver; **~frau** *f* femme de ménage; **~mittel** *n* produit *m* d'entretien
Puzzle *n* puzzle [pœzəl] *m*
Pyjama *m* pyjama [-ʒa-]
Pyramide *f* pyramide
Pyrenäen *pl* ***die ~*** les Pyrénées

Q

Quadrat *n*, **≈isch** carré (*m*); **~meter** *m* mètre *m* carré
Qual *f* supplice *m*; **~en** *pl* souffrances *f/pl*, agonie *f*
quälen tourmenter; *foltern* torturer; ***sich ~*** se donner de la peine
qualifizieren ***sich ~*** se qualifier (***für*** *A* pour)
Qualität *f* qualité; **~serzeugnis** *n* produit *m* de qualité
Qualle *f* méduse
Qualm *m* fumée *f* épaisse
Quantität *f* quantité
Quark *m* fromage blanc
Quartal *n* trimestre *m*
Quartett *n* quatuor [kw-] *m*
Quartier *n* logement *m*
Quarz *m* quartz [kw-]; **~uhr** *f* montre à quartz [kw-]
Quatsch F *m* bêtises *f/pl*
Quecksilber *n* mercure *m*
Quelle *f* source (*a fig*)
quer en travers (***über*** *A* de); ***~ durch*** à travers
Quer|flöte *f* flûte traversière; **~format** *n* format *m* oblong; **~schiff** *n* *Arch* transept *m*; **~schnitt** *m* coupe *f* transversale; **≈schnittsgelähmt** paraplégique; **~straße** *f* rue transversale
Quetschung *f* *Med* contusion
quietschen grincer
Quirl *m* batteur; **≈en** battre
quitt ***~ sein*** être quitte
Quitte *f* coing *m*
quitt|ieren acquitter; **≈ung** *f* quittance, reçu *m*
Quiz *n* jeu *m* de questions-réponses
Quote *f* quota *m*, taux *m*

R

Rabatt *m* rabais
Rabbi(ner) *m* rabbin
Rabe *m* corbeau
Rache *f* vengeance
Rachen *m* gorge *f*
rächen (***sich ~*** se) venger
Rad *n* roue *f*; *Fahr≈* vélo *m*; ***~ fahren*** faire du vélo
Radar *m od n* radar *m*; **~kontrolle** *f* contrôle *m* radar
Radfahr|er(in) *m(f)* cycliste; **≈weg** *m* piste *f* cyclable
Radiergummi *m* gomme *f*
Radieschen *n* radis *m* (rose)
radikal radical; *Pol* extrémiste
Radio *n* radio *f*; *s a* ***Rundfunk***; **≈aktiv** radioactif; **~rekorder** *m* radiocassette *f*; **~wecker** *m* radio-réveil *m*
Rad|kappe *f* enjoliveur *m*; **~rennen** *n* course *f* cycliste;

~sport *m* cyclisme; **~tour** *f* randonnée, *kleinere* balade à vélo; **~wandern** *n* cyclotourisme; **~wechsel** *m* changement de roue; **~weg** *m* piste *f* cyclable
raffiniert raffiné (*a fig*)
Rahm *m* crème *f*
Rahmen *m* cadre (*a Fahrrad*2); *Auto*2 châssis
Rakete *f* fusée
Ramsch *m* camelote *f*
Rand *m* bord; *Buch* marge *f*
randalieren faire du chahut
Randstreifen *m* accotement
Rang *m* rang; *Mil* grade; *Theater* balcon
rangieren *Bahn* manœuvrer
ranken *u* ***sich*** **~** grimper
ranzig rance
rar rare; **2ität** *f* rareté
rasch rapide; *adv* vite
rascheln bruire, frémir
Rasen *m* gazon, pelouse *f*
rasen foncer; ***vor Wut*** **~** être furieux
rasend furieux; *Tempo* fou; *Kopfschmerzen* violent; *Beifall* frénétique
Rasenmäher *m* tondeuse *f* à gazon
Rasier|apparat *m* rasoir; **~creme** *f* mousse à raser; **2en** (***sich*** **~** se) raser; **~klinge** *f* lame de rasoir; **~messer** *n* rasoir *m*; **~schaum** *m* mousse *f* à raser; **~wasser** *n* lotion *f* après-rasage
Rass|e *f* race; **~ismus** *m* racisme; **2istisch** raciste
Rast *f* 'halte; **2en** s'arrêter; **~platz** *m* aire *f* de repos; **~stätte** *f* restoroute® *m*
Rat *m* conseil; *Person* conseiller; ***j-n um*** **~** ***fragen*** demander conseil à q
Rate *f* traite *f*; ***auf ~n kaufen*** acheter à crédit
raten conseiller (***et*** *od* ***zu et*** qc); *Rätsel* deviner
Ratenzahlung *f* paiement *m* en plusieurs versements
Rathaus *n* mairie *f*
Ration *f* ration; **2alisieren** rationaliser; **2ell** rationnel
rat|los perplexe; **~sam** préférable; **2schlag** *m* conseil
Rätsel *n* énigme *f*; *~aufgabe* devinette *f*; **2haft** énigmatique
Ratte *f* rat *m*
rau rude (*a Klima*); *Stimme* rauque; *Sitte* grossier
Raub *m* vol (***bewaffneter*** à main armée); **2en** voler
Räuber *m* voleur
Raub|mord *m* crime crapuleux; **~tier** *n* fauve *m*; **~überfall** *m* hold-up, attaque *f* à main armée; **~vogel** *m* oiseau de proie, rapace
Rauch *m* fumée *f*
rauchen fumer; **2** ***verboten!*** défense de fumer!
Raucher *m* fumeur; **~in** *f* fumeuse; **~abteil** *n* compartiment *m* fumeurs
Räucher... *Lachs usw* fumé
räuchern fumer
Rauch|fleisch *n* viande fu-

mée; **~melder** *m* détecteur de fumée; **~verbot** *n* interdiction *f* de fumer; **~wolke** *f* nuage *m* de fumée
raufen *u* ***sich*** ~ se battre
Rauferei *f* bagarre
rauh *s* ***rau***
Raum *m* espace; *Platz* place *f*; *Zimmer* pièce *f*
räumen *Ort* évacuer; *weg~* enlever
Raum|fähre *f* navette spatiale; **~fahrt** *f* astronautique; **~flug** *m* vol spatial
räumlich de *od* dans l'espace
Raum|pflegerin *f* femme de ménage; **~schiff** *n* vaisseau *m* spatial
Räumung *f* évacuation
Räumungsverkauf *n* liquidation *f* totale
Raupe *f* chenille
Raureif *m* givre
raus ~! dehors!; *s a* ***heraus*** *u* ***hinaus***
Rausch *m* ivresse *f*; **2en** *Bach* murmurer; *Blätter* frémir; *Radio* grésiller
Rauschgift *n* stupéfiant *m*; *s a* ***Drogen...***; **2süchtig** toxicomane
Razzia *f* descente de police
reagieren réagir (***auf*** *A* à)
real réel; **~istisch** réaliste; **2ität** *f* réalité
Rebe *f* vigne
rebellieren se rebeller
Rebhuhn *n* perdrix *f*
Rechen *m* râteau
Rechen|aufgabe *f* problème *m* d'arithmétique; **~fehler** *m* erreur *f* de calcul
Rechenschaft *f* ~ ***ablegen*** rendre compte (***über*** *A* de); ***j-n zur ~ ziehen*** demander des comptes à q
rechnen calculer; ***mit et ~*** s'attendre à qc; ***mit j-m ~*** compter sur q
Rechnung *f* calcul *m*; *Hdl* facture; *Hotel* note; *Restaurant* addition
recht *richtig* juste; ***das ist mir ~*** cela me convient
Recht *n* droit *m* (***auf*** *A* à); ~ ***haben*** avoir raison
Rechte *f* droite (*a Pol*)
rechte(r, -s) droit
Rechteck *n* rectangle *m*; **2ig** rectangulaire
rechtferti|gen justifier; **2gung** *f* justification
recht|lich juridique(ment); **~mäßig** légal, légitime
rechts à droite
Rechtsabbieger *m* véhicule tournant à droite
Rechtsanwalt *m* avocat
Rechtschreibung *f* orthographe
Rechts|extremist *m* extrémiste de droite; **~verkehr** *m* circulation *f* à droite
rechtzeitig à temps
Reck *n* barre *f* fixe
Recycling *n* recyclage *m*; **2fähig** recyclable; **~papier** *n* papier *m* recyclé
Redakt|eur *m* rédacteur; **~ion** *f* rédaction

Red|e *f* discours *m*; **2en** parler (***über*** *A*, ***von*** de); **~ensart** *f* locution; **~ner** *m* orateur; **~ewendung** *f* expression
reduzieren réduire
Reede|r *m* armateur; **~rei** *f* compagnie maritime
reell *Chance* réel; *Preis usw* correct
Referat *n* exposé *m*
Reflex *m Med* réflexe
Reform *f* réforme; **~haus** *n* magasin *m* de produits diététiques
Regal *n* étagère *f*
Regatta *f* régates *f/pl*
rege actif; *Geist* vif; *Diskussion* animé; *Verkehr* intense
Regel *f* règle; *Med* règles *f/pl*; **2mäßig** régulier
regeln régler
Regelung *f* règlement *m*
Regen *m* pluie *f*; ***bei ~*** par temps de pluie; ***im ~*** sous la pluie
Regen|bogen *m* arc-en-ciel; **~mantel** *m* imperméable
Regensburg Ratisbonne
Regen|schauer *m* averse *f*; **~schirm** *m* parapluie; **~wasser** *n* eau *f* de pluie; **~wurm** *m* ver de terre; **~zeit** *f* saison des pluies
Regie *f* mise en scène
regier|en gouverner; *Herrscher* régner; **2ung** *f* gouvernement *m*
regional régional
Regisseur *m* metteur en scène
Register *n* registre *m*; *in Büchern* index *m*
regnen pleuvoir; ***es regnet*** il pleut
regnerisch pluvieux
regungslos immobile
Reh *n* chevreuil *m*
Reib|e *f* râpe; **2en** frotter; *Kochk* râper; **~ung** *f* frottement *m*; **2ungslos** sans problèmes
reich riche
Reich *n* empire *m*; *fig* royaume
reichen *Salz* passer; *Hand* tendre; *sich erstrecken* s'étendre, aller (***bis*** jusqu'à); *genügen* suffire; ***mir reichts!*** j'en ai assez!
reich|haltig abondant; **~lich** abondant; *Essen* copieux; **2tum** *m* richesse *f*; **2weite** *f* portée
reif mûr
Reif *m* gelée *f* blanche
Reife *f* maturité (*a fig*)
reifen mûrir
Reifen *m* cerceau; *Kfz* pneu; **~druck** *m* pression *f* du pneu; **~panne** *f* crevaison; **~wechsel** *m* changement de pneu
Reifeprüfung *f* baccalauréat *m*
Reihe *f* rangée; *Sitz*2 rang *m*; *nacheinander* file; *Serie* série, suite; ***der ~ nach*** l'un après l'autre; ***ich bin an der ~*** c'est mon tour
Reihenfolge *f* ordre *m*

rein pur; **&heit** *f* pureté
reinigen nettoyer
Reinigung *f* ***chemische** ~* nettoyage *m* à sec; *Geschäft* teinturerie
Reinigungs|milch *f* lait *m* démaquillant; **~mittel** *n* détergent *m*
Reis *m* riz
Reise *f* voyage *m*; ***auf ~n*** en voyage; ***gute ~!*** bon voyage!
Reise|andenken *n* souvenir *m*; **~apotheke** *f* pharmacie portative; **~büro** *n* agence *f* de voyages; **~bus** *m* (auto-) car; **~führer** *m* guide (*a Buch*); **~gepäck** *n* bagages *m/pl*; **~gesellschaft** *f*, **~gruppe** *f* groupe *m* (de touristes); **~kosten** *pl* frais *m/pl* de voyage; **~leiter(in)** *m(f)* guide *m*
reisen voyager; **&de(r)** *su* voyageur *m*, voyageuse *f*
Reise|pass *m* passeport; **~route** *f* itinéraire *m*; **~scheck** *m* chèque de voyage; **~tasche** *f* sac *m* de voyage; **~veranstalter** *m* touropérateur voyagiste; **~wecker** *m* réveil de voyage; **~ziel** *n* destination *f*
reißen *Seil* (se) rompre; *Papier* se déchirer; *weg~* arracher (***aus den Händen*** des mains)
Reiß|verschluss *m* fermeture *f* éclair®; **~zwecke** *f* punaise
reit|en monter à cheval; *Sp* faire du cheval; **&er** *m* cavalier; **&sport** *m* équitation *f*; **&stall** *m* écurie *f*; **&stiefel** *m* botte *f* d'équitation; **&turnier** *n* concours *m* hippique; **&weg** *m* piste *f* cavalière
Reiz *m fig* charme, attrait; **&en** *anziehen* attirer; *ärgern* exciter; *Med* irriter; **&end** charmant; **~ung** *f Med* irritation
Reklamation *f* réclamation
Reklame *f* publicité
reklamieren réclamer
Rekord *m* record; **~zeit** *f* temps *m* record
Rekrut *m* conscrit, recrue *f*
relativ relatif
Relief *n* relief *m*
Religion *f* religion
Reling *f* bastingage *m*
Rendezvous *n* rendez-vous *m* amoureux
Rendite *f* (taux *m* de) rendement *m*
Renn|bahn *f Pferde&* hippodrome *m*; *Rad&* vélodrome *m*; *Auto&* circuit *m*; **&en** courir; **~en** *n* course *f*; **~fahrer** *m* coureur (automobile, cycliste *usw*); **~pferd** *n* cheval *m* de course; **~rad** *n* vélo *m* de course; **~strecke** *f* parcours *m*; **~wagen** *m* voiture *f* de course
renovieren rénover
rentabel rentable
Rent|e *f* retraite; *Kapital&* rente; **&ieren sich ~** être ren-

table; **~ner(in)** *m(f)* retraité(e)
Reparatur *f* réparation; **~kosten** *pl* frais *m/pl* de réparation; **~werkstatt** *f* atelier *m* de réparation; *Kfz* garage *m*
reparieren réparer
Report|age *f* reportage *m*; **~er** *m* reporter [-ɛr]
Republik *f* république
Reserve *f* réserve; **~rad** *n* roue *f* de secours
reser|vieren réserver; **~viert** réservé; **~vierung** *f* réservation
resignieren se résigner
Respekt *m* respect (***vor*** *D* pour); **~ieren** respecter
Rest *m* reste
Restaurant *n* restaurant *m*
restaurieren restaurer
Rest|betrag *m* restant, solde; **~lich** restant; **~los** complètement
rett|en (***sich*** **~** se) sauver (***aus, vor*** *D* de); **~er** *m* sauveteur; *fig* sauveur
Rettich *m* radis
Rettung *f* sauvetage *m*
Rettungs|aktion *f* opération de sauvetage; **~boot** *n* canot *m* de sauvetage; **~dienst** *m* secours *m/pl*; **~mannschaft** *f* équipe de secours, sauveteurs *m/pl*; **~ring** *m* bouée *f* de sauvetage; **~wagen** *m* ambulance *f*
Reue *f* repentir *m*, regret *m*
Revier *n* territoire *m*; *Polizei***~** commissariat *m*
Revolution *f* révolution
Revolver *m* revolver
Revue *f* revue
Rezept *n* recette *f*; *Med* ordonnance *f*; **~frei** délivré sans ordonnance; **~pflichtig** délivré uniquement sur ordonnance
Rhabarber *m* rhubarbe *f*
Rhein ***der*** **~** le Rhin
Rheinland-Pfalz *n* la Rhénanie-Palatinat
Rheuma *n* rhumatisme *m*
Rhythmus *m* rythme
Ribisel *f österr* groseille
richten *Blick* diriger (***auf*** *A* vers); *Bitte, Brief* adresser (***an*** *A* à); *her***~** préparer; *ordnen* arranger; ***sich*** **~** ***nach*** régler sa conduite sur
Richter *m* juge
Richtgeschwindigkeit *f* vitesse maximale conseillée
richtig juste; **~** ***stellen*** rectifier
Richt|linien *f/pl* directives; **~ung** *f* direction
riechen sentir (***nach et*** qc)
Riegel *m* verrou; *Schokolade usw* barre *f*
Riemen *m* courroie *f*; *Ruder* rame *f*
Ries|e *m* géant; **~enslalom** *m Sp* slalom géant
rieseln couler; *Wasser* ruisseler; *Schnee* tomber doucement
riesig gigantesque
Riff *n* récif *m*
Rikscha *f* pousse-pousse *m*

Rille *f* rainure
Rind *n* bœuf *m*
Rinde *f* écorce; *Brot*☐ croûte
Rinder|braten *m* rôti de bœuf; **~wahnsinn** *m* maladie *f* de la vache folle
Rindfleisch *n* bœuf *m*
Ring *m* anneau; *Finger*☐ bague *f*; *Boxen* ring; *Straße* périphérique; ☐**en** lutter; **~er** *m* lutteur; **~finger** *m* annulaire; **~kampf** *m* *Sp* lutte *f*
rings(her)um tout autour
Rinn|e *f* rigole; *Dach*☐ gouttière; ☐**en** couler; **~stein** *m* caniveau
Ripp|e *f* côte; **~enfellentzündung** *f* pleurésie
Risiko *n* risque *m*
risk|ant risqué; **~ieren** risquer
Riss *m* déchirure *f*; *Mauer*☐ fissure *f*; *im Stoff* accroc; *in der Haut* gerçure *f*
rissig fissuré; *Haut* gercé
Ritt *m* tour, promenade *f* à cheval
Ritter *m* chevalier
Ritz|e *f* fente; ☐**en** *kratzen* rayer; **~ in** (*A*) graver dans
Rival|e *m* rival; **~in** *f* rivale; ☐**isieren** rivaliser (***mit*** avec)
Rizinusöl *n* huile *f* de ricin
Roastbeef *n* rosbif *m*
Robbe *f* phoque *m*
Roboter *m* robot
robust robuste
Rock[1] *m* jupe *f*
Rock[2] *m* *Mus* rock; **~band** *f* groupe *m* rock; **~musik** *f* rock *m*
Rodelbahn *f* piste de luge
rodeln faire de la luge
Rodelschlitten *m* luge *f*
roden défricher
Roggen *m* seigle
roh cru; *unverarbeitet* brut [-t]; *fig* grossier; ☐**kost** *f* crudités *f/pl*; ☐**öl** *n* pétrole *m* brut
Rohr *n* tube *m*, tuyau *m*; *Bot* roseau *m*
Röhre *f* tuyau *m*; *Back*☐ four *m*
Rohstoff *m* matière *f* première
Rollbahn *f* *Flgw* piste
Rolle *f* rouleau *m*; *Theater* rôle *m*; ***e-e ~ spielen*** jouer un rôle, être (l')important
Roll|er *m* patinette *f*; **~kragen** *m* col roulé; **~kragenpullover** *m* pull à col roulé; **~laden** *m* volet roulant; **~schuh** *m* patin à roulettes; **~stuhl** *m* fauteuil roulant; **~treppe** *f* escalier *m* roulant
Roman *m* roman
romanisch roman; *Länder* latin
Romant|ik *f* romantisme *m*; ☐**isch** romantique
römisch romain
röntgen radiographier; ☐**arzt** *m*, ☐**ärztin** *f* radiologue *m*; ☐**aufnahme** *f*, ☐**bild** *n* radio *f*; ☐**strahlen** *m/pl* rayons X
rosa rose
Rose *f* rose
Rosen|kohl *m* chou de Bruxelles; **~kranz** *m* rosaire; **~montag** *m* lundi avant le

Mardi gras
Rosé(wein) *m* (vin) rosé
rosig rose
Rosine *f* raisin *m* sec
Rosmarin *m* romarin
Rost[1] *m* rouille *f*
Rost[2] *m* *Brat*2 gril; *Gitter* grille *f*; **~braten** *m* grillade *f*
rosten rouiller
rösten griller; *Kaffee* torréfier
rost|frei inoxydable; **~ig** rouillé; **2schutzmittel** *n* antirouille *m*
rot rouge; *Haar* roux; ***~ werden*** rougir; ***bei 2 rübergehen*** traverser au rouge; ***das 2e Kreuz*** la Croix Rouge
Röteln *pl Med* rubéole *f*
Rotkehlchen *n* rouge-gorge *m*
Rotkohl *m* chou rouge
Rotwein *m* vin rouge
Roulade *f* paupiette
Route *f* itinéraire *m*
Routine *f Übung* expérience; *péj* routine
Rübe *f* rave; ***weiße ~*** navet *m*; ***rote ~*** betterave rouge
Rubin *m* rubis
Rubrik *f* rubrique
Ruck *m* secousse *f*
Rückblick *m* rétrospective *f*
rücken déplacer; ***näher ~*** approcher; ***zur Seite ~*** se pousser
Rücken *m* dos; **~lehne** *f* dossier *m*; **~mark** *n* moelle *f* épinière
Rückenschmerzen *m/pl* ***~ haben*** avoir mal au dos
Rücken|schwimmen *n* nage *f* sur le dos; **~wind** *m* vent arrière
Rück|erstattung *f* remboursement *m*; **~fahrkarte** *f* billet *m* aller et retour; **~fahrt** *f* retour *m*
rückfällig ***~ werden*** récidiver; *Med* rechuter
Rück|flug *m* (vol de) retour; **~gabe** *f* restitution; **~gang** *m* recul, baisse *f*
rückgängig ***~ machen*** annuler
Rück|grat *n* colonne *f* vertébrale; **~licht** *n* feu *m* arrière; **~porto** *n* port *m* pour la réponse; **~reise** *f* retour *m*; **~ruf** *m Tel* rappel
Rucksack *m* sac à dos; **~tourist(in)** *m(f)* F routard(e)
Rück|schlag *m fig* revers; **~seite** *f* dos *m*; *e-s Blattes a* verso *m*; *e-s Stoffes* envers *m*
Rücksicht *f* égard(s) *m(pl)*; ***~ nehmen auf*** (*A*) tenir compte de
rücksichts|los sans égard(s), brutal; **~voll** plein d'égard(s), attentionné
Rück|sitz *m* siège arrière; **~spiegel** *m* rétroviseur; **~stand** *m* retard; **2ständig** arriéré; *Mensch* rétrograde; **~tritt** *m* démission *f*; **2wärts** en arrière; **~wärtsgang** *m* marche *f* arrière; **~weg** *m* retour; **2wirkend** rétroactif; **~zahlung** *f* remboursement

m; **~zug** *m Mil* retraite *f*
Rucola *m* roquette *f*
Ruder *n* rame *f*, aviron *m*; *Steuer* gouvernail *m*; **~boot** *n* barque *f*
rudern ramer
Rudersport *m* aviron
Ruf *m* appel; *Schrei* cri; *Ansehen* réputation *f*; **2en** appeler, crier; **~name** *m* prénom usuel; **~nummer** *f* numéro *m* de téléphone
Ruhe *f* calme *m*; *Stille* silence *m*; *Ausruhen* repos *m*; **~!** silence!; ***j-n in ~ lassen*** laisser q tranquille
ruhelos agité
ruhen se reposer; **~ *auf*** (*D*) reposer sur; ***hier ruht …*** ci-gît …
Ruhe|pause *f* pause; **~stand** *m* retraite *f*; **~störung** *f* perturbation; **~tag** *m* jour de repos (hebdomadaire)
ruhig calme; tranquille
Ruhm *m* gloire *f*
Rühr|eier *n/pl* œufs *m/pl* brouillés; **2en** *um~* remuer; *innerlich* toucher; **2end** touchant; **~ung** *f* émotion
Ruine *f* ruine
ruinieren (***sich ~*** se) ruiner
rülpsen roter
Rum *m* rhum
Rumän|e *m* Roumain; **~ien** *n* la Roumanie; **2isch** roumain
Rummel *m* foire *f*; **~platz** *m* fête *f* foraine
Rumpf *m Anat* tronc
Rumpsteak *n* romsteck *m*
rund rond; *ungefähr* environ; ***~ um*** autour de; **2blick** *m* vue *f* panoramique
Runde *f Rundgang* ronde; *Bier* tournée; *Sp* tour *m*; *Boxen* reprise, round *m*
Rund|fahrt *f* circuit *m*, tour *m*; **~flug** *m* circuit aérien
Rundfunk *m* radio *f*; ***im ~*** à la radio; **~gerät** *n* poste *m* de radio; **~sender** *m* station *f* de radio; **~sendung** *f* émission de radio
Rund|gang *m* tour (***durch*** de); **2herum** tout autour; **~reise** *f* circuit *m*; **~schreiben** *n* circulaire *f*
Runzel *f* ride
rupfen plumer
Ruß *m* suie *f*
Russ|e *m* Russe; **2isch** russe
Russland *n* la Russie
rüst|en *Mil* armer; **~ig** vigoureux; **2ung** *f* armement *m*
Rutsch|bahn *f* toboggan *m*; **2en** glisser; *Kfz* déraper; **2fest** antidérapant; **2ig** glissant
rütteln secouer

S

Saal *m* salle *f*
Saarland ***das*** **~** la Sarre
Saat *f Saatgut* semences *f/pl*; *Aussaat* semailles *f/pl*
Säbel *m* sabre
Sache *f* chose; *Angelegenheit* affaire; ***meine*** **~n** *pl* mes affaires
Sach|kenntnis *f* connaissance des faits; **≈kundig** expert, compétent; **≈lich** objectif
sächlich neutre
Sachschaden *m* dégâts *m/pl* matériels
Sachsen *n* la Saxe; **~-Anhalt** *n* la Saxe-Anhalt
Sachverständige(r) *su* expert *m*
Sack *m* sac; **~gasse** *f* impasse, cul-de-sac *m* (*beide a fig*)
säen semer
Safari *f* safari *m*
Safe *m* coffre-fort
Safran *m* safran
Saft *m* jus; **≈ig** juteux
Sage *f* légende
Säge *f* scie; **~mehl** *n* sciure *f*
sagen dire
säge|n scier; **≈werk** *n* scierie *f*
sagenhaft légendaire; F formidable
Sahne *f* crème; *Schlag≈* (crème) chantilly; ***mit*** **~** *Eis* avec de la chantilly
Saison *f* saison; **≈bedingt** saisonnier
Sait|e *f* corde; **~eninstrument** *n* instrument *m* à cordes
Sakko *m* veston
Salami *f* salami *m*
Salat *m* salade *f*; **~platte** *f* assiette *f* de crudités; **~schüssel** *f* saladier *m*
Salbe *f* pommade
Salbei *m* sauge *f*
Salmiakgeist *m* ammoniaque *f*
Salmonellen *f/pl* salmonelles
Salz *n* sel *m*; **≈en** saler; **≈ig** salé; **~kartoffeln** *f/pl* pommes de terre à l'eau; **~stange** *f* stick *m* salé; **~streuer** *m* salière *f*; **~wasser** *n* eau *f* salée
Samen *m* graine *f*; *männlicher* sperme *m*
sammeln *Beweise* rassembler; *Briefmarken usw* collectionner; *Geld* collecter
Samm|ler *m* collectionneur; **~lung** *f Kunst≈* collection; *Geld≈* collecte
Samstag *m* samedi
samstags le samedi
Samt *m* velours
Sanatorium *n* maison *f* de santé
Sand *m* sable
Sandale *f* sandale *f*
Sand|bank *f* banc *m* de sable; **≈ig** sablonneux; **~papier** *n*

papier *m* de verre; **~stein** *m* grès; **~strand** *m* plage *f* de sable
sanft doux
Sänger *m* chanteur; **~in** *f* chanteuse
Sanitäter *m* secouriste *m, f*
Sardelle *f* anchois *m*
Sardine *f* sardine
Sarg *m* cercueil
Satellit *m* satellite; **~enfernsehen** *n* télévision *f* par satellite
satt *~ sein* ne plus avoir faim; F *fig* **et ~ haben** en avoir marre de qc
Sattel *m* selle *f*
sättigend nourrissant
Satz *m* phrase *f*; *Sprung* bond; *Briefmarken* série *f*; *Tennis* set; *Mus* mouvement; **~zeichen** *n* signe *m* de ponctuation
Sau *f* truie
sauber propre; **2keit** *f* propreté
säubern nettoyer
sauer aigre; *Chem* acide (*a Regen*); F fâché (**auf j-n** contre q); **~ werden** se fâcher
Sauer|kraut *n* choucroute *f*; **~stoff** *m* oxygène
saufen boire; P pinter
Säufer *m* ivrogne
saugen sucer; *Kind* téter; *Tech* aspirer; ***Staub*** **~** passer l'aspirateur
Säug|etier *n* mammifère *m*; **~ling** *m* nourrisson
Säule *f* colonne
Saum *m* ourlet
Sauna *f* sauna *m*
Säure *f* acide *m*; *Geschmack* acidité
sausen siffler; *rasen* foncer
Saxophon *n* saxophone *m*
S-Bahn *f etwa* R.E.R. *m* (*réseau express régional*)
Scanner *m* scanner [-ɛr]
Schabe *f* blatte, cafard *m*
schäbig râpé; *fig* mesquin
Schach *n* échecs *m/pl*; **~ spielen** jouer aux échecs
Schach|brett *n* échiquier *m*; **~figur** *f* pièce (d'un jeu d'échec); **2matt** échec et mat; **~spiel** *n* jeu *m* d'échecs
Schachtel *f* boîte
schade ***es ist ~, dass …*** c'est dommage que … (+ *subj*); **~!** (c'est) dommage!
Schädel *m* crâne
schaden nuire (**j-m** à q)
Schaden *m* dommage; *durch Unwetter, Feuer* dégâts *m/pl*; **~ersatz** *m* dédommagement, dommages-intérêts *m/pl*; **~freude** *f* joie maligne
schadhaft endommagé
schäd|igen porter préjudice à; **~lich** nuisible, nocif; **2ling** *m* parasite
Schadstoff *m* polluant; **2frei** non polluant
Schaf *n* brebis *f*
Schäfer *m* berger; **~hund** *m* berger allemand
schaffen *er~* créer; *Platz, Ordnung* faire; *bewältigen* ar-

river à (finir); *arbeiten* travailler; ***es*** ~ y arriver
Schaffner *m Bahn* contrôleur
Schal *m* écharpe *f*
Schale *f Obst*♀, *Kartoffel*♀ peau; *Orangen*♀ écorce; *abgeschält* pelure, épluchure; *Eier*♀, *Nuss*♀ coquille; *Gefäß* coupe
schälen peler, éplucher
Schall *m* son; **~dämpfer** *m Kfz usw* silencieux; **~dämmung** *f* insonorisation; **♀dicht** insonorisé; **~mauer** *f* mur *m* du son; **~platte** *f* disque *m*
schalt|en *El* brancher, connecter; *Kfz* changer de vitesse; **♀er** *m El* interrupteur; *Bank*♀, *Post*♀ guichet; **♀hebel** *m Kfz* levier de vitesse; **♀jahr** *n* année *f* bissextile
Scham *f* 'honte, pudeur
schämen ***sich*** ~ avoir 'honte
scham|haft pudique; **~los** impudique; *Lüge* éhonté
Schande *f* 'honte
schändlich 'honteux
Schar *f* bande
scharf *Essen* épicé; *Klinge* tranchant; *Fot* net; *Kurve* dangereux; *Verstand* aigu; **♀blick** *m* perspicacité *f*
Schärfe *f* acuité; *Fot* netteté
schärfen *Messer* aiguiser
Scharfsinn *m* sagacité *f*
Scharlach *m* scarlatine *f*
Scharnier *n* charnière *f*
Schaschlik *m od n* brochette
Schatt|en *m* ombre *f*; **♀ig** ombragé
Schatz *m* trésor
schätz|en évaluer; *hoch*~ estimer, apprécier; **~ungsweise** approximativement
Schau *f* spectacle *m*; *Ausstellung* exposition; ***zur*** ~ ***stellen*** exposer
schauderhaft horrible
schauen voir, regarder
Schauer *m* frisson; *Regen*♀ averse *f*; **♀lich** horrible
Schaufel *f* pelle
Schaufenster *n* vitrine *f*; **~bummel** *m* lèche-vitrines
Schaukel *f* balançoire
schaukel|n (*selber* se) balancer; **♀stuhl** *m* fauteuil à bascule; rocking-chair
Schaulustige(n) *m/pl* curieux
Schaum *m* écume *f*; *Bier*♀, *Seifen*♀ mousse *f*; **~bad** *n* bain *m* moussant
schäumen mousser
Schaum|gummi *m* mousse *f*; **~stoff** *m* mousse *f*; **~wein** *m* (vin) mousseux
Schauplatz *m* théâtre
Schauspiel *n* spectacle *m*; **~er** *m* acteur; **~erin** *f* actrice; **~haus** *n* théâtre *m*
Scheck *m* chèque; **~buch** *n*, **~heft** *n* chéquier *m*, carnet *m* de chèques; **~karte** *f* carte (de garantie) bancaire
Scheibe *f* disque *m*; *Fenster*♀ vitre; *Brot*♀, *Wurst*♀ tranche
Scheiben|bremse *f* frein *m* à

disque; **~waschanlage** *f* lave-glace *m*; **~wischer** *m* essuie-glace
Scheide *f Anat* vagin *m*
scheiden ***sich ~ lassen*** divorcer (**von** d'avec)
Scheidung *f* divorce *m*
Schein *m Bescheinigung* certificat; *Geld*2 billet; *Licht*2 lueur *f*; *An*2 apparence *f*; 2**bar** apparent; *adv* en apparence; 2**en** briller; *den An*2 *haben* sembler; **~werfer** *m* projecteur; *Kfz* phare
Scheiße P *f* merde
Scheitel *m Haar*2 raie *f*
scheitern échouer
Schellfisch *m* aiglefin
Schema *n* schéma *m*; 2**tisch** schématique
Schemel *m* tabouret
Schenkel *m* cuisse *f*
schenken offrir
Scherbe *f* tesson *m*; **~n** *pl* débris *m/pl*
Schere *f* ciseaux *m/pl*
Scherereien F *f/pl* ennuis *m/pl*
Scherz *m* plaisanterie *f*; 2**en** plaisanter; 2**haft** pour rire
scheu timide; *Kind* sauvage
Scheuerlappen *m* serpillière *f*
scheuern récurer; *reiben* frotter
Scheune *f* grange
Scheusal *n* monstre *m*
scheußlich horrible
Schi *m* ski; *s* ***Ski***
Schicht *f* couche (*a fig*); *Arbeits*2 poste *m*; **~arbeit** *f* travail *m* posté
schick chic
schicken envoyer (***j-m, an j-n*** à q)
Schickeria *f* F gotha *m*
Schicksal *n* destin *m*
Schieb|edach *n* toit *m* ouvrant; 2**en** pousser; *Hdl péj* faire le trafic (***mit*** de); **~etür** *f* porte coulissante
Schiedsrichter *m* arbitre
schief penché; *geneigt* en pente; ***~ gehen*** tourner mal
Schiefer *m* ardoise *f*
schielen loucher
Schienbein *n* tibia *m*
Schiene *f Bahn* rail *m*; *Med* attelle
schieß|en tirer; (***auf j-n*** sur q); 2**erei** *f* fusillade; 2**scheibe** *f* cible; 2**stand** *m* stand de tir
Schiff *n* bateau *m*; *Kirchen*2 nef *f*; ***auf dem ~*** à bord; ***mit dem ~*** par bateau
Schiff|bruch *m* naufrage; **~brüchige(r)** *su* naufragé(e)
Schifffahrt *f* navigation; **~sgesellschaft** *f* compagnie maritime, de navigation
Schiffs|arzt *m* médecin de bord; **~junge** *m* mousse; **~karte** *f* billet *m* de bateau; **~reise** *f* voyage en bateau
Schikan|e *f* chicane; 2**ieren** chicaner
Schild *n* pancarte *f*; *Namens*2 plaque *f*; *Verkehrs*2 panneau *m*; *Firmen*2 enseigne *f*

Schilddrüse *f* (glande) thyroïde
schilder|n décrire; **2ung** *f* description
Schildkröte *f* tortue
Schilf *n* roseau *m*
Schilling *m hist* schilling
Schimmel *m Zo* cheval blanc; *Bot* moisissure *f*; **2ig** moisi
schimmeln moisir
schimpf|en pester (***auf** A* contre); se fâcher (***mit j-m*** contre q); **2wort** *n* gros mot *m*
Schinken *m* jambon
Schirm *m* parapluie; *Sonnen2* parasol; *Bild2* écran
Schlacht *f* bataille; **2en** abattre; **~hof** *m* abattoir
Schlaf *m* sommeil; **~anzug** *m* pyjama; **~couch** *f* canapé-lit *m*
Schläfe *f* tempe
schlafen dormir; ***~ gehen*** (aller) se coucher; ***mit j-m ~*** coucher avec q
schlaff lâche; *Haut* flasque; *kraftlos* mou
schlaflos ***~e Nacht*** *f* nuit blanche
Schlaflosigkeit *f* insomnie
Schlafmittel *n* somnifère *m*
schläfrig somnolent
Schlaf|sack *m* sac de couchage; **~tablette** *f* somnifère *m*; **~wagen** *m* wagon-lit; **~zimmer** *n* chambre *f* à coucher
Schlag *m* coup; **~ader** *f* artère; **~anfall** *m* attaque *f* d'apoplexie; **2artig** brusque; **~baum** *m* barrière *f*
schlagen battre (*a Sp, Herz*), frapper; *Uhr* sonner; *Sahne* fouetter
Schlager *m* tube
Schläger *m Tennis* raquette *f*; *Golf* club; **~ei** *f* bagarre
Schlagersänger(in) *m(f)* chanteur (chanteuse) à la mode
schlagfertig ***~ sein*** avoir la répartie facile
Schlag|loch *n* nid-de-poule *m*; **~sahne** *f* (crème) chantilly; **~zeile** *f* manchette; **~zeug** *n Mus* batterie *f*
Schlamm *m Erde* boue *f*; *Schlick* vase *f*; **~lawine** *f* coulée de boue
schlampig *Mensch* négligé; *Arbeit* bâclé
Schlange *f* serpent *m*; ***~ stehen*** faire la queue
schlängeln ***sich ~*** serpenter
schlank mince; **2heitskur** *f* cure d'amaigrissement
schlapp épuisé; *energielos* mou
schlau rusé, malin
Schlauch *m* tuyau; *Fahrrad2* chambre *f* à air; **~boot** *n* canot *m* pneumatique
schlecht mauvais; *adv* mal; ***~ werden*** *verderben* pourrir; *Milch* avoir tourné; ***mir ist ~*** je me sens mal
Schleier *m* voile
schleierhaft mystérieux; ***das***

ist mir ~ c'est un mystère pour moi
Schleife *f* boucle; nœud *m*
schleifen[1] traîner
schleif|en[2] *Messer* aiguiser; *Edelstein* tailler; **2stein** *m* meule *f*
Schleim *m Med* mucus *m*; *zäher* **~** glaires *m/pl*; *der Schnecke* bave *f*; **~haut** *f* muqueuse
schlemmen festoyer
schlendern flâner
schleppen traîner; *Mar* remorquer; ***sich ~*** se traîner
Schlepp|er *m Kfz* tracteur; *Mar* remorqueur; **~lift** *m* téléski, remonte-pente
Schleswig-Holstein *n* le Schleswig-Holstein
Schleuder *f* lance-pierres *m*; *Wäsche2* essoreuse
schleudern lancer; *Wäsche* essorer; *Kfz* ***ins 2 kommen*** déraper
Schleuse *f* écluse
schlicht simple, modeste; **~en** *Streit* arbitrer
schließen fermer; *Vertrag* conclure; ***aus et ~*** conclure de qc
Schließ|fach *n Gepäck2* consigne *f* automatique; *Bank2* coffre *m*; **2lich** finalement; *immerhin, doch* quand même; **~ung** *f* fermeture
schlimm mauvais; *adv* mal; *schwerwiegend* grave; ***~er*** pire; ***das ~ste*** le pire
Schling|e *f* nœud *m* coulant; *Arm2* écharpe; **~pflanze** *f* plante grimpante
Schlips *m* cravate *f*
Schlitten *m* traîneau; *Rodel2* luge *f*; ***~ fahren*** faire de la luge
Schlittschuh *m* patin; ***~ laufen*** patiner
Schlittschuh|bahn *f* patinoire; **~läufer** *m* patineur
Schlitz *m* fente *f*
Schloss *n Bau* château *m*; *Tür2* serrure *f*
Schlosser *m* serrurier
Schlucht *f* ravin *m*
schluchzen sangloter
Schluck *m* gorgée *f*; **~auf** *m* 'hoquet; **2en** avaler (*a fig*); **~impfung** *f* vaccination par voie buccale
schlummern sommeiller
Schlüpf|er *m* slip; **2rig** glissant; *fig* scabreux
Schlupfwinkel *m* cachette *f*
Schluss *m* fin *f*; *Folgerung* conclusion *f*; ***zum ~*** à la fin
Schlüssel *m* clé *f*; **~bein** *n* clavicule *f*; **~bund** *n* trousseau *m* de clés; **~loch** *n* trou *m* de serrure
Schluss|folgerung *f* conclusion; **~licht** *n* feu *m* arrière; **~verkauf** *m* soldes *m/pl*
schmächtig fluet, chétif
schmackhaft savoureux
schmal étroit
Schmalfilm *m* film (de) format réduit
Schmalz *n* saindoux *m*
Schmarotzer *m* parasite

schmecken ***j-m*** **~** plaire à q; ***nach et*** **~** avoir le goût de qc; (***gut***) **~** être bon; ***hat es geschmeckt?*** *im Restaurant* vous êtes satisfaits?
Schmeichel|ei *f* flatterie; **&haft** flatteur
schmeicheln flatter (***j-m*** q)
schmeißen F flanquer
schmelz|en fondre; **&käse** *m* fromage fondu
Schmerz *m* douleur *f*; **~*en haben*** avoir mal
schmerz|en faire mal; **~haft** douloureux; **~lich** douloureux; **~los** indolore; **~stillend** analgésique; **&tablette** *f* comprimé *m* contre la douleur
Schmetterling *m* papillon
Schmied *m* forgeron
Schmiede *f* forge; **~eisen** *n* fer *m* forgé
schmieden forger (*a fig*)
schmier|en graisser; *verstreichen* étaler (***auf*** *A* sur); *Brote* tartiner; F *bestechen* graisser la patte à; **&geld** *n* pot-de--vin *m*; **~ig** graisseux; *fig* graveleux; **&mittel** *n* lubrifiant; **&seife** *f* savon *m* mou
Schminke *f* fard *m*
schminken (***sich*** **~** se) maquiller
Schmirgelpapier *n* papier *m* émeri
schmollen bouder (***mit j-m*** q)
Schmor|braten *m* bœuf braisé; **&en** braiser; **~topf** *m* cocotte *f*
Schmuck *m* ornement, décoration *f*; *Juwelen* bijoux *m/pl*
schmücken orner, décorer (***mit*** de)
Schmugg|el *m* contrebande *f*; **&eln** faire de la contrebande; *et* passer en fraude; **~ler** *m* contrebandier
schmunzeln sourire
Schmutz *m* saleté *f*
schmutzig sale; *fig a* sordide; (***sich***) **~ *machen*** (se) salir
Schnabel *m* bec
Schnalle *f* boucle
schnappen F *erwischen* attraper; ***Luft*** **~** prendre l'air
Schnappschuss *m Fot* instantané
Schnaps *m* schnaps
schnarchen ronfler
Schnauze *f* museau *m*; P *Mund* gueule
Schnecke *f* escargot *m*; *Nackt&* limace
Schnee *m* neige *f*; **~ball** *m* boule *f* de neige; **&bedeckt** enneigé; **~besen** *m Kochk* fouet; **~fall** *m* chute *f* de neige; **~flocke** *f* flocon *m* de neige; **&frei** sans neige; **~gestöber** *n* rafales *f/pl* de neige; **~glöckchen** *n* perce--neige *m*; **~höhe** *f* enneigement *m*; **~ketten** *f/pl Kfz* chaînes; **~mann** *m* bonhomme de neige; **~pflug** *m* chasse-neige *m*; **~regen** *m* neige *f* fondue; **~schmelze**

f fonte des neiges; **~sturm** *m* tempête *f* de neige; **~verhältnisse** *n/pl* enneigement *m*; **~wehe** *f* congère
schneid|en couper; *Kfz* ***j-n*** **~** faire une queue de poisson à q; **~end** *Kälte* mordant
Schneider *m* tailleur; **~in** *f* couturière
schneien ***es schneit*** il neige
Schneise *f* laie; percée
schnell rapide; *adv* vite; **2gaststätte** *f* snack *m*, fast food *m*; **2hefter** *m* chemise *f*; **2igkeit** *f* vitesse, rapidité; **2imbiss** *m* snack; **2straße** *f* voie express; **2zug** *m* rapide, (train) express
Schnitt *m* coupe *f*; ***im*** **~** en moyenne
Schnitt|blumen *f/pl* fleurs coupées; **~lauch** *m* ciboulette *f*; **~muster** *n* patron *m*; **~wunde** *f* coupure, entaille
Schnitzel *n* escalope *f*; ***Wiener*** **~** escalope *f* viennoise
schnitz|en sculpter (sur bois); **2erei** *f* sculpture sur bois
Schnorchel *m* tuba
schnüffeln renifler (***an et*** *D* qc); fouiner (***in*** *D* dans)
Schnuller *m* tétine *f*
Schnupfen *m* rhume
schnuppern flairer (***et*** *od* ***an et*** *D* qc)
Schnur *f* ficelle; *Kabel* fil *m*
schnüren ficeler, lacer
Schnurrbart *m* moustache *f*
schnurren ronronner
Schnür|schuh *m* chaussure *f* lacée; **~senkel** *m* lacet
Schock *m* choc; **2ieren** choquer, scandaliser
Schöffe *m* juré
Schokolade *f* chocolat *m*
Scholle *f* *Zo* plie
schon déjà; **~** ***wieder*** encore
schön beau; *adv* bien
schonen (***sich*** **~** se) ménager
Schönheit *f* beauté
Schönheits|chirurgie *f* chirurgie esthétique; **~fehler** *m* petit défaut; **~pflege** *f* soins *m/pl* de beauté
Schon|kost *f* régime *m*; **~ung** *f* ménagement *m*; *nach Krankheit* repos *m*; **~zeit** *f* fermeture de la chasse
schöpfen puiser (***aus*** à *od* dans); *fig* ***wieder Mut*** **~** reprendre courage
Schöpf|er *m* créateur; **2erisch** créatif; **~kelle** *f* louche; **~ung** *f* création
Schoppen *m* chope *f*
Schorf *m* croûte *f*, escarre *f*
Schornstein *m* cheminée *f*; **~feger** *m* ramoneur
Schoß *m* sein, giron; ***auf dem*** **~** sur les genoux
Schote *f* cosse, gousse
Schotte *m* Écossais
Schotter *m* pierraille *f*, galets *m/pl*; *Bahn* ballast
schott|isch écossais; **2land** *n* l'Écosse *f*
schräg oblique, biais
Schramme *f* éraflure

Schrank *m* armoire *f*
Schrank|e *f* barrière; **~enwärter** *m* garde-barrière
Schraub|e *f* vis; *Mar, Flgw* hélice; **2en** visser
Schrauben|mutter *f* écrou *m*; **~schlüssel** *m* clé *f*; **~zieher** *m* tournevis
Schraub|stock *m* étau; **~verschluss** *m* fermeture *f* à vis
Schreck *m* frayeur *f*; **2lich** terrible
Schrei *m* cri
schreiben écrire (***j-m*** *od* ***an j-n*** à q)
Schreib|en *n* lettre *f*; **~heft** *n* cahier *m*; **~maschine** *f* machine à écrire; **~papier** *n* papier *m* pour écrire; **~tisch** *m* bureau; **~warengeschäft** *n* papeterie *f*
schreien crier
Schreiner *m* menuisier
Schrift *f* écriture; *Werk* écrit *m*; **2lich** écrit; *adv* par écrit; **~steller(in)** *m(f)* écrivain *m*; **~wechsel** *m* correspondance *f*
schrill aigu, strident
Schritt *m* pas; *fig* démarche *f*; **~ *fahren*** rouler au pas
schroff brusque; *steil* raide
Schrott *m* ferraille *f*; **~händler** *m* ferrailleur; **2reif** bon pour la casse
schrubb|en frotter; **2er** *m* balai-brosse
Schub|fach *n* tiroir *m*; **~karre** *f* brouette
schüchtern timide; **2heit** *f* timidité
Schuh *m* chaussure *f*; **~anzieher** *m* chausse-pied; **~band** *n* lacet *m*; **~bürste** *f* brosse à chaussures; **~creme** *f* cirage *m*; **~geschäft** *n* magasin *m* de chaussures; **~größe** *f* pointure; **~löffel** *m* chausse-pied; **~macher** *m* cordonnier; **~putzer** *m* cireur; **~sohle** *f* semelle
Schul|arbeiten *f/pl* devoirs *m/pl*; **~bildung** *f* formation scolaire; **~buch** *n* livre *m* de classe
Schuld *f* faute; *jur* culpabilité; *Geld*2 dette; ***an et D* 2 *sein*** être responsable de qc
schuldig coupable; ***j-m et ~ sein*** devoir qc à q
schuldlos innocent
Schule *f* école
Schüler *m* élève; **~austausch** *m* échange scolaire; **~in** *f* élève
Schulferien *pl* vacances *f/pl* scolaires
schulfrei ~ *haben* ne pas avoir cours *od* classe
Schul|freund(in) *m(f)* camarade d'école; **~jahr** *n* année *f* scolaire; **~stunde** *f* heure de cours; **~tasche** *f* cartable *m*
Schulter *f* épaule
Schul|ung *f* formation; **~zeit** *f* scolarité
Schund *m* *Ware* camelote *f*
Schuppe *f* écaille; **~n** *pl* *im*

Haar pellicules
Schuppen *m* remise *f*
Schurke *m* canaille *f*
Schurwolle *f* laine vierge
Schürze *f* tablier *m*
Schuss *m* coup de feu; *Fußball* shoot
Schüssel *f* plat *m* creux; *Salat***꞊** saladier *m*; *Suppen***꞊** soupière
Schusswaffe *f* arme à feu
Schuster *m* cordonnier
Schutt *m* gravats *m/pl*; *Trümmer* décombres *m/pl*
Schüttelfrost *m* frissons *m/pl*
schütteln (***sich*** ~ se) secouer; *Hand* serrer
schütten verser
Schutz *m* protection *f* (***vor*** *D* contre); *bei Unwetter* abri; **~blech** *n* garde-boue *m*; **~brille** *f* lunettes *f/pl* de protection
Schütze *m* tireur
schützen (***sich*** ~ se) protéger (***vor*** *D* de *od* contre)
Schutz|engel *m* ange gardien; **~heilige(r)** *m* patron; **~hütte** *f* refuge *m*; **~impfung** *f* vaccination; **꞊los** sans défense
schwach faible; *schlecht* médiocre; *Gedächtnis* mauvais; *Tee* léger
Schwäch|e *f* faiblesse; *fig* faible *m* (***für*** pour); **꞊en** affaiblir; **꞊lich** faible
Schwachsinn *m* débilité *f*; **꞊ig** débile
Schwachstrom *m El* courant faible *od* de basse tension
Schwager *m* beau-frère
Schwägerin *f* belle-sœur
Schwalbe *f* hirondelle
Schwamm *m* éponge *f*
Schwan *m* cygne
schwanger enceinte; **꞊schaft** *f* grossesse; **꞊schaftsabbruch** *m* interruption *f* volontaire de grossesse
schwanken se balancer; *Betrunkene* tituber; *Temperatur*, varier; *zögern* hésiter
Schwanz *m* queue *f*
Schwarm *m Insekten***꞊** essaim; *Vogel***꞊** volée *f*
schwärmen ~ ***für*** s'enthousiasmer pour
Schwarte *f Speck***꞊** couenne
schwarz noir; **꞊arbeit** *f* travail *m* au noir; **꞊brot** *n* pain *m* noir
Schwarze(r) *su* Noir(e)
Schwarz|fahrer *m* resquilleur; **~markt** *m* marché noir; **~weißfilm** *m* film en noir et blanc; *Fot* pellicule *f* noir et blanc
schwatzen bavarder; *péj* bavasser
Schwebebahn *f* monorail *m* suspendu; téléphérique *m*
schweben planer; ***in Gefahr*** ~ être en danger
Schwed|e *m* Suédois; **~en** *n* la Suède; **꞊isch** suédois
Schwefel *m* soufre
schweig|en se taire; **꞊en** *n* silence *m*; **~sam** taciturne
Schwein *n* cochon *m*, porc *m*

Schweine|braten *m* rôti de porc; **~fleisch** *n* porc *m*; **~rei** *f* F *péj* cochonnerie(s) *f(pl)*; **~stall** *m* porcherie *f*
Schweiß *m* sueur *f*
schweißen *Tech* souder
Schweiz ***die ~*** la Suisse; ***in der ~*** en Suisse; ***die französische ~*** la Suisse romande
Schweizer *m* Suisse; *adj* suisse; ***~ Käse*** *m* gruyère
Schwelle *f* seuil *m* (*a fig*)
schwell|en *Med* enfler; **2ung** *f* enflure
schwer lourd; *schwierig* difficile; *Krankheit* grave; **~ krank** gravement malade; **~ verdaulich** indigeste; **~ verletzt** grièvement blessé; **~ verständlich** difficile à comprendre
Schwer|behinderte(r) *su* invalide; **2fällig** lourd; **2hörig** dur d'oreille; **~industrie** *f* industrie lourde; **~punkt** *m* centre *m* de gravité; *fig* point principal
Schwert *n* épée *f*
schwerwiegend grave, sérieux
Schwester *f* sœur
Schwieger|eltern *pl* beaux-parents *m/pl*; **~mutter** *f* belle-mère; **~sohn** *m* beau-fils, gendre; **~tochter** *f* belle-fille, bru; **~vater** *m* beau-père
schwierig difficile; **2keit** *f* difficulté
Schwimm|bad *n* piscine *f*; **~becken** *n* bassin *m*
schwimmen nager; *Sachen* flotter; ***~ gehen*** aller se baigner
Schwimm|er(in) *m(f)* nageur *m*, nageuse *f*; **~flosse** *f* palme; **~halle** *f* piscine couverte; **~weste** *f* gilet *m* de sauvetage
Schwind|el *m Med* vertige; F *Betrug* escroquerie *f*; **~ler** *m* escroc; *Lügner* menteur
schwindlig ***mir ist ~*** j'ai le vertige
schwing|en agiter; *Pendel* osciller; **2ung** *f* oscillation
Schwips F *m* ***e-n ~ haben*** être éméché
schwitzen suer
schwören jurer
schwul F homo, gay
schwül lourd, étouffant
Schwüle *f* chaleur étouffante
Schwule(r) *m* F homo, gay
Schwung *m* élan; *fig* entrain; **2voll** plein d'entrain
Schwur *m* serment
sechs six; **~hundert** six cents; **~te(r, -s)** sixième; **2tel** *n* sixième *m*
sech|zehn seize; **~zig** soixante
See[1] *m* lac
See[2] *f* mer; ***an der ~*** au bord de la mer
Seeblick *m* ***mit ~*** avec vue sur le lac *od* la mer
Seegang *m* 'houle *f*; ***starker od schwerer ~*** mer *f* forte
Seehund *m* phoque

seekrank ~ ***sein*** avoir le mal de mer; **⁀heit** *f* mal *m* de mer
Seel|e *f* âme; **⁀isch** psychique
See|luft *f* air *m* marin; **~mann** *m* marin; **~meile** *f* mille *m* marin; **~not** *f* détresse; **~stern** *m* étoile *f* de mer
Seeweg *m* voie *f* maritime; ***auf dem*** ~ par mer
Seezunge *f* sole
Segel *n* voile *f*; **~boot** *n* canot *m* à voiles; **~fliegen** *n* vol *m* à voile; **~flugzeug** *n* planeur *m*
segeln faire voile (***nach*** pour); *Sp* faire de la voile
Segel|schiff *n* voilier *m*; **~sport** *m* voile *f*
Segen *m* bénédiction *f*
sehen voir; ***vom*** ⁀ ***kennen*** connaître de vue
sehens|wert qui vaut la peine d'être vu; **⁀würdigkeit** *f* curiosité
Sehne *f* tendon *m*
sehnen ***sich*** ~ aspirer (***nach et*** à qc); s'ennuyer (***nach j-m*** de q)
Sehnenscheidenentzündung *f* tendinite
Sehn|sucht *f* besoin *m* (***nach*** de); impatience (de + *inf*); nostalgie (de); **⁀süchtig** plein de désir
sehr très; *mit Verben* beaucoup; ***zu*** ~ trop; ~ ***viel*** énormément
seicht peu profond, bas
Seide *f* soie
Seife *f* savon *m*
Seil *n* corde *f*; *starkes* câble *m*; **~bahn** *f* téléphérique *m*
sein être; exister; *sich befinden* se trouver; *stattfinden* avoir lieu; ***ich bins!*** c'est moi!; ***das wärs!*** voilà!; *beim Einkaufen* c'est tout
sein(e) son (sa); **~e** *pl* ses
seit (*D*) depuis; *cj* depuis que; ~ ***wann?*** depuis quand?
seitdem depuis; *cj* depuis que
Seite *f* côté *m*; *Buch*⁀ page
Seitensprung *m* ***e-n*** ~ ***machen*** avoir une aventure
Seiten|stechen *n* point *m* de côté; **~straße** *f* rue latérale; **~streifen** *m* accotement; **~wind** *m* vent de côté
Sekretärin *f* secrétaire
Sekt *m* (vin) mousseux
Sekunde *f* seconde
selbst même; ***ich*** ~ moi-même; ***von*** ~ de soi-même, tout seul; ~ ***gemacht*** (fait à la) maison
selbständig indépendant
Selbstauslöser *m* déclencheur automatique
Selbstbedienung *f* libre-service *m*; **~sladen** *m* libre-service; **~srestaurant** *n* self(-service) *m*
Selbst|beherrschung *f* maîtrise de soi; **⁀bewusst** conscient de sa valeur; **~disziplin** *f* autodiscipline; **~kostenpreis** *m* prix coûtant; **⁀los** désintéressé; **~mord** *m* suicide; **⁀sicher** sûr de soi; **⁀ständig** indépendant

Selbstverpflegung *f im Urlaub* **mit ~** sans pension
selbstverständlich naturel, normal; *adv* bien sûr; **das ist ~** cela va de soi
Sellerie *m od f* céleri *m*
selten rare; **≈heit** *f* rareté
seltsam étrange, bizarre
Semester *n* semestre *m*; **~ferien** *pl* vacances *f/pl* universitaires (entre les semestres d'études)
Semmel *f* petit pain *m*
send|en envoyer; *TV, Radio* diffuser; **≈er** *m* émetteur; *TV* chaîne *f*; *Radio* station *f* de radio; **≈ung** *f* envoi *m*; *TV, Radio* émission
Senf *m* moutarde *f*
Senioren *pl* **die ~** le troisième âge; **~heim** *n* maison *f* de retraite; **~pass** *m Bahn* carte *f* vermeil
senken *Kopf, Preise* baisser; *Fieber* faire baisser; **sich ~** *Boden* s'affaisser
senkrecht vertical
Sensation *f* sensation
Sense *f* faux
sensibel sensible
sentimental sentimental
September *m* septembre
Serb|e *m* Serbe; **~ien** *n* la Serbie; **≈isch** serbe
Serie *f* série; *TV* feuilleton *m*
Serpentine *f* lacet *m*
Serum *n* sérum *m*
Serv|ice *m* service; **≈ieren** servir; **~iererin** *f* serveuse; **~iette** *f* serviette (de table)
Servolenkung *f Kfz* direction assistée
Sessel *m* fauteuil; **~lift** *m* télésiège
setzen mettre, poser; **~ auf** (*A*) miser sur; **sich ~** s'asseoir
Seuche *f* épidémie
seufzen soupirer
Sex *m* sexe; *Geschlechtsverkehr* rapports *m/pl* sexuels
sexuell sexuel
Shampoo *n* shampo(o)ing *m*
Sherry *m* sherry, xérès
Shorts *pl* short *m*
Show *f* show *m*
sich se (*vor Vokal* s'); *nach prp* soi; **jeder für ~** chacun pour soi
Sichel *f* faucille
sicher sûr, certain; **≈heit** *f* sécurité
Sicherheits|gurt *m* ceinture *f* de sécurité; **~nadel** *f* épingle à nourrice; **~schloss** *n* serrure *f* de sûreté
sicherlich sûrement
sichern assurer
Sicherung *f El* fusible *m*
Sicht *f* vue; *Sichtweite* visibilité; **in ~** en vue; **auf lange ~** à long terme
sicht|bar visible; **≈vermerk** *m* visa; **≈weite** *f* **in ~** en vue
sie elle; *A* la (*vor Vokal* l'); *pl* ils (elles); *A* les; *betont u nach prp* eux (elles)
Sie *Anrede* vous
Sieb *n* passoire *f*

sieben sept; **~hundert** sept cents
sieb|te(r, -s) septième; **2tel** *n* septième *m*; **~zehn** dix-sept; **~zig** soixante-dix
Siedl|er *n* colon *m*; **~ung** *f* lotissement *m*
Sieg *m* victoire *f*
Siegel *n* sceau *m*, cachet *m*
siegen gagner; **~ *über*** (*A*) remporter une victoire sur, *fig u Sp* l'emporter sur
Sieger *m* vainqueur
siezen vouvoyer
Signal *n* signal *m*
Silbe *f* syllabe
Silber *n* argent *m*; **~medaille** *f* médaille d'argent
silbern argenté
Silvester *n* la Saint-Sylvestre
Sinfonie *f* symphonie
singen chanter
Single[1] *m* célibataire
Single[2] *f* single *m*
Singular *m* singulier
sinken *Preise, Temperatur* baisser; *Schiff* couler
Sinn *m* sens (***für et*** de qc); **2lich** sensuel; **2los** insensé; **2voll** sensé, judicieux
Sintflut *f* déluge *m*
Sitte *f* coutume; **~*n*** *pl* mœurs
sittlich moral
Sitz *m* siège; **2en** être assis; *Kleid* aller bien; **~platz** *m* place *f* assise; **~ung** *f* séance
Skala *f* échelle
Skandal *m* scandale
Skelett *n* squelette *m*
skeptisch sceptique
Ski *m* ski; ***~ laufen, ~ fahren*** skier
Ski|akrobatik *f* ski *m* acrobatique; **~anzug** *m* combinaison *f* de ski; **~fahrer(in)** *m(f)* s **~*läufer(in)***; **~gebiet** *n* domaine *m* skiable; **~kurs** *m* cours de ski; **~läufer(in)** *m* (*f*) skieur *m* (skieuse *f*); **~lehrer** *m* moniteur (de ski); **~lift** *m* téléski; **~pass** *m* forfait ski; **~sport** *m* ski; **~stiefel** *m* chaussure *f* de ski; **~träger** *m* *Kfz* porte-skis; **~urlaub** *m* vacances *f/pl* de neige; **~wachs** *n* fart *m*; **~wandern** *n* ski *m* de randonnée
Skizze *f* esquisse
Slip *m* slip
Skulptur *f* sculpture
Slowak|e *m* Slovaque; **~ei** *f* Slovaquie; **2isch** slovaque
SMS *Einrichtung n, Nachricht f* (*Short Message Service*) SMS *m*
so ainsi; ***~ groß wie*** aussi grand que; ***~ sehr*** tant, tellement; ***ich bin ~ weit*** je suis prêt; ***ach ~!*** ah bon!; ***~ dass*** *s* ***sodass***
sobald aussitôt que, dès que
Socke *f* chaussette
Sockel *m* piédestal
sodass de sorte que
Sodbrennen *n* aigreurs *f/pl* d'estomac
soeben tout à l'heure
Sofa *n* canapé *m*

sofort tout de suite, immédiatement
Software *f Inform* logiciel *m*
sogar même
Sohle *f Schuh*≗ semelle; *Fuß*≗ plante
Sohn *m* fils
solange tant que
Solar|energie *f* énergie solaire; **~ium** *n* solarium *m*
solche(r, -s) tel(le), pareil(le)
Soldat *m* soldat
Söldner *m* mercenaire
solide solide; *Person* sérieux
Solist(in) *m(f)* soliste
Soll *n Hdl* débit *m*
sollen devoir; ***du solltest...*** tu devrais...; ***sie soll sehr krank sein*** il paraît qu'elle est très malade; ***was soll das?*** à quoi ça rime?
Sommer *m* été *f*; ***im ~*** en été
Sommer|ferien *pl* vacances *f/pl* d'été; **≗lich** estival, d'été; **~schlussverkauf** *m* soldes *m/pl* d'été; **~sprossen** *f/pl* taches de rousseur; **~zeit** *f Uhrzeit* heure d'été
Sonder|... spécial; **≗bar** étrange; **~müll** *m* déchets *m/pl* dangereux
sondern mais; ***nicht nur ..., ~ auch*** non seulement ..., mais (encore)
Sonnabend *m* samedi
Sonne *f* soleil *m*; ***in der ~*** au soleil
sonnen ***sich ~*** prendre un bain de soleil
Sonnen|aufgang *m* lever du soleil; **~bad** *n* bain *m* de soleil; **~blende** *f Kfz* pare-soleil *m*; **~blume** *f* tournesol *m*; **~brand** *m* coup de soleil; **~brille** *f* lunettes *f/pl* de soleil; **~creme** *f* crème solaire; **~finsternis** *f* éclipse du soleil; **~öl** *n* huile *f* solaire; **~schein** *m* soleil; **~schirm** *m* parasol; **~schutzmittel** *n* produit solaire; **~stich** *m* insolation *f*; **~studio** *n* centre *m* de bronzage; **~untergang** *m* coucher du soleil
sonnig ensoleillé
Sonntag *m* dimanche
sonntags le dimanche
sonst autrement, sinon; *außerdem* à part cela; ***~ noch etwas?*** et avec ça *od* cela?; ***~ nichts (niemand)*** rien (personne) d'autre
sooft aussi souvent que
Sorge *f* souci *m*; ***sich ~n machen*** se faire des soucis (***um*** pour)
sorgen ***~ für*** s'occuper de; ***dafür ~, dass ...*** veiller à ce que ... (+ *subj*); ***sich ~ um*** s'inquiéter pour
sorg|fältig soigneux; **≗los** insouciant
Sort|e *f* sorte, espèce; **≗ieren** trier, classer; **~iment** *n* assortiment *m*
Soße *f* sauce
Souvenir *n* souvenir *m*
soviel ***~ ich weiß*** autant que je sache
sowie ainsi que

sowieso de toutes façons
sowohl ~ ... *als auch* aussi bien ... que
sozial social; **~demokratisch** social-démocrate; **~istisch** socialiste; **2hilfe** *f* aide sociale; **2versicherung** *f* assurance sociale; **2wohnung** *f* H.L.M. *m od f*
sozusagen pour ainsi dire
Spaghetti *pl* spaghetti *m/pl*
Spalte *f* fente, fissure; *Gletscher2* crevasse; *Zeitungs2* colonne
spalten (***sich ~*** se) fendre; *fig* (se) diviser
Späne *m/pl* copeaux
Spange *f* agrafe
Span|ien *n* l'Espagne *f*; **~ier** *m* Espagnol; **2isch** espagnol
Spann *m* cou-de-pied
Spanne *f Zeit2* laps *m* de temps
spann|en tendre; **~end** captivant; **2ung** *f* tension (*a El u fig*); *in Filmen* suspense *m*
Spar|buch *n* livret *m* de caisse d'épargne; **2en** épargner; *ein~* économiser (**an** *D* sur); **~er** *m* épargnant
Spargel *m* asperge *f*
Spar|kasse *f* caisse d'épargne; **2sam** *Person* économe; *Gerät* économique
Spaß *m* plaisanterie *f*; *Freude* plaisir; ***es macht (mir) ~*** cela me plaît beaucoup; ***er macht ~*** il plaisante; ***viel ~!*** amuse-toi (amusez-vous) bien
spaßen plaisanter
spät tard; ***wie ~ ist es?*** quelle heure est-il?; ***zu ~*** trop tard; F ***~ dran sein*** être à la bourre
Spaten *m* bêche *f*
später plus tard; ***bis ~!*** à tout à l'heure
spätestens au plus tard
Spätnachrichten *f/pl TV* dernier journal *m*
Spatz *m* moineau
spazieren *~ gehen* (aller) se promener
Spazier|gang *m* promenade *f*; **~stock** *m* canne *f*
Specht *m* pivert
Speck *m* lard
Spedit|eur *m* transporteur; **~ion** *f* entreprise de transport
Speer *n* javelot *m*
Speiche *f* rayon *m*
Speichel *m* salive *f*
Speicher *m Dachboden* grenier; *Warenlager* entrepôt; *Inform* mémoire *f*
speichern stocker; *Inform* mémoriser; *Text* sauvegarder
Speise *f Gericht* plat *m*; *Süß2* entremets *m*; *Nahrung* nourriture; **~eis** *n* glace *f*; **~karte** *f* carte; **~röhre** *f* œsophage *m*; **~saal** *m* salle *f* à manger; **~wagen** *m* wagon-restaurant
Spend|e *f* don *m*; **2en** *Blut, Geld* donner; **~er** *m* donateur; **2ieren** F offrir

Sperma *n* sperme *m*
Sperr|e *f* barrage *m*; **2en** *Straße* fermer à la circulation; *Grenze, Pass* fermer; *Hafen, Konto* bloquer; **~gebiet** *n* zone *f* interdite; **~holz** *n* contre-plaqué *m*; **2ig** encombrant; **~müll** *m* encombrants *m/pl*; **~stunde** *f* couvre-feu *m*
Spesen *pl* frais *m/pl*
Spezialist(in) *m(f)* spécialiste
Spezialität *f* spécialité
speziell spécial
Spiegel *m* miroir, glace *f*; **~ei** *n* œuf *m* sur le plat; **2glatt** *Straße* verglacé
spiegeln miroiter; ***sich ~*** se refléter
Spiel *n* jeu *m*; *Sp* match *m*; **~automat** *m* machine *f* à sous; **~bank** *f* casino *m*; **~dose** *f* boîte à musique; **2en** jouer (***Karten*** aux cartes); **~er** *m* joueur; **~feld** *n* terrain *m*; *Tennis* court *m*; **~film** *m* long-métrage; **~halle** *f* salle de jeu; **~karte** *f* carte (à jouer); **~kasino** *n* casino *m*; **~marke** *f* jeton *m*
Spielplan *m* programme; ***auf dem ~*** à l'affiche
Spiel|platz *m* terrain de jeu; **~regel** *f* règle du jeu; **~zeit** *f Theater* saison; **~zeug** *n* jouet *m*, joujou *m*
Spieß *m Kochk* broche *f*; ***am ~*** à la broche
Spinat *m* épinard
Spinn|e *f* araignée; **2en** filer; *fig* F déjanter; **~gewebe** *n* toile *f* d'araignée
Spion *m* espion; **~age** *f* espionnage *m*
Spirale *f* spirale; *Med* stérilet *m*
Spirituosen *pl* spiritueux *m/pl*
Spiritus *m* alcool; **~kocher** *m* réchaud à alcool
spitz pointu; *Winkel* aigu
Spitze *f* pointe (*a fig*); *Gipfel* sommet *m*; *Gewebe* dentelle; ***an der ~ stehen*** être en tête; F ***~!*** super!
Spitzel *m* mouchard
spitzen *Bleistift* tailler
Spitzen|geschwindigkeit *f* vitesse maximum, de pointe; **~leistung** *f Sp* record *m*
Spitzname *m* surnom
Splitter *m* éclat; *in der Haut* écharde *f*
Sponsor *m* sponsor
Sport *m* sport; ***~ treiben*** faire du sport
Sport|artikel *m/pl* articles de sport; **~flugzeug** *n* avion de tourisme; **~halle** *f* stade *m* couvert; **~kleidung** *f* vêtements *m/pl* de sport; **~ler** *m* sportif; **~lerin** *f* sportive; **2lich** sportif; **~platz** *m* terrain de sport; **~tauchen** *n* plongée *f* sous-marine; **~veranstaltung** *f* rencontre, compétition (sportive); **~verein** *m* club (sportif); **~wagen** *m* voiture *f* de sport

Spott *m* moquerie(s) *f(pl)*; **≈billig** donné; **≈en** se moquer (**über** *A* de)
spöttisch moqueur
Sprach|e *f* langue; **~enschule** *f* école *f* de langues; **~führer** *m* guide de conversation; **~kurs** *m* cours de langue
sprachlos interloqué
Spray *m od n* spray *m*; **~dose** *f* bombe
sprech|en parler (***mit*** à, avec; ***über*** *A* de); **≈er(in)** *m(f) TV, Radio* présentateur *m*, présentatrice *f*; *Wortführer(in)* porte-parole
Sprechstunde *f* heures *f/pl* de consultation; **~ *haben*** recevoir
Sprech|stundenhilfe *f neg!* secrétaire médicale; **~zimmer** *n* cabinet *m* de consultation
spreng|en faire sauter; *Garten* arroser; **≈stoff** *m* explosif
Sprichwort *n* proverbe *m*
Spring|brunnen *m* jet d'eau; **≈en** sauter; *Glas* se fêler
Sprit F *m* essence *f*
Spritz|e *f Med* seringue; *Einspritzung* piqûre; **≈en** jaillir, gicler; *Med* injecter
spröde *Nägel* cassant; *Lippen* sec; *Stimme* cassé; *fig* froid
Spruch *m* dicton; **~band** *n* banderole *f*, calicot *m*
Sprudel *m* eau *f* gazeuse
Sprüh|dose *f* atomiseur *m*; **~regen** *m* bruine *f*
Sprung *m* saut; *Riss* fêlure *f*; **~brett** *n*, **~schanze** *f* tremplin *m*; **~tuch** *n* toile *f* de sauvetage
Spuck|e *f* salive; **≈en** cracher
Spule *f* bobine
Spüle *f* évier *m*
spül|en *Geschirr* faire la vaisselle; *WC* tirer la chasse d'eau; *Gläser, Wäsche* rincer; **≈maschine** *f* lave-vaisselle *m*; **≈mittel** *n* liquide *m* vaisselle; **≈ung** *f WC* chasse d'eau
Spur *f Fuß≈* trace; *Ski≈, Tonband* piste; *Fahr≈* voie
spüren sentir
spurlos sans trace
Squash *n* squash [skwaʃ] *m*
Staat *m* État; **≈lich** de l'État, national; *adv* par l'État
Staats|angehörigkeit *f* nationalité; **~anwalt** *m*, **~anwältin** *f* procureur *m*; **~bürger(in)** *m(f)* citoyen(ne)
Stab *m* bâton; **~hochsprung** *m* saut à la perche
Stachel *m Bot* épine *f*; *Insekten≈* dard; **~beere** *f* groseille à maquereau; **~draht** *m* (fil de fer) barbelé
Stadion *n* stade *m*
Stadt *f* ville; **~bummel** *m* F tour *f* en ville
Städt|epartnerschaft *f* jumelage *m*; **≈isch** urbain; **~ *verwaltet*** municipal
Stadt|mitte *f* centre(-ville) *m*; **~plan** *m* plan de la ville; **~rand** *m* périphérie *f*; **~rundfahrt** *f* visite (guidée)

de la ville (en car); tour *m* de ville; **~teil** *m*, **~viertel** *n* quartier *m*
Stahl *m* acier; **~werk** *n* aciérie *f*
Stall *m* *Vieh*≈ étable *f*; *Pferde*≈ écurie *f*
Stamm *m* tronc; *Volks*≈ tribu *f*; *Gr* radical; **≈en** être originaire (**aus** de); **~gast** *m* habitué; **~kunde** *m* bon client
Stand *m* *Zu*≈ état; *Messe*≈ stand; **~bild** *n* statue *f*
Ständer *m* support
Stand|esamt *n* bureau *m* de l'état civil; **≈halten** (*D*) résister (à)
ständig constant; *adv* constamment
Stand|licht *n* feux *m/pl* de position; **~ort** *m* endroit; *e-r Firma* emplacement; **~punkt** *m* point de vue; **~spur** *f* bande d'arrêt d'urgence
Stange *f* perche; *Metall*≈ barre; *Zigaretten* cartouche
Stängel *m* tige *f*
Stapel *m* pile *f*; **~lauf** *m* mise *f* à l'eau, lancement *m*
stapeln empiler
Star *m* *Zo* étourneau, *Film*≈ star *f*; *Med* ***grauer ~*** cataracte; ***grüner ~*** glaucome
stark fort; *mächtig* puissant; *Verkehr* intense; *Raucher, Esser* gros
Stärke *f* force; *starke Seite* (point *m*) fort *m*; *Wäsche*≈ amidon *m*
stärken fortifier, renforcer; *Wäsche* amidonner; ***sich ~*** se restaurer
Starkstrom *m* courant fort *od* de haute tension
Stärkung *f* renforcement; *Imbiss* collation; **~smittel** *n* *Med* fortifiant *m*
starr *Blick* raide; *steif* rigide
Start *m* départ; *Flgw* décollage; *Kfz* démarrage; **~automatik** *f* starter *m* automatique; **~bahn** *f* piste de décollage; **≈en** partir; *Flgw* décoller; *Kfz* démarrer; **~er** *m* *Kfz* démarreur
Starthilfekabel *n* câbles *m/pl* de démarrage
Station *f* *U-Bahn* station; *Bus, Bahn* arrêt *m*; *im Krankenhaus* service *m*
stationär *Med* à l'hôpital; ***~e Behandlung*** *f* (traitement *m* nécessitant l')hospitalisation
Statist *m* figurant
Stativ *n* trépied *m*
statt au lieu de; **~finden** avoir lieu
Statue *f* statue
Stau *m* *Kfz* bouchon
Staub *m* poussière *f*; **≈ig** poussiéreux; **≈saugen** passer l'aspirateur; **~sauger** *m* aspirateur
Stau|damm *m* barrage; **≈en** *Wasser* retenir; ***sich ~*** s'amasser; *Verkehr* former un bouchon
staunen s'étonner (***über*** *A* de)

Stausee *m* lac de retenue
Steak *n* steak *m*, bifteck *m*
stech|en *Insekt* piquer; **~end** *Schmerz* lancinant; **2mücke** *f* moustique *m*; **2uhr** *f* pointeuse
Steck|brief *m* avis de recherche; **~dose** *f* prise (de courant)
stecken mettre (**in** *A* dans); *sich befinden* se trouver; **~ bleiben** rester bloqué
Steck|er *m* fiche *f* mâle; **~nadel** *f* épingle
Steg *m* *Boots*2 passerelle *f*
stehen être *od* se tenir debout; *sich befinden* se trouver; *Kleidung* **j-m (gut) ~** aller bien à q; **~ bleiben** s'arrêter
Stehlampe *f* lampadaire *m*
stehlen voler
Stehplatz *m* place *f* debout
steif raide (*a fig*)
steigen monter (**auf** *A* sur)
steig|ern augmenter; *verbessern* améliorer; **2erung** *f* augmentation; **2ung** *f* montée
steil raide, escarpé
Stein *m* pierre *f*; *Spiel*2 pion; *Obst*2 noyau; **~bruch** *m* carrière *f*; **~gut** *n* faïence *f*; **2ig** pierreux; **~kohle** *f* 'houille; **~schlag** *m* chute *f* de pierres
Stelldichein *n* rendez-vous *m*
Stelle *f* endroit *m*; *Arbeits*2 emploi *m*; *Text*2 passage *m*; **an deiner ~** à ta place
stellen mettre; *aufrecht* **~** mettre debout; *Uhr* régler; *Frage* poser
Stellenangebot *n* offre *f* d'emploi
Stellung *f* position; *berufliche* emploi *m*
Stellvertreter(in) *m(f)* suppléant(e), adjoint(e)
Stemp|el *m* tampon; **2eln** tamponner; *Post* oblitérer
Stengel *m s* **Stängel**
Stenotypistin *f* sténodactylo
Steppdecke *f* couette
Sterb|ehilfe *f* euthanasie; **2en** mourir; **~eurkunde** *f* acte *m* de décès; **2lich** mortel
Stereo *n* **in ~** en stéréo; **~anlage** *f* chaîne stéréo *od* hi-fi
steril stérile; *Instrumente* stérilisé; *fig* aseptisé
Stern *m* étoile *f*; **~bild** *n* constellation *f*; **~schnuppe** *f* étoile filante; **~warte** *f* observatoire *m*; **~zeichen** *n* signe *m* astrologique
stets toujours
Steuer[1] *n* *Mar* barre *f*; *Kfz* volant *m*
Steuer[2] *f* impôt *m* (**auf** sur); **~erklärung** *f* déclaration d'impôt; **2frei** non imposable
Steuermann *m* *Sp* barreur
steuern piloter; *Kfz a* conduire; *Tech* commander
steuer|pflichtig imposable; **2ung** *f* *Tech* commande; **2zahler** *m* contribuable
Steward *m* steward; **~ess** *f* hôtesse de l'air

Stich *m Insekten*2 piqûre *f*; *Messer*2 coup; *Näh*2 point; *Kupfer*2 gravure *f*; ***im ~ lassen*** abandonner
stichhaltig valable; ***nicht ~*** peu sérieux
sticke|n broder; **2rei** *f* broderie
stickig suffocant
Stickstoff *m* azote
Stiefel *m* botte *f*
Stief|mutter *f* belle-mère; **~sohn** *m* beau-fils; **~tochter** *f* belle-fille; **~vater** *m* beau-père
Stiel *m* manche *f*; *Bot* tige *f*
Stier *m* taureau; **~kampf** *m* corrida *f*
Stift *m Blei*2 crayon
stift|en *gründen* fonder; *spenden* donner; **2ung** *f* fondation
Stil *m* style
still calme; *schweigsam* silencieux; ***~!*** silence!; ***~ halten*** ne pas bouger
Stille *f* calme *m*; silence *m*
stillen *Kind* allaiter; *Schmerz, Durst* apaiser
Stimme *f* voix
stimm|en voter (***für*** pour; ***gegen*** contre); *Mus* accorder; ***das stimmt*** c'est vrai
Stimmrecht *n* droit *m* de vote
Stimmung *f* humeur; *Atmosphäre* ambiance; ***für ~ sorgen*** mettre de l'ambiance
stinken puer
Stipendium *n* bourse *f*
Stirn *f* front *m*; **~höhlenentzündung** *f* sinusite
Stock *m* bâton; *Spazier*2 canne *f*; *~werk* étage; **2en** s'arrêter; **~ung** *f* arrêt *m*; *Verkehrs*2 ralentissement *m*; **~werk** *n* étage *m*
Stoff *m* tissu; *Materie* matière *f*; **~tier** *n* (animal *m* en) peluche *f*; **~wechsel** *m* métabolisme
stöhnen gémir
stolpern trébucher (***über*** *A* sur)
stolz fier [fjɛr] (***auf*** *A* de)
Stolz *m* fierté *f*
stopfen *Pfeife* bourrer; *Wäsche* repriser
stopp|en *Auto* arrêter; *Zeit* chronométrer; *v/i anhalten* s'arrêter; **2schild** *n* stop *m*; **2uhr** *f* chronomètre *m*
Stöpsel *m* bouchon
Storch *m* cigogne *f*
stör|en déranger; *Ruhe* troubler; *Unterricht* perturber; *missfallen* déplaire; **2ung** *f* dérangement *m* (*a Tel*); *Tech a* panne; *Radio* parasites *m/pl*
Stoß *m* coup; *Stapel* tas; **~dämpfer** *m* amortisseur
stoßen pousser; ***~ gegen, an*** (*A*) heurter; ***auf j-n ~*** tomber sur q; ***sich ~ an*** (*D*) se cogner contre; *fig* être choqué par
Stoß|stange *f* pare-chocs *m*; **~verkehr** *m* embouteillages *m/pl* (aux heures de pointe); **~zeit** *f* heures *f/pl* de pointe

stottern bégayer
Str. (*Straße*) rue
Straf|anstalt *f* maison d'arrêt; **~anzeige** *f* plainte; **2bar** répréhensible
Straf|e *f* punition; *jur* peine; *Geld2* amende; **2en** punir
straff tendu, raide
straf|frei impuni; **2gefangene(r)** *su* détenu(e); **2gesetzbuch** *n* code *m* pénal; **2raum** *Sp m* surface *f* de réparation; **2recht** *n* droit *m* pénal; **2stoß** *m Sp* penalty; **2tat** *f* délit; **2zettel** *m* F P.V. (*procès verbal*)
Strahl *m* rayon; *Wasser2* jet; *Phys* **~en** *pl* radiations *f/pl*
strahl|en rayonner (*a fig*); *Uran* être radioactif; **2enschutz** *m* radioprotection *f*; **2ung** *f Phys* rayonnement *m*
Strähne *f* mèche
Stram|pelanzug *m* grenouillère *f*; **2peln** gigoter
Strand *m* plage *f*; ***am ~*** sur, à la plage
Strand|bad *n* plage *f*; **~gut** *n* épave *f*; **~korb** *m* fauteuil-cabine *m* (en osier); **~promenade** *f* front *m* de mer
Strapaz|e *f* fatigue; **2ierfähig** résistant, solide; **2iös** fatigant
Straßburg Strasbourg [-bur]
Straße *f* rue; *Fahr2* route; ***auf der ~*** dans la rue
Straßen|arbeiten *f/pl* travaux *m/pl* (de voirie); **~bahn** *f* tramway *m*; **~beleuchtung** *f* éclairage *m* des rues; **~café** *n* café *m* (avec terrasse); **~glätte** *f* verglas *m*; **~händler** *m* marchand ambulant; **~karte** *f* carte routière; **~lage** *f* tenue de route; **~netz** *n* réseau *m* routier; **~rand** *m* bas-côté; **~schild** *n* plaque *f* de rue; **~sperre** *f* barrage *m* routier; **~verkehr** *m* circulation *f*; **~verkehrsordnung** *f* code *m* de la route; **~zustand** *m* état des routes
sträuben ***sich ~ gegen*** s'opposer à
Strauch *m* arbrisseau
Strauß *m Zo* autruche *f*; *Blumen2* bouquet
streb|en aspirer (***nach*** à); **~sam** ambitieux
Strecke *f* distance; *Route* trajet *m*; *Bahn* ligne
strecken (***sich ~***) s')étendre
Streich *m fig* tour
streicheln caresser
streichen *an~* peindre; *Brote* tartiner (***mit*** de); *aus~* supprimer; *Name* rayer; *Flug usw* annuler
Streich|holz *n* allumette *f*; **~käse** *m* fromage à tartiner; **~instrument** *n* instrument *m* à cordes
Streife *f* patrouille
streifen effleurer
Streifen *m* bande *f*; *im Stoff* rayure *f*; **~wagen** *m* voiture *f* de police

Streik *m* grève *f*; **2en** faire grève
Streit *m* querelle *f*; *Wort2* dispute *f*; **2en** se quereller; se disputer; **~kräfte** *f/pl* forces
streng sévère; *Regeln* strict
Stress *m* stress
stressig stressant
Stretchhose *f* pantalon *m* (en) stretch
streuen répandre; ***Zucker auf et*** (*A*) **~** saupoudrer qc de sucre
Strich *m* trait; F *Prostitution* trottoir
Strick *m* corde *f*; **2en** tricoter; **~jacke** *f* gilet *m*; **~nadeln** *f/pl* aiguilles à tricoter; **~waren** *f/pl* articles *m/pl* en tricot; **~zeug** *n* tricot *m*
strikt strict
Striptease *m* strip-tease
strittig controversé
Stroh *n*, **~halm** *m* paille *f*; **~hut** *m* chapeau de paille
Strom *m* fleuve; *El* courant; **~anschluss** *m* prise *f* de courant; **~ausfall** *m* panne *f* d'électricité
strömen couler (à flots); *Menschenmenge* affluer
Stromstärke *f* intensité du courant
Strömung *f* courant *m*
Stromverbrauch *m* consommation *f* de courant
Strumpf *m* bas; **~hose** *f* collant(s) *m*(*pl*)
Stück *n* morceau *m* (*a Mus*); *e-r Sammlung* pièce *f* (*a Theater*); ***5 Euro pro ~*** 5 euros (la) pièce
Student(in) *m*(*f*) étudiant(e)
Studenten|ausweis *m* carte *f* d'étudiant; **~(wohn)heim** *n* foyer *m* d'étudiants
studi|eren faire ses études; *et* étudier; **2um** *n* études *f/pl*
Stufe *f* marche
Stuhl *m* chaise *f*
Stuhlgang *m* selles *f/pl*
stumm muet
Stummel *m* bout; *Zigaretten2* mégot
Stummfilm *m* film muet
stumpf *Messer* émoussé; *fig Blick* terne; **~sinnig** stupide
Stunde *f* heure; *Schul2* cours *m*, leçon
Stunden|kilometer *m/pl* kilomètres-heure; **2lang** pendant des heures; **~lohn** *m* salaire horaire; **~plan** *m* emploi du temps
stündlich toutes les heures
stur entêté
Sturm *m* tempête *f*
stürm|en *Sp* attaquer; *Mil* prendre d'assaut (*a fig*); **2er** *m Sp* avant; **~isch** orageux; *fig* impétueux; *Beifall* frénétique
Sturz *m* chute *f* (*a fig u Pol*)
stürzen tomber (***auf j-n*** sur q); *et u fig* renverser; ***sich ~ auf*** (*A*) se jeter sur
Sturzhelm *m* casque
Stute *f* jument
Stütze *f* soutien *m* (*a fig*)
stützen soutenir (*a fig*); ***sich***

~ ***auf*** (*A*) s'appuyer sur
Subjekt *n Gr* sujet; *péj* individu; **꞉iv** subjectif
Substantiv *n* substantif *m*
Substanz *f* substance
subtrahieren soustraire
Such|e *f* recherche (***nach*** de); **꞉en** chercher; *intensiv* rechercher; **~er** *m Fot* viseur
Sucht *f* manie (***nach*** de); *Abhängigkeit* dépendance (à)
süchtig dépendant
Süd|deutschland *n* l'Allemagne *f* du Sud; **~en** *m* sud; **~frankreich** *n* le Midi; **~früchte** *f/pl* fruits *m/pl* tropicaux
südlich du sud; ~ ***von*** au sud de
Süd|osten *m* sud-est; **~westen** *m* sud-ouest; **~wind** *m* vent du sud
Sülze *f* museau *m*
Summe *f* somme
Sumpf *m* marais
Sünde *f* péché *m*
super F super
Super *n*, **~benzin** *n* super *m*; **~markt** *m* supermarché
Supp|e *f* soupe, potage *m*; **~enlöffel** *m* cuillère *f* à soupe; **~enteller** *m* assiette *f* creuse
surfen *windsurfen* faire de la planche à voile; *wellenreiten* faire du surf, surfer; ***im Internet*** ~ naviguer sur Internet
süß sucré; *niedlich* mignon; **~en** sucrer; **꞉igkeiten** *f/pl* friandises; **~sauer** aigre-doux; **꞉speise** *f* entremets *m*; **꞉stoff** *m* édulcorant
Swimmingpool *m* piscine *f*
sympathisch sympathique
Symptom *n* symptôme *m*
Synagoge *f* synagogue
synthetisch synthétique
System *n* système *m*; **꞉atisch** systématique
Szene *f* scène; *Milieu* milieux *m/pl*

T

Tabak *m* tabac [-a]; **~laden** *m* bureau de tabac
tabel|larisch sous forme de tableau; **꞉le** *f* tableau *m*
Tablett *n* plateau *m*
Tablette *f* comprimé *m*
Tachometer *m Kfz* compteur (de vitesse)
Tadel *m* blâme; **꞉los** irréprochable
tadeln blâmer
Tafel *f Schild* panneau *m*; *Schule* tableau *m*; *Tisch* table; *Schokolade* tablette
Tag *m* jour, journée *f*; ***guten ~!*** bonjour!; ***am ~e*** de jour; ***am nächsten*** ~ le lendemain
tagelang *adv* des jours entiers
Tages|gericht *n* plat *m* du

jour; **~karte** *f* billet *m* valable pour la journée; *im Restaurant* menu *m* du jour; **~licht** *n* (lumière *f* du) jour *m*; **~mutter** *f* nourrice; **~ordnung** *f* ordre *m* du jour; **~schau** *f TV* journal *m* télévisé; **~zeitung** *f* quotidien *m*
täglich quotidien; *adv* tous les jours; ***zweimal*** ~ deux fois par jour
tagsüber pendant la journée
Tagung *f* congrès *m*
Taille *f* taille
Takt *m Mus* mesure *f*; *~gefühl* tact; **2los** sans tact; *Frage* indiscret; **~stock** *m* baguette *f*; **2voll** plein de tact; *adv* avec tact
Tal *n* vallée *f*
Talent *n* talent *m*
Talg *m* suif
Talsperre *f* barrage *m*
Tampon *m* tampon
Tang *m* varech [-k]
Tango *m* tango
Tank *m* réservoir; **2en** prendre de l'essence; *voll* faire le plein; **~er** *m Mar* pétrolier; **~stelle** *f* station-service; **~wart** *m* pompiste
Tanne *f* sapin *m*
Tante *f* tante
Tanz *m* danse *f*; **2en** danser
Tänzer *m* danseur; **~in** *f* danseuse
Tanz|lokal *n* dancing *m*; **~musik** *f* musique de danse
Tapete *f* papier *m* peint
tapfer courageux
Tarif *m* tarif; **~partner** *m/pl* partenaires sociaux; **~vertrag** *m* convention *f* collective
Tasche *f an der Kleidung* poche; *Einkaufs2, Hand2* sac *m*
Taschen|buch *n* livre *m* de poche; **~dieb** *m* pickpocket; **~geld** *n* argent *m* de poche; **~lampe** *f* lampe de poche; **~messer** *n* canif *m*; **~rechner** *m* calculette *f*; **~tuch** *n* mouchoir *m*
Tasse *f* tasse
Tastatur *f* clavier *m*
Tast|e *f* touche; **~entelefon** *n* téléphone *m* à touches
Tat *f* action, acte *m*; *Verbrechen* crime *m*; ***in der*** ~ en effet
Tatbestand *m* faits *m/pl*
Täter(in) *m(f)* auteur *m* du délit, du crime
tätig actif; ***in e-r Bank*** ~ ***sein*** travailler dans une banque
Tätigkeit *f* activité
Tatort *m* lieu du crime
Tat|sache *f* fait *m*; **2sächlich** vrai(ment), réelle(ment)
Tatze *f* patte
Tau[1] *n* cordage *m*
Tau[2] *m* rosée *f*
taub sourd
Taube *f* pigeon *m*
taubstumm sourd-muet
tauchen plonger
Taucher *m* plongeur; *mit ~anzug* scaphandrier; **~brille** *f* masque *m* de plongée
Tauch|sieder *m* thermo-plongeur; **~sport** *m* plon-

gée *f* (sous-marine)
tauen fondre; ***es taut*** il dégèle
Tauf|e *f* baptême [-at-] *m*; **2en** baptiser [-at-]; **~pate** *m* parrain; **~patin** *f* marraine
taugen être bon (***zu, für*** pour); ***nichts ~*** *Sache* ne rien valoir; *Person* n'être bon à rien
tauglich bon (***zu, für*** pour); *Mil* apte au service
Tausch *m* échange; **2en** échanger (***gegen*** contre); *Geld* changer
täusch|en tromper; ***sich ~*** se tromper (***in*** *D* sur); **2ung** *f* tromperie; *Sinnes2* illusion
tausend mille; **2er** F *m* billet de mille; **2stel** *n* millième *m*
Tauwetter *n* dégel *m*
Taxi *n* taxi *m*; **~fahrer** *m* chauffeur de taxi; **~stand** *m* station *f* de taxis
Team *n* équipe *f*; **~arbeit** *f*, **~work** *n* travail *m* en équipe
Techn|ik *f* technique [-k-]; **~iker** *m* technicien [-k-]; **~ologie** *f* technologie [-k-]
technisch technique [-k-]
Tee *m* thé; *Kräuter2* infusion *f*, tisane *f*; **~beutel** *m* sachet de thé; **~gebäck** *n* gâteaux *m/pl* secs; **~kanne** *f* théière; **~löffel** *m* cuillère *f* à café
Teer *m* goudron
Tee|sieb *n* passe-thé *m*; **~tasse** *f* tasse à thé
Teich *m* étang
Teig *m* pâte *f*; **~waren** *f/pl* pâtes (alimentaires)
Teil *n od m* partie *f*; *An2* part *f*; ***zum ~*** en partie
teilen (***sich ~*** se) diviser (***in*** *A* en); *auf~* partager (***mit*** avec)
Teil|haber *m* associé; **2nahme** *f* participation (***an*** *A* à); *An2* sympathie
teilnehm|en participer (***an*** *D* à); **2er** *m* participant
teil|s en partie; **2ung** *f* division; partage *m*; **~weise** partiel; *adv* en partie; **2zahlung** *f* paiement *m* à tempérament; **2zeitarbeit** *f* travail *m* à temps partiel
Telefax *n* télécopie *f*
Telefon *n* téléphone *m*; **~anruf** *m* appel (téléphonique), coup de téléphone; **~buch** *n* annuaire *m*; **~gespräch** *n* conversation *f* téléphonique; **2ieren** téléphoner (***mit*** à); **2isch** par téléphone; **~istin** *f* standardiste; **~karte** *f* télécarte; **~nummer** *f* numéro *m* de téléphone; **~zelle** *f* cabine téléphonique; **~zentrale** *f* central *m* (téléphonique); *e-r Firma* standard *m*
telegrafieren télégraphier
Telegramm *n* télégramme *m*
Teleobjektiv *n* téléobjectif *m*
Telex *n* télex *m*
Teller *m* assiette *f*
Tempel *m* temple
temperamentvoll plein d'entrain, de fougue
Temperatur *f* température
Tempo *n* vitesse *f*, allure *f*;

Mus tempo *m*; **~limit** *n* limitation *f* de vitesse
Tendenz *f* tendance
Tennis *n* tennis *m*; **~ball** *m* balle *f* de tennis; **~platz** *m* court [kur] (de tennis); **~schläger** *m* raquette *f*
Teppich *m* tapis; **~boden** *m* moquette *f*
Termin *m* date *f*; *beim Arzt usw* rendez-vous; **~kalender** *m* agenda
Terrasse *f* terrasse
Terrine *f* soupière
Terror|anschlag *m* attentat terroriste; **~ist(in)** *m(f)* terroriste
Tesafilm® *m* scotch®
Test *m* test
Testament *n* testament
testen tester
Tetanus *m* tétanos
teuer cher; ***wie ~ ist das?*** combien ça coûte?; ***zu ~*** trop cher
Teufel *m* diable
Text *m* texte
Textilien *pl* textiles *m/pl*
Textverarbeitung *f* traitement *m* de texte
Thailand *n* la Thaïlande
Theater *n* théâtre *m*; *fig* ***~ machen*** faire des histoires
Theater|stück *n* pièce *f* (de théâtre); **~vorstellung** *f* représentation (théâtrale)
Theke *f* comptoir *m*
Thema *n* sujet *m*, thème *m*
Theorie *f* théorie
Therapie *f* thérapie
Therm|albad *n* station *f* thermale; **~ometer** *n* thermomètre *m*; **~osflasche** *f* thermos
Thunfisch *m* thon
Thüringen *n* la Thuringe
Thymian *m* thym
tief profond; *niedrig* bas; *Stimme* grave; *Teller* creux
Tief *n*, **~druckgebiet** *n* zone *f* de basse pression
Tiefe *f* profondeur
Tief|garage *f* parking *m* souterrain; **2gekühlt** surgelé
Tiefkühl|fach *n* freezer [-zœr]; **~kost** *f* surgelés *m/pl*; **~truhe** *f* congélateur *m*
Tier *n* animal *m*; **~arzt** *m* vétérinaire; **~garten** *m* zoo; **~versuche** *m/pl* expérimentation *f* animale
Tiger *m* tigre
tilgen *Schulden* rembourser
Tint|e *f* encre; **~enfisch** *m* seiche *f*
Tipp *m* F *Hinweis* tuyau
tippen taper à la machine; *wetten* parier (***auf*** *A* sur); *im Lotto, Toto* jouer
Tisch *m* table *f*; ***bei ~*** à table
Tischler *m* menuisier
Tisch|tennis *n* ping-pong *m*; **~tuch** *n* nappe *f*; **~wein** *m* vin de table
Titel *m* titre
Toast *m* toast; **~er** *m* grille-pain
toben être furieux; *Kinder* faire les fous
Tochter *f* fille
Tod *m* mort *f*

Todes|anzeige *f* faire-part *m* de décès; **~opfer** *n* mort *m*; **~strafe** *f* peine de mort
tödlich mortel
todmüde mort de fatigue
Tofu *m* tofu
Toilett|e *f* toilettes *f/pl*, W.-C. *m(pl)*; **~enpapier** *n* papier *m* hygiénique
toll fou; F *großartig* super; **②wut** *f* rage; **~wütig** enragé
Tomat|e *f* tomate; **~ensaft** *m* jus de tomates
Ton[1] *m Lehm* argile *f*; (terre *f*) glaise *f*
Ton[2] *m* ton; *Film, TV usw* son
Tonband *n* bande *f* magnétique; **~gerät** *n* magnétophone *m*
tönen *Haar* teindre
Tonfilm *m* film parlant
Tonne *f* tonneau *m*; *Maß* tonne
Tönung *f* coloration
Topf *m* pot; *Koch②* faitout, marmite *f*
Topfen *m österr* fromage blanc
Töpferwaren *f/pl* poteries
Tor *n* porte *f*; *Sp* but *m*
Torf *m* tourbe *f*
töricht fou
Torschütze *m* buteur
Törtchen *n* tartelette *f*
Torte *f* gâteau *m*; *Obst②* tarte
Torwart *m* gardien de but
tot mort
total total; **②ausverkauf** *m* liquidation *f* totale
Totalschaden *m Kfz* destruction *f* totale du véhicule
Tote(r) *su* mort(e)
töten tuer
Totenschein *m* acte de décès
Toto *n* loto sportif; **~schein** *m* bulletin du loto sportif
Totschlag *m* homicide
Toupet *n* postiche *m*
Tour *f* tour *m* (**durch** de); *Ausflug* excursion; *Route* itinéraire *m*; **~ismus** *m* tourisme; **~ist** *m* touriste; **~istenklasse** *f* classe touriste; **~istik** *f* tourisme *m*; **~istin** *f* touriste
Trab *m* trot; **②en** trotter
Tracht *f* costume *m* régional
Tradition *f* tradition
Trag|bahre *f* civière; **②bar** portable, portatif
träge indolent; *faul* paresseux
tragen porter; ***bei sich* ~** avoir sur soi
Träger *m Kleidung* bretelle *f*; *Arch* poutre *f*
Tragetasche *f* sac *m*
Trag|fläche *f* aile; **~flügelboot** *n* hydroptère *m*
trag|isch tragique; **②ödie** *f* tragédie
Tragweite *f* portée
Trai|ner *m* entraîneur; **②nieren** (s')entraîner; **~ning** *n* entraînement *m*; **~ningsanzug** *m* survêtement
Traktor *m* tracteur
tramp|en faire du stop; **②er** *m* auto-stoppeur
Trän|e *f* larme; **~engas** *n* gaz *m* lacrymogène
Transfer *m* tranfert

Transistor(radio) *m(n)* transistor *m*
Transitverkehr *m* trafic de transit
Transport *m* transport; **≈fähig** transportable; **≈ieren** transporter; **~kosten** *pl* frais *m/pl* de transport
Traube *f Wein≈* (grain *m* de) raisin *m*; *Bot* grappe (*a fig*); ***~n kaufen*** acheter du raisin
Trauben|saft *m* jus de raisin; **~zucker** *m* glucose *m*
trauen ***j-m ~*** avoir confiance en q; ***sich ~ zu*** oser (+ *inf*); *v/t* marier; ***sich ~ lassen*** se marier
Trauer *f* deuil *m*; **~feier** *f* funérailles *f/pl*
trauern être en deuil; ***um j-n ~*** pleurer (la mort de) q
Traum *m* rêve
träumen rêver
traurig triste; **≈keit** *f* tristesse
Trau|ring *m* alliance *f*; **~schein** *m* acte de mariage; **~ung** *f* mariage *m*; **~zeuge** *m* témoin du (de la) marié(e)
Treff *n* trèfle *m*
treffen *Ziel* toucher; *begegnen* (***sich ~*** se) rencontrer; *kränken* blesser; *Entscheidung* prendre
Treffen *n* rencontre *f*
treff|end juste; **≈punkt** *m* (lieu de) rendez-vous
treiben pousser; *Sp*, *Studien*, *Handel* faire; *auf dem Wasser* dériver
Treibhaus *n* serre *f*; **~effekt** *m* effet de serre
Treibstoff *m* carburant
trenn|en (***sich ~*** se) séparer (***von*** de); **≈ung** *f* séparation; **≈wand** *f* cloison
Treppe *f* escalier *m*
Treppen|geländer *n* rampe *f*; **~haus** *n* cage *f* d'escalier
Tresor *m* coffre-fort
Tretboot *n* pédalo *m*
treten *j-n* donner un coup de pied à; ***auf et*** (*A*) **~** marcher sur qc; ***auf die Bremse ~*** appuyer sur le frein
treu fidèle, loyal
Treu|e *f* fidélité, loyauté; **≈los** infidèle, déloyal
Tribüne *f* tribune
Trichter *m* entonnoir
Trick *m* truc; **~film** *m* dessins *m/pl* animés
Trieb|kraft *f* force motrice; **~wagen** *m* automotrice *f*; **~werk** *n Flgw* réacteur *m*
Trier Trèves
Trikot *n Sp* maillot *m*
trink|bar buvable; *Wasser* potable; **~en** boire; **≈geld** *n* pourboire *m*; **≈wasser** *n* eau *f* potable
Tritt *m* pas; *Fuß≈* coup de pied; **~brett** *n* marchepied *m*
trocken sec (*a Wein*); **≈haube** *f* séchoir *m*; **≈heit** *f* sécheresse; **≈milch** *f* lait *m* en poudre
trockn|en sécher; **≈er** *m Wäsche≈* sèche-linge
Trödelmarkt *m* marché aux puces

Trommel *f* tambour *m*
Trommelfell *n* tympan *m*
trommeln battre le tambour
Trompete *f* trompette
Tropen *pl* tropiques *m/pl*; ***in den ~*** sous les tropiques
Tropf *m Med* ***am ~ hängen*** être sous perfusion
tropfen *Wasserhahn* goutter
Tropfen *m* goutte *f*
tropisch tropical
Trost *m* consolation *f*
trösten consoler (***über*** A de); ***sich ~*** se consoler (***mit*** avec)
trost|los désolant; *öde* désolé; **≗preis** *m* prix de consolation
trotz (*G*) malgré; ***~ allem*** malgré tout
Trotz *m* obstination *f*; **≗dem** quand même; **≗ig** obstiné
trübe *Flüssigkeit* trouble; *glanzlos* terne; *Wetter* sombre; *fig* triste
Trubel *m* tumulte
trübsinnig mélancolique
Trüffel *f* truffe
trügerisch trompeur
Truhe *f* coffre *m*, bahut *m*
Trümmer *pl* décombres *m/pl*
Trumpf *m* atout
Trunkenheit *f* ***~ am Steuer*** conduite en état d'ivresse
Trunksucht *f* alcoolisme *m*
Trupp *m* bande *f*; *Arbeits≗* équipe *f*
Truppe *f* troupe; *Theater a* compagnie
Truthahn *m* dindon
Tschech|e *m* Tchèque; **~ien** *n* la République tchèque; **≗isch** tchèque
tschüs(s)! F salut!
Tube *f* tube *m*
Tuch *n* drap *m*; *Kopf≗, Hals≗* foulard *m*; *Staub≗* chiffon *m*
tüchtig bon; *fähig* capable; *fleißig* travailleur; F *adv* beaucoup
tückisch perfide, sournois
Tugend *f* vertu
Tulpe *f* tulipe
Tumor *m* tumeur *f*
Tümpel *m* mare *f*
Tumult *m* tumulte
tun faire; *hin~* mettre; ***so ~, als ob*** faire semblant de
Tunes|ien *n* la Tunisie; **~ier** *m* Tunisien; **≗isch** tunisien
Tunfisch *m* thon
Tunnel *m* tunnel
Tür *f* porte
Turbine *f* turbine
turbulent turbulent
Türke *m* Turc
Türkei ***die ~*** la Turquie
Türkis *m* turquoise *f*
türkisch turc
Türklinke *f* poignée de porte
Turm *m* tour *f*; *Kirch≗* clocher; **~uhr** *f* horloge
turn|en faire de la gymnastique; **≗er(in)** *m(f)* gymnaste; **≗halle** *f* gymnase
Turnier *n* tournoi *m*
Turnschuh *m* tennis; *knöchelhoher* basket *f*
Turnus *m* roulement
Tusche *f* encre de Chine
Tüte *f* sac *m* en papier *od* en

plastique; *spitze* cornet *m*
TÜV *m* (*Technischer Überwachungsverein*) *Kfz* (centre de) contrôle technique
Typ *m* type
Typhus *m* (fièvre *f*) typhoïde *f*
typisch typique (**für** de)

U

U-Bahn *f* métro *m*; **~-Station** *f* station de métro
übel mauvais; ***mir ist*** **~** je me sens mal; **~ *nehmen*** prendre mal; ***ich nehme es ihm nicht*** **~** je ne lui en veux pas
Übelkeit *f* envie de vomir
üben exercer
über (*A*, *D*) au-dessus de; *auf* sur; *mehr als* plus de; ***reisen*** **~** passer par; ***sprechen*** **~** parler de; **~ *Nacht*** pendant la nuit
überall partout
überanstrengen ***sich*** **~** se surmener
über|backen *Kochk* gratiné; **~belichtet** surexposé; **~bieten** *j-n* enchérir sur; *Rekord* battre; **²bleibsel** *n* reste *m*
Überblick *m* vue *f* d'ensemble; *Darstellung* résumé; **²en** embrasser d'un coup d'œil
überbring|en remettre; **²er** *m* porteur
über|dacht couvert; **~dauern** survivre à; **~denken** réfléchir à; **~durchschnittlich** au dessus de la moyenne; **~eilt** précipité
übereinander l'un sur l'autre
übereinkommen **~, *dass*** convenir de (+ *inf*)
übereinstimmen être d'accord (**mit** avec)
überfahren *j-n* renverser
Überfahrt *f* traversée
Überfall *m* attaque *f* (**auf** *A* de), agression *f* (de); **²en** *Bank* attaquer; *j-n* agresser; *fig* F débarquer chez
über|fliegen survoler; **²fluss** *m* abondance *f* (**an** *D* de); **~flüssig** superflu; **~fluten** inonder; **~fordern** *j-n* demander trop à; **~führen** *Leiche* transférer; *Verbrecher* convaincre (***e-r Sache*** *G* de qc); **²führung** *f Bahn* passage *m* supérieur; **~füllt** *Saal* comble; *Zug usw* bondé; **²gabe** *f* remise; **²gang** *m* passage; *fig* transition *f*; **²gangszeit** *f* période transitoire; *Jahreszeit* demi-saison
übergeben remettre; ***sich*** **~** vomir
übergehen *übersehen* ignorer; **~ *zu*** passer à
Über|gepäck *n* excédent *m* de bagages; **~gewicht** *n* excédent *m* de poids; *fig* prédominance *f*

überhaupt en général; **~ *nicht*** pas du tout
über|heblich arrogant; **~holen** *Kfz* doubler, dépasser; *Tech* réviser; **~holt** périmé; **2holverbot** *n* interdiction de dépasser; **~laden** *adj* surchargé (*a fig*); **~lassen** laisser, céder; **~laufen¹** *Gefäß* déborder; **~laufen²** *adj* envahi; **~leben** survivre; **2lebende(r)** *su* survivant(e); **~legen¹** réfléchir (***et*** sur qc); **~legen²** *adj* supérieur; **2legung** *f* réflexion; **~mäßig** excessif; **~mitteln** transmettre; **~morgen** après-demain; **~müdet** surmené
übernachten passer la nuit
Übernachtung *f* nuit (à l'hôtel); **~ *und Frühstück*** chambre et petit déjeuner
über|nehmen *Arbeit* se charger de; *Verantwortung* assumer; **~prüfen** vérifier; **~queren** traverser; **~ragen** dépasser
überrasch|en surprendre; **~end** surprenant; **2ung** *f* surprise
über|reden persuader (***zu et*** de faire qc); **~reichen** remettre; **~rumpeln** prendre au dépourvu; **~schätzen** surestimer
überschlagen *Kosten* faire un calcul rapide; *Seite* sauter; ***sich ~*** *Kfz* capoter
überschneiden *sich ~* *Linien* se croiser; *zeitlich* coïncider
über|schreiten franchir; **2schrift** *f* titre *m*; **2schuss** *m* excédent (***an*** *D* de); **2schwemmung** *f* inondation; **~seeisch** d'outre-mer
übersehen *nicht bemerken* ne pas voir; ***das habe ich ~*** cela m'a échappé
übersenden envoyer
übersetz|en *Text* traduire; *mit der Fähre* passer sur l'autre rive; **2er** *m* traducteur; **2erin** *f* traductrice; **2ung** *f* traduction
Übersicht *f* vue d'ensemble; *Zusammenfassung* résumé *m*; **2lich** clair
über|siedeln aller s'établir (***nach*** à); **~springen** sauter; **~steigen** *fig* dépasser; **2stunden** *f/pl* heures supplémentaires; **~stürzt** précipité; **~tragen** *Radio, TV, Krankheit* transmettre; **2tragung** *f* transmission; **~treffen** surpasser; **~treiben** exagérer; **2treibung** *f* exagération; **~treten** *Gesetz* enfreindre; **~völkert** surpeuplé; **~wachen** surveiller; **~wältigen** vaincre; **~wältigend** grandiose; *Mehrheit* écrasant
überweis|en *Geld* virer; *Patienten* envoyer (***zu*** chez); **2ung** *f* virement *m*
über|wiegen prédominer; **~wiegend** *adv* principalement; **~winden** vaincre; **~zeugen** convaincre (***von***

de); **℮zeugung** *f* conviction
überziehen *Mantel* mettre; (***sein Konto***) ~ avoir un découvert (***um*** de); ~ ***mit*** recouvrir de
Überzug *m* couverture *f*
üblich habituel, d'usage
U-Boot *n* sous-marin *m*
übrig restant; ~ ***bleiben*** rester; ~ ***lassen*** laisser
übrigens du reste, d'ailleurs
Übung *f* exercice *m*
Ufer *n* rive *f*; *Meer* rivage *m*
Uhr *f* montre; *Turm℮* horloge; ***wie viel ~ ist es?*** quelle heure est-il?; ***es ist ein ~*** il est une heure; ***um wie viel ~?*** à quelle heure?
Uhr|armband *n* bracelet *m* (pour montre); **~macher** *m* horloger; **~zeiger** *m* aiguille *f*; **~zeit** *f* heure
Uhu *m* grand duc
UKW (*Ultrakurzwelle*) FM *f* (*modulation de fréquence*)
Ulme *f* orme *m*
um (*A*) *örtlich* ~ (***… herum***) autour de; *zeitlich* aux environs de, vers; *Uhrzeit* à; ~ ***drei*** (***Uhr***) à trois heures; ~ ***jeden Preis*** à tout prix; ~ ***zu*** pour; *s* ***besser***
um|armen embrasser; **℮bau** *m* transformations *f/pl*; **~binden** *Tuch* mettre; **~blättern** tourner la page; **~bringen** F tuer
umdreh|en tourner; ***sich*** ~ se retourner (***nach*** vers); **℮ung** *f* tour *m*
um|fallen tomber; **℮fang** *m* *Größe* étendue *f*; *Menge* volume; **~fangreich** volumineux; **~fassen** comprendre; **℮frage** *f* enquête; **~füllen** transvaser
umgänglich sociable
Umgangs|formen *f/pl* (bonnes) manières; **~sprache** *f* langage *m* familier
umgeb|en entourer (***mit*** de); **℮ung** *f* *e-r Person* entourage *m*; *e-s Ortes* environs *m/pl*
umgehen *Hindernis, Gesetz* contourner; *fig vermeiden* éviter; ***mit j-m*** ~ traiter q
umgehend *adv* immédiatement
Umgehungsstraße *f* rocade
umgekehrt inverse, contraire; *adv* inversement; ***und*** ~ et vice versa
Umhängetasche *f* sac *m* à bandoulière
Umkehr *f* retour *m*; **℮en** faire demi-tour; *Taschen* retourner
umkippen renverser; *v/i* se renverser; F *ohnmächtig werden* tomber dans les pommes
Umkleideraum *m* vestiaire *m*
umkommen périr, être tué (***bei*** dans)
Umkreis *m* ***im ~ von*** dans un rayon de
umleit|en dévier; **℮ung** *f* déviation
um|liegend environnant; **~packen** *Koffer* refaire;

~pflanzen transplanter; **~quartieren** loger ailleurs
umrech|nen convertir (***in*** *A* en); **Ձnungskurs** *m* taux de change
um|ringen entourer; **Ձrisse** *m/pl* contours; **~rühren** remuer; **Ձsatz** *m Hdl* chiffre d'affaires
Um|schlag *m Med* compresse *f*; *Brief*Ձ enveloppe *f*; *Buch*Ձ jaquette *f*; **Ձschlagen** *v/i Boot* chavirer; *Wetter* changer brusquement; **Ձschulen** *Berufstätige* recycler, reconvertir; **~schwung** *m* changement brusque, revirement
umsehen ***sich ~*** *zurücksehen* se retourner; *ringsherum* regarder autour de soi; ***sich in der Stadt ~*** faire un tour en ville; ***sich nach et ~*** chercher qc
um|sichtig circonspect; **Ձsiedler** *m* personne *f* déplacée; **~sonst** *gratis* gratuitement; *vergebens* en vain
Umstände *m/pl* circonstances *f/pl*; *Förmlichkeiten* façons *f/pl*; ***unter diesen ~n*** dans ces circonstances, conditions; ***unter ~n*** éventuellement; ***unter keinen ~n*** en aucun cas; ***ohne ~*** sans faire de façons; ***in anderen ~n sein*** être enceinte
umständlich compliqué
Umstandskleid *n* robe *f* de grossesse
umsteigen changer (de train)
umstellen changer de place; *fig Betrieb usw* réorganiser; ***sich ~*** s'adapter (***auf*** *A* à)
um|stoßen renverser; **~stritten** contesté; **Ձsturz** *m* révolution *f*
Umtausch *m* échange; **Ձen** échanger
um|wandeln transformer (***in*** *A* en); **~wechseln** changer
Umweg *m* détour
Umwelt *f* environnement *m*; **~belastung** *f* nuisances *f/pl*, pollution; **Ձbewusst** respectueux de l'environnement; **Ձfreundlich** *Auto, Verpackung* non-polluant; **Ձschädlich** polluant; **~schutz** *m* protection *f* de l'environnement; **~schützer** *m* écologiste *m*; **~verschmutzung** *f* pollution
umwerfen renverser
umziehen déménager; ***sich ~*** se changer
Umzug *m* déménagement; *Festzug* cortège
unabhängig indépendant (***von*** de); **Ձkeit** *f* indépendance
unabsichtlich involontaire
unachtsam inattentif
unan|gebracht déplacé; **~genehm** désagréable; **~nehmbar** inacceptable; **Ձnehmlichkeit** *f* désagrément *m*; **~ständig** indécent
un|appetitlich peu appétissant; **~artig** *Kind* mal élevé
unauf|fällig discret; **~hörlich**

incessant; **~merksam** inattentif
unausstehlich insupportable
unbarmherzig impitoyable
unbe|absichtigt involontaire; **~deutend** insignifiant; **~dingt** *adv* absolument; **~fahrbar** impraticable; **~fangen** impartial; *adv* sans parti pris; **~friedigend** peu satisfaisant; *nicht ausreichend* insuffisant; **~fugt** non autorisé; **~gabt** peu doué (***zu, für*** pour); **~greiflich** incompréhensible; **~grenzt** illimité; **~gründet** non fondé; **⁓hagen** *n* malaise *m*; **~holfen** maladroit; **~kannt** inconnu; **~kümmert** insouciant; **~liebt** impopulaire
unbe|mannt *Raumfahrt* non habité; **~merkt** inaperçu; **~quem** inconfortable; **~rechenbar** *Person* imprévisible; **~rührt**, **~schädigt** intact; **~scheiden** présomptueux; **~schränkt** illimité; **~schreiblich** indescriptible
unbe|ständig changeant; **~stechlich** incorruptible; **~stimmt** indéfini; *unsicher* incertain; **~stritten** incontesté; **~teiligt** étranger (***an*** *D* à); *gleichgültig* indifférent; **~wacht** *Parkplatz* non gardé; **~weglich** immobile; **~wohnt** inhabité; *Haus* inoccupé; **~wusst** inconscient; **~zahlbar** impayable (*a fig*)
unbrauchbar inutilisable
und et; **~ *so weiter*** et cetera; ***na ~?*** et alors?
un|dankbar ingrat; **~denkbar** impensable; **~deutlich** *Foto* flou (*a fig*); *Schrift* illisible; *Aussprache* mauvais; **~dicht** perméable
undurch|lässig imperméable; **~sichtig** opaque
un|eben inégal; **~echt** faux; **~ehelich** illégitime; naturel; **~ehrlich** malhonnête; **~eigennützig** désintéressé; **~einig** en désaccord (***über*** *A* sur); **~empfindlich** insensible (***gegen*** à); **~endlich** infini
unent|behrlich indispensable; **~geltlich** gratuit; *Tätigkeit* bénévole; **~schieden** indécis; *adv* en suspens; **⁓schieden** *n Sp* match *m* nul; **~schlossen** indécis
uner|bittlich inexorable; **~fahren** inexpérimenté; **~freulich** désagréable; **~hört** inouï; **~klärlich** inexplicable; **~lässlich** indispensable; **~ledigt** non fait, inachevé; **~müdlich** infatigable
uner|reichbar inaccessible; **~schütterlich** imperturbable; **~setzlich** irremplaçable; *Verlust* irréparable; **~träglich** insupportable; **~wartet** inattendu; **~wünscht** indésirable
unfähig incapable (***zu*** de); **⁓keit** *f* incapacité

unfair déloyal
Unfall *m* accident; **~flucht** *f* délit *m* de fuite; **~ort** *m* lieu de l'accident; **~station** *f* service *m* de traumatologie; **~versicherung** *f* assurance accidents; **~wagen** *m* voiture *f* accidentée
un|fassbar inconcevable; *unerklärlich* incompréhensible; **~fehlbar** infaillible; **~frankiert** non affranchi; **~freiwillig** involontaire
un|freundlich peu aimable, désagréable; *Wetter* maussade; **~fruchtbar** stérile
Unfug *m* bêtises *f/pl*
Ungar *m* 'Hongrois
ungarisch 'hongrois
Ungarn *n* la 'Hongrie
ungebildet inculte
unge|bräuchlich peu usité; **~duldig** impatient; **~eignet** qui n'est pas approprié (**für** à); *Person* non qualifié (pour)
unge|fähr *adv* à peu près, environ; **~fährlich** inoffensif, sans danger; **~heuer** énorme; **2heuer** *n* monstre *m*; **~horsam** désobéissant
ungelegen inopportun; ***j-m ~ kommen*** ne pas arranger q
unge|lernt non qualifié; **~logen** F sans mentir; **~mütlich** peu accueillant; *steif* guindé; **~nau** inexact
ungeniert sans gêne
unge|nießbar immangeable; *Getränk* imbuvable; **~nügend** insuffisant; **~pflegt** négligé
ungerade *Zahl* impair
ungerecht injuste; **2igkeit** *f* injustice
ungern à contrecœur
ungeschickt maladroit
ungestört tranquille
ungesund malsain; *Klima* insalubre; *Aussehen* malade
unge|wiss incertain; **~wöhnlich**, **~wohnt** inhabituel
Ungeziefer *n* vermine *f*
ungezogen mal élevé
ungezwungen naturel, décontracté
un|glaublich incroyable; **~gleichmäßig** inégal
Unglück *n* malheur *m*; *Unfall* accident *m*; **2lich** malheureux; **2licherweise** malheureusement
un|gültig non valable; *Ausweis* périmé; **~günstig** défavorable; **2heil** *n* malheur *m*, désastre *m*; **~heilbar** incurable; **~höflich** impoli; **~hygienisch** peu hygiénique
Uniform *f* uniforme *m*
Universität *f* université
un|klar peu clair; **~klug** imprudent; **2kosten** *pl* frais *m/pl*; **2kraut** *n* mauvaise herbe *f*; **~längst** dernièrement, récemment; **~leserlich** illisible; **2menge** *f* quantité énorme (**von** de); **~menschlich** inhumain; **~merklich** imperceptible; **~mittelbar** immédiat; **~mö-**

bliert non meublé; **~modern** démodé; **~möglich** impossible; **~moralisch** immoral; **~mündig** mineur; **~natürlich** peu naturel; *geziert* affecté; **~nötig**, **~nütz** inutile
UNO *f* ***die ~*** l'ONU
unord|entlich en désordre; *Person* désordonné; **≈nung** *f* désordre *m*
un|parteiisch impartial; **~passend** *Zeitpunkt* mal choisi; *Bemerkung* déplacé; **~persönlich** impersonnel; **~praktisch** peu pratique; *Person* maladroit; **~pünktlich** inexact; *adv* en retard
Unrecht *n* injustice *f*, tort *m*; ***~ haben*** avoir tort
unregelmäßig irrégulier
unreif pas mûr (*a fig*); *Obst* vert
Unruhe *f* inquiétude (*a fig*); ***~n*** *pl Pol* troubles *m/pl*
unruhig inquiet
uns (à) nous
un|sauber malpropre; *Arbeit* bâclé; *Geschäfte* malhonnête; **~schädlich** inoffensif; **~scharf** *Fot* flou; **~schlagbar** imbattable; **~schlüssig** indécis
Unschuld *f* innocence; **≈ig** innocent
unser(e) notre; ***~e*** *pl* nos
unsicher peu sûr; *ungewiss* incertain; *Person* qui manque d'assurance; **≈heit** *f* incertitude; *e-r Person* manque *m* d'assurance; *e-r Gegend* insécurité
Unsinn *m* bêtises *f/pl*, absurdité(s) *f(pl)*; **≈ig** insensé, absurde
un|sittlich immoral; **~sterblich** immortel; **~sympathisch** antipathique; **~tätig** inactif
unten en bas; ***von ~*** d'en bas; ***nach ~*** vers le bas; ***von ~ nach oben*** de bas en 'haut
unter (*A, D*) sous; *unterhalb* au-dessous de; *zwischen* parmi; ***~ uns*** entre nous
Unter|arm *m* avant-bras; **≈belichtet** sous-exposé; **~bewusstsein** *n* subconscient *m*
unterbrech|en interrompre; **≈ung** *f* interruption
unter|bringen *Gast* loger; **~dessen** en attendant; **~drücken** réprimer; *Volk* opprimer
untere(r, -s) inférieur; *Stockwerk* du dessous
untereinander l'un sous l'autre; *miteinander* entre eux (nous *usw*); *gegenseitig* mutuellement
unter|entwickelt sous-développé; **~ernährt** sous-alimenté; **≈führung** *f* passage *m* souterrain; **≈gang** *m Mar* naufrage; **≈gebene(r)** *su* subordonné(e); **~gehen** *Sonne* se coucher; *Schiff* couler
Untergrundbahn *f* métro *m*
unterhalb (*G*) au-dessous de

Unterhalt *m Lebens*≈ subsistance *f*; *Instandhaltung* entretien; *jur* pension *f* alimentaire
unterhalten *Person, Gebäude* entretenir; *zerstreuen* distraire; **sich** ~ s'entretenir (**über** *A* de); *sich zerstreuen* s'amuser
Unterhaltung *f Gespräch* conversation; *Vergnügen* amusement *m*; *Instandhaltung* entretien *m*
Unter|hemd *n* maillot *m*, tricot *m* de corps; **~hose** *f Herren*≈ caleçon *m*; *Damen*≈ culotte; **~kunft** *f* hébergement *m*; ≈**lassen** *et* s'abstenir de; **~leib** *m* bas-ventre; **~lippe** *f* lèvre inférieure; **~mieter** *m* sous-locataire
unternehm|en entreprendre; ≈**en** *n* entreprise *f*; ≈**er** *m* entrepreneur; **~ungslustig** entreprenant
Unterredung *f* entretien *m*
Unterricht *m* enseignement; *Schulstunden* cours *m/pl*
unterrichten enseigner (**et** qc, **j-n in et** *D* qc à q); *informieren* informer (**über** *A*, **von** de)
Unterrock *m* jupon
unterscheid|en distinguer; ≈**ung** *f* distinction
Unterschied *m* différence *f*; ≈**lich** différent
unter|schreiben signer; ≈**schrift** *f* signature; ≈**seeboot** *n* sous-marin *m*
unterste(r, -s) le (la) plus bas(se)
unterstreichen souligner
unterstütz|en soutenir; *finanziell* aider; ≈**ung** *f* soutien *m*; *Beihilfe* aide
untersuchen examiner (*a Med*); *ermitteln* enquêter sur; *jur* instruire
Untersuchung *f* examen [-ɛ̃] *m* (*a Med*); *Ermittlung* enquête; *jur* instruction
Untersuchungs|haft *f* détention préventive; **~richter** *m* juge d'instruction
Unter|tasse *f* soucoupe; ≈**tauchen** plonger; *fig* disparaître; **~teil** *n od m* partie *f* inférieure; **~titel** *m Film* sous-titre; **~wäsche** *f* linge *m* de corps
unterwegs en route
unterzeichnen signer
unterziehen *Hemd* mettre par-dessous; **sich** ~ se soumettre (**e-r Sache** *D* à qc)
Un|tiefe *f* bas-fond *m*; ≈**tragbar** intolérable; ≈**trennbar** inséparable; ≈**treu** infidèle; **~treue** *f* infidélité; ≈**tröstlich** inconsolable
unüberlegt irréfléchi
unübersichtlich peu clair
unumgänglich indispensable
ununterbrochen ininterrompu; *adv* sans interruption
unver|änderlich invariable; **~ändert** inchangé; **~ant-**

wortlich irresponsable; **~besserlich** incorrigible; **~bindlich** qui n'oblige à rien; **~bleit** sans plomb; **~daulich** indigeste; **~einbar** incompatible (***mit*** avec); **~gesslich** inoubliable; **~gleichlich** incomparable; **~heiratet** célibataire; **~käuflich** invendable; **~letzt** sans blessure(s); indemne; **~meidlich** inévitable; **~mutet** inattendu; **~nünftig** déraisonnable

unverschämt impertinent; **Łheit** *f* impertinence

unver|sehrt intact; *Person* indemne; **~ständlich** incompréhensible; *Worte* inintelligible; **~züglich** immédiat; *adv* sans délai

unvoll|endet inachevé; **~kommen** imparfait; **~ständig** incomplet

unvor|bereitet non préparé; **~hergesehen** imprévu; **~sichtig** imprudent; **~stellbar** inimaginable

unwahr faux; **Łheit** *f* mensonge *m*; **~scheinlich** peu probable, invraisemblable

un|wesentlich peu important; **Łwetter** *n* tempête *f*; **~wichtig** sans importance; **~widerstehlich** irrésistible; **~willkürlich** involontaire; **~wirksam** inefficace; **~wissend** ignorant; **~wohl** indisposé; **Łwohlsein** *n* indisposition *f*; **~würdig** indigne; **~zählig** innombrable; **~zerbrechlich** incassable; **~zertrennlich** inséparable

unzu|frieden mécontent; **~gänglich** inaccessible; **~länglich** insuffisant; **~lässig** inadmissible; **~verlässig** peu fiable

üppig *Vegetation* luxuriant; *Mahlzeit, Busen* plantureux

uralt très vieux

Uran *n* uranium *m*

Ur|aufführung *f* première; **~enkel** *m* arrière-petit-fils; **~großmutter** *f* arrière-grand-mère; **~großvater** *m* arrière-grand-père

Urheber *m* auteur; **~recht** *n* droit *m* d'auteur

Urin *m* urine *f*

Urkunde *f* document *m*

Urlaub *m* vacances *f/pl*; *bei Berufstätigen a* congé; ***in ~ sein*** être en vacances

Urlauber *m* vacancier

Urlaubs|anschrift *f* adresse de vacances; **~ort** *m* lieu de vacances; **~zeit** *f* période des vacances

Urne *f* urne

Urologe *m* urologue

Ursache *f* cause; ***keine ~!*** (il n'y a) pas de quoi!

Ur|sprung *m* origine *f*; **Łsprünglich** d'origine, initial; *adv* à l'origine

Urteil *n* jugement *m* (*a jur*); **Łen** juger (***über*** *A* de), porter un jugement (sur)

Urwald *m* forêt *f* vierge

USA *pl* ***die*** ~ les U.S.A. *m/pl*
Usus *m* F ***das ist hier so*** ~ c'est l'usage ici
usw. (*und so weiter*) etc.
Utensilien *pl* ustensiles *m/pl*
utopisch utopique

V

vage vague
vakuumverpackt emballé sous vide
Vanille *f* vanille; **~eis** *n* glace *f* à la vanille; **~zucker** *m* sucre vanillé
Varietee *n* music-hall *m*
Vase *f* vase *m*
Vater *m* père; **~land** *n* patrie *f*
väterlich paternel
Vegeta|rier *m*, **&risch** végétarien; **~tion** *f* végétation
Veilchen *n* violette *f*
Vene *f* veine
Ventil *n* *Tech* soupape *f*; *e-s Reifens* valve *f*; **~ator** *m* ventilateur
verabred|en ***et*** ~ convenir de qc; ***sich*** ~ prendre rendez-vous (***mit*** avec); **&ung** *f* rendez-vous *m*
verabschieden *Gäste* dire au revoir à; *Gesetz* voter; ***sich*** ~ prendre congé (***von*** de)
ver|achten mépriser; **~ächtlich** méprisant; **&achtung** *f* mépris *m*; **~allgemeinern** généraliser; **~altet** vieilli
veränderlich variable
veränder|n *u* ***sich*** ~ changer; **&ung** *f* changement *m*
veranlass|en pousser (***zu*** à); *anordnen* ordonner; **&ung** *f* motif *m*
veranstalt|en organiser; **&er** *m* organisateur; **&ung** *f* manifestation
verantwort|en répondre de; ***sich*** ~ se justifier (***für*** de); **~lich** responsable (***für*** de); **&ung** *f* responsabilité (***für*** de); **~ungslos** irresponsable
verärgert fâché (***wegen*** à cause de)
Verb *n* verbe *m*
Verband *m* association *f*; *Med* pansement; *Binde* bandage; **~(s)kasten** *m* trousse *f* de premiers soins; **~(s)zeug** *n* pansements *m/pl*
verbergen cacher
verbesser|n améliorer; *berichtigen* corriger; **&ung** *f* amélioration; correction
Verbeugung *f* révérence
ver|biegen tordre; ***sich*** ~ se déformer; **~bieten** défendre; **~billigt** à prix réduit
verbinden (re)lier; (ré)unir; *Wunde* panser; *Tel* ***ich verbinde*** (***Sie***) je vous passe la communication
verbindlich *bindend* obligatoire; *gefällig* obligeant
Verbindung *f* *mit j-m* relation;

mit et lien *m*; *Verkehrs*≈ jonction; *Zug a* liaison; *Tel* communication
ver|bleit contenant du plomb; **~blüfft** stupéfait; **~blühen** se faner; **~bluten** perdre tout son sang; **~borgen** *adj* caché
Verbot *n* défense *f*; **≈en** défendu; **~sschild** *n* panneau *m* d'interdiction
Verbrauch *m* consommation *f*; **≈en** consommer; **~er** *m* consommateur; **~ermarkt** *m* hypermarché
Verbrech|en *n* crime *m*; **~er** *m*, **≈erisch** criminel
verbreit|en répandre; **~ern** élargir; **≈ung** *f* diffusion
verbrenn|en brûler; **≈ung** *f* combustion; *Med* brûlure; *Leichen*≈, *Müll*≈ incinération
verbringen *Zeit* passer
verbünd|en ***sich*** **~** s'allier (***mit*** à); **≈ete(r)** *su* allié(e)
verbürgen ***sich*** **~** ***für*** se porter garant de
Verdacht *m* soupçon
verdächtig suspect; **~en** suspecter (***e-r Sache G*** de qc)
verdammen condamner
verdanken devoir (***j-m et*** qc à q)
verdauen digérer (*a fig*)
verdaulich ***leicht*** **~** digeste
Verdauung *f* digestion; **≈sbeschwerden** *f/pl* troubles *m/pl* digestifs
Verdeck *n Kfz* capote *f*; **≈en** couvrir
verderb|en abîmer; *Freude* gâcher; *Preise* casser; *v/i Lebensmittel* s'abîmer; **~lich** périssable
verdienen *Geld* gagner; *Lob* mériter
Verdienst[1] *n* mérite *m*
Verdienst[2] *m* gain
ver|doppeln doubler; **~dorben** pourri; **~dunkeln** obscurcir; **~dünnen** diluer; *Wein* couper; **~dursten** mourir de soif; **~edeln** *Bot* greffer
verehr|en vénérer; **≈er** *m* admirateur; **≈ung** *f* vénération
vereidigen assermenter
Verein *m* association *f*; **≈baren** convenir de; *Termin a* fixer; **~barung** *f* accord *m*; **≈fachen** simplifier; **≈igen** (ré)unir; **~igung** *f* (ré)union
ver|einzelt sporadique; *Fälle* isolé; **~eitert** purulent; **~engen** ***sich*** **~** se rétrécir; **~erben** laisser (en mourant); *Krankheit* transmettre
verfahren procéder; ***sich*** **~** se tromper de route; **≈** *n* procédé *m*, *jur* procédure *f*
Verfall *m* délabrement; *Hdl* échéance *f*; **≈en** *Gebäude* se délabrer; *ungültig werden* (se) périmer; *adj* délabré; périmé; **~sdatum** *n* date *f* limite de consommation; **~(s)tag** *m* échéance *f*
verfass|en rédiger; **≈er** *m* auteur; **≈ung** *f Pol* constitution
verfaulen pourrir

ver|fehlen *Ziel, Zug, j-n* manquer; *Weg, Tür* se tromper de; **~feindet** hostile, ennemi; **~filmen** porter à l'écran; **~fliegen**, **~fließen** *Zeit* passer; **~flucht** maudit

verfolg|en poursuivre (*a jur*); *Pol* persécuter; *Spur, Ereignisse* suivre; **2er** *m* poursuivant; **2ung** *f* poursuite

verformen ***sich ~*** se déformer

verfrüht prématuré

verfüg|bar disponible; **~en** disposer (***über*** *A* de)

Verfügung *f* ***j-m et zur ~ stellen*** mettre qc à la disposition de q

verführ|en séduire; inciter (***zu*** à); **~erisch** séduisant

vergangen passé; **2heit** *f* passé *m*

Vergaser *m* carburateur

vergeb|en *verzeihen* pardonner; *geben* donner (***an j-n*** à q); **~ens** en vain; **~lich** inutile, vain; *adv* en vain

vergehen *Zeit* passer; **2** *n jur* délit *m*

Vergeltung *f* récompense; *Rache* revanche

ver|gessen oublier; **~gesslich** oublieux; **~geuden** gaspiller; **~gewaltigen** violer

vergewissern ***sich ~*** s'assurer (***e-r Sache*** *G* de qc)

vergießen *Blut, Tränen* verser; *verschütten* renverser

vergift|en (***sich ~*** s')empoisonner; *Med* (s')intoxiquer; **2ung** *f* empoisonnement *m*; *Med* intoxication

Vergissmeinnicht *n* myosotis *m*

Vergleich *m* comparaison *f*; *jur* compromis; **2en** comparer (***mit*** à, avec)

Vergnügen *n* plaisir *m*; ***mit ~*** avec plaisir; ***viel ~!*** amuse-toi (amusez-vous) bien!

vergnüg|t gai; **2ungspark** *m* parc *m* d'attractions

ver|goldet doré; **~graben** enterrer; **~griffen** *Buch* épuisé

vergrößer|n agrandir; **2ung** *f* agrandissement *m* (*a Fot*)

Ver|günstigung *f* avantage *m*; **~gütung** *f* remboursement *m*; *Summe* rémunération

verhaft|en arrêter; **2ung** *f* arrestation

verhalten ***sich ~*** se comporter; **2** *n* comportement *m*

Verhältnis *n Größen2* rapport *m*; *persönliches* rapports *m/pl* (***zu*** avec); *Liebes2* liaison *f*; **~se** *pl* conditions *f/pl*; **2mäßig** relativement

verhand|eln négocier (***über et*** *A* qc); **2lung** *f* négociation; *jur* débats *m/pl*

ver|hängnisvoll fatal; **~hasst** détesté; **~heimlichen** dissimuler; **~heiratet** marié

verhindern empêcher; ***verhindert sein*** être retenu

Verhör *n* interrogatoire *m*; **2en** interroger; ***sich ~*** mal entendre

verhungern mourir de faim
verhüt|en empêcher, prévenir; **≈ungsmittel** *n* contraceptif *m*
verirren ***sich*** **~** s'égarer
Verjährung *f* prescription
Verkauf *m* vente *f*; **≈en** vendre; ***zu*** **~** à vendre
Verkäuf|er *m* vendeur; **~erin** *f* vendeuse; **≈lich** à vendre
Verkehr *m* circulation *f*; *mit j-m* relations *f/pl*; *Geschlechts≈* rapports *m/pl* sexuels
verkehren *Bus usw* circuler; ***mit j-m*** **~** être en relations avec q
Verkehrs|amt *n*, **~büro** *n* office *m* du tourisme; **~hindernis** *n* entrave *f* à la circulation; **~insel** *f* refuge *m*; **~meldung** *f* message *m* routier
Verkehrsmittel *n* moyen *m* de transport; ***öffentliche*** **~** *pl* transports *m/pl* en commun
Verkehrs|polizei *f* police de la route; **≈reich** *Straße* à grande circulation; **~stockung** *f* encombrement *m*; **~teilnehmer** *m* usager de la route; **~unfall** *m* accident de la route; **~zeichen** *n* panneau *m* de signalisation
verkehrt à l'envers; *falsch* faux
ver|klagen *j-n* porter plainte contre; **~kleiden** *Tech* revêtir; ***sich*** **~** se déguiser; **~kleinern** réduire; **~kommen** *adj Gebäude* délabré; *Lebensmittel* pourri; *Mensch* dépravé, tombé bien bas; **~körpern** personnifier; **~kraften** supporter; **~krampft** crispé; **~krüppelt** estropié
ver|künden annoncer; *jur Urteil* prononcer; **~kürzen** raccourcir; **~laden** charger; *Mar* embarquer
Verlag *m* maison *f* d'édition
verlangen demander (***et von j-m*** qc à q); exiger (qc de q); *Preis a* vouloir (***für*** pour); **~ *nach*** demander
verlänger|n rallonger; *zeitlich* prolonger; **≈ung** *f* rallongement *m*; prolongation; **≈ungsschnur** *f* rallonge
verlangsamen ralentir
verlassen quitter; *im Stich lassen* abandonner; ***sich auf j-n*** **~** compter sur q
Verlauf *m* cours; **≈en** se dérouler; ***sich*** **~** se perdre
verlegen déplacer; *Wohnsitz usw* transférer; *Termin* remettre (***auf*** *A* à); *Brille* égarer; *adj* embarrassé; **≈heit** *f* embarras *m*
Verleih *m* location *f*; **≈en** *leihen* prêter; *vermieten* louer; *Preis* décerner
verleiten inciter (***zu*** à)
verletz|en (***sich*** **~** se) blesser; **≈te(r)** *su* blessé(e); **≈ung** *f* blessure
verleumd|en calomnier; **≈ung** *f* calomnie
verlieben ***sich*** **~** tomber

amoureux (***in j-n*** de q)
verliebt amoureux
verlier|en perdre; **≈er** *m* perdant
verlob|en ***sich ~*** se fiancer; **≈te(r)** *su* fiancé(e); **≈ung** *f* fiançailles *f/pl*
verloren perdu
verlos|en mettre en loterie; *ziehen* tirer au sort; **≈ung** *f* loterie; *Ziehung* tirage *m*
Verlust *m* perte *f*
vermehren augmenter; ***sich ~*** augmenter; *Biol* se reproduire
vermeiden éviter
Vermerk *m* note *f*
vermiet|en louer; **≈er** *m* loueur; *Zimmer≈* logeur; *Wohnungs≈* propriétaire
ver|mindern diminuer; **~missen** ne pas retrouver; **≈mittlung** *f* médiation; *Büro* agence; *Tel* central *m* téléphonique; *in e-m Betrieb* standard *m*; **≈mögen** *n Fähigkeit* faculté *f*; *Besitz* fortune *f*
vermut|en supposer; **~lich** probablement; **≈ung** *f* supposition
ver|nachlässigen négliger; **~nehmen** *jur* interroger; **~neinen** nier; **~nichten** anéantir; détruire
Vernunft *f* raison; **~ *annehmen*** entendre raison
vernünftig raisonnable
veröffentlichen publier
verordn|en *Med* prescrire; **≈ung** *f Med* ordonnance
verpack|en emballer; **≈ung** *f* emballage *m*
verpassen manquer, rater
Verpflegung *f* nourriture
verpflichten obliger; ***sich zu et ~*** s'engager à faire qc
Verpflichtung *f* obligation
ver|pfuschen *Arbeit* bâcler; *fig* gâcher; **~prügeln** rosser
Verputz *m* crépi; **≈en** crépir
Verrat *m* trahison *f*; **≈en** trahir
Verräter *m* traître
verrechnen compter (***mit*** dans), déduire (de); ***sich ~*** se tromper (***um e-n Euro*** d'un euro)
Verrechnungsscheck *m* chèque barré
ver|reisen partir en voyage; **~renken** luxer; **~riegeln** verrouiller; **~ringern** diminuer; **~rosten** rouiller
verrückt fou
verrufen *adj* mal famé
Vers *m* vers
versag|en *Kräfte usw* manquer (***j-m*** à q); *Motor usw* tomber en panne; *Bremsen* lâcher; *Person* échouer; **≈er** *m* raté
versalzen *adj* trop salé
versamm|eln (***sich ~*** se) rassembler; **≈lung** *f* assemblée
Versand *m* expédition *f*; **~haus** *n* maison *f* de vente par correspondance
versäumen manquer; **~, *et zu tun*** négliger de faire qc
ver|schaffen procurer; **~-**

schenken faire cadeau de, donner; **~schicken** expédier; **~schieben** déplacer; *zeitlich* remettre (***auf*** *A* à)
verschieden différent (***von*** de); **~e** plusieurs; **~tlich** à plusieurs reprises
ver|schiffen transporter par bateau; **~schimmelt** moisi
verschlafen ne pas se réveiller (à temps); *Tag* passer à dormir; *Termin* oublier; *adj* somnolent
verschlechter|n (***sich*** **~** se) détériorer; **2ung** *f* détérioration
ver|schleiern voiler; *fig a* dissimuler; **~schleppen** *Person* déporter; *Krankheit* traîner; **~schließen** fermer à clé; **~schlimmern** (***sich*** **~** s')aggraver; **~schlossen** fermé (à clé)
verschlucken avaler; ***sich*** **~** avaler de travers
Ver|schluss *m* fermeture *f*; *Fot* obturateur; **2schlüsselt** codé; **2schmähen** dédaigner; **2schmutzen** salir; *Umwelt* polluer; **2schneit** enneigé; **2schnüren** ficeler; **2schollen** disparu; **2schonen** épargner (***j-n mit et*** qc à q); **2schönern** embellir
verschreiben *Med* prescrire; ***sich*** **~** faire une faute (*en écrivant*)
ver|schrotten mettre à la ferraille; **~schulden** *Unfall* causer; **~schütten** répandre; *j-n* ensevelir; **~schweigen** taire
verschwend|en gaspiller; **~erisch** dépensier; **2ung** *f* gaspillage *m*
ver|schwiegen discret; **~schwinden** disparaître; **~schwommen** vague; *Fot* flou
Verschwörung *f* conspiration, complot *m*
versehen munir (***mit*** de); ***sich*** **~** se tromper
Versehen *n* erreur *f*; ***aus*** **~** = **2tlich** par inadvertance
ver|senden envoyer; **~senken** *Schiff* couler; **~setzen** *Beamte* muter; *Schüler* faire passer dans la classe supérieure; *in e-e Lage* mettre; *Schlag* donner; F ***j-n*** **~** poser un lapin à q
verseucht contaminé
versicher|n (***sich*** **~** s')assurer; **2ung** *f* assurance
Versicherungs|beitrag *m* prime *f* d'assurance; **~fall** *m* sinistre; **~gesellschaft** *f* compagnie d'assurances; **~police** *f*, **~schein** *m* police *f* d'assurance
versinken s'enfoncer (***in*** *D* dans)
versöhn|en (***sich*** **~** se) réconcilier; **2ung** *f* réconciliation
versorgen approvisionner (***mit*** en); fournir (en); *Familie* avoir la charge de
verspät|en ***sich*** **~** être en retard; **2ung** *f* retard *m*

ver|sperren barrer; **~spielen** perdre au jeu; **~spotten** se moquer de
versprech|en promettre; **2en** *n*, **2ung** *f* promesse *f*
verstaatlichen nationaliser
Verstand *m* intelligence *f*, entendement; ***den ~ verlieren*** perdre la raison
verständig|en informer (***von, über*** *A* de); ***sich ~*** se faire comprendre; *sich einigen* s'entendre (***mit*** avec); **2ung** *f sprachliche* compréhension
verständ|lich compréhensible; *deutlich* intelligible; **2nis** *n* compréhension *f*
verstärk|en renforcer; **2er** *m* amplificateur; **2ung** *f* renforcement *m*
verstauchen ***sich den Fuß ~*** se fouler le pied
Verstauchung *f* entorse, foulure
Versteck *n* cachette *f*; **2en** (***sich ~*** se) cacher
verstehen comprendre; ***sich ~*** s'entendre
Versteigerung *f* vente aux enchères
verstell|bar réglable; **~en** *einstellen* régler; *falsch einstellen* dérégler; *Stimme* déguiser; ***sich ~*** jouer la comédie
ver|stimmt *Mus* désaccordé; *fig* de mauvaise humeur; **~stohlen** *Blick* furtif; **~stopfen** boucher; *Straße* encombrer; *Med* constiper; **2stopfung** *f Med* constipation; **~storben** mort
Verstoß *m* entorse *f* (***gegen*** à); *jur* infraction (à)
verstoßen *j-n* rejeter; ***gegen et ~*** pécher contre qc
ver|streichen *Frist* expirer; *Zeit* passer; **~streuen** éparpiller; *verschütten* répandre; **~stümmeln** mutiler
Versuch *m* essai; tentative *f*; *Test* expérience *f*; **2en** essayer; *Schwieriges* tenter
vertagen ajourner
vertauschen échanger (***mit, gegen*** contre)
verteidig|en (***sich ~*** se) défendre; **2er** *m* défenseur; *Sp* arrière; **2ung** *f* défense
ver|teilen distribuer; **~tiefen** approfondir
Vertrag *m* contrat; *zwischen Staaten* traité; **2en** supporter; ***sich ~*** s'entendre
Vertragswerkstatt *f Kfz* garage *m* agréé
vertrau|en avoir confiance (***j-m, auf j-n*** en q); **2en** *n* confiance *f*; **~lich** confidentiel
vertraut familier
vertreiben chasser; ***sich die Zeit mit et ~*** passer son temps à faire qc
vertret|en *j-n* remplacer; *Firma, Land* représenter; **2er** *m* remplaçant; *Hdl, Pol* représentant; **2ung** *f* remplacement *m*; *Person* remplaçant; *Hdl* représentation

Vertrieb *m* débit, vente *f*
Vertriebene(r) *su* réfugié(e)
ver|trocknen sécher; **~üben** *Verbrechen* commettre; **~unglücken** avoir un accident; **~ursachen** causer
verurteil|en condamner (*a fig*); **2ung** *f* condamnation
ver|vielfältigen *Text* polycopier; **~vollkommnen** perfectionner; **~vollständigen** compléter; **~wählen** *Tel* **sich ~** faire un faux *od* mauvais numéro
ver|wackelt *Fot* bougé; **~wahrlost** négligé, laissé à l'abandon
verwalt|en administrer; **2er** *m* administrateur; **2ung** *f* administration
verwandt parent (**mit** de); **2e(r)** *su* parent(e); **2schaft** *f* parenté
Verwarnung *f* avertissement *m* (*a Sp*); ***gebührenpflichtige ~*** contravention
verwechs|eln confondre; **2lung** *f* confusion
ver|weigern refuser; **2weis** *m* *Rüge* réprimande *f*; *Hinweis* renvoi (**auf** *A* à); **~welkt** fané; **~wenden** employer, utiliser; *Zeit, Geld* consacrer (**auf** *A* à); **2wendung** *f* emploi *m*, utilisation; **~werten** utiliser; *wieder ~* récupérer; **~wickeln** impliquer (**in** *A* dans); **~wirklichen** réaliser
verwirr|en *j-n* déconcerter, troubler; **2ung** *f* confusion
ver|witwet *Mann* veuf; *Frau* veuve; **~wöhnen** gâter; **2wunderung** *f* étonnement *m*; **2wundete(r)** *su* blessé(e); **~wünschen** maudire; **~wüsten** ravager
verzählen ***sich ~*** se tromper (*en comptant*)
verzaubern enchanter (*a fig*)
Verzehr *m* consommation *f*; **2en** consommer
Verzeichnis *n* liste *f*, relevé *m*; *Register* registre *m*
verzeih|en pardonner; *entschuldigen* excuser; **2ung** *f* pardon *m*; **~!** pardon!, excuse(z)-moi!
Verzicht *m* renoncement (**auf** *A* à); **2en** renoncer (**auf** *A* à)
Verzierung *f* ornement *m*
verzöger|n retarder; ***sich ~*** avoir du retard; **2ung** *f* retard *m*
verzollen dédouaner; ***haben Sie etwas zu ~?*** avez-vous quelque chose à déclarer?
verzweif|eln désespérer; **2lung** *f* désespoir *m*
Vetter *m* cousin
Viadukt *m* viaduc
Video *n* vidéo *f*; **~kamera** *f* caméscope *m*; **~kassette** *f* cassette vidéo; **~rekorder** *m* magnétoscope
Vieh *n* bétail *m*; **~zucht** *f* élevage *m*
viel beaucoup (de); ***sehr ~*** bien de; ***ziemlich ~*** assez (de); ***nicht ~*** peu; ***zu ~*** trop (de)

vielfach multiple; *adv* souvent
vielleicht peut-être
viel|mehr plutôt; **~seitig** étendu; *Mensch* plein de ressources
vier quatre; **2bettkabine** *f* cabine à quatre lits; **2eck** *n* quadrilatère *m*; **~eckig** quadrangulaire; F *quadratisch* carré; **~fach** quadruple; **~hundert** quatre cents; **~spurig** *Straße* à quatre voies; **2taktmotor** *m* moteur a quatre temps
vierte(r, -s) quatrième
Viertel *n* quart *m*; *Stadt2* quartier *m*; **~jahr** *n* trimestre *m*; **~stunde** *f* quart *m* d'heure
vierzehn quatorze; **~ *Tage*** quinze jours
vierzig quarante
Vietnam *n* le Viêt-nam
Villa *f* villa
violett violet
Violine *f* violon *m*
Virus *n*, *m* virus *m*
Visitenkarte *f* carte (de visite)
Visum *n* visa *m*
Vitamin *n* vitamine *f*
Vogel *m* oiseau; **~käfig** *m* cage *f*
Vokabel *f* mot *m*; **~n** *pl* vocabulaire *m*
Vokal *m* voyelle *f*
Volk *n* peuple *m*
Volks|fest *n* fête *f* populaire; **~hochschule** *f* université populaire; **~kunst** *f* art *m* folklorique; **~lied** *n* chant *m* populaire, folklorique; **~republik** *f* république populaire; **~schule** *f* école primaire; **~tanz** *m* danse *f* populaire; **2tümlich** populaire; **~wirtschaft(slehre)** *f* économie politique
voll plein; *gefüllt* rempli; *ganz* entier; *betrunken* F rond; ***~ und ganz*** totalement; ***~ tanken*** faire le plein
voll|automatisch entièrement automatique; **2bart** *m* barbe *f*; **~enden** achever
Volleyball *m* volley-ball [-bol]
Vollgas *n* ***~ geben*** appuyer sur le champignon
völlig *adv* complètement, entièrement
voll|jährig majeur; **2kaskoversicherung** *f* assurance tous risques; **~kommen** parfait; *adv s* ***völlig***; **2kornbrot** *n* pain *m* complet; **2macht** *f* procuration; **2milch** *f* lait *m* entier; **2mond** *m* pleine lune *f*; **2narkose** *f* anesthésie générale; **2pension** *f* pension complète; **~ständig** complet; **~zählig** complet
Volumen *n* volume *m*
von (*D*) de; *beim Passiv* par; *grüßen* ***~ mir*** de ma part; ***~ … bis*** de … à; ***~ … ab*** (*od* ***an***) à partir de
voneinander l'un de l'autre
vor *örtlich* devant; *zeitlich* avant; ***~ drei Tagen*** il y a trois jours; ***Viertel ~ drei*** trois heures moins le quart

Vorabend *m* veille *f*
voran en tête, en avant; **~gehen** marcher en tête (*D* de); précéder (***e-r Sache*** qc); *Arbeit* avancer
Voranschlag *m* devis
voraus ***j-m ~ sein*** avoir de l'avance sur q; ***s-r Zeit ~ sein*** être en avance sur son temps; ***im ~*** à l'avance; *zahlen* d'avance
vorausgehen partir le premier
vorausgesetzt ***~, dass …*** à condition que … (+ *subj*)
voraus|sagen prédire; **~sehen** prévoir; **≈setzung** *f Vorbedingung* condition; *Annahme* supposition; **~sichtlich** probable; **≈zahlung** *f* avance
Vorbehalt *m* réserve *f*
vorbei *adv zeitlich* fini; *örtlich* **~** passé (***an*** *D* devant)
vorbei|fahren, **~gehen** passer (***an*** *D* devant); *besuchen* passer (***bei*** chez); **~lassen** laisser passer
vorbe|reiten préparer; **≈reitung** *f* préparation; **~stellen** réserver, retenir; **≈stellung** *f* réservation
vorbeug|en prévenir (***e-r Sache*** *D* qc); ***sich ~*** se pencher en avant; **≈ungsmaßnahme** *f* mesure préventive
Vorbild *n* modèle *m*; **≈lich** exemplaire
Vorderachse *f* pont *m* avant
vordere(r, -s) de devant
Vorder|grund *m* premier plan; **~rad** *n* roue *f* avant; **~seite** *f* devant *m*, façade; **~sitz** *m* siège avant
Vor|druck *m* imprimé; **≈eilig** précipité; **≈eingenommen** partial; **≈erst** en attendant, pour le moment
Vorfahrt *f* priorité; **~sstraße** *f* route prioritaire
Vorfall *m* incident
vorfinden trouver
vorführ|en présenter; *Film, Dias* projeter; **≈ung** *f* présentation; *Film≈* projection
Vor|gang *m* processus; *Ereignis* événement; **~gänger** *m* prédécesseur
vorgehen *handeln* procéder; *geschehen* se passer; *Uhr* avancer; *den Vorrang haben* avoir la priorité
Vorgesetzte(r) *su* supérieur(e)
vorgestern avant-hier
vorhaben avoir l'intention de; **≈** *n* projet *m*
vorhanden existant; *verfügbar* disponible; ***~ sein*** exister
Vor|hang *m* rideau; **~hängeschloss** *n* cadenas *m*
vorher avant; **~gehend** précédent; **≈sage** *f Wetter≈* prévisions *f/pl*; **~sehen** prévoir
vorhin tout à l'heure
vorig dernier
Vorkenntnisse *f/pl* notions
vorkomm|en *geschehen* arriver; *existieren* exister; *j-m er-*

scheinen sembler, paraître; **≈nis** *n* événement *m*
Vorkriegszeit *f* avant-guerre *m*
vorlad|en convoquer; *als Zeuge a* citer; **≈ung** *f* convocation, citation
Vor|lage *f Muster* modèle *m*; **≈lassen** laisser passer (devant); **≈läufig** provisoire; *adv* pour le moment; **≈legen** *Urkunde* présenter; *Plan, Vorschlag* soumettre
vorles|en lire (***j-m et*** qc à q); **≈ung** *f* cours *m* magistral
vorletzte(**r**, **-s**) avant-dernier, avant-dernière
Vorliebe *f* prédilection (***für*** pour)
vorlieb ~ ***nehmen mit*** (*D*) se contenter de
vor|liegen être là, exister; **≈marsch** *m* progression *f*; **~merken** prendre note de
Vormittag *m* matin; ***heute*** ~ ce matin; ***gestern*** ~ hier matin; ***am Samstag*** ~ samedi matin
vormittags le matin
Vormund *m* tuteur
vorn devant; *an der Spitze a* en tête; ***nach*** ~ en avant; ***von*** ~ de face; *zeitlich* depuis le début; ***von*** ~ ***anfangen*** recommencer (à zéro)
Vorname *m* prénom
vornehm distingué
vornehmen ***sich*** ~ avoir l'intention (***et zu tun*** de faire qc)
vornherein ***von*** ~ dès le début
Vorort *m* banlieue *f*; **~zug** *m* train de banlieue
Vor|rang *m* priorité *f*; **~rat** *m* provisions *f/pl* (***an*** *D* de); *Hdl* stock (de); **≈rätig** en stock; **~recht** *n* privilège *m*; **~richtung** *f* dispositif *m*; **~ruhestand** *m* préretraite *f*; **~runde** *f Sp* éliminatoires *f/pl*; **~saison** *f* basse saison; **~satz** *m* résolution *f*; **≈sätzlich** délibéré(ment)
Vorschein *m* ***zum*** ~ ***kommen*** apparaître
Vorschlag *m* proposition *f*; **≈en** proposer
vor|schreiben prescrire; **≈schrift** *f* prescription; **~schriftsmäßig** réglementaire
Vorschuss *m* avance *f*
vorsehen prévoir; ***sich*** ~ prendre garde (***vor*** *D* à)
Vorsicht *f* prudence; **~!** attention!; **≈ig** prudent; **≈shalber** par précaution; **~smaßnahme** *f* précaution
Vor|sitz *m* présidence *f*; **~sitzende**(**r**) *su* président(e)
Vorsorg|euntersuchung *f Med* examens *m/pl* de dépistage; **≈lich** prévoyant; *adv* par précaution
Vor|speise *f* 'hors-d'œuvre *m*, entrée; **~spiel** *n Mus* prélude *m* (*a fig*); **~sprung** *m Arch* avancée *f*; *fig* avance *f*; **~stadt** *f* banlieue; **~stand**

m comité directeur, direction *f*
vorstellen *j-n* présenter; *Uhr* avancer; ***sich et ~*** (s')imaginer qc
Vorstellung *f* présentation; *Idee* idée; *Theater* représentation; *Kino* séance
Vorstellungsgespräch *n* entretien *m* d'embauche
Vorstrafen *f/pl* antécédents *m/pl*
vorstrecken *Geld* avancer
Vorteil *m* avantage; **2haft** avantageux
Vortrag *m* conférence *f*
vortrefflich excellent
vorüber passé; **~gehen** passer; **~gehend** passager
Vor|urteil *n* préjugé *m*; **~verkauf** *m* *Theater* location *f*; **~wahl(nummer)** *f* *Tel* indicatif *m*; **~wand** *m* prétexte
vorwärts en avant; **~ *kommen*** avancer, faire des progrès
vor|weisen présenter; **~werfen** reprocher (***j-m et*** qc à q); **~wiegend** *adv* principalement; **2wort** *n* préface *f*; **2wurf** *m* reproche; **2zeichen** *n* signe *m* précurseur; **~zeigen** présenter; **~zeitig** anticipé; **~ziehen** *Termin* avancer; *lieber mögen* préférer, aimer mieux; **2zug** *m* préférence *f*; *Vorteil* avantage; **~züglich** excellent
vulgär vulgaire
Vulkan *m* volcan

W

Waage *f* balance; **2recht** horizontal
wach éveillé (*a fig*); **~ *werden*** se réveiller
Wache *f* garde
Wacholder *m* genièvre
Wachs *n* cire *f*
wachsam vigilant; **2keit** *f* vigilance
wachsen¹ pousser; *Kind, Tier* grandir; *zunehmen* augmenter
wachsen² *Ski* farter
Wächter *m* gardien
Wackelkontakt *m* faux contact
wackeln *Tisch* être bancal; *Zahn* bouger
Wade *f* mollet *m*
Waffe *f* arme
Waffel *f* gaufre
Waffenschein *m* permis de port d'armes
wagen oser (***et zu tun*** faire qc); *et* risquer
Wagen *m* voiture *f*; *Güter2* wagon; **~heber** *m* cric
Waggon *m* wagon
Wagnis *n* risque *m*
Wahl *f* choix *m*; *Pol* élection; ***nach ~*** au choix; *Hdl* ***zweite ~*** deuxième choix

wähl|en choisir; *bsd Pol* élire; *abstimmen* voter (**j-n** pour q); *Tel* composer le numéro; **2er** *m* électeur; **2erin** *f* électrice; **~erisch** difficile (**in** *D* sur)

Wahl|fach *n* matière *f* facultative; **~heimat** *f* patrie d'adoption; **~kampf** *m* campagne *f* électorale; **~lokal** *n* bureau *m* de vote; **2los** au hasard

Wahnsinn *m* folie *f*; **2ig** fou; F *sehr groß* terrible; *Schmerzen, Angst* atroce

wahr vrai, véritable; ***nicht ~?*** hein?

während *prp* (*G*) pendant; *cj* pendant que

Wahr|heit *f* vérité; **2nehmen** percevoir; *bemerken* remarquer; *Gelegenheit* profiter de

wahrscheinlich probable (-ment); **2keit** *f* vraisemblance, probabilité

Währung *f* monnaie

Wahrzeichen *n* emblème *m*

Waise *f* orphelin(e) *m(f)*

Wal *m* baleine *f*

Wald *m* forêt *f*; *kleinerer* bois; **~brand** *m* incendie de forêt; **2ig** boisé; **~sterben** *n* mort *f* des forêts; **~weg** *m* chemin forestier

Walkman® *m* baladeur

Wall *m* rempart

Wallfahrt *f* pèlerinage *m*

Walnuss *f* noix

Walze *f* *Straßen2* rouleau *m* compresseur

Walzer *m* valse *f*

Wand *f* mur *m*; *Trenn2* cloison; *Fels2* paroi

Wandel *m* changement

Wander|ausstellung *f* exposition itinérante; **~karte** *f* topoguide *m*, carte des sentiers de (grande) randonnée

wandern faire une (des) randonnée(s)

Wander|ung *f* randonnée, marche; **~weg** *m* sentier de (grande) randonnée

Wand|schrank *m* placard; **~teppich** *m* tapisserie *f*

Wange *f* joue

wanken chanceler, vaciller

wann quand; ***seit ~?*** depuis quand?; ***bis ~?*** jusqu'à quand?

Wanne *f* cuve; *Bade2* baignoire

Wanze *f* punaise

Wappen *n* armoiries *f/pl*

Ware *f* marchandise

Waren|haus *n* grand magasin *m*; **~zeichen** *n* marque *f*

warm chaud

Wärm|e *f* chaleur; **2en** (ré-) chauffer; **~flasche** *f* bouillotte

Warn|blinkanlage *f* feux *m/pl* de détresse; **~dreieck** *n* triangle *m* de présignalisation; **2en** avertir; mettre en garde (**vor** *D* contre); **~streik** *m* grève *f* d'avertissement; **~ung** *f* avertissement *m*; *Hinweis* avis *m* (**vor** *D* de)

Warteliste *f* liste d'attente

warten attendre (***auf j-n*** q); *Maschinen* entretenir; ≈ *n* attente *f*
Wärter *m* gardien
Warte|saal *m*, **~zimmer** *n* salle *f* d'attente
Wartung *f* entretien *m*; *Tech a* maintenance
warum pourquoi
Warze *f* verrue
was *fragend* qu'est-ce que (*Subjekt* qu'est-ce qui); *relativ* ce que (*Subjekt* ce qui); *wieviel* combien; F *etwas* quelque chose; ~ ***für ein(e)*** quel(le)
Wasch|anlage *f Kfz* lavage *m* automatique; **≈bar** lavable; **~becken** *n* lavabo *m*
Wäsche *f* linge *m*; *Unter*≈ linge de corps; *das Waschen* lavage *m*; (***große***) ~ lessive; **~klammer** *f* pince à linge
waschen (***sich*** ~ se) laver; *Wäsche* faire la lessive
Wäsche|rei *f* blanchisserie; **~korb** *m* corbeille *f* à linge; **~ständer** *m* séchoir à linge; **~trockner** *m* sèche-linge
Wasch|lappen *m* gant de toilette; **~maschine** *f* machine à laver, lave-linge *m*; **~mittel** *n*, **~pulver** *n* lessive *f*; **~salon** *m* laverie *f* automatique
Wasser *n* eau *f*; **~bad** *n Kochk* bain-marie *m*; **~ball** *m* water-polo; **≈dicht** imperméable; **~fall** *m* cascade *f*; **~flugzeug** *n* hydravion *m*; **~hahn** *m* robinet; **~kraftwerk** *n* centrale *f* hydro-électrique; **~kühlung** *f* refroidissement *m* par eau; **~leitung** *f* conduite d'eau; **~melone** *f* pastèque; **≈scheu** qui craint l'eau; **~ski** *m* ski nautique; **~sport** *m* sport nautique; **~spülung** *f* chasse d'eau; **~stand** *m* niveau des eaux; **~stoff** *m* hydrogène; **~verschmutzung** *f* contamination de l'eau; **~waage** *f* niveau *m* à bulle; **~werk** *n* usine *f* hydraulique
waten patauger
Watte *f* coton *m* hydrophile; **~bausch** *m* coton
WC *n* W.-C. *m/pl*
weben tisser
Website *f Inform* site *m* Web
Webstuhl *m* métier à tisser
Wechsel *m* changement; *regelmäßiger* alternance *f*; *Geld*≈ change; *Hdl* lettre *f* de change, traite *f*; **~geld** *n* monnaie *f*; **≈haft** *Wetter* variable; **~jahre** *n/pl* ménopause *f*; **~kurs** *m* cours du change
wechseln changer; *Blicke, Briefe* échanger
Wechsel|strom *m* courant alternatif; **~stube** *f* bureau *m* de change
weck|en *j-n* réveiller; *et* éveiller; **≈er** *m* réveil
weder ~ ... *noch* ... ni ... ni ...
weg *fort* parti; *verschwunden* disparu; *verloren* perdu; ***weit*** ~ éloigné

Weg *m* chemin; *fig Lösungs*♀ moyen; ***sich auf den ~ machen*** se mettre en route
weg|bleiben ne pas venir; **~bringen** emporter
wegen (*G*) à cause de, pour
weg|fahren partir; **~fallen** être supprimé; **~gehen** partir; **~jagen** chasser; **~lassen** supprimer, omettre; **~laufen** se sauver; **~nehmen** enlever; *entwenden* prendre; **~räumen** ranger; **~schicken** envoyer; *j-n* renvoyer; **~schaffen** enlever
Wegweiser *m* poteau indicateur
wegwerf|en jeter; **♀flasche** *f* bouteille jetable; **♀gesellschaft** *f* société de gaspillage
wegziehen retirer; *umziehen* déménager
Wehen *f/pl* douleurs
wehen *Wind* souffler; *Fahnen, Haare* flotter
weh|leidig pleurnicheur; **~mütig** mélancolique
Wehr *n* barrage *m*
Wehrdienst *m* service militaire; **~verweigerer** *m* objecteur de conscience
wehr|en ***sich ~*** se défendre (***gegen*** contre); **~los** sans défense; **♀pflicht** *f* service *m* militaire obligatoire
wehtun ***j-m ~*** faire mal à q
Weib|chen *n Zo* femelle *f*; **♀lich** féminin
weich mou; *Bett, Sessel* moelleux; *Ei* à la coque; *Fleisch* tendre
Weiche *f Bahn* aiguille
Weide *f Vieh*♀ pâturage *m*; *Bot* saule *m*; *Korb*♀ osier *m*
weiger|n ***sich ~*** refuser (***zu*** de); **♀ung** *f* refus *m*
weihen consacrer
Weihnachten *n* Noël *m*; ***fröhliche ~!*** joyeux Noël!
Weihnachts|abend *m* veille *f* de Noël; **~baum** *m* arbre de Noël; **~geschenk** *n* cadeau *m* de Noël; **~lied** *n* chant *m* de Noël; **~mann** *m* père Noël
Weih|rauch *m* encens; **~wasser** *n* eau *f* bénite
weil parce que
Weile *f* ***e-e ~*** quelque temps; ***e-e ganze ~*** un bon bout de temps
Wein *m* vin; *Bot* vigne *f*; **~bau** *m* viticulture *f*; **~berg** *m* vignoble, vigne *f*; **~bergschnecke** *f Kochk* escargot *m* de Bourgogne; **~brand** *m* eau-de-vie *f* de vin, cognac
weinen pleurer
Wein|essig *m* vinaigre de vin; **~glas** *n* verre *m* à vin; **~gut** *n* domaine *m* viticole; **~handlung** *f* négociant *m* en vin; **~karte** *f* carte des vins; **~keller** *m* cave *f* (à vin); **~lese** *f* vendange; **~lokal** *n* bar *m* à vin(s); **~probe** *f* dégustation de vins; **~traube** *f* (grain *m* de) raisin *m*; **~n** *pl* raisin *m*

weise sage
Weise *f* manière, façon; ***auf diese ~*** de cette manière
Weisheitszahn *m* dent *f* de sagesse
weiß blanc; **2brot** *n* pain *m* blanc; **2kohl** *m*, **2kraut** *n* chou *m* blanc; **2wein** *m* vin blanc
weit *Reise, Weg* long; *Kleidung* large; *Tal, Wälder* étendu; *entfernt* loin; ***wie ~ ist es von hier nach …?*** il y a combien de kilomètres d'ici à …?; ***von ~em*** de loin
weiter plus loin; ***~!*** continue(z)!; ***etwas ~ links*** un peu plus à gauche; ***und so ~*** et cetera, et ainsi de suite
weitere(r, -s) *sonstige* autre; *spätere(r, -s)* ultérieur; ***bis auf ~s*** jusqu'à nouvel ordre
weiter|fahren continuer (sa route); *Auto, Zug* repartir; **~gehen** ***~!*** circulez!; **~kommen** avancer; **~machen** continuer; **~reisen** continuer le voyage
weit|sichtig presbyte; **2winkelobjektiv** *n* grand-angle *m*
Weizen *m* froment
welche(r, -s) *fragend* quel(le); *alleinstehend u nach prp* lequel, laquelle; *relativ* qui (*A* que)
welken se faner
Wellblech *n* tôle *f* ondulée
Welle *f* vague (*a fig*); *Phys* onde
Wellen|länge *f Radio* longueur d'onde; **~linie** *f* ligne ondulée; **~reiten** *n* surf *m*; **~sittich** *m* perruche *f*
Welt *f* monde *m*; **~all** *n* univers *m*; **~anschauung** *f* vision du monde; **2berühmt** célèbre dans le monde entier; **~karte** *f* mappemonde; **~krieg** *m* guerre *f* mondiale; **~kulturerbe** *n* patrimoine *m* mondial culturel; **~meister** *m* champion du monde; **~meisterschaft** *f* championnat *m* du monde; **~raum** *m* espace; **~reise** *f* tour *m* du monde; **~rekord** *m* record mondial; **~stadt** *f* grande métropole; **2weit** mondial(ement)
wem à qui; ***von ~?*** de qui?
wen qui; ***für ~?*** pour qui?
Wende *f* tournant *m*; **~kreis** *m Geogr* tropique; *Kfz* rayon de braquage
Wendeltreppe *f* escalier *m* en colimaçon
wenden tourner; *Kfz* faire demi-tour; ***sich ~ an*** (*A*) s'adresser à
wenig peu (de); ***ein ~*** un peu (de); ***~er*** moins (de); ***am ~sten*** le moins; **~stens** *mindestens* au moins; *einschränkend* du moins
wenn *Bedingung* si; *zeitlich* quand; ***selbst ~*** même si
wer qui; *derjenige* (*diejenige*) celui (celle) qui
Werbe|agentur *f* agence de publicité; **~fernsehen** *n* pu-

blicité *f* télévisée; **~kampagne** *f* campagne publicitaire
werbe|n faire de la publicité (***für*** pour); **②spot** *m* spot publicitaire
Werbung *f* publicité
werden devenir; ***er wird kommen*** il viendra; ***er würde kommen*** il viendrait; *Passiv* ***verkauft ~*** être vendu
werfen jeter, lancer
Werft *f* chantier *m* naval
Werk *n* ouvrage *m*; *Gesamt②* *u fig* œuvre *f*; *Fabrik* usine *f*; **~statt** *f* atelier *m*; *Kfz* garage *m*; **~tag** *m* jour ouvrable; **②tags** en semaine; **~zeug** *n* outil *m*
wert ***~ sein*** valoir (***et*** qc)
Wert *m* valeur *f*; ***im ~ von*** d'une valeur de; ***~ legen auf*** (*A*) attacher de l'importance à
wert|los sans valeur; **②papiere** *n/pl* valeurs *f/pl*, titres *m/pl*; **②sachen** *f/pl* objets *m/pl* de valeur; **~voll** précieux
Wesen *n Lebe②* être *m*; *Eigenart* nature *f*; *Kern* essence *f*
wesentlich essentiel
weshalb pourquoi
Wespe *f* guêpe
wessen de qui
Weste *f* gilet *m*
Westen *m* ouest; *Pol* Ouest
westlich de l'ouest, occidental; ***~ von*** à l'ouest de
Wettbewerb *m* concours (*a Sp*); *Hdl* concurrence *f*
Wett|e *f* pari *m*; **②en** parier (***um et*** qc)
Wetter *n* temps *m*; **~bericht** *m* bulletin météorologique, météo *f*; **~lage** *f* conditions *f/pl* atmosphériques; **~vorhersage** *f* prévisions *f/pl* météorologiques
Wett|kampf *m* compétition *f*; **~lauf** *m*, **~rennen** *n* course *f*; **~streit** *m* concours
Whirlpool® *m* jacuzzi®
Whisky *m* whisky
wichtig important; **②keit** *f* importance
wickeln enrouler (***um*** *A* autour de); *ein~* envelopper (***in*** *A* dans); *Kind* langer
wider (*A*) contre; **~legen** réfuter; **~lich** dégoûtant, répugnant; **~rechtlich** illégal; **~rufen** *Geständnis* rétracter; **~setzen *sich ~*** s'opposer (à); **~sinnig** absurde; **~spenstig** récalcitrant; **~sprechen** contredire (***j-m*** q); **②spruch** *m* contradiction *f*
Widerstand *m* résistance *f* (***gegen*** à); **~skämpfer** *m* résistant
Widerwill|e *m* aversion *f* (***gegen*** pour); **②ig** à contrecœur
widm|en (***sich ~*** se) consacrer (à), (se) vouer (à); *Buch* dédier; **②ung** *f* dédicace
wie *fragend* comment; *vergleichend* comme; ***~ viel*** combien (de); ***~ lange?*** combien de temps?

wieder de nouveau; ~ ***beleben*** ranimer, réanimer; ~ ***entdecken*** redécouvrir; ~ ***erkennen*** reconnaître; ~ ***finden*** retrouver; ~ ***gutmachen*** réparer; ~ ***sehen*** revoir; ~ ***verwerten*** recycler
Wiederauf|bau *m* reconstruction *f*; **~bereitung** *f* retraitement *m*
wieder|bekommen récupérer; **2belebungsversuche** *m/pl* tentatives *f/pl* de réanimation; **~bringen** rapporter; **~geben** rendre; **2gutmachung** *f* réparation
wiederherstellen rétablir; *Fassade usw* restaurer
wiederhol|en répéter; **2ung** *f* répétition
Wiedersehen ***auf ~!*** au revoir!
Wieder|vereinigung *f* réunification; **~verwertung** *f* recyclage *m*; **~wahl** *f* réélection
Wieg|e *f* berceau *m*; **2en** peser; *Baby* bercer
Wien Vienne
Wiese *f* pré *m*; *Rasen* pelouse
wieso pourquoi
wild sauvage
Wild *n* gibier *m*; **~dieb** *m*, **~erer** *m* braconnier; **~leder** *n* daim *m*; **~nis** *f* désert *m*; **~schwein** *n* sanglier *m*; **~westfilm** *m* western
Wille *m* volonté *f*
willkommen bienvenu
willkürlich arbitraire
wimmeln fourmiller (***von*** de)
wimmern gémir
Wimper *f* cil *m*; **~ntusche** *f* mascara *m*
Wind *m* vent; **~beutel** *m* choux à la crème
Windel *f* couche
wind|geschützt à l'abri du vent; **~ig** venteux; **2mühle** *f* moulin *m* à vent; **2pocken** *pl* varicelle *f*; **2schutzscheibe** *f* pare-brise *m*; **2stärke** *f* force du vent; **2stille** *f* calme *m*; **2stoß** *m* rafale *f*; **2surfen** *n* planche *f* à voile
Winkel *m* angle; *Ecke* coin
winken faire signe (***j-m*** à q)
Winter *m* hiver; ***im ~*** en hiver; **~fahrplan** *m* horaire d'hiver; **2lich** hivernal; *Kleidung* d'hiver; **~mantel** *m* manteau d'hiver; **~monat** *m* mois d'hiver; **~reifen** *m/pl* pneus neige; **~schlussverkauf** *m* soldes *m/pl* d'hiver; **~sport** *m* sports *m/pl* d'hiver; **~zeit** *f Uhrzeit* heure *f* d'hiver
Winzer *m* vigneron
winzig minuscule
wir nous
Wirbel *m* tourbillon; *fig* remous *m/pl*; *Anat* vertèbre *f*; **~säule** *f* colonne vertébrale; **~sturm** *m* cyclone
wirken avoir un effet (***auf A*** sur); faire son effet; ***jung ~*** faire jeune
wirklich réel(lement); *echt* vrai(ment); **2keit** *f* réalité
wirk|sam efficace; **2ung** *f* ef-

fet *m*; **~ungslos** inefficace; **~ungsvoll** efficace
wirr confus
Wirsing(kohl) *m* chou frisé
Wirt(in) *m(f)* *Gast*≈ restaurateur *m*, restauratrice *f*; *Haus*≈ propriétaire; *Zimmer*≈ logeur *m*, logeuse *f*
Wirtschaft *f* économie; *Gast*≈ café-restaurant *m*; **~erin** *f* gouvernante; **≈lich** économique; *sparsam* économe
Wirtshaus *n* auberge *f*
wisch|en essuyer; **≈er** *m Kfz* essui-glace; **≈lappen** *m* torchon
wissen savoir; **~ *lassen*** faire savoir; ≈ *n* savoir *m*
Wissenschaft *f* science; **~ler** *m* savant; **≈lich** scientifique
wissentlich *adv* sciemment
witter|n flairer; **≈ung** *f* flair *m* (*a fig*); *Wetter* temps *m*
Witw|e *f* veuve; **~er** *m* veuf
Witz *m* plaisanterie *f*
wo où
Woche *f* semaine; ***in zwei ~n*** dans quinze jours
Wochen|arbeitszeit *f* heures *f/pl* de travail hebdomadaires; **~ende** *n* week-end *m*; **≈lang** *adv* pendant des semaines; **~tag** *m* jour de la semaine; *Werktag* jour ouvrable
wöchentlich hebdomadaire; ***zweimal ~*** deux fois par semaine
Wodka *m* vodka *f*
wo|durch par quoi; *relativ* ce qui; **~gegen** contre quoi; **~her** d'où; **~hin** où
wohl bien; *wahrscheinlich* sans doute; ***sich ~ fühlen*** se sentir bien
Wohl *n* bien *m*; ***zum ~!*** à ta (votre) santé!
Wohl|befinden *n* bien-être *m*; **≈behalten** saint et sauf; **≈habend** aisé; **≈schmeckend** savoureux; **~stand** *m* aisance *f*; **≈tuend** bienfaisant; **~wollen** *n* bienveillance *f*
Wohn|anhänger *m* caravane *f*; **~block** *m* pâté de maisons
wohn|en habiter; **≈gebiet** *n* zone *f* résidentielle; **~haft** domicilié (***in*** *D* à); **≈haus** *n* immeuble *m*; **≈mobil** *n* camping-car *m*; **≈ort** *m* lieu de résidence; **≈sitz** *m* domicile; **≈ung** *f* appartement *m*; **≈wagen** *m* caravane *f*; **≈zimmer** *n* (salle *f* de) séjour *m*, salon *m*
Wolf *m* loup
Wolke *f* nuage *m*
Wolken|bruch *m* trombe *f* d'eau; **~kratzer** *m* gratte-ciel; **≈los** sans nuages
wolkig nuageux
Wolle *f* laine
wollen vouloir; ***lieber ~*** aimer mieux, préférer
Wolljacke *f* cardigan *m*
wo|mit avec quoi; **~nach** après quoi; *gemäß* d'après quoi
woran à quoi; *relativ* dont

worauf sur quoi; *zeitlich* là-dessus; **~ wartest du?** qu'est-ce que tu attends?
wor|aus *Material* en quoi; *relativ* dont; d'où; **~in** en quoi, dans quoi, où
Wort *n* mot *m*; **in ~en** en toutes lettres
Wörterbuch *n* dictionnaire *m*
wörtlich littéral
worüber sur quoi
worum ~ geht es? de quoi s'agit-il?
wo|von de quoi; *relativ* dont; **~vor** de quoi; **~zu** à quoi; *warum* pourquoi
Wrack *n* épave *f* (*a fig*)
wringen tordre
Wucher *m* usure *f*
wucher|n *Biol* proliférer; **℞preis** *m péj* prix exorbitant, prohibitif; **℞ung** *f Med* excroissance; *Geschwulst* tumeur
Wuchs *m* croissance *f*; *Gestalt* taille *f*
Wucht *f* force; *Heftigkeit* violence; **mit voller ~** de toute sa force
wuchtig massif; *Schlag* violent
wühlen fouiller (**in** *D* dans)
Wulst *m* bourrelet
wund écorché; **sich ~ reiben** s'écorcher
Wunde *f* blessure
Wunder *n* miracle *m*; **℞bar** merveilleux
wundern sich ~ s'étonner (**über** *A* de)
Wundstarrkrampf *m* tétanos
Wunsch *m* désir; *Hoffnung* souhait
wünschen désirer; *wollen* vouloir (avoir); **j-m et ~** souhaiter qc à q
wünschenswert souhaitable
Würd|e *f* dignité; **℞ig** digne (**e-r Sache** *G* de qc); **℞igen** apprécier
Wurf *m* jet; *Zo* portée *f*
Würfel *m Math* cube; *Spiel℞* dé; **~becher** *m* gobelet (à dés)
würfeln jouer aux dés
Würfelzucker *m* sucre en morceaux
Wurm *m* ver; **℞stichig** *Holz* vermoulu; *Obst* véreux
Wurst *f* saucisse; *Hart℞* saucisson *m*; *Aufschnitt* charcuterie
Würstchen *n* saucisse *f*
Würze *f* assaisonnement *m*; *fig* sel *m*, piment *m*
Wurzel *f* racine
würz|en assaisonner; **~ig** épicé, relevé
wüst *Gegend* désert; *unordentlich* en désordre
Wüste *f* désert *m*
Wut *f* rage, colère; **~anfall** *m* accès de fureur
wütend furieux (**auf j-n** contre q); **~ werden** se mettre en colère

Z

Zacke *f* dent; *e-s Sterns* branche
zaghaft craintif, timide
zäh(e) tenace; *Fleisch* coriace
zähflüssig visqueux
Zahl *f* nombre *m*; **≗bar** payable; **≗en** payer
zähl|en compter; **≗er** *m* compteur
Zahl|karte *f* mandat-carte *m*; **≗los** innombrable; **≗reich** nombreux; **~tag** *m* jour de paie; **~ung** *f* paiement *m*
Zählung *f* comptage *m*
Zahlungs|anweisung *f* mandat *m* de paiement; **~bedingungen** *f/pl* conditions de paiement; **~frist** *f* délai *m* de paiement; **~mittel** *n* moyen *m* de paiement
zahm apprivoisé
zähmen apprivoiser (*a fig*)
Zahn *m* dent *f*; **~arzt** *m* dentiste; **~bürste** *f* brosse à dents; **~ersatz** *m* prothèse *f* dentaire; **~fleisch** *n* gencive *f*; **~pasta** *f* dentifrice *m*
Zahnrad *n* roue *f* dentée; **~bahn** *f* train *m* à crémaillère
Zahnschmerzen *m/pl* **~ haben** avoir mal aux dents
Zahn|seide *f* fil *m* dentaire; **~stein** *m* tartre; **~stocher** *m* cure-dent
Zander *m* sandre
Zange *f* pince, tenailles *f/pl*
zanken ***sich*** **~** se disputer, se quereller (***um et*** pour qc)
zänkisch querelleur
Zäpfchen *n Anat* luette *f*; *Med* suppositoire *m*
Zapfen *m Tech* bouchon; *Kiefern*≗ pomme *f* de pin
Zapfsäule *f* pompe à essence
zart *weich* tendre; *zerbrechlich* délicat; *sanft* doux; **≗gefühl** *n* délicatesse *f*
zärtlich tendre; **≗keit** *f* tendresse
Zauber *m* magie *f* (*a fig*); *böser* **~** sortilège; **~er** *m* magicien; **≗haft** ravissant; **~künstler** *m* prestidigitateur; **≗n** pratiquer la magie; **~spruch** *m* formule *f* magique
zaudern hésiter
Zaum *m* bride *f*
Zaun *m* clôture *f*
z. B. (*zum Beispiel*) p. ex. (*par exemple*)
ZDF (*Zweites Deutsches Fernsehen*) deuxième chaîne de la télévision publique allemande
Zebra *n* zèbre *m*; **~streifen** *m* passage pour piétons
Zecke *f* tique
Zehe *f* orteil *m*
zehn dix; **~te(r, -s)** dixième;

≈tel *n* dixième *m*
Zeichen *n* signe *m*; *verabredetes* signal *m*; **~block** *m* bloc à dessin; **~papier** *n* papier *m* à dessin; **~trickfilm** *m* dessin animé
zeichn|en dessiner; **≈ung** *f* dessin *m*
Zeigefinger *m* index
zeigen montrer
Zeiger *m* aiguille *f*
Zeile *f* ligne
Zeit *f* temps *m*; *Uhr*≈ heure; ***mit der ~*** avec le temps; ***keine ~ haben*** ne pas avoir le temps; ***eine ~ lang*** pour un certain temps
zeit|gemäß moderne; **~genössisch** contemporain
Zeitkarte *f* (carte d')abonnement *m*
zeitlich ***~ begrenzt*** limité dans le temps
zeitlos *Kleidung* classique
Zeit|lupe *f* ralenti *m*; **~plan** *m* emploi du temps; **~punkt** *m* moment; **~raum** *m* période *f*; **~schrift** *f* revue
Zeitung *f* journal *m*
Zeitungs|anzeige *f* petite annonce; **~artikel** *m* article de journal; **~kiosk** *m* kiosque à journaux
Zeit|verlust *m*, **~verschwendung** *f* perte *f* de temps; **~vertreib** *m* passe-temps; **≈weise** de temps en temps; **~wort** *n* verbe *m*
Zelle *f* cellule; *Tel* cabine
Zellstoff *m* cellulose *f*
Zelt *n* tente *f*; ***im ~*** sous la tente
zelten camper
Zelt|lager *n* camping *m*; **~platz** *m* terrain de camping
Zement *m* ciment
Zensur *f* censure; *Note* note
Zentimeter *m od n*, **~maß** *n* centimètre *m*
Zentner *m* demi-quintal
zentral central
Zentral|e *f* direction centrale; *Tel* standard *m*; **~heizung** *f* chauffage *m* central
Zentrum *n* centre *m*; *Stadt*≈ *a* centre-ville *m*
Zeppelin *m* dirigeable
zer|brechen (*v/i* se) casser; (se) briser; **~brechlich** fragile; **~drücken** écraser
Zeremonie *f* cérémonie
zer|fallen *Gebäude* tomber en ruine; **~fetzen** déchirer; **~fließen** fondre; **~fressen** ronger; *Chem* corroder; **~kleinern** broyer; **~knittern** froisser, chiffonner; **~kratzen** *Haut* égratigner; *Möbel* rayer; *mit Nägeln* griffer; **~legbar** *Tech* démontable; **~legen** décomposer; *Tech* démonter; **~platzen** crever, éclater; **~quetschen** écraser; **~reißen** (*v/i* se) déchirer
zerr|en tirer (avec violence) (***an*** *D* sur); **≈ung** *f* *Med* claquage *m*
zer|rüttet *Ehe* ruiné; **~schlagen** casser; **~schneiden** découper; **~setzen** décompo-

ser; **~springen** se briser
Zerstäuber *m* vaporisateur
zerstör|en détruire; **2ung** *f* destruction
zerstreuen (***sich*** ~ se) disperser; *fig* (se) distraire
zerstreut *fig* distrait
Zerstreuung *f fig* distraction
zer|stückeln mettre en morceaux; *Grundbesitz* morceler; **~teilen** diviser; **~treten** écraser (du pied); **~trümmern** démolir, casser
Zerwürfnis *n* brouille *f*
Zettel *m* bout de papier
Zeug *n* F *péj* truc(s) *m/pl*; *Plunder* bazar *m*; ***dummes*** ~ bêtises *f/pl*
Zeug|e *m* témoin; **2en** témoigner (***von*** *D* de); **~in** *f* témoin *m*; **~nis** *n* certificat *m*; *Schul2* bulletin *m* (semestriel, de fin d'année)
Zickzack *m* ***im*** ~ en zigzag
Ziege *f* chèvre
Ziegel *m* brique *f*; *Dach2* tuile *f*
Ziegen|bock *m* bouc; **~käse** *m* fromage de chèvre
ziehen tirer; *Zahn* arracher; *Linie* tracer; ***nach Berlin*** ~ aller habiter à Berlin; ***sich in die Länge*** ~ tirer en longueur; ***es zieht*** il y a un courant d'air
Zieh|harmonika *f* accordéon *m*; **~ung** *f* tirage *m*
Ziel *n* but *m*, objectif *m*; *Reise2* destination *f*; *Sp* arrivée *f*
zielen ***auf j-n*** ~ viser q; ***auf etw*** (*A*) ~ viser à (+ *inf*)
Ziel|gruppe *f Werbung* cible; **2los** sans but; **~scheibe** *f* cible; **2strebig** déterminé
ziemlich *adv* assez; plutôt; ~ ***viel*** pas mal (de)
zierlich gracile; *Hände* fin; *anmutig* gracieux
Ziffer *f* chiffre *m*; **~blatt** *n* cadran *m*
Zigarette *f* cigarette
Zigarettenautomat *m* distributeur de cigarettes
Zigarre *f* cigare *m*
Zigeuner(in) *m(f) neg!* gitan(e), bohémien(ne)
Zimmer *n* pièce *f*; *Schlaf2*, *Hotel2* chambre *f*; **~kellner** *m* garçon d'étage; **~mädchen** *n* femme *f* de chambre; **~mann** *m* charpentier; **~nummer** *f* numéro *m* de la chambre
Zimt *m* cannelle *f*
Zink *n* zinc [zɛ̃g] *m*
Zinn *n* étain *m*
Zins|en *m/pl* intérêts; **~satz** *m* taux d'intérêt
Zipfel *m* coin; *Wurst2* bout
zirka environ
Zirkel *m* compas; *Gruppe* cercle, club
Zirkus *m* cirque
zischen siffler
Zisterne *f* citerne
Zit|at *n* citation *f*; **2ieren** citer
Zitrone *f* citron *m*
Zitronen|limonade *f* citronnade; **~presse** *f* presse-ci-

tron *m*; **~saft** *m* jus de citron
Zitrusfrüchte *f/pl* agrumes *m/pl*
zittern trembler (***vor Kälte*** de froid)
zivil civil; ***in*** **♀** en civil; **♀bevölkerung** *f* population civile; **♀dienst** *m* service civil
Zivil|isation *f* civilisation; **~ist** *m* civil
zögern hésiter
Zoll *m* douane *f*; *Abgabe* droits *m/pl* de douane; **~abfertigung** *f* formalités *f/pl* douanières; **~amt** *n* (bureau *m* de) douane *f*; **~beamte(r)** *m* douanier; **~erklärung** *f* déclaration en douane; **♀frei** 'hors taxes; *Hdl* en franchise douanière; **~kontrolle** *f* contrôle *m* douanier; **♀pflichtig** soumis aux droits de douane
Zone *f* zone
Zoo *m* zoo
Zopf *m* natte *f*, tresse *f*
Zorn *m* colère *f*; **♀ig** en colère
zu *prp* (*D*) à; ~ *j-m* chez; *vor inf* de, à; *adv* trop; *geschlossen* fermé; ~ ***Hause*** à la maison, chez moi (toi, *usw*); ~ ***Mittag*** à midi; ~ ***viel*** trop; ~ ***groß*** trop grand; ~ ***wenig*** trop peu; ***um*** ~ pour (+ *inf*); ***Tür ~!*** (fermez) la porte!
Zubehör *n* accessoires *m/pl*
zubereit|en préparer; **♀ung** *f* préparation
zubinden attacher, ficeler (*pour fermer*)
Zubringer|bus *m* navette *f*; **~dienst** *m für Flughafen usw* desserte *f*; **~straße** *f zur Autobahn* bretelle
Zucchini *pl* courgettes *f/pl*
züchten *Pflanzen* cultiver; *Tiere* élever
zucken tressaillir
Zucker *m* sucre; *Med* ~ ***haben*** être diabétique; **~dose** *f* sucrier *m*; **♀krank**, **~kranke(r)** *su* diabétique
zucker|n sucrer; **♀rohr** *n* canne *f* à sucre; **♀watte** *f* barbe à papa
zu|decken couvrir (***mit*** de); **~drehen** *Hahn* fermer; **~dringlich** importun
zuerst d'abord; *als erster* le premier
Zufahrt *f* accès *m*; **~sstraße** *f* voie d'accès
Zu|fall *m* 'hasard; **♀fällig** *adv* par 'hasard
zufrieden content (***mit*** de), satisfait (de); ~ ***stellen*** satisfaire; ~ ***stellend*** satisfaisant
Zufriedenheit *f* satisfaction
Zufuhr *f* approvisionnement *m* (***von*** en)
Zug *m Bahn* train; *von Menschen* cortège; *Luft♀* courant d'air; *Gesichts♀*, *Charakter♀* trait; *beim Rauchen* bouffée *f*; *Schach usw* coup; ***in e-m*** ~ d'un trait
Zu|gabe *f Theater* bis *m*; **~gang** *m* accès; **♀gänglich** accessible; **♀geben** ajouter;

gestehen avouer; **2gehen** se diriger (***auf** A* vers); *Tür* se fermer; *geschehen* se passer

Zügel *m* bride *f*; ~ *pl* rênes *f/pl* (*a fig*); **2los** effréné

Zuge|ständnis *n* concession *f*; **2stehen** concéder (***j-m et*** qc à q)

Zugführer *m Bahn* chef de train

zugig exposé aux courants d'air

zügig rapide(ment)

zugleich en même temps

Zug|luft *f* courant *m* d'air; **~maschine** *f* tracteur *m*

zugrunde ***~ gehen*** périr; ***~ richten*** ruiner

Zugschaffner *m Bahn* contrôleur

zugunsten (*G*) en faveur de

Zug|verbindung *f* communication ferroviaire; **~verkehr** *m* trafic ferroviaire; **~vogel** *m* oiseau migrateur

zu|haben F être fermé; **2hälter** *m* souteneur; **~heilen** se fermer; **~hören** écouter (***j-m*** q); **2hörer** *m* auditeur; **~jubeln** acclamer (***j-m*** q); **~kleben** *Brief* cacheter; **~knöpfen** boutonner

Zukunft *f* avenir *m*; *Gr* futur *m*; ***in ~*** à l'avenir

zukünftig futur

Zulage *f* prime (**für** de)

zu|lassen *erlauben* permettre; *zu et* admettre; *Auto* immatriculer; *Tür* laisser fermé; **~lässig** permis; **2lassung** *f* admission (**zu** à); *Kfz* immatriculation; F *Schein etwa* carte grise

zuletzt à la fin; *als letzter* le dernier; *zum letzten Mal* pour la dernière fois

zuliebe (*D*) pour l'amour de

zumachen fermer

zu|mindest du moins; **~muten** exiger (***j-m et*** qc de q)

Zumutung *f* exigence; ***das ist e-e ~*** c'est inadmissible

zunächst (tout) d'abord

Zunahme *f* augmentation

Zuname *m* nom de famille

Zünd|holz *n* allumette *f*; **~kabel** *n* câble *m* d'allumage; **~kerze** *f* bougie; **~schloss** *n* contact *m*; **~schlüssel** *m* clé *f* de contact; **~schnur** *f* mèche; **~ung** *f* allumage *m*

zunehmen augmenter; *Person* grossir (***ein Kilo*** d'un kilo)

Zuneigung *f* affection (***zu*** pour)

Zunge *f* langue; ***auf der ~ zergehen*** fondre dans la bouche

zunichte *Pläne usw* ***~ machen*** réduire à néant

zunutze ***sich et ~ machen*** exploiter qc

zurechtfinden ***sich ~*** trouver ses marques; *im Fahrplan* s'y retrouver; *auf e-r Karte* trouver son chemin

zurechtmachen préparer; ***sich ~*** se (re)faire une beauté

zurück en arrière; *wieder da* de retour; **~bekommen** récupérer; **~bleiben** rester (en arrière); **~bringen** rapporter; **~erstatten** rembourser; **~fahren** retourner; **~führen** ramener; attribuer (**auf** *A* à); **~geben** rendre; **~geblieben** *fig* attardé; **~gehen** retourner; *abnehmen* baisser; **~gezogen** retiré; **~halten** retenir; **~haltend** réservé

zurück|holen aller rechercher; **~kommen** revenir; **~lassen** laisser; **~legen** *an s-n Platz* remettre; *Geld* mettre de côté; *Strecke* parcourir; **~nehmen** *Ware* reprendre; *Versprechen* revenir sur; *Beleidigung* retirer; **~rufen** rappeler; **~schicken**, **~senden** renvoyer; **~setzen** *Kfz* reculer; **~stellen** *an s-n Platz* remettre; *Uhr* retarder (**um** de); *aufschieben* reporter; **~treten** *v Amt* démissionner; **~weisen** refuser; *Anschuldigung* rejeter; **~werfen** rejeter; **~zahlen** rembourser

zurückziehen (***sich*** ~ se) retirer

zurzeit en ce moment

zusagen *auf ein Angebot, e-e Einladung* accepter; *gefallen* plaire (***j-m*** à q); ***j-m et*** ~ promettre qc à q

zusammen ensemble; **⁓arbeit** *f* collaboration, coopération; **~bauen** monter; **~binden** lier; **~brechen** s'effondrer; *Verkehr* être paralysé; **⁓bruch** *m* effondrement; **~fallen** s'écrouler; *zeitlich* coïncider; **~fassen** résumer; **⁓fassung** *f* résumé *m*; **~fügen** joindre; **~gehören** aller ensemble; **⁓hang** *m* rapport; *Text⁓* contexte

zusammenklapp|bar pliant; **~en** (re)plier

zusammen|kommen se réunir; **⁓kunft** *f* réunion

zusammenpassen aller bien ensemble

Zusammenprall *m* 'heurt; **⁓en** 'heurter (***mit et*** qc)

zusammen|rechnen additionner; **~rücken** se serrer; *Tische* rapprocher; **⁓schluss** *m* (ré)union *f*

zusammensetz|en assembler; ***sich* ~ *aus*** (*D*) se composer de; **⁓ung** *f* composition

zusammenstellen combiner

Zusammenstoß *m* 'heurt; *Kfz* collision *f*; *leichter* accrochage (*a* F *fig*); **⁓en** 'heurter (***mit et*** qc); *Kfz* entrer en collision

zusammen|stürzen s'écrouler; **~treffen** se rencontrer; *zeitlich* coïncider; **~zählen** additionner; **~ziehen** (***sich*** ~ se) contracter

Zu|satz *m* addition *f*; **⁓sätzlich** additionnel

zuschauen *s* ***zusehen***

Zuschauer *m* spectateur
zuschicken envoyer
Zuschlag *m* supplément (*a Bahn*); **²en** *Tür* claquer; **²pflichtig** *Zug* à supplément
zu|schließen fermer à clef; **~schneiden** *Stoff* couper; *Holz* débiter
zu|schnüren *Paket* ficeler; *Schuh* lacer; **~schrauben** visser; **²schrift** *f* lettre; **²schuss** *m* subvention *f*
zusehen regarder (***bei et*** qc)
zusehends à vue d'œil
zu|senden envoyer; **~setzen** ajouter; *Geld* perdre
zusicher|n assurer (***j-m et*** qc à q); **²ung** *f* assurance
zuspitzen ***sich ~*** *fig* devenir critique, s'aggraver
Zustand *m* état
zustande ~ ***bringen*** réussir à faire; **~** ***kommen*** se faire, se réaliser
zuständig compétent
zustehen ***j-m ~*** appartenir à q, revenir à q
zustell|en *Post* distribuer; *überbringen* remettre; **²ung** *f* distribution; remise
zustimm|en consentir (***e-r Sache*** *D* à qc); **²ung** *f* consentement *m*
zustoßen *j-m* arriver à
Zutaten *f/pl* ingrédients *m/pl*
zuteil|en attribuer (***j-m et*** qc à q); **²ung** *f* attribution
zutrau|en ***j-m et ~*** croire q capable de qc; **~lich** confiant
zutreff|en être juste; s'appliquer (***auf*** *A* à); **~end** juste
Zutritt *m* accès, entrée *f*
zuverlässig sérieux, fiable; *Freund* sûr; **²keit** *f* fiabilité
Zuversicht *f* confiance; **²lich** confiant, optimiste; *adv* avec confiance
zu viel *s* ***zu***
zuvor *zuerst* d'abord; *vorher* auparavant; **~kommen** devancer (***j-m*** q); prévenir (***e-r Sache*** *D* qc); **~kommend** prévenant
Zuwachs *m* accroissement
zu|weilen parfois; **~weisen** attribuer; **~wenig** *s* ***zu***
zuwider ***j-m ~ sein*** répugner q
zu|winken faire signe (***j-m*** à q); **~zahlen** payer en plus
zuziehen *Vorhang* tirer, fermer; ***sich ~*** *Krankheit* contracter, F attraper
zuzüglich en plus
Zwang *m* contrainte *f*; **²los** décontracté, sans façon
zwangs|läufig forcé(ment); **~weise** (de gré ou) de force
zwanzig vingt
zwar il est vrai; ***und ~*** pour être précis
Zweck *m* but; ***es hat keinen ~*** cela ne sert à rien; ***s-n ~ erfüllen*** remplir sa fonction
Zwecke *f* punaise
zweck|los inutile; **~mäßig** approprié; *Kleidung* pratique, fonctionnel
zwecks (*G*) en vue de
zwei deux

Zweibett|kabine *f* cabine double; **~zimmer** *n* chambre *f* à deux lits
zwei|deutig ambigu; *Lächeln* équivoque; **~erlei** de deux sortes; **~fach** double
Zweifel *m* doute; **2haft** douteux; **2los** sans aucun doute
zweifeln douter (**an** *D* de)
Zweifelsfall *m* **im ~** en cas de doute
Zweig *m* rameau; *großer* branche *f* (*a fig*); **~geschäft** *n*, **~stelle** *f* succursale *f*
zwei|gleisig *Bahn* à double voie; **~händig** à deux mains; **~jährig** de deux ans; **~mal** deux fois; **~motorig** bimoteur; **~seitig** bilatéral; **2sitzer** *m* biplace; **~sprachig** bilingue; **~spurig** *Straße* à deux voies; **~stöckig** à deux étages
zweit zu ~ à deux
zwei|teilig *Kleidung* deux pièces; **~tens** deuxièmement
Zwerchfell *n* diaphragme *m*
Zwerg *m* nain
Zwetsch(g)e *f* prune
zwicken pincer
Zwieback *m* biscuit
Zwiebel *f* oignon [ɔɲõ] *m*; *Blumen***2** bulbe *m*
Zwilling *m* jumeau; *Mädchen* jumelle *f*
zwingen forcer (**zu** à)
Zwirn *m* fil retors
zwischen (*D*, *A*) entre; *mitten unter* parmi; **2deck** *n* entrepont *m*; **~durch** entre-temps; **2fall** *m* incident
Zwischenlandung *f* escale
Zwischen|raum *m* espace; *Abstand* distance *f*; **~saison** *f* intersaison; **~station** *f* 'halte; **~wand** *f* cloison
Zwischenzeit *f* **in der ~** entre-temps
zwitschern gazouiller
zwölf douze
Zwölffingerdarm *m* duodénum [-ɔm]
Zylinder *m* cylindre; *Hut* chapeau 'haut de forme; **~kopf** *m* culasse *f*
zynisch cynique
Zypern *n* Chypre *f*
Zypresse *f* cyprès *m*
Zyste *f* kyste *m*
zz(t). (*zurzeit*) actuellement

Anhang

Zahlwörter – Adjectifs numéraux

Grundzahlen – Nombres cardinaux

0 zéro *null*
1 un, une *eins*
2 deux *zwei*
3 trois *drei*
4 quatre *vier*
5 cinq *fünf*
6 six *sechs*
7 sept *sieben*
8 huit *acht*
9 neuf *neun*
10 dix *zehn*
11 onze *elf*
12 douze *zwölf*
13 treize *dreizehn*
14 quatorze *vierzehn*
15 quinze *fünfzehn*
16 seize *sechzehn*
17 dix-sept *siebzehn*
18 dix-huit *achtzehn*
19 dix-neuf *neunzehn*
20 vingt *zwanzig*
21 vingt et un *einundzwanzig*
22 vingt-deux *zweiundzwanzig*
23 vingt-trois *dreiundzwanzig*
24 vingt-quantre *vierundzwanzig*
25 vingt-cinq *fünfundzwanzig*
26 vingt-six *sechsundzwanzig*
27 vingt-sept *siebenundzwanzig*
28 vingt-huit *achtundzwanzig*
29 vingt-neuf *neunundzwanzig*
30 trente *dreißig*
31 trente et un *einunddreißig*
32 trente-deux *zweiunddreißig*
40 quarante *vierzig*
50 cinquante *fünfzig*
60 soixante *sechzig*
70 soixante-dix *siebzig*
71 soixante et onze *einundsiebzig*
72 soixante-douze *zweiundsiebzig*
80 quatre-vingt(s) *achtzig*
81 quatre-vingt-un *einundachtzig*
82 quatre-vingt-deux *zweiundachtzig*
90 quatre-vingt-dix *neunzig*
91 quatre-vingt-onze *einundneunzig*
92 quatre-vingt-douze *zweiundneunzig*
100 cent *hundert*
101 cent un *(ein)hunderteins*
102 cent deux *hundertzwei*
200 deux cent(s) *zweihundert*
210 deux cent dix *zweihundertzehn*
300 trois cent(s) *dreihundert*
400 quatre sent(s) *vierhundert*

500 cinq cent(s) *fünfhundert*
600 six cent(s) *sechshundert*
700 sept cent(s) *siebenhundert*
800 huit cent(s) *achthundert*
900 neuf cent(s) *neunhundert*
1000 mille *tausend*
1001 mille un *(ein)tausendeins*
1002 mille deux *(ein)tausendzwei*
1100 onze cent(s) *(ein-)tausendeinhundert*
1311 treize cent onze *(ein-)tausenddreihundertelf*
2000 deux mille *zweitausend*
100000 cent mille *hunderttausend*
1000000 un million *eine Million*

Ordnungszahlen – Nombres ordinaux

1er le premier *der erste*
1re la première *die erste*
2e le (la) deuxième le (la) second(e) *der (die) zweite*
3e le (la) troisième *der (die) dritte*
4e quatrième *vierte*
5e cinquième *fünfte*
6e sixième *sechste*
7e septième *siebente*
8e huitième *achte*
9e neuvième *neunte*
10e dixième *zehnte*
11e onzième *elfte*
12e douzième *zwölfte*
13e treizième *dreizehnte*
14e quatorzième *vierzehnte*
15e quinzième *fünfzehnte*
16e seizième *sechzehnte*
17e dix-septième *siebzehnte*
18e dix-huitième *achtzehnte*
19e dix-neuvième *neunzehnte*
20e vingtième *zwanzigste*
21e vingt et unième *einundzwanzigste*
22e vingt-deuxième *zweiundzwanzigste*
23e vingt-troisième *dreiundzwanzigste*
24e vingt-quatrième *vierundzwanzigste*
25e vingt-cinquième *fünfundzwanzigste*
26e vingt-sixième *sechsundzwanzigste*
27e vingt-septième *siebenundzwanzigste*
28e vingt-huitième *achtundzwanzigste*
29e vingt-neuvième *neunundzwanzigste*
30e trentième *dreißigste*
31e trente et unième *einunddreißigste*
32e trente-deuxième *zweiunddreißigste*

40ᵉ quarantième *vierzigste*
50ᵉ cinquantième *fünfzigste*
60ᵉ soixantième *sechzigste*
70ᵉ soixante-dixième *siebzigste*
71ᵉ soixante et onzième *einundsiebzigste*
72ᵉ soixante-douzième *zweiundsiebzigste*
80ᵉ quatre-vingtième *achtzigste*
81ᵉ quatre-vingt-unième *einundachtzigste*
82ᵉ quatre-vingt-deuxième *zweiundachtzigste*
90ᵉ quatre-vingt-dixième *neunzigste*
91ᵉ quatre-vingt-onzième *einundzeunzigste*
92ᵉ quatre-vingt-douzième *zweiundneunzigste*
100ᵉ centième *hundertste*
101ᵉ cent unième *hunderterste*
102ᵉ cent deuxième *hundertzweite*
200ᵉ deux centième *zweihundertste*
300ᵉ trois centième *dreihundertste*
400ᵉ quatre centième *vierhundertste*
500ᵉ cinq centième *fünfhundertste*
600ᵉ six centième *sechshundertste*
1000ᵉ millième *tausendste*
1001ᵉ mille unième *tausenderste*
1002ᵉ mille deuxième *tausendzweite*
2000ᵉ deux millième *zweitausendste*
100000ᵉ cent millième *hunderttausendste*
1000000ᵉ millionième *millionste*

Brüche – Fractions

1/2 (un) demi *ein halb*; la moitié *die Hälfte*
1/3 un tiers *ein Drittel*
2/3 (les) deux tiers *zwei Drittel*
1/4 un quart *ein Viertel*
3/4 (les) trois quarts *drei Viertel*
1/5 un cinquième *ein Fünftel*
1/8 un huitième *ein Achtel*
1/10 un dixième *ein Zehntel*
9/10 (les) neuf dixièmes *neun Zehntel*

in Dezimalform:
0,5 zéro virgule cinq *null Komma fünf*
7,45 sept virgule quarante cinq *sieben Komma vier fünf*

Maße und Gewichte – Mesures et poids

Längenmaße
Mesures de longueur

1 mm *millimètre* Millimeter
1 cm *centimètre* Zentimeter
1 dm *décimètre* Dezimeter
1 m *mètre* Meter
1 dam *décamètre* Dekameter
1 hm *hectomètre* Hektometer
1 km *kilomètre* Kilometer

Flächenmaße
Mesures de superficie

1 mm² *millimètre carré* Quadratmillimeter
1 cm² *centimètre carré* Quadratzentimeter
1 dm² *décimètre carré* Quadratdezimeter
1 m² *mètre carré* Quadratmeter
1 km² *kilomètre carré* Quadratkilometer

Raummaße
Mesures de volume

1 mm³ *millimètre cube* Kubikmillimeter
1 cm³ *centimètre cube* Kubikzentimeter
1 dm³ *décimètre cube* Kubikdezimeter
1 m³ *mètre cube* Kubikmeter

Hohlmaße
Mesures de capacité

1 ml *millilitre* Milliliter
1 cl *centrilitre* Zentiliter
1 dl *décilitre* Deziliter
1 l *litre* Liter
1 dal *décalitre* Dekaliter (Dl, dkl)
1 hl *hectolitre* Hektoliter

Gewichte – Poids

1 mg *milligramme* Milligramm
1 cg *centigramme* Zentigramm
1 dg *décigramme* Dezigramm
1 g *gramme* Gramm
1 dag *décagramme* Dekagramm (Dg; *österr* dag)
1 hg *hectogramme* Hektogramm
1 kg *kilogramme* Kilogramm
1 q *quintal* Doppelzentner (dz)
1 t *tonne* Tonne

Die Uhrzeit – L'heure

Quelle heure est-il?	Wie spät ist es?
A quelle heure?	Um wie viel Uhr?
1.00 *Il est une heure.*	Es ist ein Uhr *od* Es ist eins.
2.00 *A deux heures.*	Um zwei (Uhr).
3.10 *trois heures dix*	zehn (Minuten) nach drei
4.15 *quatre heures et quart*	Viertel nach vier *od* viertel fünf
5.20 *cinq heures vingt*	zwanzig (Minuten) nach fünf *od* zehn (Minuten) vor halb sechs
6.30 *six heures et demie*	halb sieben
7.40 *huit heures moins vingt*	zwanzig (Minuten) vor acht *od* zehn (Minuten) nach halb acht
8.45 *neuf heures moins le quart*	Viertel vor neun *od* drei viertel neun
9.55 *dix heures moins cinq*	fünf (Minuten) vor zehn
15.35 *quinze heures trente-cinq*	fünfzehn Uhr fünfunddreißig
vers onze heures	ungefähr um elf (Uhr)
à neuf heures précises	pünktlich um neun (Uhr)

Silbentrennung im Französischen

Die Trennung eines Wortes am Zeilenende erfolgt im Französischen nach Sprechsilben. Dabei gelten folgende Regeln:

1. Ein einzelner Konsonant zwischen zwei Vokalen tritt zur folgenden Silbe,

   z. B. **di-ri-ger, pay-san, la-va-bo, sa-lé, thé-ra-peu-ti-que**

   Ausnahme: Bei x zwischen zwei Vokalen wird im Allgemeinen nicht getrennt,

   z. B. **Saxon, re-laxer**

2. Von zwei oder mehr Konsonanten zwischen zwei Vokalen tritt nur der letzte Konsonant zur folgenden Silbe,

   z. B. **par-tir, ex-cur-sion, res-ter, doc-ker, chas-seur, nom-mer, ail-leurs** (mouilliertes l ist trennbar), **comp-ter, cons-cience, subs-tan-tif** (auch etymologische Trennung **con-science, sub-stantif** ist möglich, aber nicht üblich).

Dabei gelten folgende Ausnahmen:

a) Konsonant + l oder + r werden nicht getrennt,

   z. B. **ci-ble, es-clan-dre, an-glais, dé-sas-tre, af-freux, ins-truit**

b) Die einen einzigen Laut darstellenden Konsonantenpaare ch, gn, ph, th werden nicht getrennt.

   z. B. **ro-cher, ga-gner, or-tho-gra-phe**

3. Mehrere aufeinanderfolgende Vokale werden nicht getrennt,

   z. B. **théâ-tre, priè-re, sec-tion, voya-ge, muet, croyons, louaient**

Ausnahme: Eine Vorsilbe kann vom Stamm getrennt werden,

z. B. **pré-avis, an-ti-al-coo-li-que**

4. Ein einzelner Vokal eines Wortes kann nicht abgetrennt werden,

   z. B. **état, abré-ger, oser**

   Ausnahme: Nach Elision ist Trennung möglich,

   z. B. **qu'a-vec**

5. Nach dem Apostroph darf nicht getrennt werden,

   z. B. **au-jour-d'hui, puis-qu'il**

Die französischen Departements

01* **Ain** [ɛ̃] (**l'***m*)
02 **Aisne** [ɛn] (**l'***f*)
03 **Allier** [alje] (**l'***m*)
04 **Alpes-de-Haute-Provence** (**les** *f/pl*)
05 **Hautes-Alpes** [otzalp] (**les** *f/pl*)
06 **Alpes-Maritimes** (**les** *f/pl*)
07 **Ardèche** (**l'***f*)
08 **Ardennes** (**les** *f/pl*)
09 **Ariège** (**l'***f*)
10 **Aube** (**l'***f*)
11 **Aude** (**l'***m*)
12 **Aveyron** [avɛrõ] (**l'***m*)
13 **Bouches-du-Rhône** (**les** *f/pl*)
14 **Calvados** [-os] (**le**)
15 **Cantal** (**le**)
16 **Charente** (**la**)
17 **Charente-Maritime** (**la**)
18 **Cher** [ʃɛr] (**le**)
19 **Corrèze** (**la**)
2A **Corse-du-Sud** (**la**)
2B **Haute-Corse** (**la**)
21 **Côte-d'Or** (**la**)
22 **Côtes d'Armor** (**les** *f/pl*)
23 **Creuse** (**la**)
24 **Dordogne** (**la**)
25 **Doubs** [du] (**le**)

---

* Die Kennziffer des Departements erscheint in den beiden letzten Ziffern der französischen Autonummern (z. B. ***3471 CN 91***) sowie in den beiden ersten Ziffern der 5stelligen französischen Postleitzahlen (z. B. ***Abbeville 80100***).

26 **Drôme** (***la***)
27 **Eure** [œr] (***l'f***)
28 **Eure-et-Loir** (***l'm***)
29 **Finistère** (***le***)
30 **Gard** (***le***)
31 **Haute-Garonne** (***la***)
32 **Gers** [ʒɛrs] (***le***)
33 **Gironde** (***la***)
34 **Hérault** [ero] (***l'm***)
35 **Ille-et-Vilaine** (***l'f***)
36 **Indre** (***l'f***)
37 **Indre-et-Loire** (***l'f***)
38 **Isère** (***l'f***)
39 **Jura** (***le***)
40 **Landes** (***les f/pl***)
41 **Loir-et-Cher** (***le***)
42 **Loire** (***la***)
43 **Haute-Loire** (***la***)
44 **Loire-Atlantique** (***la***)
45 **Loiret** (***le***)
46 **Lot** [lɔt] (***le***)
47 **Lot-et-Garonne** (***le***)
48 **Lozère** (***la***)
49 **Maine-et-Loire** (***le***)
50 **Manche** (***la***)
51 **Marne** (***la***)
52 **Haute-Marne** (***la***)
53 **Mayenne** [majɛn] (***la***)
54 **Meurthe-et-Moselle** (***la***)
55 **Meuse** (***la***)
56 **Morbihan** [mɔrbiɑ̃] (***le***)
57 **Moselle** (***la***)
58 **Nièvre** (***la***)
59 **Nord** (***le***)
60 **Oise** (***l'f***)
61 **Orne** (***l'f***)
62 **Pas-de-Calais** (***le***)
63 **Puy-de-Dôme** (***le***)
64 **Pyrénées-Atlantiques** (***les f/pl***)
65 **Hautes-Pyrénées** (***les f/pl***)
66 **Pyrénées-Orientales** (***les f/pl***)
67 **Bas-Rhin** (***le***)
68 **Haut-Rhin** (***le***)
69 **Rhône** (***le***)
70 **Haute-Saône** (***la***)
71 **Saône-et-Loire** [son-] (***la***)
72 **Sarthe** (***la***)
73 **Savoie** (***la***)
74 **Haute-Savoie** (***la***)
75 **Ville de Paris** (***la***)
76 **Seine-Maritime** (***la***)
77 **Seine-et-Marne** (***la***)
78 **Yvelines** (***les f/pl***)
79 **Deux-Sèvres** (***les f/pl***)
80 **Somme** (***la***)
81 **Tarn** (***le***)
82 **Tarn-et-Garonne** (***le***)
83 **Var** (***le***)
84 **Vaucluse** (***le***)
85 **Vendée** (***la***)
86 **Vienne** (***la***)
87 **Haute-Vienne** (***la***)
88 **Vosges** [voʒ] (***les f/pl***)
89 **Yonne** (***l'f***)
90 **Territoire-de-Belfort** (***le***)
91 **Essonne** (***l'f***)
92 **Hauts-de-Seine** [odsɛn] (***les m/pl***)
93 **Seine-Saint-Denis** (***la***)
94 **Val-de-Marne** (***le***)
95 **Val-d'Oise** (***le***)

Französische Feiertage

1. Januar	**le jour de l'An** (Neujahrstag)
März / April	**Pâques** *m* (Ostern)
1. Mai	**la Fête du Travail** (Tag der Arbeit)
8. Mai	**le Jour de la Victoire** (Ende des 2. Weltkriegs)
Mai	**l'Ascension** *f* (Christi Himmelfahrt)
Mai / Juni	**la Pentecôte** (Pfingsten)
14. Juli	**la fête nationale** (Nationalfeiertag)
15. August	**l'Assomption** *f* (Mariä Himmelfahrt)
1. November	**la Toussaint** (Allerheiligen)
11. November	**l'Armistice** *m* (Ende des 1. Weltkriegs)
25. Dezember	**Noël** *m* (Weihnachten)

Übrigens: Karfreitag und der 26. Dezember sind in Frankreich keine Feiertage!

Buchstabieralphabete – Codes d'épellation

französisch

A comme Anatole

B	Berthe	**K**	Kléber	**S**	Suzanne
C	César	**L**	Louis	**T**	Théodore
D	Désiré	**M**	Marie	**U**	Ursule
E	Emile	**N**	Nicolas	**V**	Victor
F	François	**O**	Oscar	**W**	Wagon
G	Gaston	**P**	Paul	**X**	Xavier
H	Henri	**Q**	Québec	**Y**	Yvonne
I	Isidore	**R**	Robert	**Z**	Zoé
J	Jean				

deutsch

A wie Anton

Ä	Ärger	**J**	Julius	**S**	Samuel
B	Berta	**K**	Kaufmann	**Sch**	Schule
C	Cäsar	**L**	Ludwig	**T**	Theodor
Ch	Charlotte	**M**	Martha	**U**	Ulrich
D	Dora	**N**	Nordpol	**Ü**	Übermut
E	Emil	**O**	Otto	**V**	Viktor
F	Friedrich	**Ö**	Ökonom	**W**	Wilhelm
G	Gustav	**P**	Paula	**X**	Xantippe
H	Heinrich	**Q**	Quelle	**Y**	Ypsilon
I	Ida	**R**	Richard	**Z**	Zacharias

Mini-Dolmetscher für unterwegs

Inhaltsverzeichnis

Das Allerwichtigste

Guten Tag!	**Bonjour!** [bõʒur!]
Guten Abend!	**Bonsoir!** [bõswar!]
Auf Wiedersehen!	**Au revoir!** [or(ə)‿vwar!]
... bitte!	**..., s'il vous plaît!** [... silvuplɛ!]
Danke!	**Merci!** [mɛrsi!]
Ja.	**Oui.** [wi.]
Nein.	**Non.** [nõ.]
Entschuldigung.	**Pardon.** [pardõ.]
In Ordnung!	**D'accord!** [dakɔr!]
Hilfe!	**Au secours!** [o s(ə)kur!]
Rufen Sie schnell einen Arzt!	**Appelez vite un médecin!** [aple vit œ̃ medsɛ̃!]
Rufen Sie schnell einen Krankenwagen!	**Appelez vite une ambulance!** [aple vit yn ɑ̃bylɑ̃s!]
Wo ist die Toilette?	**Où sont les toilettes?** [u sõ le twalɛt?]
Wann?	**Quand?** [kɑ̃?]
Was?	**Quoi?** [kwa?]
Wo?	**Où?** [u?]
Hier.	**Ici.** [isi.]
Da.	**Là.** [la.]
Dort.	**Là-bas.** [laba.]
Rechts.	**A droite.** [a drwat.]
Links.	**A gauche.** [a goʃ.]
Geradeaus.	**Tout droit.** [tu drwa.]
Haben Sie ...?	**Vous avez ...?** [vu‿z‿ave ...?]
Ich möchte ...	**Je voudrais ...** [ʒə vudrɛ ...]

Was kostet das?	**Combien ça coûte?** [kõbjɛ̃ sa kut?]
Bitte schreiben Sie mir das auf.	**Ecrivez-moi cela, s'il vous plaît.** [ekrive‿mwa səla, silvuplɛ.]
Wo ist ...?	**Où est ...?** [u ɛ ...?]
Wo gibt es ...?	**Où est-ce qu'il y a ...?** [u ɛskilja ...?]
Heute.	**Aujourd'hui.** [oʒurdɥi.]
Morgen.	**Demain.** [dəmɛ̃.]
Ich will nicht.	**Je ne veux pas.** [ʒə nə vø pa.]
Ich kann nicht.	**Je ne peux pas.** [ʒə nə pø pa.]
Einen Moment bitte!	**Un instant, s'il vous plaît.** [œ̃‿n‿ɛ̃stɑ̃, silvuplɛ.]
Lassen Sie mich in Ruhe!	**Laissez-moi tranquille!** [lese‿mwa trɑ̃kil.]

Verständigung

***Vous avez/Tu as* compris?** [*vu‿z‿ave*/*ty a* kõpri?]	*Haben Sie/Hast du* verstanden?
Ich habe verstanden.	**J'ai compris.** [ʒe kõpri.]
Ich habe das nicht verstanden.	**Je n'ai pas compris.** [ʒə ne pa kõpri.]
Sagen Sie es bitte noch einmal?	**Vous pourriez répéter, s'il vous plaît?** [vu purje repete, silvuplɛ?]
Bitte sprechen Sie etwas langsamer.	**Parlez plus lentement, s'il vous plaît.** [parle ply lɑ̃tmɑ̃, silvuplɛ.]

Smalltalk

Wie *heißen Sie/heißt du?*	**Comment *vous appelez-vous/tu t'appelles*?** [kɔmɑ̃ vu‿z‿aplevu/*ty tapɛl?*]
Ich heiße ...	**Je m'appelle ...** [ʒə mapɛl ...]
Woher kommen Sie?	**D'où venez-vous?** [du vəne vu?]
Woher kommst du?	**Tu viens d'où?** [ty vjɛ̃ du?]
Ich komme aus ...	**Je viens ...** [ʒə vjɛ̃ ...]
Deutschland.	**d'Allemagne.** [dalmaŋ.]
Österreich.	**d'Autriche.** [dotriʃ.]
der Schweiz	**de Suisse.** [də sɥis.]
Wie alt *sind Sie/bist du?*	**Quel âge *avez-vous/as-tu?*** [kɛl‿ɑʒ *avevu/a ty?*]
Ich bin ... Jahre alt.	**J'ai ... ans.** [ʒe … ɑ̃.]
Was *machen Sie/ machst du* beruflich?	**Qu'est-ce que *vous faites/tu fais* comme travail?** [kɛskə *vu fɛt/ty fɛ* kɔm travaj?]
Ich bin ...	**Je suis ...** [ʒə sɥi ...]
Sind Sie/Bist du zum ersten Mal hier?	**C'est la première fois que *vous venez/tu viens?*** [sɛ la prəmjɛr fwa kə *vu vəne/ty vjɛ̃?*]
Nein, ich war schon ... mal in Frankreich.	**Non, c'est la ... fois que je viens en France.** [nõ, sɛ la … fwa kə ʒə vjɛ̃ ɑ̃ frɑ̃s.]
Wie lange *sind Sie/bist du* schon hier?	***Vous êtes/Tu es* là depuis combien de temps déjà?** [*vu‿z‿ɛt/ty ɛ* la dəpɥi kõbjɛ̃ də tɑ̃ deʒa?]
Seit ... *Tagen/ Wochen.*	**Depuis ... *jours/semaines.*** [dəpɥi ... *ʒur/səmɛn.*]
Wie lange *sind Sie/bist du* noch hier?	***Vous restez/Tu restes* encore combien de temps ici?** [*vu rɛste/ty rɛst* ɑ̃kɔr kõbjɛ̃ də tɑ̃ isi?]

Noch *eine Woche/zwei Wochen.*	**Encore *une semaine/quinze jours.*** [ɑ̃kɔr *yn səmɛn/kɛ̃z ʒur.*]
Gefällt es *Ihnen/dir* hier?	**Ça *vous/te* plaît ici?** [sa *vu/tə* plɛ isi?]
Es gefällt mir sehr gut.	**Ça me plaît beaucoup.** [sa mə plɛ boku.]

Unterwegs und über Nacht

Entschuldigung, wo ist ...?	**Pardon, où est ...?** [pardɔ̃, u ɛ ...?]
Wie komme ich nach/zu ...?	**Pour aller à ...?** [pur‿ale a ...?]
Wie komme ich am *schnellsten/billigsten* ...	**Quel est le moyen *le plus rapide/le moins cher* pour aller ...** [kɛl‿ɛ lə mwajɛ̃ *lə ply rapid/lə mwɛ̃ ʃɛr* pur‿ale ...]
zum Bahnhof?	**à la gare?** [a la gar?]
zum Busbahnhof?	**à la gare routière?** [a la gar rutjɛr?]
zum Flughafen?	**à l'aéroport?** [a laerɔpɔr?]
Le mieux, c'est de prendre un taxi. [lə mjø, sɛ də prɑ̃drə œ̃ taksi.]	Am besten mit dem Taxi.
Là-bas. [la bɑ.]	Dort.
En arrière. [ɑ̃‿n‿arjɛr.]	Zurück.
Tout droit. [tu drwa.]	Geradeaus.
A droite. [a drwat.]	Nach rechts.
A gauche. [a goʃ.]	Nach links.

Für mich ist bei Ihnen ein Zimmer reserviert. Mein Name ist ...	**On a retenu chez vous une chambre à mon nom. Je m'appelle ...** [ɔn‿a rətəny ʃe vu yn ʃɑ̃brə a mɔ̃nɔ̃. ʒəmapɛl ...]
Hier ist meine Bestätigung.	**Voici ma confirmation.** [vwasi ma kɔ̃firmɑsjɔ̃.]
Haben Sie ein *Doppelzimmer/ Einzelzimmer* frei ...	**Vous auriez une chambre pour *deux personnes/une personne* ...** [vu‿z‿orje yn ʃɑ̃brə pur *dø pɛrsɔn/yn pɛrsɔn* ...]
für *einen Tag/... Tage*?	**pour *une nuit/... nuits*?** [pur *yn nɥi/...nɥi*?]
mit *Bad/Dusche* und WC?	**avec *bain/douche* et WC?** [avɛk *bɛ̃/duʃ* e vese?]
Malheureusement, nous sommes complets. [malœrøzmɑ̃, nu sɔm kɔ̃plɛ].	Wir sind leider ausgebucht.
Une chambre se libérera *demain/lundi*. [yn ʃɑ̃brə sə liberəra *dəmɛ̃/lœ̃di*.]	*Morgen/Am Montag* wird ein Zimmer frei.
Wie viel kostet es ...	**Combien ça coûte ...** [kɔ̃bjɛ̃ sa kut ...]
mit/ohne Frühstück?	***avec/sans* le petit déjeuner?** [*avɛk/sɑ̃* lə pti deʒœne?]
mit *Halbpension/ Vollpension*?	**avec la *demi-pension/pension complète*?** [avɛk la *dəmipɑ̃sjɔ̃/pɑ̃sjɔ̃ kɔ̃plɛt*?]

Shopping

Wo bekomme ich ...?	**Où est-ce que je peux acheter ...?** [u ɛskə ʒə pø aʃte ...?]
Vous désirez? [vu dezire?]	Bitte schön?
Est-ce que je peux vous aider? [ɛskə ʒə pø vu‿z‿ɛde?]	Kann ich Ihnen helfen?
Danke, ich sehe mich nur um.	**Merci, je regarde seulement.** [mɛrsi, ʒə rəgard sœlmɑ̃.]
Ich werde schon bedient.	**Merci, on me sert.** [mɛrsi, ɔ̃ mə sɛr.]
Ich hätte gerne eine Flasche Wasser.	**Je voudrais une bouteille d'eau.** [ʒə vudrɛ yn butɛj do.]
Je regrette, nous n'avons plus de ... [ʒə rəgrɛt, nu navɔ̃ ply də ...]	Es tut mir Leid, wir haben keine ... mehr.
Was *kostet/kosten* ...?	**Combien *coûte/coûtent* ...?** [kɔ̃bjɛ̃ *kut/kut* ...?]
Das gefällt mir. Ich nehme es.	**Cela me plaît. Je le prends.** [səla mə plɛ. ʒə lə prɑ̃.]
Vous désirez encore quelque chose? [vu dezire ɑ̃kɔr kɛlkə ʃoz?]	Darf es sonst noch etwas sein?
Danke, das ist alles.	**Merci, ce sera tout.** [mɛrsi, sə səra tu.]
Kann ich mit dieser Kreditkarte zahlen?	**Est-ce que je peux payer avec cette carte de crédit?** [ɛskə ʒə pø pɛje avɛk sɛt kart də kredi?]

Im Restaurant

Die Karte bitte.
La carte, s'il vous plaît.
[la kart silvuplɛ.]

Que désirez-vous boire?
[kə dezirevu bwar?]
Was möchten Sie trinken?

Ich möchte ein Viertel Rotwein.
Je voudrais un quart de vin rouge.
[ʒə vudrɛ œ̃ kar də vɛ̃ ruʒ.]

Haben Sie vegetarische Gerichte?
Avez-vous de la cuisine végétarienne?
[avevu də la kɥizin veʒetarjɛn?]

Comme *entrée/dessert*, qu'est-ce que vous prenez?
[kɔm *ɑ̃tre/desɛr* kɛskə vu prəne?]
Was nehmen Sie als *Vorspeise/Nachtisch*?

Vous êtes satisfaits?
[vu‿z‿ɛt satisfɛ?]
Hat es Ihnen geschmeckt?

Danke, sehr gut.
Merci, c'était très bon.
[mɛrsi, setɛ trɛ bɔ̃.]

Ich möchte zahlen.
L'addition, s'il vous plaît.
[ladisjɔ̃, silvuplɛ.]

Speisekarte

Potages et soupes – Suppen

bouillabaisse *f* [bujabɛs]	südfranzösische Fischsuppe
consommé *m* [kõsɔme]	Kraftbrühe
potage *m* **parmentier** [pɔtaʒ parmɑ̃tje]	Kartoffelsuppe
soupe *f* **à l'oignon** [sup‿a‿lɔɲõ]	Zwiebelsuppe
soupe *f* **de poisson** [sup də pwasõ]	Fischsuppe

Hors-d'œuvre – Kalte Vorspeisen

avocat *m* **vinaigrette** [ɑvɔka vinɛgrɛt]	Avocado mit Sauce Vinaigrette
charcuterie *f* [ʃarkytri]	Aufschnittplatte
cœurs *m/pl* **d'artichauts** [kœr dartiʃo]	Artischockenherzen
crudités *f/pl* **(variées)** [krydite (varje)]	Rohkostteller
huîtres *f/pl* [ɥitrə]	Austern
olives *f/pl* [ɔliv]	Oliven
paté *m* [pate]	Fleischpastete
– **de campagne** [də kɑ̃paɲ]	grobe Leberwurst
pissenlits *m/pl* **au lard** [pisɑ̃li o lar]	Löwenzahnsalat mit Speck
rillettes *f/pl* [rijɛt]	Schweinefleischpastete im eigenen Fett konserviert
salade *f* [salad]	Salat
– **composée** [kõpoze]	gemischter Salat
– **mixte** [mikst]	gemischter Salat
– **niçoise** [niswaz]	grüner Salat mit Tomaten, Ei, Sardellen und Oliven
saumon *m* **fumé** [somõ fyme]	Räucherlachs
terrine *f* **de canard** [tɛrin də kanar]	Entenpastete

Entrées – Warme Vorspeisen/Snacks

bouchées *f/pl* **à la reine** [buʃe a la rɛn]	Königinpastete
crêpes *f/pl* [krɛp]	dünne Pfannkuchen
croque-monsieur *m* [krɔkməsjø]	Schinken-Käse-Toast
escargots *m/pl* [ɛskargo]	Weinbergschnecken
omelette *f* [ɔmlɛt]	Omelette
quiche *f* **lorraine** [kiʃ lɔrɛn]	Lothringer Speckkuchen
tarte *f* **à l'oignon** [tart‿a lɔɲõ]	Zwiebelkuchen

Viandes – Fleischgerichte

agneau *m* [aɲo]	Lamm
bœuf *m* [bœf]	Rindfleisch
lièvre *m* [ljɛvrə]	Hase
mouton *m* [mutõ]	Hammelfleisch
porc *m* [pɔr]	Schweinefleisch
veau *m* [vo]	Kalbfleisch
andouillette *f* [ɑ̃dujɛt]	Kuttelbratwurst
bifteck *m* [biftɛk]	Steak
bœuf *m* **bourguignon** [bœf burgiɲõ]	Rindsgulasch in Rotwein
bœuf *m* **à la mode** [bœf‿a la mɔd]	Schmorbraten
boudin *m* [budɛ̃]	Blutwurst
cassoulet *m* [kasulɛ]	Eintopf aus weißen Bohnen, Gänse- und anderem Fleisch
côte *f* [kot]	Rippchen, Kotelett
escalope *f* **de veau** [ɛskalɔp də vo]	Kalbsschnitzel
filet *m* **de bœuf** [filɛ də bœf]	Rinderfilet
gigot *m* **d'agneau** [ʒigo daɲo]	Lammkeule
grillade *f* [grijad]	Grillteller
hachis *m* [aʃi]	Hackbraten
jarret *m* **de veau** [ʒarɛ də vo]	Kalbshaxe
quenelles *f/pl* [kənɛl]	Fleisch- oder Fischklößchen
rôti *m* [roti]	Braten
sauté *m* **de veau** [sote də vo]	Kalbsragout

selle *f* **d'agneau** [sɛl daɲo]	Lammrücken
steak *m* [stɛk]	Steak
– **au poivre** [o pwavrə]	Pfeffersteak
– **tartare** [tartar]	Tatar
– **haché** [aʃe]	Hacksteak
tournedos *m* [turnədo]	Filetsteak

Volaille – Geflügel

blanc *m* **de poulet** [blɑ̃ də pulɛ]	Hühnerbrust
canard *m* **à l'orange** [kanar‿a lɔrɑ̃ʒ]	Ente mit Orange
confit *m* **de canard** [kõfi də kanar]	im eigenen Fett eingelegte Entenstücke
coq *m* **au vin** [kɔk‿o vɛ̃]	Hähnchen in Rot- oder Weißweinsoße
dinde *f* **aux marrons** [dɛ̃d‿o marõ]	Truthahn mit Maronenfüllung
oie *f* **rôtie** [wɑ roti]	gebratene Gans
pintade *f* [pɛ̃tad]	Perlhuhn
poulet *m* **rôti** [pulɛ roti]	Brathähnchen

Poissons – Fisch

anguille *f* [ɑ̃gij]	Aal
brandade *f* [brɑ̃dad]	gekochter u. pürierter Stockfisch mit Sahne, Olivenöl u. Knoblauch angemacht
brochet *m* [brɔʃɛ]	Hecht
cabillaud *m* [kabijo]	Kabeljau
calmar *m* **frit** [kalmar fri]	gebackene Tintenfischringe
carpe *f* [karp]	Karpfen
colin *m* [kɔlɛ̃]	Seehecht
friture *f* [frityr]	in Öl oder Fett ausgebackene Fische
lotte *f* [lɔt]	Seeteufel
morue *f* [mɔry]	Stockfisch
rouget *m* [ruʒɛ]	Rotbarbe
saumon *m* [somõ]	Lachs

sole *f* [sɔl]	Seezunge
thon *m* [tõ]	Thunfisch
truite *f* [trɥit]	Forelle
– **au bleu** [o blø]	– blau
– **meunière** [mønjɛr]	– Müllerin
turbot *m* [tyrbo]	Steinbutt

Coquillages et crustacés – Muscheln und Schalentiere

coquilles *f/pl* **Saint-Jacques** [kɔkij sɛ̃ʒak]	Jakobsmuscheln
crabes *m/pl* [krab]	Krabben
crevettes *f/pl* [krəvɛt]	Garnelen
huîtres *f/pl* [ɥitrə]	Austern
langouste *f* [lɑ̃gust]	Languste
langoustines *f/pl* [lɑ̃gustin]	Scampi
moules *f/pl* [mul]	Miesmuscheln
plateau *m* **de fruits de mer** [plato də frɥi də mɛr]	Meeresfrüchteplatte

Légumes – Gemüse

artichauts *m/pl* [artiʃo]	Artischocken
asperges *f/pl* [aspɛrʒ]	Spargel
aubergines *f/pl* [obɛrʒin]	Auberginen
carottes *f/pl* [karɔt]	Möhren
céleri *m* [sɛlri]	Sellerie
champignons *m/pl* [ʃɑ̃piɲõ]	Pilze
– **de Paris** [də pari]	Champignons
chou *m* [ʃu]	Kohl
– **de Bruxelles** [də brysɛl]	Rosenkohl
– **-fleur** [flœr]	Blumenkohl
– **-rave** [rav]	Kohlrabi
– **rouge** [ruʒ]	Rotkohl
choucroute *f* [ʃukrut]	Sauerkraut
courgettes *f/pl* [kurʒɛt]	Zucchini
épinards *m/pl* [epinar]	Spinat
endives *f/pl* [ɑ̃div]	Chicorée
fenouil *m* [fənuj]	Fenchel
haricots *m/pl* [ariko]	Bohnen

macédoine *f* **de légumes** [masedwan də legym]	gemischtes Gemüse
navets *m/pl* [navɛ]	weiße Rübchen
petits pois *m/pl* [pti pwa]	Erbsen
poivron *m* [pwavrõ]	Paprika
ratatouille *f* [ratatuj]	Gemüse aus Tomaten, Paprika, Auberginen und Zucchini

Comment le désirez-vous? – Wie hätten Sie's denn gern?

bien cuit [bjɛ̃ kɥi]	durchgebraten
(fait) maison [(fɛ) mɛzõ]	hausgemacht
farci [farsi]	gefüllt
fumé [fyme]	geräuchert
gratiné [gratine]	überbacken
grillé [grije]	gegrillt
rôti [roti]	gebraten

Garnitures – Beilagen

pâtes *f/pl* [pɑt]	Nudeln
pommes *f/pl* **de terre** [pɔm də tɛr]	Kartoffeln
– **frites** [frit]	Pommes frites
– **nature** [natyr]	Salzkartoffeln
– **sautées** [sote]	Bratkartoffeln
riz *m* [ri]	Reis

Fromages – Käse

bleu *m* [blø]	Blauschimmelkäse
fromage *m* [frɔmaʒ]	Käse
– **au lait cru** [o lɛ kry]	Rohmilchkäse
– **de brebis** [də brəbi]	Schafskäse
– **de chèvre** [də ʃɛvrə]	Ziegenkäse
plateau *m* **de fromages** [plato də frɔmaʒ]	Käseplatte

Desserts – Nachtisch

coupe *f* **maison** [kup mɛzõ]	Eisbecher nach Art des Hauses
crème *f* **caramel** [krɛm karamɛl]	Karamellpudding
flan *m* [flɑ̃]	Cremepudding
glace *f* [glas]	Eis
– **à la fraise** [a la frɛz]	Erdbeereis
– **à la vanille** [a la vanij]	Vanilleeis
– **au chocolat** [o ʃɔkɔla]	Schokoladeneis
macédoine *f* **de fruits** [masedwan də frɥi]	Obstsalat
meringue *f* [mərɛ̃g]	Baiser
parfait *m* [parfɛ]	Halbgefrorenes

Fruits – Obst

dattes *f/pl* [dat]	Datteln
figues *f/pl* [fig]	Feigen
fraises *f/pl* [frɛz]	Erdbeeren
framboises *f/pl* [frɑ̃bwaz]	Himbeeren
melon *m* [məlõ]	Melone
pastèque *f* [pastɛk]	Wassermelone
pêche *f* [pɛʃ]	Pfirsich
poire *f* [pwar]	Birne
pomme *f* [pɔm]	Apfel
raisins *m/pl* [rɛzɛ̃]	Weintrauben

Gâteaux et pâtisseries – Kuchen und Gebäck

baba *m* **au rhum** [baba o rɔm]	mit Rum getränkter Hefekuchen
biscuit *m* **roulé** [biskɥi rule]	Biskuitrolle
cake *m* [kɛk]	Teekuchen
chausson *m* **aux pommes** [ʃosõ o pɔm]	Apfeltasche
chou *m* **à la crème** [ʃu a la krɛm]	Windbeutel
éclair *m* [eklɛr]	Liebesknochen

– **au café** [o kafe]	– mit Mokkacreme
mille-feuille *m* [milfœj]	Blätterteiggebäck mit Creme
tarte *f* [tart]	Torte
– **aux pommes** [o pɔm]	Apfeltorte
– **Tatin** [tatɛ̃]	gestürzte Apfeltorte mit Karamellguss
tartelette *f* **aux fraises** [tartlɛt o frɛz]	Erdbeertörtchen

Buchstabe	Seite